A COURSEBOOK OF
ADVANCED BUSINESS ADMINISTRATION TRAINING

吴君民　陈远锦　主编

高级工商管理
培训教程

（第二版）

江苏大学出版社
JIANGSU UNIVERSITY PRESS

镇江

图书在版编目(CIP)数据

高级工商管理培训教程/吴君民,陈远锦主编. —
2版. —镇江:江苏大学出版社,2017.9
ISBN 978-7-5684-0631-4

Ⅰ.①高… Ⅱ.①吴…②陈… Ⅲ.①工商行政管理
—教材 Ⅳ.①F203.9

中国版本图书馆 CIP 数据核字(2017)第 243929 号

高级工商管理培训教程(第二版)

Gaoji Gongshang Guanli Peixun Jiaocheng(Di-er Ban)

主　　编/吴君民　陈远锦
责任编辑/米小鸽
出版发行/江苏大学出版社
地　　址/江苏省镇江市梦溪园巷30号(邮编:212003)
电　　话/0511-84446464(传真)
网　　址/http://press.ujs.edu.cn
排　　版/镇江文苑制版印刷有限责任公司
印　　刷/句容市排印厂
开　　本/787 mm×1 092 mm　1/16
印　　张/34.5
字　　数/800 千字
版　　次/2017 年 9 月第 2 版　2017 年 9 月第 3 次印刷
书　　号/ISBN 978-7-5684-0631-4
定　　价/65.00 元

编 委 会

前言(第二版)

本书第一版自 2011 年出版以来,在中国船舶重工集团公司后备领导干部工商管理培训班及船舶行业工商管理培训过程中得到了广泛使用,收到了很好的培训效果。随着我国经济改革的进一步深入,以及我国船舶工业面临的国际竞争进一步加剧,为了更好地服务于我国从世界造船大国向世界造船强国的跨越,很有必要对原有教材进行修订、增改,以更好地指导企业生产经营管理。本次修订主要突出了以下几点:(1)进一步强调从"知识导向型"向"问题导向型"的转变;(2)更加重视理论联系实际,尽量做到通俗易懂,把复杂的理论问题高度凝练;(3)将经济学、管理学最新的理论与实践成果吸收进来。

本书第 1 章由杜苏撰写,第 2 章由冯鑫明撰写,第 3 章由施然撰写,第 4 章由王国金撰写,第 5 章由金辉撰写,第 6 章由吴君民撰写,第 7 章由吴见平撰写,第 8 章由王利、李正义、李晓萍撰写,第 9 章由王秀萍撰写,第 10 章由钱中平撰写,第 11 章由马才华撰写,第 12 章由孟庆良、章旭彦撰写。全书由吴君民、陈远锦纂修与审定。

我们谨以此书献给我国经济改革和蓬勃发展的现代化建设事业。由于编著者的水平有限,书中的缺点和错误在所难免,敬请广大读者批评指正。

感谢江苏科技大学、中国船舶重工集团公司及其成员单位的领导和专家、读者的长期关心支持,以及中国船舶重工集团公司后备领导干部工商管理培训班各期学员对本书第一版提出的宝贵意见。我们将继续努力,为我国船舶工业做强做大做出新的贡献。

作者

2017 年 8 月

前言(第一版)

　　21 世纪是海洋的世纪,我国船舶工业正在实现由世界造船大国向造船强国的战略转变,为了满足船舶企业高级管理人才培养的需要,配合企业做好工商管理培训,为广大高级管理者提供更具实效性、可操作性的工商管理培训教材,我们在 20 多年船舶行业后备领导干部工商管理培训班讲义的基础上,编写出版了这本高级工商管理培训教材。

　　思路决定出路,作风决定作为,管理就是善于把复杂的问题简单化。本书强调对工商管理的基本概念、基本方法的阐述,把管理既作为一门科学,又作为一门艺术,奉行管理成就未来的理念,将复杂的管理理论通过深入浅出的形式展现在读者的面前,配合案例讨论式教学方法,强调从"知识导向型"向"问题导向型"的教学,在教与学的互动中,结合企业生产经营的实际,为企业高级管理者的实践活动提供全新的视角、先进的理念和解决方案。

　　本书第 1 章由杜苏撰写,第 2 章由冯鑫明撰写,第 3 章由施金龙撰写,第 4 章由王国金撰写,第 5 章由金辉撰写,第 6 章由吴君民撰写,第 7 章由吴见平撰写,第 8 章由王利、徐宣国、李宝多撰写,第 9 章由王秀萍撰写,第 10 章由钱中平撰写,第 11 章由马才华撰写,第 12 章由孟庆良撰写。全书由吴君民、焦怀庆纂修与审定。

　　我们谨以此书献给我国经济改革和蓬勃发展的现代化建设事业。由于编著者的水平有限,书中的缺点和错误在所难免,敬请广大读者批评指正。

作者

2010 年 10 月

目　录

① 领导方法与领导艺术

② 管理经济学

③ 企业战略管理

④ 公司法务与风险预防

⑤ 人力资源管理

⑥ 财务会计报告

⑦ 工业品市场营销

⑧ 生产运作管理

⑨ 公司理财

⑩ 国际贸易

⑪ 国际金融

⑫ 项目管理

1 领导方法与领导艺术

1.1 领导的基本概念

1.1.1 领导的基本含义

领导科学是从极其复杂的领导行为中总结、归纳出来的系统的科学知识,是从相关学科及专业中提炼出来的具有普遍指导意义的一般原理和一定法则。领导方法与领导艺术是领导科学体系中最具有综合性和实践性的组成部分,对于刚刚走上领导岗位的中青年干部来说,它是一门不可或缺的必修课。

自从领导科学问世以来,国内外的专家学者对于领导的基本含义发表过许多见解,总而言之,可以概括为以下几种观点:

(1)职能论。认为领导是人类社会中的一种重要职能,是权力、责任和服务的统一。

(2)过程论。认为领导是一种社会活动过程,是社会中人与人之间关系的一种特殊形式。

(3)力量论。认为领导是一种社会力量,是一种影响人们行为的社会权威力量。

(4)领导者中心说。关注领导者能力,认为领导就是领导者依靠权力和人格所构成的影响力去指导下属实现符合领导者意图和追求的目标。

(5)互动说。关注人际相互影响,认为任何领导活动都是在领导者和被领导者的互动过程中共同实现符合他们双方追求的目标。

(6)结构说。关注组织结构,认为领导是在一定组织结构中展开的一种特殊活动,领导者乃是这一结构中的一种特殊角色,通过角色权力的运作与实施对组织权力进行控制,有时结构会成为领导的替代品。

(7)目标说。注重组织目标,认为领导活动的焦点在于实现一个符合群体需要的公共目标,领导实际上就是劝服他人在一定时期内放弃个人目标而追求群体目标。

其他关于领导的基本含义的说法就不再一一列举了。笔者向读者推荐以下定义:

领导是在一定的组织或团体内,由一定的(被赋予某种权力和责任的)人或人的群体,通过一定的方式,在一定的环境下,组织、带领或引导另一些人或人的群体,为实现一定的组织目标所进行的高层次管理活动的过程或为实现一定的组织目标而进行工作和奋斗的活动过程。

在现实生活中,人们将"领导"一词的含义理解为一种泛指的社会认同。因此,它有时指领导者这一社会角色,有时指领导位置这一社会职位,有时指领导者进行管理和指挥的社会行为或社会活动,有时抽象地泛指一种特殊的社会历史现象。

【相关链接】

世界上最有影响力的管理学大师,被人们称为"管理学之父"的彼得·德鲁克(Peter F. Drucker),对领导的定义是管理学界普遍认可的,即领导是"动员别人实现组织目标的过程"。因此判断一个领导者的标志:第一,是行为与目标的间接性;第二,是拥有追随者。

比尔·盖茨曾说过,对他影响最深的是德鲁克的书。《哈佛商业评论》说:"只要一提到彼得·德鲁克,在企业的丛林中就会有无数只耳朵竖起来听。"

彼得·德鲁克的简历:1909年11月19日出生于奥地利维也纳;1929年起,任报社海外通讯记者;1931年获法兰克福大学法学博士;1937年4月,德鲁克夫妇前往美国。1941年在本宁顿学院任教;1950年任纽约大学管理学教授,并担任几届美国总统顾问。2002年获得总统自由勋章。2005年11月11日,他在加州克莱门特家中逝世,享年95岁。彼得·德鲁克的主要著作有30多部,被译成20多国文字,在世界上130多个国家和地区发行,销量达600万册以上。他的著作,迄今译成中文出版发行的有12部。主要代表作为《企业管理圣经——成功管理的88条黄金法则》。

如何区别管理与领导呢?

领导与管理的区别可以概括为其性质不同、职能不同、目标不同、手段不同、主体条件不同等。

领导活动是为组织的整体发展指引方向、确定目标、创造条件、促进组织全面发展的社会行为。管理的主要职能是为组织的具体活动确定目标、选择方法、建立秩序、维持运转。

领导是一种创新变革的力量,而管理是一种程序化的控制工作,这是领导与管理的最大区别。

具体来说:

(1) 领导更具有整体性或全局性,看重整体效益;而管理则更注重局部,看重局部效益。

(2) 领导更具有宏观性或战略性,注重宏观上的计划、协调和控制;而管理是技术性较强的工作,更注重微观性,容易实现规范化和定量化。

(3) 领导活动所涉及的社会因素相当复杂,领导的重点在社会组织的决策层;而管理活动的重点在社会组织的事业层。

(4) 领导更具有变动性和冒险性,常常用变革的手段打破常规,注重激发群众的积极性和主动性;而管理则更具有常规性,注重秩序的维持。

(5) 领导更具有超前性,注重发展趋势和前进方向,侧重目标的制订和重大事情的决策;而管理更注重当前性,注重现实的情况和问题。

(6) 领导更具有超脱性,注重从宏观上把握活动过程,从根本上解决问题;管理则更具有操作性,注重细节问题,注重管理要素的科学配置和具体的事务性的安排,通过将人、财、物和时间、信息具体组合去完成任务、实现目标。

威廉·科恩说过:"做一个管理者是要正确地做事情,而一个领导者是要做正确的事情。"简而言之,管理者主要处理人与物、物与物的关系,执行决策;领导者主要处理人与人之间的关系,进行决策。管理是领导的基础,领导是管理的灵魂;管理保证领导,领导指导管理。

20 世纪 20 年代,美国通用公司开始实行"集体决策,分散管理"的模式。

对于中层领导者来说,管理与领导的职能集于一身、不可分离。

【相关链接】

彼得·德鲁克常把管理视为领导的同义语,许多管理学书上所讲的管理就是领导。但管理学的创始人亨利·法约尔(Henri Fayol,1841—1925)却对领导与管理作了严格区分,赋予领导更广泛、更抽象、更一般的含义。他认为,领导是技术职能、商业职能、财务职能、安全职能、会计职能、管理职能这 6 项职能得以贯彻的保证力量,而管理仅仅是 6 项职能之一。

1.1.2　领导的基本要素

一个完整的领导活动的物质构成,应具备 3 个基本要素,即领导者、被领导者,以及两者在活动中必须依存且受其直接影响的客观环境。

三者的关系可以用以下公式表明:

$$领导活动的结果 = f(领导者·被领导者·客观环境)$$

这个公式告诉我们,领导行为及领导效能与领导者、被领导者、客观环境之间是一个复杂的函数关系,括号内的 3 个要素同时也是 3 个变量,既缺一不可又相互影响。有效的或者说是正确的领导活动的结果在于正确估计、处理和把握这 3 个要素的变化,并有的放矢地施加影响,从而求得 3 个变量之间的较佳组合。

(1) 领导者是主要、关键的要素,是可以起主导作用的"自变量"。

(2) 被领导者起着选择领导者的根本作用。

(3) 领导者和被领导者的活动必须在客观环境中进行。

环境指围绕人及事物的境况;形势指地势或事物发展的状况。

环境和形势对领导活动有一定的影响作用。

环境按不同的标准可以有以下几种分类:

(1) 分为自然环境(如自然灾害)、社会环境(如金融危机);

(2) 分为顺境、逆境;

(3) 分为过去的环境、现实的环境、未来的环境(我们从哪儿来? 我们在哪儿? 我们去哪儿? 我们怎么去? ……);

(4) 分为可控的环境、不可控的环境、部分可控的环境。

【相关链接】

十六大要求领导干部提高"科学判断形势的能力"

温家宝总理:"形势稍好,尤须兢慎(出自唐诗《泾溪》:'泾溪石险人兢慎,终岁不闻倾覆人;却是平流无石处,时时闻说有沉沦。')。居安思危,思则有备,有备无患(出自《左传·襄公十一年》)。"

党的十八大报告指出:"新形势下,党面临的执政考验、改革开放考验、市场经济考验、外部环境考验是长期的、复杂的、严峻的。"

1.1.3 领导的职务、权力和责任

1.1.3.1 领导者的职务

领导者区别于一般群众的主要特征是其具有一定的领导职务,职务包含着职业、职位、级别、称谓、待遇等具体含义。在政府机关、企事业单位及各种社会组织或团体内,无论是哪一级的干部,其成为领导者的必要前提都是通过一定的法定程序承担一定的领导职务。

1.1.3.2 领导者的权力

领导者实施领导活动必须具有相应的权力,这里所说的权力是指组织机构正式授予的法定职权,即国家通过法律或行政法规确定的一种正式的政治性权力,具有法定的强制性和约束力,是职务承担者履行职责的必要条件。一般而言,领导者在被领导者的心目中是权力的代表和象征,因为领导者具有有目的地左右或改变被领导者行为的能力,且通常表现为领导者对被领导者的支配、控制和统御。领导者要使权力成为发动机。

二战结束后,德国竭力振兴经济并于 20 世纪五六十年代再度腾飞,但在这个过程中也充分暴露了德国企业管理上的许多矛盾与问题,于是由政府、专家与企业共同推动,成立了德国领导力学院。学院第一任领导人赫恩教授研究并创造了"哈尔茨堡模式",这个模式的核心就是"企业和谐管理",具体来说,就是由权威式管理走向合作式管理。这个模式至今仍在培养着德国一代又一代的企业领导人。这家学院如今已经成为德国最大的企业管理学院,而现任院长丹尼尔·皮诺在"哈尔茨堡模式"的基础上进一步提出了"系统领导力":它将以往单纯的管理推向管理和领导并重,视领导为一个系统来整体提升管理层的领导力,再通过很好的教练技术去引导下属员工,以达成企业和个人的双赢目标。

丹尼尔·皮诺认为:领导总是与权力有关系。好的领导具有两个最典型的特征,即影响力、灵活性。

"系统领导力"不提供所谓专利配方,它所做的"就是要构造一个让其他人都愿意听从你的世界"。

领导力的"权威性"首先来自于其人格的力量。

皮诺直言:领导者和员工之间的权力关系,在以前更有利于领导者,但现在更有利于员工,即便看上去似乎并非如此。

因此,以激励取代命令、以学习取代操控、信任、沟通、敢于放手、包容分歧、对人关爱等,在皮诺开列的提升领导力清单中实在是负担不轻的"课堂作业"。

然而至少到今天,权力总是与领导相关的。那么,它在"关系管理"中将被如何对待呢?皮诺认为,系统领导力同样建立在权力的基础上,那种认为权力无足轻重的看法是错误的。但是:

第一,"权力"曾经给人们带来恐惧——操纵、随意滥用、专制,但单纯的权威已不再受到欢迎。权力是进行决策和承担责任的基础,与权力相伴随的是义务。

第二,高效的领导力不再以职位名称、地位象征和企业组织结构图上的小方框等形式作为权力的基础,这些形式上的东西是借来的。而新的权力形式是:人们凭借自

身的努力——想象力、影响和交往能力得到权力,即通过"意义换来权力"。这是创造性的"关系权力",它已经与命令、服从、惩罚没有关系,它看重的是寻找员工和联盟并动员他们的能力。

第三,权力需要另一种均势才能保证平衡,那就是领导者必须接受调控并制度化。因为,任何企业都难免有为了达到自己的目的而玩弄权术、不择手段的人。权力位置不能误导权力的所有人,让其为保证自己的位置而把自己身后所有的桥都毁了。出于对企业利益的考虑,必须有动态的领导者发展机制。

第四,领导者的错误是绝对不能掩饰的,即使公司文化将错误看成是改进的机会。领导者应该让自己接受质疑,甚至攻击。当然,这并不是说他们要因为微不足道的错误而举手投降,而是说允许他们失败,然后重新站起来。

借用德鲁克的比喻,皮诺相信,权力能够成为一部发动机。领导力把握住了对任务的掌握、能促成别人的行动这两点,就是成功的。

1.1.3.3 领导者的责任

领导者的责任即领导者必须履行的职责。马克思说:"公职活动是国家官吏的义务和天职。"由此可见,责任是领导者最本质的属性,是领导者应尽的法定义务,是领导者最重要、最主要的标志(而这一点恰恰是领导者最容易忽略和淡忘的)。群众通常把领导人称为负责人,这一称呼既反映出领导者的本质属性,又体现了群众对领导者的必然要求。

【相关链接】

2012 年 11 月 15 日上午,党的十八届中央委员会第一次全体会议新选出的中央政治局常委同采访十八大的中外记者见面。习近平总书记说:

"全党同志的重托,全国各族人民的期望,是对我们做好工作的巨大鼓舞,也是我们肩上的重大责任。

这个重大责任,就是对民族的责任。我们的责任,就是要团结带领全党全国各族人民,接过历史的接力棒,继续为实现中华民族伟大复兴而努力奋斗,使中华民族更加坚强有力地自立于世界民族之林,为人类做出新的更大的贡献。

这个重大责任,就是对人民的责任。我们的责任,就是要团结带领全党全国各族人民,继续解放思想,坚持改革开放,不断解放和发展社会生产力,努力解决群众的生产生活困难,坚定不移走共同富裕的道路。

这个重大责任,就是对党的责任。我们的责任,就是同全党同志一道,坚持党要管党、从严治党,切实解决自身存在的突出问题,切实改进工作作风,密切联系群众,使我们党始终成为中国特色社会主义事业的坚强领导核心。"

1.1.3.4 领导者的职务、权力和责任之间的"三角关系"

领导者的职务、权力和责任之间的"三角关系"见图 1.1。

1. 领导者的职、权、责相互对应

任何人只要担任某一领导职务,他就同时拥有一定的权力,并且承担起一定的责任。权力的范围和责任的大小必须与其职务相对应。换言之,权力大小取决于领导职务的高低和领导工作的性质,有什么职务就应当有什么权力和责任,职

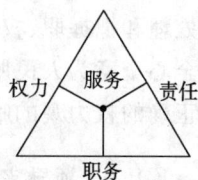

图 1.1 领导者职、权、责
"等边三角形关系"图

务不同,其权力和责任也随之不同。

2. 领导者的职、权、责相辅相成

如同构成一个稳定均衡的等边三角形一样,领导者的职、权、责对其领导活动有着相互支撑、同等重要的作用,三者缺一不可、不可分离。一个领导者不能有职无权,也不能有责无权,更不能有权无责。如果领导者只看重权力而不能尽到应有的责任,那么就意味着他的渎职、失职,就应该依据国家的法律、法规来追究他的相应责任。

3. 领导者的职、权、责相互制约

如前所述,我们已经强调了以职定权、以职定责的关系,接下来我们要着重阐述权力与责任的关系。

（1）责权统一观。领导者的责任和权力应相互统一,它们同等重要,应同样重视,既不可厚此薄彼,也不可重权轻责,更不可权责分离。离开责任的权力只能成为领导者谋私的工具。

（2）以责御权观。领导者应该以自己的责任来统御手中的权力,两者之间,责任处于主要地位,权力处于从属地位,应该且必须把权力看成是领导者履行职责的必要的工作条件。

（3）以责制权观。领导者应该时刻强化责任意识,以责任来约束权力,用权力服务于责任。江泽民同志曾多次告诫党的各级干部要"守土有责",作为领导者应进一步增强自己的使命感、责任感,为官一任,负责一方。

1.1.3.5 确立正确权力观的标准是全心全意为人民服务

毛泽东说:"我们的一切干部,不论职位高低,都是人民的勤务员,我们所做的一切,都是为人民服务。"

邓小平说:"什么是领导?领导就是服务。"

江泽民说:"树立正确的权力观,最根本的是要解决好始终保持党同人民群众的血肉联系的问题……滥用权力使党和人民的利益受到损害,那么最后必然失去最广大人民的拥护和支持。这是历史兴亡的规律,古今中外,概莫能外。"

胡锦涛说:"对领导干部来说,最根本的就是要牢固树立正确的世界观、人生观、价值观,着力解决好权力观、地位观、利益观问题,特别是要解决好坚持立党为公、执政为民的问题。只有一心为公,立党才能立得牢;只有一心为民,执政才能执得好。关键是要坚持做到权为民所用、情为民所系、利为民所谋。"

习近平总书记指出:坚定理想信念,坚守共产党人精神追求,始终是共产党人安身立命的根本。领导干部手中的权力决不是为了私利,而是一份沉甸甸的责任。

因此,我们不难得出这样的结论:领导者树立正确的权力观的前提是要能够正确地处理和把握职、权、责之间的关系;而正确地处理领导者职、权、责之间的关系的标志是全心全意为人民服务。因此能否全心全意为人民服务是检验领导者是否树立并坚持正确的权力观的唯一标准。

1.1.4 领导者的影响力与领导力

影响力是一个人在与他人的交往中,影响和改变他人心理和行为的能力。心理学认为:领导是一种施加心理影响的活动过程,每个人都可能影响别人,也都可能接受别人的影响;最能影响别人或整个群体的人就是领导者。

【相关链接】

国民党荣誉主席连战的夫人连方瑀在出版的著作中表示,对近年四次到大陆访问,尤其陪连战三度见到中共最高领导人胡锦涛,印象深刻,并形容胡锦涛给她的感觉是"望之俨然,即之也温"。"望之俨然,即之也温"语出自《论语·子张》,原文为:"子夏曰:'君子有三变:望之俨然;即之也温;听其言也厉。'"现代汉语意为:君子有三种变化:远观则庄重威严;亲近则又温和有礼;听他说的话则确定不疑又透出严厉。

1.1.4.1 领导者法定职权的影响力

法定职权包括:决策权、指挥权、人事权、财务权、奖励权、惩罚权等。由于领导者拥有上述法定权力,所以能对被领导者发挥特有的心理影响。需要强调的是,领导者对法定权力的运用是否得当,将直接导致其影响力的大小和强弱。如果领导者滥用职权或以权谋私,那么其影响力只能是负面的、消极的。

1.1.4.2 领导者知识能力的影响力

知识能力影响力又称个人专长影响力。领导者如果具有渊博的知识和较强的能力,不仅可以大大提高其工作效率和活动成效,而且可以在被领导者中产生正面、积极的影响,从而较好地实现组织目标。

1.1.4.3 领导者个性品质的影响力

个性即个人稳定的心理特征(性格、兴趣、爱好等)的总和,个性品质亦称人格特性,而人格则是道德品质的综合表现。领导者如果具有理智的性格气质和良好的道德品质,则能在被领导者心目中树立起高大的形象,形成较高的威信,从而赢得被领导者的敬佩和爱戴。

【相关链接】

外国政要评价毛泽东

日本前总理大臣大平正芳:"他是一位无限深邃而豁达的伟大思想家、战略家。他非常真诚坦率,谈起话来气势磅礴。"

美国作家史沫特莱:"中国共产党的其他领袖人物,每一个都可以同古今中外社会历史上的人物相提并论,但无人能够比得上毛泽东。"

加拿大前总理特鲁多:"毛泽东是20世纪最伟大的领袖之一。"

日本国会议员冈田春夫:"毛主席和列宁一样,改变了世界的历史,而且正在创造着历史,是20世纪最伟大的人物。表面上看来,他非常温和豪放,然而其中贯穿着激烈的解放斗争中锻炼出来的不屈不挠的斗志和敏锐高深的智慧。这样的人恐怕就是举世无双的巨人吧。"

美国中国问题专家R.特里尔:"毛泽东是20世纪的魅力超群的政治家。……他的经历,足以使他成为马克思、列宁、斯大林合为一体的中国革命的化身。"

1.1.4.4 以上3个影响力之间的关系

法定职权影响力是权力性的影响力,是一定的组织法规、群体规范和一般社会历史文化背景赋予领导者的外在的影响力。而知识能力影响力和个性品质影响力,则是与领导者个性的特征有关的、内在的影响力。就影响力的整体效果而言,个性影响力是最具主导性和决定性的、最重要的影响力。

【相关链接】

"伊索寓言"中有这样一则故事：一只山羊爬上一农家的高屋顶上，屋下有一只狼走过。山羊以为自己居高位，野狼莫奈它何，便如此骂道："你这傻瓜、笨狼。"狼于是停下来说："你这胆小鬼，骂我的并不是你，而是你现在所占的位置。"

这个寓言对被领导者的寓意是，职位能赋予管理者相应的权力；对领导者的寓意是，脱离个人实力的权力是不会长久的。

1.1.4.5 影响力就是领导力

美国培训大师约翰·马克斯韦尔的观点：领导力就是影响力。他认为领导力有 5个境界：

第一境界：职位——员工服从你，因为这是他们的职责；

第二境界：认可——员工服从你，因为这是他们的心愿；

第三境界：产出——员工服从你，因为你为企业所做的一切；

第四境界：授能——员工服从你，因为你为他们所做的一切；

第五境界：真我——员工服从你，因为你就是你。

【相关链接】

从 2009 年 10 月 16 日开始，国家工作人员或者其近亲属以及其他与其关系密切的人，利用国家工作人员职权或者地位形成的便利条件受贿的，司法机关将使用"利用影响力受贿罪"定罪处罚。

《联合国反腐败公约》(以下简称《公约》)第 18 条规定了"影响力交易"犯罪。2009年 2 月 28 日，十一届全国人大会常委会第七次会议通过了《中华人民共和国刑法修正案(七)》；其中第十三条所规定的犯罪行为与《公约》中的影响力交易罪有很多相似之处，因而在罪名上也应该与《公约》基本上保持一致。

1.1.5 领导者的执行力

1.1.5.1 执行力是贯彻组织既定战略思路、方针政策和方案计划的操作能力与实践能力

执行力是一种综合的、系统的能力，从执行活动的流程看，可解析为：

(1) 执行前期的理解策划力。

(2) 执行中期的协调推进力。

(3) 执行后期的评估提高力。

1.1.5.2 执行力的 48 字真经

(1) 执行的方针：认真第一，聪明第二。

(2) 执行的原则：结果提前，自我退后；锁定目标，专注重复。

(3) 执行的三要素：决心第一，成败第二；速度第一，完美第二；结果第一，理由第二。

1.1.5.3 不同层次人员表现的执行力不同

(1) 决策层→注重理念和机制(强调战略)→正确性。

(2) 管理层→注重协调与落实(强调策略)→有效性。

(3) 执行层→注重流程和方法(强调技术)→操作性。

执行力对个人来说是把该干的事干成功的能力。执行力对组织来说是将长远目标落到实处。

1.1.5.4 打造执行力团队

1. 团队的含义

团队是指有明确目标与个人角色定位,强调自主管理、自我控制,沟通良好,和谐合作的一种扁平型组织形式。

2. 好团队的 6 个特征

好团队的 6 个特征如下:明确的组织目标;互补的角色定位;有效的自主管理;合理的价值取向;良好的人际关系;和谐的互助合作。

3. 完善执行——有效提升团队的执行力

(1) 执行什么——领导决策→做正确的事。

(2) 谁来执行——人员→用正确的人。

(3) 如何执行——流程、控制、共识→把事做正确。

(4) 如何评价执行——总结。

(5) 执行是一种制度和文化。

(6) 执行中的共识主要来源于组织建立的执行文化。执行文化以价值为核心。

(7) 执行文化作为一种价值理念,不仅影响着组织整体与成员个体行为的方向,而且影响着他们的行为方式。

1.1.6 领导形象

"形象"——《易·系辞上》:"在天成象,在地成形,变化见矣。"《三国志·魏志·管宁传》:"宁少而丧母,不识形象。"前者指物的形体,后者指人的面貌。

什么是领导形象?

领导形象是领导者内在素质的外在展示和流露,是领导者自身领导实践的客观后果,是一个运动变化的过程。

领导形象是领导干部自身修养的外在表现。作为一名领导干部,只有从多方面加强自身修养,才能塑造良好的领导形象。

1.1.6.1 自我诊断——塑造领导形象的第一环节

1. 认识自己,自知之明

在古希腊一座智慧神庙大门上,写着这样一句箴言:"认识你自己。"古希腊人把它奉为"神谕",当作最高智慧的象征。而"人贵有自知之明"则是中国的经典名言。

自知之明——自知:自己了解自己;明:看清事物的能力。"自知之明"指了解自己的情况,对自己有正确的估计。一个严于解剖自己的人,往往是有自知之明的。如孔子说:"吾日三省吾身。"《道德经》第三十三章:"知人者智,自知者明。"

自知之明,就是自己能了解自己,自己能认识自己。有的人可能说:"我就是自己,怎能说不认识、不了解自己呢?"其实不然。有的人可以了解他人,了解环境,了解社会,甚至了解世界,但是,要做到有自知之明,是很难的。大千世界,茫茫人海,能够真正认识自己的人很少,而不能认识自己的人却很多。

领导者怎样认识自己呢?

首先应加强自我意识。自我意识是指人对自身的活动（心理、行为）、自身的状态和特点、自身与外部对象的关系等方面的认识和评价。

威廉·科恩曾说："请创造个机会认识自己，但它决非镜子。"

【相关链接】

唐贞观十七年（643），魏徵病逝家中，太宗亲临恸哭，赠司空，谥曰文贞；并亲为制碑文，复自书于石。特赐其家食实封九百户。太宗后尝谓侍臣曰："夫以铜为镜，可以正衣冠；以古为镜，可以知兴替；以人为镜，可以知得失。朕尝保此三镜，以防己过。今魏徵殂逝，遂亡一镜矣。"因泣下久之。

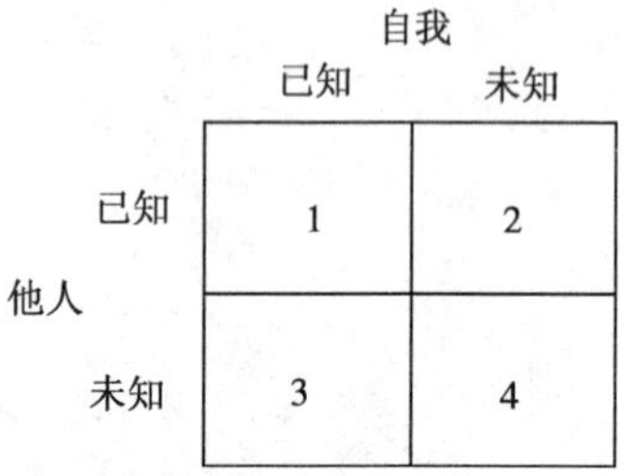

自我

	已知	未知
已知	1	2
未知	3	4

他人

图 1.2　领导者素质示意图

其次，领导者应注意自我与他人在认识自己和评价自己方面的差距。能实事求是地进行自我评价的领导者是一个头脑清醒的领导者。（见图 1.2）

图 1.2 中，"1 区"是双方都已觉察的区域，"4 区"是双方都未觉察的区域，"3 区"是自己已经意识到而他人不曾觉察的区域，"2 区"是他人已觉察而自己未意识到的区域。

对领导者最不利的是"2 区"，领导者的重要任务是扩大"1 区"，取得自己和他人在认识和评价上的一致，使自我意识中反射的"我"与现实的"我"一致，并及时主动地对自己的行为做自我调节，使之与群众的期望一致，从而提高领导者的影响力。

【相关链接】

这样的市委书记认识自己吗？

原亳州市委书记李××为庆贺自己荣登市委书记的宝座，和"心腹"商定后下决心举行一次亳州历史上规模最大的阅兵仪式。

阅兵前一天晚上李××像新郎官一样，兴奋无比，为了不误第二天的阅兵，李××住在亳州市宾馆——榴花宾馆豪华套间（某中央领导曾住过的套间）。次日清晨，他立即召集亲信开会，布置一级警卫任务，防止有所谓的"阶级敌人"来行刺他——这位亳州市最高首长。

亳州市各行各业，只要有统一服装的单位都要参加检阅，公检、法司、土地、工商、税务等执法单位一律统一制服，武警组织方队在前。中小学也放假参加阅兵，小学生手拿花环、鲜花、红旗、彩球等迎接李××的检阅，场面十分壮观，犹如国庆检阅一样。

李××乘上一辆敞篷小汽车，模仿中央首长的姿势呼喊："同志们好！""同志们辛苦了！"受检阅的人员高呼："首长好！""首长辛苦了！"

整个阅兵式的闹剧持续了三个小时，全亳州市交通中断、全城戒严，为阅兵操练补助加班费，全市耗费 200 多万元，全部由李××批示报销，财政补贴。晚上市电视台还播放了阅兵式的全程录像，真是丑态百出，荒诞到了极点。

李××在担任亳州市委书记期间，涉嫌受贿 1 000 多万元人民币。李××1998 年 10 月调任宿县地区行署副专员，1999 年 5 月被选为宿州市副市长；2003 年 6 月，李××被宿州市人民代表大会罢免了人大代表资格，随后被正式逮捕，被判 12 年。

2. 谦虚谨慎,严于律己

谦虚包括两个要素:虚怀若谷的精神和实事求是的态度。

谨慎则是指细致严谨、小心慎重,有严密的科学态度和很强的责任心。

《尚书·大禹谟》说:"满招损,谦受益。"

所谓"严于律己",就是严格约束自己,对自己高要求,做到自我批评和自我检讨。

生活中,却常见有的人宽于律己,严以待人,凡是敝帚必然自珍自夸,凡是他人必然求全责备。

【相关链接】

仲祖文:干部不妨看低一点自己,看高一些群众。一个干部只有清醒地认识自我,才能正确地把握自我,不断提高思想境界,提升工作能力,增强党性修养,养成优良作风。

看低一点自己,名利上就会有满足感,能力上就会有危机感。看低一点自己,能少些名利,多些清醒。

看低一点自己,能少些自满,多些干劲。看低一点自己,能少些放纵,多些警惕。

3. 建立良好的人际关系

学会人际交往,培养良好的人际交往能力,是适应社会的需要。

一个没有交际能力的人,就像陆地上的船,是永远不会漂泊到壮阔的大海中去。

【相关链接】

中共十六届六中全会审议通过了《中共中央关于构建社会主义和谐社会若干重大问题的决定》,提出了到 2020 年构建社会主义和谐社会的九大目标和主要任务,其中包括"全民族的思想道德素质、科学文化素质和健康素质明显提高,良好道德风尚、和谐人际关系进一步形成"。

(1) 什么是人际关系

① 人际关系是人们在社会生活中所发生的相互关系,指人与人之间一切直接或间接的相互作用,是人与人之间通过动态的相互作用形成的情感联系。人际关系是通过交往形成的心理关系。

② 人际关系是指在一定的群体背景中,在交往的基础上形成的、由个体的个性进行调节并伴随着情感上的满意或不满意状态的、人与人之间比较稳定的心理关系。

(2) 人际关系的意义

人的成长、发展、成功、幸福都与人际关系密切相关。没有人与人之间的关系,就没有生活基础。对任何人而言,正常的人际交往和良好的人际关系都是心理正常发展、个性保持健康和生活具有幸福感的必要前提。老子有一句名言:"天网恢恢,疏而不失。"我们现在讲的最熟悉的一句,就是"法网恢恢,疏而不漏",其实,这是一种智慧的演绎。法网其实是天网当中的一部分,不是整个部分。这个人际关系之网也是"天网恢恢,疏而不失"。什么意思? 人一生下来就在这个网中,人际关系之网无处不在,无远不及,你不管在什么地方,你就在这个网当中,没有一个人能够从这个网中漏出去,也没有一个人能避开这个人际关系之网。

领导者要处理人与人的关系,如果自己没有良好的人际关系将会寸步难行。

美国卡内基工业大学对个案记录进行分析,结果发现:"智慧""专门技术"和"经验"只占成功因素的 15％，其余的 85％取决于良好的人际关系。

吴仪："人际关系也是生产力。"

（3）人际吸引的条件

人际吸引是人与人之间的相互接纳和喜欢。

心理学家通过广泛研究后认为，人际吸引的条件主要是熟悉、吸引人的个人特征（才能、外貌、个性品质）、相似与互补、喜欢与爱情等。

（4）如何建立良好的人际关系

① 掌握人际关系的原则

交互原则——人际关系的基础是人与人之间的相互重视、相互支持。

我国古人所说的"爱人者，人恒爱之""己所不欲，勿施于人"是有其心理学基础的。

交换原则——心理学家霍曼斯于 1961 年提出，人与人之间的交往本质上是一个社会交换过程。

自我价值保护原则——自我价值（Self-value）指个人对自身价值的意识与评判；自我价值保护指人为了保持自我价值的确立，心理活动的各个方面都有一种防止自我价值遭到否定的自我支持倾向。

② 掌握人际交往的方法

建立良好的人际关系，是一个人事业成功的基础。左右逢源，游刃有余，需要一颗宽容的心，需要真诚，需要积极交往的主动性，塑造良好的个人形象，善用各种交际手段。

③ 克服社会知觉中的偏差

老子说："知人者智。"老子说，能认识别人，是一种心智、一种智慧、一种机智。一个人在人际关系中，对于交际的对象不了解，就是缺少了人际交往中的心智、智慧、机智。

老子教导我们："自知者明。"人际关系是自己和别人打交道，只了解对方一方不行，还要了解自己，深刻地认识自己。知道自己，就是一种明白、一种聪明、一种精明。因此，老子说："知人者智，自知者明。"这是何等美妙的人际交往的智慧啊！老子非常懂得辩证法，他教你得把两方面辩证地结合起来。只有一方的"知人之智"不行，只有另一方的"自知之明"也不行，而应当合起来，既有知人之智，又有自知之明，这才能在人际关系中做到明智。

④ 塑造良好的个人形象，增进个人魅力

社会交往中，个体的知识水平与涵养直接影响着交往的效果，良好的个人形象应从点滴开始，从善如流，"勿以善小而不为，勿以恶小而为之"。

提高心理素质。人与人的交往，是思想、能力与知识及心理的整体作用，哪一方面的欠缺都会影响人际关系的质量。因此，应加强自我训练，提高自身的心理素质，以积极的态度进行交往。

提高自身的人际魅力。每个个体都有其内在的人际魅力，它是一个人综合素质在社交生活中的体现。这就要求领导者丰富自己的内心世界，从仪表到谈吐，从形象到学识，多方位提高自己。

⑤ 培养主动交往的态度

培养主动交往的态度，特别是当面临人际危机时，主动解释，消除误解，重新建立良好的人际关系非常重要。

⑥ 提高人际交往的技巧

讲究"处下"——老子在人际关系中讲究"处下"，也就是要自己处在"下方""下位""下层"。这是一种智慧的定位。为什么呢？大家一想就知道了，因为大家已经了解老子的理念了，老子教导人们一切遵循"道"而行动，而"道"就是处下的，所以交往中也要选择"处下"。

在老子人际关系的"处下"理念中，还有一个大智慧，即"善用人者为之下"。在人际交往中，你要成功，你要成就大事业，那就得依靠别人，你事业做得越大，你需要用的人就越多，那你就得"善用人"，就一定要能够"为之下"，就是处在对方的下面，对人谦卑，否则谁愿意听你使唤？

当然，光有"处下"的理念是不够的，还应该有实际行动，老子是叫你不仅在理念上，而且在实际行动中都要"处下"。有"处下"的理念难，实行"处下"很难，在很高的位置上还能做到"处下"就更难了。

换位思考——这对建立良好的人际关系很重要。如果我在他的位置上，我会怎样处理？经常站在对方的角度去理解和处理问题，一切就会变得简单多了。懂得"己所不欲，勿施于人"。懂得别人是别人而不是自己，因而不能强求，与人相处应存大同，求小异。真诚被认为是人际关系的核心。

"不争"而胜——现代社会做任何事都存在竞争，而且竞争的势头愈演愈烈。怎样做才能在竞争中立于不败之地呢？这确实是一门高深的学问。其实，早在2 500多年前，中国哲学之父老子就在他的"奇书宝典"《道德经》中，为我们道出了应对竞争的绝招，就是"不争"。可是，在竞争激烈的当代社会中，不去争又怎么能取得成功呢？争与不争之间，到底有什么奥妙和玄机呢？

老子从天道当中悟出了"不争"的观点。他认为人要效法天道，学习顺应环境，不去争，做到有利于别人也有利于自己。乍听起来，这种理念似乎有些让人费解，又有一点冠冕堂皇。

老子"不争"遵循的是"上善若水，水善利万物而不争"。而正是水往低处流，总是停留在众人讨厌的低洼地方，水才能汇成江海。用今天的话说就是，一个人要善于选择适合自己的位置，专心做好自己的工作，做人之不能做，想人之不能想，别人也就不能和自己苦苦相争了，也正是因为保持了与世无争的心态，才不会招惹怨恨。老子的这种理念，表面上看是主张不去竞争，而这种不争的极致，却是要取得胜利，这一招更加厉害，更胜人一筹。

⑦ 保持适当的人际距离

距离可以分为时间距离、空间距离和心理距离3种，很多时候这几种距离是可以同时存在、不可分割的。

距离产生美。如果我们无法发现美，那么其中一定存在困难；我们处理困难，就是克服美与距离之间的矛盾；只要二者之间的矛盾克服了，美就会呈现在我们眼前。

韩愈《早春》："天街小雨润如酥，草色遥看近却无。最是一年春好处，绝胜烟柳满皇都。"天上下着小雨,把皇城大地湿润得松软,小草钻出地面,远看一片浅绿近看却无。一年之中最美的就是这早春的景色,它远远胜过了满城烟柳的京城晚春的景色。

所以我们想发现美,就应该处理好一个度的问题。当我们靠一幅画太近的时候,我们会有一种混沌的感觉而不是美;当我们贴近鲜花时,我们会觉得是馥郁也不是美。反之,如果距离太遥远了,我们得到的只会是一片模糊,也不是美。

美是依赖距离来塑造的。因此,凡是想建立良好的人际关系的人,不得不处理好美与距离的矛盾;太近的距离,容易彼此厌倦,太遥远,又容易彼此疏忘,其关键就在于处理好距离与美之间的矛盾。

总之,没有距离,便没有美。我们想拥有美,在追求的过程中就应该把握好一个度,也就是说处理好美与距离之间的矛盾。承认距离之妙的人是客观的人,清醒的人;承认并善于寻找最佳距离的人是真正聪明的人、理智的人、深刻的人。

1.1.6.2 科学设计——塑造领导形象的第二环节

1. 应注意自我的4个方面

(1) 现实的我——他人对自己的评价;

(2) 理想的我——自我完善的目标;

(3) 记忆的我——自己的过去;

(4) 反射的我——自我评价。

2. 领导形象的总体要求

(1) 道德高尚的人格形象;

(2) 知识广博的学者形象;

(3) 廉洁勤政的公仆形象;

(4) 公道正派的正气形象;

(5) 开拓进取的创新形象。

1.1.6.3 树立维护——塑造领导形象的第三环节

1. 提升内在素质是树立维护领导者良好形象的根本方法

领导形象是领导者内在素质的外在展示和流露,是领导者自身领导实践的客观后果,是一个运动变化的过程。

领导形象是领导干部自身修养的外在表现。作为一名领导干部,只有从多方面加强自身修养,才能塑造良好的领导形象。

2. 工作政绩是树立维护领导形象的主要途径

工作政绩(或者说绩效),是领导者各种素质的综合表现,也是领导形象的主要展现。下级对上级的拥戴、上级对下级的赏识、同级之间的钦佩无不通过工作政绩得出结论。因此,做好本职工作,取得实实在在的政绩,才能为树立领导者的良好领导形象打下扎实的基础。一般说来,公众与领导者不会有太多的直接接触的机会,更多的是经过宣传来了解领导者,最有力的宣传内容就是工作绩效。

3. 加强宣传是树立维护领导形象的必由之路

俗话说:"酒香不怕巷子深。"这是因为酒的香气能够飘出巷外,让人们闻到。但从主动宣传的角度来看,"酒香也怕巷子深",我们应重视媒体的宣传作用,使之为树立领导者的领导形象服务。

4. 方法与艺术是树立、维护领导形象的直接手段

详见第1.5节。

【相关链接】

习近平：做焦裕禄式的县委书记

习近平在中央党校县委书记座谈会上说："我一直认为,焦裕禄同志为县委书记树立了榜样。我多次去过兰考县,去年第二批党的群众路线教育实践活动中又去了两次。每每踏上兰考的土地,我的心情都很激动。焦裕禄同志以自己的实际行动塑造了一个优秀共产党员和优秀县委书记的光辉形象。做县委书记,就要做焦裕禄式的县委书记。怎样做焦裕禄式的县委书记? 有很多角度可以谈,今天,我想从心中有党、心中有民、心中有责、心中有戒四个方面来谈谈这个问题。"

1.2 领导者的素质

1.2.1 领导者素质的含义

素质是指事物本来的原有的特殊内在规定性。

领导者的素质是指在先天的生理、心理条件的基础上,经过后天的学习、教育、实践和锻炼而逐渐形成的,在其从事领导工作的过程中经常起作用的要素,即领导者在政治、知识、能力、个性、身体等方面的基本条件。

新加坡对企业家素质的要求为:

(1) 人格——大智、大勇、大仁;

(2) 知识——知识广、见识丰、胆略高;

(3) 魅力——冷静、沉着、勇敢、能言、善辩。

【相关链接】

《论语·宪问》:"仁者不忧,知(智)者不惑,勇者不惧。"《中庸》:"好学近乎(接近)知(智),力行近乎仁,知耻近乎勇",并把"智""仁""勇"称为"天下之达德(通行于天下的美德)。"

美国普林斯顿大学包莫尔教授提出了企业家应具备的十大条件,即合作精神、决策才能、组织能力、精于授权、善于应变、勇于负责、敢于创新、敢担风险、尊重他人、品德超人。

【相关链接】

丹尼尔·皮诺提出的强大领导力的6个特点

强大领导力的6个特点如下:

(1) 具有指引企业前进方向的能力;

(2) 在关键时刻具有快速决策的决断力;

(3) 自信,他是火,具有点燃别人的能力;

(4) 具有强大的沟通能力;

(5) 具有与人打交道的兴趣,他的一个微笑都能影响到周围的人;

(6) 具有资源管理能力。

1.2.2　领导者素质的特性

领导者素质具有以下 3 个特性：

（1）时代性——不同的时代对领导者素质有不同的要求；

（2）层次性——不同层次的领导工作应有不同素质的要求；

（3）综合性——懂业务、会管理的复合型人才。

【相关链接】

诸葛亮《将器》

将之器，其用大小不同。若乃察其奸，伺其祸，为众所服，此十夫之将（将帅的气质、气度不同，其本领、作用就有大小之分。如果能察觉他人的奸诈，看到事物潜伏的危害、祸端，被部下所信服，这种将领为十夫之将，可以统领十人的队伍）。夙兴夜寐，言词密察，此百夫之将（如果早起晚睡，整日为公事操劳，言辞谨慎小心，能倾听部下的心声，这种将领为百夫之将，可以统领百人的队伍）。直而有虑，勇而能斗，此千夫之将（为人耿直又深谋远虑，勇猛善战，这样的将领是千夫之将，可以统领千人的队伍）。外貌桓桓，中情烈烈，知人勤劳，悉人饥寒，此万夫之将（外表威武，内心蕴藏着丰富的感情，个性光明磊落，能了解别人的努力和辛苦，又能关心他人的饥寒情况，这种将领为万夫之将，可以统领万人的部队）。进贤进能，日慎一日，诚信宽大，闲于理乱，此十万人之将（能举贤能之人，进德修业，不断充实自己，为人忠诚、可信、宽容、大度，善于治理乱世，这样的将领为十万人之将，可以统领十万人的部队）。仁爱洽于下，信义服邻国，上知天文，中察人事，下识地理，四海之内，视如室家，此天下之将（能以仁爱之心待部下，又能使邻国信服，知晓天文，善处人际关系，知识地理，放眼四海之内，治家如同治国，治国如同治家，和谐圆满，这样的将领是天下之将，可以治理整个天下）。

借鉴美国学者卡兹的观点，不同层次的领导者在素质方面的要求见图 1.3。

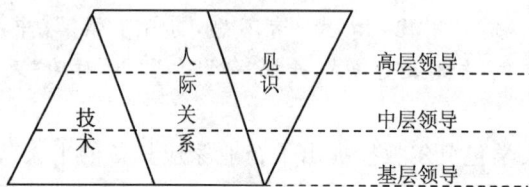

图 1.3　不同层次的领导者素质示意图

1.2.3　领导者的政治素质

江泽民同志在《论党的建设》中指出："领导干部一定要讲政治。我这里所说的政治，包括政治方向、政治立场、政治观点、政治纪律、政治鉴别力、政治敏锐性。"

讲政治要重点解决 4 个问题：

（1）共产主义信仰的坚定性；

（2）与中央保持一致的自觉性；

（3）为人民服务的彻底性；

（4）干部作风建设的紧迫性。

1.2.4　领导者的知识素质

领导者的知识素质主要包括以下 5 个方面：

（1）具备一定的文化程度；

（2）掌握基本的理论知识；

（3）精通两门以上的专业知识；

（4）具有比较宽广的知识面；

（5）尊重知识、尊重人才是解决"外行领导内行"的关键。

1.2.5　领导者的能力素质

能力通常是指完成一定活动的本领，包括完成一定活动的具体方式，以及完成一定活动所必需的心理特征。能力是在人的生理素质和心理素质的基础上，通过教育和培养在实践中形成和发展起来的。

1.2.5.1　领导者的基本能力

领导者的基本能力包括观察力、记忆力、想象力、思维力和创造力等。

1.2.5.2　领导者的自我完善能力

（1）科学思维能力；

（2）自我表达能力；

（3）开拓创新能力。

【相关链接】

钱学森谈思维与创新

钱学森说："我从小不仅对科学感兴趣，对艺术也有兴趣，读过许多艺术理论方面的书，像普列汉诺夫的《艺术论》，我在上海交通大学念书时就读过了。这些艺术上的修养不仅加深了我对艺术作品中那些诗情画意和人生哲理的深刻理解，也学会了艺术上大跨度的宏观形象思维。我认为，这些东西对启迪一个人在科学上的创新是很重要的。科学上的创新光靠严密的逻辑思维不行，创新的思想往往开始于形象思维，从大跨度的联想中得到启迪，然后再用严密的逻辑加以验证。"

1.2.5.3　领导者履行领导职责的能力

1. 十六大对各级党委和领导干部提出的要求

（1）不断提高科学判断形势的能力；

（2）不断提高驾驭市场经济的能力；

（3）不断提高应对复杂局面的能力；

（4）不断提高依法执政的能力；

（5）不断提高总揽全局的能力。

有关部门问卷调查显示：在受访的县级以上干部中，66.9％的人表示自己驾驭市场经济的能力不强，58.1％的人表示科学判断形势的能力比较弱，表示应对复杂局面、依法执政、总揽全局能力不强的，分别占 35.7％，43.4％和 19.9％。

2. 十六届四中全会的要求

十六届四中全会审议通过了《中共中央关于加强党的执政能力建设的决定》（执

政，即掌握政权，掌理国家政事，主要表现为行使国家权力的活动，而领导可以与政权相联系，也可以与政权无关，领导的外延比执政宽泛得多），对全党和各级政府提出了以下5种能力的要求：

（1）不断提高驾驭社会主义市场经济的能力；

（2）不断提高发展社会主义民主政治的能力；

（3）不断提高建设社会主义先进文化的能力；

（4）不断提高构建社会主义和谐社会的能力；

（5）不断提高应对国际局势和处理国际事务的能力。

3. 习近平：各级领导干部要努力提高6个方面的能力

2009年3月1日，中共中央政治局常委、中央书记处书记、中央党校校长习近平出席中央党校春季学期开学典礼并作重要讲话。

习近平指出，提高领导干部推动科学发展的能力，是当前干部队伍建设的一项根本任务。各级领导干部要努力提高6个方面的能力，即要提高：

（1）统筹兼顾的能力；

（2）开拓创新的能力；

（3）知人善任的能力；

（4）应对风险的能力；

（5）维护稳定的能力；

（6）同媒体打交道的能力。

在此之前，党的十六大曾强调领导干部要着力提高5种能力——科学判断形势的能力、驾驭市场经济的能力、应对复杂局面的能力、依法执政的能力和总揽全局的能力；十七大报告强调了要提高运用科学理论分析和解决问题的能力、拒腐防变能力。相比之下，习近平这次提出的6个能力中，前3个是中央一直以来的要求，而后3个却是近段时间以来中央领导同志在不同场合加以强调的能力建设新要求。

这次，"六个能力"由主管党建和组织工作的习近平同志在中央党校春季开学典礼上正式发表，说明中央对各级领导干部的能力建设，已根据形势和任务的变化做出了相应调整。同时也说明，后面这3个能力所对应的问题，已是当前各级领导干部面临或者即将面临的严重问题。

第一个，提高应对风险的能力。习近平强调，要善于对各种可能出现的风险进行科学预判和超前准备，增强临机处置能力，化风险为机遇，化被动为主动。当前各级领导干部的现状是，有一大部分领导经济社会发展的能力都尚欠缺，面对世界金融危机带来的巨大冲击，更是束手无策、无计可施，科学预判、应对危机和化险为夷更是谈不上。如果只是个别领导干部存在这方面问题，还无碍大事。如果不是，那么中央做出的一系列重大决策要产生预期效果就有难度了。所以，必须强调提高应对风险的能力。

第二个，提高维护稳定的能力。习近平强调，要善于见微知著，增强维护稳定的果断性，及时化解矛盾纠纷，妥善处理群体性事件。这一点与2008年以来我国社会稳定方面出现的各类问题及中央对2009年社会形势的判断有关。一方面，2008年以来"藏独""台独""疆独"势力兴风作浪，虽然受到了一定的打击，但2009年一定会继续作崇;另一方面,由于经济形势受金融危机影响增速减缓,失业人数增加,大学生就业压力加大,一些潜在的社会矛盾也会陆续呈现。而一些地方党委政府在群众事务中处理不当,也会引发一些群体性事件。如何防患于未然,是考验各级领导干部的维护稳定能力的一个重要标杆。这里,习近平同志分别提了 3 个要求,即:对分裂势力,要有"果断性";对各类矛盾纠纷,要"及时化解";对群体性事件,要"妥善处理"。这 3 个要求是很有针对性的。如果不能按照这 3 个要求处理好,那么个别地方的社会稳定就会有危险。

第三个,提高同媒体打交道的能力。习近平强调,善于正确运用媒体、科学管理媒体,可以有效引导社会舆论。这个能力的"新",就在于中央第一次把媒体提升到各级领导干部的工作对象的位置。之前的提法一般是"注重舆论宣传,加强舆论引导,营造良好氛围"之类,现在要求各级领导干部有意识地把媒体作为推动科学发展的载体。这对一直以来怕媒体、烦媒体的领导干部,对轻视媒体、回避媒体的领导干部,对乱用媒体、通过舆论搞一言堂的领导干部,都是一种很好、很及时的警示。

1.2.6 领导者的个性素质

个性素质在西方又称为人格特征。传统的特性理论认为,领导者的特性是与生俱来的,生而不具备某种特性的人,就不具备担任领导者的条件。近年来,美国的一些心理学家在研究中抛弃了许多"先验论"的唯心主义观点,将特性理论归纳为 6 个方面,分别是:了解下属;尊重人格;敢担风险;善于激励;富于进取;精于决策。

我国的有关学者认为,领导者的个性素质应包括 3 个方面,即性格特征、道德品质和气质特征。

1.2.6.1 领导者的性格特征

人的性格可分为不同类型,最常见的有沉默型、活泼型、中间型、儿童型、家长型、成熟型。

一般而言,中间型和成熟型是较为合适的领导者的性格类型,因为它兼有内倾和外倾的长处,具有独立性,自控能力强,冷静理智,考虑周密,并能较好地处理人际关系。

关于领导者应该具备什么样的性格特征的问题,说法各异,观点不同,笔者比较赞同这样的表述:对己——自律、自制、自信、自强;对人——诚实、宽容、谦逊、热情;对事——负责、果断、沉着、机智;对组织——忠诚、服从、热爱、维护。

俗话说:"江山易改,本性难移。"但"难移"不等于不可移,人的性格特征的确依赖于先天因素,但后天的教育、环境的影响、实践的磨炼都可以使人的性格产生一定的改变。对于领导者来说,其性格的改变是为了适应客观的需要和要求,有的时候甚至是为了自己和组织的生存与发展。

1.2.6.2 领导者的道德品质

道德是社会意识形态之一,是社会调整人与人之间及个人与社会之间关系的行为规范的总和,它以善与恶、正义与非正义、公正与偏私、诚实与虚伪、荣誉与耻辱等道德概念来评价人们的各种行为和调整人与人之间的关系。

道德品质对于塑造一个成功的领导者的形象来说是至关重要的。在当今社会的一些领域和一些地方，道德失落，是非、善恶、美丑界限混淆；拜金主义、享乐主义、极端个人主义有所滋长；见利忘义、损公肥私行为时有发生；不讲信用、欺骗欺诈成为社会公害；以权谋私、腐化堕落现象严重存在。因此，领导者的道德品质如何，不仅关系到个人的形象和成功与否，而且关系到其所领导的地方、单位、部门的道德建设的成败。

【相关链接】

（1）宋朝司马光在《资治通鉴》中将"德"的评价标准表述为："才者德之资也，德者才之帅也。是故德才全尽谓之圣人，才德兼亡谓之愚人，德胜才谓之君子，才胜德谓之小人。"

（2）康、雍、乾年间有个三朝元老孙嘉淦，曾对君子和小人的问题发了一通议论。他说："德为君子独有，才为君子、小人共有。小人之才常胜于君子。语言奏对，君子直讷，小人诡谀。奔走周旋，君子笨拙而小人伶俐。课考劳绩，君子常孤行其意，又耻于言功，小人则巧于迎合，工于显勤。"然而，皇上听了只给予有保留的肯定。因为"君子不能兼而有才，凡小人莫不有才"；"大抵贪官人缘都好"，皇上只能做到"既防君子受到诬陷，又要用小人之才"。乾隆登基不久，孙嘉淦呈《三习一弊疏》："耳习于所闻，则喜谀而恶直"；"目习于所见，则喜柔而恶刚"；"心习于所是，则喜从而恶违"；"三习既成，乃生一弊。何谓一弊？喜小人而厌君子是也"。这些精辟的见解受到了乾隆皇帝的赞扬。

（3）胡锦涛总书记于 2006 年 3 月 4 日提出"八荣八耻"：

以热爱祖国为荣，以危害祖国为耻；

以服务人民为荣，以背离人民为耻；

以崇尚科学为荣，以愚昧无知为耻；

以辛勤劳动为荣，以好逸恶劳为耻；

以团结互助为荣，以损人利己为耻；

以诚实守信为荣，以见利忘义为耻；

以遵纪守法为荣，以违法乱纪为耻；

以艰苦奋斗为荣，以骄奢淫逸为耻。

1.2.6.3 领导者的气质与风度

气质是人的特征之一，亦称为人的个性色彩，一般通过人与人之间的交往过程显示出来。广义的气质包括气量和气魄，领导者的气质应具有宽容大度、心胸坦荡、容人的器量、容忍的修养以及大胆果断、临危不惧、机智灵活、审时度势的超常特征。正如曹操与刘备"青梅煮酒"时所说："夫英雄者，胸怀大志，腹有良谋，有包藏宇宙之机，吞吐天地之气者也。"

风度指人的言谈、举止、态度（与气质大同小异），包括以下几种：

（1）政者风度——"先天下之忧而忧，后天下之乐而乐"；

（2）将者风度——"敌人围困万千重，我自岿然不动"；

（3）师者风度——"学而不厌，诲人不倦"；

（4）商者风度——"君子爱财，取之有道"。

领导者的风度集中体现在以下几个方面：

（1）待人的态度——风度之先；

（2）审事的高度——风度之基；

（3）办事的力度——风度之要；

（4）容人的气度——风度之神。

领导者要想拥有良好风度就必须做到：精神面貌朝气蓬勃；性格心理光明磊落；协调关系不卑不亢；谈吐衣着庄重大方。

1.2.7　领导者的身体素质

身体是思想、认识、能力和道德的载体，身体是领导者从事领导活动的本钱。不珍惜身体健康的领导者是愚昧的领导者。加强锻炼、有张有弛、合理用心、乐观幽默是领导者保持身体健康的必由之路。

1.3　领导者的职能

职能是职责与功能的总称。职责是上级组织赋予的与权力相对应的工作任务；功能指自身应该具备的能力。《汉书·杜钦传》说："观本行于乡党，考功能于官职。"

领导者的主要职能包括科学决策、识人用人、指挥协调、监控激励。

1.3.1　科学决策

决策是领导者为了实现某一特定的目标，借助于一定的科学手段和方法，从两个或两个以上的可行性方案中，选择一个最优方案并付诸实施的全部过程。换言之，决策就是在一个岔路口选择一条正确道路的过程。

决策过程如图1.4所示。

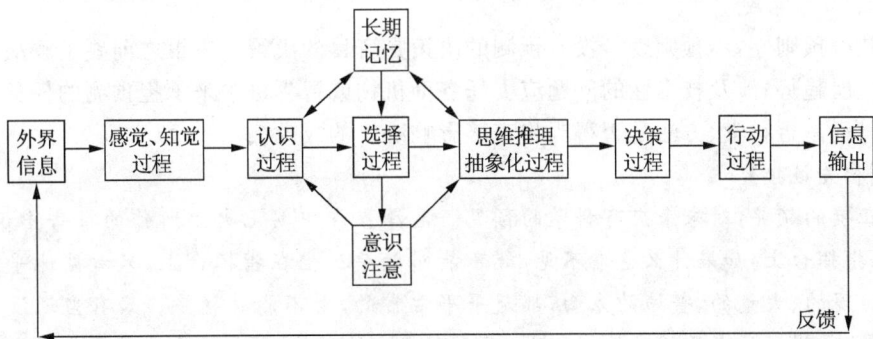

图 1.4　决策过程示意图

1.3.1.1　决策的原则

1. 信息原则

信息原则是决策的前提和基础，决策结果的正确与否与掌握信息的数量、质量成正比。应能动捕捉、科学分析、多方比较、精心选择、合理利用信息。

【相关链接】

中国动车组技术引进谈判揭秘：首次招标节省90亿元

据介绍，中国方面在谈判时采用"战略买家"策略，即先把国内几十家列车生产企业召集在一起，讲明引进动车组技术事关国家和民族利益，明确只由四方股份和长客股份两家与国外厂商谈判，其他企业一概不准与外方接触。

在"我们最大的筹码——中国铁路独一无二的市场优势"的吸引下，国外厂商不得不降价。"'十一五'期间，中国铁路将建设时速 200 公里及以上的客运专线和城际轨道交通 7 000 公里。而日本近几年在建高铁只有 300 多公里，世界上高铁运营里程总共也只有 6 763 公里，发达国家铁路市场已接近饱和。国外高速列车巨头不得不同意转让技术。"但如果这个市场被分割成小块，不同利益主体分头出击，就会大大降低各自分量，很容易被对手各个击破。

鉴于此，铁道部充分运用了"战略买家"的策略。主持整个谈判的铁道部总工程师张曙光形容这是"用一道大墙把国内所有资源严密地围了起来，只给外方留一个小门"。这样，中方在谈判桌上以两家公司对四家公司，始终牢牢掌握着主动权。

2004 年，德国西门子公司参加了第一次动车组招标，非常自信地认为中国一定会选择它，因此开出了天价：每列原型车价格 3.5 亿元人民币，技术转让费 3.9 亿欧元。直到最后一天晚上，西门子仍不肯让步。中方谈判代表说："如果技术转让费不降到 1.5 亿欧元以下，原型车单车价格不降到 2.5 亿元人民币以下，这次你们肯定出局。"西门子的首席谈判代表很傲慢地反问："可能吗？"那时已是子夜。第二天一开标：阿尔斯通、川崎、庞巴迪获得与中国企业合作的机遇，而西门子出局。随即，西门子股票狂跌，总裁引咎辞职，其与中国谈判的团队集体撤职。

第二年，西门子又来竞标，不仅原型车每列价格降到 2.5 亿元人民币，还以 8 000 万欧元的低价转让了关键技术。这使我国实现了动车组的低成本技术引进，节省了大约 90 亿元人民币的采购成本；整车采购价格比西班牙低 14％，比韩国低 20％，比我国台湾地区低 40％。

2. 预测原则

凡事预则立，不预则废。没有预测的决策是盲目的决策。决策之前要了解决策对象的发展趋势；涉及技术性的问题应委托咨询机构或智囊班子来承担预测的任务。预测的过程是否科学、方法是否得当将直接影响决策的成效。

【相关链接】

正确的领导，对未来应有科学的预见。毛泽东在中共七大上所作的报告中说过："坐在指挥台上，如果什么也看不见，就不能叫领导。坐在指挥台上，只看见地平线上已经出现的、大量的、普遍的东西，那是平平常常的，也不能算领导。只有当还没有出现大量的、明显的东西的时候，当桅杆顶刚刚露出的时候，就能看出这是要发展成为大量的、普遍的东西，并能掌握住它，这才叫领导。"

3. 可行性原则

可行性原则是衡量决策正确性的重要标志。对决策方案应定性、定量地进行分析，既考虑需要又考虑可能，既注意眼前又预及未来，充分权衡利弊得失，正确评估方案结果。

4. 系统性原则

在制定决策、方案过程中应充分考虑整个系统与相关系统的关系、决策对象本身与外界环境的关系，按照局部服从整体、暂时服从长远的要求完成系统化的决策。

5. 客观性原则

决策应坚持实事求是,一切从实际出发,应以客观事实为依据,制订的方案不能违背客观性原则。错误的决策总是以脱离客观实际为主要特征的。

6. 对比选优原则

科学决策必须建立在多种方案的基础之上,这就要求决策者坚持这样的原则:任何一项决策必须准备两种以上的方案;在决策过程中必须科学论证各个方案的利弊;进行周密的对比分析后再行拍板。

7. 多标准原则

有些重大事项的决策需要满足多方面的标准和要求(如三峡工程,涉及资源、能源、交通、地理、生态、经济、文化、政治、军事等许多领域),决策者应按照"确保重点,照顾一般,有限合理,足够满意"的原则综合评价方案的优劣。

8. 集体决策的原则

决策的主体应由领导者和智囊参谋人员根据工作需要组成,决策的过程应采取民主集中制的方法,充分酝酿,集体讨论,并根据实际情况采取相应方式进行表决。主要领导者切忌独断专行,更不要以个人意志代替集体意志。

1.3.1.2 决策的程序

领导者进行决策需要遵循一定的程序,如图1.5所示。

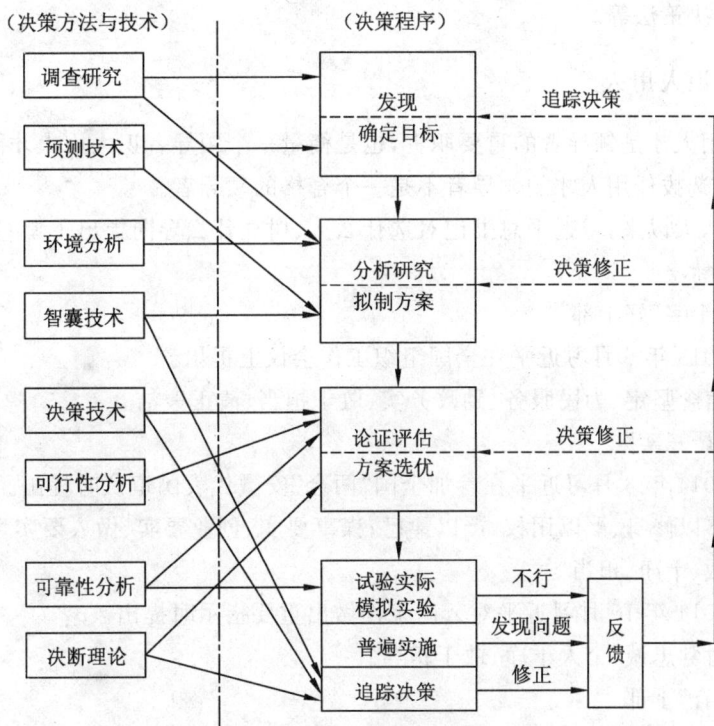

图 1.5 决策程序图

1.3.1.3 决策的方法与技术

1. 回归分析法

回归分析法是以事物内部因果关系为依据的预测方法。在定性分析的基础上,运用一元回归方程模式（$y = kx$）研究实际数据，找出规律性及各种因素的相互联系。

2. 数学模型法

数学模型法是通过数学分析来选择最优方案的方法。在事物的自然状态完全肯定的情况下，按照一定的数量关系建立数学模型，采用相应的计算方法，从中选择最优方案。

3. 决策树法

决策树法是一种普遍用来分析和预测决策结果的有效方法。它把两个以上的方案可能产生的行为结果，通过期望值和期望概率所提供的有关要素，绘制树形图，再计算比较各个方案在各种状态下的平均期望值，从而选择最优方案。

4. 智力激励法

智力激励法又称集体思考法。最早提出这一方法的是美国著名的创造学家亚历克斯·F.奥斯本，20世纪50年代流行于欧美，后传入日本，成为被广泛采用的"头脑风暴法"。

这一方法是举行小型会议（6～10人），围绕决策对象进行自由讨论，要求各抒己见、相互启发、不得指责、任意想象、引起"共振"，激发更多的独创性见解和创造性设想，以推动决策问题的解决。

除上述4种方法外，还有差别成本分析法、最小最大损益值法、专家创造法、专家意见法、程序决策法等。

1.3.2 识人用人

选拔任用人才是领导者的重要职责，也是衡量一个领导者识人用人才能的重要条件，不能正确选拔任用人才的领导者不是一个合格的领导者。

党的十八大以来，习近平总书记对选什么人、树立什么导向提出了哪些新的要求？

1. 用人标准

（1）"二十字"好干部

背景：2013年6月习近平在全国组织工作会议上提出。

内容：信念坚定、为民服务、勤政务实、敢于担当、清正廉洁。

（2）"三严三实"

背景：2014年3月习近平在参加全国"两会"安徽代表团审议时提出。

内容：严以修身、严以用权、严以律己；谋事要实、创业要实、做人要实。

（3）忠诚、干净、担当

背景：2014年10月习近平对云南工作做出重要指示时提出。

内容：对党忠诚、个人干净、敢于担当。

（4）"四有"干部

背景：2015年1月习近平在中央党校县委书记座谈会上提出。

内容：心中有党、心中有民、心中有责、心中有戒。

（5）"五个必须"

背景：2015年1月习近平在十八届中央纪委五次全会上提出。

内容：必须维护党中央权威、必须维护党的团结、必须遵循组织程序、必须服从组织决定，必须管好亲属和身边工作人员。

（6）"四个人"

背景：2015年6月习近平在会见全国优秀县委书记时提出。

内容：政治的明白人、发展的开路人、群众的贴心人、班子的带头人。

（7）"四铁"干部

背景：2015年12月习近平在全国党校工作会议上提出。

内容：铁一般信仰、铁一般信念、铁一般纪律、铁一般担当。

2. 用人导向

（1）信念坚定

党员、干部要坚定马克思主义、共产主义信仰，脚踏实地为实现党在现阶段的基本纲领而不懈努力，扎扎实实做好每一项工作，取得"接力赛"中我们这一棒的优异成绩。

——2013年8月习近平在全国宣传工作会议上指出

（2）敢于担当

坚持原则、敢于担当是党的干部必须具备的基本素质。担当大小，体现着干部的胸怀、勇气、格调。

——2013年6月习近平在全国组织工作会议上指出

（3）真抓实干

要树立正确政绩观，多做打基础、利长远的事，不搞脱离实际的盲目攀比，不搞劳民伤财的"形象工程""政绩工程"，求真务实，真抓实干，勇于担当，真正做到对历史和人民负责。

——2013年2月习近平在中共十八届二中全会第二次全体会议上指出

（4）群众拥护

使那些对群众感情真挚、深得群众拥护的干部……公众形象好的干部，得到褒奖和重用。

——2013年2月习近平在甘肃调研时强调

3. 用人原则

2014年1月，新版《党政领导干部选拔任用工作条例》出台，第二条规定，选拔任用党政领导干部，必须坚持以下原则：

（1）党管干部原则；

（2）五湖四海、任人唯贤原则；

（3）德才兼备、以德为先原则；

（4）注重实绩、群众公认原则；

（5）民主、公开、竞争、择优原则；

（6）民主集中制原则；

（7）依法办事原则。

1.3.2.1 识人用人的原则

1. 德才兼备，不拘一格

选拔任用人才首先要善于识别人才，而识别人才的首要标准就是德才兼备。古人云："才者德之资，德者才之帅"，"有德无才不足以堪大任，无德有才足以售其奸"。由此可见，德统帅着才，决定着才的方向和现实意义；德与才二者不可偏废，更不可重此轻彼。这一点上，"两手都要抓，两手都要硬"。

不拘一格就是不讲出身历史，不分"贫富贵贱"，不计个人恩怨，不论资排辈，不嫉贤妒能。换言之，只要选拔的对象是符合德才兼备条件的，领导者及组织（人事）就应该唯才是举。

2. 群众公认，注重实绩

识人用人要坚持走群众路线，落实群众对干部选拔任用的知情权、参与权、选择权和监督权。在考察干部的环节中，尤其要做好民主推荐、民主测评的工作，让群众多一些事先选择的机会，把能够坚持党的群众路线、密切联系群众、廉政为民、实绩突出的人才选拔到各级岗位上。

3. 察言观行，全面考察

考察人才一要察言，二要观行，即通过考察一个人的言论（书面语言、口头语言）和行动（办事能力、工作实绩）来判断其德才是否兼备。

所谓全面考察，就是要考察其德、能、勤、绩、廉。需要强调的是，全面考察要注意5点：一不求全责备（人无完人，金无足赤）；二要突出重点（注重实绩）；三要"厚今薄古"（既看现实又看历史，但以现实为重）；四能"取长知短"（既看其长也识其短，以长为主）；五应客观评价（不割裂考察者与其所处的客观环境的联系）。

【相关链接】

（1）三国时期诸葛亮识人有"七观之法"："问之以是非，而观其志；穷之以辞辩，而观其变；咨之以计谋，而观其识；告之以祸难，而观其勇；醉之以酒，而观其性；临之以利，而观其廉；期之以事，而观其信。"

（2）魏徵"六观之法"："贵则观其所举，富则观其所养，居则观其所好，习则观其所言，穷则观其所不受，贱则观其所不为。""六观之法"通过观察人们处在不同地位时的所作所为、兴趣爱好和言谈举止，更容易把握人的本质。

4. 公正无私，任人唯贤

"治国之道，务在举贤"，"举贤之道，要在公正"。故无公心则良材不举，良材不举则不能励精图治。目前的用人机制弊端颇多，群众意见最大的就是领导者用人不公、任人唯亲的不正之风。

1.3.2.2　识人用人的方法

1. 适时任用，信用一致

江泽民指出："贯彻'三个代表'要求，我们必须全面贯彻干部队伍革命化、年轻化、知识化、专业化的方针和德才兼备的原则……加强对年轻干部的培养，是保证党和国家长治久安的战略任务。"

要实现干部年轻化，就必须要对干部适时任用，客观理由已无须多说，在主观因素方面，人才具有较强的时效性，中青年时期是精力充沛、才华横溢的人生阶段，此时不用，更待何时？因此领导要有用人的气魄。

信用一致就是对所用的人才要相信、信任，做到疑人不用、用人不疑。领导者对被领导者的信任是一种无形的力量和鞭策，可以充分调动下属的积极性、主动性和创造性，发挥其潜能和聪明才智，促使其出色地做好本职工作。

2. 知人善任,用长容短

领导者要全面了解下属的长处和短处、优点与缺点,合理地使用一个人的才能,尽量做到扬长避短、用长容短,使得人尽其才、才尽其用。

【相关链接】

在《帝范·审官》中,唐太宗的用人之术确有独到之处:"明主之任人,如巧匠之制木,直者以为辕,曲者以为轮,长者以为栋梁,短者以为拱角,无曲直长短,各有所绝。明主之任人,亦由是也,智者取其藻(辞藻、藻思,即做文章的才思;《魏书·邢臧传》:'博学有藻思。'),愚者取其力,勇者取其威,怯者取其慎,无智愚怯,兼而用之。故良匠无弃材,明主无弃士。不以一恶忘其善,勿以小瑕掩其功,割政分机,尽其所有。"

在了解了古代帝王的用人之术后,我们不妨记住一句今人俗话:"只有无能的领导,没有无用的人才。"

【相关链接】

春秋时期,楚庄王为庆祝战争的胜利,大摆宴席,与臣同乐,并命爱妃许姬为百官敬酒。席间忽然一阵风起,将堂灯尽灭。左右取火未至。这时有一名将军,趁着黑暗用手牵许姬的衣袖并捏其纤纤玉手。许姬将其冠缨摘下,来到楚庄王身前,附耳说道:"有一人无礼,乘烛灭,强牵妾袂。妾已揽得其缨,王可促火察之。"庄王急命掌灯者:"切莫点烛!寡人今日之会,约与诸卿尽欢,诸卿俱去缨痛饮,不绝缨者不欢。"于是百官皆去其缨,方许秉烛,竟不知牵袖者为何人也。

席散回宫,许姬问庄王:"妾闻男女不渎,况君臣乎?……"楚庄王笑着说:"此非妇人所知也!酒后狂态,人情之常。若察而罪之,显妇人之节,而伤国士之心……"

数年后楚国和郑国大战,楚国将军唐狡阵前奋不顾身,表现异常勇猛。战后,楚庄王即召唐狡,要赏厚礼。唐狡说:"臣受君王之赐已厚,今日卿已报效,敢复叨赏乎?"庄王惊讶地问:"寡人未尝识卿,何处受寡人之赐?"唐狡对庄王说:"绝缨会上,牵美人之袂者,即卿也。蒙君王不杀之恩,故舍命相报。"

后世名此宴为"绝缨会"。冯梦龙有诗云:"暗中牵袂醉中情,玉手如风已绝缨。尽说君王江海量,畜鱼水忌十分清。"

3. 量能授权,发挥潜力

授权是领导者用人的艺术,也是领导者的分身术。所谓授权,是指由上级给予下属其职权之外的一定的责任和权力,使其在一定的监督之下,处理问题时有相当的自由权。授权者对被授权者有指挥、监督权;被授权者对授权者负有报告及完成任务之责。

精明的领导者通过授权可以获得领导工作的更大主动权,并能调动下属的积极性,发挥其潜力,增强其责任感,提高其能力和水平。

授权的前提一是领导者对下属要有充分的了解,二是领导者对全局要有驾驭能力,三是领导者授权的方式方法要得当。

不论领导者采用什么样的授权手段,都要分清以下 3 种授权类型:

(1)权责授光——不正常的领导者;

(2)只授责,不授权——错误的领导者;

(3)授权留责——正常的领导者。

领导者授予下属一部分权力和责任之后，依然负有责任，这是授权要遵守的一条最重要的原则。

4．重视培训，继续教育

在使用人才的同时应重视对人才的培训，通过各种途径实施大学后的继续教育。一方面要抓好上岗前的资格性培训，另一方面要进行上岗后的适应性培训。对于人才的教育培训工作，领导者应树立以下理念：

（1）新的知识正以惊人的速度向前跃进，原有的知识也会伴随着时间的推移而逐步衰减或陈腐化。因此，人们要不断地进行知识更新以抵消知识半衰期的影响。

（2）终身教育的理论表明，教育和学习活动应贯穿人的一生，领导者应该把自己所领导的组织变革为学习型组织，在组织成员需要的时候以最恰当的方式提供最必要的学习与进修机会。

（3）继续教育可以促使人的素质提高，促进人和谐、全面地发展。而人的全面发展同社会的变革和发展是不可分割的。

（4）重视对人才的培训是对人才最大的爱护，也是领导者聚集人才的有效途径。

至于培训的形式与渠道，这里就不必赘述了。领导者可以根据本单位工作需要和人员的结构进行相应的安排。

1.3.3　指挥协调

1.3.3.1　指挥的内容与方法

指挥是指领导者推动下属组织或个人执行领导的决策，从而推动他们努力完成既定的目标、计划，并对下属的活动进行指导，通过一定的监督、控制和协调的过程，达到组织目标的实现。

法国管理学家法约尔认为：领导者和下属保持直接的双向沟通是实行有效指挥的条件；一个下属只能接受一个上司的命令。

指挥的特征是具有强制性、自觉性和多样性。

指挥的方式分为命令式、说服式、示范式和协商式。领导者应该根据不同的工作性质、组织成员和客观环境采用不同的指挥方式。周恩来曾说过，"要用商量的口气下命令"，领导者的指挥方法"主要用说服的方式，不用行政的方法，只有在情况紧急时才用命令的方式"。

指挥的艺术在于领导者要能够做到善于择人、善于论势和善于权变。

1.3.3.2　协调的内容与方法

所谓协调，就是领导者通过适当的方式、方法，使下属单位部门之间、群众与领导之间、同事之间在工作中相互支持，和谐配合，以顺利实现组织目标。对于领导者而言，协调的目的在于使领导范围内的各项工作有机地配合起来，以提高整体效益。

法约尔说："协调就是把那些所有个人的努力拧成一股绳并指导他们去实现共同的目标。"

印度前总理甘地认为："'领导'一词曾一度意味着权力在握，可以发号施令；而在今天，它指的却是团结协作，与人和睦相处。"

广义的协调是指从客观的角度出发，进行组织外部的协调，表现为地区、部门和系统之间的相互协调。

狭义的协调主要是指组织内部的协调,又可分为纵向(上下)协调和横向(左右)协调。组织内部的协调对象是人与人、人与物,其重点是人与人。因此,协调的主要内容是人际关系的协调。

对于领导者来说,人际关系协调的主要对象是上级、下级和同级,这部分的内容详见第 5 章。

1.3.4 监控激励

1.3.4.1 监控的内容与方法

监控包括监督与控制。

监督就是上级领导依据所规定的目标、任务,经常检查下级的工作,发现偏差,及时总结纠正,以确保目标任务的完成。

控制就是使受控对象接受控制者的指令和意图,从而改变其心理和行为状态,达到控制者的既定目标。

1. 监督的内容与方式

监督的主要内容:权力运用是否得当;贯彻上级指示、法令是否认真;能否坚持群众路线;本单位制度建设;民主管理;工作创新;工作实绩;等等。

监督的形式主要是日常监督、事先监督和事后监督。

监督的方法:一是重点监督与普遍监督相结合;二是领导监督与群众监督相结合;三是专职机构监督与领导者直接监督相结合。

2. 控制的内容与方法

控制的内容包括确立标准("标准"是衡量活动结果的尺子)、衡量成效、纠正偏差(是控制工作和其他领导活动的结合点)等。

控制的方法从广义上说有经济控制、政治控制、军事控制、文化控制等,从狭义上讲主要是领导者对下属的指令性控制、诱导性控制(说理诱导、情感诱导、利益诱导、前景诱导等)、威胁性控制、监督性控制等。

1.3.4.2 激励的内容与方法

激励是指领导者依据有关理论,通过运用行政的、经济的、思想政治工作等形式,交替采用物质和精神两种手段,最大限度地调动员工的积极性,以保证组织目标的实现。

1. 激励的内容

古人云:"政之所行,在顺民心;政之所废,在逆民心。""知胜有五……,上下同欲者胜。"领导者对下属的激励主要是提高下属执行决策的自觉性,激发下属实现组织目标的热情,调动下属做好工作的积极性。

2. 激励的途径与方法

激励的途径与方法主要有以下 8 种:

(1) 要了解员工的心理要求和个性特征;

(2) 要正确分析员工的动机;

(3) 要正确认识员工的动力结构;

（4）要把握员工工作的外在满足与内在满足的程度；

（5）要让员工参与组织决策和目标管理；

（6）要合理运用激励理论（如期望理论、公平理论等）；

（7）要正确使用奖惩手段；

（8）要坚持物质激励与精神激励相结合（精神激励包括信任激励、感情激励、行为激励）。

【相关链接】

糊涂的亚伦·博斯

1933 年，经济危机笼罩着整个美洲大陆，大小企业纷纷破产。就在这危机重重的时刻，哈里逊纺织公司发生了一起大火灾，整个厂区沦为一片废墟。3 000 名员工悲观地回到家里，等待着老板宣布公司破产和失业风暴的来临。

在漫长的等待中，他们终于等来了老板发来的一封信，通知在每月发薪水的那天，照常去公司领取这个月的薪金。员工们大感意外，他们纷纷写信或打电话向老板表示感谢。

一个月后，员工们又收到老板的第二封信，信上说再支付员工一个月的薪水。3 000 名员工接到信后第二天，就陆陆续续走进公司，自发地清理废墟、擦洗机器，还有一些人主动去南方联系中断的货源，寻找好的合作伙伴。三个月后，哈里逊公司重新运转了起来，这简直就是一个奇迹，是由员工们使出浑身解数，恨不得每天 24 小时全用在工作上，日夜不停地奋斗而创造的奇迹。

当初曾经有人劝说亚伦·博斯领取保险公司的赔款，然后一走了之。他们见他傻乎乎地用钱给员工发工资善待员工，批评他感情用事，嘲讽他糊涂。而这时那些人真正理解了他的御人之道，看出了他的精明。

亚伦·博斯用他宽以待人的管理精神使自己的事业蒸蒸日上。哈里逊公司后来成为美国最大的纺织公司，分公司遍布五大洲 60 多个国家。在美国《幸福》杂志首次发表的"人们最愿意在其中工作的 100 家美国企业"名单中，哈里逊纺织公司是其中的一家。

（《HR 管理世界》，2006—11—21）

1.4 领导者的情感智慧

1.4.1 情绪、情感与情商

情绪是人各种的感觉、思想和行为的一种综合的心理和生理状态，是对外界刺激所产生的心理反应，以及附带的生理反应，如喜、怒、哀、乐等。情绪是个人的主观体验和感受，常与心情、气质、性格和性情有关。

《心理学大辞典》中认为："情感是人对客观事物是否满足自己的需要而产生的态度体验。"同时一般的普通心理学课程还认为："情绪和情感都是人对客观事物所持的态度体验，只是情绪更倾向于个体基本需求欲望上的态度体验，而情感则更倾向于社会需求欲望上的态度体验。"情感包括道德感和价值感两个方面，具体表现为爱情、幸福、仇恨、厌恶、美感等。

情绪具有情境性和暂时性,情感则具有深刻性和稳定性。情绪是情感的基础和外部表现,情感是情绪的深化和本质内容。情感依赖情绪,情感控制情绪。

"情商"一词流行于世界各地,在亚洲各国,人们通常用英文缩写"EQ"(Emotional Quotient)来表达。而在它的发源地美国,耶鲁大学心理学家萨罗维教授和新罕尔布什大学梅耶教授最早使用了"Emotional Intelligence"这一术语来描写人们的情绪评价和表达、情绪调节及运用情绪信息引导思维的能力。

1995年10月,美国《时代周刊》专栏作家、哈佛大学心理学博士丹尼尔·戈尔曼发表的新著 *EMOTIONAL INTELLIGENCE*(可以翻译成《情感智力》或《情感智慧》),较为系统地阐述了有关"情商"的概念(尽管其英文缩写应为"EI",但为了适应已经广为流传的"EQ"的说法,我们也只好从俗了)。

1.4.2 情商的主要观点与内容

1.4.2.1 "EQ"的主要观点

关于人类智慧的传统观点非常狭窄,在人们日常生活中,有些能力起着至关重要的作用,而在传统的智力概念中却没有包含这些能力,即情感智力。人类智慧不仅有认识方面的内容,还包含情绪、情感、意志方面的内容。

在日常生活中,成就是人们的兴趣直接关注的对象。基于传统的观点,人们常常试图简单地通过了解人们的智商(Intelligence Quotient, IQ)来预测他们的成就。但事实证明,较高的 IQ 仅仅是成功的必要条件,而不是充分条件。

在 IQ 与成功之间还有一系列最为重要的中介变量,其中 EQ 就是存在于个人身上的最为重要的中介变量。IQ 可以使人赢得机会,而 EQ 则决定人是否能够获得成功。

1.4.2.2 "EQ"的主要内容

情商"EQ"主要包括以下内容:

(1) 自我情绪的觉察能力(自我意识、自知之明);

(2) 自我情绪的管理能力(控制情绪、调节情绪);

(3) 自我激励的能力(明确目标、端正动机、乐观自信、持之以恒);

(4) 他人情绪的觉察能力(认识他人的情绪,关注他人的需要);

(5) 人际关系的协调能力(管理他人的情绪的艺术)。

综上所述,我们可以得出这样的结论:

一个高 IQ 者可能是一个专家,而高 EQ 者却具备综合与平衡的才能,可能成为杰出的管理者、领导者。因此,EQ 是领导者必备的基本能力。

【相关链接】

某日,某分厂召开厂务办公例会,参加人员是分厂分管质量、生产、技术的副厂长与各部门科长、副科长及各班组长共 20 人左右。

会上,厂长按常规检查、布置工作后,由各部门领导和班组长提出需要在会上协调解决的问题。厂长分管的经营部门根据本部门局部利益提出了一个需要打破常规生产组织模式、减轻其部门工作量,同时牵涉到很多环节,需要增加很大工作量和很多程序才能满足其要求的问题,当场就引起了多个部门和班组的反对,其中反应最强烈的是生产管理部门（生产科）负责人。在这种情况下，主管生产系统的副厂长也提出了反对意见，并说出了反对的理由和看法。

话音刚落，厂长一巴掌重拍在桌子上，几乎跳起地说："不行也要行，必须像这样执行，生产系统太不像样了，我对生产系统早就有意见了"，一通失态的言语和动作后，整个会场全乱了。

与会人员全都惊呆了，看着生产副厂长，以为生产副厂长会有更出奇的言语和动作。可生产副厂长却一言未发，一副沉默状态坐在位子上。此次会议就此结束了，成了该分厂从未有过的一次不欢而散的厂务会。

1.4.3　孔孟的自我修养理论

唐代诗人元稹《离思》："曾经沧海难为水，除却巫山不是云。取次花丛懒回顾，半缘修道半缘君。"

以孔孟为代表的先秦儒家根据"为仁由己"的思想精心设计了一套行之有效的自我修养理论与方法，以便每个人随时了解和克制自己内心的思想与情绪，实现人格的自我完善。这种自我实施的道德修养理论与方法由以下6个环节组成：

1.4.3.1　自省

自省是指通过自我反省随时了解、认识自己的思想、意识、情绪与态度。

孔门大弟子曾参关于自省有一段著名的论述："吾日三省吾身：为人谋而不忠乎？与朋友交而不信乎？传不习乎？"（《论语·学而》）

曾参每日三省是从以下3个方面去检查自己的思想和言行的：

（1）反省谋事情况，即对自己所承担的工作是否忠于职守；

（2）反省自己与朋友交往是否信守诺言；

（3）反省自己是否知行一致，即是否把学到的内容身体力行。

总之，通过自省是要从思想意识、情感态度、言论行动等各个方面去深刻认识自己、剖析自己。

1.4.3.2　克己

克己是指对自我克制、自我约束能力的培养。

孔子有一句名言："克己复礼为仁。"意思是说，每个人都应克制自己不正当的欲望、冲动情绪和不正确的言行，自觉遵守社会道德规范（即"礼"的规定）。

孔子一贯主张以礼驭情，以礼约束自己的言行，多次批评感情用事，不能克制冲动的鲁莽行为。他对学生说："一朝之忿，忘其身，以及其亲，非惑与？"（《论语·颜渊》）他指出不能克制一时冲动往往会干出伤害自己和亲人的蠢事，这是很不明智的。

【相关链接】

清朝康熙年间名臣张英（此公中进士后一路升迁至宰辅）的家人因与邻居修院墙时为宅基地而争执不休，遂修书一封致张英，让其利用声威，整治对手，以泄私愤。而张英见信后一笑而过，提笔回函一封："一纸来书只为墙，让他三尺又何妨。万里长城今犹在，不见当年秦始皇。"家人豁然开朗，按诗中所嘱避让三尺，邻居感念张公的胸怀和大气，也执意让出三尺，于是便有了至今尚存的安徽桐城的"六尺巷"，也便有了这段流传了300多年的人间佳话。

1.4.3.3 忠恕

忠恕要求根据自己内心的体验来推测别人的思想感受,达到推己及人的目的。这是儒家道德修养中用于处理人际关系的重要原则。

关于"忠",则与曾子说过的"为人谋而不忠乎"有关。这里的"忠"是指尽己之力为人谋事,忠于职守。据此,后世儒家对"忠恕"的解释不尽相同,但都有推己及人,即将心比心,设身处地为他人着想之意。

2 000 多年来,"忠恕"一直是儒家道德修养的重要内容,并且至今对于人际关系的正确处理仍有实际的指导意义。

1.4.3.4 慎独

慎独是儒家对个人内心深处比较隐蔽的意识、情绪进行管理和自律的一种修养方式。

慎独就是在个人独处时,即在没有别人看见的场合也要严格要求自己,警惕内心深处尚处于萌芽状态、尚未引起旁人注意的错误意识、不正当的私欲或不正常的情绪,并自觉地用礼(社会道德规范)加以约束。这是一种比"克己"的自觉性要求更高的道德修养方式。

1.4.3.5 中庸

中庸既是儒家对事物发展规律的一种认识,也是维持人际关系和谐的一种态度,所以它既属于哲学范畴,又属于道德范畴。

在道德的自我修养中,儒家历来都把能否把握中庸之道作为衡量一个人道德水准高低和选贤任能的一条重要标准。因为能把握中庸之道就意味着能恰到好处地掌握各种事物的分寸(即"度"),既不过也无不及。中庸之道的修养实在是维系人际关系和谐的一门重要学问。

应特别强调的是:中庸的本质是适度与和谐,而绝对不能把它理解为调和与折中,否则就是一种误解甚至歪曲。

1.4.3.6 力行

孔孟还非常强调身体力行、躬行践履,强调通过实践在严酷的环境中去锻炼成长,去完善自己的人格。

《论语》开宗明义第一句话就是:"子曰:'学而时习之,不亦说(悦)乎?'""时习"就是经常练习、经常实践的意思。

孔子一贯重"行",在言与行的关系上,他明确主张要"听其言而观其行",并告诫学生,衡量人的品德不能只听其言论,而更应看其实际行动。

1.4.4 情商理论与孔孟自我修养理论的比较

EQ 只涉及情感与情绪的控制与管理;孔孟自我修养理论除情感与情绪外,还有思想意识和态度言行的控制与管理,甚至包括对内心深处潜意识的控制与管理(如"慎独")。

EQ 理论建立在现代科学(脑科学与神经生理学)的基础之上;而孔孟自我修养理论则含有较多的哲学与思辨的色彩。

EQ 强调以自律和同理心作为道德的支柱;孔孟自我修养理论则多了"中庸"和

"力行"两个环节,强调人际关系的处理要适度和谐,强调对道德不仅要有观念上的认识,更要躬行践履。

情商理论与孔孟自我修养理论内容上的比较见表1.1。

表 1.1 情商理论与孔孟自我修养理论内容比较

情商理论	自我情绪的觉察能力	自我情绪的管理能力	自我激励的能力	他人情绪的觉察能力	人际关系的协调能力	
孔孟自我修养理论	自省:通过自我反省,随时了解、认识自己的思想、意识、情绪与态度	克己:自我克制、自我约束能力的培养	慎独:对个人内心深处比较隐蔽的意识、情绪进行管理和自律	忠恕:根据自己内心的体验来推测别人的思想感受,以达到推己及人的目的	中庸:恰到好处地掌握各种事物的分寸,既不过也无不及	力行:强调身体力行,通过实践锻炼成长,完善自己的人格

1.5 领导者的工作方法

领导方法是指领导者带领被领导者在实现组织目标过程所采取的手段(手段:为达到某种目的而采取的具体方法)。

领导艺术是指领导者为提高领导效能而灵活运用领导方式方法的技巧,是领导活动中的特殊方法。

1.5.1 关于领导方法的若干问题

毛泽东同志曾于1943年6月1日为中共中央起草了一个决定,题为《关于领导方法的若干问题》。在这篇不足4 000字的文章中,毛泽东提出的一些基本的领导方法是70多年来人们在工作或著书中经常采用且并无显著变化的。

【相关链接】

从国外对毛泽东及其思想研究总的情况来看,现在世界上有数十个国家,几百个研究机构和成千上万的人员,在研究中共党史的同时,从事毛泽东思想的研究。据统计,现在世界上由政府组织设有专门机构研究毛泽东的,就有10多个国家和地区;还有20多个国家和地区在高等学校设置研究中共党史的机构,把对毛泽东及其思想的研究作为重要课题。其中,美国、日本等国在研究机构、人员、资料及出版物的数量方面居于领先地位,其次是英国、法国和德国等。

据不完全统计,这些国家仅出版有关毛泽东的专著就多达1 000多种。现在美国正计划出版《毛泽东全集》(英文版),其规模要比日本竹内实主编的20卷《毛泽东集》大得多,可以有50卷到60卷之多。苏联解体后,俄罗斯等国家同样重视对毛泽东及其思想的研究,为此设置了专门的研究机构,并且出版了许多大部头的专著。

1965年7月26日,程思远陪同归国的李宗仁见毛泽东时,也曾向毛泽东提起,肯尼迪生前在他的办公桌上摆着一部《毛泽东选集》。1972年2月,毛泽东会见来访的尼克松和基辛格时,基辛格也对毛泽东说到,他在哈佛大学教书时,曾指定班上的学生研究毛泽东的著作。尼克松则直率地表示:"主席的著作感动了一个民族,改变了整个世界。"

一个毕业于西点军校的美国军官威廉·威斯特摩兰后来回忆说,他在越南的游击战面前实在是束手无策。每天晚上,他不得不看两本书,一本是《圣经》,一本是美国军方编印的英文小册子《论游击战》。

1.5.1.1　一般和个别相结合的方法

毛泽东强调指出:"我们共产党人无论进行何项工作,有两个方法是必须采用的,一是一般和个别个结合,二是领导和群众相结合。"

"一般"指的是一般的、普遍的号召;"个别"指的是领导者深入下级个别单位所取得的具体经验。

"任何工作任务,如果没有一般的、普遍的号召,就不能动员广大群众行动起来;但如果只限于一般号召,而领导人员没有具体地直接地从若干组织将所号召的工作深入实施,突破一点,取得经验,然后利用这种经验去指导其他单位,就无法考验自己提出的一般号召是否正确,也无法充实一般号召的内容,就有使一般号召归于落空的危险。"

"任何领导人员,凡不从下级个别单位的个别人员、个别事件取得具体经验者,必不能向一切单位作普通的指导。"

1.5.1.2　领导和群众相结合的方法

"在我党的一切实际工作中,凡属正确的领导,必须是从群众中来,到群众中去。这就是说,将群众的意见(分散的无系统的意见)集中起来(经过研究,化为集中的系统的意见),又到群众中去作宣传解释,化为群众的意见,使群众坚持下去,见之于行动,并在群众行动中考验这些意见是否正确,然后再从群众中集中起来,到群众中坚持下去。如此无限循环,一次比一次地更正确、更生动、更丰富。这就是马克思主义的认识论。"

"从群众中集中起来又到群众中坚持下去,以形成正确的领导意见,这是基本的领导方法。在集中和坚持过程中,必须采取一般号召和个别指导相结合的方法,这是前一个方法的组成部分。从许多个别指导中形成一般意见(一般号召),又拿这一般意见到许多个别单位中去考验(不但自己这样做,而且告诉别人也这样做),然后集中新的经验(总结经验),做成新的指示去普遍地指导群众。同志们在这次整风中应该这样去做,在任何工作中也应该这样去做。"

"只有领导骨干的积极性,而无广大群众的积极性相结合,便将成为少数人的空忙。但如果只有广大群众的积极性,而无有力的领导骨干去恰当地组织群众的积极性,则群众积极性既不可能持久,也不可能走向正确的方向和提到高级的程度。"

1.5.1.3　抓两头带中间的方法

"任何有群众的地方,大致都有比较积极的、中间状态的和比较落后的三部分人。故领导者必须善于团结少数积极分子作为领导的骨干,并凭借这批骨干去提高中间分子,争取落后分子。"

1.5.1.4　分工而又统一的一元化方法

"对于任何工作任务的向下传达,上级领导机关及其个别部门都应当通过有关该项工作的下级机关的主要负责人,使他们负起责任来,达到分工而又统一的目的(一元化）。不应当只是由上级的个别部门去找下级的个别部门（例如上级组织部只找下级组织部，上级宣传部只找下级的宣传部……），而使下级机关的总负责人（例如书记、主席、主任、校长等）不知道，或不负责。应当使总负责人和分负责人都知道，都负责。这样分工而又统一的一元化方法，使一件工作经过总负责人推动很多干部、有时甚至是全体人员去做，可以克服各单个部门干部不足的缺点，而使许多人都变为积极参加该项工作的干部。"

1.5.1.5 抓中心环节的方法

"在任何一个地区内，不能同时有许多中心工作，在一定时间内只能有一个中心工作，辅以别的第二位、第三位的工作。因此，一个地区的总负责人，必须考虑到该处的斗争历史和斗争环境，将各项工作摆在适当的地位；而不是全无计划，只按上级指示来一件做一件，形成很多的'中心工作'和凌乱无秩序的状态。"

"领导人员依照每一具体地区的历史条件和环境条件，统筹全局，正确地决定每一时期的工作重心和工作秩序，并把这种决定坚持地贯彻下去，务必得到一定的结果，这是一种领导艺术。"

1.5.1.6 使用领导骨干的方法

"凡属真正的团结一致，联系群众的领导骨干，必须是从群众斗争中逐渐形成，而不是脱离群众斗争所能形成的。在多数情形下，一个伟大的斗争过程，其开始阶段、中间阶段和最后阶段的领导骨干，不应该是也不可能是完全同一的；必须不断地提拔在斗争中产生的积极分子，来替换原有骨干中相形见绌的分子，或腐化了的分子。"

1.5.2 党委会的工作方法

2016 年 2 月，中共中央组织部印发《关于学习贯彻习近平总书记重要批示精神加强党委（党组）领导班子建设的通知》（以下简称《通知》）。《通知》指出，习近平总书记就学习毛泽东同志《党委会的工作方法》做出重要批示，对各级党委（党组）领导班子成员特别是主要负责同志重温这篇著作提出明确要求。《党委会的工作方法》是毛泽东1949 年 3 月 13 日在党的七届二中全会结束时所作的结论的一部分。

《学习时报》在"编者按"中指出，中华人民共和国成立前夕，毛泽东同志在党的七届二中全会上所作的结论中，系统阐述了党委会的工作方法，并将其概括为 12 条，是一篇加强党委领导班子建设、提升党的领导水平和执政能力的光辉文献。从那时到现在已过去半个多世纪，毛泽东同志这篇文章的基本思想历久弥新，对于各级党委（党组）领导班子成员特别是主要负责同志学习掌握科学的工作方法和领导艺术，学习掌握党的政治纪律和政治规矩，全面加强党委（党组）领导班子的思想政治建设、作风建设和能力建设，切实加强和改善党的领导，确保党始终成为中国特色社会主义事业的坚强领导核心，仍然具有重大指导意义。

《党委会的工作方法》的主要内容如下：

1.5.2.1 党委书记要善于当"班长"

党的委员会像军队的一个班，书记好比是"班长"。领导工作不仅要决定方针政策，还要制定正确的工作方法。党委要完成自己的领导任务，就必须依靠党委这"一班"人，充分发挥他们的作用。

书记和委员之间的关系是少数服从多数,这同班长和战士之间的关系不一样。

1.5.2.2 要把问题摆到桌面上来

不仅"班长"要这样做,委员也要这样做。不要背后议论。有了问题就开会,摆到桌面上来讨论。书记和委员之间的谅解、支援和友谊,比什么都重要。

1.5.2.3 "互通情报"

就是说,党委各委员之间要把彼此知道的情况互相通知,互相交流。这对于取得共同的语言是很重要的。

1.5.2.4 不懂得和不了解的东西要问下级,不要轻易表示赞成或反对

我们切不可强不知以为知,要"不耻下问",要善于倾听下面干部的意见。先做学生,然后再做先生;先向下面干部讨教,然后再下命令。

1.5.2.5 学会"弹钢琴"

弹钢琴要十个指头都动作,不能有的动,有的不动。但是,十个指头同时按下去,那也不成调子。要产生好的音乐,十个指头的动作要有节奏,要互相配合。党委要抓紧中心工作,又要围绕中心工作而同时开展其他方面的工作。

1.5.2.6 要"抓紧"

党委对主要工作不但一定要"抓",而且一定要"抓紧"。我们有些同志也抓工作,但是抓而不紧,所以工作还是不能做好。不抓不行,抓而不紧也不行。抓而不紧,等于不抓。

1.5.2.7 胸中有"数"

对情况和问题一定要注意到它们的数量方面,要有基本的数量的分析。任何质量都表现为一定的数量,没有数量也就没有质量。

1.5.2.8 "安民告示"

开会要事先通知,像出安民告示一样,让大家知道要讨论什么问题,解决什么问题,并且早做准备。如果没有准备,就不要急于开会。

1.5.2.9 "精兵简政"

讲话、演说、写文章和写决议案,都应当简明扼要。会议也不要开得太长。

1.5.2.10 注意团结那些和自己意见不同的同志一道工作

不论在地方上或部队里,都应该注意这一条,对党外人士也是一样。我们都是从五湖四海汇集拢来的,我们不仅要善于团结和自己意见相同的同志,而且要善于团结和自己意见不同的同志一道工作。我们当中还有犯过很大错误的人,不要嫌这些人,要准备和他们一道工作。

1.5.2.11 力戒骄傲

这对领导者是一个原则问题,也是保持团结的一个重要条件。就是没有犯过大错误,而且工作有了很大成绩的人,也不要骄傲。禁止给党的领导者祝寿,禁止用党的领导者的名字做地名、街名和企业的名字,保持艰苦奋斗作风,制止歌功颂德现象。

1.5.2.12 划清两种界限

首先,是革命还是反革命?是延安还是西安?有些人不懂得要划清这种界限。我们看问题一定不要忘记划清这两种界限:革命和反革命的界限,成绩和缺点的界限。记着这两条界限,事情就好办,否则就会把问题的性质弄混淆了。自然,要把界限划

好，必须经过细致的研究和分析。我们对于每一个人和每一件事，都应该采取分析研究的态度。

【相关链接】领导干部要善用底线思维

习近平总书记指出：要善于运用底线思维的方法，凡事从坏处准备，努力争取最好的结果，做到有备无患、遇事不慌，牢牢把握主动权。底线思维的实质是一种科学的思维方法。掌握这种思维方法就能做到认真评估决策处事的风险，估算可能出现的最坏情况，从而处变不惊，守住最后防线。

《礼记·中庸》有云："凡事预则立，不预则废。"这个"预"就是有备无患、遇事不慌。这是古人对底线思维高度凝练的概括。

在应对各种突发事件、矛盾冲突、危机局面，在处理解决事关国家利益、群众利益的大事、要事、难事、急事等各种敏感之事时，要勇于善于问自己五方面问题（底线思维五步法）：

（1）一问有没有底线；

（2）二问底线在哪里，具体有哪些底线；

（3）三问能否突破这些底线，突破的后果会怎样；

（4）四问突破这些底线会触及哪些客体与对象，而防范这些底线的主体是谁；

（5）五问守住这些底线的路径与举措是什么。

1.6 领导者管理沟通的艺术

企业管理侧重于人和人、人和物等多种企业资源的组合及组合过程，强调的是管理者、管理对象即资源和全部过程。

沟通侧重于企业管理活动中必不可少和核心的信息交流行为过程，是企业管理活动中最重要的组成部分。

沟通是指运用语言、文字或一些特定的非语言行为（指外表、脸部表情、肢体动作），把自己的想法、要求等传达给对方。沟通是信息的传递、情绪的转移、感觉的互动。

1.6.1 领导者的上行沟通

1.6.1.1 服从、尊重，维护上级权威

《礼记·内则》："道合则服从，不可则去。"孙希旦集解："服从，谓服其事而从其君。"后谓顺从、遵从。下级服从上级、少数服从多数、个人服从组织是民主集中制的基本原则。对下级领导来说，服从上级领导是最起码的要求，也是当干部必备的条件。

服从是尊重的前提，很难想象一个不服从上级领导的人会尊重上级，不服从的本身就是对上级的极不尊重。服从不等于尊重，或者说服从不能代替尊重。因为服从仅指上下级之间在工作关系上的要求，而尊重则适用于工作、生活等诸多方面；况且有的人虽然服从了上级但由于讲价钱、有情绪而没有达到尊重上级的效果。

服从、尊重要做到"三不"。一是不勉强。上级布置工作时，下级有想法应当面汇报，而不能带着情绪去服从。否则，表面服从领导，实际大打折扣，其结果只能是影响

上下级的人际关系。二是不贬低。上级领导的知识、能力或人品也许不如下级,在这种情况下,下级切记不能恃才傲物、评头论足、说三道四,而应夹紧尾巴,善于守拙,决不出头。如果以为贬低上级可以抬高自己,那么只能得到目无领导、狂妄自大的评价。三是不越位。下级领导一定要恪守自己的职责,严格履行上级规定的权限(当然包括上级的授权),而不能超越自己的职权去处理事务,更不能插手上级职权范围内的工作。

1.6.1.2 请示、汇报,争取上级支持

下级在执行上级决策的过程中,应及时请示、汇报。这样做一是遵循工作中的规定程序,二是让上级及时了解下情,三是取得上级的支持,四是可以避免"'第三者'插足"。

请示、汇报一般有两种形式,一是口头请示、汇报,二是书面请示、汇报。"口头"较随意、亲切,机动灵活;"书面"较正规、详尽,有据可依。二者各有利弊,下级应根据实际情况采用有利的方式。此外,下级领导者亦可以根据自身的特长(如:有的善于口头表达,有的文字功力较强)适当侧重于"口头"或"书面"的请示、汇报方式。

请示、汇报有多种方法,除"规定动作"外,亦可辅以"自选动作"(如:非正规场合的交谈;见机行事地沟通;多次反复地提出等),往往会收到事半功倍的效果。

("奏与斩"的艺术:先奏后斩——正常的工作程序;先斩后奏——遇紧急情况来不及请示或无法请示领导必须要当机立断,或明确把握领导意图时可自行从速办理有关事务,事后再向领导汇报;奏而不斩——领导不知道不行,领导知道后又难以处理或不愿处理的事,可暂时不斩;斩而不奏——领导想要办理、处理而又不宜或不愿下令或出面,甚至知道了反而为难或反感,则如是处之;不奏不斩——遇非紧急事务,且领导尚未下决心,尤其是领导班子意见不一致时,则挡一挡、拖一拖。)

【相关案例】

美国人彼得·德鲁克是一家公司的总裁,手下有两个副总,能力、背景大致相当,但二人的工作方法明显不同。甲副总机灵能干,能胜任本职工作,并经常向总裁请示、汇报;乙副总独当一面,能胜任本职工作,但很少向总裁请示、汇报。当彼得·德鲁克离任之时,选择了谁作为接任总裁的人选呢?

1.6.1.3 理解、补台,支持上级工作

理解是协调上下级关系的重要环节,通常指上级要理解下级,其实下级也应理解上级。理解的前提是要心理换位思考,设身处地地站在对方的角度去考虑问题,从而化解矛盾、清除误会、促进工作、加深友谊,达到相互理解、相互支持的效果,促进上下级之间人际关系的和谐发展。

当上级推行新的改革措施时,最需要下级的理解、支持。也许这项措施对自己的个人利益或自己所领导的部门利益有些不利,但应该从长远出发,以大局为重,不计个人和小团体的得失,积极支持上级的决策。

当上级的工作出现失误时,最需要下级的理解、补台,也许这是下级发挥才能、取得信任的良机。需要提醒的是,补台要有分寸,要顾及上级的"面子",要及时到位。

【相关案例】

丁××是某公司生产部部长。×年×月,公司经营部的部长找到丁部长,说一个

客户为感谢该公司多年的工作支持,特约请该公司两名干部去境外参加一个年会,负责经营的副总经理安排丁××和他一起去。丁××以为生产副总知道此事,未加思考就答应了。

而后经营副总和生产副总谈起此事时,说丁××已答应了,生产副总非常不高兴,认为丁××自作主张,把"生米煮成熟饭"。

后来,丁××直接向生产副总承认错误,并推荐其副职参加此年会;生产副总则安排丁××出差处理另外的事情,并向经营副总告知情况,此事得以圆满解决。

1.6.1.4　保持距离,与上级建立正常的人际关系

距离能够产生美,这原是美术界的一句行话,指在欣赏美术作品时要与画面保持一定的距离才能充分领略美妙之处。在人际关系方面,距离同样具有神奇的作用。人际距离包括人与人的空间距离和心理距离。上下级领导之间保持适当的距离才能建立正常的人际关系。距离过近容易造成上下级关系过密,引起其他领导成员心理不平衡,上下级之间的工作关系会受个人感情因素的影响;距离过远容易造成上下级关系过疏,双方缺乏信任,不利于工作的开展和组织目标的实现。

保持距离要摆正3个关系:分管领导与其他领导的关系;正职领导与副职领导的关系;个人感情与工作的关系。

保持距离要做到3个"一样":对上级领导成员工作上一样支持,态度上一样对待,组织上一样服从。切忌亲疏有别、冷热有度。

【相关案例】

胡××于××年经单位主要行政领导亲自提名,担任了某处副处长,成为当时最年轻的副处级干部。两年后他被提为正处级,列为厂级后备干部,并成为唯一不是厂级领导的党委委员,工作开展得比较出色。其后,他担任过厂副总工程师、总师办主任等职务。××年(担任副处长后7年),该单位领导班子新老换届,胡××却无缘进入领导层。

胡××本人总结的原因:一是工作非常出色,有些目中无人;在人际关系方面,得罪了一些人。二是与分管的副厂长(自担任副处后7年间一直归该副厂长分管)走得太近,没有协调好与其他上级领导的关系;而该副厂长与厂长、书记矛盾很深,厂长、书记的不支持直接导致胡××进不了领导层。

1.6.1.5　主动、细致,为上级提供周到的服务

1. 要明确服务的内容

(1)服务应以公务为中心,为上级排忧解难。

(2)服务也包括8小时之外对领导的关心和照顾。

(3)服务不等于拍马屁。

(4)在重大活动安排、出行安排、出差安排、接待安排等方面,服务尤为重要。

2. 要注意服务的态度

(1)主动——想领导之所想、预领导所未预、急领导之所急、做领导所不做。

(2)细致——考虑周密、运筹周到、处事周全、言行周正。

(3)热情——尽心尽力、问寒问暖、任劳任怨。

3. 要把握服务分寸

（1）说应该说的话，做应该做的事；有所为，有所不为。

（2）避免把正常的服务庸俗化。

1.6.2 领导者的下行沟通

1.6.2.1 公正民主，赢得下级的拥护

要做到：公正——办事公道，为人正派；民主——平等待人，体察民情。

领导者在处理公务时要"法治"不要"人治"，即尽量做到程序化、制度化、规范化；在处理利益分配、奖赏惩罚方面要按章办事，不感情用事；对待下级应平易近人、宽以待人，坚持做到不整人、不坑人、不害人。

同时，还要做到"架子不要有，身份不可无"，多深入群众，听取不同意见，在群众中树立良好的领导形象，产生较高的威信。

1.6.2.2 保持距离，对下级要一碗水端平

下级对上级要保持距离，上级对下级更要保持距离。适当的距离可以使上下级之间建立恰当的关系，适当的距离可以使上级在下级面前保持必要的威严，适当的距离可以促进下级成员之间的团结和睦。

保持距离有利于保持平衡。刘少奇同志说："司机掌握方向盘就是通过不断晃动达到平衡。"领导者平衡的艺术就是适度的"左右摇摆"和"软硬交替"。

保持距离有利于弹性控制。上下级之间的关系应有一个弹性装置，可紧可松，该紧则紧，该松则松，松紧适度。上级对下级的管理应该大事清楚、小事糊涂，不能事无巨细、管得太死；要给下级一定的自由度，要给下级发挥主观能动性的空间。布置工作、安排任务，不妨多抓"两头"（布置工作、检查结果）、少抓"中间"（不交代具体工作办法），实行"黑匣管理"，至于中间过程不要干涉太多。

保持距离有利于避免形成"小团体""小圈子"。

1.6.2.3 关心尊重，凝聚下级人心

作为上级领导，其履行职责的最终目标是实现组织目标，这个"实现"的过程要靠全体组织成员齐心协力地共同奋斗。因为，团结一切可以团结的同志，动员一切可以动员的力量，是领导者提高领导效能的主要途径，这也就是大家平时所说的凝心聚力工程。

领导者怎样去凝聚人心？用崇高的目标吸引人、用远大的理想武装人、用正面的舆论鼓舞人、用丰厚的待遇激励人、用人格的力量影响人……还可以说出许多类似的大道理，但笔者针对广大位居中层岗位的中青年干部的工作实际，强调要对下级多关心、多尊重，可以收到立竿见影的效果。

关心下级就是要在下级遇到困难（工作、生活、家庭等方面）时及时排忧解难，雪中送炭；在下级需要支持（人际关系、部门协调、突发事件等）时及时提供援助，解决难题；在下级出现失误时及时批评教育，鼓励鞭策。

尊重下级就是不要居高临下、盛气凌人，而要谦逊礼让、平易近人；尤其是对比自己年长的下级、对犯错误的下级、对怀才不遇的下级，更要尊重爱护、理解信任。

【相关案例】

王×、刘××同期毕业于同一所大学,一起分配到 A 研究所从事质检工作。几年后,王×善于走上层路线,被提拔为质检部主任。大多数同事认为应提拔刘××。刘××继续从事本专业工作,成为质检部的业务骨干。

王×上任后,常端着官架子,抓"宏观"管理,专业上逐渐生疏,也跟不上知识更新的步伐;技术上的问题,刘××常不给面子予以驳回,王×觉得很难堪。自此,两人相互诋毁,使部门工作难以正常开展,常要通过所领导协调解决。

在某年的年终考核中,王×给刘××打了最低分;刘××知道后,对王×亲自布置安排的工作不予理睬或敷衍了事,部门里的事情也绕开王×直接向所领导反映,两人矛盾不断升级。最后所领导将王×调离质检部。

1.6.3　领导者的平行沟通

同级指的是同一级别的党政正职或正职、副职领导者。"级"由"品"演化而成,古时"品"有正副,而今"级"也有正副,即正副同级。现行国家公务员序列有科级、处级、厅级等,而每一级别均有正副。

同级之间的矛盾、问题大大多于上下级之间。同级领导者的人际关系的协调难度也远远大于上下级之间。这是因为同级之间不像上级对下级那样具有统领、驾驭的关系,同级之间存在相互竞争的关系,而且,同级之间同在一个部门或一个单位的领导班子内,相互之间接触多、了解多、距离太近,容易产生分歧、矛盾(如党政一把手之间,同级正副职之间)。

鉴于此,同级之间人际关系就显得特别重要。那么,如何协调呢? 笔者提出以下几点粗浅的看法供各位读者借鉴。

1.6.3.1　相互尊重,共同维护双方威信

年轻的对年老的、学历高的对学历低的、资历浅的对资历深的、男的对女的、副的对正的、党的领导对行政领导等,上述关系在相互尊重方面做得不好,同级之间人际关系的问题也就由此而生了。

有了问题就要对症下药,良方有三:一是相互之间不贬低,"捧而双赢,贬而双输"(捧不是相互吹捧,而是互相尊敬、赞许和适度地表扬)。二是不计较,如果有一方出现不尊重的现象,另一方千万不要以牙还牙,而要宽容、迁让,不计前嫌,以和为贵。三是不越位,属同级之间各自明确分工的工作范围,双方不要越权干涉、越俎代庖,而应密切配合,通力合作。

1.6.3.2　相互沟通,建立互信互助的合作关系

沟通是管理学中的一个基本概念,沟通也是领导方法与艺术中的基本技巧。同级之间的经常沟通有利于互通信息,有利于工作配合,有利于相互信任,有利于互相帮助。沟通应注意把握以下要点:

(1)决策之前,预先沟通。在集体讨论决策方案之前,领导成员之间应互相通气。

(2)重大问题,及时沟通。大事要事,尽快传递信息。

(3)涉及全面,主动沟通。某领导分管的工作凡与全局有关的,应主动告知其他领导。

（4）认识不一，再三沟通。同级领导者之间如就某项工作暂未形成共识，不要急于拍板或开会讨论，而要反复协商，谈心、交心，争取达成一致。

（5）正常工作，定期沟通。建立工作例会制度、办公会议制度、民主生活会制度等，定期商量工作，互通信息。

（6）改变决定，重新沟通。在执行决策的过程中，根据工作实际修正决策，应重新与其他同级领导通气。

（7）情况紧急，事后沟通。遇有突发事端或特殊情况，在场的领导者应当机立断，迅速处置，然后再按工作分工和工作程序通知其他同级领导。

同级之间的沟通应该知无不言、言无不尽，参与沟通的领导成员应严格遵守保密纪律，尤其是涉及人事安排、奖惩方案等，绝不能随便乱说，更不能向当事人透露有关情况，否则会严重影响同级之间的团结。

1.6.3.3 相互支持，及时补台帮助

俗话说："互相补台，好戏连台；互相拆台，必定垮台。"同级之间补台十分重要。同级之间相互支持，及时补台帮助要做到以下几点：

（1）当同级没有到位时，不事不关己、高高挂起，而要及时补位、当仁不让；

（2）当同级出现失误时，不幸灾乐祸、落井下石，而要关心理解、雪中送炭；

（3）当同级遇到困难时，不袖手旁观、漠不关心，而要主动帮助、同心协力。

1.6.3.4 相互宽容，维护班子的团结一致

古人云："宰相肚里能撑船"，"泰山之高，不厌其土；江海之广，不择细流"。同一个领导班子的成员、同一个单位的党政负责人、同一个部门的正副职，在一起合作共事是缘分，相互之间应珍惜机会、和谐共进。由此可见，宽容、谦让是不可或缺的。

1. "三在三不"

在权责面前，不争权卸责；在名利面前，不揽功推过；在升迁面前，不争先恐后。

2. "三多三不"

多谅解、不猜忌；多支持、不妒能；多维护、不乱说。

以己之短，比人之长，以德报怨，春风化雨。

【相关案例】

高怀志 37 岁时担任了天津地铁总公司总经理，党委书记王春清比高怀志大 13 岁。"刚开始两人关系不错，高比较尊重王，王也很少干预具体的业务工作。直到一个叫高学明的私营老板出现后，两人的关系变得微妙了。"知情人透露。

高学明多次找王春清帮忙揽工程，并曾向王春清行贿 6 万元。后来，高学明攀上了高怀志。高学明给高怀志送了 12 万元。高怀志出手便"关照"了高学明上千万的大工程。此后高、王二人关系不断恶化。2008 年，王春清向纪委举报，高怀志有贪污受贿的问题。高怀志出事后，王春清颇为得意。但他没有料到，自己不久竟然也遭到纪委调查。高反咬成功是因为他们有同样的行贿人。

"作为大型国企的党、政一把手，王、高二人本应互相合作、监督，可两人却热衷窝里斗，且同时深陷腐败泥潭，落马是早晚的事。"办案检察官说。

最终，王春清获刑 13 年，高怀志获刑 20 年。

1.6.4　领导者口头沟通的技巧

口头沟通的三要素：

（1）引起对方的注意和兴趣；

（2）让对方了解话中的意思；

（3）使对方边听边接受发讯者的主张，同时，产生行动的意识。

"下级对事，领导对人"，领导者主要是做人的工作，要使自己的语言起到吸引人、折服人、感召人、激励人、影响人的作用，就必须善于研究"说话"的艺术，这是领导者必修的一门基本功。怎样让讲话成为一种艺术呢？

1.6.4.1　言简意赅——浓缩就是精华

讲话要善于使用凝练的语句，用高度概括、准确的语言，提纲挈领地把问题的本质表达出来，达到一目传神的效果。

应该记住一句民谣，"时间越讲越长，新意越讲越少，套话越讲越多，群众越听越跑"。

说短话受欢迎，效果好，正如墨子所说，多说话就像池塘的青蛙，整天整夜没完没了地叫，但人们从来不去注意它，而公鸡在天亮时只叫一声，人们就很注意它。

从某种意义上讲，说短话比说长话更难。因为短话是深刻的思想与精练的语言有机结合的产物。

温家宝总理在十届人大四次会议记者会上，对大国总理责任的理解和阐释，只有5个短语共20个字，精简传神，迅速传遍世界。记者问："本届内阁您将以怎样的精神状态完成任期？"温总理回答："知难不难，迎难而上，知难而进，永不退缩，不言失败。"

1.6.4.2　深入浅出——通俗是王道

怎样讲话才算是通俗呢？——明而不玄，直而不曲，实而不虚，显而不浅，使深奥的内容浅显化，让听众易于接受。

领导者的话具有权威性，某项政策从他嘴里说出来，尤其是相对个性化、形象活泼的表述，这种传播方式是其他方式取代不了的，能够加深人们对会议精神、相关政策的理解。

周总理对保护环境的指示就是个经典的例子："用剃光头的办法采伐森林，采光了就走，这怎么得了！营林是建设社会主义，我们不能吃光了就算，当败家子。"从此，人们提到乱砍滥伐，就想到"剃光头"和"败家子"。

【相关链接】

从前，有一个秀才去买柴，他对卖柴的人说："荷薪者过来！"卖柴的人听不懂"荷薪者"（担柴的人）三个字，但是听得懂"过来"两个字，于是把柴担到秀才面前。

秀才问他："其价如何？"卖柴人听不太懂这句话，但是听得懂"价"这个字，于是就告诉秀才价钱。

秀才接着说："外实而内虚，烟多而焰少，请损之。"（你的木材外表是干的，里头却是湿的，燃烧起来，会浓烟多而火焰小，请减些价钱吧。）

卖柴的人因为听不懂秀才的话，于是担着柴就走了。

1.6.4.3　尊重听众——从语言上做起

虽然人跟人之间地位有高低,权力有大小,但是在人格上是平等的,所以要想协调好跟下属的关系,在语言表达上要时刻注意尊重下属,不能盛气凌人。管理学有这样一句话:你要把员工当人,他会把自己当人,你要把员工当牛,他会把自己当牛。

1.6.4.4　想要两只野兔,请赞扬下属

有这样一则寓言:甲、乙两个猎人各打了一只野兔回来。甲猎人的妻子非常高兴,说你真棒,打到了兔子回来;乙猎人的妻子则说你真笨,怎么才打了一只!——结果怎样呢?甲猎人听了赞扬之后非常高兴,心想我明天一定要争取猎回两只野兔;乙猎人则很愤愤,心想你以为那么容易,我明天还不打了呢。

"同样打了只兔子,但是一句赞扬的话语,使未来不再相同。所以,如果你希望明天得到两只野兔,就请赞扬你的下属。"

怎样赞扬下属?首先,可以观察他跟别人不同的地方。此外,需要抓住下属的优点,通过赞美而不是直接的批评,达到使下属发扬优点、改善缺点的效果。

1.6.4.5　把批评像三明治一样夹起来

批评往往逆耳,容易造成紧张气氛,甚至引起更坏的后果。有没有什么办法让批评变得顺耳呢?——就是扬抑结合法。

美国著名的女企业家玛丽凯·阿什首创了"先表扬,后批评,再表扬"的经典做法,收到了理想的效果——即,无论批评什么事情,必须找出一点值得表扬的事情留在批评之前和批评之后说,而绝对不可只批评不表扬。

我们在批评下属的时候,先要找出他们的成绩来赞扬,赞扬完了之后再批评,批评完了之后再赞扬他,力争用一种友好的气氛开始和结束谈话。这就是夹在两大赞美当中的批评——三明治的方法。

有这样一些领导,他们对某件事情大为恼火时,必将当事人臭骂一顿而后快,发泄以后,再以一句鼓励对方的话语结束谈话。尽管一些研究管理方法的顾问鼓吹这种方式如何好,但试想,你要是把人臭骂一顿,其人必定吓得浑身哆嗦,绝不会听到你在骂够之后才补充的那句带点鼓励的话。这种毁灭性的批评是要不得的。

【相关链接】

陶行知先生当校长的时候,有一天看到一名男生用砖头要砸同学,便将其制止并叫他到校长办公室去。

当陶校长回到办公室时,男孩已经等在那里了。陶行知掏出一颗糖给这名同学:"这是奖励你的,因为你比我先到办公室。"

接着他又掏出一颗糖,说:"这也是给你的,我不让你打同学,你立即住手了,说明你尊重我。"

男孩将信将疑地接过第二颗糖,陶先生又说道:"据我了解,你打同学是因为他欺负女生,说明你很有正义感,我再奖励你一颗糖。"

这时,男孩感动得哭了,说:"校长,我错了,同学再不对,我也不能采取这种方式。"陶先生于是又掏出一颗糖:"你已认错了,我再奖励你一块。我的糖发完了,我们的谈话也结束了。"

1.6.4.6　学会即兴讲话

学会即兴讲话应做到：

（1）紧急思考，确立讲话的要点；

（2）抓住现场的主题，适当重复前者的讲话重点；

（3）联系自己熟悉的内容，发挥自己的知识优势；

（4）恰当地联想——发散思维（因人而感，因事而感，因时而感）。

【相关链接】

2013年9月6日，习近平会见默克尔时说："总理女士是物理学博士，我由'牛顿力学三定律'联想到如何更好推动中德关系发展。一是牢牢把握中德合作的'惯性'。合作是中德关系的主旋律和大方向，双方要坚持不动摇。二是通过深化务实合作提升中德关系的'加速度'。三是减少两国关系发展的'反作用力'。双方要着眼共同利益，求大同，存小异，减少两国关系发展的阻力。"

【相关链接】

美国《福布斯》杂志：杰出领导的十大沟通秘诀（迈克·米亚特）

要成为一位杰出的领导者，首先必须是一个善于与人沟通的人。我希望您注意到了前面这句话说的是"善于沟通"的人，而不是一个"健谈"的人，这其中有着很大区别。成为一位娴熟的沟通者的关键是什么？这个问题很少在学术层面上探讨过。我想在此和大家分享一些与人沟通的技巧，如果始终如一地应用这些技巧，将有助于你获得更好的沟通效果。

大多数领导者每天有绝大部分时间都是处于与人打交道的过程中，我觉得这丝毫不令人感到吃惊。同时，大量的问题都是因为沟通不善造成的，我认为这一点也不是什么令人震惊的发现。恰恰是这一看似矛盾的局面凸显了领导者集中精力成为出色的沟通者的必要性。有效的沟通是事业成功的关键，无论是人与人之间的沟通，还是团体内部、团体之间、组织上的或者外部层面上的沟通。尽管理解良好的沟通技巧没有人们想的那么难，但能够在关键时刻恰当使用这些技巧却并不总是像人们希望的那样简单。

所获的技巧或了解的知识只有在需要的时候能够切实派上用场才有价值。根据我的经验，出色的沟通者具备的首要共同点就是，对于所处的情境，他们有敏感的意识。最好的沟通者都是出色的倾听者和观察者。良好的沟通者擅长通过感知沟通对象的情绪、态度、价值观和所关注的问题，来读懂一个人或组织。他们不仅对所处情境很了解，而且还拥有一种非同寻常的能力，能够丝毫不差地使他们发出的信息符合上述情境。这些信息与发出信息的人一点关系也没有，而是百分之百地满足沟通对象的需要和期待的信息。

那么，怎么知道自己掌握的技巧已经让你成了一个出色的沟通者？答案就是当你与其他人的交流不断使用以下10条原则的时候你就达到了这一水平。这些原则是：

1. 不要口是心非。在大多数情况下，人们不会在自己不信任的人面前袒露心声。当人们觉得一个领导者值得信任的时候，他们会花时间大胆说出自己的心里话，而如果他们的领导品性不佳或者不是一个诚实正直的人的话，他们是不会这样做的。

2. 感同身受。有一句格言说得好，"没人在乎你知道多少，除非别人知道你有多在乎"。传统的商业理论告诉领导者要始终与下属保持距离。要我说的话，如果你希望继续两眼一抹黑，只获得经过高度过滤的信息的话，那你就保持距离吧。如果不与人建立良好关系，你永远也不知道他们到底在想什么，直到最后对此采取行动已为时晚矣。

3. 具体明了。绝大多数情况下具体明了要比含糊不清好。要学会清楚地与人沟通。在如今的商场上，没有什么商品比时间更宝贵。知道如何切入正题并且拣重要的问题说非常重要，而且你也会希望别人这样。你的目标是撇开无用的废话，让你说的每一句话都有价值。

4. 甘于奉献而不是索取。最好的沟通者具备一种能力，可以在获得自己所需要的信息的同时，又让交谈对象感到他们从谈话中获得的更多。尽管不与交谈对象坦诚相见也可以达到这个目的，但这不是目标。当你真的更专注于奉献而不是索取的时候，你就可以实现这个目标。虽然这可能有点违背我们的直觉，但高度关注另外一方的所思所想、所愿所求，你会比专注于自己的计划获得多得多的东西。

5. 思想开明。我总是说，僵化的思想是获得新机会唯一的、最大的制约因素。

6. 闭嘴倾听。杰出的领导者知道什么时候该说，什么时候少说，什么时候不说（大多数时候少说或者不说）。一味令人讨厌地传播自己的信息与进行有意义的对话所达到的效果肯定不会一样，但这样做的前提是你要知道最好的演说是在对话中，而不是在讲演或者长篇独白中。

7. 用同情代替自负。我一直建议领导者不要因为自负而做出自己能力无法兑现的承诺。当人们在沟通中坦诚相待，而且充满同情和关心，而不是骄傲自大、傲慢自负的时候，就会有好的效果。充满同情心的沟通者表现出的是真实和透明，这和那些与人沟通时总是精心地装出一副虚伪假象的人是不同的。了解这一沟通原则可以有助于化愤怒为尊重，化怀疑为信任。

8. 体会言外之意。花点时间，回想一下那些你能想到的杰出领导。你会发现他们都非常擅长体会言外之意。他们拥有一种非同寻常的能力，能够知道没有说出、看到或者听到的信息。睁大双眼竖起耳朵，但闭上嘴巴，你会惊奇地发现你的水平和组织意识都得到了提高。

9. 知道自己在说什么。对自己要说的话题有技术上的掌控能力。如果你不具备所说话题的专门知识，没有人会愿意浪费时间听你说。大多数成功人士都没有兴趣听那些不能对所讨论问题有任何贡献的人讲话。

10. 像对待个人一样与团体对话。领导者不会总是有机会与个人在一种亲密的环境下交谈。出色的沟通者可以适时调整自己要传达的信息，无论是在会议室里对着10个人讲话，还是在礼堂里在上万人面前发言，他们都能让听众觉得沟通者是在直接和他们每个人对话。知道如何应对一屋子的人，并建立信任和融洽的关系是成功交流的关键。

这里所讨论的领导技巧是你有信息要沟通交流的时候（无论是直接的交流，还是通过第三方进行的间接交流），要确保上述信息是真实的、准确的、合理的、有具体连贯清晰明确的逻辑支撑。然而最关键的是，要记住沟通的重点不是你自己、你的观点、立场或者处境。沟通是要帮助别人满足他们的需要，理解他们的担忧，对他们的世界有一点价值。如果这样做,你会大大减少沟通中遇到的问题。

1.6.5　领导者非语言沟通的技巧

1.6.5.1　眼睛是灵魂之窗

人的一切情绪、态度和感情的变化,都可以从眼睛显示出来。

在非语言沟通中,眼神居首位,其次才是微笑、点头等肢体语言。同说话者保持一定的目光接触,显示正在倾听对方的说话。

眼神可以实现各种情感的交流;可以调整和控制沟通的互动程度;可以传送肯定、否定、提醒、监督等讯息;可以传达出对事情的信心度。

眼神应带着友好的情感,专注、持续地看着对方;不要翻白眼,不要乱飘、不敢注视对方;看对方两眼之间或鼻梁骨;有压迫感觉时可以看对方的前额。

1.6.5.2　握手的礼仪

谁先伸手? 上级领导、主人、年长者、女士。在送别客人时,应由客人先伸手告别,避免逐客之嫌。必须起身站直后再握手,坐着握手是不合乎礼仪的。握手时上身应自然前倾 15 度,手臂抬起的高度应适中。必须用右手来握手,掌心相握垂直于地面。时间不宜过长或过短,两手上下晃动 2 次较为合适。同时应注意握手的力度,握手时应面带微笑,注意与对方保持眼神交流。

1.6.5.3　善用你的微笑和面部表情进行沟通

微笑可以拉近距离。俗话说:笑口常开,到处吃得开。肚量大,脾气小;常微笑,病就好。

微笑、赞美、勤问候,有助于与他人的沟通。

如果你给每一个人的笑一成不变,就像便宜的纪念币一样,就会失去价值。和某群人初识时,对每个人绽放的笑容必须有所区别。如果这群人中,某个人对你特别重要,就给他一个最灿烂的、最特别的、独一无二的笑容。

1.6.5.4　身体的姿势

人人都具有运用身体语言沟通的能力。口语沟通是间断的,身体语言的沟通是一个不停息、不间断的过程。身体语言有私密特征,在特定情境中具有别人难以理解的特殊含义。身体语言的速度可以自己掌握,可快可慢。身体语言可以实现跨越文化的沟通。身体语言可以很容易学习,口语学习则不然。身体语言具有简约沟通的特殊功能。

你的姿势反映你内心对自己的想法,同时也可以显示你对别人的态度。

在需要表示对别人尊重的情境之下,坐姿要腰板挺直,身体微微向前倾,有时也不妨正襟危坐。

成功的沟通方式是:自重而不傲慢。

每天,我们都以许多方式进行沟通。从"早上好"到"晚安",从上班到下班,在工作、生活的每时每刻,我们都在与人沟通。我们交流思想、情感及期待;我们接受任务、布置工作、协调关系;我们分享各自的欢乐、变化、高兴和苦恼。不论是简单的或复杂的,有意的或无意的,积极的或消极的,有计划的或是下意识的,沟通是满足我们的需要、实现我们的目标、助推我们的成功的重要工具之一。

【本章结语】

领导就是领袖和导师。领导力也是获得追随者的能力,领导者的真正价值在于:让追随者成为领导者。自认为是领导者而又没有追随者的人,只是在散步,人们追随的不是某个计划,而是能鼓舞他们的领导人物。

麦格雷戈认为,领导的才能在于领袖看问题的方式、行为方式及其追随者的价值观和动机。领导者劝导追随者为某些目标而奋斗,而这些目标体现了领袖及其追随者的共同价值观和动机、愿望和需求、抱负和理想。

一个伟大的领导者的成功,必定要依靠一批伟大的追随者。也就是说,是伟大的追随者造就了伟大的领导者。

从历史上的楚汉相争来看,当时以各方面条件和名声,以及自身条件而论,刘邦都不是项羽的对手,但最后结局,却是刘邦统一了中国,建立了大汉王朝。刘邦是靠什么赢了天下呢?

刘邦自己曾说过:"运筹帷幄之中,决胜千里之外,吾不如子房"——子房就是张良,在指挥部制定战略方针,然后指挥远方战场以取得胜利这个方面,我不如张良;"镇国家,抚百姓,给馈赏,不绝粮道,吾不如萧何"——就是说治理一个国家,保证后勤供应,这个我不如萧何;"连百万之众,战必胜,攻必取,吾不如韩信"——带领军队去作战,每战必胜,这方面我也不如韩信。张良、萧何、韩信这三个人都是当时天下的人杰,有了这样伟大的追随者,刘邦当能赢得天下。

管理公司其实也是一样。一个成功的领导者,身边应该有一批成功的追随者。成功的追随者身上应该有哪些特征呢?斯蒂芬·P.罗宾斯博士归纳出以下几点:

(1)善于自我管理。有效的追随者能够独立思考。他们能独立工作,无需严密的监管。

(2)忠于自身之外的一个目标。除了关心自身,有效的追随者忠于某样东西,如一项事业、一件产品、一个工作团队、一个组织或一个想法。大多数人都喜欢与将感情和身心都奉献给工作的人共事。

(3)建立自己的竞争力,集中全力以达到最好的效果。有效的追随者掌握着对组织有用的技能。他们的绩效标准也比工作或工作团队要求的要高。

(4)有勇气,诚实可靠。有效的追随者独立自主、有判断力。人们可以信任他们的知识和判断力。他们有较高的伦理道德标准,值得信赖,勇于承认自己的错误。

领导艺术是非规范化、非程序化的领导行为,是领导智慧、学识、胆略、经验、作风、品格、方法、才能的综合反映,是领导者在领导活动中的创造和升华;是领导者在一定的知识经验和辩证思维的基础上,灵活地运用各种技能、技巧和手段的特殊方法。

列宁论领导艺术:"不可跑得太前,也不可落在后面,而应抓中心环节,推向前进。"

毛泽东论领导艺术:"要照顾全局,服从多数,以及和同盟者一起干。"

领导艺术因人而异、因事而异、因时而异,并没有基本的规范和可以上升为规律的理论;领导艺术是值得领导者永远探索、无以穷尽的"法宝";领导艺术与领导者的工作作风密不可分。

未来是美好的,美好的未来属于年轻的你们。

未来不是人们要去的地方，而是需要人们去创造的地方。

通向未来的路不是找出来的，而是走出来的；在走出这条道路的同时，既改变着行路人，又改变着目的地。

面向未来，经常怀着令人振奋的目标；

面向未来，时光如桥下的流水，不可如一秒前的我；

面向未来，幸福就是不断前进；

面向未来，既然能飞，何不高飞？！

【案例研讨】

199×年×月，某总厂对所辖的某分厂的领导进行调整，任命×××为分厂厂长（40岁，中专毕业后获电大大专文凭，在该分厂无工作经历），全面负责分厂工作；任命×××为分厂副厂长（54岁，某名牌大学本科毕业，在该分厂长期从事技术工作），分管技术和产品研发工作。

该分厂在新领导的带领下，从199×年至199×年连续3年产量翻番，经营情况和经济效益越来越好。分厂职工收入增加、士气高涨；分厂厂长深受群众拥戴和总厂领导赏识。

在该分厂调整领导之后的第四年年初，用户对原主要产品的技术性能提出新的要求，总厂组建攻关小组，由该分厂副厂长担任组长；总厂要求3个月内完成攻关任务，并接受用户新产品订单400套（产值约3 200万元）。在组织技术攻关和生产管理工作中，分厂厂长与副厂长意见不合，出现不协调、不团结的现象，对技术攻关和其他产品的生产均造成负面影响。

当年4月至6月，该分厂厂长被总厂领导派遣到镇江参加中船总公司举办的中青年后备干部工商管理培训班；在学习期间仍对分厂遥控指挥。

当年10月，该分厂新产品攻关成功并试生产25只；但年内无法完成订单、分厂生产滑坡、经营严重亏损已成定局。分厂职工意见很大，两个领导相互埋怨、推卸责任。

总厂在当年年底对该分厂领导再次进行调整。

讨论题一：在上述案例中，谁应该负主要责任？为什么？

讨论题二：如果你是总厂主要领导，你怎样调整该分厂的领导？为什么？

2 管理经济学

2.1 管理经济学的定义与研究对象

2.1.1 经济学的起源

古希腊色诺芬整理苏格拉底的言论写成一本名为《经济论》的书。英语中经济学（Economics）一词来源于希腊语"Oikonomos"，原意是家庭（政、计）管理（理财）的意思。在我国古汉语中经济一词的含义是"治理国家,拯救庶民"，"经邦济世"。19 世纪后半期,日本学者翻译西方著作,借用了古汉语中经济一词,使该词的原意发生了变化,我们现在用的经济一词沿用了日本译法。现在我们大多数人理解的经济是指社会生产关系的总和,它包括生产、交换、分配和消费 4 个环节,同时也指一个国家的国民经济。在我们的日常生活中,经济指个人或家庭的收支状况,有节约、节省和实惠之义。

法国重商主义者蒙克莱田于 1615 年发表了《献给国王和王太后的政治经济学》,阐述了一个国家如何理财的问题。后来的古典经济学家不约而同地将他们讨论整个社会经济问题的论著冠以"政治经济学"的名称。

在英国剑桥大学的经济学教授马歇尔于 1890 年所著的《经济学原理》中,经济科学的研究内容乃至命名有所改变。马歇尔把研究的重心转向了供给、需求、价格以及资源的优化配置上,"经济学"一词也正式取代"政治经济学",为广大西方经济学者所接受。

2.1.2 经济学发展的 4 个阶段

2.1.2.1 重商主义阶段
重商主义阶段为 15 世纪—17 世纪中期,该阶段为经济学发展的早期阶段。

2.1.2.2 古典经济学阶段
古典经济学阶段为 17 世纪中期—19 世纪 70 年代,该阶段为经济学的形成阶段。

2.1.2.3 新古典经济学阶段
新古典经济学阶段为 19 世纪 70 年代—20 世纪 30 年代,该阶段为微观经济学的形成和发展阶段。

2.1.2.4 当代经济学阶段
当代经济学阶段为 20 世纪 30 年代至今,该阶段为宏观经济学的形成和发展阶段。

2.1.3 经济学的研究对象

经济学的研究对象主要有以下 4 个:

2.1.3.1 资源的稀缺性

资源的稀缺性主要包括以下 3 个方面:

(1) 相对于无穷的欲望的有限;

(2) 人类社会永恒存在的问题;

(3) 经济学存在的必要性。

2.1.3.2 选择与资源配置

选择就是如何利用既定的资源去生产经济物品,以便更好地满足人类的需求。

人类社会(经济)中存在以下 3 个基本问题:

(1) 生产什么(生产多少);

(2) 如何生产;

(3) 为谁生产。

选择即决定把稀缺资源用于何种用途,而在不同用途之间分配稀缺资源即为资源配置。经济学中的 3 个基本问题即是对资源配置的具体化,微观经济学正是围绕这 3 个问题展开的。

2.1.3.3 资源利用

资源利用就是人类社会如何更好地利用现有的稀缺资源。资源利用包括以下 3 个相关的问题:

(1) 充分就业;

(2) 经济波动与经济增长;

(3) 物价稳定。

资源利用是宏观经济学的研究对象。资源配置与资源利用是资源稀缺问题的两个方面。

2.1.3.4 经济学的定义

研究一定制度下稀缺资源配置和利用的科学,即为经济学。

2.1.4 管理经济学的研究对象

2.1.4.1 管理经济学的定义

以厂商的微观经济活动为基础,研究在各种约束条件下,如何将有限的资源配置在各种可供选择的用途上,以实现利润的最大化的科学,称为管理经济学。

2.1.4.2 管理经济学与微观经济学的关系

微观经济学(Microeconomics)是研究在市场经济条件下单个经济主体的经济行为,如单个厂商、单个消费者的单个行为的经济理论。例如厂商怎样向社会供给产品,每一种产品的产销数量如何,价格多高,消费者购入什么消费品,所有者提供的生产要素的价格如何决定。因此,微观经济学的主要内容是资源配置问题。由于市场经济的资源配置主要涉及的是价格问题,故微观经济学的理论有时也称为价格理论。

宏观经济学(Macroeconomics)是把整个国民经济的一个社会经济活动作为考察

对象,研究其运动规律的经济理论。它以国民收入的决定为研究的中心内容,因此,宏观经济学又被称为国民收入的决定理论。宏观经济学研究以下两点内容:① 国民收入,国民生产总值(GNP)、货币供应、总体投资活动、总体消费活动、总体储蓄活动。② 社会再生产过程中出现的一些极为重要的社会现象,如通货膨胀、社会就业、经济周期、经济增长、经济波动等社会现象及其之间的关系。

管理经济学把微观经济学的原理和分析方法应用于企业管理实践,以企业经营管理为出发点,关心企业日常运行面临的主要经济问题,侧重于决策所依据的经济学原理。

管理经济学与微观经济学的关系如图 2.1 所示。

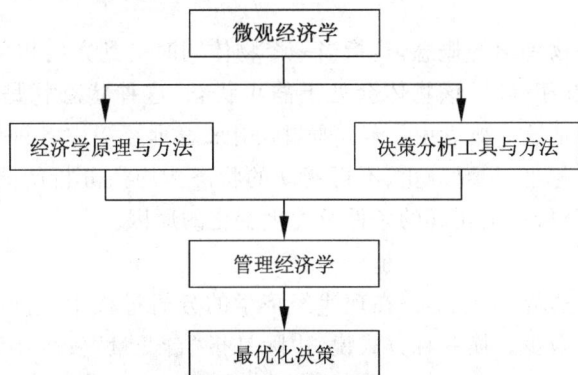

图 2.1　管理经济学与微观经济学的关系

2.1.5　利润最大化原则

2.1.5.1　企业追求的目标

现代企业追求的目标趋于多样化,利润已不是唯一的目标,但仍是主要目标,所以管理经济学仍以利润最大化作为经济分析和决策的基本原则。

2.1.5.2　基本公式

$$利润＝收益－成本$$
$$\pi = R - C \text{ 或者 } \pi = TR - TC$$

2.1.5.3　经济利润

$$经济利润＝收益－机会成本$$

经济资源的稀缺性决定整个社会的经济物品是个定量,这就意味着,为了从事这种产品的生产,就必须放弃其他产品的生产。当把一定经济资源用于生产某种产品时所放弃的其他产品生产上最大的收益就是这种产品生产的机会成本。

2.1.6　研究方法

2.1.6.1　基本方法

1. 实证分析方法(实证经济学)

实证经济学(Positive Economics)是研究实证性质经济命题的经济理论,它研究"客观的经济是怎样的"这个命题,它用理论对社会各种经济活动或经济现象进行解释和证实,对经济现象的因果关系进行描述。实证经济学就是要说明经济现象"是什么"

的问题。

2. 规范分析方法(规范经济学)

规范经济学(Normative Economics)是研究规范性质经济命题的经济理论,它研究"怎样进行经济活动"这个命题。它对经济状况和经济政策进行价值判断和评价,并提出符合价值判断标准的做法。规范经济学就是要说明"应该是什么"的问题。

管理经济学注重实证分析方法。

2.1.6.2 具体方法

在运用实证方法分析经济问题时,还需要具体的分析工具,如均衡分析、边际分析、静态分析、比较静态分析、动态分析等。

1. 均衡分析

均衡分析原是物理学的概念,是指当一个物体同时受到方向相反的两个外力的作用,而这两个力恰好相等时,该物体会处于静止状态,这种状态就是均衡。19世纪英国经济学家马歇尔把这一概念引入经济学中,用来表示经济中各种对立的、变动着的力量处于一种力量相当、相对静止、不再变动的状态。均衡分析所要说明的是各经济变量之间的关系,分析均衡实现的条件及发生变化的原因。

2. 边际分析

边际的原意是边界、界限等。在现代经济学的分析过程中,边际是指原有经济总量的每一次增加或减少。换一种方式说,边际是指"自变量"发生小量变动时,在边际上"因变量"的变动率。边际分析是对经济变量相互关系的定量分析,它产生于19世纪末到20世纪初,成为相对独立的方法在管理经济学中被大量运用。

边际分析可以用以下公式表示:

$$Y = f(X)$$
$$边际值 M = \Delta Y / \Delta X$$

2.2 均衡价格理论

商品的需求、供给和价格的决定是所有经济问题中的3个首要问题。在市场经济中,价格是由供求关系决定的,因此供给与需求这两个概念显得尤为重要。

2.2.1 需求理论

2.2.1.1 需求

经济上的需求与需要不同。需要是指人们的一种欲望或要求。根据马斯洛的需求层次理论,人们有5种层次欲望或需要:第一,满足生存的需要;第二,安全的需要;第三,社会的需要;第四,尊重的需要;第五,自我实现的需要。人们的这些需要是一层高过一层的,每一层的需要又是无限的。

需求则不仅仅是人们的欲望或要求,还是一种具有某种支付能力的欲望或要求,是支付能力与欲望的统一。所谓需求是指消费者(居民户)在某一时期内,在每一个价格水平上愿意而且能够购买的商品量。

2.2.1.2 需求表和需求曲线

1. 需求表

表示某种商品的价格与需求量之间关系的表就是需求表,其实质是用数字表格的形式来表述需求这个概念,如表 2.1 所示。

表 2.1 某商品的需求表

价格	个人需求量				市场需求量
	Q_{dA}	Q_{dB}	Q_{dC}	…	Q_d
6	2	1	4	…	60
5	3	2	6	…	62
4	4	3	7	…	67
3	5	4	8	…	77
2	6	5	13	…	90
1	8	7	15	…	110

2. 需求曲线

根据表 2.1,我们可以在平面直角坐标系上绘出需求曲线,如图 2.2 所示。与数学上的习惯正好相反,在经济分析中,一般以纵轴表示自变量,横轴表示因变量。

在图 2.2 中,横轴 OQ 代表需求量,纵轴 OP 代表价格,S 为需求曲线。由上可知,需求曲线是表示某种商品价格与需求量关系的曲线。需求曲线向右下方倾斜。

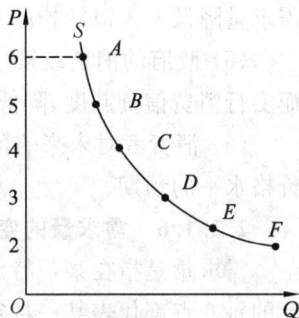

图 2.2　需求曲线

2.2.1.3 需求函数

在经济分析中,我们更多地考虑需求与价格之间的关系。假定其他条件不变,这时需求只涉及两个变量:一个是商品的价格,另一个是商品的需求量。此时将商品自身的价格作为影响需求的唯一因素,以 P 代表价格,就可以把需求函数写为:

$$Q = f(P)$$

这是一种特殊而单纯的需求函数。在这个式子中,只有价格是影响需求的因素,而影响需求的其他因素被假定不变,该公式表明了某种商品的需求 Q 是价格 P 的函数。

根据 $Q = f(P)$ 可以把需求函数关系分为线性关系和非线性关系两种。

如果某种商品的需求量与其价格之间是线性关系,即需求曲线是一条直线,那么这种需求函数就是线性需求函数,其公式为:

$$Q = a - b \cdot p \quad (a > 0, b > 0)$$

如果某商品的需求量与其价格之间是非线性关系,即需求曲线不是直线而是曲线,那么这种需求函数就是非线性需求函数,其公式为:

$$Q = a \cdot p^a \quad (a > 0, \alpha < 0)$$

由上可知,需求函数是用模型法(又称代数表达法)来表达需求的。

2.2.1.4 需求规律

在影响需求的其他因素既定的条件下,一种商品的需求量与价格之间存在着反方向变化的依存关系。也就是说,商品价格提高,需求量就减少;商品价格降低,需求量就增多。需求量与价格这种反方向变动的依存关系,称为需求规律或需求法则。

需求曲线在通常情况下是一条向右下方倾斜的曲线。需求规律是针对一般情况而言的,但也有一些例外的情形,如某些低档商品、"吉芬商品"、证券和黄金市场等。

2.2.1.5 影响需求的因素

影响需求的因素很多,有经济因素,也有政府、社会因素,但概括起来主要有以下几种:

(1)其他相关商品的价格。具有互补关系的两种商品,一种商品的需求与其互补品的价格反方向变动。具有替代关系的两种商品,一种商品的需求与其替代品的价格同方向变动。

(2)消费者的收入水平以及社会收入分配平等程度。收入水平提高与收入分配平等会使需求增加;反之,收入水平下降与收入分配不平等会使需求减少。

(3)消费者嗜好。消费不仅要满足人们的基本生理需要,还要满足种种心理与社会需求,因此,消费者嗜好即消费风尚的变化对需求的影响很大。

(4)人口数量与结构的变动。人口数量增长会使需求量增加,人口数量下降会使需求量降低。人口结构的变动主要影响需求的构成,从而影响某些商品的需求。

(5)政府的消费政策。例如,政府采取提高利息率、提高税率等政策会减少消费,而实行消费信贷制度、降低税率等方法则会鼓励消费。

(6)消费者对未来的预期。这主要是消费者对自己的未来收入水平、商品的未来价格水平的预期。

2.2.1.6 需求量的变动和需求的变动

需求量是指在某一特定价格水平时,消费者愿意而且能够购买的数量。需求曲线上的每一点都代表某一特定价格与需求量的组合。在经济分析中我们把在其他条件不变的情况下商品本身价格变动所引起的消费者购买数量的变动称为需求量的变动,但它并不改变需求函数或需求表。需求量的变动表现为同一条需求曲线上点的移动。

需求的变动是指在商品本身价格不变的情况下,其他因素变动所引起的需求的变动,即由于除了商品自身的价格以外的其他因素的变化而引起的需求变动。需求的变动表现为需求曲线的平行移动或整个需求表的变动。

需求量的变动和需求的变动如图 2.3 所示。

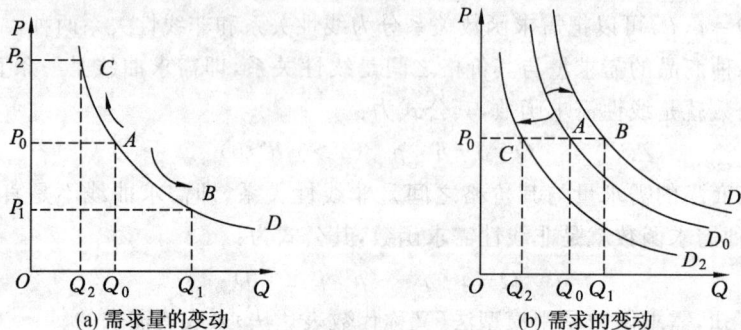

(a) 需求量的变动　　　　(b) 需求的变动

图 2.3　需求量的变动与需求的变动

2.2.2 供给的基本理论

2.2.2.1 供给

所谓供给,是指厂商在一定时期和每一价格水平下愿意并且能够提供的某种商品的数量。在理解供给这一概念时要注意,供给必须是供给欲望与供给能力的统一。

2.2.2.2 供给表

表示某种商品的价格与供给量之间关系的表就是供给表,其实质是用数字表格的形式来表示供给这个概念,如表2.2所示。

表 2.2　某商品的供给表

价格	个人供给量				市场供给量 Q_s
	Q_{sA}	Q_{sB}	Q_{sC}	…	
6	150	55	34	…	600
5	125	47	29	…	490
4	100	39	24	…	360
3	76	31	19	…	200
2	53	23	14	…	120
1	20	15	9	…	80

2.2.2.3 供给曲线的概念

1. 供给曲线的定义

供给曲线是表示某种商品价格与供给量关系的曲线,如图2.4所示。横轴 OQ 代表供给量,纵轴 OP 代表价格,S 即为供给曲线,向右上方倾斜。

2. 供给曲线的特殊情况

供给规律是针对大多数商品而言的,即随着商品价格的提高,供给量会随之增加。同需求规律一样,供给规律也有一些例外情况,最典型的就是劳动的供给。当工资增加时,劳动供给量一般会增加,但是,当工资增加到

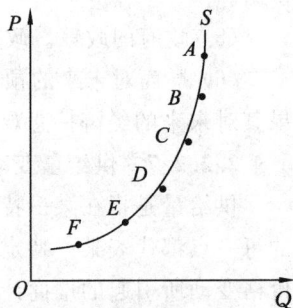

图 2.4　供给曲线

一定程度后,劳动的供给量反而会下降。此外某些稀缺商品,如文物、古董等,由于价格上升反而会出现供给量减少的情况。

2.2.2.4 供给函数

在经济分析中,我们同样更多地考虑供给量与价格之间的关系,假定其他条件不变,这时供给只涉及两个变量,一个是商品的价格,另一个是商品的供给量。此时把商品本身的价格作为影响供给的唯一因素,以 P 代表价格,就可以把供给函数写为:

$$S = f(P)$$

如果某商品供给量与其价格之间是线性关系,即供给曲线是一条直线,那么这种供给函数就是线性供给函数,其公式为:

$$S = -c + d \cdot p \quad (c > 0, d > 0)$$

如果某商品供给量与其价格之间是非线性关系，即供给曲线不是直线而是曲线，那么这种供给函数就是非线性供给函数，其公式为：

$$S=\lambda P^{\beta} \quad (\lambda>0, \beta>0)$$

由上可知，供给函数是用模型法（又称代数表达法）来表述供给的。

2.2.2.5 供给规律

在影响供给的其他因素既定的条件下，一种商品的供给量与其价格之间存在着同方向变化的依存关系，即供给量随价格的提高而增加，随价格的降低而减少。供给量与商品价格之间同方向变化的依存关系，称为供给规律或供给法则。

供给规律是针对一般情况而言的，也有一些例外情况，如劳动的供给，某些珍贵商品（如古董、古画、名贵邮票等）的供给，证券、黄金市场等。

2.2.2.6 影响供给的因素

影响供给的因素主要有以下 6 个：

（1）厂商的目标。在微观经济学中，一般假设厂商的目标是利润最大化，即厂商供给的多少取决于这些供给能否给他带来最大的利润。如果厂商的目标是产量最大或销售收入最大，或其有其他政治或社会道义目标，则供给就会不同。

（2）其他相关商品的价格。

（3）生产技术的变动。在资源既定的条件下，生产技术的提高会使资源得到更充分的利用，从而增加供给。

（4）生产要素的价格。生产要素的高低直接关系到商品的生产成本从而影响供给。

（5）政府的政策。政府采用鼓励或限制投资与生产的政策，从而影响供给。

（6）厂商对未来的预期。如果厂商对未来的经济持乐观态度，则会增加供给；如果其对未来的经济持悲观态度，则会减少供给。

2.2.2.7 供给量变动与供给变动

供给量是指在某一特定价格水平时，厂商愿意或计划供给的商品量。供给曲线上的每一点都代表某一特定价格与供给量的组合。在其他条件不变的情况下，商品本身价格变动所引起的厂商计划的供给量变动称为供给量的变动。供给量的变动表现为同一条供给曲线上点的移动。

供给的变动是指在商品本身价格不变的情况下，其他因素变动所引起的供给的变动，即由于除了商品自身的价格以外的其他因素的变化而引起的供给变动。供给的变动表现为供给曲线的平行移动。

2.2.3 均衡价格

2.2.3.1 均衡价格及其形成

价格是需求和供给两种相反力量共同作用的结果。这种由需求和供给两种力量决定的需求量和供给量相一致时的市场价格就是均衡价格。与均衡价格相对应的交易量称为均衡交易量或均衡产量。均衡价格的形成如图 2.5 所示。

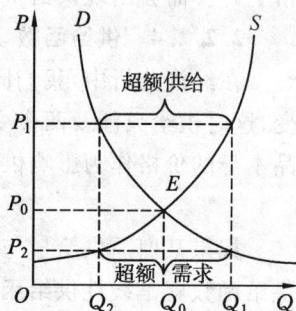

图 2.5 均衡价格的形成

均衡价格的形成是在纯粹的市场经济中和完全竞争的条件下市场机制作用的结果。在纯粹的市场经济中,均衡是必然出现的一种趋势,均衡价格是通过市场供求关系的自发调节而形成的。在均衡价格形成后,一旦市场价格背离均衡价格,在供求的相互作用下,就有自动恢复均衡的趋势。

2.2.3.2 均衡价格的变动(供求规律)

需求和供给的变动会对均衡价格和均衡产量产生影响,可将供求规律概括为:

(1)均衡价格和均衡产量均与需求成同方向变动关系,即:需求增加,则均衡价格提高,均衡产量增加;需求减少,则均衡价格降低,均衡产量减少。

(2)均衡价格与供给成反方向变动关系,而均衡产量与供给成同方向变动关系,即:供给增加时,均衡价格降低,均衡产量增加;供给减少时,均衡价格提高,均衡产量减少。

2.2.3.3 支持价格和限制价格

均衡价格理论是以纯粹的市场经济和完全竞争为前提的。而在现实的市场经济中,由于某些经济因素或政治因素的介入,竞争变得不完全,这就阻碍了供求趋向于均衡方向的调整,从而阻碍了均衡状态的实现和均衡价格的形成,如政府的支持价格和限制价格。

所谓支持价格,是指政府为了扶持某一行业的生产而对该行业产品所规定的高于市场均衡价格的最低价格,如农业生产。支持价格政策的作用如图 2.6 所示。

所谓限制价格,是指政府为限制某些生活必需品的价格而规定的最高限价,其目的是保护消费者的利益。许多西方经济学家认为,限制价格政策只能适用于特殊情况或一个短时期。限制价格政策的作用如图 2.7 所示。

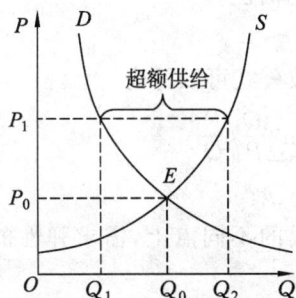

图 2.6 支持价格政策　　　　图 2.7 限制价格政策

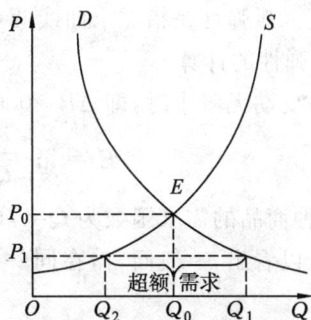

2.2.4 弹性理论

2.2.4.1 弹性

弹性,亦称伸缩性,原是物理学上的概念,意指某一物体对外界力量的反应力。经济学中的弹性是指当经济变量之间存在函数关系时,其中一个变量对另一个变量变动的反应程度,其大小可以用两个变量变动的比率,即弹性系数来表示。

$$弹性系数 = \frac{因变量变动的百分比}{自变量变动的百分比}$$

弹性理论最早由法国经济学家古诺提出。后来英国著名经济学家马歇尔又科学地完善了弹性公式,并将其发展为一个完整的理论。20 世纪以来,弹性理论在西方经济学中有很大发展,并被广泛运用于实际的经济分析。

2.2.4.2 需求弹性

1. 需求价格弹性

影响商品需求量的因素主要有商品的价格、消费者的收入和相关商品的价格等。因此需求弹性主要有 3 种:需求价格弹性、需求收入弹性和需求交叉弹性。需求价格弹性是指价格变动的比率引起的需求量变动的比率,它以需求量变化的百分比与价格变化的百分比的比值来表示,即商品的需求量对价格变化的反应程度,它反映价格变化后引起的需求量变化百分比,习惯上简称为需求弹性。

一般用需求弹性系数来表示需求弹性的大小。需求弹性系数是需求量变动的比率与价格变动的比率的比值。如果以 E_d 代表需求弹性系数,以 $\Delta Q/Q$ 代表需求量变动的比率,以 $\Delta P/P$ 代表价格变动的比率,则需求弹性系数的一般公式可写为

$$E_d = \frac{\Delta Q/Q}{\Delta P/P} = \frac{\Delta Q}{\Delta P} \cdot \frac{P}{Q}$$

在理解需求弹性的含义时要注意以下几点:

(1) 在需求量与价格这两个经济变量中,价格是自变量,需求量是因变量。

(2) 需求弹性系数是需求量变动的比率与价格变动的比率的比值。

(3) 需求弹性系数的数值可以为正值,也可以为负值。为方便起见,一般都取其绝对值。

(4) 同一条需求曲线上不同点的需求弹性系数的大小并不相同。

2. 需求价格弹性的计算:点弹性与弧弹性

点弹性是指需求曲线某一点上的弹性,即价格变动无限小时所引起的需求量变动的反应程度。弧弹性是指需求曲线两点之间弧的弹性。

(1) 点弹性的计算

当价格变动无限小时,即 $\Delta P \to 0$ 时,弹性系数公式可以写为

$$E_d = \lim_{\Delta p \to 0} \frac{\Delta Q}{Q} \Big/ \frac{\Delta P}{P} = \lim_{\Delta p \to 0} \frac{\Delta Q}{\Delta P} \Big/ \frac{P}{Q}$$

式中,设某种商品的需求函数为 $Q = f(p) = a - b \cdot p$。

由此可以看出,一般而言,在同一条需求曲线的不同点上,需求弹性的大小是不同的。

(2) 弧弹性的计算

为了消除价格上升与下降时所计算的弹性系数有所差别,价格和需求量都取变动前后的平均值,所以,计算弧弹性的公式一般是

$$E_d = [(Q_2 - Q_1)/(P_2 - P_1)] \cdot [(P_1 + P_2)/2]/[(Q_1 + Q_2)/2]$$

在实际中弧弹性运用非常广泛,一般所说的弹性系数是指弧弹性的弹性系数。需求曲线的斜率并不等于弹性系数,在需求曲线上不同的两点之间,弹性系数的大小并不一样。

3. 需求价格弹性的分类

需求价格弹性可分以下几类(见图 2.8):

(1) 需求完全无弹性,即 $E_d = 0$。这类商品的需求量与价格无相关性,即不管价格如何变化,需求量总是不变的。这时的需求曲线是一条与横轴垂直的直线。

（2）需求无限弹性，即 $E_d \rightarrow \infty$。在这种情况下，当价格为既定时，需求量是无限的。这类商品的弹性称为需求无限弹性。这时的需求曲线是一条与横轴平行的直线。

（3）需求单位弹性，即 $E_d = 1$。在这种情况下，商品的需求量变化幅度与价格变化幅度相同，但变化方向相反，称为单位弹性。这时的需求曲线是一条正双曲线。

（4）需求缺乏弹性，即 $|E_d| < 1$。在这种情况下，需求量增加（或减少）的百分比小于价格下降（或上升）的百分比，即价格的较大变化只会引起需求量较小的变化，这类弹性称为缺乏弹性或弱弹性。这时的需求曲线是一条比较陡峭的线。

（5）需求富有弹性，即 $|E_d| > 1$。在这种情况下，需求量增加（或减少）的百分比大于价格下降（或上升）的百分比，即价格的较小变化会引起需求量较大的变化，这类弹性称为富有弹性或强弹性。这时的需求曲线是一条比较平坦的线。

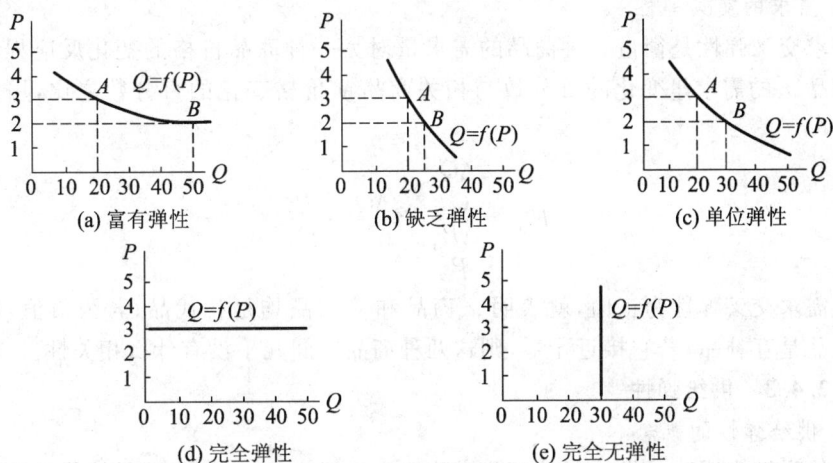

图 2.8　需求价格弹性分类

4. 影响需求弹性的因素

影响需求弹性的因素主要有以下 5 个：

（1）消费者对某种商品的需求程度。若需求程度大，则该商品是生活必需品，并且还是奢侈品。一般说来，消费者对生活必需品的需求强度大而稳定，所以生活必需品的需求弹性小，而且越是生活必需品，其需求弹性越小。

（2）商品的可替代程度。如果一种商品有许多替代品，那么该商品的需求就富有弹性。因为该商品价格上升时，消费者就会购买其他替代品；价格下降时，消费者就会购买这种商品来取代其他替代品。

（3）商品本身用途的广泛性。一种商品的用途越广泛，其需求弹性也就越大；而一种商品的用途越少，则其需求弹性也就越小。

（4）商品使用时间的长短。一般来说，使用时间长的耐用消费品需求弹性大，而使用时间短的非耐用消费品需求弹性小。

（5）商品在家庭支出中所占的比例。在家庭支出中所占比例小的商品，价格变动对其需求的影响小，所以其需求弹性也小。

在以上 5 个影响需求弹性的因素中，最重要的是需求程度、替代程度和在家庭支出中所占的比例。某种商品的需求弹性到底有多大，是由上述这些因素综合决定的。

5. 需求的收入弹性

需求的收入弹性用来表示一种商品的消费量对消费者收入变化的反应程度或敏感程度，它等于消费量的相对变化与收入的相对变化之比，或者说，它等于由 1% 的收入变化所引起的消费量变化的百分比，用公式表示就是

$$E_I = \frac{\frac{\Delta Q}{Q}}{\frac{\Delta I}{I}} = \frac{\Delta Q}{\Delta I} \cdot \frac{I}{Q}$$

需求收入弹性为正值的商品通常被当作正常商品；收入弹性为负值的商品通常被当作低档品。一般说来，奢侈品具有较高的需求收入弹性，而必需品的需求收入弹性较低。

6. 需求的交叉弹性

需求交叉弹性是衡量一种商品的需求量对另一种商品价格的变化反应程度。它等于商品 x 的需求量变化的百分数与相关商品 y 价格变化的百分数之比，用公式表示就是

$$E_{xy} = \frac{\frac{\Delta Q_x}{Q_x}}{\frac{\Delta P_y}{P_y}} = \frac{\Delta Q_x}{\Delta P_y} \cdot \frac{P_y}{Q_x}$$

若需求交叉弹性为正值，就表明 x 商品和 y 商品均是替代品；若为负值，就表明两种商品是互补品；若它接近于零，则这两种商品之间几乎没有什么相关性。

2.2.4.3　供给弹性

1. 供给弹性的概念

供给弹性表明商品供给量的变化对价格变化反应的灵敏度，即供给量变动的百分率与价格变动的百分率的比例。一般讲的供给弹性实际上就是供给价格弹性。

供给弹性的一般公式为

$$E_s = \frac{\frac{\Delta Q}{Q}}{\frac{\Delta P}{P}}$$

式中，E_s 表示供给弹性系数。

2. 供给弹性的分类

供给弹性按其大小可分为以下几类：

$E_s > 1$，则称供给是富有弹性的；

$E_s = 1$，则称供给具有单位弹性；

$E_s < 1$，则称供给价格弹性不足；

$E_s = 0$，则称供给完全缺乏弹性；

$E_s \to \infty$，则称供给富有无限价格弹性。

供给弹性的大小主要取决于生产调整的难易程度。

2.3　生产理论

微观经济学中的生产者称为厂商，是指一个个体决策单位，假定生产者都是具有

完全理性的经济人。他们在既定的技术等条件限制下,通过合理选择生产要素投入的种类和数量,力争实现产量最大或成本最低。所以,生产理论分析的目的在于说明追求利润最大化的厂商在技术上能够实现生产要素的最优组合。

2.3.1 生产函数

2.3.1.1 生产与生产要素

生产是对各种生产要素进行组合以制成产品的行为。

生产要素是指生产中所使用的各种资源。这些资源可以分为劳动、资本、土地和企业家才能等。劳动不是指劳动者本身,而是指劳动者提供的劳务,包括体力劳动和脑力劳动。劳动的价格是工资。资本是指生产过程中使用的各种生产设备,如机器、厂房、工具、仓库等,并不是专指货币。货币本身并不能用于生产活动。但是有了货币后就能购买到机器、设备,所以经济学上并不对它们加以区别。资本的价格是利息。土地是指生产中所使用的各种自然资源,是在自然界中所存在的,如土地、水、自然状态的矿藏、森林、能源等。企业家的才能指企业家对整个生产过程的组织与管理工作。把劳动、土地、资本组织起来,使之演出有声有色的生产戏剧的关键正是企业家才能。

生产是以上 4 种生产要素合作的过程,产品则是这 4 种生产要素共同努力的结果。

2.3.1.2 生产函数

生产函数是描述在生产技术状况给定条件下,生产要素的投入量与产品的最大产出量之间的物质数量关系的函数式,一般记为

$$Q = f(L, K, N, E)$$

式中,Q 代表总产量,L, K, N, E 分别代表劳动、资本、土地、企业家才能 4 种生产要素。

在分析生产要素与产量的关系时,一般把土地视作固定的,而企业家才能又难以估算。因此,生产函数又可以写为

$$Q = f(L, K)$$

20 世纪 30 年代初,美国经济学家 P. 道格拉斯与 C. 柯布根据美国 1899—1922 年的工业生产统计资料,得出了这一时期美国的生产函数为

$$Q = AL^{\alpha}K^{1-\alpha}$$

这就是经济学中著名的"柯布-道格拉斯生产函数"。在这个生产函数中,A 与 α 为常数,其中 $0 < \alpha < 1$。在这一生产函数中,当劳动量与资本量增加 λ 倍时,则为

$$A(\lambda L)^{\alpha}(\lambda K)^{1-\alpha} = \lambda AL^{\alpha}K^{1-\alpha} = \lambda Q$$

所以,柯布-道格拉斯生产函数为线性齐次生产函数。

柯布与道格拉斯计算出 A 为 1.01,α 为 0.75,所以,柯布-道格拉斯生产函数可以具体化为

$$Q = 1.01 L^{0.75} K^{0.25}$$

这说明在生产中,劳动所做出的贡献为全部产量的 3/4,资本所做出的贡献为 1/4。根据统计资料的验证,这个估算是符合实际情况的。

为生产一定量的某种产品所需要的各种生产要素的组合比例称为技术系数。例

如,在柯布-道格拉斯生产函数中,劳动与资本的组合比例为 3∶1,这就是技术系数。

如果生产某种产品所需要的各种生产要素的组合比例是不能改变的,则称这种技术系数为固定技术系数。固定技术系数的生产函数称为固定比例生产函数。

但是大多数产品的生产,各种生产要素的组合比例是可以变动的。这种技术系数称为可变技术系数。可变技术系数的生产函数称为可变比例生产函数。

2.3.1.3 短期和长期

分析生产函数还要区分长期与短期。这里的"短期"和"长期",不是指一个具体的时间跨度,而是指能否使厂商来得及调整生产规模(固定的生产要素和生产能力)所需要的时间长度。"长期"是指时间长到可以使厂商调整生产规模来达到调整产量的目的;"短期"则指时间短到厂商来不及调整生产规模来达到调整产量的目的,而只能在原有厂房、机器、设备条件下依靠多用或少用一些人工和原材料等来调整产量。例如,某产品的市场需求量由于某种原因暂时突然扩大时,厂商可通过充分利用原有设备、开足马力、加班加点来增加产量以满足需求。这就是短期调整产量水平的问题。相反,如果市场对该产品的需求是由于人们对这种产品偏好普遍变大而长期地增加,则厂商要通过增加设备、扩大生产规模来满足增长了的市场需求。这就是长期调整生产的问题。

2.3.2 边际报酬递减规律与一种可变生产要素的合理投入

在生产中,我们需要分析在其他生产要素不变的情况下,一种生产要素的增加对产量的影响,以及这种可变的生产要素的投入量多少为最合理。具体来说,我们假定资本量是不变的,分析劳动量投入的增加对产量的影响,以及劳动量投入多少最合理。这时的生产函数是

$$Q = f(\overline{K}, L)$$

$\overline{K}$ 表示资本量不变,这时的产量只取决于劳动量 L,我们研究的是 Q 与 L 的关系,即生产函数也可以写为

$$Q = f(L)$$

2.3.2.1 总产量、平均产量和边际产量

总产量(TP)是指一定量的某种生产要素投入后所生产出来的全部产量。平均产量(AP)是指平均每单位某种生产要素所生产出来的产量。边际产量(MP)是指某种生产要素增加一单位所增加的产量。

以 Q 代表某种生产要素的量,ΔQ 代表某种生产要素的增加量,以 TP 代表总产量,以 AP 代表平均产量,以 MP 代表边际产量,则这 3 种产量可用公式表示为

$$TP = AP \cdot Q$$

$$AP = \frac{TP}{Q}$$

$$MP = \frac{\Delta TP}{\Delta Q}$$

上面 3 个公式中假定生产某种产品所用的生产要素是资本与劳动,资本是固定的,劳动是可变的。3 种产量曲线如图 2.9 所示。

在图 2.9 中,横轴代表劳动量,纵轴代表总产量 TP、平均产量 AP 与边际产量

MP。总产量、平均产量和边际产量之间的关系有以下几个特点:

(1) 边际产量 MP 等于总产量曲线上该点的切线的斜率。当边际产量为正值时,总产量曲线呈上升趋势(斜率为正值),此时增加劳动量就能增加产量;当边际产量为负值时,总产量曲线呈下降趋势(斜率为负值),此时增加劳动量反而会使产量减少;当边际产量为零时,总产量为最大(斜率为零)。

(2) 劳动量取某值时的平均产量等于总产量曲线上该点与原点的连接线的斜率。平均产量 $AP = TP/L$,而 TP/L 也正是总产量曲线上该点与原点之间的连接线的斜率。因此,如图 2.9 中的 B 点,由于在这一总产量曲线上的切线和其与原点的连接线重合(即两条线的斜率相等),所以在这一点,平均产量等于边际产量,平均产量曲线和边际产量曲线相交于 B' 点。

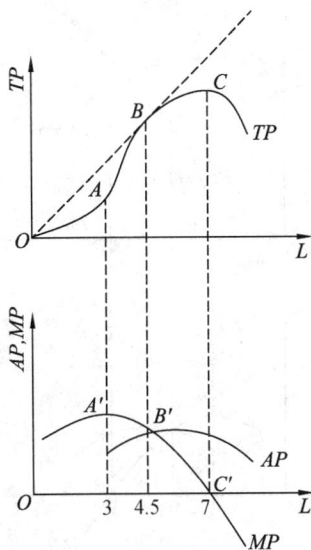

图 2.9 产量曲线

(3) 当边际产量大于平均产量时,平均产量呈上升趋势;当边际产量小于平均产量时,平均产量呈下降趋势;当边际产量与平均产量相等时,平均产量为最大。

2.3.2.2 边际报酬递减规律

边际报酬递减规律又称报酬(或收益)递减规律,它的基本内容是:在技术水平不变的情况下,当把一种可变的生产要素投入到一种或几种不变的生产要素中时,最初这种生产要素的增加会使产量增加,但当它的增加超过一定限度时,增加的产量将会递减,最终还会使产量绝对减少。例如,在一块田里耕种,起初增加一个劳动力,产量可能增加许多,如果再增加一个劳动力,产量虽能继续增加,但增加的幅度下降了,随着劳动力的不断增加,产量的增加量也越来越小,最后甚至为零。在理解这一规律时,要注意以下几点:

(1) 这一规律发生作用的前提是技术水平不变。技术水平不变是指生产中所使用的技术没有发生重大变革。离开了技术水平不变这一前提,边际报酬递减规律就不能成立。

(2) 这里所说的生产要素报酬递减,是以除一种要素以外的其他要素固定不变为前提,来考察一种可变要素发生变化时其边际产量即总产量的增量的变化情况的。

(3) 生产要素报酬递减,是在可变的生产要素使用量超过一定数量以后才出现的。在此之前,如上所述,当固定要素相对过多,即可变要素相对不足时,增加可变要素将出现报酬递增的现象。超过这个范围再继续追加可变要素时才进入报酬递减阶段。当可变要素增多到一定限度以后,再继续增加可变要素,反而会引起总产量减少。这是因为,这时固定要素已经得到充分利用,再增加可变要素只会降低生产效率,减少总产量。

2.3.2.3 生产的 3 个阶段和一种可变生产要素的合理投入

在确定一种可变生产要素的合理投入时,我们根据总产量、平均产量与边际产量的关系,可以进一步把生产划分为 3 个阶段,见图 2.10。

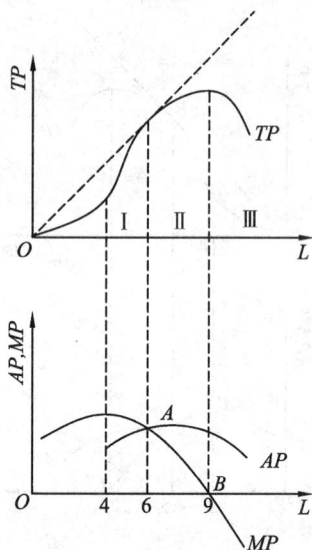

图 2.10　生产的 3 个阶段

第Ⅰ阶段：是可变要素的投入数量小于 OA，即劳动量从零增加到 A 这一阶段。此时生产函数的特征是可变要素的总产量、平均产量均呈上升趋势，而边际产量首先递增，然后递减，但均大于平均产量。

第Ⅱ阶段：是可变要素的投入数量在 OA 和 OB 之间，即劳动量从 A 增加到 B 这一阶段。此时生产函数的特征是可变要素的平均产量开始呈递减趋势，但总产量仍呈上升趋势。边际产量是递减的，但仍为正值，不过要小于平均产量。

第Ⅲ阶段：是可变要素的投入数量大于 OB，即劳动量增加到 B 点以后这一阶段。此时生产函数的特征是可变要素的总产量和平均产量均呈递减趋势，边际产量为负值。

上述 3 个阶段的划分，不仅说明由于边际报酬递减规律的作用，总产量、平均产量、边际产量都是先增后减的，而且说明了厂商进行生产要素投入的合理阶段。

首先，厂商的理性决策不会考虑第Ⅲ阶段，因为这个阶段的边际产量为负值，生产不会带来任何好处。劳动量的增加超过 B 之后是不利的，因为其与既定不变的固定要素相结合，反而使总产量减少。所以，这一阶段在经济上是不合理的。

其次，厂商也不会选择第Ⅰ阶段。因为在这个阶段，平均产量处于递增状态，而边际产量又大于平均产量，这意味着增加可变要素的投入所引起的总产量的增量总会使可变要素的平均产量有所提高。劳动量最少要增加到 A 点，否则资本无法得到充分利用。

因此，厂商的理性决策将在第Ⅱ阶段进行选择。就是说，厂商将劳动量的增加在Ⅱ区域（$A-B$）之间进行选择。在这一阶段，平均产量开始下降，边际产量递减，即增加劳动量仍可使边际产量增加，但增加的比率是递减的。由于边际产量仍然大于零，故总产量仍在增加。在劳动量增加到 B 时，总产量可以达到最大。至于厂商实际上会选择Ⅱ区域的哪一点，这还要考虑其他因素。首先要考虑厂商的目标；其次，如果厂商以利润最大化为目标，那就要考虑成本、产品价格等因素；另外还必须结合成本与产品价格来分析。

2.3.3　等产量线与两种可变生产要素的合理投入

2.3.3.1　等产量线的含义

等产量线又称等生产线，是表示两种生产要素的不同数量的组合可以带来相等产量的一条曲线，或者说是表示某一固定数量的产品，可以用所需要的两种生产要素的不同数量的组合产生出来的一条曲线，如图 2.11 所示。

2.3.3.2　等产量线的特征

等产量线具有以下 4 个特征：

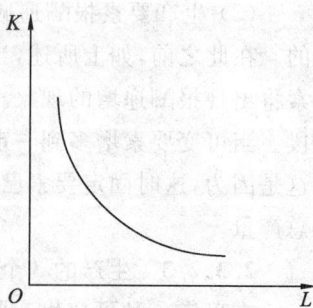

图 2.11　等产量线

（1）等产量线是一条向右下方倾斜的线,其斜率为负值。

（2）在同一平面图上,可以有无数条等产量线。离原点越近的等产量线所代表的产量水平越低。

（3）在同一平面图上,任意两条等产量线不能相交。

（4）等产量线是一条凸向原点的线,这是由边际技术替代率递减所决定的。

2.3.3.3　边际技术替代率

边际技术替代率(简称 MRTS)是在维持相同的产量水平时,一种生产要素减少的数量与另一种生产要素增加的数量之比。以 ΔL 代表劳动的增加量,ΔK 代表资本的减少量,$MRTS_{LK}$ 代表以劳动代替资本的边际技术替代率,则有

$$MRTS_{LK}=\frac{\Delta K}{\Delta L}$$

边际技术替代率应该是负值,因为一种生产要素增加,另一种生产要素就要减少,但为了方便起见,一般用其绝对值。边际技术替代率是递减的。根据边际报酬递减规律,随着劳动量的增加,它的边际产量在递减。这样,每增加一定数量的劳动所能代替的资本量越来越少,即 ΔL 不变时,ΔK 越来越小。边际技术替代率递减反映了边际报酬递减规律。边际技术替代率也就是等产量线的斜率。等产量线的斜率递减决定了它是一条凸向原点的曲线。

2.3.3.4　等成本线

所谓等成本线是这样一条直线,在这条直线上的任一点表示,当资本的价格 P_K 与劳动的价格 P_L 为已知时,花费某一固定量总成本所能买进的资本与劳动量的组合如图 2.12 所示。换言之,它是一条表明在厂商(生产者)的成本与生产要素价格既定的条件下,厂商(生产者)所能购买到的两种生产要素数量的最大组合的线,又称企业预算线。

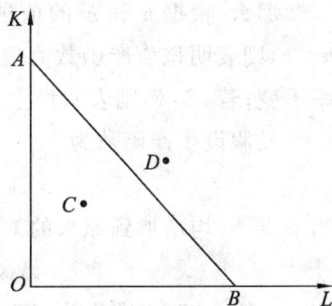

图 2.12　等成本线

等成本线表明了厂商进行生产的限制条件,即其所购买的生产要素所花的费用不能大于或小于所拥有的总成本。因为,大于总成本是无法实现的,小于总成本又无法实现产量最大化。

等成本方程式 $C=KP_K+LP_L$ 可改写为

$$K=\frac{C}{P_K}-\frac{P_L}{P_K}L$$

这是一个直线方程式,其斜率为 $-\frac{P_L}{P_K}$。

2.3.3.5　生产要素的最优组合

研究生产要素的最优组合,即是研究生产者如何把既定的成本(即生产资源)分配于两种生产要素的购买与生产上,以达到利润最大化。等产量曲线可表示生产任一给定产量所需两种要素之各种可能的组合,而等成本线则描述了任一给定总成本可能买进的两种要素之各种可能的组合。厂商之理性的决策就是确定一个其所购买的两种要素数量的组合,以便实现既定产量下成本最小或既定成本下产量最大的生产要素组合使得生产者(厂商)处于均衡。

因此，厂商均衡条件是：厂商买进的劳动和资本的数量应是等产量曲线上的一点 E（见图 2.13），这点的资本与劳动的边际技术替代率恰好等于（既定的）劳动与资本的价格比率，即

$$MRTS_{LK} = \Delta K / \Delta L = MP_L / MP_K = P_L / P_K$$

2.3.4　规模收益（报酬）规律

2.3.4.1　规模收益（报酬）规律

规模收益（报酬）变化是指在其他条件不变的情况下，企业内部各种生产要素按相同的比例变化时所带来的产量变化。

图 2.13　成本一定产量最大的均衡

规模收益规律就是指在技术水平不变的情况下，当两种生产要素按同样的比例增加，即生产规模扩大时，最初会使产量的增加大于生产规模的扩大，出现规模经济；而当规模的扩大超过一定限度时，则会使产量的增加小于生产规模的扩大，甚至使产量绝对减少，出现规模不经济。一般会先后经历规模收益率递增、不变和递减 3 个阶段。

假设在一个一般的生产函数 $Q=f(x,y)$ 中，所有投入要素都乘以常数 k，即所有投入要素的量都增加到 k 倍，这会使产量 Q 增加到 h 倍，即 $hQ=f(kx,ky)$。

那么，根据 h 和 k 的值的大小就可以判定该生产函数规模收益率的类型：若 $h<k$，则表明该生产函数为规模收益率递减；若 $h=k$，则表明该生产函数为规模收益率不变；若 $h>k$，则表明该生产函数为规模收益率递增。

又假设生产函数为

$$Q=AL^{\alpha}K^{\beta}$$

当 L 与 K 均增加到原来的 λ 倍时，生产函数为

$$A(\lambda L)^{\alpha}(\lambda K)^{\beta}=A\lambda^{\alpha+\beta}L^{\alpha}k^{\beta}=\lambda^{\alpha+\beta}Q$$

当 $\alpha+\beta=1$ 时，规模收益率不变；当 $\alpha+\beta>1$ 时，规模收益率递增；当 $\alpha+\beta<1$ 时，规模收益率递减。当 $\alpha+\beta=1$ 时，该生产函数就是柯布-道格拉斯生产函数。所以，柯布-道格拉斯生产函数为线性齐次生产函数，即这一生产函数具有规模收益率不变的性质。

2.3.4.2　引起规模经济的原因

引起规模经济的原因主要有以下 5 个：

（1）可以使用更加先进的机器设备。机器设备之类的生产要素具有不可分割性。当生产规模较小时，无法购置先进的大型设备，即使购买了也无法充分发挥其效用。只有在大规模生产中，大型的先进设备才能充分发挥其作用，使产量更大幅度地增加。

（2）可以实行专业化生产。在大规模的生产中，专业可以分得更细，分工也会更细，这样就会提高工人的技术水平，从而提高生产效率。

（3）可以提高管理效率。各种规模的生产都需配备必要的管理人员。在生产规模较小时，这些管理人员无法得到充分利用，而生产规模扩大，则可以在不增加管理人员的情况下增加生产，从而提高管理效率。

（4）可以对副产品进行综合利用。在小规模生产中，许多副产品往往被作为废物

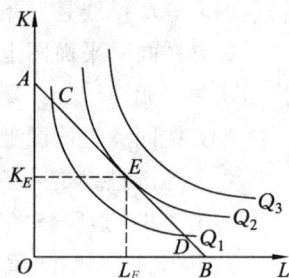

处理。而在大规模生产中,就可以对这些副产品进行再加工,做到"变废为宝"。

（5）在生产要素的购买与产品的销售方面也会更加有利。大规模生产所需的各种生产要素较多,产品也多,这样企业就会在生产要素与产品销售市场上具有垄断地位,从而可以压低生产要素收购价格或提高产品销售价格,从中获得利润。

大规模生产所带来的这些好处,在经济学上也称为"大规模生产的经济"。但是,生产规模也并不是越大越好。

2.4 成本决策分析

成本是厂商生产一定数量的产品或提供一定数量的劳务所耗费的生产要素的价值。某种产品的生产成本是该产品供给价格的重要决定因素。厂商索取其产品的供给价格最主要、最基本的决定因素就是产品的生产成本。

2.4.1 管理决策中几个重要的成本概念

2.4.1.1 机会成本

机会成本是做出一项决策时所放弃的其他可供选择的最好用途（收益）。机会成本是一种观念上的成本或损失,是放弃的一种可能性,是放弃的若干可能性中最好的一种。在管理中我们做出一项决策时,应使收益大于或至少等于机会成本,一项决策只有从经济的角度看合理才是真正的合理。

2.4.1.2 短期成本和长期成本

由于时期不够长,厂商来不及随产量的变动而调整其固定投入,故只能在现有固定投入的条件下,根据一定产量选择可变投入的最优组合。这样,只能调整在可变投入的时期内所发生的成本,称为短期成本。在长时期内,由于有足够长的时间,厂商能够调整所有的投入要素,这种在所有投入要素都可以变动的时期内所发生的成本,称为长期成本。

2.4.1.3 显明成本与隐含成本

显明成本是指厂商在会计的账目上计入的各种支出费用,这些成本在会计的账目上一目了然。

隐含成本是指厂商自己提供的资源所应该支付的费用,包括折旧费、自有资金的利息、企业家才能的报酬（正常利润）等。

2.4.2 短期成本函数

短期成本曲线如图 2.14 所示。

2.4.2.1 短期总成本、短期固定成本、短期可变成本

短期总成本（STC）是生产一定量的产品所需要的成本总和,是总固定成本与总可变成本之和,即 STC＝VC＋FC。

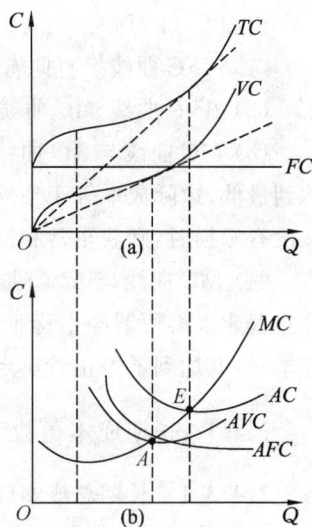

图 2.14　短期成本曲线

固定成本（FC）是厂商在短期支付的、不能调整的生产要素的费用。它是指在一定产量范围内，不随产量变动而变动的成本之和，如厂房、机器、管理人员的工资等。

可变成本（VC）是厂商在短期支付的、可以调整的生产要素的费用。它是指随产量变动而变动的成本之和，如原料、燃料、电力、运输费、工人的工资等。

图中横轴表示产量，纵轴表示成本。总固定成本曲线为一条平行于横轴的水平线，它表示成本不随产量的变动而变化。VC 表示总可变曲线，它从原点出发，表示没有产量就没有总可变成本，它的形状与总成本曲线相同，也反映了同样的变动规律。总成本曲线是随产量的增加，起初增加得快，以后增加得慢，最后又增加得快，这主要是边际收益递减规律在起作用的缘故。

2.4.2.2　平均固定成本、平均可变成本、平均成本

平均固定成本（AFC）是平均每单位的产品所消耗的固定成本，即 $AFC=FC/Q$。

平均变动成本（AVC）是平均每单位的产品所消耗的可变成本，即 $AVC=VC/Q$。

平均成本（AC）是平均每单位的产品所消耗的成本，即 $AC=AFC+AVC$。

平均可变成本的变动规律是：开始时，随着产量的增加，生产要素的效率逐渐得到发挥，平均变动成本减少，但减少到一定程度后则由于收益递减又随产量增加而增加。

由于 AFC，AVC 在开始时通常是下降的，所以 AC 也是下降的。到了一定阶段，由于产量上升，AVC 增加，AFC 连续下降，故 AC 的下降开始缓慢。随着产量的不断增大，当 AFC 在 STC 中无足轻重时，AC 的下降则将更为缓慢。在产量超过厂房、设备最大生产能力后，由于 AVC 的上升还能抵消 AFC 的下降而有余，则 AC 开始转而上升。

2.4.2.3　边际成本

边际成本（MC）是每增加一个单位的产量所增加的成本，即 $MC=\Delta TC/\Delta Q$，由于固定成本短期内是不变的，因此 $MC=AVC/\Delta Q$。边际成本的变动规律仍然是：开始时随产量的增加而减少，减少到一定程度后，又随着产量的增加而增加。

由图 2.14 可知：

（1）AFC 曲线一直向右下方倾斜，开始比较陡峭，以后逐渐平缓。

（2）AVC 曲线、AC 曲线、MC 曲线都是先下降而后上升的 U 形曲线。

（3）MC 曲线与 AC 曲线一定相交于 AC 曲线的最低点 E 点。在 E 点，平均成本达到最低，边际成本等于平均成本。E 点是厂商的收支平衡点，当既不存在超额利润，又没有亏损时，则获正常利润（已包含在成本之中）。

（4）MC 曲线与 AVC 曲线一定相交于 AVC 曲线的最低点 H 点。H 点是厂商的停止营业点。所谓停止营业点是指当厂商的收入仅能补偿变动成本，而不能补偿固定成本时，就达到了停止营业点。

2.4.3　长期成本函数

2.4.3.1　长期总成本（LTC）

长期总成本是长期生产一定量的产品所需要的成本总和，它随着产量的变动而变动，当没有产量时就没有总成本。它的变动趋势为：随着产量的增加，开始时增加得

较快,以后增加得慢,最后又增加得快。

2.4.3.2　长期平均成本(LAC)

长期平均成本是长期生产中平均每单位的产品所消耗的成本。长期平均成本曲线是一条与无数条短期成本线相切的线,即它是各种产量的最低平均成本点的轨迹。在长期生产中,厂商可以根据其所要达到的产量来调整和选择生产规模,从而始终处于最低平均成本状态。

在长期生产中,厂商可通过预计要求,按长期平均成本曲线来做生产规划,故长期平均成本曲线又称为计划曲线,如图2.15所示。长期平均成本曲线也是一条先下降后上升的U形曲线,但它下降与上升的坡度都较平缓,这表明在长期生产中平均成本的变动较缓慢。

2.4.3.3　长期边际成本(LMC)

长期边际成本是指当厂商在足够的时间内根据生产产量调整其固定要素时,每增加一个单位的产量所增加的长期总成本,即 $LMC = \Delta LTC / \Delta Q$。LMC 表示在厂商对所有的投入要素做出最便于调整的情况下,其生产水平与生产最后一个单位产品的成本之间的关系。LMC 曲线是每一条 SAC 曲线与 LAC 曲线相切点所对应的产量下 SMC 曲线上各点的轨迹,即 LMC 曲线上任一点总是与某一特定的 SMC 曲线有一相交点,该交点所代表的产量是 LAC 曲线与对应的 SAC 曲线相切之点相应的产量,如图2.15所示。

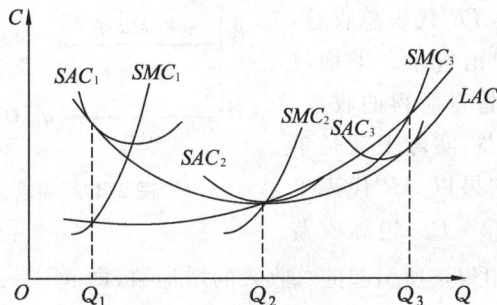

图 2.15　长期边际成本曲线

2.5　市场结构与企业的价格和产量决策

一般根据竞争和垄断程度的大小,市场结构可以分为完全竞争、完全垄断、垄断竞争和寡头垄断等类型。

2.5.1　完全竞争条件下厂商的价格和产量决策

2.5.1.1　完全竞争市场的特点

完全竞争也称纯粹竞争,是指一种竞争不受任何阻碍和干扰的市场结构。一种产品市场具有完全竞争的性质,必须具备以下条件:

(1)产品同质。企业的产品是一样的、不可分的,或者至少是极其相似的,卖者心目中也没有"特殊的"买者。

(2)生产者自由出入生产部门,资源完全自由地流动。企业进入或退出某个生产部门丝毫不受限制，资源可以很容易地从一种使用移至另一种使用中。

（3）信息完全畅通，即市场上的所有买者和所有卖者都知道有关产品的成本、价格和质量的情报，不存在相互欺骗。

（4）买者和卖者都很多。每一个买者和卖者都没有力量影响产品的现行市场价格。每个厂商只是价格的接受者，而不是价格的决定者，他可以按照已定的价格卖出他愿意售卖的任何数量。

由于完全竞争市场结构所必需的基本条件太"苛刻"了，所以完全竞争现象在经济中是很难出现的。农产品市场的情况接近这些条件，但也并不完全相符。

2.5.1.2　厂商需求曲线、总收益和边际收益

在完全竞争的市场上，各个企业都只是市场价格的接受者，而不是决定者。在这种情况下，需求曲线如图 2.16 所示。

需求曲线与收益曲线如图 2.17 所示，需求曲线呈现为一条水平线，企业在完全竞争市场结构上的经营管理决策问题，就是要按照目前市场上的既定价格来决定能获得最大利润的产量水平。所谓总收益，就是指厂商出售一定产品所得到的全部销售价款，即 $TR = P \cdot Q$。其中，TR 代表总收益，P，Q 分别表示价格和销售量。平均收益是指总收益除以销售量所得的收益，即售卖单位产品的收益，实际上就是单位产品的售卖价格，如果以 AR 代表平均收益，则 $AR = TR/Q = P$。边际收益

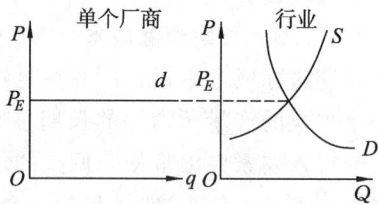

图 2.16　单个厂商和行业的需求曲线

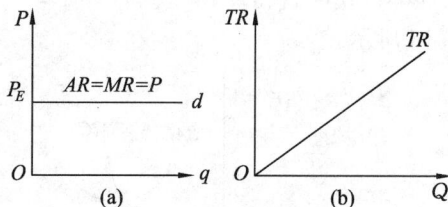

图 2.17　需求曲线与收益曲线

是指增加一个单位的销售量所引起的总收入的增加数，即 $MR = \Delta TR/\Delta Q$。其中，MR 表示边际收益，ΔTR，ΔQ 分别表示总收益和销售量的增加量。

在完全竞争市场上个别企业的需求曲线图中，需求曲线、平均收益线和边际收益线都是同一条线。这是完全竞争市场结构中产品的重要特点。

2.5.1.3　短期厂商的价格和产量的决定

所谓短期，是指在这一段时间内，厂商的厂房、设备等（即固定成本）固定不变，但可以调整可变要素来调整其产销量。在完全竞争市场结构中，厂商的售卖价格是由本部门所有厂商的供给量和市场对该产品的需求量决定的，因而对任一家厂商来说，他的销售价格是已知的。厂商将根据既定的市场价格和自己的成本状况，决定产量，以使他的利润达到极大的产销量，即为厂商的短期均衡产量，此时厂商不再增减其供给量，产销量达到平衡。

利润极大化的条件：$MR = MC$。它适用于任何市场类型的售卖者，即不管他是完全竞争厂商，还是具有不同程度垄断因素的任何厂商。为了实现最大利润，厂商将按照这个条件决定其提供的产量。

厂商均衡时是盈利还是亏损，取决于市场价格和均衡产量时的平均成本，即

当 $P>AC$ 时，$\pi>0$；

当 $P<AC$ 时，$\pi<0$；

当 $P=AC$ 时，$\pi=0$。

从以上的分析中可以知道，当厂商处于短期生产均衡状态，即 $MR=MC=P$ 时，企业的利润达到最大化。利润最大化并不意味着厂商一定能够赚钱。因为厂商能否赚钱取决于对均衡产量下的价格与平均成本的比较，而均衡本身并没有告诉这种比较的结果究竟如何，赚钱只是其中一种可能性。不过无论在何种情况下，当厂商处于短期均衡状态时，不是利润最大化，就是损失最小化。

2.5.1.4　厂商的短期供给曲线

厂商的短期供给是指在短期内与每一个市场价格相应的厂商愿意提供的产销量。厂商的短期供给曲线显示，随着市场价格的变化厂商的短期产销量将发生的变化，如图 2.18 所示。

在完全竞争条件下，厂商根据已定价格调整其供给量，只要市场价格不低于最低 AVC，则其供给量的大小是该供给量对应的边际成本恰好等于已定市场价格，即 $MR=MC=P$。

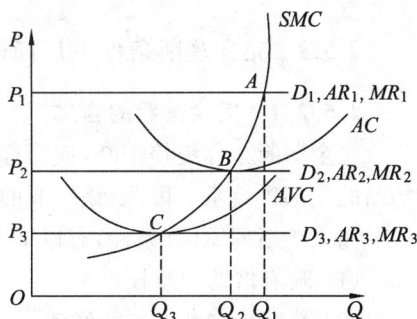

图 2.18　完全竞争厂商的供给曲线

SMC 上的各点表示既定市场价格与厂商供给量的组合，SMC 在 C 点以上任何一点表示与既定市场价格相应的厂商愿意供给的数量，但 SMC 在 C 点以下的部分表示价格低于最低 AVC，所以厂商不会继续生产。因此，厂商的 SMC 在 AVC 曲线最低点 C 以上的部分就是厂商的短期供给曲线。

2.5.1.5　厂商的长期价格和产量的决定

所谓长期，是指这段时间的长度足够使各个厂商能够调整其生产规模的设计，新厂商可自由进入该部门，原有厂商能随便退出该部门。在长期生产中，均衡价格仍是由部门供给与需求所决定的。各个厂商根据这个已定市场价格进行调整。

前面已介绍过，厂商在短期均衡下，企业利润最大化有 3 种可能：可能获利，可能亏损，也可能收支相抵。之所以如此，是由于短期内厂商除了按 $MC=P$ 条件确定生产量以外，没有其他选择。但是厂商的长期均衡不会出现这种情况。

在长期生产中，厂商没有固定成本的概念，所有生产要素都可以随意变动，即可以选择规模大小，并可以自由地进入或退出某个行业的生产。当某个行业里的所有厂商都能够获利时，新厂商将会进入该行业，以分享利润。由于新厂商的进入使供给增多，行业的短期供给曲线右移而市场需求曲线没有变动，这意味着市场的均衡价格将会下降。这时，不管是新厂商还是旧厂商，都要根据新的市场均衡价格来调节生产量。只要在该行业中还能获利，新企业就会继续进入，市场均衡价格也将继续下降，一直到整个行业的价格水平和平均成本水平相等，这时新企业不再流入该产业，整个行业的净利润为零，称为"零利润均衡"。反之，假如产业中所有的厂商都处于亏损状态，厂商的收益不能弥补其成本，厂商必然会转移出该行业。结果，生产量逐渐减少。这时，整个行业的短期供给曲线左移，市场均衡价格将上升。厂商从行业中继续不断流出，价格也将不断继续上升,一直到厂商的收入刚好弥补其成本。这时,整个行业的净利润又为零,即为"零利润均衡"。

厂商长期生产的均衡状态是市场价格处于长期平均成本的最低点,在该点 $P = AR = MR = SMC = LMC = SAC = LAC$,如图 2.19 所示。这就是完全竞争厂商实现长期均衡的条件,达到这一条件时,厂商既无净利润,亦无亏损。

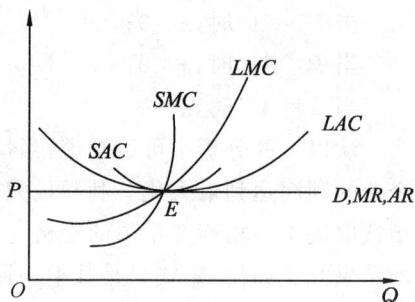

图 2.19 完全竞争厂商的长期均衡

2.5.2 完全垄断条件下厂商的价格和产量决策

2.5.2.1 完全垄断的含义

完全垄断亦称纯粹垄断,或简称独占,是指一个厂商提供了某一特定市场的某一物品的全部供给量。因此,该厂商的供给即为该产品整个部门的供给。

完全垄断的原因(条件)有以下几个:

(1) 政府借助于政权;

(2) 政府特许私人垄断经营;

(3) 市场需求很小;

(4) 控制一项资源的全部供给;

(5) 控制特殊生产技术;

(6) 存在着明显的规模经济。

2.5.2.2 完全垄断厂商的需求曲线、平均收入和边际收益

在完全垄断条件下,厂商只有一个,部门的需求曲线也就是完全垄断厂商的需求曲线。由于部门的需求曲线一般向下倾斜,所以垄断企业也面临着一条向下倾斜的需求曲线,如图 2.20 所示。

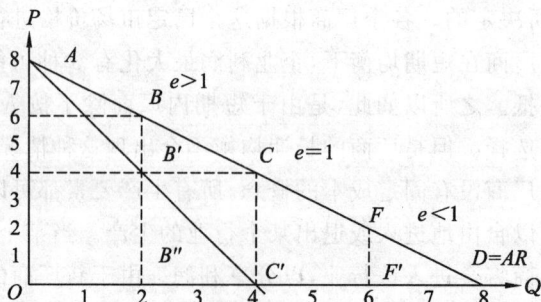

图 2.20 完全垄断企业的需求曲线

在图 2.20 中,横轴表示数量,纵轴表示收益和价格。从图中可知,需求曲线和平均收益曲线是同一条曲线,这是因为平均收益实际上就是厂商单位产品的售卖价格,而非完全竞争的各种类型垄断厂商任一产量的边际收益总是小于其单位产品的售卖价格即平均收益。边际收益曲线总是在平均收益曲线的下方。

2.5.2.3 垄断厂商的短期均衡价格与产量的决定

垄断者的生产目的是最大限度地赚取利润。在短期内，厂商的生产规模不能改变，它将调整其产量和价格，使其利润达到极大。

完全垄断厂商将根据某产品的需求状况和成本状况，首先确定其产品销量，与完全竞争一样，实现最大利润的产销量是边际成本等于边际收益时的产量，所以完全垄断厂商的短期均衡条件是 $MR=MC$，这符合利润最大化原则。

在均衡状态下，厂商可能有最大利润，可能不盈不亏，也可能亏损，不过亏损时其损失为最小。

2.5.2.4 完全垄断厂商的长期均衡价格和产量的决定

在长期生产中，完全垄断厂商的投入可以调整，不同于完全竞争厂商的是，由于新厂商难以进入，完全垄断厂商可以保持超额利润。完全垄断厂商的长期调整要根据现有工厂规模的盈亏情况而定。如果在短期内有亏损，则在长期生产中将关闭退出；如果有盈余，则可根据 $MR=MC$ 定理调整工厂规模，达到边际收益等于长期边际成本的均衡点，即 $MR=LMC=SMC$，如图 2.21 所示。

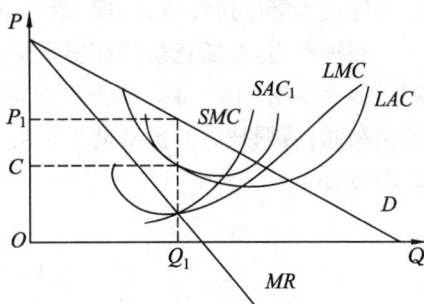

图 2.21 长期均衡

2.5.2.5 完全垄断的价格差别

完全垄断厂商可以决定其价格和产量，因而其为获得最大可能的垄断利润，可以通过差别取价的方法来增加其总收益。所谓差别取价，是指完全垄断厂商对不同市场的消费者，或对同一消费者不同的购买量，分别以不同的价格销售。这种取价的方法不可能出现在完全竞争的市场，因为完全竞争市场的个别厂商的行为不能影响价格，而垄断者却可以做到。

差别取价的方法可以分为以下 3 种：

1. 第一级价格差别

所谓第一级价格差别，是指完全垄断厂商在销售其产品时，每个产品均以不同的价格出售以获得最大可能性收入。

2. 第二级价格差别

所谓第二级价格差别，是指完全垄断厂商将其垄断产品分批定价出售，以获得较大的收益。

3. 第三级价格差别

所谓第三级价格差别，是指完全垄断厂商对同样的产品在不同的市场取不同的价格。

2.5.3 垄断竞争条件下厂商的价格和产量决策

2.5.3.1 垄断竞争的含义与条件

垄断竞争市场结构是介于完全竞争与完全垄断之间的，是竞争与垄断的混合，即既有竞争又有垄断的市场结构。

垄断竞争的市场结构符合以下 3 个条件：

（1）同种产品彼此有差别，又有很高的替代性；

（2）卖者的数目相当多；

（3）厂商进出该部门比较容易。

2.5.3.2　短期厂商的价格和产量的决定

这里的短期有两个条件，即：现有厂商的固定设备是已定的，但每个厂商可能通过调整可变成本项目来调整供给量；产品互有差别但又有充分替代性的这样一个集团的厂商数目是固定的。在这种情况下，每个厂商很像一人独占者，它将根据市场对自己产品的需求状况和成本状况来确定其产品的价格。在这里，获得最大利润的原则仍是边际成本等于边际收益，即 $MR=MC$。

在短期内，垄断竞争厂商实现短期均衡时，也并不意味着它一定就获得了超额利润。如果根据 $MR=MC$ 调整后的价格高于平均成本，那么该垄断竞争厂商就能获得超额利润；若调整后的价格低于平均成本，则会亏损；若刚好相等，则盈亏相等。如图 2.22 所示。

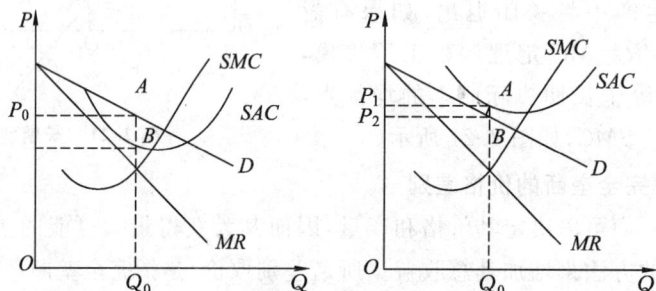

图 2.22　短期均衡

2.5.3.3　长期厂商的价格和产量的决定

长期调整包括现有厂商适应需求情况调整其厂房、设备的规模，并把它的产量调整到 $MR=LMC$ 的水平。这是因为根据上述分析，只有当 $MR=MC$ 时才能使利润极大。但长期调整的最重要的特点是有足够长的时间允许厂商进入或退出该竞争集团，只要原有厂商的卖价超过平均成本，即存在着超额利润，新的厂商就会进入该集团，引起价格下跌，直至卖价等于平均成本，超额利润消失为止。

对应的 $SAC=LAC=AR$，$SMC=LMC=MR$，这就是垄断竞争厂商达到长期均衡的条件，即厂商的需求曲线 AR 与长期平均成本曲线 LAC 相切，这时因为 $AR=AC$，所以不存在超额利润，厂商只能获得正常利润。如图 2.23 所示。

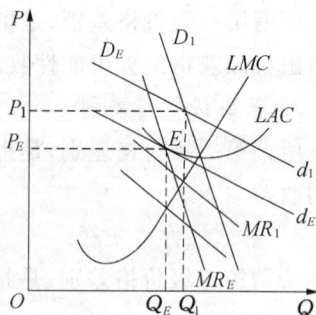

图 2.23　长期均衡

2.5.4　寡头垄断条件下厂商的价格和产量决策

2.5.4.1　寡头垄断的含义

寡头垄断是介于垄断竞争与完全垄断之间的另一种混合市场结构，其基本特征有以下 4 个：

（1）一个部门由少数几个大厂商所控制，大厂商的产量占该部门整个产量的比重很大。

（2）由于某一部门中厂商的数量很少，以致一个厂商的产量变动或价格变动会显著影响本部门竞争厂商的销售量。

（3）虽然厂商的行动是相互影响、相互依存的，但任何一个厂商在制定自己的产量、价格政策的时候，极少能够确定它的竞争者会做出怎样的反应。

（4）由于各个厂商不能确定竞争对手的反应，所以寡头垄断产品的价格比较稳定。

寡头垄断可分为两种：纯粹寡头和差别寡头。纯粹寡头是指产品没有差别，彼此依存程度很高。差别寡头是指生产产品有差别，彼此依存程度较低。

2.5.4.2 折弯需求曲线

所谓折弯需求曲线，就是寡头垄断的个别厂商所面对的市场需求曲线，该曲线在某一价格上存在着折弯现象。首先提出这一理论模型的是美国经济学家保罗·斯威齐(Paul Sweezy)，故这一模型又称为斯威齐模型。

斯威齐模型建立在以下假定基础上：在既定的市场价格上，任何一个寡头垄断者都不敢随意变动其销售量和价格。如果其中一个厂商提高价格，则其他厂商必定不会跟着提高，因为它们生怕销售量会减少。这样一来，便使得首先提高价格的厂商所面对的市场需求曲线的价格弹性很大。如果其中一个厂商降低价格，则其他厂商必定也会跟着降价竞相销售，以争取更多的销售量。因此，对每一个寡头厂商来说，降低价格后所面对的需求曲线的价格弹性较小。基于这种假设，任何寡头厂商都不敢轻易地提高或降低既定价格，除非在价格与成本相差很大时，否则它们宁可在产品质量、设计、包装和广告宣传等方面加以竞争。

例如，由寡头垄断的某厂商的折弯需求曲线如图 2.24 所示。

由图 2.24 可知，需求曲线的曲折使边际收益曲线出现了间断点。也就是说，该厂商的边际收入曲线在当前的价格和产量水平上出现了间隙，边际收入曲线的间隙说明了产品价格在较长时期稳定不变，该厂商的边际成本曲线在间隙中变动，不至于引起厂商的最佳结合的价格和产量发生变动。即使技术进步等因素使成本下降，但由于在寡头垄断市场中需求曲线是曲折的，故价格还是保持原来的不变。

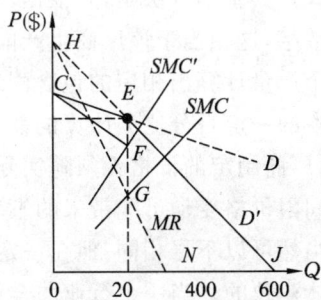

图 2.24　某厂商的折弯需求曲线

2.5.4.3 卡特尔协定

为避免两败俱伤、你死我活的价格战，生产同类产品的厂商通过签订公开的正式协定而形成的垄断性企业集团称为卡特尔。这些厂商共同确定价格，并瓜分市场，但由于受政府反托拉斯法的限制，它们实际上一般不是公开签订协定，而是达成非正式的秘密协议。

卡特尔首先把每个企业的边际成本曲线水平相加，使之成为一条部门的边际成本曲线。整个卡特尔的边际成本曲线与部门边际收入曲线的相交点决定了部门利润的最大产量，同时也决定了部门的产品价格 P_0。

卡特尔在统一了产品价格以后，通常要规定生产限额，以支持该价格。卡特尔分配产量定额的原则是使各个厂商的边际成本相等，并且与卡特尔均衡产量水平的边际成本相等。上述产量分配方式往往被认为是一种理想的分配方式，在现实中很难实现。因为卡特尔内部成员厂商之间产量的分配受到各厂商的地位、争议能力、已有的生产能力和销售规模以及地区划分的影响。同时，卡特尔的各成员厂商还可以通过广告、信用、服务等非价格竞争手段拓宽销路，增加产量。因此，卡特尔是不稳固的。各个厂商为了追求最大化的利润，往往会避开卡特尔的规定而另做手脚。

2.5.4.4 价格领导

价格领导是缓和寡头垄断市场不稳定状态的一种不太正式但相当有效的方法。在寡头垄断条件下，当一个企业奠定了部门的领袖和代言人的地位，而该部门的其他企业又都接受它的价格政策时，就会出现价格领导现象。领袖企业面临的是一个类似完全垄断企业的价格和产量决策问题，而其他企业所面临的则是类似完全竞争市场的价格和产量决策问题。

形成价格领导的原因有以下 3 个：

(1) 支配型价格领导，本行业中最大；

(2) 效率型价格领导，本行业中成本最低；

(3) 信息型（晴雨表型）价格领导，充分掌握市场信息。

2.5.4.5 成本加成定价法

成本加成定价是在估计的平均成本的基础上加上一个赚头，据以确定价格的定价方法。它是寡头垄断厂商不按照 $MR=MC$ 原则追求利润最大化的一种常见的定价形式。其基本方法是，先根据厂商生产能力的某一百分比确定一个正常的或标准的产量数字，这相当于该厂商生产能力的某一百分数，如生产能力的 2/3 或 3/4，然后根据这个产量计算出相应的包含固定成本与可变成本的平均成本 AC，并加上一个按平均成本的一定百分比 r 计算的赚头 $AC \cdot r$，就得出销售价格 P，即 $P=AC(1+r)$。这样，厂商制定的价格无须随实际产量的变动而频繁变动，比较稳定，从而减少了竞争者之间因价格变动可能带来的不利后果。至于作为利润的加成数字的大小，各个行业之间当然可以不尽相同，但在一定时期内的一个行业中应是相当稳定的，各个厂商应是大体一致的。当一个行业的全体厂商采用这种定价方法时，就能够产生一种稳定的价格格局，从而避免了价格竞争可能带来的不利后果。在这种场合中，如果同行业的全部厂商都采用统一的会计制度，且其投入要素的价格和生产函数都相同，并用相同的百分比加成，这些厂商产品的价格就是一致的，否则它们的价格就会不一致。但不管各厂商的价格是否一致，成本加成定价法都会使其价格的变动方向一致。

成本加成定价法尽管不是遵循 $MR=MC$ 原则追求利润最大化的定价形式，但它可以避免价格随产量变动而频繁变动，从而使价格比较稳定，这就减少了寡头垄断厂商因价格竞争可能带来的不利后果，巩固了寡头垄断厂商的地位。

3

企业战略管理

3.1 战略管理总论

3.1.1 战略

3.1.1.1 战略的含义

"战略"（Strategy）一词原为军事用语，意指作战的谋略。《辞海》对"战略"一词的解释是："对战争全局的筹划和指挥。它依据敌对双方的军事、政治、经济、地位、地理等因素，照顾战争全局的各方面，规定军事力量的准备和运用。"毛泽东曾指出："战略问题是研究战争全局规律性的东西。"德国军事家冯·克劳塞维茨（Carl von Clausewitz）也说过："战略是为了达到战争目的而对战斗的运用。战略必须为整个军事行动规定一个适应战争目的的目标。"

美国经济学家巴纳德（C. I. Barnard）在其代表作《经理的职能》（1938）中，为了说明企业组织决策机制，从有关企业的各种要素中产生了"战略"因素的构想，首次将"战略"一词引入经济领域。1962年，美国企业经营史学家钱德勒（A. D. Chandler）的《战略与结构：工业企业史的考证》一书问世，揭开了企业战略问题研究的序幕。1965年，美国学者安索夫（H. I. Ansoff）推出《企业战略论》一书，初步构建了企业战略问题研究的理论框架。

就企业经营而言，战略是企业为求得长期生存和不断发展而进行的长远性、总体性筹划，它包括企业所确定的一定历史时期的经营总目标与实现这一目标的基本途径和手段。在企业经营或企业管理的不同场合，人们可能赋予战略不同的含义。为全面、有效地制定和实施企业战略，必须完整理解、准确把握战略的丰富内涵和本质特征。加拿大管理学者明茨伯格（H. Mintzberg）提出的战略"5P"定义，给我们提供了这一方面的不少启发。

1. 战略是计划（Plan）

战略最基本的含义就是规划、计划。它是一个"行动之前的概念"，是一种事先的有意识、有目的的设计。正如美国管理学者德鲁克（P. Drucker）所说："战略是一种统一的、综合的、一体化的计划，用来实现企业的基本目标。"例如，2002年中船重工集团公司确立的战略规划是：2010年达到造船能力1 000万吨，造船产量700万吨，集团年经济总量达1 000亿元；2015年力争成为世界一流造船集团，造船能力达到1 200万吨，造船产量实现1 000万吨。

2. 战略是计策（Ploy）

在特定的场合，战略可以作为威胁和战胜竞争对手的一种具体的计策。例如，某企业自从得悉竞争对手欲扩大其生产能力时，便提出自己的战略是扩建或新建以增加生产能力。由于该企业资金雄厚、产品质量优异，竞争对手无力与之竞争下去，可能就会放弃扩大生产的设想。一旦竞争对手采取了放弃的态度，该企业就可以不将增加生产能力的战略付诸实施。这种战略即为一种计策，使之对竞争对手构成威胁。

3. 战略是模式（Pattern）

战略不仅体现为一系列的计划，也体现为一系列的行动。当年，美国福特汽车公司的总裁亨利·福特要求将 T 型福特汽车只漆成黑色的行为，就可以理解为是一种战略。就是说，无论企业是否事先对战略有所考虑，只要有具体的经营行动，就有战略。成功一定有方法，经营一定有思路。思路决定出路，布局决定格局。又如，在改革开放 30 多年的时间内，中国走了一条极具自身特色的发展道路，2010 年经济总量已由世界排位第 10 位升至第 2 位。中国以摸着石头过河著称的改革形式，近年来又被冠之以中国模式（中国方案），并被广泛讨论。

4. 战略是定位（Position）

战略应是一种定位，即一个企业确定在自身环境中所处的位置，亦即企业确定自己在市场中的位置。例如，日本手表公司通过对美国手表市场的分析，发现美国的国产手表和进口的瑞士手表只能满足 30% 愿意买高档手表的消费者的需要，还有 70% 的愿意买中、低档手表的市场未得到满足。于是，该公司将自己的生产、经营就定位于"款式新颖、价格便宜、负责维修"的中、低档产品市场服务，终于使"精工"手表打入美国市场。我国小天鹅洗衣机生产厂家，把自己的产品定位为"大中城市、全自动"，也取得了很大成功。所谓企业选择或确定战略，实际上就是企业根据外部环境和内部能力，在品种求新、质量求优、价格求廉或数量求多等方面做出定位抉择。

5. 战略是观念（Perspective）

战略也是一种观念，它体现企业员工对客观世界共有的认识方式，也可以说战略是一种抽象概念或精神产物。企业高层管理者在对企业外部环境及企业内部条件进行分析后做出的主观判断，就是战略。因此，战略是主观而不是客观的产物。当高层管理者者的主观判断符合企业内外部环境的实际情况时所制定的战略，就是正确的；反之，当其主观判断不符合环境现实时，企业战略就是错误的。所谓"高度决定视野，角度改变观念，尺度把握人生"，也是说明这个道理。

3.1.1.2　战略的特征

战略具有以下 5 个主要特征：

1. 全局性

战略问题的核心是研究组织发展全局的指导规律。企业战略以企业全局的发展规律为研究对象，是指导整个企业一切活动的总谋划。虽然企业战略必然包括企业的局部活动，但这些局部活动是作为总体行动的有机组成部分在战略中出现的。因此，战略同时具有综合性和系统性。

2. 长远性

战略的考虑要着眼未来，着眼长远。企业战略既是企业谋求长远发展意愿的反映,也是企业规划未来较长时期内(5年以上)生存与发展的设想。制定战略,既要总结历史经验,又要明确当前责任,更要着重未来目标。

3. 纲领性

战略是总体设想和通盘筹划,是原则性、概括性的规定,具有行动纲领和导向的意义。它必须经过展开、细化、分解、落实等环节,才能转变为具体的行动计划和活动。

4. 抗争性

战略是企业在环境中赢得竞争优势的计策,它具有击败对手、保护自身的抗争性或竞争性。实际上,企业战略正是企业在激烈市场竞争中如何与对手抗衡的行动方案。

5. 稳定性

企业战略一经制定,必须在一定时期内保持稳定,以发挥战略的指导作用。如果战略朝令夕改,就会使企业员工无所适从。当然企业所处环境及自身经营是动态的,指导企业经营的战略也应该是动态的,因而战略的稳定性又必须是相对的、有弹性的。

3.1.1.3　战略的体系

从大范围来说,每个国家的社会经济战略均可分为3个大层次,即宏观战略、中观战略和微观战略。每一层次的战略还可分为总战略(总体战略)和分战略(职能战略)。总战略是某一层次战略体系的主体,它奠定了该层次战略体系的基础,起着统帅全局的作用。分战略则是总战略在专门职能上的具体化和落实,它更细致、更明确地表达了战略目标及实现目标的措施。因此,上一级战略与下一级战略的关系类似于总战略与分战略的关系。

企业战略是社会经济战略系统中的一个子系统,属于微观战略。它一方面必须与宏观战略、中观战略相协调;另一方面又具有相对独立性,自成体系。从纵向看,它有公司(厂)、分公司(分厂)、车间等各级的总战略;从横向看,各级都有与其职能相适应的分战略。

企业总战略,依照不同的视角,可做不同的分类,形成不同的战略体系。例如,按偏离战略起点的程度,企业总战略可以划分为以下3种类型:

(1)增长型战略,又称发展型战略。这是企业在现有基础上向更高一级的水平发展的战略。

(2)稳定型战略,又称标准型战略。这是企业保持现有水平或仅有较少增长、防御竞争对手又不主动出击的战略。

(3)紧缩型战略,又称收缩型战略。这是企业从现有基础往后倒退的战略。

不仅企业总战略可做多种划分,企业分战略也可做多种划分。有学者将企业分战略划分为以下3种类型:

(1)基础分战略。包括产品组合战略、市场竞争战略和技术创新战略等。

(2)扩张分战略。包括企业成长(规模化)战略、跨国经营(外向化)战略等。

(3)软性分战略。包括企业文化战略、企业形象战略等。

3.1.1.4　战略的性质

战略是科学还是艺术?战略与策略、战术,战略与规划、计划有没有区别?只有准确回答这些问题,才能正确理解战略的性质。

1. 战略是科学，又是艺术

克劳塞维茨认为，科学依赖于知识和客观规律来解决问题，艺术依赖于智慧和主观创造来解决问题。他将战略比作光谱，一端接近战术，一端接近政策；越接近战术越需要知识（科学），越接近政策越需要智慧（艺术）。

我们认为，战略既是人们对客观事物的认识过程，也是人们变革现实的行为过程。要使认识正确、战略目标符合企业实际和利益，则要依靠科学的指导，体现科学的力量；要使变革有效、战略施行达到企业意愿和目标，则要依靠艺术的运用，体现艺术的魅力。所以，战略既是科学，又是艺术。

还有学者指出，战略不仅仅是管理方法，更是一种思维方式和价值观念。作为思维和判断，制定战略既需要科学，也需要艺术。

2. 战略与策略、战术的关系

战略是一种计策，意即战略与策略（计策）是相通的。一般来说，当事物、组织或系统分为上下、大小或高低时，战略表示上、大、高者的谋略，策略表示下、小、低者的计策。因此，相比较而言，企业总战略若称战略，则企业分战略可称策略。分战略的实现是总战略实现的途径和手段，从这个意义上也可以说，战略与策略是目的与手段的区别。

瑞士学者约米尼在《战争艺术》一书中指出，战略是在地图上进行战争的艺术，它所研究的对象是整个战场；战术是在地面上实际调动军队和作战的艺术。毛泽东说过，在战略上藐视敌人，在战术上重视敌人。从这里我们可体会出：战术在层次上低于战略和策略，是实现战略和策略目标的具体、单一的技巧或行动。

3. 战略与规划、计划的关系

从广义上讲，战略、规划、计划都是对未来的筹划，也可统称计划。从狭义上讲，战略是关系企业全局利益的谋划，计划是指采取行动前预先拟订的行动方案，规划则是更长远、更全面的计划安排。因此，战略是规划的基础，规划又是计划的基础；规划和计划是战略的继续、深入和细化。

3.1.2 战略管理

3.1.2.1 战略管理的背景

一般来说，企业管理大体可划分为对内突出效率的生产管理和对外注重效益的经营管理。有学者指出：从第二次世界大战结束至20世纪80年代，美国企业经营管理职能的重点曾经历3个阶段的变化：财务管理；营销管理；战略管理。这种提法与法国学者的工业化三时代说法一样，都表明了自20世纪80年代（甚至更早）以来，企业经营管理的重点和核心是战略管理。工业化三时代是指第一个时代以企业家为特征，第二个时代以管理者为特征，第三个时代便是我们今天所面临的以战略家为特征的时代。

战略管理成为企业管理的重点和核心，是企业管理实践和管理理论两方面共同发展的结果。从实践来看，二战以后西方经济（特别是美国经济）在20世纪五六十年代进入了空前繁荣时期，市场竞争日益加剧。面对竞争形势，企业不得不加强对竞争环境和竞争对手的分析；同时随着企业规模和经营范围的扩大，也很需要企业拿出一个整体的、长远的发展规划。这就催生了一种新的思维方式和管理方法——战略管理。从理论上看,早在20世纪50年代末,美国学者戈登(Gorden)与豪厄尔(Howell)就通过对美国工商管理学院课程的专题研究,提出了各个管理学院应开设经营政策(Business Policy)课程的建议。他们认为,以往学生虽学习了各个专门课程(如市场学、财务管理、生产管理、人事管理等),却缺乏综合能力的培养,开设经营政策课程可以弥补这方面的缺陷,逐步培养学生的整体思想、战略观念和综合能力。经营政策课程正是企业战略或战略管理课程的前身。

在我国,古有孙武所著《孙子兵法》,后有毛泽东所作《中国革命战争的战略问题》,"战略"一词均用于军事学。直到20世纪70年代末80年代初,我国一些经济学者、管理学者才把"战略"一词引进经济学、管理学。这期间,党的十二大完整提出了我国到20世纪末经济发展的战略目标、战略方针、战略重点和战略措施;中国工业科技管理大连培训中心和天津企业管理培训中心邀请美、日企业管理专家来华讲授的企业战略管理课程,是战略管理在我国宏观和微观两个层次上几乎同时开展起来的两大标志。

随着我国社会主义市场经济体制的建立与完善,现代企业制度逐步推行,国有企业"抓大放小"和实施多元化、集团化、跨国化发展战略,多种经济形式的各类企业迅速兴起。因此,每一个企业都面临着复杂、多变的环境和激烈、无情的竞争的严峻考验。企业如何长期立于不败之地,并求得持续、稳定发展,战略管理成了企业管理者的必然选择。

3.1.2.2　战略管理的定义

从财务管理到营销管理,再到战略管理,是从纵向视角看企业经营管理的内容。若从横向看,企业经营管理的内容大致可分为两类:一类是在产品和服务方向既定的情况下组织好产品的生产和销售,这类工作经常重复出现,称为日常管理;一类是涉及企业的方向性问题,如产品或服务方向的变更、企业规模的扩大、多种经营的开拓等方面的管理,这类工作不经常重复出现,称为战略管理。

"战略管理"一词最初由安索夫在其1976年出版的《从战略计划走向战略管理》一书中提出,他在1979年又出版了《战略管理论》一书。安索夫认为,企业战略管理是指将企业日常业务决策同长期计划决策相结合而形成的一系列经营管理业务。而美国学者拜亚斯(L. L. Byars)在其1984年出版的《战略管理:规划与实施,概念和案例》一书中指出:"战略管理是指对一个组织的未来方向做出决策,以及实施这些决策。"拜亚斯还指出,战略管理大体可分为战略规划和战略实施两个阶段。战略规划是指在规定组织使命、制定组织方针、选定组织战略等方面的决策;战略实施是指在建立组织结构、开展组织活动、监控组织行为等方面的决策。

以安索夫为代表的战略管理定义,可称为广义的战略管理概念,意指运用战略对整个企业进行管理;以拜亚斯为代表的战略管理定义,可称为狭义的战略管理概念,意指对企业战略的制定、实施、控制和修订进行的管理。本书主要介绍狭义战略管理。

就企业经营管理而言,我们认为:战略管理是指对企业的经营目标、发展方向、业务范围和资源配置等全局性、重大性、长远性问题的谋划和决策,以及实施这些谋划和决策的动态过程。战略管理不仅对企业涉及全局的重大问题具有决定性意义,而且对企业局部问题和日常管理也具有牵动、指导和规范的作用。

3.1.2.3 战略管理的过程

战略管理是战略规划、战略实施、战略控制、战略修订4步程序不断循环的活动过程。或者说,战略管理就是对战略实行组织、计划、控制与反馈,达到预期总目标的全过程。

1. 战略规划

战略规划即制订战略方案。它是战略管理的首要阶段。战略方案是企业在战略思想(系统、远视、时机、创新、信息)指导下,对外部环境及内部条件进行深入细致分析的基础上提出的长远、纲领性的总体设想。一个完整的战略方案包括战略思想、战略目标、战略阶段、战略重点和战略措施。

2. 战略实施

战略实施是战略的具体贯彻付诸行动的过程,是企业按照战略方案的要求,合理有效地配置资源、发挥优势、把握时机、实现企业战略目标的具体活动。这些活动包括设计组织结构、编制执行计划、分配企业资源等。

3. 战略控制

战略控制是指在战略方案实施过程中,选择恰当的方式和手段,将实际实施情况与战略方案加以比较,发现偏差,分析原因,采取纠偏措施,保证战略方案准确、及时的实现。

4. 战略修订

在战略实施或战略控制过程中,如果发现实际绩效与预定目标(战略目标)存在明显或系统偏差,就必须对企业战略方案进行修订。适时、果断修订战略,不仅可以减少企业可能蒙受的损失,而且往往还会给企业发展开辟新的天地。

限于本书篇幅,下一节仅简要讨论"战略规划"。

3.1.2.4 战略管理的原则

依照加拿大学者斯蒂格利茨(Stieglitz)研究的结论,成功的战略管理通常是在下列原则指导下进行的。

1. 适应环境原则

战略管理要求企业随时监视内外部环境的动态变化,细致分析机会与挑战的存在方式和影响程度,从而正确制定恰当的战略或及时修订现行的战略。

2. 整体最优原则

战略管理要求将企业视为一个不可分割的整体来加以管理,以提高企业的整体优化程度。战略管理不是强调企业某个战略经营单位(Strategic Business Unit,SBU)或某个职能部门(Functional Department,FD)的重要性,而是强调通过制定企业战略来协调、统一各部门、单位的活动,使之形成合力。

3. 全程管理原则

战略管理要求将战略的制定、实施、控制和修订作为一个完整、一体的过程来加以管理,不可忽视其中任一阶段,以确切保证战略的权威性、一贯性和高效性。

4. 全员参与原则

战略管理要求企业高层管理者的英明决策,也要求企业中下层管理者及全体员工的广泛参与和全力支持。战略规划主要依靠高层管理者的慎重抉择,而战略实施主要依赖中下层管理者及全体员工的不懈努力。

3.1.2.5　战略管理的学派

在国外有关企业战略、战略管理的理论研究中，由于观点不同而形成了不同的学术派别。战略管理学派一般可归纳为以下 4 个学派。

1. 竞争战略学派

其基本观点认为，企业战略的关键是确立企业的相对竞争优势。企业确立竞争优势而采用的竞争战略可以是：低成本战略、差异化战略和专一化战略。这一学派的主要代表人物是波特(M. E. Porter)。

2. 资源配置战略学派

其基本观点认为，企业战略的核心是资源的配置方式，通过筹划、研究企业未来的资源配置及其与外部环境的相互作用，去指导和解决企业经营发展中的一切重大问题。这一学派的主要代表人物是安索夫和霍弗(C. W. Hofer)。

3. 目标战略学派

其基本观点认为，企业战略的核心是制定和实施企业的长期目标，既包括确定长期目的和目标，又包括通过分配资源、开展经营来实现之。这一学派的主要代表人物是钱德勒和拜亚斯。

4. 核心能力学派

其基本观点认为，企业经营战略的关键在于培养和发展企业的核心能力（核心竞争力）。所谓核心能力，是"组织中的积累性学识，特别是关于如何协调不同的生产技能和有机结合多种技术流的学识"。因此，核心能力的形成要经历企业内部资源、知识、技术等的积累、整合过程。正是通过这一系列的有效积累与整合，形成持续的竞争优势后，才能为企业获取超额利润提供保证。这一学派的主要代表人物是普拉哈拉德(C. K. Prahalad)和哈默(Gary Hamel)。

3.1.3　战略管理者

3.1.3.1　战略管理者的构成

克劳塞维茨曾说过："在双方军队参战之前，战争的胜负已经可以从双方的战略家身上看出来了。"商场如战场，企业战略管理者的优劣直接关系着战略管理的成败。企业战略管理者是企业战略管理的主体，一般包括企业的董事会、高层管理者（高层经理）、中层管理者、战略管理部门、非正式组织的领导、企业智囊团等。其中最主要的是董事会和高层经理。

1. 董事会(The Board of Directors)

从企业战略管理的角度来说，企业董事会的主要任务如下：

（1）提出企业的宗旨，为企业高层管理者制定战略确定可选范围；

（2）审批企业高层管理者的建议、决策和行动，为他们提供咨询与参考意见；

（3）监视企业内外环境的变化，及时提请高层管理者注意这些变化可能会给企业带来的影响。

凡是参与企业战略管理程度较高的董事会都会较认真地完成上述任务，如每半年或一年召开一次董事会研究企业战略问题等。由一位美国学者对 1 000 位董事进行的调查表明,他们的一项重要任务就是企业战略管理。其中一位董事说:战略规划过去是企业高层管理者的专有职能,但现在已成为董事会职能的一部分。

2. 高层经理(Top Manager)

企业高层经理一般指企业正、副总经理,他们大多数都是具有一定领导水平和专业水平的职业管理者。高层经理在企业战略管理中,以他们的职权、影响力和专业能力,发挥着以下两方面的作用。

(1) 扮演 10 种角色。在企业战略管理及整个企业管理中,高层经理扮演的 10 种角色是:① 名誉代表(Figurehead)。它是企业的象征,作为企业法律或形式上的领导,担负一些社会、礼节、法律方面的工作。② 领导者(Leader)。负责对下级的激励和监督,指引和推动企业的运行,糅合企业的各种资源或因素。③ 联络人(Liaison)。通过各种正式与非正式的途径来建立和维持企业与外界的联系,以取得外部信息和帮助。④ 传播者(Disseminator)。将外界信息及时传递给自己的企业,把企业内部信息逐级传达,解释企业战略。⑤ 发言人(Spokesman)。向外界传播、散发企业内部信息,参与企业产品促销工作。⑥ 监督者(Minitor)。审查企业内部报告,以及反映企业状况的关键性数据,监控企业运行。⑦ 故障排除者(Disturbance Handler)。时刻准备应付危机,处理一切妨碍企业运行的突发事件,适时调整企业战略、策略。⑧ 资源分配者(Resource Allocator)。通过决策或批准预算来分配企业的资源,促进资源最佳配置。⑨ 谈判者(Negotiator)。代表企业参加与不同方面的各种谈判。⑩ 企业家(Entrepreneur)。决定用于生产中的各种资源(要素)的比例,担当经营风险,创造性地发现新的产品以及销售它们的新方式。

(2) 领导战略管理。高层经理领导和组织企业战略管理的全过程。他们的主要工作就是谋划企业"往哪里去"和"怎样到那里",并且在前进的征途上发挥指引、调节、激励等作用。多数战略方案是在高层经理主持下拟订的;而每一战略方案的付诸实施,他们自然成为最高执行负责人。

3. 战略管理方式

国外学者根据企业董事会和高层经理参与企业的战略管理的程度,描述了 4 种不同的战略管理方式:

(1) 混乱式管理。董事会和高层经理不重视与参与企业的战略管理,董事会被动地等待高层经理提出战略方案,高层经理埋头于日常事务,循规守旧。这种企业根本就没有实施战略管理。

(2) 自由式管理。企业战略管理工作完全由企业高层经理负责,董事会根本不参与。在这种企业中,总经理或者拥有最大的股权,或者是影响极大的人。而在这种情况下,董事会仅是一种摆设。

(3) 木偶式管理。企业董事会完全掌握了企业的重大决策权,高层经理只是唯命是从,贯彻执行董事会的决策。

(4) 合作式管理。企业的董事会和高层经理都积极参与企业战略管理,并在这一过程中积极地合作。在这种企业中,董事会成员积极参加各种委员会的工作,通过各种方式为高层经理提供有益的信息。由此发展起来的团队式管理,是目前实施战略管理最有效的方式。

3.1.3.2　战略管理者的观念

企业战略管理者的观念的研究涉及心理学、社会学等多个领域的知识,虽然各个学者研究的角度不同,但概括起来,影响战略管理者的观念的主要因素是个体偏好、对风险的态度、思维惯性、道德和社会责任感等。

1. 个体偏好

美国的威廉姆·哥斯(W. D. Guth)和雷纳托·坦格维(R. Taguivi)对许多企业管理者进行调查之后提出,企业管理者有以下6种不同的个体偏好:

(1)理论偏好。对发现真理、事实和原因有浓厚兴趣。

(2)经济偏好。对物质财富的积累有浓厚兴趣。

(3)美学偏好。对生活、事件的审美追求有浓厚兴趣。

(4)社会偏好。对社会交际、公益活动有浓厚兴趣。

(5)政治偏好。对追逐权力、取胜竞争有浓厚兴趣。

(6)宗教偏好。对精神追求、天人合一有浓厚兴趣。

在他们所调查的管理者中,大多数人的个体偏好以经济、理论和政治为主要导向。战略管理者在抉择企业战略和策略时,实际上是同时受多种个体偏好影响的,而非仅受某一偏好影响。前美国假日酒店公司总经理克里默尔(L. M. Clymer)就曾因为公司董事会做出允许在假日酒店系统内设立赌场的决定而辞职,因为他认为此项政策是与其所信仰的宗教观念相违背的。

2. 对风险的态度

任何战略决策都不能消除隐含其中的风险,寄希望于未来的投资本身就是一项冒险的事业。美国管理学者丹尼·米勒(Danny Miller)经研究指出,战略管理者对于风险的态度会对一个企业的战略选择及战略实施成功与否产生重大影响。一些经理极其不愿意承担风险,而另一些经理则渴望承担风险。前者常常采用防御性战略,仅对环境做出被动、消极的反应,他们严重依赖于过去的战略,且其战略选择空间较为狭窄;后者通常采取进取战略,在环境变化逼迫他们采取反应之前就已经做出了反应,并且乐于在迅速变化的产业环境中经营,他们往往着眼于广泛的战略选择。

3. 思维惯性

一项专门的调查研究表明,战略管理者的逻辑思维往往有较大差异。尽管他们本人可能意识不到,但这种思维惯性仍会在潜意识中对他们的判断与决策产生影响作用。所谓思维惯性,是指在一个人的思维要素中,自觉或不自觉地突出某一个要素,而忽视其他要素的存在或其重要性。思维惯性与一个人的经历、学识、专业等密切相关。例如,一个注重资源节约的人会由于技术和产品创新及改造所带来的暂时性资源消耗增加,而极力反对和阻止创新性战略;一个注重质量并不辞辛苦地建立质量保证体系的人,将不乐意接受任何改变质量的观念和行为。有的战略管理者善于同员工打成一片,有的精于财务分析,有的巧于产品设计,有的长于用户心理分析,等等。他们在选择企业战略时,自然会赋予这些要素不同的感情色彩,难免会强调这些要素的轻重程度不同。

4. 道德和社会责任感

企业战略管理者的道德和社会责任感是指他们对道德和社会责任的重视程度,具体内容包括以下 8 个方面：

（1）尊重和维护社会公共秩序、文化习俗和传统价值。

（2）积极参与和严格执行政府法律法规的制定和实施。

（3）为社区、社会的稳定与繁荣贡献应有的力量。

（4）竭尽全力为投资者增加物质财富。

（5）为员工创造良好而稳定的工作，丰富员工工作、生活的意义。

（6）为消费者提供优质、安全、适用、经济的产品和服务。

（7）重合同，守信誉，公平竞争，树立良好企业形象。

（8）重视生态平衡，消除环境污染。

企业战略管理者的道德和社会责任感不同，其对战略的评价和选择也不同。例如，我国企业领导人对企业职工的稳定就业往往具有较高的责任感，因此在选择和实施企业战略时，很少采用大批减退员工的方案。

3.1.3.3 战略管理者的素质和能力

企业战略的正确制定和有效实施，不仅需要战略管理者具有全面、先进的观念，而且需要他们具备优良的素质和卓越的能力。

我国学者解培才在其主编的《工业企业经营战略》一书中提出，战略管理者应具备以下 5 个方面的素质：

（1）品德高尚、志向高远。严格要求自己，锤炼高尚的品德，树立远大的志向。

（2）思维敏捷、知识渊博。掌握正确的认识论和方法论，善于从纷繁的现象中分析本质、探寻规律；掌握与本企业技术领域有关的科学技术知识，勤于学习管理学、领导学、经济学、心理学等多方面的知识。

（3）心理健康、个性优异。意志坚强，情感稳定、浓厚，性格良好而有个性。

（4）足智多谋、能力超群。高瞻远瞩，远见卓识，足智多谋，富有韬略，机智果断，随机应变，标新立异，勇于创新。

（5）身体健康、精力充沛。

依照美国学者克雷格·赫克曼（Gray R. Hickman）和麦克尔·斯尔瓦（Michael A. Silra）合著的《创造卓越》一书所言，战略管理者要具备以下 4 项能力：

（1）思考能力。这里指独立思考能力。战略管理者对产品、市场要有自己独特的见解，而这种独特的见解来源于他们高度的独立思考能力。要想具有独立思考能力，必须学会：敢于向人们公认的或习惯的结论挑战，敢于提出疑问；在解决问题的时候总是寻求多种而非一种可能的办法；喜欢新的观点和主意；不要过分相信各种规划和一致意见，不要过分相信逻辑和精确计算。

（2）想象能力。想象是从已知到未知世界的精神旅行，是在现有的事实、希望、梦想、危险和机会的蒙太奇式的处理中创造出来的。具有丰富想象能力的企业战略管理者能为企业创造和利用更多的机会。想象能力是一种进攻技术，可以帮助企业自我改进和完善；同时又是一种防御技术，可以帮助企业适应环境的变化。

（3）应变能力。应变能力即接受、适应和利用变化的能力。在当今和未来的世界中，变化是肯定的、绝对的。因此，战略管理者必须能够理解和接受变化，乐意积极地根据变化来调整自己的战略思想和目标，以及善于利用变化来达到发展企业的目的。

应变能力的前提是洞察能力,因为只有敏锐地发觉和认识到变化,才能及时思考和采取对策;应变能力又直接决定着控制能力,因为具有了较高的应变能力,就能保持战略实施与战略规划(方案)的一致性(即保证战略规划的有效实施)。

(4)体贴能力。这是指理解、关心、体贴下属的能力。战略管理者要具有高超的沟通技巧,虚心倾听下属的声音,最大限度地尊重下属的意见。若要具有体贴能力,应学会:不要不与下属交谈就假定自己知道他们的需要和期望;不要以一种面孔或态度对待所有的下属;不要把下属视为工具或生产单位,要把他们看成是家庭成员;不要因为下属犯过错误就完全否定他们;不要要求所有的下属都与自己想得一样,以免伤害他们的创造性和独立思考能力。

3.1.3.4 战略管理者的团队

在战略管理过程中,企业领导者个人并不能完全满足其要求。因为个人的能力、知识、阅历和经验乃至精力都是有限的。无论多么出色的企业家,都不能一人囊括战略管理所需要的全部才能,所以必须发挥集体的作用。企业战略管理者的团队就是这样的战略管理者集体,总经理是这个集体的中心,其他成员是总经理的得力助手。

战略管理者团队的作用体现在:团队其他成员的长处能够弥补总经理的短处;团队成员对总经理的认同和支持,便于战略方案的制订和实施,以避免"孤掌难鸣"的现象;群策群力,使总经理"如虎添翼"。

组建战略管理者团队,应遵循以下原则:

(1)慎选首长。以是否具有符合企业战略方向要求的观念、素质、能力为标准,慎重选择企业行政首长(总经理)。

(2)首长组阁。由选定的总经理掌握和控制人事权,确定战略管理团队的其他成员,而不由董事会或其他人组阁。

(3)能力匹配。围绕战略管理者的能力要求及总经理的能力实际,选择具有总经理不具备或较为弱项的能力的人员进入班子。

(4)和谐合作。选择富有合作精神、善于容纳他人意见的人员组成团队,实现情感、志趣的和谐搭配。

(5)优化组合。从企业各类技术、管理人才中优选出突出者,由突出者组合成战略管理者团队。

依据上述原则,具体组建战略管理者团队,可选用以下两种途径:

(1)调整老团队。依靠现任团队来担任新的战略领导职能,只做局部调整和进行必要的培训,以适应企业战略的变化。

(2)聘任新团队。在企业内部不具备合适的战略管理行政首长或其他战略管理领导人选时,从企业外部招聘具备相应素质和能力的优秀管理人员,形成新的团队。

3.2 战略规划

3.2.1 战略环境分析

企业在对所处环境的机会与威胁及自身内部的优势与劣势做出细致分析的基础上,抽象、宽泛地陈述企业使命和宗旨,具体、明确地提出企业战略目标,完整、配套地编制和仔细、慎重地鉴别、选择企业战略方案，即为企业战略规划。

制定战略方案的前提和基础是战略环境分析，即充分考虑、仔细分析企业所处外部环境和所具内部能力，探求和寻找企业在激烈竞争的市场环境中图生存、谋发展之路。

战略环境分析通常按3个层次展开：环境分析，一般环境或宏观环境分析；行业分析，企业所在行业及所要进入的行业分析；企业分析，企业自身资源和能力分析。

3.2.1.1 环境分析

一般环境或宏观环境，是指那些可能影响企业成败但又非企业自身能够全部控制的因素，包括政治因素、经济因素、社会因素和科技因素。

1. 政治因素

政治因素（Political Forces）主要包括一国的政治体制、法律制度和政府行为。政治体制及其改革，无疑会给企业的领导制度、管理方式等带来深远影响和制约。正确地、充分地适应和利用政治体制、政治氛围，是企业抓住机遇、加快发展的重要条件。

由于法的强制性特征，法律、法规对企业的影响方式是刚性的。企业不仅要熟知与企业生产、经营相关的法律条款，还要时刻关注新的法律、法规的酝酿、颁布。例如《反不正当竞争法》规定用于有奖销售的最高奖金不得超过 5 000 元人民币现金或其等值的实物，这就给"有奖销售热"降了温，同时也必将对商业企业调整市场竞争战略产生影响或引导作用。

政府作为市场经济的调节者、作为重要的集团消费者，其行为方式及转换，直接影响着企业的生产经营活动和成效。政府的政策会对企业形成制约或支持，例如最低工资线、劳动保护、社会福利或政府补贴、出口退税、科研基金等。再如政府购买在美国约占整个社会购买力的 20% 左右；在我国，政府在大城市、中心城市兴建地铁与环城高架公路，这对当地及周围建筑等行业的发展具有很大带动作用。

2. 经济因素

经济因素（Economic Forces）主要包括社会经济结构、经济发展阶段（或水平）、经济体制和经济政策。社会经济结构又称国民经济结构，是指国民经济中不同经济成分、不同产业部门以及社会再生产各个方面在组成国民经济整体时相互质的适应性、量的比例性及排列关联的情况。实践证明，国民经济结构一旦出现问题，必然会立刻导致相当范围和数量的企业生产经营产生较大波动和紊乱。

处在不同经济发展阶段（或水平）的国家或地区，工业化水平不同，居民收入水平不同，消费者对产品的需求、营销的方式等有很大差异。企业可从诸如国民生产总值、经济发展速度等指标，了解和认识本国、当地的经济发展水平，研究和采取合乎时宜的产品、市场竞争战略。经济体制规定了国家与企业、企业与企业、企业与各经济部门的关系，并通过一定的管理手段和方法，调控或影响社会经济活动的范围、内容及方式。经济体制对企业生存与发展的方式、途径提出了系统的基本规则和条件。企业必须树立体制意识，研究体制及其改革动向，及时调整企业行为。

经济政策是国家根据一定时期的经济建设任务或经济建设问题提出的有针对性的宏观调控规定、意见和条例，包括产业政策、价格政策、分配政策等。经济政策规范、引导企业经济方向、范围，构成企业经营活动的外部制约条件。

3. 社会因素

社会因素(Social Forces)即社会文化因素,主要包括社会结构(社会组织)、风俗习惯、教育水平和价值观念。社会组织(譬如家庭)的规模、类型,对产品的市场需求有重要影响。例如,是大家庭还是小家庭,对以家庭为单位的产品(电视机、洗衣机、炊具)的市场数量和需求特点,就有不同影响。

人们对工作与休闲的价值取向,可能对工作安排、作业组织、管理行为和报酬方式产生广泛影响。在"时间就是金钱"的观念及快节奏的工作、生活方式影响下,那些快餐与速溶、方便的食品,大受欢迎。

工业与文化相互影响,协同发展。钢铁和木材本身似乎与文化没有联系,但它们被生产、制作成汽车、轮船、房屋和家具,就不单纯是工业产品,而充分体现并集中凝聚了文化的渗透了。实际上,文化的影响遍及企业整个生产、销售、服务等活动过程。敏锐观察、恰当理解文化、文化环境对企业产品、包装、款式等的影响,关系企业生产经营的成败。

4. 科技因素

科技因素(Technological Forces)主要指科学知识或其他系统化知识在经济、社会领域的应用所产生的对企业生产经营活动的影响,它包括新思想、新发明、新方法和新材料。新的科学原理、新的技术发明、新的管理思想,既加速新兴产业的形成和发展,也加快了传统产业的衰败和淘汰。如日本电子手表工业严重威胁了瑞士的世界手表王国的地位,化工行业提供的新型化纤产品夺取了传统棉毛织品行业的很大市场,电视拉走了大批电影观众等。

苏珊·莱维恩(Susan Levine)和迈克尔·雅洛尼兹(Michael Yalonitz)在他们的《技术管理——企业成功发展的关键》一文中说:"忽视技术的危害是极大的,那些不重视技术管理的企业迟早会发现他们的未来是由技术支配的。技术的影响不仅表现在高技术企业,其他企业也一样,即使是低技术或服务行业的企业也要密切注意技术进步带来的机会和威胁。"

3.2.1.2 行业分析

每个企业都归属于某一个行业。而企业所在的行业或要进入的行业,是对企业影响最直接、作用最大的企业外部环境。要正确制定企业战略,必须对企业所处行业及所要进入的行业进行深刻分析。

1. 行业概貌分析

深入认识行业,了解其状况和发展趋势,首先要从行业的总体上把握其基本情况,即行业概貌。行业概貌可从行业所处的发展阶段、行业在社会经济中的地位及作用和行业的基本特性几方面来说明。

每个行业都在发展变化。某一行业处在不同的发展阶段,对其所属企业的作用和影响有所不同。企业可从以下两方面认识和确定本行业所处的发展阶段:

(1)根据行业的寿命周期来确定行业所处的发展阶段。行业是随着社会的某种需求的产生而产生(产生期),又随着社会的这种需求的发展而发展(成长期、成熟期),当这种需求消失时,行业也随之消失(衰退期)。

(2)根据一个行业的产品在国内、国际的循环过程来确定行业所处的发展阶段。

发展中国家有些行业的产品是在进口基础上形成的,其发展过程大体经历产品引进→市场扩大→技术引进、自我生产→产品出口→技术出口等几个阶段。

行业在社会经济中的地位及作用,主要表现为3个方面:行业的产值(增加值)、利税额、从业人数及其比重;行业的现状和未来对其他行业可能产生的影响作用(范围和程度);行业在国际市场上竞争、创汇的能力。

某行业是否为主导产业,可以说明该行业在社会经济中的地位及重要性。一般国家社会经济的发展过程中,都有一个重工业化的过程。在重工业化过程中,又有一个高加工度的过程,即轻重工业都会由以原料工业为重心转向以加工、组装工业为重心。在不同的社会经济发展阶段有不同的发展重心,因此,也就会产生不同的起带头作用的主导产业。例如,日本战后工业的发展就出现过3组带头的主导工业:第一组是电力工业,第二组是石油、石化、钢铁、造船等工业,第三组是汽车、家电工业。

2. 行业结构分析

行业结构是指行业的内在经济联系,它说明行业的竞争力量。行业结构分析的目的在于了解本行业的竞争力量及基本情况,明确与这些竞争力量相比较,本企业所具有的优势及存在的劣势,从而确定本企业对各种竞争力量的基本态度和相应对策。

按美国学者波特的分析,一个行业存在着5种基本的竞争力量(Five-Forces),即新加入者、代用品的生产者、讨价还价的供应者、讨价还价的购买者、行业内现有竞争对手。

(1)新加入者。新加入者会给本行业带来很大威胁。这种威胁称为进入威胁。进入威胁的状况取决于进入障碍和原有企业的反击程度。进入障碍大、反击程度高,则进入威胁大。决定进入障碍高低的主要因素有:① 经济规模。行业内原有企业的生产都已达到一定的规模,新加入者如果以较小规模进入该行业就将处于产品成本的劣势地位,如果以较大规模进入则将面临较大的资金投入、产品销售的风险。② 产品差异。原有企业所具有的商标信誉和用户的忠实性,迫使新加入者要用很大代价来树立自己的信誉和克服用户对原有产品的忠诚。保健品和化妆品行业,产品差异构成的进入障碍较为突出。③ 转换成本。新进入者必须用大量时间和特殊服务来抵制购买者变换供应者所支付的一次性成本,它包括重新训练业务人员、增加新设备、调整检测工具等引起的成本。④ 销售渠道。新加入者欲打入现有企业已建立起来的良好的销售渠道,往往必须提供更优惠的批发价格或加强广告宣传,这势必降低其盈利能力。

(2)代用品的生产者。代用品是指那些与本行业的产品具有同样功能的其他产品。代用品的价格一般比较低,它投入市场,会使本行业产品价格的上限只能处在较低的水平,这就限制了本行业的收益。代用品的价格越有吸引力,这种限制作用也就越牢固,对本行业构成的压力也就越大。正因为如此,本行业与生产代用品的其他行业的对抗,往往是本行业所有企业采取共同措施,集体行动。对代用品的抗争,也不必一味采取排斥战略,在下列情况下采取引进战略更为有利:出现的代用品是一种顺应潮流的产品并且具有强大成本优势,或者代用品是那些实力雄厚、获利水平高的行业生产的。

(3)讨价还价的供应者、购买者。任何行业的供应者和购买者,都会在各种交易条件(价格、质量、服务)上尽力迫使对方让步,使自己获取最大利益。在交易过程中,这种讨价还价能力的强弱,直接影响各自的经济利益。影响讨价还价能力的因素主要有:① 行业的集中度。不论供应者行业还是购买者行业,如果集中度比对方高,由几家大公司控制,就会居于优势地位,使对方不得不接受自己的成交条件。② 交易量的大小。若供应量占购买者购买量的比重较大,供应者居于较有利地位;若购买量占供应者供应量的比重较大,则购买者居于较有利地位。③ 纵向一体化的程度。纵向一体化是企业扩展经营业务的一种模式,可分为向前一体化和向后一体化两种类别。向前一体化是指企业自行组织销售其产品或业务,或其业务向消费它的产品或服务的行业扩展;向后一体化是指企业自行组织供应其原料或配件,或其业务向提供它的原料或配件的行业扩展。若供应者(购买者)实现了向前(向后)一体化,供应者(购买者)就会居于讨价还价的高位,而购买者(供应者)则居于讨价还价的低位。④ 信息掌握的多少。谁掌握的信息多,谁就拥有较大的选择余地,谁就会给对方造成较大压力。

(4) 行业内现有竞争对手。行业内各企业为增强各自的经营能力不可避免地要展开竞争,其竞争的激烈程度取决于以下因素:① 竞争者的多少及力量对比。一个行业内企业数越多,行业竞争越趋于剧烈;企业间实力越是均衡,竞争也越趋于剧烈。② 市场增长率。当一个行业处于缓慢发展、市场增长率较低的阶段时,各企业在有限的市场增长中互相争夺,竞争激化。③ 固定成本。固定成本高的行业迫使企业要尽量充分利用其生产能力。当生产能力利用不足时,企业宁愿削价扩销来开足机器设备。此时企业间难免价格大战。库存成本高或产品不易存储的行业,因为企业急于出售产品,也会加剧企业间的竞争。④ 产品特色。一个行业内各企业的产品,若各具特色,也即差异大,由于购买者按对某些特定销售者的偏好和忠实性来购买,则生产企业面临的竞争就会缓和。反之,产品统一性高,购买者所选择的是价格或服务,这就会使生产企业在价格或服务方面展开激烈竞争。⑤ 退出壁垒。退出壁垒是指企业退出某个行业时所需付出的代价。退出壁垒高,企业就退不出某行业,就会使行业内竞争激烈程度不减。影响退出壁垒高低的因素有:专业化的固定资产的转换成本;人员安置,库存物品处理;政府和社会的限制(失业问题、社会稳定)等。

3.2.1.3　企业分析

1. 资源与能力分析

企业分析主要是指分析企业内部的资源和能力,目的在于找准企业的优势和劣势,扬长避短,抓住外部环境提供的发展机遇,谋求企业的成长壮大。

企业的基本资源形式主要有 5 种,即人力、财务、物资、技术和管理。分析内容如下:

(1) 人力资源分析。大体包括:企业高层次管理者的素质、能力、威信、经验,他们与下属的关系;企业管理人员的数量、结构、管理技巧和工作效率;技术人员的学历、职称、开发能力和科技成果;员工的文化程度、操作技能、劳动效率和主动精神等。

(2) 财务资源分析。应着力对企业资金来源(筹资渠道)、资金使用结构、偿债能力、获利能力、成本费用水平和利润分配等进行深入分析。

(3) 物资资源分析。主要分析生产设备状况,即人均生产用固定资产、设备平均役龄、设备的专业工艺特性、设备完好状态和设备利用程度;分析原材料、零件部和能源供应,即原材料等供应的可靠性、及时性、齐备性,原材料等的消耗水平和利用程度。

（4）技术资源分析。一般从产品质量和研究开发两方面分析。产品质量可用产品平均技术性能、产品等级品率、产品合格率等指标进行分析；研究开发分析，可分析研究与开发经费占产品销售额的比重、企业生产工艺技术水平、企业发明和专利数等。

（5）管理资源分析。管理资源分析，即管理能力分析，可围绕企业管理组织和管理制度两方面展开。管理组织分析，应着重分析企业如何处理管理幅度与管理层次、直线指挥系统与职能参谋系统、集权与分权、综合管理与专业管理等关系，如何设计和构建企业的组织网络、划分和明确各组织机构的职责。管理制度分析，可重点分析企业决策制度和奖惩制度。管理能力分析，也可按价值链与核心竞争力分析如下。

2. 价值链与核心竞争力分析

价值链（Value Chain）是波特于 1985 年提出的概念。波特认为："每一个企业都是在设计、生产、销售、发送和辅助其产品的过程中进行种种活动的集合体。所有这些活动可以用一个价值链来表明。"企业的价值创造是通过一系列活动构成的，这些活动可分为基本活动和辅助活动两类，基本活动包括内部后勤、生产作业、外部后勤、市场和销售、服务等；而辅助活动则包括采购、技术开发、人力资源管理和企业基础设施等。这些互不相同但又相互关联的生产经营活动，构成了一个创造价值的动态过程，即价值链。波特的"价值链"理论揭示，企业与企业的竞争，不只是某个环节的竞争，而是整个价值链的竞争，而整个价值链的综合竞争力决定企业的竞争力。用波特的话来说："消费者心目中的价值由一连串企业内部物质与技术上的具体活动与利润所构成，当你和其他企业竞争时，其实是内部多项活动在进行竞争，而不是某一项活动的竞争。"

核心竞争力（Core Competence）的概念是 1990 年美国学者普拉哈拉德和英国学者加里·哈默尔在其合著的《公司核心竞争力》一文（发表在 1990 年的 5 月到 6 月的《哈佛商业评论》上）中首先提出来的。他们对核心竞争力的定义是："在一个组织内部经过整合了的知识和技能，尤其是关于怎样协调多种生产技能和整合不同技术的知识和技能。"从与产品或服务的关系角度来看，核心竞争力实际上是隐含在公司核心产品或服务里面的知识和技能，或者知识和技能的集合体。在普拉哈拉德和哈默尔看来，核心竞争力首先应该有助于公司进入不同的市场，它应成为公司扩大经营的能力基础。其次，核心竞争力对创造公司最终产品和服务的顾客价值贡献巨大，它的贡献在于实现顾客最为关注的、核心的、根本的利益，而不仅仅是一些普通的、短期的好处。最后，公司的核心竞争力应该是难以被竞争对手所复制和模仿的。正如海尔集团总裁张瑞敏所说的那样："创新（能力）是海尔真正的核心竞争力，因为它不易或无法被竞争对手所模仿。"核心竞争力是企业能够长期获得竞争优势的技术或能力，是企业所特有的，能够经得起时间考验的，具有有用性（为顾客带来较大的最终用户价值）、延展性（为企业提供进入多种产品市场的潜在途径）、独特性（竞争对手难以模仿）的技术或能力。

3. 资源、实力与优势

企业的资源只是企业的潜力，还不是实力或能力。欲将潜力转化为实力，需要对各种资源进行有机整合。这种整合能力的大小主要由企业的管理能力的高低来体现。所以说，管理既是企业的一种资源，也是企业整合各种资源的一种能力。进一步说，资源可以依靠整合而转化为实力，而实力也可以依靠计策而显现为优势，即：

$$实力＝资源×整合$$
$$优势＝实力×计策$$

"田忌赛马"的故事就很好地说明了这一点：由于采用了技高一筹的计策，田忌与齐王的马三弱比三强的实力就转变成了在比赛中二胜一负的优势。因此，分析企业以找准企业的优势，就不仅仅要分析企业各种资源的拥有量，还要分析企业整合资源的管理力或经营力，分析企业管理者的见识和智能。

3.2.2　战略方案设计

一项完整的战略方案通常由战略思想、战略目标、战略阶段、战略重点和战略策略（战略措施）五要素组成。战略方案的设计，就是对这五要素进行筹划和规定。

3.2.2.1　战略思想

战略思想是指导战略制定与实施的基本思路和观念，是整个战略管理的灵魂。每个企业、每个战略时期都有各不相同的战略思想的提法或说法，但就一般而言，战略思想应包括以下思想观念或思想意识：

（1）系统。以系统的观念，着眼和把握企业全局性的发展方向，树立整体（整）、层次（分）、结构（合）意识，谋求企业整体功能的充分发挥和整体利益最大优化。具体说，"整"就是以全局为重，以整体利益为上；"分"就是不要把整体视为铁板一块，而要把整体视为由赋予作用、功能、任务各异的各层次的子系统和元素组成；"合"就是把各层次的子系统和元素有机结合起来，构建各吹各的号，共响一个调的整体、高效系统。

（2）远视。战略的长远性要求企业高层管理者必须具有"功成不必在我"的从长计议企业发展的勇气。所谓站高望远、居安思危，正是远视的基本内涵。正如日本日立公司创始人小平浪平终生信奉的一句话所说：生不满百年，常怀千年忧。1942 年，当时正是马达、发电机、高压送电等机器最畅销的时候，而日立公司就已超前从事半导体、电脑及原子能方面的研究了。

（3）时机。机不可失，时不我待。敏锐发现并紧紧抓住外部环境出现的利于本企业发挥优势的时间和机会，有针对性地制定和实施企业战略，企业经营便会获得巨大成功。比发现和抓住时机更为重要的是创造时机。客观环境为企业提供的可能条件并不总是尽如人意，往往余地不大、困难不小。这时企业不能坐等环境变化、时机成熟再有所作为，而应积极主动改善、充足自身条件和能力，以影响和引导外部环境朝着有利企业发展的方向转化，创造出适于企业发展的大好时机。

（4）创新。创新是指企业对生产要素、生产条件和生产组织进行重新组合，以建立效能更强、效率更高的新的生产体系的活动过程。它主要包括三方面创新：① 技术创新。包括新产品的开发、老产品的改进、新生产技术或工艺的采用、新能源的获得、新原料的利用等。② 市场创新。包括扩大原有市场份额、开拓新的市场等。③ 组织创新。包括变革原有组织形式、建立新的经营组织等。这三方面的创新也可统称为技术创新。技术创新是企业适应市场竞争的必然选择。

（5）信息。美国前总统卡特曾说过："我们整个国家，三分之二的成果来自有关的信息活动。信息经常提供重要情况的火花，点燃创造和发明的天才的火焰，帮助人们解决日益复杂的世界问题。"企业高层管理者必须保持高度的信息意识，敏捷地掌握和有效地利用有关企业战略的信息。他们既要具有逻辑思维能力，能够对掌握到的信息进行判断和筛选；又要具有形象逻辑能力，能够从掌握到的信息产生联想和创意。

战略思想的内容是多方面的，除上述5种战略观念外，还有诸如集中（聚焦）、竞争、风险、质量、效益等战略观念。

企业在设计战略方案时，必须首先以具体、独特、规范的语言形式，明确和树立适合于企业自身、适合于当前战略时期的战略思想和战略观念。

3.2.2.2　战略目标

战略目标是企业使命的具体转化；是企业在对战略内外部环境充分认识基础上，根据企业实际情况提出的、在一定时期内所预期获得的成果或所追求的期望值。只有明确地规定出企业使命，才能正确地确立鲜明而现实的企业战略目标。

1. 企业使命

企业使命（Mission）是指企业在经济发展和社会进步中所应担当的责任，它包括两方面内容：企业哲学和企业宗旨。企业哲学是对企业经营活动本质性认识的高度概括。它是企业确定经营活动方式所依据的信念、价值观和行为准则，是企业在社会中起何种作用或如何起这种作用的一个抽象反映。企业哲学一般由处理企业经营过程中的各种关系（员工之间，企业之间，企业与顾客、政府、公众之间等）的指导思想和基本观点构成。

企业宗旨（Vision）是对企业在社会中起什么作用和如何起作用的更为具体的说明，是指企业现在和将来应从事什么事业、应成为什么性质的企业。美国艾维斯汽车租赁公司把自己的宗旨陈述为："我们希望成为汽车租赁业中发展最快、利润最多的公司。"这一陈述既说明了该公司从事的事业，也说明它要成为什么样的企业。应当注意的是，这一宗旨排除了该公司开设汽车旅馆、航空线和旅行社业务的考虑。

美国学者金尼斯（M. C. Ginis）曾提出，一个好的企业宗旨应满足5项要求，其中一项为：既宽泛得允许企业创造性的发展，又狭窄得限制企业进行一些冒险行动。另一美国学者乔治·斯蒂纳对企业宗旨陈述要宽泛的原因做了如下说明："绝大多数的宗旨陈述是高度抽象的。含糊有它的好处。宗旨陈述不是具体结果的表述，而是为企业提供了一种原则、方向、印象、节奏、哲学，过分精确会产生反作用，会在确定企业宗旨和目的过程中扼杀创造性。企业宗旨陈述过分精确、具体还会使企业僵硬、难以变化。宽泛会给企业管理者留下填补细节甚至进行某些调整的余地，使企业在适应内外环境变化中有更大的弹性。"

2. 战略目标

在明确企业使命的基础上，将其转化为企业在较长时期所预期的具体、可量化的成果，就形成了企业的战略目标（Strategic Objectives）。受经济环境、产业分布、企业规模和发展阶段等各方面因素制约，企业战略目标不尽相同。但总体上说，战略目标既要反映经济任务，又要反映社会责任；既要提出长远预期，又要明确近期要求；既要定性（如：树立良好企业形象，提高企业知名度、信誉度），又要定量（如：市场占有率、利润增长率）。例如，中船重工集团公司提出的"十三五"战略目标是：按专业化、规模化、集约化、国际化推进结构调整，创新发展方式，在深海装备、品牌船型、动力装备、新能源等领域建成几个世界第一，实现投资、产品、企业、员工、环境更高质量和更好效益的发展;到"十三五"末实现规模翻一番、利润翻两番,把集团公司建成军民融合、技术领先、产融一体的创新型领军企业。

美国学者德鲁克认为企业应在市场、技术、生产率、物质和货币资源、人力资源、员工积极性、利润水平和社会责任等 8 个关键领域,确立企业战略目标。而另一美国学者拜亚斯则提出,可以从以下 11 个项目上考虑企业战略目标:盈利能力、市场、生产率、产品、财力资源、物质设施、研究与创新、组织结构与活动、人力资源、顾客服务和社会责任。

在确定战略目标时,一方面要注意从实际出发,定性定量结合,长期短期衔接,使战略目标明确、具体、先进、可行。或者说,应努力使战略目标符合以下要求:

(1) 可接受性。战略目标符合企业内、外各类人员的利益,并且表述清楚明了,易于各类人员理解和接受。

(2) 可检验性。目标明确、量化,具体说明将在何时实现何种结果。如"尽可能多地生产产品、减少废品"目标,拟改为"2020 年产品产量达 40 万件,废品率低于 0.75%"。

(3) 可实现性。既不能脱离实际将目标定得过高,也不可妄自菲薄把目标定得过低。过高,会挫伤员工的积极性、浪费企业资源;过低,会被员工所忽视、错过市场机会。

(4) 可挑战性。战略目标体现企业发展与员工发展的一致性,并且表述得具有强大的感召和鼓舞力,使员工感到充满挑战和希望。

3.2.2.3 战略阶段

战略是设计和实现企业较长时期的奋斗目标。由于企业外部环境及企业内部条件在这一较长时期的不同阶段上的变化,以及着眼未来、着手现在和由近及远、近细远粗的工作方式,目标的设计和实现往往都要相应做出阶段划分,即明确战略阶段或战略阶段目标。

例如,从 1980 年至 21 世纪中叶的我国经济发展战略,最初划分为三个战略阶段,即"三步走":第一步,实现国民生产总值比 1980 年翻一番,解决人民的温饱问题;第二步,到 20 世纪末,使国民生产总值再增长一倍,人民生活达到小康水平;第三步,到 21 世纪中期,人均国民生产总值达到中等发达国家水平,人民生活比较富裕,基本实现现代化。又如,2008 年,中船重工集团公司提出要站在新起点、抢占制高点、创出新水平,进一步将集团公司 2020 年前的发展目标调整为"新三步走、翻四番":第一步,2010 年前提前实现主要经济指标在 2000 年基础上翻三番;第二步,2015 年前进入世界 500 强;第三步,2020 年前实现主要经济指标在 2000 年基础上翻四番,把集团公司建设成为国内最强最大、国际一流的船舶集团,为建设世界造船强国多做贡献。

战略阶段的划分,既要依从战略目标,也要结合企业实际,更要明确相互关联、相互区别的各个阶段上的中心任务或核心任务。划分战略阶段,还要明确各阶段在战略全过程中的地位、作用,并将企业长期战略目标分解为各个阶段上的分期战略目标。

3.2.2.4 战略重点

战略重点,是指那些对于实现战略目标具有关键作用而又有发展优势或自身发展薄弱而需要加强的方面、环节、项目等。为集中有限资源,针对性解决关键问题,有效推动战略目标的实现，必须规定战略重点。例如，中船重工集团公司确立的"十三五"战略重点有：化解造船产能过剩，推进行业军民融合深度发展，鼓励军工企业生产民用基础设施和"民参军"；支持企业信息化建设，打造智能船厂；加强配套设备自主化建设能力；推进行业混合所有制改革，扩大对外合作和开发等。

推动战略目标实现的工作方方面面，都很重要，但不能都列为重点。因为过多的重点就意味着没有重点，就会使企业迷失主攻方向而平均使用资源。在确立战略重点时，还必须注意到：在不同的战略阶段，同一战略重点的关键、主导作用会有程度上的差别，同一战略重点的内部各要素所发挥的作用也是不均衡的；在不同的战略阶段，为适应各阶段的中心任务，也可确立相应的不同的战略重点。

从另一个角度讲，战略重点和非重点是相互依存、相互作用的，在一定条件下又相互转化。在确立战略重点时，要正确处理好重点和非重点的关系，准确估计到战略重点可能发生的变化，明确规定出不同条件下的战略重点，以利自觉地、适时地进行战略重点的转移。

3.2.2.5 战略策略

战略策略（Policies），从广义上讲，可指为实现战略目标而制定的方针、政策和拟采取的对策、措施、手段等；从狭义上讲，战略策略仅指后者，即对策、措施和手段。从战略与策略的关系上讲，按上一章所述，战略策略是指为保证实现企业总战略（总体战略）而设计的企业分战略（职能战略）。

方针、政策是指导企业行为的准则，方针一般为总则，政策一般为细则。方针、政策有助于确保企业中一切单位和个人按相同的基本准则来行动，也有助于企业内部各单位和个人之间的沟通、协调。华森（Thomas Watson）曾将 IBM 的一项"开放方针"概括为："公司的每一雇员都有权利向他愿意找的任何人（包括最高管理层的成员）讨论他所关切的管理活动或决策方面的问题。"

制定企业方针、政策，要考虑和研究以下因素可能产生的影响：

（1）政府。政府的法令、法规制约着企业的行动，诸如，环境保护、产品标准、会计准则、工资制度和竞争规则等。

（2）对手。竞争对手在人事方针、雇员工资、工作条件等方面特别影响一个企业的员工稳定性。

（3）传统。企业自身的历史、传统和重大事件。

（4）环境。企业所处的环境发生变化后，企业的方针、政策须做重新评价和修订。

设计或采取战略策略，应努力符合以下要求：

（1）明确。目的、目标明确。策略针对性地服从和服务于战略目标。

（2）灵活。抓住时机，适应变化，因势利导。

（3）创新。新颖独到，别具一格。有新思路、新举措。

（4）适当。恰到好处。讲求实效，不追求形式。

（5）配套。多管齐下，相互配合；首尾相接，前后呼应。

以上战略方案五要素相互联系、相互作用。战略思想是企业生存和发展的指导思想，是整个战略管理的灵魂；战略目标是战略思想和企业使命的具体体现，是战略管理的核心;战略阶段是实施战略目标的分级台阶和过程步骤;战略重点是实施战略推进的重点和关键环节;而战略策略则是实现战略目标的重要保证措施和手段。

3.2.3　战略方案识别

美国国际造纸公司董事长嵇(E. A. Gea)指示他的经理们,不要向他提出处理问题的直截了当的建议,而要向他提供各种可行方案,以便他从中做出他认为正确的选择。事实上,对大多数企业而言,可用的战略方案是多种多样的。识别可用的方案,则是一个企业选择最适宜战略的前提条件。

一般来说,企业及其组成单位(经营单位)可用的战略大体有 4 种类型:增长型战略、稳定型战略、紧缩型战略和混合型战略。美国管理学者格鲁克(William F. Glueck)曾对《幸福》杂志登载的 358 位企业经理 45 年中的战略选择做过研究,他发现这些企业使用这 4 种战略的频率,依次为 54.4%,9.2%,7.5%和 28.7%。

3.2.3.1　增长型战略

从企业发展的角度来看,任何成功的企业都实施过或正实施着长短不一的增长型战略。因为从本质上说,只有选择和实施增长型战略,才能不断扩大企业规模、增强企业实力和提高企业竞争地位。从企业战略管理者的角度来看,由于企业的快速增长或发展标志个人成功、带来个人升迁、掩盖个人失误的观念的影响,他们也会倾向于、热衷于增长型战略。

按增长或发展的方向、途径不同,增长型战略还可划分为集中化、一体化、多样化 3 种具体类型。

1. 集中化(Intensive Strategies)

这种增长战略是指以快于以往的增长速度来增加一个企业现有产品或劳务的销售额、利润额或市场占有份额。这是最常用的增长战略之一,并且在市场对企业的该产品或劳务的需求日益增大时最为成功。

2. 一体化(Integration Strategies)

一体化就是将独立的若干部分加在一起或者结合在一起成为一个整体。作为增长型战略的一种具体类型,一体化战略又细分为纵向一体化(垂直一体化)、横向一体化(水平一体化),其中纵向一体化还可再分为向前一体化和向后一体化。

纵向一体化已述于上一节。横向一体化是企业通过购买(兼买、合并、收买)与之直接竞争的对手,快速增加与企业现有产品或劳务密切相关的新产品或劳务的一种增长战略。横向一体化与同心多样化稍有差别,后者新产品或劳务的增加既可以通过购买另一企业来实现(与前者似),也可以通过内部开发,以一种主要产品为圆心,充分利用本企业的专门技能和技术经验、产品系列、销售渠道和顾客群来实现(与前者异)。而且,同心多样化下被购买的那个企业生产的产品或劳务与本企业的产品或劳务虽极为相关,但不直接互相竞争。

3. 多样化(Diversification Strategies)

多样化又称多元化、多角化。广义的多样化包括一体化。所谓多样化,是指企业向市场提供的产品或劳务的异质性增大,或企业向异质市场提供产品或劳务。完整地讲,多样化包括纵向多样化、横向多样化、同心多样化和复合多样化 4 种模式。

纵向多样化与横向多样化实质上类似于纵向一体化与横向一体化,而同心多样化又与横向一体化差别甚微。最具多样化特征的是复合多样化。复合多样化是一种增加与企业现有产品或劳务不大相同的新产品或劳务的增长战略。它可以从企业内部或外部产生,但更多的是通过对其他企业的合并、收买及合资经营而来。如美国通用汽车公司除主要从事汽车产品外,还生产电冰箱、洗衣机、飞机发动机、潜水艇、洲际导弹等。

3.2.3.2 稳定型战略

稳定型战略主要依据前期战略,它坚持前期战略对产品和市场领域的选择,以前期战略所达到的目标作为本期希望达到的目标。因而,实行稳定型战略的前提条件是企业过去的战略是成功的。由于稳定型战略的经营风险较小,对于那些曾经成功地在一个处于上升趋势的行业和一个不大变化的环境中活动的企业来说,它就成了最有效的战略。

在具体实施方式上,稳定型战略又可依据其目的和资源分配的方式分为无变化战略、利润战略、暂停战略和谨慎实施战略 4 种具体类型。

1. 无变化战略(No Change Strategies)

企业忠实于现行战略,除了每年按通货膨胀率调整其目标外,其他一切不变。企业采取如此战略,可能出于以下两个原因:① 企业过去的经营相当成功,并且企业内外环境没有发生重大变化。② 企业不存在重大的经营问题或隐患,或者顾虑战略调整会给企业资源和利益分配带来困难。

2. 利润战略(Profit Holding Strategies)

这是一种以牺牲企业未来发展来维持目前利润的战略。这一战略注重短期效果而忽略长期利益,其根本意图是渡过暂时性的难关,因而往往在经济形势不太景气时被采用,以维持过去的经营状况和效益。但用得不当,此战略会使企业的元气受到伤害,影响长远发展。

3. 暂停战略(Pause Strategies)

在一段长时间的高速发展之后,企业可能会遇到一些问题而使效率下降或管理不善,这时就可采用暂停战略,即在一段时期内降低企业的目标和发展速度。比如,当企业购买另一个企业之初,管理力量、资金及其他资源显得不足,此时采用暂停战略,可重新调整管理力量和重新优化资源配置。暂停战略可以使企业充分积蓄能量,以图今后加速发展。

4. 谨慎实施战略(Proceed-With-Caution Strategies)

如果企业外部环境中的某一重要因素难以预测或变化趋势不明显,企业就有必要降低某一战略的实施进度,步步为营,这就是所谓谨慎实施战略。比如,某些受国家政策、法规影响较为严重的行业中的企业,在面临国家的一项近期即将颁布的政策、法规时,就应采取此战略,小心谨慎地稳步前行,切莫置未来的政策、法规于不顾而盲目扩张。

3.2.3.3 紧缩型战略

在经济衰退期间,以及在企业的财务成绩欠佳期间,紧缩型战略最常使用。一般来说,企业只是在短期内实施这一战略。紧缩型战略的基本目的是使企业渡过危机,然后转而选择其他战略方案。有时,紧缩型战略的采用并非由于经济衰退或经营失误,而是企业出于谋求更高投资回报的考虑,主动从前景有限的经营领域撤出,将原有资源投入回报更高的新的经营领域。

根据紧缩的方式和程度不同,紧缩型战略又可分为抽资战略、转向战略、放弃战略和清算战略 4 种具体类型。

1. 抽资战略(Harvesting Strategies)

抽资战略是指减少企业在某一特定领域内的投资。这个特定领域可以是一个经营单位、一条产品线或一种产品,其目的是削减费用支出和改善现金流量,然后,把通过这种方式引出的现金流量投入企业中需要资金的新的或发展中的领域。执行这一战略,销售额和(或)市场占有率一般会下降,但损失的收入可由削减的费用来补偿。

2. 转向战略(Retrenchment Strategies)

转向战略是试图扭转财务状况不妙的局面,提高经营效率。这一战略往往是在抽资战略基础上的进一步举动,即不仅一般性的削减投入(包括削减资本支出、削减广告和促销费用等),而且更换管理人员(包括最高层和较低层)、解雇一些员工、拍卖某些资产等,以便从现有领域转向新领域。

拜亚斯曾指出,一项对 54 个企业的研究得出的结论是:成功地采用转向战略的关键是要有系统、完整的战略管理观念。必须对下述问题做出决策:① 现在的经营活动是否应该注意。② 企业的基本宗旨是否需要修改。

3. 放弃战略(Divestiture Strategies)

当抽资战略或转向战略失效时,企业常常采用放弃战略。放弃战略是指卖掉企业的一个主要部门,它可以是一个经营单位、一条生产线或者一个事业部。

放弃战略与下面的清算战略并不一样。由于放弃战略的目的是要找到肯出高于企业固定资产时价的买主,所以企业管理人员应说服买主,认识到购买企业所获得的技术或资源能使对方利润增加,而清算一般意味着基本上只包括资产的有形价值部分。

4. 清算战略(Liquidation Strategies)

清算是通过折卖资产或停止全部经营业务来结束企业的生命。显然,这一战略对任何企业来说都不是最有吸引力的战略,而且通常只有当所有其他战略都失败时才启用它。但在确实毫无希望的情况下,尽早制定清算战略,企业可以有计划地逐步降低企业股票的市场价值,尽可能多地收回企业资产,从而减少全体股东的损失。因此,清算战略在特定的情况下,也是一种明智的选择。

3.2.3.4 混合型战略

企业在不同发展时期,在不同经营单位交叉、组合使用以上 3 种战略,即为混合型战略。例如:广东健力宝饮料公司,采用稳定型战略于饮料传统业务;采用向后一体化的增长型战略从国外引进易拉罐生产线;采用复合多样化的增长型战略生产高档运动服装;采用向前一体化的增长型战略于运动服装厂,在全国各地设立零售商店直接销售其产品——李宁牌系列运动服装。

企业采用混合型战略,可能的战略组合有:

1. 同时组合

(1)在增设其他经营单位、产品线或事业部的同时,放弃某个经营单位、产品线或事业部。

(2) 在其他领域或产品执行增长型战略的同时,紧缩某些领域或产品。

(3) 对某些产品实行抽资战略,而对其他产品采用增长型战略。

2. 顺序组合

(1) 在一定时期内采用增长型战略,然后在一定时期内实行稳定型战略。

(2) 先使用转向战略,待条件改善后再采用增长型战略。

格鲁克还对不同经济周期(复苏、繁荣、衰退、萧条)阶段,企业所采用的上述几种战略进行了分析,发现:

(1) 增长型战略在繁荣时期是最常采用的战略,占总数的一半以上。但在衰退和复苏时期,采用它的频次大致相当;而在萧条时期,采用它的只占总数的三分之一。

(2) 稳定型战略是第二不受欢迎的战略。在萧条和繁荣时期,采用它的企业只是采用增长型战略的一半;在复苏时期,采用它的是采用增长型战略的三分之二;在萧条时期,它是企业不愿采用的战略(占三分之一)。

(3) 紧缩型战略是最不受欢迎的战略。在萧条时期,它被采用的次数与增长型战略大致相当;在繁荣时期,采用它的是采用增长型战略的四分之一;在衰退和复苏时期,采用它的分别是采用增长型战略的二分之一和三分之一。

(4) 混合型战略在繁荣时期也是最受欢迎的战略,占增长型战略的三分之一;而在其他的时期则不常被采用。

3.2.3.5 防御型战略

上述 4 种战略类型,是从战略的具体实施的角度划分的;若从企业采取的防御态势的角度,企业战略还可划分如下:

1. 阻击式防守战略

这一战略的指导思想是"最有效的防御是完全防止竞争较量的发生",即以守为攻。它的操作方法是:① 企业投入相应的资源,以充分显示企业已经拥有的阻击竞争对手进攻的能力。② 不断明白无误地传播自己的防御意图,塑造出顽强的防御者形象,使竞争对手不战而退。

2. 反应式防御战略

当对手的进攻发生以后,针对这种进攻的性质、特点和方向,企业采用相应的对策,施加压力,以维持原有的竞争地位和经营水平。

防守战略和防御战略可统称防御型战略。防御型战略向挑战者发出"如果挑战者发起进攻的话,他们将受到很强的报复"信号的途径有:

(1) 公开宣告企业的管理层将维持企业现有的市场份额。

(2) 公开宣告企业计划兴建足够的生产能力来满足市场需求而且可能超过行业容量的预计增长。

(3) 提前发布有关新产品、技术突破及计划推出的重要新品牌或者模型的有关信息。其中,企业计划推出重要的新品牌或者模型的目的在于,希望挑战者会将他们的行动推迟到他们看到这些被宣告的行动是否真的会发生为止。

(4) 公开宣告企业将执行能够与竞争对手的条件或者价格相匹配的政策。

(5) 保持一定"战略储备性"的现金和可转换公司债券。

（6）偶尔对弱小的竞争对手所采取的行动予以强烈的反击，从而树立企业坚强的防卫者的形象。

3.2.4 战略方案选择

战略方案识别提供给决策者的是若干可用方案；在此基础上，需对每一可用方案，对照一定标准、采用一定方法给出优、劣或适当、不适当的评价（即战略方案评价），以便决策者做出选定某一特定方案的决策（即战略方案选择）。

3.2.4.1 战略方案评价标准

拜亚斯就判断某一战略方案是否可以接受，指出应做 4 项检验，即目标一致检验、行业结构检验、组织能力检验和运用性能检验。也有学者提出，要从适宜性、可行性和可接受性 3 个角度来评价战略方案。综合起来讲，若不重复前述的战略目标可接受性、可检验性、可实现性和可挑战性这 4 点要求，评价战略方案的标准有：

（1）内部统一性。战略方案五要素、战略目标体系协调一致，相互衔接。

（2）环境适应性。战略适应外部环境，并能发挥企业在本行业的优势。战略目标具有弹性，战略策略灵活应变。

（3）资源配套性。企业具备成功实施战略的充足资源、有利条件和匹配能力。

（4）时间渐进性。战略阶段划分合理、明确，各阶段中心任务和战略重点鲜明、突出，保证战略推进的时序性。

3.2.4.2 战略方案评价方法

1. SWOT 模型

运用 SWOT 模型来分析、选择战略，就是对企业内部的优势（S）、劣势（W）和外部环境的机会（O）、威胁（T）进行综合分析，据以对备选战略方案做出系统评价，最终达到选出一种适宜战略的目的。如图 3.1 所示。

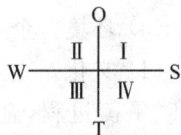

图 3.1 SWOT 模型

SWOT 模型的做法是：依据企业的发展要求和实际情况，列出对企业发展有重大影响的内部及外部环境因素；继而确定标准，对这些因素进行评价，评判是优势或劣势、是机会或威胁（也可逐项打分）；按因素的重要程度加权求和，给出总评结论（指出企业处于图 3.1 中哪一象限）；最后总评结论，选择合适战略。例如，若处于第 I 象限，外部有众多机会，内部又具有很大优势，宜采用 SO 战略，即增长型战略；若处于第 IV 象限，宜采用 ST 战略，即多元化战略。

2. 战略聚类模型

这是由市场增长状况和企业竞争地位两个坐标组成的一种模型，也可作为企业选择战略时的分析方法。如图 3.2 所示。

图 3.2 中 4 个象限中的战略方案依次排列，表明了战略选择的优势顺序。比如象限 I 中的企业处于优越的地位，因而最合理的战略是集中经营现有的产品或服务。迅速增长的市场和强大的竞争地位，提供了获取丰厚利润的基础。此外，这些利润使企业可能实行纵向一体化或同心多样化的战略。至于象限 III 中的企业，其战略选择依次宜为：紧缩、同心或复合多样化、放弃、清算等。

市场增长迅速

象限Ⅱ
1. 集中经营现有的
　产品或服务
2. 横向一体化或合并
3. 放弃
4. 清算

象限Ⅰ
1. 集中经营现有的
　产品或服务
2. 纵向一体化
3. 同心多样化

竞争地位弱　　　　　　　　　　　　　　　　　竞争地位强

象限Ⅲ
1. 紧缩
2. 多样化
3. 放弃
4. 清算

象限Ⅳ
1. 抽资
2. 同心多样化
3. 复合多样化
4. 合资经营

市场增长缓慢

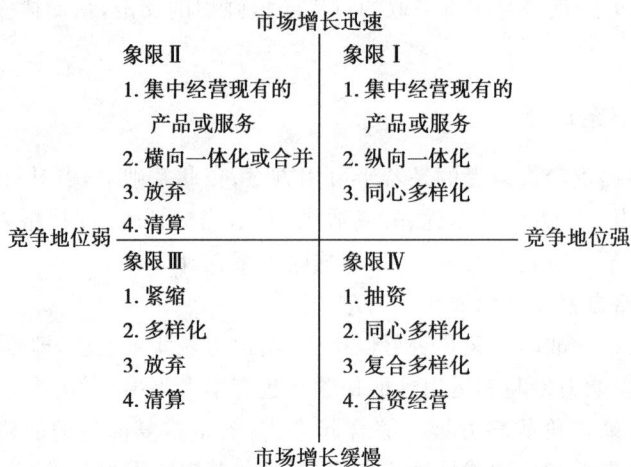

图 3.2　战略聚类模型

3.2.4.3　战略方案决策因素

明茨伯格认为,战略方案选择不只是一次决策,而且包含着一连串决策。研究表明,下列因素对这种连续性决策过程起着关键性的作用:

(1) 历史。就多数企业来讲,过去的战略对现今战略的选择会产生重大影响。历史的影响,既有利于借鉴往日成功的经验,也可能导向因循守旧。

(2) 态度。企业及其战略管理者对风险的态度影响着战略选择。愿承担风险者多采用进攻型、增长型战略,而少选取防御型、稳定型战略。

(3) 环境。企业对环境依赖程度越高,战略选择的余地和灵活性就越小。

(4) 文化。企业的文化和权利关系也影响战略选择过程。战略选择往往是一个协商、平衡过程,企业内部各种利益团体、势力圈子、文化氛围都会影响、制约这个过程。

(5) 中层。中层管理人员和职能人员在草拟战略方案、评价战略方案中,直接或间接地影响着战略选择。

(6) 竞争。企业的竞争对手对本企业某一战略可能的反应态度和反击程度,也影响某一战略的最终选取或舍弃。

(7) 时间。可利用的时间长短,直接影响是从容还是仓促做出战略选择。战略选择(战略规划)一般是知识敏感型决策,时间较充裕,需要的是多谋善断;而战略实施往往是时间敏感型决策,知识不需太多,只需当机立断。

3.3　企业总体战略

3.3.1　一般企业总体战略

对于大中企业来说,它的整个战略体系一般由公司战略、事业部战略和职能战略3个层次组成;对于只经营单一业务的小微企业,没必要区分公司战略与事业部战略,因而它的整个战略体系仅由公司战略与职能战略两层次组成。本节主要从一般企业总体战略、大中企业总体战略和小微企业总体战略3个方面,阐述企业总体战略(公司战略),即企业对自身长期生存和发展的全局性、综合性、纲领性问题所进行的谋划。下一节阐述职能战略。

3.3.1.1　一般竞争战略的类型

波特在《竞争战略》一书中,不仅分析了存在于某一行业的 5 种基本竞争力量,还提出了企业为获取相对竞争优势可选择的 3 种不同类型的一般竞争战略(Generic Strategies),即低成本战略、差异化战略和专门化战略。这 3 种一般竞争战略,由于其具有应用的基础性和广泛性的特点,又被称为基本经营战略。

1. 低成本战略

低成本战略(Cost Leadership Strategies)也可称为"全部成本指导原则"的战略。它的核心是使企业的产品成本比竞争对手低,也就是在追求产量规模经济效益的基础上来降低成本。采用低成本战略,尽管企业面对着强大的竞争力量,企业仍能在本行业中获得高于平均水平的收益。实行低成本战略可以筑起较高的进入障碍,使企业进入一种成本—规模的良性循环。

企业产品价格的基础是产品的成本。所以,价格竞争的实质是产品成本的竞争,企业产品成本降低,销售量就越易扩大,因而也就越能扩大生产规模,享受规模经济效益,反过来这一切都有利于企业成本的再次降低,当企业处于这种成本—规模的良性循环时,企业充满了活力,企业和职工经营积极性就很高。

成本降低的主要渠道有两个:① 对已有的成本支出进行控制。② 采用先进的专用设备,以提高劳动生产率。控制成本的重点应放在份额较大的成本项目,或者与标准成本(计划成本)偏差(超支)较大的成本项目上;而采用先进专用设备,必须具备足够资金的支持和足够市场的支持(只有生产批量足够大,才会降低单位成本)。

2. 差异化战略

差异化战略(Differentiation Strategies)就是企业通过专利技术,以及凭借其他技术与管理措施,生产出在性能上、质量上优于现有标准产品的有所差别的产品;或者在销售方面,通过市场广告宣传和加强推销活动,使用户对本企业的产品产生与众不同的印象。企业为了制造出差异化产品,就要在产品设计、工艺技术、产品运行机能上,充分发挥创造性。

企业实行差异化战略生产、销售差异产品,需要投入独特的而不是通用的工艺、技术和设备,所以要花费比实行低成本战略生产、销售标准产品(批量产品)更高的成本。如果说,低成本战略的关键是产品的标准化,以利大量生产,享受规模经济效益,拥有规模优势;那么差异化战略的关键就是产品的独特性,虽然它带来了成本的提高,但由于其独到、新颖,仍可以引起用户的偏爱和需求,使企业占据质量优势。

对于企业来说,产品差异的形成体现在:物的功能上;服务上;市场管理上(通过广告等市场营销手段,以商标等的差异作为产品差异)。一般来说,企业应首先考虑在物的功能和服务上形成差异,而市场管理则是形成产品差异的最后的、也是有一定风险的手段。

3. 专门化战略

专门化战略(Focus Strategies)也称集中化战略、聚焦战略,就是企业将经营目标集中到整个市场的某一部分,在这一部分建立自己的产品在成本或产品差异上的优越地位。

专门化战略的决策是与市场的细分紧密相关的,没有市场的细分就无所谓专门化与非专门化之分。所以,专门化战略决策的首要工作是对企业产品的市场进行细分,找出对企业最有利的细分市场。

一般来说,市场的某一部分可以是某一特定的顾客群,也可以是某一特定的地区市场,还可以是某一特定用途的产品。例如电脑供应可以放弃其他所有的市场而集中力量开拓教学用电脑或智能化电脑;有些汽车厂家专业生产劳斯莱斯、路易等超高级轿车供应上流社会,而大获其利;日本在石油危机后推出的廉价省油的大众化小轿车很快占领了美国市场。这些都是企业面向特定的顾客群的例子。有的企业虽然无法在全国范围内与对手竞争,但在本地区却享有盛誉,例如湖南"芙蓉牌"香烟、湖北的"鸳鸯牌"床单等,着力于开拓本省及近邻地区市场,收益不小。还有的企业专门为山区生产电视机、为农村生产加重自行车等。这些都是企业面向特定地区的例子。有些企业专门生产野外作业用的特制水壶、保安用的电筒等,这是生产特殊用途产品的例子。

3.3.1.2 一般竞争战略的风险

由于信息掌握的非充分性和未来环境的动态性,企业在选择和运用一般竞争战略过程中,蕴含着许多不确定性和风险。具体地说,这些风险主要来自以下3个方面:

1. 选择竞争对手的风险

企业在制定竞争战略时必须抉择攻击或联盟一系列竞争者的一部分或其中之一。比如:

(1)强大和弱小的竞争者。许多公司关注于攻击弱小的竞争者。这种战略需要的资源较少,时间较短。但是在攻击弱小竞争者的进程中,公司在能力的提高上收效甚微。公司也应该与强大的竞争者进行竞争以保持竞争状态和竞争艺术。而且,即使是强大的竞争者也有其弱点,公司可以成为有效和有价值的竞争者。

(2)紧密和松散的竞争者。许多公司和自己最紧密的竞争者竞争。例如,克莱斯勒和福特竞争,而不是和豹牌竞争。同时,公司应该避免伤害紧密的竞争者。波特引用了一个例证:在隐形眼镜行业,鲍叶和罗姆斯公司在20世纪70年代后期采取了侵略性行动,如压价倾销等,从而获得了巨大成功。但是这种做法导致弱小的竞争者把公司卖给了大公司,如雷尔温、强生和谢林—普劳公司,随着资本向这些竞争者的注入,鲍叶和罗姆斯不得不应付一场激烈的战斗。在许多情况下,公司成功地攻击了紧密的对手,但却带来了更强硬的竞争者。

(3)"好"的和"坏"的竞争者。波特认为每个行业都有"好"的和"坏"的竞争者。公司应该支持它的"好"的竞争者,攻击它的"坏"的竞争者。"坏"的竞争者会破坏产业内的均衡。例如,IBM公司发现克瑞研究公司是"好"的竞争者,因为它遵从行业规则,满足它的细分市场而不用低价格和较低的差异化攻击IBM的核心市场。但IBM发现富士通是"坏"的竞争者,因为它攻击IBM的核心市场。

2. 采用某一一般竞争战略的风险

(1)低成本战略的风险。在工业化以后,低成本战略是许多行业中取得成功的企业的正统战略。但它仍暗含较多风险,比如:① 需求变化的忽视。把过多的注意力集中于低成本战略,可能导致企业忽视市场需求特性和需求趋势的变化,忽视用户对产品差异的兴趣,忽视用户对产品高价的接受程度的提高速度,以至于很可能被采用差异化战略的竞争对手所击败。低成本战略带来风险的一个经典例子是20世纪20年代的福特汽车公司。福特公司曾经通过限制车型及种类,积极实行后向整合,采用高度自动化的设备,减少改型以促进经验积累,以及通过经验积累严格实行低成本化措施等,取得过所向无敌的成本领先地位。然而,当许多收入升高,已购置了一辆车的买主考虑再买第二辆时,市场开始偏爱有风格的、改型的、舒适的及封闭型汽车而不是敞篷车。客户愿意为得到这些性能多出价。通用汽车公司对开发一套完整的车型进行资本投资有所准备。福特公司曾为把被淘汰车型的生产成本降至最低付出了巨额投资,这些投资后来变成了障碍,使得福特公司的战略调整付出极大代价。② 技术进步的突破。企业集中大量投资于现有技术及现有设备,对新技术的采用及技术进步反应迟钝。而一旦同行业技术进步发生新的突破,就立刻会使过去的大量投资和在此基础上产生的高效率一下子丧失优势。

(2) 差异化战略的风险。差异化战略随着经济的发展日益为企业所接受,但它也潜伏着相当的风险,比如:① 低价产品的诱惑。当实行差异化战略的企业与采取低成本战略的企业成本差距较大时,买主可能放弃产品差异因素转而重视价格,这样买者对差异产品的需求可能减少;相反,对低成本产品需求增大。例如,在世界的摩托车市场上,美国致力于产品差异的两大工厂的市场被采取低成本战略的日本丰田、铃木等厂抢走,低价格战略使摩托车大众化,大部分消费者反而不重视产品差异了。在世界电视机市场上也发生过同样的情况。② 竞争对手的仿制。差异产品的优点很可能被竞争对手仿制因而减弱了产品优势。若这时企业不能迅速推出新的差异性产品,就无法维持产品优势和较高价格,企业经营也就面临较大困难。日本快餐业的三次发展浪潮,就是差异产品不断被别人仿制后掀起的。第一次浪潮是袋装快餐面。当时各个公司生产快餐面都有各自的牌号、价格,各种快餐面的汤料等也都不一样,属于差异化产品。可是后来差异就慢慢消失了,成为标准产品。这时,日清食品公司推出了新的差异产品——大碗鸡蛋面,形成第二次浪潮。但没过多久,由于其他公司模仿,大碗鸡蛋面的差异又消失了,成为新的标准产品。这样,食品店又出现了高级面,掀起了第三次浪潮。

(3) 专门化战略的风险。专门化战略经营目标集中,管理程序简明,适用于小微企业。但它同样面临着较大风险,比如:① 需求环境的变化。这种变化对于专门化战略来说是非常危险的,因为专门化战略是将企业的全部力量均放在市场需求的某一部分,如果对这一部分需求企业无法把握,企业就可能破产。② 行业条件的变化。例如,有强大的竞争者进入了企业的特定细分市场,而企业无法与之竞争,就会使企业失去其细分市场。又如,一些企业在特定地区成功的关键是依靠自己的运费优势,但如果交通工具与交通设施发展起来,则很快就会使其优势丧失,从而失掉市场。这种情况对于运输量大的食品、家具、饮料等行业的影响尤其明显。

3. 夹在中间的风险

如果一个企业(公司)未能沿三个方向中的至少一个制定自己的竞争战略——一个公司被夹在中间,这样的公司就处于极其糟糕的战略条件下:它缺少市场份额、资本投资和"打低成本牌"的决心，也不具备避免追求低成本地位而需要的在全产业范围内标新立异，更没有在比较有限的范围内建立起产品差异化或低成本优势的目标聚焦。

夹在中间的公司几乎注定是低利润的。这样的公司或者会失去要求低价格的大批量客户，或者必须为从低成本公司手中争夺生意而在竞争中丧失利润。然而它在高利润业务领域又无法战胜那些专攻高利润目标或做到了全面差异化的公司。夹在中间的公司也可能因为模糊不清的企业文化、相互冲突的组织安排与激励系统而遭遇种种麻烦。

夹在中间的公司必须做出一种根本性战略决策。它或者必须采取必要的步骤实现成本领先，或起码使成本水平与别人相当。这通常意味着积极的投资以实现现代化以及可能存在"买取"市场份额的必要性；或者必须使自己面向某一特定目标（专门化）或使自己具有某些"独特性"（产品差异化）。后两种方案可能很大程度上意味着要收缩市场份额甚至减少公司的绝对销售量。这些方案的选取必须基于公司的能力及限制条件。贯彻每一类基本战略都意味着投放不同的资源、力量、组织安排和管理风格。一个公司对 3 种基本战略均适宜的情况绝无仅有。

3.3.1.3　一般竞争战略的选择

一个企业如何选择自己的竞争战略，总的来说，有两条原则：一是仅选一种战略，一是结合企业实际选择战略。

1. 仅选一种战略

有学者将波特提出的 3 种竞争战略归并为两种：低成本战略和差异化战略。在他们看来，专门化战略则是在狭窄市场范围（市场的某一部分或其中的某一子市场）对前两种战略的运用。因此，对 3 种竞争战略的选择，可以简化为对低成本或差异化两种战略的选择。

美国学者威廉·霍尔（William K. Hole）在《哈佛企业评论》1980 年 9—10 月刊上发表了题为《在逆境中生存的企业战略》的论文，论文中分析了美国钢铁、轮胎、重型卡车、建筑机械、汽车、家用电器、啤酒、卷烟等 8 个行业的实际情况，对这些行业的 60 家主要企业的经营战略进行了分析对比。分析结果表明，许多成功的企业有一个共同的特点，就是在确定企业竞争战略时都是根据企业内外环境条件在差异化战略和低成本战略中选择了一个，从而确定具体目标，采取相应措施而取得成功的。例如在钢铁业，因兰德公司采取低成本战略，而国际公司采取差异化战略；在大型卡车行业中，福特公司靠的是低成本，而帕卡公司依赖的是差异化；在家用电器行业，采用低成本的瓦尔普尔公司和采取差异化的美塔公司都取得了成功。当然，也有同时追求两个战略目标而获成功的企业，如加塔匹塔公司和菲利浦·毛里斯卷烟公司。还有日本曾以极低廉的价格推出电子表，对瑞士机械表发动了猛烈攻击。但是，这是很例外的情况。一般企业为了在竞争中取胜，并不是同时追求两个目标，而是选定一种战略，重点突破，以取得竞争中的绝对优势。

为什么不能同时追求低成本与差异化呢？这是因为选择哪一种竞争战略，决定着企业管理方式和研究开发的重点、企业的经营结构和市场观念。采用低成本战略的企业就应该在所有的生产环节都实现彻底的合理化，除成本控制外，最重要的就是讲求产品的合适批量,以充分利用大机器生产标准的产品。例如,福特公司在早期的发展中就是创造性地用流水线生产汽车的,流水线的发明使汽车成本大大降低,因此福特公司的 T 型小汽车成为"大量生产、大量销售"时代的代表。相反,如果企业采用差异化战略,就必须有特别的工艺、设备与技术,同时为了使用户了解本公司的这种"差异",或者让本来是标准品的产品在消费者心目中建立起"差异"的现象,企业在销售方面还要组织耗资巨大的广告宣传和产品推销活动等。这一切决定了产品差异化必然与低成本发生矛盾与冲突,想同时追求这两个目标的企业往往在市场竞争中失败,最典型的是世界上最大的叉车制造厂——克拉克公司因同时追求这两个目标而失败的案例。

2. 结合企业实际选择战略

(1)企业所处环境。如果企业处于高度发达的经济系统里,那么一方面由于企业之间激烈的竞争,另一方面由于居民收入随生产力发展而迅速提高,低成本战略就在很大程度上失去了它的意义。相反,如果企业处于较落后的经济状态下,则应该高度重视低成本战略以刺激需求。例如,在今天的美国等工业发达国家,大众化的一般产品都强调产品差异战略,而低成本战略的典型——福特模式则逐渐被企业所抛弃;而发展中国家则一般多采用低成本战略。我国经济发展水平还比较低,所以低成本战略应该成为我国相当部分企业的主要的经营战略,各个企业应千方百计降低成本,为人民大众提供更多的价廉物美的商品。

(2)企业自身能力。规模较小的企业生产与营销能力都比较薄弱,宜选择专门化战略,以便集中企业优势力量瞄准某一特定顾客、特定地区或特定用途的产品打"歼灭战"。如果企业生产能力较强而营销能力较差,则可考虑运用低成本战略;相反,如果企业营销能力强而生产能力相对较弱,则可考虑运用差异化战略,以充分发挥企业销售能力强的长处;如果企业生产与营销能力都很强,则可以考虑在生产上采取低成本战略,而在销售上采取差异化战略。

(3)企业产品种类。不同种类的产品,其需求对价格、质量、服务等要素具有不同的敏感度。① 资本品与消费品。资本品很多都是标准产品。如钢材,各类规格品种一般都有明确规定。所以,对于资本品来说,在保证基本质量的前提下,价格将成为企业竞争中最重要的因素,企业应尽量降低成本;而消费品是非专家购买,绝大多数消费者都是依据广告宣传、店员介绍、产品包装及说明、合适的价格来确定是否购买,所以对于消费品的生产企业来说,应尽量使本企业产品在服务和市场营销管理方面实现差异化。② 日常消费品与耐用消费品。这是对消费品的进一步划分。日常消费品是人们几乎每天都消费的、反复少量购买的产品,如食物、洗化用品、纸品等。这种产品竞争的关键,是在保证质量的前提下用优惠价格出售。耐用消费品是一次购买、经久耐用的产品,若干年才买一次。这样产品的质量与售后服务非常重要,这就要求企业在这两个方面下功夫,推出质量和服务更好的差异化产品。③ 在上面的划分中,有两类商品例外,它们不适合于上述的论述:一个是资本品中的机械类,它非常强调售后服务;另一个是日常消费品的烟酒类,它非常强调质量与牌号。所以,对这两种产品均应实行差异化战略。

(4)企业产品周期。这是指产品的生命周期。在产品的投入期,为了抢占市场,防止竞争者的进入,企业常常采用低成本战略,以刺激需求,使企业处于成本、市场占有率、收益和设备投资四者的良性循环中。而到了产品的成熟期与衰退期,其消费需求呈明显多样性与复杂性,这时企业就应该采取差异化战略或专门化战略。例如小汽车刚诞生时,其主要的功能是交通运输,所以低成本战略会受到市场的欢迎;但当汽车处于成熟期时,汽车就不再仅仅被看作运输工具了,有相当一部分人把汽车作为社会地位的象征,在这种情况下企业就应该实行差异化战略,以满足市场需求的差异化。

3.3.2　大中企业总体战略

大中企业虽具有资金、技术、人才等多方面的充足资源和条件,但由于它们身处资金融通发达、技术更新快速、人才流动畅通的现代经济社会,因而未必总能占据市场竞争的有利地位。大中企业必须认清自身的经营特点,树立正确的战略思想,选择合适的战略类型,这样才能获得竞争优势和长期发展。

3.3.2.1　大中企业的经营特点

从战略角度看,大中企业具有以下经营特点:

(1) 占据高层优势。大中企业生产的产品,一般都为关系国计民生的主导产品,如汽车、钢铁、船舶、石油化工产品等。这些产品生产能力的大小、质量的高低直接反映着整个工业和整个国民经济的发展现状。因此大中企业是经济建设的骨干,也是国民经济的命脉。再从行业发展来看,某行业中的大中企业较之同行业的小微企业,无论是产品生产、资金来源还是技术水平,都处于领先和领导地位。大中企业的这种骨干、命脉、领先和领导,决定了它有能力占据国民经济的高层优势。

(2) 拥有比较优势。大中企业在国民经济中的重要地位,决定了大中企业的对外联系较之小微企业要广。资金雄厚为大中企业参与国际市场的竞争创造了条件;生产的是主导产品,这种产品不仅在国内需求量大,在国际市场上需求量也大,这就使得大中企业在满足国内需求的同时有可能出口产品或直接对外投资,技术上的优势使大中企业有能力引进国外先进技术、消化吸收,或出口本身已成熟的技术。因此,大中企业在对外发展中,可以充分利用本国劳动力资源、技术资源,获得国际比较优势。

(3) 具备经济规模。大中企业拥有现代化的技术装备,设备的大型化、自动化、高速化程度高,便于采用先进的生产组织和劳动组织形式,形成大批量生产体制;同时也便于开展原材料的综合利用,有利于减少单位产品的销售成本和固定成本。总之,大中企业可以较好地发挥规模经济效益,降低产品成本,增强市场的竞争能力。这个特点决定了大中企业可以在价格上建立自己的竞争优势。

(4) 方便开展营销。大中企业资金雄厚,经济效益一般比小微企业好。加之大中企业在国民经济中的主导地位,使得大中企业易于获得社会上的融通资金和其他稀缺资源。因此,大中企业在经济条件和自然条件方面占有优势。这使得大企业在经营上有广泛的自由度,使大中企业可以动用较多的财力开展特色经营。尤其是市场营销工作,如市场预测、市场分析、市场调查、广告宣传等。大中企业拥有一支比小微企业更大的销售队伍和服务队伍,他们推销水平高,活动于全国各地,构成广泛的销售网络和服务网络,易于获得全面的市场信息,这些信息经过反馈、处理就能够成为有用的经营资源。除此之外,大中企业一般信誉较高、商标较响。因此,大中企业有较强的市场开拓能力,利于企业开展市场营销。

(5) 较易分散风险。大中企业有雄厚的资本和较强的生产能力;有一定的技术储备;生产的专业化分工程度较高。因此,大中企业有能力生产多样化、多层次的产品,并能根据市场需求的变化及时调整产品结构。这样,对大中企业来说,即使一些产品的需求在某一地区可能已经衰退,而在其他地区却可能正处于成长期。进一步说,即使一种产品在所有地区都没有市场,还有其他产品。因而相对于只生产单一产品、使用单一技术的小微企业来说,大中企业产品的多层次化、销售渠道的网络化,使大中企业具有较强的风险分散的能力,易于在这方面建立竞争优势。

(6) 关联效应较大。某一产业的发展会诱发其他产业的发展,经济学家把这种特征称为关联效应。这种关联效应有两个方面的作用:① 后向关联,引起提供原材料投入部门经济活动的增长。② 前向关联,引起以此产业的产品作为投入的产业的增长。这同样适用于研究大中企业与其他企业的技术经济联系。大中企业规模大,生产多种多样的产品,决定了大中企业投入产出的多样化,大中企业与提供它投入品的企业或以大中企业产出作为投入的企业有较高的关联度。这使得大中企业较容易与有技术、经济等联系的企业形成协作关系,以建立自己的战略优势。

(7) 适应能力不强。大中企业也有自身的弱点,其中最突出的是适应能力不强。大中企业由于规模大,其组织结构错综复杂,管理的幅度比小微企业广,管理层次也较小微企业深,责权利的结合相对困难,往往导致管理者直接责任的减退,决策过程的缓慢。大中企业生产的产品往往批量大、单位产品价值高,任何市场需求的变动都会给大中企业带来很大的冲击。因而,大中企业对外部环境(主要是市场需求)的变化反应迟钝。

3.3.2.2 大中企业的战略思想

大中企业的战略思想,从总体上来说应是:在保持已有的经营优势的前提下,通过强化成功的关键因素,充分利用丰富的经营资源,建立自己的竞争优势,求得长期、稳定的发展。若具体来说,大中企业应树立以下战略思想:

(1) 稳定。稳定是大中企业适应能力不强的宏观要求。所谓稳定,是指大中企业的经营方式要有相对的不变性。具体地说,就是大中企业的原材料投入的组合、产品的结构、销售渠道的建立等,在短期都必须具有相对的固定性。大中企业组织机构复杂,决策过程比较慢,对外部环境适应力不强。因此,在战略制定时要树立稳定的战略思想,以稳取胜,以不变应万变。因为经营方式的多变不利于大中企业内部实力的充分发挥,也会带来许多管理上、组织上的困难,从而削弱竞争能力。

(2) 统一。统一是指大中企业及其各经营单位的战略目标必须明确、统一。一个大中企业可能由若干个位于不同地区的分厂组成,它的原料采购、产品销售和服务网可能遍布全国,甚至是世界各地。如何使这么众多的部门、单位的行动一致,是大中企业经营成功的关键。目标统一、明确,既可以使企业全体人员有共同的奋斗方向,又可避免由于目标的互相矛盾、含糊不清造成各下属部门行动不一致,抵消内部实力。各国大中企业成功的经验表明,在整个战略期内,经营目标的统一、明确,可以保证企业管理团队和企业成员的同心协力。

(3) 主动。大中企业能利用国民经济的高层优势,内在实力强,但是与小微企业相比,其资源的动员速度比较慢。因此,应"先下手为强",掌握主动性,抓住有利时机,抢占国民经济的高层优势。这就是主动的战略思想。掌握时机有时与战略内容本身同样重要。时机不成熟或时机已过,最好的战略也难以获得理想的结果。强调树立主动的战略思想也可以部分地克服大中企业适应能力不强的弱点。

(4) 综合。综合有两层含义:综合利用大中企业在生产、科研、销售、服务等多方面的功能,充分发挥这多方面的经营优势,达到资源共享、效益倍增。开展综合经营或多角经营,扩大经营品种或领域,实现风险分散、损失减少。

3.3.2.3 大中企业的战略类型

适应大中企业的经营特点,以大中企业的战略思想为指导,大中企业可从以下战略类型中做出自我选择。

1. 开展多角经营战略

多角经营,就是上一章所言增长型战略中的多样化战略;也就是为某一市场提供产品和劳务的企业,同时又进入其他市场的战略。多角经营在本质上与产品差异有区别。产品差异只是指产品的质量、性能、包装、商标等有少许差异,在本质上仍是同一产品;只是指同一市场的细分化,在本质上不是进入新的异质市场。

根据企业现有的产品、市场(事业领域)和将来的产品、市场(事业领域)之间的关联程度,可以把多角经营战略划分为:

(1) 横向多角。横向多角是以现有的产品市场为中心,向水平方向扩展事业领域,也称为横向多样化或专业多样化。如零售行业中的百货店、自我服务廉价商店、超级商店、方便商店就属于这种多样化。它有3种具体类型:① 市场开发型。以现在的产品为基础,开发新的市场。② 产品开发型。以现有市场为主要对象,开发与现有产品同类的产品。③ 产品、市场开发型。以新开拓的市场为主要对象,开发新产品。这种战略由于是在原有的市场、产品基础上的变革,因而产品内聚力强,开发、生产、销售、技术关联度低,管理变化不大,比较适合于原有产品信誉高、市场广且发展潜力还很大的大中企业。

(2) 纵向多角。纵向多角是以现在的产品、市场为基础,向垂直方向扩大事业领域的战略,也称为垂直多样化。纵向多样化战略好像河流一样,有上游下游之分,可向上游发展或向下游渗透。例如钢铁生产,整个生产过程有采矿、运输、炼铁、炼钢、轧钢、深加工和产品销售。如以轧钢为原生产阶段,则产品为钢材。采取纵向多样化战略,如向上游发展,即向炼钢、炼铁发展,甚至投资采矿、运输;向下游发展,即向深加工发展。这种战略有利于综合利用资源,但往往前后产品生产性质迥异,因而对管理要求较高。这种战略适于生产、开发和销售关联度较高的企业。

(3) 多向多角。多向多角是指虽然与现有的产品、市场领域有些关系,但是通过开发完全异质的产品、市场使事业领域多样化,也称为多向多样化或同心多样化。它有3种具体类型:① 技术关系多样化。以现有事业领域中的研究技术或生产技术为基础,以异质的市场为对象,开发异质产品。例如半导体器件厂向生产收音机、电视机的多种经营发展;玻璃厂生产照相机镜头玻璃、玻璃器皿、眼镜等。由于这种多样化利用了研究开发能力的相似性、生产技术的相似性、原材料的共同性、设备的类似性,能够获得技术上的相乘效果,因而有利于大量生产,在产品质量、生产成本方面也有竞争力。而且,种种产品之间的用途越是不同,多样化的效果越明显。但是,在技术关系多样化的情况下,一般来说销售渠道和促销方面是不同的。这对于市场营销的竞争是不利的。这种类型的多样化一般较适合于技术密集度较高的行业中的大中企业。② 市场营销关系多样化。以现有事业领域的市场营销活动为基础,打入完全不同的产品市场。例如,铅笔厂生产自动铅笔、圆珠笔等。市场营销多样化利用共同的销售渠道、共同的顾客、共同的促销方法、共同的企业形象和知名度,因而具有销售相乘效果。但是,由于没有生产技术、设备和材料等方面的相乘效果,不易适应市场的变化,也不易应付全体产品同时老化的风险。这种类型的多样化适合于技术密集度不高、市场营销能力较强的企业。③ 资源多样化。以现有事业所拥有的物资资源为基础,打入异质的产品、市场领域,求得资源的充分利用。

(4) 复合多角。复合多角是指从与现有的事业领域没有明显关系的产品、市场中寻求拓展新的事业,这新的事业与原有的产品、市场毫无相关之处(所需的技术、经营方法、销售渠道必须重新取得),也称为复合多样化。它包括4种具体类型:① 资金关系多样化。一般关系的资金往来单位随着融资或增资的发展,上升为协作单位。② 人才关系多样化。当发现企业内具有专利或特殊技术人才时,就利用这种专利或技术向新的事业发展。③ 信用关系多样化。接受金融机关的委托,重建由于亏本濒临破产的企业或其他经营不力的企业。④ 联合多样化。为了从现在的事业领域中撤退或者为了发展大型的事业,采用企业联合的方式进行多样化经营。

多角经营战略的核心是资源共享和风险分散。制定多角经营战略必须遵循的以下两条原则,正是这一核心的要求和体现:

(1) 充分利用产品间的协同效果。协同效果是两个事物有机地结合在一起,发挥出超过两个事物简单总和的联合效果。大中企业采用多样化经营战略后,新老产品、新旧业务、生产管理与市场营销等各个领域,如具有内在的联系,存在着资源共享性,互相就能起促进作用。大中企业的协同作用表现在以下几方面:① 经营管理的协同作用。生产的产品或经营的业务,在经营决策的基准上大致相同,对管理的方法或手段的安排比较一致。企业经营的产品之间在管理上是否具有共享性是决定大中企业多样化经营战略成功与否的重要因素。如果企业新生产的产品、新经营的业务与原有产品和业务在经营管理上差距很大,则一方面由于企业管理人员要花费大量时间和精力去熟悉新产品、新业务,另一方面企业决策和管理人员往往习惯于将原有的一套经营经验和方法不自觉地运用到新产品、新业务上,往往造成决策失误的可能性增加。② 市场营销的关联作用。要使新、老产品的销售有相互促进作用,老产品能带动新产品销售,新产品又能为老产品开拓市场,从而增加总销售额,使营销费用之类的成本减少。③ 生产协同作用。生产协同作用要求新、老产品之间,在生产技术、生产设备、原材料和零部件的利用上具有共享性,从而减少投资,节约生产成本。④ 技术协同作用。这里的技术,主要是指设计技术、产品开发技术。企业在实行多角化经营时,利用贯穿于这些产品之间的核心技术,可以大大减少新产品研究开发费用,并提高新产品成功的概率。

(2) 产品组合应有利于分散风险。企业经营的产品之间,除了要共享资源外,还要分散风险。这是确定多角化经营战略时必须遵守的另一重要原则。企业确立多样化经营战略,设计产品组合,要使企业风险最小,收益最大。一般来说,企业应选择在价格波动上是负相关的产品组合,这将最有利于分散风险。而高度相关的产品组合,不利于风险分散。这种高度相关还包括:所有产品都处于生命周期的同一阶段;所有产品都是风险产品或滞销产品;风险产品和滞销产品的比重大大超过获利产品;所有产品都存在对某种资源的严重依赖等。因此,我们在从事多角经营时,应该特别注意产品之间的相关程度。

从分散风险的角度看,应避免出现产品高度相关的组合情况;而从协同原则的角度看,宜使产品组合尽量相关。所以,分散风险和协同原则存在着一定的矛盾。我们必须处理好这两者的辩证关系。

2. 创建企业集团战略

创建企业集团战略是以大中企业(骨干企业)为核心,以名牌产品为龙头,以资金、技术、管理为纽带,以获得生产的优化组合和规模经济效益为目的,组建企业集团的战略类型。

在西方经济发达国家,企业集团已经成为大中企业战胜竞争对手的一种重要战略。如美国的通用汽车公司、英国的太古集团公司,以及日本的三菱集团、三井集团、住友集团等。这些企业集团很多都是工业、商业合为一体,并有银行作为后盾,构成实力非常雄厚的复合型大企业集团,在经济发展中有举足轻重的作用。随着我国市场经济的发展,许多大中企业相继采取了创建企业集团战略。例如,青岛电视机厂创建海信集团,镇江锚链厂创建正茂集团等。1998年仅江苏江阴市就建有省级以上乡镇企业集团82家,其中国家级46家。

按照企业内在经济技术联系可以把企业集团战略划分为5种具体战略类型:

(1) 单点辐射型战略。以大型骨干企业的系列产品为龙头,向外辐射,形成多层次配套网络的企业集团。这种类型的企业集团发展较早,数量较多,也比较成熟,适合于大批量专业化生产企业。如我国东风汽车集团以第二汽车制造厂为主体,以东风系列产品的生产技术为射线,辐射24个省、市、自治区,联合了160家企业,在3个层次上进行生产力的优化组合,形成了一个合理的配套网络。

(2) 多元配套型战略。以几个大型骨干企业及相关设计单位为主体,实行从设备、设计、制造、供应、安装、调试到人员培训、维修、服务等以项目承包方式组成的企业集团。这种类型的企业集团对开拓国际市场有积极意义。如以上海汽轮机厂、上海电机厂、上海锅炉厂、上海电站辅机厂等几个大型骨干企业为核心,并联合了60多个企业、10个设计院所、2个建设单位,建立起了集团式的上海电器联合公司,形成了强大的配套开发能力,来承揽大型电站建设任务。

(3) 技术开发型战略。以同行业的多个大中企业为主体,集中技术优势,运用系统工程开发高技术产品,组织专业化系列生产的企业集团。这种企业集团战略适应于处在技术密集型产业的大中企业,对迅速变化的市场有较强的适应能力。如贵州振华电子集团,联合企业、大专院校和科研所等共30多个单位,与香港有关公司合作开发卫星广播电视接收系列、程序交换机、彩电消磁器,以及集成电路等高技术产品,使许多地处三线、多年亏损的企业有了主导产品,摆脱了困境。

(4) 产品、资源联合型战略。以若干个加工企业和原材料生产企业联合形成从原料、半成品到成品的大跨度的企业集团。这种企业集团战略通过组织"一条龙"开发系统,可以提高社会效益。如中国北方有色金属黄金联营集团,跨越 8 个省、市、自治区,包括 28 家企业,联合从事有色金属和黄金的开采、冶炼、加工及其延伸产品的生产,促进资源的综合利用。

(5)销售、服务型战略。大中企业与若干个生产企业或商业企业联合起来,形成以互相提供市场信息,扩大销售、服务范围为主的企业集团。如中国汽车配件联合销售集团,由上海电灯厂、武汉汽车标准件厂、开封汽车配件厂等为主的 22 家大中型汽车配件生产企业组成,横跨 9 个省市,联合进行轮胎、轴承、电机等汽车配件产品销售。又如上海锦江集团,以 10 个大饭店为主体,联合国内旅游、汽车、航空公司等 11 家企业和希尔顿饭店等外资企业,业务范围拓宽到海运、航空、旅游、游乐园、食品、服装、广告等领域,信誉提高,吸引力倍增。

按照企业联合程度,则可以把企业集团战略划分为 3 种具体战略类型:

(1)业务协作战略。业务协作是为了从企业外部筹措经营资源,组成企业集团的形式之一。大中企业采用这种战略可以使大中企业具有较为完备的功能。这种战略的特点是:软结合;协作内容广,除技术协作之外,还包括销售专利、信息、人才、资金、服务等一切方面的分工协作;有较大的灵活性,如果协作不好可以中断关系。业务协作战略由于是软结合,结合效果较差,特别是各自的目的和意见不一致时容易分离,不能同心协力。这种战略适合于技术、经济关联度不够高的大中企业。

(2)联合经营集团战略。大中企业连同其他企业,把资金、人才、信用,甚至连同自己所经营的事业本身共同投到某项事业中,实行共同经营,以期发挥个别企业达不到的相乘效果。联合企业由于共同采购原材料和共同使用人才、生产设备及福利设施,因而有利于降低成本,提高生产能力和技术开发能力,便于开拓新的市场,提高企业形象和对外信誉。但是该战略存在着不易协调联合体内部各企业、人事劳动费用上升等缺点。

(3)合并、收买战略。大中企业采取合并战略是企业把相关技术、经济联系的企业变成一个企业。被合并的企业则失去了法律上的独立性。采用收买战略的大中企业通过资金取得其他企业的所有权和支配权。企业的收买与合并,在效果上是大同小异的。大中企业通过合并可以扩大自己的规模,增强企业的内在实力,在生产、销售上享受规模效益所带来的好处;同时,由于人才和设备的集中使用,也有利于研究开发事业。但是,合并之后管理人员比重增大,在不同企业文化环境中的职工相互配合要较长时间。由于这种战略是集团经营战略的最高形式,比较适用于有一定集团经营经验,管理、组织水平较高,资金雄厚的大中企业。

大中企业在确立创建企业集团战略时,必须遵循以下 3 条原则:

(1)集中。按生产的专业化、协作化联合多个企业,集中、大批量生产某一主要产品或系列产品;集团内部集中、统一指挥和调度生产要素。

(2)整体。集团不仅要建成生产过程、经营目标、重大决策、市场竞争的有机整体,而且也要建成责权利、人财物的有机整体。

(3)长远。集团要有长远规划,有明确的发展目标,面对社会需求的变化,或是以一业为主、多角经营,或是加强科研、开发新产品,以图实现集团的长期、稳定发展。

大中企业选择创建企业集团的战略,必须具备以下两个基本条件:

(1)高素质。大中企业在企业集团中往往行使领导作用,必须具备较高的素质,包括人的素质、技术素质和管理素质。

(2)强凝聚力。大中企业在企业集团中一般处于核心地位,必须具备较强辐射力和凝聚力,能够跨越部门、地区、所有制界限,将众多成员企业吸引到自己的周围。

3.投资主导产业部门战略

投资主导产业部门战略,就是大中企业向国民经济主导产业部门投资,生产主导部门的产品,以占据国民经济高层优势的一种战略类型。采取这一战略,首要问题是如何识别主导产业部门和怎样选择主导产业部门。

主导产业部门一般具有以下特征:多为反映最新科技进步的新兴产业,增长快,效益高;能拉动、支持多个产业部门的发展;该部门的产品具有巨大的国内、国际市场需求;该部门产值占国民生产总值的比重较大。企业选定某一产业部门作为主导产业部门进行投资,还须考虑以下因素:

(1)国家政策。在经济发展的不同阶段,国家依据本国资源、技术水平和宏观战略等,确立某一或某些产业作为扶持、鼓励发展的重点部门,在政策、投资等方面予以倾斜。企业的选择尽可能与国家的政策导向协调一致。

(2)企业优势。根据企业在生产、技术或销售方面的优势及企业现有产品与其他行业、企业的关联程度,从前向关联度高的部门(如电力生产部门)、后向关联度低的部门(如船舶、汽车制造部门)、前后向关联度都高的部门(如冶金、石化工业部门)中,选定适合本企业的主导部门。

企业选定主导产业部门后,还要确定向其投资的方式,即决定是在选定的主导部门新建企业,还是购并其中的企业。

3.3.3 小微企业总体战略

面对大中企业雄厚资金、先进技术、济济人才的竞争压力,小微企业只要把握住自身的经营特点,树立起正确的战略思想,制定出恰当的经营战略,就一定能顶住竞争压力、获取相对优势并求得生存发展。

3.3.3.1 小微企业的经营特点

从战略角度看,小微企业具有以下经营特点:

(1)适应性强。小微企业由于规模小,技术装备较大中企业简单,产品结构比较单一,而且投入某项产品的人力、物力、财力都较少,因此具有很强的适应性,便于灵活转向。这也就是我们通常所说的小微企业"船小调头快"的特点。

(2)容易管理。小微企业通常是由为数不多的几个人组成的小班子来进行管理的,管理机构较为简单,层次少,信息传递快,因此比较容易管理。尤其是在我国,小微企业受上级干预少,拥有较大的自主权,厂长、经理的经营战略思想可以更好地贯彻下去,为小微企业经营战略的实施提供了必要的条件。

(3)接近顾客。小微企业经营产品的品种较少,面对的市场也相对很小,所以,小微企业较大中企业更容易接近顾客。这一特点使得小微企业有条件根据顾客的特点,制定针对性强的经营战略。

（4）资金不足。由于种种原因,小微企业往往缺乏足够的资金来进行经营活动,在资金筹措上也面临很大的困难。这一方面促使小微企业不断进取,以提高自己的吸引资金的信誉;另一方面要求小微企业在战略制定和执行过程中必须量"财"而行,使有限的资金发挥出最大效益。

（5）风险性大。小微企业虽然由于市场狭小,顾客较少,可以更好地满足顾客的要求,但是它不能像大中企业那样较容易分散风险,所以经营风险较大。小微企业往往严重地依赖于某种产品或技术,一旦发生技术变革或失去一些顾客,就会受到很大的打击。

（6）成本较高。小微企业由于规模较小,往往不能达到规模经济的要求,因此,与生产同类产品的大中企业相比,小微企业的成本一般比较高,这是小微企业的"先天不足"。

3.3.3.2　小微企业的战略思想

小微企业的战略思想,从总体上来说应是:着眼于企业长期的生存与发展,充分发挥"小、快、灵"的优势,做大中企业想不到、不想干或想干而干不了的事。具体来说,小微企业应树立以下战略思想:

（1）灵活。小微企业面临较大的市场风险,必须时刻关注市场需求的变化,快速、灵活顺应用户要求,果断、灵敏调整经营行为。

（2）集中。小微企业必须聚集有限的资源和力量,瞄准一个确定的细分市场或主攻方向,集中重点投放,以渗透市场、站稳市场。

（3）缝隙。小微企业在选择细分市场或主攻方向时,应该多在市场边缘、缝隙地带寻找发展机会和空间,以拾市场之遗、补市场之缺,立于竞争的不败之地。

（4）特色。为避免与大中企业直接对立竞争,小微企业应努力创造产品和服务的特色,以特色建立相对优势,以特色取得竞争胜利。

3.3.3.3　小微企业的战略类型

适应小微企业的经营特点,以小微企业的战略思想为指导,小微企业可参考以下战略类型,制定出自身经营战略。

1. 集中一点战略

小微企业实力较弱,往往很难经营多种产品或服务以分散风险,但可以集中兵力,通过选择能发挥企业自身优势的细分市场来实行单一化、专业化的经营。这就是集中一点战略,或称小而专、小而精战略。

例如,美国国民罐头公司就是采用这种战略获得成功的小微企业。该公司在美国罐头制造业的大公司纷纷向外行业找出路的经营形势下,反其道而行之,走上专业化经营的道路。他们卖掉一些无关企业,成为一个只生产罐头的公司。专业化的经营使他们的技术获得提高,产品的品种和质量也得到发展,获得了空前的成功,10年内其资产由1.8亿美元增长到10亿美元。我国也有不少小微企业采用这种战略,如杭州万向节厂就是采用这种经营战略摆脱困境,走向成功的。

采用这种战略对于小微企业有两方面的好处:第一,小微企业可以通过扩大生产批量、提高专业化程度和产品质量,提高规模经济效益,增加收益,在市场上站稳脚跟。第二,随着需求多样化和专业化程度的提高,大中企业也普遍欢迎这些专业化程度高、产品质量好的小微企业为其提供配套产品，小微企业也因此能够逐渐走上以小补大、以小搞活、以专补缺、以精取胜、以精发展的良性发展道路。

2. 寻找空白战略

小微企业根据"人有我无、人无我有"的"缝隙"思想，寻找市场上的各种空白、冷门，快速投入企业资源，一举挤占空隙市场。这就是寻找空白战略，或称钻缝隙战略。采用这种经营战略的小微企业所选择的产品一般具有以下一些特征：产品寿命周期较短，只能在一段时间内加以生产；加工工艺简单，生产周期短，所耗资金少；被主要竞争对手所忽略；小微企业自身有充足能力向空隙市场提供这种产品。

这种战略特别适合于那些比较弱小或者刚刚兴办的小微企业。因为这种战略具有较大的过渡性和可塑性，对于它们积累资金逐渐扩大规模具有很大的作用。另外必须充分认识到，采用这种战略具有较大的不稳定性，经常变更产品，在管理上带来很多不便，给经营带来较大的风险，企业的发展也会受到很大限制。因此，采用这种战略的小微企业当发展到一定的规模，具有一定的实力之后，就应该考虑实施战略转移，以便能够保持长远的经营优势，摆脱那种"打一枪换一个地方"的被动局面。

3. 与众不同战略

小微企业一般不能达到经济规模的要求而获取低成本的有利地位，但它们的经营范围窄，易于接近用户，可以通过提供高差异的产品或服务以提高市场竞争力。这就是与众不同战略，或称经营特色战略。

例如，20 世纪 80 年代初，京沪几家颇有名气的大电梯厂引进外资成立了迅达电梯公司，极大地提高了质量、技术等方面的优势。在这种严峻的经营形势下，某小电梯厂采用与众不同战略。具体做法是：接受用户的非标准订货；急用先做；提前交货；协助安装、调试；提供备品、备件；价格可以单独核算；为老设备进行技术改造；等等。这些独具特色的经营措施有效地解决了一些长期存在于电梯供求之间的矛盾，使该厂在市场上站住了脚跟，获得了成功。

企业的经营特色要靠企业经营者通过不断观察、分析和总结，在经营实践中逐步形成。小微企业可以在以下方面形成自己的经营特色：产品技术上的特色，如采用独特的材料、采用特殊的工艺，增加产品的新功能；向顾客提供新的技术服务，建立完整的服务网，采用独到的产品销售方法等。对于小微企业来说，采用这种经营战略潜力是很大的。

对于采用这种经营战略的小微企业来说，处理好经营特色与成本之间的关系是战略成功的关键。因为强调经营特色一般要以成本提高为代价，如增加设计和研究的开发费用，用高档的原材料等。成本提高对小微企业无疑是一个沉重的负担。小微企业正确处理经营特色与成本的关系必须以下面三个因素为基础：经营能力。企业是否具备在激烈的市场竞争中长期保持与众不同的经营能力。成本差距。高差异的吸引力能否抵御低成本的诱惑，或与众不同的成本是否过高。产品周期。当产品处于其寿命周期的成熟阶段时，用户往往看重低价的标准产品，而看轻高价的差异产品。

4. 承包经营战略

小微企业在决定自己的生产方向时，不是着力孤军奋战、独立开发新产品，而是"挂大靠强"，接受一个或数个大中企业的长期、稳定的订货，成为它们的一个加工承包单位,这就是承包经营战略。

各国有很多采用承包经营战略的小微企业,它们通常被称为"承包企业"或"委托企业"。小微企业采用承包经营战略,要特别注意解决以下两方面问题:

(1) 承包条件。承包企业与大中企业之间最直接、最重要的关系是承包关系。对于承包企业来说,一个十分关键的问题就是确定与大中企业的承包条件。这些条件包括价格、交货期、质量、支付条件等。承包企业在决定承包条件的过程中要尽量争取保持自己的地位,以一种对等的关系来确定承包条件。

(2) 自身发展。承包企业受大中企业制约较强,独立性较差,利润水平相对也比较低。所以,企业在发展到一定规模,具备一定的实力之后,就应考虑实施战略转换,以谋求企业的长远发展。这要求承包企业在进行日常生产的同时,必须注意积累和增强自己的开发能力,争取提高产品质量,开发新产品,树立信誉,逐渐摆脱大中企业的控制而独立地面对市场,使企业获得经营成功。

5. 联合竞争战略

上述承包经营,是小微企业与大中企业建立承包关系。而联合竞争,则是小微企业与小微企业建立联合关系,也就是说,所谓联合竞争战略,是指小微企业在平等互利的基础上,结成多种联合、协作关系,互相取长补短,共求市场开发、企业成长。

根据联合的方式和程度,联合竞争战略可分为两种具体类型:

(1) 松散型联合。小微企业只在生产协作或专业化分工上联合,而在资金、技术、人员等方面基本没有往来。此种联合下,小微企业之间虽彼此没有约束,比较自由,但不能结为命运共同体,竞争力较弱。

(2) 紧密型联合。小微企业之间除建立生产分工或协作的联系外,还实行资金、销售等多方面的联合,如互相持股、互调余缺、组织统一的销售队伍等。此种联合下,小微企业结成了命运共同体,增强了竞争力。

采用联合竞争战略,小微企业不但可以与其他小微企业实行多种方式的联合,也可以尝试与其他经济实体、科研机构、大专院校实行联合,以借助更多的外部资源和能力,不断提高自身的竞争地位。

3.4 企业基础战略

3.4.1 产品战略

上一节阐述了企业总体战略(公司战略),本节阐述企业职能战略(职能战略)。职能战略是总体战略在某一局部、侧面、环节的细致设计和具体落实。

企业的基本职能和生存基础是向社会提供特定的产品或服务,而产品或服务的市场需求和技术含量又是其吸引力、竞争力的基本决定因素;为延伸、扩张产品生产规模和产品市场范围,企业必然寻求规模化(集团化)、外向化(国际化)发展;伴随工业社会向信息社会过渡,适应企业之间竞争的隐性化、软性化,企业也势必重视和加强企业文化建设、企业形象塑造。因此,可将企业职能战略划分和归结为 3 类:产品战略、市场战略、技术战略归为企业基础战略;规模化战略、外向化战略归为企业扩张职能战略;企业文化战略、企业形象战略归为企业软性战略。限于本书篇幅,本节仅简要阐述企业基础战略。

3.4.1.1　产品整体概念

研究产品战略，必须明确产品概念。所谓产品，是指能提供给市场、用于满足人们某种欲望和需要的任何事物，包括实物、服务、场所、组织、思想、主意等。现代经济中，产品概念已远远超越了传统的有形实物的范围。一项策划、一个主意都可以是产品。据 1992 年 7 月 29 日《中国青年报》报道，北京一位发明家光靠给企业出谋划策，就赚了 40 万元。长沙一家军工企业，想制作一种礼品灯具投放国际市场，找了许多设计单位未能解决问题。该发明家建议，海湾战争结束不久，可设计一种象征胜利、模拟爱国者导弹外形的多用台灯。厂方把这一设计方案在香港国际礼品博览会上一介绍，就引来了不少的订单。该厂一次付给发明家创意费 6 万元。这一事例说明，正确把握产品的整体概念，对于企业为市场设计、供应适销对路的产品，取得预期收益，至关重要。

产品整体概念，指产品是由 3 个基本层次组成的整体：核心产品、形式产品（形体产品）、扩大产品（附加产品）。

（1）核心产品。这是产品整体概念最基本的层次。它所要回答的是顾客需要的中心内容是什么。核心产品为顾客提供最基本的效用和利益。消费者或用户购买某种产品绝不仅是为获得构成某种产品的各种构成材料，而是为了满足某种特定的需求。比如，人们购买电冰箱，并不是为了买到装有压缩机、冷藏室、开关按钮的大铁箱，而是为了通过电冰箱的制冷功能，使食物保鲜，更好地方便人们的生活。核心产品向人们说明了产品的实质。企业市场营销人员在推销产品时，最重要的是向顾客说明产品实质。

（2）形式产品。形式产品，即产品形式，它是消费者对某一需求的特定满足形式。产品形式一般通过不同的侧面反映出来，如质量水平、产品特色、产品款式、产品包装和品牌。仍以电冰箱为例，产品形式不是指电冰箱的制冷功能，而是指电冰箱的品质、造型、颜色、品牌等因素。劳务产品，或称服务产品也有产品形式：如人们在理发时，不仅要求剪短头发，而且要求提供满意的发型，同一种发型也有品质、格调等区别。可见，产品形式向人们展示的是核心产品的外部特征，它能满足同类消费者的不同要求。

（3）扩大产品。即产品的各种附加利益的总和，通常指各种售后服务，如提供产品使用说明书、保证、安装、维修、送货、技术培训等等。在日益激烈的竞争环境中，扩大产品——产品给顾客带来的附加利益，已成为竞争的重要手段。许多情况表明，新的竞争并非各企业在其工厂中所生产的部分，而在于附加在包装、服务、广告、顾客咨询、资金融通、运送、仓储及具有其他价值的形式。因此，能够正确发展附加产品的企业必将在竞争中获胜。

增强对产品整体概念的认识，至少有以下两个方面的重要意义：

（1）生产经营者竭尽全力通过形式产品和扩大产品，去充分满足核心产品所包含的一切功能和非功能的要求。美国一家办公用具公司的事例，从反面说明了这一点。该公司生产的一种文具柜，坚固耐用，但却销路不畅。经理抱怨说："我们的文具柜这样结实，从楼上摔下去也坏不了，为什么买的人很少？"公司的一位雇员不无讽刺地答道："问题在于没有一个顾客买文具柜是为了从楼上摔下去。"该公司只强调坚固和做工，忽视顾客对款式、结构、色调的要求，必然导致滞销。

（2）企业要在激烈的市场竞争中取胜，就必须致力于创造自身产品的特色。不同产品项目之间的差异是非常明显的。这种差异或表现在功能上，如鸣笛水壶与一般水壶之别；或表现在设计风格、品牌、包装的独到之处，甚至表现在与之相联系的文化因素上，如各种服装的差异；或表现在产品的附加利益上，如各种不同的服务，可使产品各具特色。总之，在产品整体概念的 3 个层次上，企业都可以形成自己的特色，而与竞争产品区别开来。

3.4.1.2 产品组合战略

产品组合战略，就是根据企业总体战略的要求，对构成产品组合的广度、深度和相关性等方面，做出战略选择，以优化产品组合。

产品组合包括 3 个因素：广度、深度和相关性。产品组合的广度（亦称宽度），说明企业经营多少产品类别，拥有多少条产品线；多者为广，少者为狭。产品组合的深度，是指企业经营的各种产品线内之平均项目多少；多者为深，少者为浅。产品组合的相关性（或称一致性）是指各种产品线在最终用途、生产条件、分销渠道及其他方面相互联系的程度。例如，某家用电器公司拥有电视机、电冰箱、录音机、洗衣机、电子琴等多条产品线，但每条产品线都与电有关，这一产品组合就具有较强的一致性。相反，实行集团式多角化经营的混合型公司，其各类产品线间的相关性则较小或毫无相关性。

分析产品组合的广度、深度和相关性，有利于企业更好地发展产品组合战略。在一般情况下，扩大产品组合的广度，扩展企业的经营领域，实行差异性多角化经营，可以更好地发挥企业潜在的技术、资源优势，提高经济效益，并可分散企业的投资风险；加强产品组合的深度，可以占领同类产品的更多细分市场，满足更广泛的消费者的不同需求和爱好；而加强产品组合的相关性，则可以使企业在某一特定的市场领域赢得良好的声誉。

产品组合的广度、深度与产品项目、产品线的设置和增减密切相关。优化产品组合的过程，通常是分析、评价和调整现行产品组合的过程。由于产品组合状况直接关系到企业销售额和利润水平，企业必须经常对现行产品组合就未来销售额、利润水平的发展和影响做出系统的分析和评价，并决定是否添加、增强或剔除某条产品线、某些产品项目。

3.4.1.3 产品选择战略

产品战略，以至整个企业战略，本质上就是选择。而这里所说的产品选择战略，仅指企业对整顿老产品和开发新产品所做出的战略选择。

1. 整顿老产品

整顿老产品有两重含义，一是淘汰老产品，一是改进老产品。任何一个产品都有其生命周期，都可能由企业的"摇钱树"（紧俏产品）变成"赔钱货"（疲软产品）。疲软产品既然不能为企业带来利润，继续维持下去就会成为企业沉重的包袱，严重影响企业的信誉。为此，应坚决予以淘汰。淘汰时可有以下几种具体策略。

（1）立即放弃。如企业已准备好了新的接替品；或者该产品资金可迅速转移；或者该产品市场售价、销售量急剧下降，亏损太大；或者该产品的继续存在将危害其他有发展前途的产品等，这时企业应采取立即放弃政策。

（2）逐步放弃。为了避免使消费市场和企业自身产生巨大"震荡"，亦可逐渐减少老产品产量,增加新产品产量,将投资从,疲软产品逐渐转移到新产品上。

（3）自然淘汰。企业不主动淘汰某些产品,而让其自生自灭,完全遵循产品生命周期规律。

处于其生命周期的成熟期阶段的老产品,虽已被广大顾客所熟悉和接受,市场销售量也很大;但销售增长率渐减;销售费用渐增,竞争日益加剧。企业必须对这些老产品实施改进,以改进求保留,以提高促增长。改进老产品可有以下几种具体策略。

（1）改进产品。企业提高产品质量,改进产品外观或式样,改变或增加一些性能,扩大用途,降低价格等,以吸引新用户和稳定现有用户,提高现有产品使用率。

（2）改进市场。企业千方百计寻找新的用户和使现有顾客多多使用、多多购买本企业的产品。这就要求企业大力开展推销活动,如举办商品展销、削价出售等,以尽量维持市场占有率及抢占新的市场。

（3）改进服务。尽量加强产品服务,提高服务质量。例如为购买本企业产品者提供质量保证,如实行"三包"、保证随时提供服务等。

2. 开发新产品

在日益激烈的市场竞争中,企业要想持久地占领市场并取得有利的竞争地位,必须不断推出新产品,实施新产品开发战略。

所谓新产品,是指在设计原理、生产工艺、产品功能、外观包装等某一方面或某几个方面同其他产品相比具有显著改进、提高或有独创性的产品,具有先进性和实用性,有较高获利能力和较大市场潜力的产品。新产品虽然千差万别,但都具有先进性、创新性、经济性和风险性等特征。

为提高新产品开发的成功率(据 1973 年的一项调研,美国的工业新产品开发成功率仅为 27%),开发产品须严格遵循以下步骤:

（1）构思。所谓构思,就是为满足一种新需求而提出的设想,把比较现实的有代表性的种种设想加以分析、综合,逐步形成比较系统的新产品概念。寻找和搜集构思的方法有: ① 产品属性列举法。将现有某种产品属性一一列举,尝试创新每一种属性以获得各种可能的新产品。例如,电视机的一个属性即开关,根据这一属性可将手动改为遥控,得到一个新产品——可遥控电视机。② 强行关系法。先排列若干不同的产品,然后把某一产品与另一产品或几种产品强行结合起来,产生一种新的产品构思。例如,市场上畅销的组合家具就是把大衣柜、写字台、装饰柜等家具的不同特点及不同用途相结合,设计生产出的既美观又实用的新型家具。③ 聚会激励创新法。将若干名有见解的专业人员或发明家集合在一起(一般以不超过 10 人为宜),开研讨会。会前提出设想;会后归纳总结,形成新产品的构想。征集意见法是指通过问卷、座谈会等方式,征求顾客对原产品的希望和要求,征求经销商、代理人等有关机构和人士的意见和建议。

（2）筛选。一种有效的收集方法能产生许多新产品设想,会大大超过企业生产能力,所以必须进行筛选。其基本标准是: 这全新产品设想是否具有足够现实性与合理性以保证更加详细的分析。这里主要是分析设想与企业资源和企业目标是否一致? 是否具有现实性? 首先要使新产品开发与企业目标相吻合,否则不予考虑;其次是企业自身供给能力,可用"新产品创意评价表"来评价,如表 3.1 所示(表中数据均为假设）。评价结果，批分数 0.00～0.40 为劣；0.41～0.70 为中；0.71～1.00 为良。一般来说，具有 0.70 以上方可进入下一步骤。据统计，企业一般只有 1/4 达到要求。

表 3.1 新产品创意评价表

产品成功必要条件	相对权重	公司能力水平										评分数
		0.0	0.1	0.2	0.3	0.4	0.5	0.6	0.7	0.8	0.9	
1. 公司信誉	0.20							✓				0.12
2. 市场营销	0.20									✓		0.18
3. 研究与开发	0.20								✓			0.14
4. 人员	0.15							✓				0.09
5. 财务	0.10									✓		0.09
6. 生产	0.05								✓			0.04
7. 位置与设备	0.05				✓							0.02
8. 采购与供应	0.05								✓			0.04
总计	1.00											0.72

（3）分析。这是对新产品构思进行营业分析或商业分析。在这一步骤要按需要的投资总额、期望销售额、价格等进行评价与预测，还必须审定现实的竞争及潜在的竞争。现有竞争对手的市场地位愈稳固，新产品进入市场的可能性愈小。一般说来，营业分析不宜由那些提出新产品构思或主张采纳这种构思的人进行，以避免分析中的主观先见。

（4）开发。将筛选步骤确定的新产品概念（成型的产品构思）在通过营业分析后，交送研究开发部门或技术工艺部门研制成为产品模型或样品。开发、研制出的模型或样品应具备新产品概念所规定的特征，为此须进行测试和检查。既要进行实验室内的测试，也要进行顾客实际试用的观察、评价。经过测试，进一步完善新产品的设计和开发。

（5）试销。少量生产测试通过的样品为正式产品，投放到有代表性的小范围市场上进行试销，旨在检查这种新产品的市场效应，然后再决定是否大批量生产。不过，并非所有新产品都必须经过试销，是否试销主要取决于企业对新产品成功率的把握。如果企业已经通过各种方式收集了用户对该产品的反映意见，并已进行了改进，了解到产品具有相当的市场潜量，就可以在市场上直接正式销售。但如果对新产品成功率没有把握，付出一定的试销费用是必要的。

（6）投放。新产品试销成功后，就可以正式批量生产，全面推向市场。这时，企业就要动用大量资金，支付大量费用，而新产品投放市场的初期往往利润微小，甚至亏损，因此，企业在此阶段应在以下诸方面慎重决策：① 投放时机。如果新产品是用来代替本企业其他产品的，那么投入市场的时机应是在原有产品库存较少的情况下上市；如果新产品的需求具有较强的季节性，应在最恰当的季节投放，以争取最大销量；如果新产品需要改进，应等到产品进一步完善后再投放，切忌仓促上市。② 投放地区。如在城市还是在乡村、在国内市场还是在国际市场。一般情况下，应集中在某一地区市场上开展广告和促销活动,取得一定的市场份额,再向全国各地扩展。但是,资力雄厚并拥有完备、顺畅的国内、国际销售网络的大企业,有时也可以直接将新产品推向全国或国际市场。

3.4.1.4 产品品牌战略

品牌是整体产品概念的重要组成部分。它是指:打算用来识别卖主的产品的某一名词、辞句、符号、设计,或它们的组合。它的基本功能是把不同企业之间的同类产品区别开来,不致使竞争者之间的产品发生混淆。

品牌(Brand)是一个笼统的总名词,它包括品牌名称、品牌标志、商标。品牌名称,是指品牌中可以用语言称谓表达的部分,例如,永久、东方、可口可乐、日立、夏普都属于可以用语言称谓的品牌名称。品牌不仅包括能发音的名称,而且还应包括以符号、图像、图案或颜色对比等所显示的品牌标志,这是一个可以被识别、辨认,但不能用语言和称谓的部分。至于商标,并不能与品牌等同。商标是经过政府有关部门注册的品牌,是受法律保护的品牌,有专门的使用权,具有排他性。所有的商标都是品牌,但并非所有的品牌都是商标。二者的区别点在于是否经过一定的法律程序。

所谓品牌战略,是指企业在品牌化(是使用品牌还是不使用品牌)、品牌使用者(是使用制造商品牌还是使用经销商品牌、品牌家族(是使用群体品牌还是使用个别品牌)等方面,做出战略决策。

1. 品牌化决策

大致说来,除以下几类情况外,企业都应为自己的产品设计、使用品牌:① 大多数未经加工的原料产品,如棉花、大豆、矿砂。② 不依不同的制造商而形成不同特色的产品,如钢材、煤炭。消费者已习惯不用品牌的产品,如大米、面粉、食油。③ 某些生产简单,选择性小的小商品。

为其产品设计、规定品牌名称、品牌标志,并向政府有关部门注册登记的全部活动,称为品牌化。品牌化活动的关键是设计品牌,在设计中应遵循以下原则:

(1)合法。品牌名称合乎国家规范语言,品牌标志尊重民俗不犯禁忌。

(2)简捷。品牌易于辨认,易于口传,易于记忆。如"洁银"牙膏,"万宝"冰箱。

(3)想象。使顾客能不禁产生联想,具有赏心悦目的美感。如"黑又亮"鞋油,"力士"球鞋。

(4)提示。向消费者提示产品的某些功能、特性或满意程度。如"胃舒""镇脑宁"药品。

(5)独特。有个性,有创意,留给顾客或消费者深刻印象和特别好感。

2. 品牌使用者决策

传统上,品牌是厂商的制造标记,这是由于产品设计、质量、特色都是由生产商决定的。但是,近年来经销商的牌子日益增多。在西方国家,许多有名望的大百货公司、超级市场、服装商店都使用自己的品牌。如美国著名的希尔斯(Sears)百货公司,90%的商品都用自己的牌子。由于该公司在美国市场上享有良好声誉,制造商的产品也贴上"Sears"的牌子。强有力的批发商中也有使用自己品牌的,目的是增强对价格、厂商等方面的控制能力。

工商企业究竟是使用制造商品牌还是经销商品牌,必须全面地权衡利弊,以做出决策。在制造商具有良好市场声誉、拥有较大市场份额的条件下，多使用制造商品牌。制造商的品牌成为名牌后，使用制造商品牌将更为有利。无力经营自己品牌的中间商，只能接受制造商品牌。相反，在制造商资金能力薄弱，市场营销力量相对不足的情况下，可以使用经销商品牌。尤其是那些新进入市场的小微企业，无力在自己的品牌下将产品打入市场，往往借助于中间商品牌。如果中间商在某一市场领域中拥有良好的品牌信誉及庞大完善的销售体系，利用中间商品牌也是有利的。这在国际贸易中是常见的。

3. 品牌家族决策

群体品牌是企业将自己所生产制造的全部产品都用统一的品牌，或以一定品牌为基础，把它与各种相关文字结合，形成一个品牌系列。例如，"郁美净"系列化妆品，"天宏""天功""天升"等系列品牌。典型的群体品牌，一般运用在价格和目标市场大致相同的产品上。运用群体品牌策略有以下优点：建立一个品牌信誉，可以带动许多产品，并可以显示企业的实力，提高企业的威望，在消费者心目中更好地树立企业形象。有助于新产品进入目标市场，因为已有的品牌信誉，有利于解除顾客对新产品的不信任感。群体品牌有许多产品，因而可以运用各种广告媒体，集中宣传一个品牌形象，节约广告费用，收到更大的推销效果。在群体品牌下的各种产品可以互相声援，扩大销售。但企业采用群体品牌决策是有条件的：这种品牌必须在市场上已获得了一定的信誉。采用群体品牌的各种产品应具有相同的质量水平。如果各类产品的质量水平不同，使用群体品牌就会影响品牌信誉，特别是有损于较高质量产品的信誉。

个别品牌策略是指一个企业的各种产品分别采用不同的品牌。形式有二：一是各种产品分别采用不同的品牌；二是各种产品线分别采用不同的品牌。个别品牌策略适用于那些经营产品线较多而关联性较小，生产技术条件差异较大的企业。主要优点：① 企业不会因某一品牌信誉下降而承担较大的风险。② 个别品牌为新产品寻求最佳品牌提供了条件，有利于新产品和优质产品的推广。③ 新产品在市场上销路不畅时，不致影响原有品牌信誉。④ 可以发展多种产品线和产品项目，开拓更广泛的市场。个别品牌策略的最大缺点是：增加了产品的促销费用；由于品牌过于繁多，不利于企业营造名牌声势和提高冲击力。

3.4.2 市场战略

3.3.2.1 市场选择战略

市场战略的关键是市场细分和市场选择。

1. 市场细分（Market Segmentation）

市场细分就是企业按照"细分变数"把整个市场分为若干需要不同的产品和市场营销组合的市场部分或子市场，其中任何一个市场部分或子市场都是一个有相似需求的顾客群。"细分变数"可大体概括为 4 类：

（1）地理变数。如城市或乡村、南方或北方。

（2）人口变数。如性别、年龄、职业等。

（3）心理变数。如顾客的消费观念、价值追求。

（4）行为变数。如顾客购买的时机、地点，寻求经济实惠或看重名牌声望。

2. 市场选择（Market Targeting）

市场选择就是企业在市场细分的基础上，选择一个或若干个子市场（细分市场）作为目标市场。因此，市场选择也可称为目标市场选择。

通常可供企业选择的目标市场，有下列 5 种产品与市场细分的组合形式，如图3.3所示。

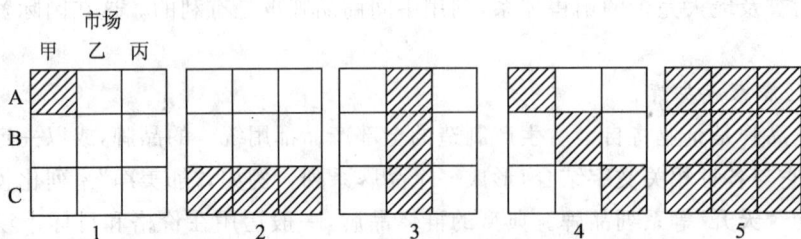

图3.3　产品与市场细分的组合形式

（1）产品—市场集中化。企业的目标市场无论从市场（顾客）或是从产品角度，都是集中于一个细分市场。这种策略意味着企业只生产一种标准化产品，只供应某一顾客群。较小的企业通常采用这种策略。

（2）产品专业化。企业向各类顾客同时供应某种产品。当然，由于面对着不同的顾客群，产品在档次、质量或款式等方面会有所不同。

（3）市场专业化。企业向同一顾客群供应性能有所区别的同类产品。假设一家电冰箱厂专以大中型旅游饭店为目标市场，根据它们的需求生产 100 升、500 升、1 000 升等几种不同容积的电冰箱，以满足这些饭店不同部门（如客房、食堂、冷饮部等）的需要。

（4）选择性专业化。企业决定有选择地进入几个不同的细分市场，为不同的顾客群提供不同性能的同类产品。采用这种策略应当十分慎重，必须以这几个细分市场均有相当的吸引力亦即均能实现一定的利润为前提。

（5）全面进入。企业决定全方位进入各个细分市场，为所有顾客群提供他们所需要的性能不同的系列产品。这是大企业为在市场上占据领导地位甚或力图垄断全部市场而采取的目标市场范围策略。

针对以上 5 种组合形式，企业选择目标市场的战略，归纳起来讲，主要有以下 3 种：

（1）无差异市场战略（Undifferentiated Marketing）。这是一种求同存异的市场战略。该战略只求满足最大多数顾客的共同性需要，不考虑整个市场需求的差异性，以整个市场中的共同部分为服务目标。大体对应上述第（5）组合形式。这种战略的优点是，由于经营品种少、批量大，可以规模生产和批量销售，节省各项开支，降低成本，提高利润率。其缺点是，不能适应多变的市场形势和满足小的细分市场的需求，易引起消费者心理上的不满和反感。同时，如果许多企业同时在一个市场上采用此战略，便会形成激烈的竞争局面，降低获利能力。因此，企业要特别注意，不应忽视小的细分市场的潜在机会。

（2）差异性市场战略（Differentiated Marketing）。企业把整个市场细分为若干子市场，针对不同细分市场的需求差异特点，设计和生产不同的产品，采取多种市场营销方案的市场战略。大体对应上述第(1)(2)(3)(4)组合形式。这种战略的优点是：由于目标市场明确具体，制定方案切实可行，能分别满足不同细分市场的不同需求，从而扩大销售，提高市场占有率和企业信誉。其缺点是，多品种、小批量会使经营成本提高，包括设计、制造、管理、仓储和促销等方面的成本都会增加，从而使商品价格上升，可能得不偿失。因此，差异性市场战略有个适度问题。对大多数企业而言，应经营少数品种，且尽可能使每个品种能适应更多消费者的需要，从而使产品形成一定批量，取得较大的经济效益。对于少部分生产个性化产品的企业来说，可充分运用差异性市场战略。如时装公司，甚至可能一个式样只做几件或一件。

(3) 集中性市场战略(Focus Marketing)。也称密集性战略。企业在细分市场后，选择一个细分市场(或是对该细分市场进一步细分后的几个更小的市场部分)为目标，集中力量进行专业化生产和销售。大体对应上述第(1)组合形式。这种战略的基本点是，争取在这些小市场上占有大量份额，而不在整个大市场上占有小份额。该战略的优点是：由于生产、销售专业化，可节省费用，提高效率，增加盈利；同时由于企业对特定目标市场的需求情况有所深入的了解，可提供良好服务，提高企业及其产品在市场上的知名度。这种战略特别适用于资金有限、实力不强的小微企业。它的缺点在于，目标市场过于集中，风险较大，当市场需求发生变化或有竞争对手进入时，企业可能陷入困境。因此，选用此种战略，一定要慎重。

以上3种目标市场选择战略各有利弊。企业到底做何选择，还需充分考虑以下因素：

(1) 企业实力。包括生产、营销、管理能力和资源配置水平等。结合企业实力，对所选择的产品系列和产品品种是过分狭窄还是过分宽泛进行评估。如果企业实力较强，可采用无差异性市场战略；若资金不足、资源有限，难以应付整个市场需求，可选择集中性市场战略。

(2) 产品特性。指消费者感觉产品品质上的差异程度。如果企业产品特性相似，如盐、糖等，竞争主要集中在价格上，适合采用无差异市场战略；反之，产品特性差异较大，如服装等，则应选择差异性市场战略或集中性市场战略。

(3) 市场特性。指消费者的需求、偏好、购买行为及其他各种特征的相似程度。企业可以通过市场特性来分析和评估市场机会。如果市场特性大致相同，宜采用无差异市场战略；反之，则要采用差异性市场战略或集中性市场战略。

(4) 产品寿命周期。当新产品刚投放市场处于投入期时，竞争对手较少，可采用无差异市场战略，以便探求市场的现实需求和潜在需求；当产品进入成熟期时，则应选用差异性市场战略，以开拓新市场，或采用集中性市场战略，以设法保住现有市场，推迟衰退期的到来。

(5) 竞争对手的市场战略。如果竞争对手采用无差异市场战略，本企业可采用差异性市场战略相对抗；如果竞争对手采用了差异性市场战略，则本企业可采用集中性市场战略，或者对市场进行更有效的细分。如果本企业与竞争对手相比具有相对优势，可采用和竞争对手相同的市场战略，直接与之抗争，取得市场上的优势地位。

3.4.2.2 市场定位战略

企业一旦选定了目标市场，就要在目标市场上进行市场定位(Product

Positioning）。所谓市场定位，就是根据竞争者现有产品在市场上所处的位置，针对消费者或用户对该种产品某种特征或属性的重视程度，强有力地塑造出本企业产品与众不同的、给人印象鲜明的个性或形象，并把这种形象生动地传递给顾客，从而使该产品在市场上确定适当的位置。亦即，市场定位是塑造一种产品在市场上的位置，这种位置取决于消费者或用户怎样认识和评价这种产品。

这就表明，市场定位是通过为自己的产品创立鲜明的特色或个性，从而塑造出独特的市场形象来实现的。产品的特色或个性，有的可以从产品实体上表现出来，如形状、成分、构造、性能等；有的可以从消费者心理上反映出来，如豪华、朴素、时髦、典雅等；有的表现为价格水平，有的表现为质量水准等等。企业在进行市场定位时，一方面要了解竞争对手的产品具有何种特色，另一方面要研究顾客对该产品的各种属性的重视程度（包括对实物属性的要求和心理的要求），然后根据这两方面进行分析，再选定本企业产品的特色和独特形象。至此，就可以塑造出一种消费者或用户将之与别的同类产品联系起来而按一定方式去看待的产品，从而完成产品的市场定位。

例如，某无线电厂 G 决定进入 54 英寸彩色电视机市场。通过市场调查，了解到消费者对产品最为关注的是质量优劣和价格高低；又了解到此市场上已有 4 个厂家 A、B、C、D 提供同类产品，它们所处的市场位置如图 3.4 所示。图中圆圈面积大小表示厂家的销售额多少。G 厂如何给自己的产品定位？可以有两种选择方案。

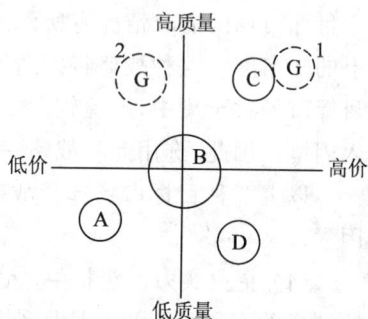

图 3.4　企业产品的市场定位

方案 1：定在 C 附近，与它争夺顾客。不过，如此定位需要考虑以下条件：① 优质高价彩电的市场容量足以吸收两个厂家产品。② 本企业能比 A 厂生产出更好的产品，如结构更为合理或具有某种独特功能（智能化）等。③ 这样定位与本厂的资源、特长、声望是相符合的。

方案 2：定在左上角空白处。这是一个欢迎质量较高、价格较低的市场区，尚无厂家提供产品。由于这里选择的是质高而价低的市场，就必须具备以下条件：① 本厂具有生产较高质量彩电的技术、物质条件。② 虽然销售价格较低，但仍能实现利润目标。③ 通过宣传，能够有效地使潜在购买者相信本厂产品的质量远比 A 厂家的高而与 C 厂家的不相上下，决非"便宜无好货"，以保证不断扩大销售，提高市场占有率。

以上分析表明，市场定位战略是一种竞争战略，它显示了一种产品或一家企业同类似的产品或企业之间的竞争关系。定位方式不同，竞争态势也不同。定位方式主要有：

（1）避强定位。这是一种避开强有力的竞争对手的市场定位，上例中的方案 2 就是采取这种定位方式。其优点是：能够迅速地在市场上站稳脚跟，并能在消费者或用户心中迅速树立起一种形象。由于这种定位方式市场风险较小，成功率较高，常常为多数企业所采用。

（2）迎头定位。这是一种与在市场上占居支配地位的，亦即最强的竞争对手"对着干"的定位方式。在上例中，如果 C 厂家是 54 英寸彩电市场上势力最大的厂家，那么 G 厂实施方案 1 就是一种迎头定位。显然,迎头定位有时会是一种危险的战术,但不少企业认为这是一种更能激励自己奋发上进的可行的定位尝试,一旦成功就会取得巨大的市场优势。在发达国家,这类事例屡见不鲜,如可口可乐与百事可乐之间持续不断的争斗,"汉堡王"与麦克唐纳快餐系统的对着干等。实行迎头定位,必须知己知彼,尤其应清楚自己的实力,不一定试图压垮对方,只要能够平分秋色就已是巨大的成功。

（3）重新定位。通常是指对销路少、市场反应差的产品进行二次定位。在上例中,如果 G 厂在一段时间内实施方案 1 未获成功,转而实施方案 2,就是重新定位。很明显,这种重新定位旨在摆脱困境,重新获得增长与活力。这种困境可能是企业决策失误所引起的,也可能是对手有力反击或出现新的强有力竞争对手而造成的。不过,也有的重新定位并非因为已经陷入困境,相反,却是产品意外地扩大了销售范围而引起的。例如,专为青年人设计的某种款式的服装在中老年消费者中也流行开来,该服饰就会因此而重新定位。

实行市场定位应与产品差异化结合起来。正如上述,定位的实际结果是潜在消费者或用户怎样认识和评价一种产品,对一种产品抱什么态度;而产品差异化是在类似产品之间造成区别的一种策略。所以,产品差异化是达到市场定位目标的一种手段。

当市场定位在细分的市场上进行时,要求同时运用市场细分化和产品差异化两种策略。市场细分化与产品差异化的不同点是在于:前者的着眼点是市场需求,是要针对不同顾客群的需求特点开发出不同的产品,因而是一种市场导向型策略;后者的着眼点是已经存在的产品,使产品具有某种特征是为了与竞争者的同类产品相区别,因而是一种产品导向型策略。以市场细分为基础选择目标市场,这是运用细分化策略;而在作为目标市场的细分市场上实行市场定位,则需运用产品差异化策略。可见,细分化、定位和差异化都是市场战略的组成部分。

3.4.2.3 市场发展战略

1. 基本市场发展战略

参照安索夫"产品与市场配合"的概念,企业基本市场发展战略有 4 类,如表 3.2 所示。

表 3.2 企业基本市场发展战略

产品 ＼ 市场	现有市场	新市场
现有产品	市场渗透战略	市场开发战略
新产品	产品开发战略	混合发展战略

（1）市场渗透战略（Market Penetration）。不改变企业现有产品与市场,以现有产品去扩大现有市场。实施途径有:让现有用户多购买自己的产品;设法把竞争者手中的用户争过来;把产品卖给从未使用过本企业产品的用户等。

（2）市场开发战略（Market Development）。用现有产品去开辟新的市场。具体实施中可以:扩大市场半径,即在巩固原有市场上千方百计使产品从地方走向全国、由国内打入国际;挖掘潜在需求,即依据用户的需要,改进或增加产品的性能与用途,从而开拓新市场。

（3）产品开发战略(Product Development)。开发新产品，巩固和提高现有市场的占有份额。采取的措施有：自己投资研究新产品，排挤竞争对手；引进、购买别人已开发的新技术来开发新产品；运用反求工程，在竞争对手已开发的技术与产品基础上开发"功能与价格比"更优的产品等。

（4）混合发展战略(Diversification)。用新产品去开发新市场。发展方向主要有一体化和多样化。

2. 特殊市场发展战略

我们把以下讨论的适合于以追求高市场占有率为目标的大中企业的紧张战略、适合于实力薄弱的小微企业的逆向战略，称为特殊市场发展战略。

紧张战略，又称饥饿战略或先啃骨头后吃肉战略。它是指企业有意识地使自己传统产品市场保持着"供应紧张"的局面，但这种局面又不是依靠企业对这种产品的"限产"来维持的，而是将这种产品投放到一个"销路不佳"的新市场去做"开发性"工作。如一家洗衣粉厂可以有意识地减少对传统市场的供应，使其处于饥饿状态，而全力开辟新市场。一旦拥有高市场占有率，再消灭传统市场上的饥饿状态。这种策略的运用的意义是深远的，它既可以使企业的产品在传统市场上保持着优势，又不断顽强地开拓新市场。

逆向战略，即企业逆市场潮流而动、反市场常规而为，以求出奇制胜、后发制人。它可有以下几种具体类型：

（1）复旧型。人有一种复旧心理，精明的企业可抓住这种心理开发旧产品。例如，旗袍、仿明清藤木家具等仍受一些人的欢迎。许多中国艺术品之所以经久不衰，正是因为它独特的古朴风格。

（2）后发型。当产品处于成长期时，企业不随其他企业一起蜂拥进入市场，而是等产品处于衰退期、各企业纷纷退出市场后再进入市场。例如，木壳收音机和布鞋等都是一般厂家不愿经营的、处于衰退期的产品，而江苏海门的几个企业却通过经营这些产品，大获其利。

（3）异常型。企业专门生产与市场正常规格不同的产品。如一家制鞋厂专门生产特大号鞋、小号鞋等特型鞋，结果收入也颇多。

（4）粗制型。这种战略与追求质量精度战略相反，在具备一定基本质量前提下，尽量压低成本，低价倾销。例如一些一次性用品的生产就属此类。

（5）短视型。这种战略与追求市场长期占有率的长远战略相反，只盯住暂时市场目标。例如"武术热"时立即推出大批武术器械，而当"武术热"散去时，企业已赚取足够的利润，又去生产其他时髦用品。

3.4.3　技术战略

20世纪70年代，在全球性技术革命浪潮和高技术企业崛起的推动下，战略管理研究学者们认识到了技术是确定企业经营业务和竞争战略的重要因素，明确地把技术与企业战略联系起来。美国学者阿比尔认为技术是企业业务确定主要维度之一，指出"技术为业务确定活动引入动态因子，因为不论早晚，一项技术必将取代另一项技术"。

波特也观察到,技术是决定竞争规则的最重要因素之一,在"一般"战略的实施过程中,技术战略可以成为一个强有力的工具。技术既是企业重要资源,又是企业的一种基本能力。如同企业有产品战略、市场战略等一样,企业也需要有技术战略。

技术战略主要是指企业根据总体战略的要求,对其在产品开发、技术创新或研究与开发(Research and Development,R&D)等技术发展中所扮角色和取自来源,做出的战略选择。

3.4.3.1 技术发展角色战略

企业在行业中技术上的地位,即扮演行业技术发展中的角色,一般有以下3种战略类型或战略选择:

1. 领先型(The First Firm)

领先型指企业在本行业发展上保持领先地位。这种类型需要较多的投资。扮演这种角色的一般都是实力较雄厚的企业,它们通过独立研究、协作开发、技术引进等种种办法,力求采用最新技术,通过技术的领先求得市场占有率的领先。例如,日本卡西欧电子产品,依靠科学技术,更新非常快,每过一两年就推出一代新产品,并且其功能要比上一代产品有所提高,而价格则有所下降。如1983年出售的电脑功能比1963年的同类产品完备得多,但价格只有它的1/3,以此占领了日本市场几十年长久不衰。技术领先成功的典范还有美国英特尔公司,该公司设计和生产电脑处理器的核心芯片CPU。按照"摩尔定律",电脑的主处理器的功能每一年半增加一倍,而生产成本则成比例地降低。英特尔公司正是通过技术领先战略,不断地开发出新的CPU芯片。过去的286、386、486,后来的奔Ⅲ、奔Ⅳ,一代代的著名芯片,都是英特尔开发出来的。

技术领先战略的优点是企业可能处于有利的竞争地位,在市场上获得"先入为主"的优势,甚至在一定时期内独占市场。采取技术领先战略的企业必须具备两个基本条件:一是研究开发能力较强;二是抗风险能力较强。技术领先战略会给企业带来很大的风险。在美国,基础研究的成功率仅有5%,研究开发的成功率不到50%,从基础研究到市场的成功率不足1%。即使一项新产品开发成功,也需要很长时间才能进入市场。例如,微波炉是1953年发明的,80年代才在发达国家普及,90年代中期才在我国大量上市。

2. 尾随型(A Low-Cost Producer)

尾随型指企业紧紧追随在领先型企业后面采用新技术,主要是对别人已采用的新技术加以改进与提高,并在降低成本和扩展市场销售等方面多下功夫。这种企业也有一定的开发研究力量;但不是着眼于创新,而是推出比领先型企业"功能价格比"更好的产品。这样一方面可以节省大量开发试验费用,另外一方面可通过观察与跟踪领先型企业,取其长补其短,后发制人。领先型企业推出的新产品尚处于投放期,在功能上不可避免地存在一些缺陷;在生产上则成本较高;在市场上则影响不大。若尾随型企业能够抓住这3点,并迅速做出反应,则能成功。但采用这种战略也由于存在着不确定性,有一定风险,因此主要依靠这种战略的企业尤其是大中型企业是不多的。一般企业在竞争中往往是将领先型与尾随型相互结合使用。

采取尾随战略的公司并非缺乏技术领先的实力,相反它们往往拥有丰富的研究开发资源。它们不愿成为第一个创新者，也不愿成为落伍者，它们期望从早期创新者的成败中学习，从创新者打开的市场中顺势而入，冒较小的风险，获较大的利益。

国际上很多成功的大公司，把尾随战略作为长期政策。美国的国际商用机器公司（IBM）是最具技术领先实力的，被称为计算机行业中的"航空母舰"。然而它长期遵循尾随战略，常在其他公司推出新的机型之后，才提供更加优越的产品和服务。日本索尼公司以"创新"著称于世，是典型的技术领先企业；而松下公司则较少率先推出创新产品，坚持尾随战略。

采取尾随战略的企业也必须拥有自己的优势，即强大的研究开发能力，才能在创新产品市场看好的时候，不失时机地推出自己的产品；另外还要有较强的营销能力，去参与竞争。在日本，松下公司投入的研究开发经费几乎比索尼公司多三分之一，而且实行"一县一厂"体制，生产能力强，市场销售能力也很强，占有的市场份额也是最大的。日产汽车公司属于技术领先型企业，而丰田公司则常常采取技术尾随战略，但是丰田公司投入研究开发经费最多，其利润也是日本企业中最多的。

可见，在社会经济生活中，第二并不比第一差，技术尾随战略是一种稳健发展的战略。实施尾随战略的经济代价并不低，研究和开发的资源投入量也不少，只是风险较小。

3. 模仿型

模仿型（An Innovative Imitator）指企业自己不搞新技术开发，而是靠购买技术专利，进行仿制，步人后尘。这种做法花钱少且可较快获取新技术，但市场容量不大。所以这种战略一般适合于开发研究能力比较薄弱而制造能力强，或技术力量薄弱的小微企业。

如果说技术尾随战略显然降低了风险，仍然需要企业投入较多的研究开发资源的话，那么模仿战略则可以较小的投入取得技术和商业上的成功，因而是企业较为广泛采取的战略。不论在发达国家还是发展中国家，不论在大企业还是小微企业，模仿战略都被普遍采用。这种战略，对技术和经济较为落后的发展中国家，尤为具有吸引力。

实施模仿战略最成功的国家是日本。在20世纪六七十年代，日本大量引进美国和西欧的先进技术，通过反向工程研究，成功地模仿出比原有产品质量更好、功能更强、价格更便宜的产品，扩展了日本产品的世界市场。实施模仿的日本，其创新速度也超过了以实施技术领先战略和技术跟随战略为主的欧美国家。当前模仿战略已成为一种潮流，很多公司在作为新技术创造者的同时，又是其他企业开发的新成果的"模仿者"和采用者。

实施模仿战略并不是一件不光彩的事情，而且和盗用他人技术和商标制造贩卖假冒伪劣商品完全是两码事。模仿战略是在积极遵守知识产权保护法规的前提下，合法地引进和借鉴。仿中有改，改中有创，企业的模仿并不是抄袭和剽窃，而是一系列的创新。

模仿战略的成败与否，与企业的"反向工程"能力密切相关。所谓"反向工程"，是指从他人的产品入手，进行分解剖析和综合研究，在广泛搜集产品信息的基础上，通过对尽可能多的同类产品的解体和破坏性研究，运用各种科学测试、分析和研究手段，反向求索该产品的技术原理、结构机制、设计思想、制造方法、加工工艺和原材料特性,从而达到从原理到制造、由结构到材料全面系统地掌握产品的设计和生产技术的目的。

应该指出的是,一个企业往往同时采用上述 3 种类型的技术战略,尤其是大中企业和企业集团。例如,一家大型汽车制造企业某时期可能在越野车技术上扮演模仿者角色,在轿车技术上扮演尾随者角色,在卡车技术上扮演模仿者角色。这不仅是由于每一企业科研力量与资金的限制,而且是为了减少风险。因为领先型和尾随型战略虽然有获巨额利润与占领市场的强大诱惑,但失败的概率很大;相反,虽然模仿型战略获利不会太大,但风险较小。所以,理智的企业尤其是大中企业和企业集团应该在这 3 种战略中寻求一种最佳组合——一种合理的平衡。

此外,企业还可以选择跨越型技术战略。所谓跨越型技术战略,就是跨越技术发展的历史阶梯,直接选用或开发比较先进或最先进技术,取得技术上的领先优势的技术战略。北大方正是采用技术跨越战略获得成功的范例。在计算机排版技术已发展到第三代、第四代技术即激光照排技术正在研究开发之时,北京大学中年讲师王选通过可行性论证,力主实施技术跨越战略,直接开发第四代技术。他的主张获得有关部门的批准和支持,成功开发了当时最先进的激光汉字照排技术,使报刊印刷技术从铅字排版一下子跨越到了第四代。由于技术跨越战略的成功,北大方正的华光系统逐步被国内各级报刊采用,之后又推广到海外的华人报刊。为了继续保持领先优势,北大方正投入研究开发的费用每年递增 25%,陆续把彩色照排及网络传输系统、汉卡与办公自动化系统、多媒体等拳头产品推向市场。

3.4.3.2 技术取自来源战略

企业在技术发展中,新技术、新工艺、新产品的取自来源,一般也有 3 种战略类型或战略选择。

1. 开发型(Internal)

这种类型是企业通过市场调查,预测社会的需求趋势,建立自己的研发机构,开展基础理论及有关新技术、新材料的研究,探讨新产品的原理与结构,从而研制出本企业独特的新产品或更新换代产品。它一般经历基础研究、应用研究和开发研究 3 个阶段,多为实力雄厚的大中型企业所采用。

科学研究是创新和应用知识的探索过程。创新知识是探索人类未知的问题;应用知识是运用已有知识去开拓新的应用途径。因此,在国际上常用"研究与开发"(R&D)来表示科学研究活动。科学研究工作可按其性质、目的和过程进行分类,一般按过程可分为基础研究、应用研究和开发研究。

基础研究是对新知识、新理论、新原理的探索,其成果不但能扩大科学理论领域,提高应用研究的基础水平,而且对于技术科学、应用科学和生产的发展具有不可估量的作用。应用研究是把基础研究发现的新知识、新理论用于特定目标的研究。它是基础研究与开发研究之间的桥梁。开发研究又称技术开发,是把应用研究的成果直接用于生产实践的研究。近年来,一些发达国家把开发研究融合到产品的设计、生产、流通研究、销售研究、使用研究和回收研究等多个方面。这是当代科学研究发展的一个新趋势。这 3 种科学研究的特点对比说明,如表 3.3 所示。

表3.3　3种科学研究的特点

类别	基础研究	应用研究	开发研究
概念 定义 性质	没有特定商业目的，以创新探索知识为目标的研究，称为基础研究；有特定目标，运用基础研究的方法进行的基础研究，称为定向基础研究，或称目标基础研究。此类研究多在企业进行。	运用基础研究成果和有关知识为创造新产品、新方法、新技术、新材料的技术基础所进行的研究。	利用基础研究、应用研究成果和现有知识创造新产品、新方法、新技术、新材料，以生产产品或完成工程任务而进行的技术研究活动。
典型 事例 说明	1．法拉第发现电磁感应原理（发电原理）； 　2．麦克斯韦提出电磁波理论。	1．西门子制成励磁电机，可以发电，尚不能应用； 　2．赫兹发现电磁波，制成电磁波发生装置，使无线电通信成为可能。	1．爱迪生制成电机，建成电厂，建立电力技术体系，迎来电世界； 　2．波波夫与马可尼进行无线电通信获得成功，实现跨越大洋的无线电通信，迎来电信时代。
管理 原则 方法	1．没有实际要求； 　2．没有时间限制； 　3．不急于评价； 　4．关键是带头人水平； 　5．多数情况下费用没有固定要求； 　6．一般没有保密性。	1．有目标、计划； 　2．有时间限制，有弹性； 　3．适当时候做出评价； 　4．选题和组织工作起重要作用； 　5．费用较多，控制较松； 　6．有一定的保密性。	1．有具体明确的目标，计划性强； 　2．有严格的时间控制； 　3．完成后立即评价； 　4．必须各方面协调配合，注重组织和集体的作用； 　5．费用投入一般较大，控制较严； 　6．有很强的保密性。
成功率	一般为50%～60%，实现商业化、企业化的可能性较大。	一般到50%～60%，实现商业化、企业化的可能性较大。	一般可达90%以上，实现商品化、企业化的可能性最大。
成果 形式	学术论文、学术专著。	学术论文、专利、原理模型。	专利设计、图纸、论证报告、技术专有、试产品等。

　　2. 引进型（Contract）

　　企业通过合同关系，委托专业研发机构开发企业所需技术、工艺或产品，或直接购买研发机构、其他企业的先进技术。包括：专有技术知识，如产品的设计和制造方法、材料配方等；技术培训、聘请专家指导、引进先进管理等等。如果某产品在市场上已有成熟的制造技术，采用这种方式，企业可以尽快地掌握该产品的制造技术，缩短该产品投入市场的周期，加速实现投资的收益。这种战略尤其适合于落后的国家与地区。当企业财力有限，而企业又缺少独立的研究开发机构及相应的实验设备与技术专家时，可以考虑采用技术引进型战略，通过获得专利许可进行模仿，把他人的开发成果转化为本企业的商业化收益。据统计，技术引进加仿制所需时间仅为独立研究开发时间的1/5，所需经费仅为独立研究开发经费的1/30，因此，有时大企业往往也采取这一战略。

在这方面,最成功的例子是日本。二次大战后,日本的工业技术比世界先进技术落后很多,于是采取了技术引进型战略。在 20 多年的时间内,日本共引进各种先进技术与管理方法 2 万多项,投资却只花了这些研究项目的 1/3,时间更是大大节省。例如,原八幡钢铁公司战后已破旧不堪,重建时直接从欧美引进最先进的技术,一下子就缩短了技术差,成为技术设备最先进、规模最大的世界性大钢铁企业。日本的成功与其引进的技巧非常有关系,他们的做法是情报先行、引进软件为主、博采各国之长、不断引进,以保证引进技术不过时。他们把引进的重点工作放在吸收与消化上,同时十分注意引进先进管理方法与先进技术方法相结合。

企业在实施技术引进战略时,应掌握的基本要领和需注意的一些问题如下:

(1)在技术引进中应该注意引进适用技术。所谓适用技术,是指适合于本国、本地区或者本企业技术经济条件和环境条件的,能够产生最佳社会经济效益的一种技术,亦称适宜技术。一般来讲,在引进技术的选择上要考虑 5 个条件:技术条件、资金条件、资源条件、环境条件和社会条件。

(2)在技术引进中应该注意引进软件。硬件在技术贸易中往往是指设备、零件等有形的技术实体,它可以迅速地形成生产能力,较快地产出产品,但是在硬件交易中得不到技术专利和技术专门知识。软件主要指技术专利、技术诀窍、技术设计、数据集科研成果等。软件引进一时难以形成直接的生产能力,往往需要本国的有关技术作为补充,并与国内设备和制造能力相结合,才能转化为经济效果,但这种引进所需费用少,有利于促进企业技术水平的提高。因此,我国企业技术引进应该采用"软硬结合,以软为主"的引进方式,可以收到少花钱多办事、迅速提高企业技术水平的效果。

(3)在技术引进中要重视消化、创新。从技术引进到能够自己创新一般要经历 6 个阶段:操作阶段;维护阶段;修理并进行小的改良阶段;设计阶段;能够自己制作阶段;自主开发阶段。即在技术引进的基础上,在一定的技术领域内,利用本国的技术力量独立研究出新的技术、开发出新的产品。自主开发才是技术引进的最终目的。

(4)在技术引进中要特别重视智力的引进。一个有远见的企业家应当特别重视人才引进,特别是关键领域的优秀科技管理人才。依靠他们,企业才能够较快地开发出新技术和新产品,并促使本企业科技队伍更快地成长起来。

3. 综合型(Synthesis)

综合是指把企业自主的技术创新、技术开发与合同方式的技术合作、技术引进结合起来。结合的主要方式之一是,以技术合作和技术引进带动技术开发,加速技术革新。据日本工业技术院的调查,在 20 世纪 60 年代中期,机械行业研究费的 16.9% 用于引进,68.1% 用于对引进技术的革新;电工行业研究费的 24.4% 用于引进,48.1% 用于对引进技术的改进。而在我国的情况则是,"大钱搞引进,小钱搞改革,没钱搞消化"。仅以 1998 年中国科技统计年鉴上的资料为例,1997 年我国技术引进经费为236.5 亿元人民币,而消化吸收经费只有 13.6 亿元人民币,消化吸收经费仅相当于引进经费的 5.8%。这说明,我国企业在实施综合型技术战略方面与发达国家尚有很大差距。

4

公司法务与风险预防

4.1 公司法务与风险预防概述

4.1.1 公司分类和比较

公司是依法设立的以营利为目的的社团法人,是企业的重要组织形式。我国《公司法》第 2 条规定:本法所称公司是指依照本法在中国境内设立的有限责任公司和股份有限公司。公司法律地位为企业法人、法律关系的重要主体。

4.1.1.1 公司分类

公司的分类见表 4.1。

表 4.1 公司的分类

分类标准	类型划分	
股东责任	有限公司	股份公司
对外信用	人合公司	资合公司
控制关系	母公司	子公司
管辖系统	总公司	分公司
所有关系	国有公司	集体公司
	私人公司	混合公司

【自检和讨论】 您所在的公司属于上述什么类型公司?为什么?

4.1.1.2 有限公司与股份公司的比较

1. 共同点

资合公司:(1) 股东有限:以出资额为限对公司债务承担责任;(2) 公司有限:以全部资产为限对公司债务承担责任。

2. 不同点

有限公司与股份公司的不同点见表 4.2。

表 4.2 有限公司与股份公司的不同点

项 目	有限公司	股份公司
人数	≤50	≥2
出资额	实缴改认缴	实缴改认缴
募集股份	不能	可以
出资转让	严格限制	自由
资本划分	不均等	股份为均等
公司财务	不必向外界公开	向外界公开

4.1.2 公司法务及其风险的含义和内容

公司法务,是指与法律相关的公司事务,或者需要法律知识处理的公司事务;也可以指从事公司法律事务的工作人员。本章拟采用第一种界定。

公司风险包括法律风险与自然风险、商业风险等。与其他两种风险以不可抗力和市场因素为特征所不同的是,法律风险以必须承担法律责任为特征。

美国通用电气公司原总裁杰克·韦尔奇在被问到最担心什么时,回答说:"其实并不是 GE 的业务使我担心,而是有什么人做了从法律上看非常愚蠢的事而给公司的声誉带来污点并使公司毁于一旦。"杰克·韦尔奇这段话所指的就是公司的法律风险。

法律风险,是指法律因素导致的,或者由于经营管理时缺乏法律支持而带来的各类企业风险,以及非法律因素的各类企业风险发生后,最后给企业带来的各种法律后果。前者主要是指直接的法律风险,如合同违约;后者指间接的法律风险,并非由法律因素直接引起,如企业的环境污染损害赔偿。

从企业经营管理内容和法律关系结构上讲,公司法务及其法律风险主要包括:

(1)法律主体:如公司,包括公司的设立、变更和终止,公司治理结构等。

(2)法律权利:如物权、知识产权等。

(3)法律运行:如合同,包括合同订立、履行和终止,担保等。

(4)法律保障:如劳动和人事,也称人力资源管理法律制度,包括工作时间、工伤、社会保险、劳动合同等。

(5)法律协调:如国有资产、税收、会计等。

(6)法律救济:诉讼、仲裁等。

4.1.3 培训内容和章节体例

根据船舶行业管理干部的非法律工作者的特点,以及法律素养、法律知识、法治能力的养成或提升的需要,本章拟重点培训学员的法律意识、法律素养、常用的法律知识、基本的法律技能等。

主要选择培训 4 节内容,但根据需要可增减相应内容,而其他法律知识通过案例、引申加以补充。这 4 节内容即:公司治理结构法律风险预防,合同法律风险预防,劳动用工法律风险预防,公司纠纷处理的法律风险预防。

每节体例分为 4 部分:

（1）案例研判：包括案情简要、角色模拟（含课堂公布的法理分析）等。

（2）基础知识：包括主要的法律概念、法律制度、法律处理等知识的阐述和归纳等。

（3）法律风险：包括表现形式、法律后果和预防方法等。

（4）本节结语：对本节的归纳小结，举一反三，承上启下。

4.1.4 主要培训方法

4.1.4.1 案例研判

要求：在课前，学习小组按照教师的布置，选定角色，进行组内或组外辩论，对每节第一部分的"案例研判"进行仔细阅读理解，收集资料，充分准备，心中有数；在课堂上，学员必须进行互动式的攻辩，教师加以引导归纳，从而使学员主动学习，深化内容。

4.1.4.2 法律沙龙

根据可行性，在课外安排。组织学员事先准备需咨询的法律问题，通过圆桌会议形式，教师或法律专家与学员共同讨论，形成处理或预防的意见和方法。

4.1.4.3 法院旁听

根据可行性，在课外安排。组织学员参加镇江的法院案件庭审的旁听。通过真实司法场景进行观摩教学，庭后组织法官到学校答疑、与学员交流，拓展学员的法律知识和法律应用能力。

4.1.5 主要培训参考资料

教学资料可用于本课程学习参考，也可作为工作、生活的常用资料保存使用。

（1）最高人民法院网：http：//www. court. gov. cn。

（2）中国法院网：http：//www. chinacourt. org，关注"法律文库"。

（3）中国裁判文书网：http：//wenshu. court. gov. cn/Index。

（4）法律图书馆：http：//www. law－lib. com。

4.2 公司治理结构法律风险预防

4.2.1 案例研判

4.2.1.1 董事长被罢免后不交印章，怎么办？

【案情简要】

张某担任公司董事长，依据公司章程规定，同时担任公司法定代表人，并掌握公司印章。张某董事长任期届满后，公司召开了董事会并重新选任董事长，5名董事中有3人选择了王某，有2人选择了张某。依据公司章程，王某出任董事长之职并担任法定代表人。

张某认为王某之所以成为董事长存在贿选董事之嫌，故拒绝交出公司印章，致使公司无法在工商部门办理法定代表人变更登记事项。公司重新刻制印章，并起诉，要求张某返还公司印章。诉讼中，公司召开股东会，通过会议决议，主要为，除张某外，其余股东一致通过认可：（1）王某是董事长、法定代表人；（2）新章具有效力。

张某认为：不能返还公司印章，并向法院提交了加盖公司印章的撤诉申请。理由：依据工商档案登记，他仍是合法的法定代表人，王某不能代表公司参加诉讼。

【角色模拟】

作为律师,您代理和支持:

(1) 正方(张某):张某代表公司,手上的印章有效。事实、法律或情理上的理由是什么?

(2) 反方(公司):王某代表公司,手上的印章有效。事实、法律或情理上的理由是什么?

要求:课前理解案例,自学本节内容,查找法律法规;课堂自由表明观点,形成原告、被告的代理律师角色群,进行辩论;教师引导总结,进行法理分析。

4.2.1.2 股东会的会议在什么条件下才有效?

【案情简要】

甲公司董事会在单位公告栏公告,决定于第20天的上午9点在某酒店召开股东会,但会议因故休会。后董事会再次在公告栏公告,决定于第25天的上午9点继续召开股东大会。该日,甲公司召开了由王某等12人参加的股东会(该12人的股权份额占到公司股权总额的90%以上,田某未参会),选举了新一届的董事会、监事会。

原告田某请求:撤销新任董事会、监事会的股东会决议。理由:甲公司未通知,侵犯其表决权。被告甲公司请求:股东会决议合法有效。理由:(1)已经在公告栏内通知,原告第一次参会说明原告是知道公告栏内通知的,其第二次未参会的原因不是不知道而是有其他想法。(2)即使田某参会反对,因通过股东会决议的股东股权占公司股权总额90%以上,该股东会的决议依然有效。

【角色模拟】

作为主审法官,您支持:

(1) 正方(原告田某)。事实、法律或情理上的理由是什么?

(2) 反方(被告甲公司)。事实、法律或情理上的理由是什么?

要求:课前理解案例,自学本节内容,查找法律法规;课堂自由表明观点,形成支持原告、被告主张的主审法官角色群,进行定案研判;教师引导总结,进行法理分析。

4.2.2 公司法人治理结构的基础知识

4.2.2.1 公司法人治理结构模式

公司法人治理结构模式分类见图4.1。

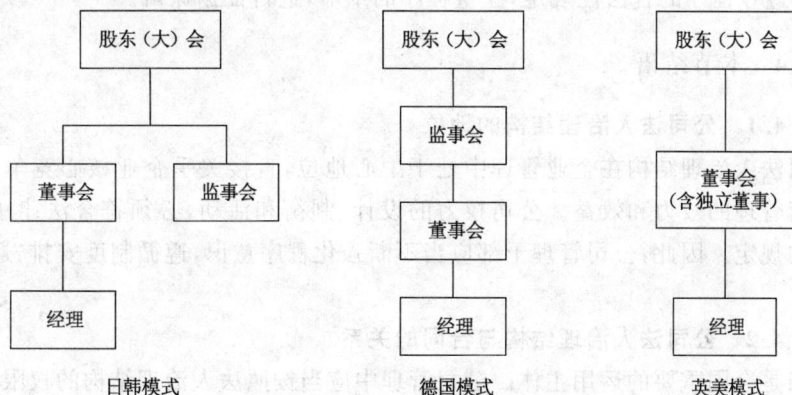

图4.1 公司法人治理结构模式分类

4.2.2.2 公司法人治理结构性质

股东会:权力机构;董事会:执行机构,董事长/执行董事为法人代表;监事会:监督机构。

【自检和讨论】我国公司法人治理结构属于哪种模式? 各机构的主要职权有哪些?

4.2.3 公司法人治理结构的法律风险

4.2.3.1 公司股东会决议与工商登记方面

1. 动因

公司内部高管之争。

2. 表现形式

人章之争(法定代表人和公章控制人非同一人);人人之争(工商登记的法定代表人和董事会或股东会选任的法定代表人不一致);章章之争(工商部门备案的公司印章与实际印章不一致)。

3. 法律后果

到底谁代表公司,谁控制公司,谁有诉讼代表权? 张某对外签订的合同是否有效?

4. 预防方法

(1) 事前防范:比如在章程中规定选任新董事长时,应上交印章,否则不能享有投票权。在相应的媒体上进行公告,防止形成表见代理。

(2) 诉讼途径:及时诉讼要求返还印章。

【自检和收集资料】表见代理的有效条件。

4.2.3.2 股东(大)会的会议通知制度方面

1. 表现形式

(1) 股东(大)会的会议通知的不符合规定。

(2) 法律行为有效性面临实体公正和程序公正的选择错误。

2. 法律后果

表决是否有效。

3. 预防方法

(1) 重塑公正两难原则选择理念。

(2) 遵守程序的合法性规定,注重程序的细节,进行证据保留。

4.2.4 本节结语

4.2.4.1 公司法人治理结构的地位

公司法人治理结构在企业管理中处于中心地位,直接关乎企业核心竞争力,以及企业经营管理的效力和效益。公司权力的设计、制衡和活动,必须符合法律法规和管理制度的规定。因此,公司管理干部应当不断强化程序意识,遵循制度安排,避免不当冲突。

4.2.4.2 公司法人治理结构与合同的关系

公司是合同重要的运用主体。公司管理中应当按照法人治理结构的权限和程序,运用和管理合同,避免合同管理风险,提升企业管理水平。

4.3　合同法律风险预防

4.3.1　案例研判

4.3.1.1　林茶场该不该承担还款连带责任？

【案情简要】

胡桥林茶场与刘某协商,由刘某租用林茶场的100平方米的厂房,期限2年,每年付租金1万元。最后双方订立了协议。现在,我们见到的协议文本以及名称是:承包协议,里面的条款是前述的内容。

后来,刘某欠了兴达公司15万元货款,原告兴达公司便以刘某为第一被告、林茶场为第二被告进行起诉,要求:对货款15万元,第一被告应予支付,而第二被告应承担还款连带责任;理由:林茶场是发包方,对承包方刘某的债务应承担连带还款责任,即承包方还不了,由发包方还,承发包关系对内管用,对外应共同承担责任。

【角色模拟】

作为管理专家,您给出的咨询意见是:

(1)正方(兴达公司):林茶场应承担还款连带责任。事实、法律或情理上的理由是什么？

(2)反方(林茶场):林茶场不应承担还款连带责任。事实、法律或情理上的理由是什么？

要求:课前理解案例,自学本节内容,查找法律法规;课堂自由表明观点,形成不同咨询意见的管理专家角色群,进行辩论;教师引导总结,进行法理分析。

4.3.1.2　《加工承揽合同》文本审查

要求:仔细审查下述加工承揽合同样本(见图4.2),判断哪些内容和条款写得好,哪些需要修改和完善。

加 工 承 揽 合 同

承揽方:丹阳宝丰机械有限公司　　　(甲方)　　　合同编号:2017-6-8

定作方:河北七彩棉纺织进出口有限公司 (乙方)　　签订地点:石家庄市

签订时间:2017年6月8日

一、产品名称、商标、型号、厂家、数量、金额、供货时间及数量

产品 名称	牌号 商标	规格 型号	生产 厂家	计量 单位	数量	单价	总金额	交(提)货时间及数量
固定板		见图		片	500万	2.18元	1090万元	(1)样品封存后乙方在3日内付甲方163万元预付款; (2)预付款到位后的第30日开始计算工期,工期12个月; (3)甲方每月提前20天向乙方报当月生产计划,今后验收、结算、交货均以生产计划为准。
合计人民币金额(大写):壹仟零玖拾万元整								

二、质量要求技术标准、供方对质量负责的条件和期限：<u>以双方认可的图纸为质量标准。</u>

三、交（提）货的地点、方式：<u>甲方厂内，乙方自理。</u>

四、运输方式及到达站港和费用：<u>运费乙方承担，甲方负责厂内装车费用。</u>

五、合理损耗及计算方法：<u>　　　　　　　　　　　　　　　　　　　　　　</u>

六、包装标准、包装物的供应与方法：<u>外用纸箱，内用塑料袋，费用甲方负担。</u>

七、验收标准、方法及提出异议期限：<u>以图纸验收，抽检 5%，合格率 97%。</u>

八、随机备品、配件工具数量及供应方法：<u>　　　　　　　　　　　　　　　</u>

九、结算方式及期限：<u>每月批交批结，付清货款交货，预付款在最后 4 批货款中分批扣除。</u>

十、如需提供担保，另立合同担保书，作为本合同附件：<u>　　　　　　　　　</u>

十一、违约责任：<u>任何一方违反本合同任何一条款均属违约，罚违约方总值 1.5%违约金，守约方</u><u>并有权终止合同。</u>

十二、争议解决的方式：因履行本合同发生的及与本合同有关的一切争议由当事人协商解决，协商不成的选择下列第（B）种方式解决：A、提交石家庄仲裁委员会仲裁　B、依法向守约方驻地人民法院起诉。

十三、其他约定事项：<u>如遇原材料上涨超过5%，价格应重新协商。甲方在 2005 年 8 月 22 日</u><u>前给乙方送符合图纸技术要求的合格样品10片由外商检验封存。</u>

十四、本合同双方签字盖章生效。

承　　揽　　方		鉴（公）证意见：
单位名称（章）：	单位名称（章）：	
单位地址：	单位地址：	
法定代表人：	法定代表人：	经办人：
委托代理人：	委托代理人：	鉴（公）证机关（章）
电　　话：0511-687533	电　　话：0311-88618147	
传　　真：0511-6875578	传　　真：　　88618070	年　月　日

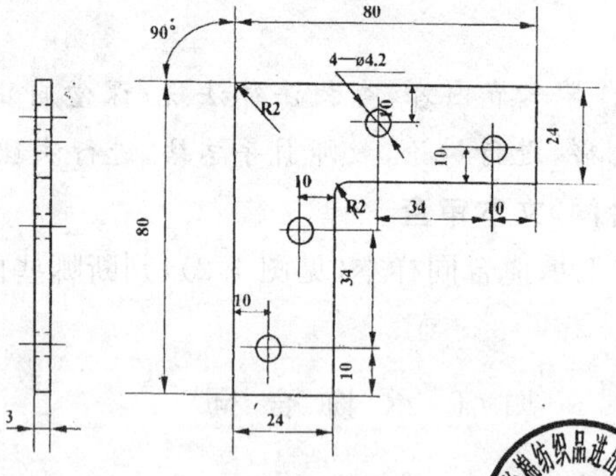

技 术 要 求

一、产品必须平整光滑，无毛刺、无划痕等存在。

二、平面必须垂直，不允许有翘曲不平及凹凸现象。

三、平冲压件尺寸公差按国标执行。未注公差按GB1804-m标准执行。

四、角度公差按国标 GB/T13915—92. AT2。

图 4.2　加工承揽合同样本

4.3.1.3　已收款项在违约后应返还多少？

【案情简要】

甲、乙两家公司签订了一份钢材买卖合同。合同约定：乙方在 1 个月内向甲方提供 1 000 吨螺纹钢，价款共 600 万元，甲方支付 120 万元定金。乙方出具的收据上的金额为 120 万元，用途为定金，甲方收妥。后乙方因为货源价格不合理，1 个月内未能供给甲方钢材,双方为此发生纠纷。甲方诉至法院,要求乙方支付款项。

【角色模拟】

作为主审法官,您认为应支付多少款项?事实、法律或情理上的理由是什么?

要求:课前理解案例,自学本节内容,查找法律法规;课堂自由表明观点,形成返还具体款项的主审法官角色群,进行定案研判;教师引导总结,进行法理分析。

4.3.2 合同的基础知识

4.3.2.1 合同法律关系

合同是指平等主体的自然人、法人、其他组织之间设立、变更、终止民事权利义务的协议。合同法律关系,是指具有合同权利义务的法律关系。其构成要素见图4.3。

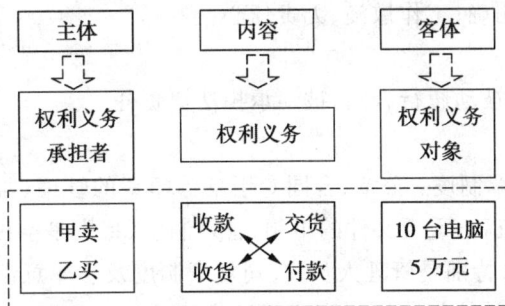

图 4.3 合同法律关系

4.3.2.2 合同的主要条款

(1)当事人的姓名或住所;(2)标的;(3)数量;(4)质量;(5)价款或酬金;(6)履行的时间、地点和方式;(7)违约责任;(8)解决争议的办法。

4.3.2.3 表见代理

表见代理,本来属于无权代理,即没有代理权、超越代理权或者代理权终止后仍然以被代理人的名义进行。

表见代理的构成条件:《合同法》第49条规定:"行为人没有代理权、超越代理权或者代理权终止后以被代理人名义订立合同,相对人有理由相信行为人有代理权的,该代理行为有效。"

4.3.2.4 质量异议

1. 异议时间

约定:在合同的质量条款中协商确定。

法定:自标的物收到之日起两年内;标的物有质量保证期的,适用质量保证期,不适用该两年的规定。

2. 异议方式

应一面妥为保管,一面向供方提出书面异议。

3. 逾期后果

如果需方未在"异议时间"内提出书面异议的,视为所交产品符合合同规定。

4.3.2.5 定金

定金是指为了保证合同的订立和履行,在订立合同时预先支付给对方一定数额的金钱。

定金的构成条件为：(1) 定金合同是要式合同；(2) 必须实际已经支付；(3) 数额不得超过主合同标的额的百分之二十。

定金的处理：(1) 债务人履行债务：抵作价款；收回。(2) 给付方不履行约定的债务：接受方没收。(3) 接受方不履行约定的债务：接受方双倍返还。

4.3.3　合同运行的法律风险

4.3.3.1　公章（合同专用章）、合同管理制度方面

1. 表现形式

企业公章（合同专用章）、盖章的空白介绍信、授权委托书和合同等管理混乱；管理职责、责任追究制不明确；工作散漫、无责任心。

2. 法律后果

形成表见代理。被动履行合同，被动承担法律责任。

3. 预防方法

(1) 健全管理规章制度：公章、合同专用章等印章的管理、监印制度；授权管理制度；合同管理制度及流程；重要文件的申领、管理制度（特别是空白盖章合同）。

(2) 加强对员工（特别是管理人员）公司规章制度及法律意识培训。

(3) 严格按照规章制度办事，奖惩分明。

4.3.3.2　合同签订方面

1. 表现形式

轻信口头承诺，不签书面文件；合同签订不规范、约定不明确；合同违约与被欺诈现象严重；船东付款条款缺乏约束力。

2. 法律后果

法律救济缺乏证据，造成救济困难；被动履行合同，违约成本过高；船东弃船。

3. 预防方法

(1) 加强对客户或交易对象的资信调查，建立客户资信档案；健全合同签订前的文本内容评审制度；健全合同签订动态跟踪制度。

(2) 船东支付船款的完善。传动付款的条款拟定建议见表4.3。

表 4.3　船东付款的条款拟定建议

付款进度		付款比例	违约补救	担保方式
分次	时间			
1	签订船舶建造合同	首付要高	(1) 每逾期付款一天，按比例支付违约金；(2) 支付一笔"赔偿损失费"	将现款或履约担保金存入第三方，并规定一旦违约，违约方的存款或担保金应付给受害方
2	船舶开工			
3	建造船舶下坞或上船台	中途递减		
4	船舶起浮			
5	船舶出坞			
6	交船	尾款要低		

4.3.3.3 合同履行方面

1. 表现形式

合同签订后无人跟踪;应收账款难以到位。

2. 法律后果

质量异议逾期,标的合格;过失违约,承担违约责任;超过时间(保证期限、时效),权利无法得到救济;财务风险较大。

3. 预防方法

健全合同履行动态跟踪制度(明确履行机构、直接责任人员及职责、处罚办法);健全纠纷处理机制(明确管理或纠纷执行机构、直接责任人员及职责);由公司内部人员或顾问律师通过电话催收、协商、谈判、发送律师函、上门催收、诉讼等多种方式技巧性地向债务人施加压力收回欠款。

4.3.3.4 合同档案管理方面

1. 表现形式

合同签订后归档不规范,无人保管;纠纷产生后,不能找到或不能及时找到对应的合同。

2. 法律后果

救济缺乏证据,权利无法得到保障。

3. 预防方法

制定严格的合同回收、归档、借阅等相关制度;设立合同保管人员;编制完善合理的归档台账记录。

4.3.4 本节结语

合同是公司经营管理的重要法律工具,也是核心的法律行为。合同的运用面很广,专业操作性很强,可能存在的法律风险很多。公司管理干部要树立合同法律意识,厘清合同法律关系,具备基本的和关键点的合同审查知识和操作能力,以避免公司不利后果的发生和本人被追究领导管理责任。

4.4 劳动用工法律风险预防

4.4.1 案例研判

4.4.1.1 加班费如何计算?

【案情简要】

李某为工勤岗位,属综合工时制,综合工时计算周期为一年,当年年加班费计算基数约定为最低工资1 320元。其加班情况如下:

(1)延长工作时间:实际出勤2 110小时,应付多少加班费?为什么?

(2)法定节假日:元旦法定节假日出勤一天,应付多少加班费?为什么?

【角色模拟】

作为人力资源部门主管,需提供每题具体测算金额。

要求:课前理解案例,自学本节内容,查找法律法规;课堂自由表明观点;教师引导总结,进行法理分析。

4.4.1.2 送完儿子再折返绕行上班,路遇车祸算不算工伤?

【案情简要】

公司上班时间为上午 8 时至 12 时。老马的家在公司西边,儿子单位在公司东边。老马出家门,驾驶二轮摩托车,绕路先将 21 岁的儿子送到单位,然后从东边的儿子单位再去西边的公司上班,上午 7 时 30 分,在返回途中(儿子单位附近),遭遇交通事故,老马经送院抢救无效死亡。交警部门认定,老马在此次道路交通事故中承担同等责任。

申请人老马家属认为属于工伤。理由:(1)老马送儿子上班是经常性、重复性的行为,应认定为"日常生活所需"。(2)所谓"上下班的合理路线",并不局限于住所地和工作地之间的最优路线或较短路线,还包括职工为完成"日常生活所需"而必然发生的绕行路线。

被申请人公司认为不属于工伤。理由:(1)交通事故发生地与工作地是两个相反的方向,因此交通事故发生地不属于合理路线的上下班途中。(2)老马的儿子是成年人,完全可以利用其他交通工具出行而不需要老马接送,不属于日常生活所需要的合理活动。

【角色模拟】

作为人社局工伤认定的行政裁判官,您支持:

(1)正方(老马家属):属于工伤。事实、法律或情理上的理由是什么?

(2)反方(公司):不属于工伤。事实、法律或情理上的理由是什么?

要求:课前理解案例,自学本节内容,查找法律法规;课堂自由表明观点,形成支持申请人、被申请人主张的行政裁判官角色群,进行定案研判;教师引导总结,进行法理分析。

4.4.1.3 张某该不该支付离职违约金和竞业限制违约金?

【案情简要】

甲公司从事船用电力设备和系统的研发与销售,通过民主程序制定通过了《竞业限制管理办法》,其中规定:本公司高级管理人员、高级技术人员和负有保密义务的船用电力设备和系统的研发与销售人员,在离开本公司 1 年内,不得加入与本单位生产或者经营同类产品、从事同类业务的有竞争关系的国内船用电力设备和系统的用人单位,或者自己开业生产或者经营同类产品、从事同类业务;本公司从竞业人员离开单位起,每月支付竞业限制补偿金为本公司同类同岗位人员的月均收入的 1/3,而如果竞业人员违约需支付 2/3 的违约金。

《劳动合同书》规定:张某的岗位是甲公司的船用电力设备和系统的销售人员,对技术资料和客户信息负有保密义务;用工期限 5 年,如果擅自离开,应支付 1 万元违约金;《竞业限制管理办法》作为附件。

1 年后,张某擅自离开到本省的一家同产品的乙公司从事销售。甲公司在其离开的第 6 个月一次性将前 6 个月的竞业限制补偿金打至张某卡上,并要求张某按劳动合同和管理办法规定支付 1 万元离职违约金和 6 个月的 2/3 的竞业限制违约金。张某不知该不该支付,进行咨询。

【角色模拟】

作为劳动用工专家,您如何解答张某的咨询。

要求:课前理解案例,自学本节内容,查找法律法规;课堂自由表明观点,形成相关咨询意见角色群,进行定案研判;教师引导总结,进行法理分析。

4.4.2 劳动用工法律的基础知识

4.4.2.1 工作时间方面

工作时间统计表、计时工资测算表、加班费计算表分别见表4.4、表4.5、表4.6。

表4.4 工作时间统计表

工时类型	工时类别	时长	计算单位
法定休息休假	法定休息日	104	日/每年
	法定节假日	11	日/全民每年
标准工作时间	每周	5/40	日/小时
	每年	250/2000	日/小时
	每月	20.85	日
	年计薪天数	261	日
	月计薪天数	21.75	日
非标准工作时间	缩短工时	<8;审批	小时/日
	综合工时	一般>6,特殊>12;审批	月
	不定时工时	不确定;审批	

表4.5 计时工资测算表

工资类型	测算方法
日工资	月工资÷月计薪天数21.75
小时工资	日工资÷日均工作小时8

表4.6 加班费计算表

加班类型	计算比例(%)	计算单位	备注
延长工作时间(加点)	150	小时工资	
法定休息日	200	小时工资/日工资	不能安排补休
法定休假节日	300	小时工资/日工资	
不定时工时			不执行
综合工时	150	小时工资/日工资	(1)超过综合工时的,视为加点;(2)法定休假节日的,仍单独计算

4.4.2.2 工伤方面

工伤是员工在工作时间、工作地点因为工作原因受到的人身伤害。工伤待遇确定阶段:工伤认定、工伤鉴定(劳动能力鉴定)、工伤赔偿。

1. 工伤认定条件

工伤认定要件见表 4.7。

表 4.7 工伤认定要件表

界限	法定条件	地位	延伸
事由	工作原因	核心要件 充分条件	合理目的
时间	工作时间	补强原因 推定原因	合理时间
空间	工作场所		合理区域 合理线路

【应当认定的条件】

(1) 在工作时间和工作场所内,因工作原因受到事故伤害的;

(2) 工作时间前后在工作场所内,从事与工作有关的预备性或者收尾性工作受到事故伤害的;

(3) 在工作时间和工作场所内,因履行工作职责受到暴力等意外伤害的;

(4) 患职业病的;

(5) 因工外出期间,由于工作原因受到伤害或者发生事故下落不明的;

"因工外出期间"的情形:职工受用人单位指派或者因工作需要在工作场所以外从事与工作职责有关的活动期间;职工受用人单位指派外出学习或者开会期间;职工因工作需要的其他外出活动期间。

(6) 在上下班途中,受到非本人主要责任的交通事故或者城市轨道交通、客运轮渡、火车事故伤害的;

"上下班途中"的情形:在合理时间内往返于工作地与住所地、经常居住地、单位宿舍的合理路线的上下班途中;在合理时间内往返于工作地与配偶、父母、子女居住地的合理路线的上下班途中;从事属于日常工作生活所需要的活动,且在合理时间和合理路线的上下班途中;在合理时间内其他合理路线的上下班途中。

【视同工伤】

(1) 在工作时间和工作岗位,突发疾病死亡或者在 48 小时之内经抢救无效死亡的;

(2) 在抢险救灾等维护国家利益、公共利益活动中受到伤害的;

(3) 职工原在军队服役,因战、因公负伤致残,已取得革命伤残军人证,到用人单位后旧伤复发的。

【不得认定为工伤或者视同工伤】

(1) 故意犯罪的;

(2) 醉酒或者吸毒的;

(3) 自残或者自杀的。

2．工伤赔偿项目

（1）未造成伤残的赔偿

医疗费、伤者住院期间的伙食补助费、生活护理费、工伤期间的工资、交通食宿费。

（2）造成伤残的赔偿

医疗费、伤者住院期间的伙食补助费、生活护理费、工伤期间的工资、交通食宿费、辅助器具费、一次性伤残补助金、伤残津贴、一次性工伤医疗补助金、一次性伤残就业补助金。

（3）造成死亡的赔偿

丧葬补助金、一次性伤亡补助金（上一年度全国城镇居民人均可支配收入的 20 倍）、供养亲属抚恤金。

4.4.2.3 劳动（人事聘用）合同违约金的设定限制

1．服务期

用人单位为劳动者提供专项培训费用，对其进行专业技术培训的，可以与该劳动者订立协议，约定服务期。

劳动者违反服务期约定的，应当按照约定向用人单位支付违约金。

违约金的数额不得超过用人单位提供的培训费用。

用人单位要求劳动者支付的违约金不得超过服务期尚未履行部分所应分摊的培训费用。

2．竞业限制

劳动者违反竞业限制约定的，应当按照约定向用人单位支付违约金。

竞业限制：不得加入与本单位生产或者经营同类产品、从事同类业务的有竞争关系的其他用人单位，或者自己开业生产或者经营同类产品、从事同类业务。

竞业限制的人员限于用人单位的高级管理人员、高级技术人员和其他负有保密义务的人员。竞业限制的范围、地域、期限由用人单位与劳动者约定，但不得超过 2 年。

竞业人员从离开单位起，用人单位需按约定支付竞业限制补偿金，金额为本公司同类同岗位人员的月均收入的 30％左右。

4.4.2.4 经济补偿金

1．经济补偿金的支付条件

（1）劳动合同期满不再续签的。

例外：单位以不低于原待遇水平续约员工，但是员工不愿意续签的。

（2）在单位未合法提供劳动条件、支付劳动报酬、缴纳社保、欺诈、乘人之危及侵害员工权利的情况下，员工解除合同的。

（3）单位提出解除合同，员工同意的。

（4）员工患病不能继续工作，或者经培训和调岗还是不能胜任工作的。

单位可以提前 30 天通知并解除劳动合同，但单位还是要向员工支付经济补偿；如果没有提前 30 天通知，就再加 1 个月的工资。

（5）单位破产、破产重组、吊销执照等，应当向员工支付经济补偿。

2．经济补偿金的计算

（1）1 年补 1 个月工资，不满 6 个月的补半个月。

工资是补偿日前 12 个月的平均数,但是不超过当地平均工资的 3 倍。达到当地平均工资的 3 倍的,补偿日不超过 12 个月。

（2）用人单位存在违法解除或终止劳动合同。

按照上述经济补偿标准的 2 倍支付赔偿金。

（3）未及时足额支付工资、工资低于最低工资标准、不付加班费、解除合同不支付经济补偿的。

限期支付,否则按应付金额的 50%～100%向劳动者加付赔偿金。

4.4.3　劳动用工的法律风险

4.4.3.1　劳动合同签订方面

劳动合同签订法律风险统计表见表 4.8。

表 4.8　劳动合同签订法律风险统计表

表现形式	法律后果	预防方法
无书面劳动合同	支付双倍工资;形成无固定期限劳动合同	劳动合同到期前做好准备,续签书面合同或者终止合同;合同载有"在新合同签订前,本合同继续有效",但形成 2 次固定合同
具备条件时不签订无固定期限劳动合同	员工提出必须签,否则支付双倍经济补偿金	合同届满前,主动告知;在谈话笔录中明确员工是否签订劳动合同,从而终止劳动关系
劳务关系变成劳动关系	承担用人义务	使用劳务人员前,要与其用人单位签订劳务合同、承揽合同或承包合同

4.4.3.2　劳动合同履行方面

劳动合同履行法律风险统计表见表 4.9。

表 4.9　劳动合同履行法律风险统计表

表现形式	法律后果	预防方法
未约定加班费计算基数	按实际收入计算,基数高	合同中约定最低工资为加班费基数
加班费在工资单中未列	双重支付加班费	加班费在工资单中列明,员工签收确认
不办理社保;发给个人	按现行基数补,费用增加;辞职付经济补偿金	及时办理;或工资单列明,如需补缴时可将已发社保抵扣

4.4.3.3　劳动合同解除和终止方面

劳动合同解除和终止法律风险统计表见表 4.10。

表 4.10　劳动合同解除和终止法律风险统计表

表现形式	法律后果	预防方法
违规解除劳动合同	双倍支付经济补偿金,补发在解除期间的工资	协议解除,支付经济补偿金,签收或挂号邮寄证明书;协商不成的,依法解除
辞职扣留档案	赔偿	及时发放、签收

4.4.3.4 劳动规章制度方面

1. 表现形式

无相应的劳动规章制度;劳动规章制度在内容、程序上不合法和不合理。

2. 法律后果

针对员工的管理行为无所依据;相应的劳动管理行为无效。

3. 预防方法

在内容上,劳动规章制度不得违反法律法规和公序良俗。

在程序上,一是会议召开和决议通过要符合程序要求,涉及劳动报酬、工作时间、休息休假、劳动安全卫生、保险福利、职工培训、劳动纪律及劳动定额管理等直接涉及劳动者切身利益的规章制度或者重大事项时,应当经职工代表大会或者全体职工讨论,提出方案和意见,与工会或者职工代表平等协商确定;二是公布,可通过网站等公示,也可直接告知员工,让其书面确认已认真阅读劳动规章制度的确认书,亦可将该内容规定在劳动合同中,同时将劳动规章制度、员工手册等作为劳动合同的附件。

4.4.4 本节结语

人力资源管理法律风险涉及面较广,是公司管理干部必须面临的现实问题。一方面,管理干部要树立管人的法律风险意识,掌握常见的劳动用工知识,不需拘泥于复杂的技术性操作,便于宏观把控;另一方面,要高度重视用工风险和后果,完善劳动规章制度,落实具体管理规定,加强用工业务培训和安全生产教育,使员工真正地"高高兴兴上班,平平安安回家",逐步构建和谐稳定的劳动关系,助推公司核心竞争力的提升。

4.5 公司纠纷处理的法律风险预防

4.5.1 案例研判

4.5.1.1 技术开发合同纠纷应由哪个法院管辖?

【案情简要】

镇江某大学与广州某焊接公司在研究所签订了《技术开发委托合同》,约定:由该大学开发 NBC—500 软开关逆变式造船专用 CO_2 焊机研制,在半年内提供样机、软件和培训,进行省级鉴定和专家验收;广州公司支付研发费用 100 万元;发生纠纷由合同履行地的法院处理。

该大学在镇江按时研发成功样机和软件,在广州公司进行调试和培训,但大学无对方接受样机、电子文档和调试培训的书面材料与电子记录;公司支付第一笔费用 50 万元,余款未付;双方也未进行省级鉴定和专家验收;半年后,公司制造了 100 台该款焊机产品,在其网站推介,宣传质量符合国家标准,配有法定检测部门的合格认证证书,实际销售了 60 台,客户均为非船厂家;后因焊机电流不稳等原因,形成维修或退货,声誉下降,销售停滞。公司向广州市中级人民法院提起诉讼,大学反诉。

公司要求:广州市中级人民法院有管辖权;返还研发费用 50 万元,不应支付余款;赔偿产品质量损失 40 万元。理由:大学未提供样机、软件,也没有进行省级鉴定和专家验收,属于违约;大学仅对销售的产品进行过技术指导,未对产品质量进行把关,造成损失。

大学要求:镇江市中级人民法院有管辖权;不应返还研发费用 50 万元,广州公司还应支付余款;不应赔偿产品质量损失。理由:样机、软件、调试和培训都已完成和交付;未进行鉴定和验收是公司忙于产品生产销售导致的;样机质量符合要求,大学对产品的质量问题无过错,具体原因有待司法鉴定,但公司并未向法院提出鉴定申请。

【角色模拟】

作为主审法官,您支持:

(1) 正方(原告公司)。事实、法律或情理上的理由是什么?

(2) 反方(被告大学)。事实、法律或情理上的理由是什么?

要求:课前理解案例,自学第 3 节和本节内容,查找法律法规;课堂自由表明观点,形成支持原告、被告主张的主审法官角色群,进行定案研判;教师引导总结,进行法理分析。

4.5.1.2 补贴支付纠纷提起人事仲裁是否超过时效?

某研究所系事业单位,张某系自动化专业的研究员,双方签订 8 年的《聘用合同》,约定:张某获得 80 万元的人才引进费用,报到后安排到美国培训 1 年,费用 20 万元;如中途辞职,需返还全部费用;家属签订人事代理合同,如张某辞职,家属的人事代理关系也随之解除。

研究所履行了上述承诺,张某也学成归来,完成规定的任务。但由于研究所未支付工作第 1 年的专利研发固定补贴计 4 万元,张某在第 4 年年底提出书面辞职,并到本市另一家单位上班。研究所在张某辞职的第 8 个月书面要求张某退还全部人才引进和出国培训费用。张某收信后,在辞职的第 14 个月回信予以拒绝,并同时提出支付 4 万元补贴,以及经济补偿金。研究所立即回信确认和同意支付补贴 4 万元,但张某必须回来。张某立即拒绝,研究所遂立即解除张某家属的合同。张某也立即向研究所所在地的劳动人事仲裁院提起仲裁,研究所反请求。

本案争议焦点:(1) 补贴计 4 万元该不该支付?(2) 人才引进和出国培训费用该不该退还? 退还多少?(3) 经济补偿金该不该支付?(4) 家属的合同该不该解除?

张某要求:支付补贴计 4 万元;全部的人才引进和出国培训费用不退还;支付经济补偿金;家属的合同不应解除。理由:补贴是单位规定的劳动报酬;费用请求已过仲裁时效;辞职是被逼的,经济补偿金不能少;家属合同解除条款对家属不适用。

研究所要求:不应支付补贴计 4 万元;全部的人才引进和出国培训费用应退还;不应支付经济补偿金;家属的合同应解除。理由:补贴请求已过仲裁时效;费用全部退还是合同规定的;张某主动辞职,单位就不需要再支付经济补偿金;家属合同解除是与张某的合同规定的。

【角色模拟】

作为主审仲裁员,您支持:

(1) 正方(张某)。事实、法律或情理上的理由是什么?

(2) 反方(研究所)。事实、法律或情理上的理由是什么?

要求:课前理解案例,自学第 4 节和本节的内容,查找法律法规;课堂自由表明观点,形成各个争议焦点的主审法官角色群,进行定案研判;教师引导总结,进行法理分析。

4.5.2　公司纠纷法律处理的基础知识

4.5.2.1　司法途径方面

诉讼和仲裁的比较见表 4.11。

表 4.11　诉讼和仲裁比较表

项目	民事诉讼	商事仲裁	劳动人事仲裁
司法机构	法院	仲裁委员会	仲裁院或仲裁委员会
主管案件	民商事类	部分民商事类	劳动人事类
管辖	法定管辖 （级别管辖,地域管辖） 约定管辖	约定管辖 （仲裁条款）	法定管辖 （级别管辖,地域管辖）
裁判人员选择	不可以	可以	不可以
审理公开	一般公开,法定不公开	不公开	公开
审级	二审终审	一裁终局	一裁终局,一裁二审

4.5.2.2　民事诉讼管辖方面

1. 级别管辖

中级法院：重大涉外案件；在本辖区内有重大影响的案件；最高院确定由中级法院管辖的案件,如技术合同纠纷、知识产权纠纷（发明专利纠纷专属省城中院和指定中院）。

2. 地域管辖

由被告住所地法院管辖；被告住所地与经常居住地不一致的,由经常居住地法院管辖。

合同纠纷,由被告住所地或者合同履行地法院管辖。在"合同履行地"无约定或约定不明确的情况下,履行地的确定依据如下：给付货币的,履行地为接受货币一方所在地；交付不动产的,履行地为不动产所在地；其他标的,履行地为履行义务一方所在地；技术开发合同,履行地为研究开发人所在地。

公司设立、确认股东资格、分配利润、解散等纠纷,由公司住所地法院管辖。

船舶碰撞或者其他海事损害事故纠纷,由碰撞发生地、碰撞船舶最先到达地、加害船舶被扣留地或者被告住所地法院管辖。

3. 专属管辖

不动产纠纷,由不动产所在地法院管辖；港口作业中发生的纠纷,由港口所在地法院管辖。

4. 约定管辖

合同或者其他财产权益纠纷,可以书面协议选择被告住所地、合同履行地、合同签订地、原告住所地、标的物所在地等与争议有实际联系的地点的法院管辖,但不得违反《民事诉讼法》对级别管辖和专属管辖的规定。

4.5.2.3　民商事证据方面

证据的种类：当事人的陈述；书证；物证；视听资料；电子数据；证人证言；鉴定意

见；勘验笔录。

定案证据的条件：真实性、关联性、合法性。

4.5.2.4　民商事时效方面

时效期间届满的，义务人可以提出不履行义务的抗辩。时效期间届满后，义务人同意履行的，不得以诉讼时效期间届满为由抗辩；义务人已自愿履行的，不得请求返还。

1. 时效期间

民事诉讼和商事仲裁时效期间：普通的为 3 年；国际货物买卖合同和技术进出口合同为 4 年；最长时效为 20 年。

劳动人事仲裁时效期间：1 年。

2. 时效起算

民事诉讼和商事仲裁时效的起算时间：自权利人知道或者应当知道权利受到损害以及义务人之日。但是自权利受到损害之日起超过 20 年的，不予保护。

劳动人事仲裁时效起算：自当事人知道或者应当知道其权利被侵害之日。注意：劳动关系存续期间因拖欠劳动报酬发生争议的，不受仲裁时效期间的限制；但是，劳动关系终止的，应当自劳动关系终止之日起 1 年内提出。

3. 时效中断

民事诉讼和商事仲裁时效中断：权利人向义务人提出履行请求；义务人同意履行义务；权利人提起诉讼或者申请仲裁；与提起诉讼或者申请仲裁具有同等效力的其他情形。从中断、有关程序终结时起，时效期间重新计算。

劳动人事仲裁时效中断：一方向对方主张权利；向有关部门请求权利救济；对方同意履行义务。从中断时起，时效期间重新计算。

4.5.3　公司纠纷处理的法律风险

4.5.3.1　管辖约定方面

约定管辖法律风险统计情况见表 4.12。

表 4.12　约定管辖法律风险统计表

项目	表现形式	法律后果	预防方法
法院约定	不符合级别管辖、专属管辖	约定无效	按规定约定
	改变了本属于自己所在地法院	到对方应诉	采用"守约方"中立条款
商事仲裁条款约定	未约定	不能仲裁	约定
	或法院或仲裁，约定不明确	无效	明确；先到仲裁，对方应诉即可
合同履行地约定	未约定，法律又未规定	无法确定具体履行地和管辖法院	选择与合同有关的地点加以明确
	笼统约定，约定不明确		
	笼统约定，约定不明确		

4.5.3.2 证据方面

证据法律风险统计情况见表4.13。

表4.13 证据法律风险统计表

项 目	表现形式	法律后果	预防方法
证据意识	缺乏;不强	丧失证据 最佳固定时机	树立纠纷处理定案证据为王, 事实不能当然成为定案证据的理念
证据种类	不清楚	有效证据 不能及时收集	掌握常见种类:书证(挂号信、书据、传真、 公证);视听材料(录音录像); 电子数据(短信、微信、QQ、博客、邮件)
证据收集	不懂常见方法	不会收集; 丧失时机	及时随地收集;微信、QQ、博客、 邮件要锁定具体人,及时书面公证或网络公证
证据反收集	不知对方意图; 不懂反收集方法	有利于对方 证明目的	事前汇报领导、咨询专家;掌握方法: 不提供;不接受,更换成有利于自己的证据

4.5.3.3 时效方面

时效法律风险统计情况见表4.14。

表4.14 时效法律风险统计表

项目	表现形式	法律后果	预防方法
时效期间	不清楚	时效逾期	掌握主要的时效期间
时效逾期	本方不清楚	丧失胜诉权	责任人及时跟踪,进行时效中断
	对方不清楚	仍然确定债权, 时效重启;或支付 债权,无法追回	掌握时效规定;不能确定或支付债权
时效中断	不清楚中断后果 和中断方法	时效逾期	掌握常用简便中断方法:短信;挂号信; 对账单;对方部分付款

4.5.4 本节结语

公司法律纠纷处理包括司法途径和非司法途径。前者已阐述,后者包括协商和调解。纠纷的处理是通过程序的运行,综合运用法律知识和法律方法,实现和保护公司合法权益的操作环节,也是法律学习和法律培训的重要方法与根本目的,具有很强的实践性、政策性、合法性和合理性。

处理公司业务纠纷是管理干部职权范围内一项复杂和关键的工作。如何处理好纠纷?

一方面,管理干部要树立程序意识、合法意识、合理意识,不断摒弃重结果轻程序的人治思维,力争程序和结果双双公正。

另一方面,管理干部要强化处理艺术、处理方法、处理手段,主要运用协商和调解方法,尽量不用司法手段,但开展经营管理业务要按"打官司"的标准进行准备,也就是"依法办事",这样,协商和调解成功概率就大,也就不会"对簿公堂",从而降低公司法律风险和管理成本,营造公司良好的人际关系和外部环境。

5

人力资源管理

5.1 人力资源管理概述

5.1.1 人力资源是第一资源

5.1.1.1 人力资源的战略地位

经济学把可以投入到生产中创造财富的生产条件通称为资源。世界上的资源可分为若干种类，如物力资源、财力资源、信息资源、时间资源、技术资源、人力资源等。在所有的资源中，人力资源是第一资源，它是从事智力劳动和体力劳动的人口总称，是人口数量和质量的统一，是潜在人力与现实人力的统一。

人力资源的战略地位表现在以下两个方面：

（1）人力资源在推动经济增长的基本要素中起决定作用：美舒尔茨在《论人力资本投资》中提到：自然资源匮乏的日本在战后迅速崛起，成为仅次于美国的世界第二经济大国，而生活在尼罗河口及其冲积平原这些大粮仓上的人们至今还很贫穷。点评：要促进经济增长，改变贫穷地位，"关键因素不是空间、能源和耕地，而是提高人口质量，提高知识水平"。

（2）人力资源在21世纪的国际竞争中成为决定胜负的关键因素：随着市场经济在全球迅速发展，企业间的市场竞争逐渐转换为企业核心竞争力的竞争。企业核心竞争力主要来自于企业的物力资源、技术资源、资金资源和人力资源。但当今企业纷纷面临物力资源因过量消费而短缺、技术资源因易被竞争对手模仿而稍瞬即逝、资金资源因投资多元化趋势而减弱、资金流动性增长、垄断企业削弱的困境。因此，人力资源成为企业营造核心竞争力的关键。

5.1.1.2 人力资源的特征

1. 能动性

人不同于自然界其他生物，因为人具有思想、情感和主观能动性，能够有目的地进行活动，能动地改造客观世界。人具有意识，这种意识不是低水平的动物意识，而是对自身和外界具有清晰看法的，对自身行动做出决策的，调节自身与外部关系的社会意识。由于作为劳动者的人具有社会意识，并在社会生产中处于主体地位，因此表现出主观能动作用。

2. 高增值性

人力资源是资本性资源，可以投资并得到回报。根据挪威1900—1995年的统计测算，对固定资产、普通劳动者和智力投资的额度分别每增加1％，则与其相对应的社会生产量分别增加 0.2%,0.76% 和 1.8%。

3. 时效性

人力资源的形成、开发和利用都要受时间方面的限制。从个体角度来看,作为生物机体的人有其生命周期,如幼年期、青壮年期和老年期,各个时期的劳动能力各不相同;从社会角度来看,人力资源也有培养期、成长期、成熟期和老化期。这要求我们要研究人力资源运动的内在规律,使人力资源的开发、形成、配置和使用等处于一种动态的平衡之中,从而更好地发挥人力资源的效用。

4. 再生性

资源可以分为可再生资源和不可再生资源两大类。不可再生资源有矿藏(煤矿、金矿、铁矿、石油等),可再生资源有森林等。人力资源基于人口的再生产和劳动力的再生产而具有再生性,这决定了人力资源的再生性不同于一般生物资源的再生性。

5.1.2 管理及其变迁

5.1.2.1 管理的真谛

现在对管理有一种最简洁然而却能抓住其本质的定义:管理就是通过别人把事情办成。

5.1.2.2 管理的演变

管理作为整个现代管理系统的一个重要的子系统,其演进历程自然与现代管理思潮的演进密不可分。这里所谓的管理思潮,是指对管理的实质的哲学性的思考、认识和理念。管理思潮是以当时的管理实践为基础的,它一旦形成,就会反过来影响管理实践。管理思潮作为社会上层建筑的一个组成部分,反映了当时社会的生产力水平。

西方的产业革命首先出现在 18 世纪的英国。科技的突破总会推动社会的发展。当时英国本来存在的是以手工技术为基础的简单的家庭手工作坊式的生产,其管理分工不细。所有权与管理权集于厂主一身,规模很小,被称为经验式管理。被雇佣的工匠手艺的高低对生产影响甚大,工匠们所采用的工艺和工具不是标准化的,而是视工匠的个人偏爱与习惯而定的。

以蒸汽机的发明与应用为代表的产业革命首先在英国纺织业中出现,继而扩展到化学、采掘、冶金、机械制造业中,促进了向机器大工业生产的过渡。这一过程当然是渐进式的、不平衡的。行业间及西方各国间的这种不平衡,约经过一个世纪才渐趋明朗。具有得天独厚的自然与人文优势的美国后来居上,于 19 世纪末完成了机器大工业的建立,现代意义上的管理制度也相应地形成,反映这种实践的现代管理思潮也相应地出现。现代管理思潮在 20 世纪的进一步发展,大体上遵循两条思路进行,共经历了 5 个阶段:

(1) 传统管理阶段(20 世纪初以前),老板=工人;

(2) 科学管理阶段(20 世纪初—20 世纪 30 年代中期),"经济人"假设;

(3) 人际行为关系阶段(20 世纪 30 年代中期—20 世纪 50 年代),"社会人"假设;

(4) 管理科学阶段(20 世纪 50 年代—20 世纪 70 年代),"理性人"假设;

(5) 现代管理阶段(20 世纪 70 年代以后),"复杂人"假设。

美国学者斯科特(R. Scott)对现代管理思潮的演进做了概括,参见图 5.1。

环境观

	封闭性	开放性
理性人	第一阶段 20 世纪 30 年代中期以前 古典管理学派 科学管理学派	第三阶段 20 世纪 50 年代至 70 年代左右 管理科学阶段 数理模型阶段
社会人	第二阶段 20 世纪 30 年代中期至 50 年代左右 人际关系学派 行为科学学派	第四阶段 20 世纪 70 年代左右以来 现代综合管理学派

人性观（左侧纵向标注，跨两行：理性人 / 社会人）

图 5.1　现代管理思潮的演进

5.1.3　人力资源管理的模块解析

5.1.3.1　人力资源管理的目标

作为企业的基本管理职能之一,人力资源管理（HRM）当然是为实现企业的基本目标,即向社会提供它所需要的产品与服务,并使企业在市场竞争中得以生存和发展服务的。因此,它本身的目的便是"吸引、保留、激励与开发"企业所需的人力资源。具体来说,即把企业所需人力资源吸引到企业中来,将他们保留在企业之内,调动他们的工作积极性,并开发他们的潜能,以便充分发挥他们的积极作用,来为本企业服务。

5.1.3.2　人力资源管理的模块

人力资源管理模块的相关内容包括以下几个方面（见图 5.2）：

（1）获取：包括招聘、考试、选拔与委派；

（2）整合：这指的是使被录用的职工了解企业的宗旨与价值观,接受和遵从其指导,使之内化为他们自己的价值观,从而建立和加强他们对组织的认同与责任感；

（3）保持和激励：为职工提供其所需的奖酬,提高其满意度,以便其安心和积极工作；

（4）控制与调整：评估职工的素质,考核其绩效,并做出相应的奖惩、升迁、离退、解雇等决策；

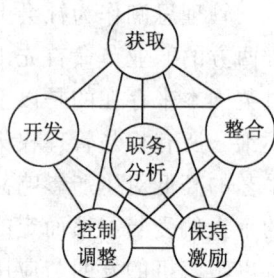

图 5.2　人力资源管理的模块

（5）开发：对职工实施培训,并为他们提供发展机会,指导他们明确自己的长处、短处与今后的发展方向和道路；

（6）职务分析：通过观察和研究,确定关于某种特定职务的工作内容和工作人员的胜任条件。

5.1.3.3　现代人力资源管理的特征

1. 现代人力资源管理既是科学又是艺术

管理的对象,从根本上说是"人"与"物"。管理中的因素既有人又有物,但其性质是完全不同的。物是理性的、硬的、被动的,可以用定量方法来测试与描述,以逻辑推断来分析与控制；人则是以感情性和心理性为主的,是软的,有能动性的,往往只能用定性的方法来描述,要凭经验乃至直觉来感知和掌握。因此,管理不是单纯的科学,而包含有艺术的成分;管理者的层级越高,所处理的问题就越复杂而多因,其艺术成分也越多。科学讲求精确,所归纳出的规律可使相同结果反复再现,较易于传授和学会;艺术则讲求分寸或火候,很难准确描述,需要反复实践去灵活掌握及体验。

2. 现代人力资源管理是战略性的人力资源管理

传统的事务型人事管理向人本型人力资源管理转变,但这并不意味着后者排斥和取消了前者,因为那些事务性的人事管理工作还是要做的,只是在观念上由把职工看作被管理和控制的工具,转化到把他们看作企业最宝贵的资源与财富,不能对他们颐指气使、呼来喝去,而应尊重他们,并尽量满足他们的各种需要,从而充分发挥其主动性与创造性。但随着全球市场竞争的加剧,人力资源管理又出现了新的变化动向,即从人本型向战略性人力资源管理演进的新趋势。其主要特点是,人力资源管理部门未直接参与企业的战略决策。人力资源管理战略是职能战略中的一种,但企业的任何战略目标的完成都离不开人力资源战略的配合。公司战略与人力资源管理的关系可概括为以下两个方面(见图5.3):

(1) 依据组织战略目标和现实情况制定人力资源政策;

(2) 在人力资源管理实践中以实现组织战略目标为己任。

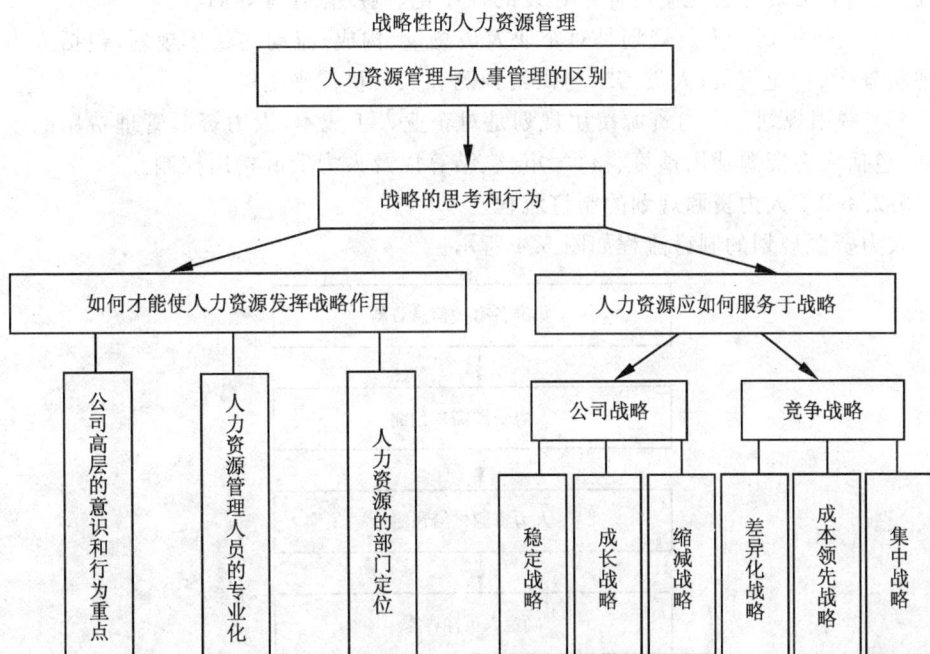

图5.3 公司战略与人力资源管理的关系

5.2 人力资源规划与员工职业生涯规划

5.2.1 人力资源规划概述

5.2.1.1 人力资源规划的内涵

人力资源规划的内涵有广义和狭义之分。广义的人力资源规划是企业所有人力资源计划的总称,是战略规划与战术计划(即具体的实施计划)的统一;狭义的人力资源规划是指为实施企业的发展战略,完成企业的生产经营目标,根据企业内外环境和条件的变化,运用科学的方法,对企业人力资源的需求和供给进行预测,制定相应的政策和措施,从而使企业人力资源供给和需求达到平衡,实现人力资源的合理配置,有效激励员工的过程。

从规划的期限上看,人力资源规划可分为长期规划(5 年以上的计划)、中期计划(1~5 年的计划)和短期计划(1 年以内的计划)。

5.2.1.2　人力资源规划的内容

人力资源规划的内容包括以下几个方面:

(1) 战略规划。战略规划即人力资源战略规划,是根据企业总体发展战略的目标,对企业人力资源开发和利用的大政方针、政策和策略的规定,是各种人力资源具体计划的核心,是事关全局的关键性规划。

(2) 组织规划。组织规划是对企业整体框架的设计,主要包括组织信息的采集、处理和应用,组织结构图的绘制,组织调查、诊断和评价,组织设计与调整以及组织机构的设置等。

(3) 制度规划。企业人力资源管理制度规划是人力资源总规划目标实现的重要保证,包括人力资源管理制度体系建设的程序化、制度化管理等内容。

(4) 人员规划。人员规划是对企业人员总量、构成、流动的整体规划,包括人力资源现状分析、企业定员、人员需求与供给预测和人员供需平衡等。

(5) 费用规划。人力资源费用规划是对企业人工成本、人力资源管理费用的整体规划,包括人力资源费用预算、核算、审核、结算以及人力资源费用控制。

5.2.1.3　人力资源规划的制订流程

人力资源规划的制订流程如图 5.4 所示。

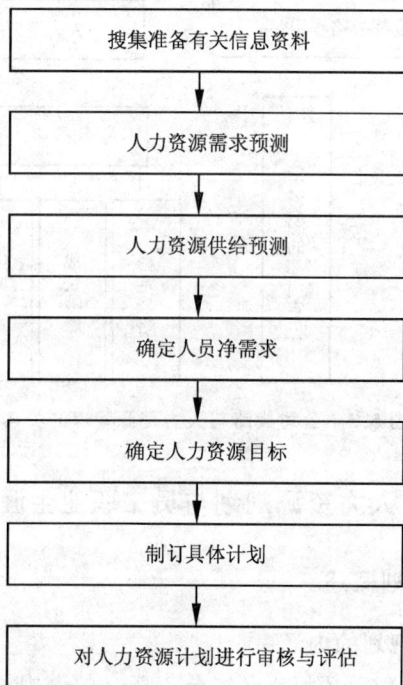

图 5.4　人力资源规划的制订流程

1. 搜集准备有关信息资料

收集、分析有关信息资料是人力资源规划的基础,对人力资源规划工作影响很大。与人力资源规划相关的信息资料包括:① 企业的经营战略和目标;② 组织结构的检查与分析;③ 职务说明书;④ 核查现有人力资源,关键在于弄清现有人力资源的数量、质量、结构及分布状况。

2. 人力资源需求预测

人力资源需求预测主要是根据公司发展战略规划和本公司的内外条件选择预测技术,然后对人力需求的结构和数量进行预测。从逻辑上讲,人力资源的需求是产量、销售量、税收等的函数,但对于不同的企业或组织,每一因素对人力资源的需求的影响并不相同。

3. 人力资源供给预测

供给预测包括两方面:一是内部人员拥有量的预测,即根据现有人力资源及其未来变动情况,预测出规划期内各时间点上的人员拥有量;二是外部供给量的预测,即预测出规划期内各时间点上可以从企业外部获取的各类人员的数量。一般情况下,内部人员拥有量是比较透明的,预测准确度较高,而外部人力资源的供给量预测则具有较强的不确定性。

4. 确定人员净需求

把人力资源需求的预测数与在同期内组织可供给的人力资源进行比较,从比较分析中可测算出各类人员的所需数。这个净需求数如果是正的,则表明企业需要招聘新的员工或对现有员工进行有针对性的培训;如果这个净需求数是负的,则表明企业人员过剩,应该精简或对员工进行调配。需要说明的是,这里所说的"净需求"既包括人员数量,又包括人员结构、人员标准,既要确定"需要多少人",又要确定"需要什么样的人"。

5. 确定人力资源目标

人力资源计划的目标是随着组织所处的环境、企业战略、组织目前的工作结构以及员工工作行为的变化而不断改变的。当组织的战略、年度计划已经确定,组织目前的人力资源需求与估计情况已经摸清时,就可以据此制定组织的人力资源目标了。目标可以用最终结果来阐述,例如:"到明年年底,每个员工的年培训时间长达 40 小时","3 年后,将精简人员的 1/3"。企业的人力资源目标通常是定量的、具体的,较少是抽象的、定性的。

6. 制定有关人力资源供需方面的政策和措施

这包括制订晋升计划、补充计划、培训开发计划、配备规划等。规划中既要包括有指导性、原则性的政策,又要包括有可操作性的具体措施。供求预测的不同,决定了应采取的政策和措施也不同。

7. 对人力资源计划的审核与评估

企业通过定期与不定期的人力资源计划审核工作,客观及时地引起企业高层领导的高度重视,使得有关的政策和措施得以及时改进并落实,有利于调动职工的积极性,提高人力资源管理工作的效益。

【人力资源计划示例】

目标:今后两年将公司管理干部的平均年龄降低到 35 岁以内。

政策：重视对年轻人才的培养和使用，选聘和提拔年轻人进入管理层。

措施：

（1）加强对现任管理干部的高级管理培训；

（2）选择优秀一线员工接受管理培训及其他培训；

（3）在招聘工作中向有管理经验的年轻人倾斜；

（4）对现任管理干部进行规划，通过退休、聘为顾问等途径有计划地将大部分年龄高于 50 岁的干部退出现任管理岗位。

方案评价（两年以后进行）：

评价的主要问题有：

（1）我们最初的目标定得太高吗？

（2）公司是否真正重视管理干部的年轻化？是否真正愿意为年轻人提供展示才能的舞台？

（3）多大比例的现任管理干部参加了高级管理培训？参加这种培训的干部的平均年龄是多少？

（4）有多少优秀一线员工接受了管理培训？

（5）新招聘了多少有管理经验的年轻后备人才？

（6）有多少 50 岁以上的管理干部已经退出了原管理岗位？他们是否已经得到了妥善安置？

（7）公司的管理思想、管理效果是否发生了变化？这种变化与干部年轻化有多大关系？

（8）是否应推迟原来的计划或改变原来的目标？

5.2.2　人力资源规划的政策

5.2.2.1　人力资源短缺时的政策

人力资源短缺时可采用以下政策：

（1）调剂富余人员上岗；

（2）培训其他员工上岗；

（3）鼓励员工加班加点；

（4）提高员工生产效率；

（5）转包部分工作；

（6）减少工作任务；

（7）添置新的设备；

（8）聘用兼职人员；

（9）聘用临时员工；

（10）招聘正式员工。

应当注意的是，当企业出现人员短缺时，不要急于招聘新员工，这主要是因为：一是招聘成本较高；二是一旦员工被录用就很难辞退。因此，企业在招聘之前，应认真考虑有没有其他办法可以代替招聘。

5.2.2.2 人力资源富余时的政策

人力资源富余时可采用以下政策：

（1）扩大有效业务量；

（2）培训提高员工素质；

（3）提前退休；

（4）降低工资；

（5）减少福利；

（6）鼓励员工辞职；

（7）减少劳动时间；

（8）休假；

（9）辞退员工。

5.2.2.3 人力资源平衡时的政策

企业只会有数量上的平衡，不会有质量上的平衡。要使数量、质量都平衡，出于激励的目的，就需要采用以下政策：

（1）工作扩大化；

（2）工作丰富化；

（3）工作轮换；

（4）工作再设计；

（5）晋升、降级、培训等；

因此，人力资源的调整是经常性的工作。

5.2.3 员工职业生涯规划

职业生涯管理是美国近十几年来从人力资源管理理论与实践中发展起来的新学科。所谓生涯，根据美国组织行为专家道格拉斯·霍尔的观念，是指一个人一生工作经历中所包括的一系列活动和行为，职业生涯管理分为个人的职业生涯管理和组织的职业生涯管理，其中职业生涯设计是职业生涯管理的重要组成部分。

个人职业生涯管理主要包括以下几个方面的内容：

1. 职业发展周期

每个人的职业发展都需要经过几个阶段，个人需要依据职业发展周期调整个人的知识水平和职业偏好。个人的职业发展周期可以分为 5 个阶段：成长阶段、探索阶段、确立阶段、维持阶段和下降阶段。虽然从原则上可以把职业生涯发展周期分为以上 5 个阶段，但并不是每个人的职业发展周期都是一样的，每个人都会有自己的特点。

2. 职业发展性向

职业咨询专家约翰·霍兰德（John Holland）认为，人格（包括价值观、动机和需要等）是决定一个人选择何种职业的另外一个重要因素。他提出了决定个人选择何种职业的 6 种基本的"人格性向"。

（1）实际性向。具有这种性向的人会被吸引从事那些包含着体力活动并且需要一定技巧、力量和协调的职业，如森林工人、运动员等。

（2）调研性向。具有这种性向的人会被吸引从事那些包含着较多认知活动的职业，而不是主要以感知活动为主的职业，如生物学家、大学教授等。

（3）社会性向。具有这种性向的人会被吸引从事那些包含着大量人际交往活动的职业，而不是有大量智力活动或体力活动的职业，如心理医生、外交人员等。

（4）常规性向。具有这种性向的人会被吸引从事那些包含着大量结构性和规则性的职业，如会计、银行职员等。

（5）企业性向。具有这种性向的人会被吸引从事那些包含着大量以影响他人为目的的语言活动的职业，如管理人员、律师等。

（6）艺术性向。具有这种性向的人会被吸引从事那些包含着大量自我表现、艺术创造、情感表达和个性化的职业，如艺术家、广告创意人员等。

实际上每个人不是只包含有一种职业性向，而可能是几种职业性向的混合。霍兰德认为：职业性向越相似，则一个人在选择职业时面临的内在冲突和犹豫就越少。

3.职业规划的内容

职业规划的内容如图5.5所示。

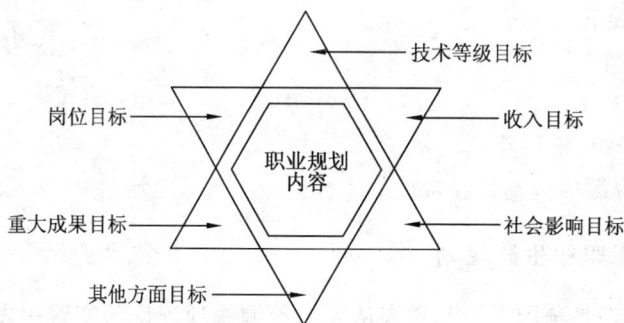

图5.5　职业规划内容

（1）岗位目标：岗位目标即在选择的职业领域要达到的目标。在管理领域，岗位目标就是各级管理岗位，如总经理、副总经理、部门经理等；在技术领域，就是荣誉性技术岗位，如总工程师、副总工程师等。

（2）技术等级目标：职称通常是技术等级的衡量标准，如助理工程师、工程师、高级工程师等。

（3）收入目标：经济收入是组织对员工贡献的回报。在成熟的组织中，这种回报机制能够基本做到回报率的公平。

（4）社会影响目标：有些人不仅希望得到组织内部的肯定，而且也希望得到社会的承认。对于那些希望自己成为有益于社会的人来说，完全可以树立远大的理想，在设计职业生涯目标时考虑到对社会的贡献以及得到社会的肯定，把目标定在"本地区劳动模范""在本行业有一定知名度"等。

（5）重大成果目标：如取得技术专利、负责一项大型工程建筑等。

（6）其他方面目标：如社会地位、接受培训情况等。

5.3 工作岗位分析与职务设计

5.3.1 工作分析概述

5.3.1.1 岗位是什么

1. 岗位是一个组织结构的基本单位

岗位是企业最基础的工作单位,承担着各项基层工作的执行。如果一个企业是一座房子,那么一个岗位就是垒起企业这座房子的一块砖。正如对于房子来说每一块砖都必不可少一样,企业里的每一个岗位都非常重要。

2. 岗位属于组织,而不属于岗位任职者

岗位属于组织,而不属于个人。任职者的变迁不应改变岗位的基本特征与所从事的主要任务。这就提醒我们,岗位分析要关注岗位的要求,而非岗位任职者每天所做的工作。有时岗位任职者每天所做的工作并不一定是岗位对他的要求,很有可能是其个人行为而不是企业行为。

3. 岗位是相对稳定的,且又是动态变化的

在短期内,组织的岗位设置不会发生调整,但在长期内,随着组织的发展、业务的调整,管理者应当根据实际动态情况对岗位做出相应调整。否则,队伍中就会出现"不拉马的士兵"。

5.3.1.2 工作分析的内涵

工作分析又称职务分析(Job Analysis),是对各类工作岗位的性质任务、职责权限、岗位关系、劳动条件和环境以及员工承担本岗位任务应具备的资格条件所进行的系统研究,并制定出工作说明书等岗位人事规范的过程。

5.3.1.3 合理的工作分析是人力资源管理的基础和条件

工作分析的有关内容如图 5.6 所示。

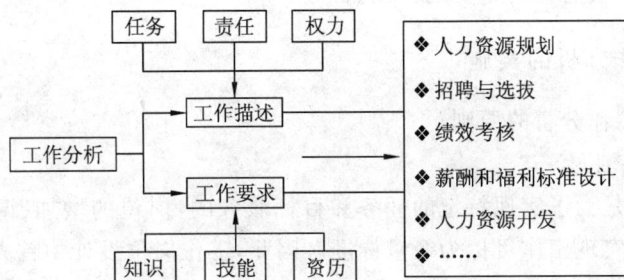

图 5.6 工作分析

工作岗位分析的作用有以下几个方面:

(1) 工作岗位分析为招聘、选拔、任用合格的员工奠定了基础。通过工作岗位分析,掌握了工作任务的静态与动态特点,能够系统地提出有关人员的文化知识、专业技能、生理心理品质等方面的具体要求,并对本岗位的用人标准做出具体而详尽的规定。这就使企业人力资源管理部门在选人用人方面有了客观的依据,经过员工素质测评和业绩评估,为企业单位招聘与配置符合岗位数量和质量要求的合格人才,使人力资源

管理的"人尽其才、岗得其人、能位匹配"的基本原则得以实现。

（2）工作岗位分析为员工的考评、晋升提供了依据。员工的评估、考核、晋级和升职，如果缺乏科学的依据，将会挫伤各级员工的积极性，使企业单位的各项工作受到严重影响。根据岗位分析的结果，人力资源管理部门可制定出各类人员的考评指标和标准以及晋职晋级的具体条件，提高员工绩效考评和晋升的科学性。

（3）工作岗位分析是企业单位改进工作设计、优化劳动环境的必要条件。通过工作岗位分析，可以揭示生产和工作中的薄弱环节，反映工作设计和岗位配置中不合理、不科学的部分，发现劳动环境中危害员工生理卫生健康和劳动安全，加重员工的劳动强度和工作负荷，造成过度的紧张疲劳等方面不合理的因素，有利于改进工作设计，优化劳动环境和工作条件，使员工在安全、健康、舒适的环境下工作，最大限度地调动员工的工作兴趣，充分激发员工的生产积极性和主动性。

（4）工作岗位分析是制订有效的人力资源规划、进行各类人才供给和需求预测的重要前提。每个企业对于岗位的配备和人员的安排都要预先制订人力资源规划，并且要根据计划期内总的任务量、工作岗位变动的情况和发展趋势，进行中长期的人才供给与需求预测。工作岗位分析所形成的工作说明书，为企业有效地进行人才预测，编制企业人力资源的长期规划和年度实施计划提供了重要的前提。

（5）工作岗位分析是工作岗位评价的基础，而工作岗位评价又是建立、健全企业单位薪酬制度的重要步骤。因此，可以说工作岗位分析为企业单位建立对外具有竞争力、对内具有公平性、对员工具有激励性的薪酬制度奠定了基础。

（6）工作岗位分析还能使员工通过工作说明书、岗位规范等人事文件，充分了解本岗位在整个组织中的地位和作用，明确自己工作的性质、任务、职责、权限和职务晋升路线以及今后职业发展的方向和愿景，更有利于员工"量体裁衣"，结合自身的条件制订职业生涯规划，愉快地投身于本职工作中。

总之，工作岗位分析无论对我国宏观社会和经济发展，还是对企业单位的人力资源开发和管理，都具有极为重要的作用。

5.3.2　工作分析的实施

5.3.2.1　工作分析的原则

1. 明确任务目标

岗位的存在是为了实现特定的任务和目标服务的，岗位的增加、调整和合并都必须以是否有利于实现工作目标为衡量标准。因此，工作岗位设计中首先应明确所属单位的总目标是什么，每个岗位的目标又是什么，并且要力图使岗位目标具体化、明晰化，并使该岗位的设置与其承担的任务量相对应，这就要求在企业中广泛地推行系统化、科学化的目标管理，以杜绝岗位重叠、人浮于事、效率低下等现象的存在。

2. 分工协作原则

劳动分工是在科学分解生产过程的基础上所实现的劳动专业化，使许多员工从事不同但又相互联系的工作。而劳动协作就是采用适当的形式，将从事各种局部协作的劳动联系在一起，共同完成某种整体性的工作。

以科学的劳动分工为基础设计的工作岗位，不仅有利于员工发挥各自的技术专长,提高专业技能的内在含量,也便于明确岗位的工作任务和责任。员工只有在分工明确的情况下,才会主动地开展工作。同时,岗位的设计又应当充分考虑劳动协作的客观要求,明确岗位与岗位之间的协作关系。分工是协作的前提,而协作是分工的结果。只有岗位之间建立紧密的协作,才能进一步发挥集体的智慧和团队的力量,从而创造出更高的劳动生产力。

3. 责权利相对应的原则

在进行工作岗位设计时,必须首先要明确每一个岗位的责任、权限和利益,岗位责任是任职者应尽的义务,而与之对应的岗位权限是赋予岗位员工应有的对人、财、物的各种支配、使用和调动权,权力是保证岗位运行顺畅的工具,利益是驱使岗位员工更好地完成任务的动力。必须切实保证岗位的义务、权力与利益的对应性和一致性,不受责任制约的权力和利益必然导致滥用权力、利益膨胀,滋生腐败;而不授予足够的权力和利益,仅有岗位责任,则难以保障岗位工作任务的完成和预期目标的实现。

在工作岗位设计的过程中,除了要充分考虑每一个岗位自身的各种约束条件和要求,即切实保证岗位任务目标的明确性、分工协作的合理性和权责利的对应性之外,还要从企业生产全过程出发,对岗位的设置进行总体性评价,对企业应该设置多少岗位、设置什么样的岗位,进行整体性的分析研究。

5.3.2.2 工作分析的参与者

1. 人力资源管理专家

人力资源管理专家可以来自于组织内部,通常是来自人力资源部门或业务流程研究部门,也可以来自于组织外部的专业机构。无论来自组织内部还是组织外部,这些分析专家都有一个共同的特点:他们都经过专门的训练,能够系统地收集和分析工作信息。

2. 职务的任职者

一般来说,职务的任职者最了解职务内容,他们可能提供关于工作的完整的信息,也可能提供关于工作的最真实可靠的信息。但有时候,工作任职者不一定愿意报告他们工作的内容,甚至一部分职务的任职者往往会带有功利目的,夸大他们的能力。

3. 职务任职者的上级主管

任职者的上级主管监控任职者从事工作,他们有机会观察任职者的工作,能够客观地提供职务信息。任职者的上级主管收集职务信息的一个假设前提是,他们在工作中与职务任职者有密切的关系,能够提供其下属职务的全面信息,他们很清楚地知道其下属做了些什么,并能对下属的工作活动做出相应的判断。然而,任职者的上级主管往往倾向于从任职者"应该"怎样做的角度描述任职者的工作,而不是从任职者"实际上"是怎么做的角度描述任职者的工作。通常,任职者的上级主管并不作为主要的职务信息收集者,往往需要他们对已经收集来的职务信息进行检查与证明。

5.3.2.3 工作岗位分析信息的主要来源

1. 书面资料

在企业中,一般都保存各类岗位现职人员的资料记录以及岗位责任的说明,这些资料对工作岗位分析非常有用。例如组织中现有的岗位职责、供招聘用的广告等。

2. 任职者的报告

任职者的报告可以通过访谈、工作日志等方法得到。因为如果让任职者自己描述所做的主要工作以及是如何完成的，就很难保证所有的工作方面都能涉及，而且无法保证信息本身的客观性与真实性。

3. 同事的报告

除了直接从任职者那里获得有关的资料外，也可以从任职者的上级、下属等处获得资料。这些资料可以弥补报告的不足。

4. 直接的观察

到任职者的工作现场进行直接观察也是一种获取有关工作信息的方法。尽管岗位分析人员出现在任职者的工作现场对于任职者会造成一定的影响，但这种方法仍能提供一些其他方法所不能提供的信息。

除此之外，岗位分析的资料还可以来自于下属、顾客和用户等。尽管信息的来源多种多样，但作为岗位分析人员要寻求最为可靠的信息来源渠道。

5.3.2.4　岗位分析的基本程序

1. 准备阶段

准备阶段的具体任务是：了解情况，建立联系，设计岗位调查的方案，规定调查的范围、对象和方法。

（1）根据工作岗位分析的总目标、总任务，对企业各类岗位的现状进行初步了解，掌握各种基本数据和资料。

（2）设计岗位调查方案。

① 明确岗位调查的目的。岗位调查的任务是根据岗位研究的目的，搜集有关反映岗位工作任务的实际资料。因此，在岗位调查的方案中要明确调查目的。有了明确的目的，才能正确确定调查的范围、对象和内容，选定调查方式，弄清应当收集哪些数据资料，到哪里去收集岗位信息，用什么方法去收集岗位信息。

② 确定调查的对象和单位。调查对象是指被调查的现象总体，它是由许多性质相同的调查单位所组成的一个整体。所谓调查单位就是构成总体的每一个单位。如果将企业劳动组织中的生产岗位作为调查对象，那么每个操作岗位就是构成总体的调查单位。在调查中如果采用全面的调查方式，须对每个岗位（岗位即调查单位）一一进行调查；如果采用抽样调查的方式，应从总体中随机抽取一定数目的样本进行调查。能不能正确地确定调查对象和调查单位，直接关系到调查结果的完整性和准确性。

③ 确定调查项目。在上述两项工作完成的基础上应确定调查项目，这些项目所包含的各种基本情况和指标，就是需要对总体单位进行调查的具体内容。

④ 确定调查表格和填写说明。调查项目中提出的问题和答案，一般是通过调查表格的形式体现的。为了保证这些问题得到统一的理解和准确的回答，便于汇总整理，必须根据调查项目制定统一的调查表格（问卷）和填写说明。

⑤ 确定调查的时间、地点和方法。确定调查时间应包括：明确规定调查的期限，指出从什么时间开始到什么时间结束；明确调查的日期、时点。在调查方案中还要指出调查地点，调查地点是指登记资料、收集数据的地点。最后，在调查方案中还应当根据调查目的、内容决定采用什么方式进行调查。调查方式及方法的确定要从实际出

发,在保证质量的前提下力求节省人力、物力和时间,能采用抽样调查、重点调查方式,就不必进行全面调查。

(3)为了搞好工作岗位分析,还应做好员工的思想工作,说明该工作岗位分析的目的和意义,建立友好合作的关系,使有关员工对岗位分析有良好的心理准备。

(4)根据工作岗位分析的任务、程序,分解成若干工作单元和环节,以便逐项完成。

(5)组织有关人员学习并掌握调查的内容,熟悉具体的实施步骤和调查方法。必要时可先对若干个重点岗位进行初步调查分析,以便取得岗位调查的经验。

2. 调查阶段

这一阶段的主要任务是根据调查方案,对岗位进行认真细致的调查研究。在调查中,应灵活地运用访谈、问卷、观察、小组集体讨论等方法,广泛深入地搜集有关岗位的各种数据资料,如岗位的识别信息,岗位任务、责任、权限,岗位劳动负荷、疲劳与紧张状况,岗位员工任职资格条件,生理心理方面的要求,劳动条件与环境等。对各项调查事项的重要程度、发生频率(数)应详细记录。

3. 总结分析阶段

本阶段是岗位分析的最后环节。它首先要对岗位调查的结果进行深入细致的分析,最后,再采用文字图表等形式,做出全面的归纳和总结。

工作岗位分析并不是简单地收集和积累某些信息,而是要对岗位的特征和要求做出全面深入的考察,充分揭示岗位主要的任务结构和关键的影响因素,并在系统分析和归纳总结的基础上,撰写出工作说明书、岗位规范等人力资源管理的规章制度。

5.3.2.5 工作说明书的撰写

一份完整的工作说明书应包括以下内容:

(1)基本资料。它主要包括岗位名称、岗位等级(亦即岗位评价的结果)、岗位编码、定员标准、直接上下级和分析日期等方面的识别信息。

(2)岗位职责。它主要包括职责概述和职责范围。

(3)监督与岗位关系。它主要说明本岗位与其他岗位在横向及纵向上的联系。

(4)工作内容和要求。它是岗位职责的具体化,即对本岗位所要从事的主要工作事项做出的说明。

(5)工作权限。为了确保工作的正常开展,必须赋予每个岗位不同的权限,但权限必须与工作责任相协调、相一致。

(6)劳动条件和环境。它是指在一定时间、空间范围内工作所涉及的各种物质条件。

(7)工作时间。它包含工作时间长度的规定和工作轮班制的设计等两方面内容。

(8)资历。它由工作经验和学历条件两个方面构成。

(9)身体条件。结合岗位的性质、任务对员工的身体条件做出规定,包括体格和体力两项具体的要求。

(10)心理品质要求。岗位心理品质及能力等方面要求,应紧密结合本岗位的性质和特点深入进行分析,并做出具体的规定。

(11)专业知识和技能要求。

(12) 绩效考评。从品质、行为和绩效等多个方面对员工进行全面的考核与评价。

下面以某机场要客接待室主任工作说明书为例介绍工作说明书的形式。

某机场要客接待室主任工作说明书

第一部分　岗位规格说明

一、基本资料

岗位名称：要客接待室主任	岗位评价：……
岗位编码：1620201	定员标准：1人
直接上级：要客部经理	分析日期：2006年1月

二、岗位职责

1. 概述

在要客部经理的领导下,全权负责进出港重要客人及股份公司领导和要客部领导交办的要客在候机楼内的接待工作;贵宾休息室的预订、调配和结算;专机、包机业务联系。

2. 工作职责

(1) 要客接待室主任要根据要客部战略目标和经营管理体制,制定本部门的各项规章制度并监督实施。

(2) 全权负责进出港要客在候机楼内的接待工作。

(3) 协调海关、边防、公安分局、各大航空公司等部门的关系,保证要客顺利进出港,树立要客部最佳服务形象。

(4) 负责要客信息的搜集整理和报道,贵宾休息室的预订、调配和结算,以及相关的复印、打字、传真和订票等商务工作。

(5) 拓展包机及商务飞机的服务领域,协调有关部门确保商务活动的顺利进行。

(6) 制订本部门的工作计划、业务学习计划及考核办法,抓好本部门的工作纪律,定期对下属员工的工作进行监督检查。

(7) 全面负责本部门员工的思想政治工作,对党、团、工会、女工等党群工作进行指导监督。

(8) 定期向要客部领导汇报本部门工作业务开展情况以及员工的思想政治状况,充当上下级之间的桥梁和纽带。

三、其他职责

完成领导交办的其他临时工作。

四、监督及岗位关系

1. 所受监督和所施监督

(1) 所受监督：要客接待室主任直接受要客部经理的监督指导。

(2) 所施监督：对下属的主任助理、商务中心工作人员、接待人员、专包机业务员等进行直接监督指导。

2. 与其他岗位关系

(1) 内部联系：本岗位与贵宾休息室有业务上的协调和配合关系;与综合办公室有指导和协调关系。

(2) 外部联系：本岗位与全国各大航空公司、海关、边防、卫生检疫、护卫中心、公安警卫等部门有业务上的合作关系。

3. 本岗位职务晋升阶梯图（见图5.7）

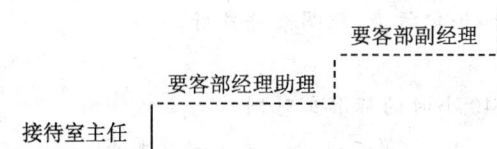

```
                                        ┌─────────────┐
                                        │ 要客部副经理 │
                          ┌───────────────┘─────────────┘
                          │ 要客部经理助理 │
            ┌───────────────┘───────────────┘
            │ 接待室主任 │
            └────────────┘
```

图 5.7　要客接待室主任职务晋升图

4. 本岗位横向平移情况

本岗位可向其他职能部门室主任岗位平移。

五、工作内容及工作要求（见表5.1）

表 5.1　要客接待室主任工作内容及工作要求

工作内容	工作要求
（1）要客接待室主任要根据要客部战略目标和经营管理体制，制定本部门的各项规章制度并监督实施	（1）规章制度的制定应根据本部门工作的实际，切实可行，确保有效实施，监督有力
（2）全权负责进出港要客在候机楼内的接待工作	（2）协助办理要客登接机免检手续和 VIP 证件、贵宾停车场的管理工作，确保要客满意率达到100%
（3）协调海关、边防、公安分局、各大航空公司等部门的关系，保证要客顺利进出港，树立要客部最佳服务形象	（3）确保与有关部门关系通畅，要客登机准时率达到100%
（4）负责要客信息的搜集整理和报道，贵宾休息室的预订、调配和结算以及相关的复印、打字、传真和订票等商务工作	（4）信息准确，服务到位，收费合理，差错率控制在 0.01% 以下
（5）拓展包机及商务飞机的服务领域，协调有关部门确保商务活动的顺利进行	（5）积极拓展专、包机业务，培育新的经济增长点
（6）制订本部门的工作计划、业务学习计划及考核办法，定期对下属员工的工作进行监督检查	（6）计划应包含年度计划和中长期规划；业务学习应每月不少于 2 次；对员工考核有据，纪律严明，奖勤罚懒，确保公平、公正
（7）定期向要客部领导汇报本部门工作业务开展情况以及员工思想状况，充当上下级之间的桥梁和纽带	（7）每月应向要客部领导汇报本部门工作 2～3 次，做到上情下达、下情上达

六、岗位权限

（1）对要客接待室的业务和行政管理工作有指导权和监督权。

（2）有权对下属员工的奖惩提出建议。

（3）有对上级部门提出合理化建议和意见的权利。

（4）根据股份公司的规定有权对员工的假期审批提出建议。

（5）有就本部门的规划，向上级领导申报设备更新改造和申请拓展新的经营领域的权利。

七、劳动条件和环境

本岗位属于手工工作,室内坐姿结合室外走动进行,属于较轻体力劳动,工作环境温、湿度适中,无噪声和粉尘污染,照明条件良好。

八、工作时间

本岗位实行每周40小时的标准工时制。

第二部分　员工规格要求

九、资历

(1) 工作经验:具有3年以上接待服务的相关工作经验。

(2) 学历要求:具有大专以上文化程度。

十、身体条件

本岗位要求身体健康,精力充沛,具有一定的协调力、控制力、调整力和记忆力。

十一、心理品质及能力要求

(1) 智力:具有较强的学习能力、理解指令和原理的能力及推理判断能力。

(2) 语言能力:口头和书面语言表达流利。

(3) 具有一定的组织领导能力、管理能力、计划能力及实施运作能力。

(4) 严谨、细心,善于发现问题,并能及时做出判断。

(5) 具有较强的安全意识和保密意识。

十二、所需知识和专业技能

1. 担任本岗位职务应具备的专业知识和技能

(1) 掌握服务接待规范或相关专业知识。

(2) 具有一定的外语水平,能够运用英语进行简单的听、说、读、写。

(3) 具有一定的计算机水平,能够使用计算机办公自动化软件。

(4) 具有公关意识,善于把握市场动态和接受先进的管理经验。

(5) 具有丰富的社会经验。

2. 招聘本岗位员工应考核的内容

(1) 政治思想素质和对民航服务行业的热爱程度。

(2) 服务规范、安全保密等专业知识。

(3) 计算机操作知识。

(4) 英语水平。

3. 上岗前应接受的培训内容

(1) 了解要客部的主要职能和责任,熟悉股份公司和要客部现行各项规章制度。

(2) 掌握要客部人员分工情况,了解下属部门业务进展情况。

(3) 服务意识、安全意识和保密意识。

4. 上岗后应继续教育训练的内容

(1) 服务规范、安全保密知识。

(2) 公关学、社会学和心理学知识。

十三、绩效管理

从德、能、勤、绩4个方面对员工进行考核,以领导评定为主、自我评定和同级评定为辅进行,其中领导评定占70%,同级评定占20%,自我评定占10%。

1. 本岗位工作考核的内容

（1）德：良好的职业道德修养，敬业爱岗，忠于职守。

（2）能：① 业务能力：服务行业专业知识和实际运用能力；日常行政管理能力和处理突发事件的能力；公关和协调能力。② 管理水平：具有一般的计划、组织、控制、协调和决策能力。

（3）勤：出勤率达到 98% 以上。

（4）绩：① 是否按工作计划和领导的指令圆满完成工作任务；② 是否能够实现计划规定的经济管理目标；③ 各业务组的工作状况有无改善，工作绩效有无提高；④ 对整个机场的服务工作影响程度。

2. 本岗位工作从时间角度的考核要求

（1）定期听取本部门人员的工作汇报。

（2）每月向要客部经理提交书面工作报告 2 次。

（3）根据工作进展情况，随时向要客部经理提出合理化意见和建议。

（4）每年年初，制订全年工作计划，年末根据工作完成的实际情况，向上级作述职报告。

3. 考核结果的分析和反馈

由上级领导对考核结果进行核实及可靠性分析，以保证考核结果的真实性，并将考核结果与同期指标和工作要求相比较，及时将分析结果反馈给本人。

5.3.3 职务设计

5.3.3.1 职务设计的方法

1. 传统的方法研究技术

方法研究（Methods Study）是运用调查研究的实证方法，对现行岗位活动的内容和步骤进行全面系统的观察、记录和分析，找出其中不必要、不合理的部分，寻求和构建更安全经济、简便有效的作业程序的一种专门技术。开展方法研究的目的在于检查和消除岗位员工费时费力的操作，克服停工、等待等工时浪费的现象，有效地促进岗位工作的满负荷。一般来说，方法研究是一种无需更多的资金投入就能获得较好效果的岗位设计方法。

方法研究的具体工作步骤一般包括选择、记录、分析、改进和实施等 5 个阶段：① 选择研究对象。一般应选择需要投入大量人力的工作岗位，需要高、精、尖技术的岗位，能源和材料等消耗量大的岗位，容易发生意外事故或者劳动条件很差的工作岗位作为研究对象。② 用直接观察方法记录全部事实。只有掌握完备的资料，才能做出正确的分析。③ 分析观察记录的事实，找出改善的方案。④ 通过分析，研究出一套实用、经济、有效的新方法。将新旧方法加以比较，计算出采用新方法可能减少的作业次数、缩短运输的距离以及可能节省的工时和费用等。⑤ 贯彻执行新方法。在正式实施新方法前，培训员工掌握新的作业操作方法，以保证新方法的推广和应用。在生产工作中，监督检查各个岗位员工实施新方法的情况，发现问题，采取措施，及时解决。

2. 现代工效学的方法

工效学是研究人们在生产劳动中的工作规律、工作方法、工作程序、细微动作、作业环境、疲劳规律、人机匹配以及在工程技术总体设计中人机关系的一门科学。它通过研究人与机器、环境的相互作用以及有效的结合，使设计出来的"人—机—环境"系统更能适合人的生理、心理特点，从而达到保障劳动者在安全、健康和舒适的环境下作业，不断地提高生产或工作效率的目的。由于各国工效学发展的基础不同，所以其重点基础学科及实际应用也不尽相同。例如，法国侧重于劳动生理学；捷克、斯洛伐克侧重于劳动卫生学；保加利亚侧重于人体测量学；俄罗斯侧重于心理学；美国侧重于工程学，并把这门学科命名为"人类工程学"。

最初的工效概念考虑用什么形状、尺寸的工具，才能把劳动者的体力发挥出来，取得较好的劳动成果。而现代工效学的基本指导思想是以人为本，以人为主体，结合设备、工具、材料、工作地点、劳动环境条件等因素系统地进行分析，在一定的外部空间环境下，妥善地处理好人机矛盾，寻求符合人的生理、心理规律的最佳方法，使劳动者在从事各种工作活动时感到舒适、方便、安全，不易产生疲劳。

因此，现代工效学所研究的对象和内容主要包括以下几个方面：人体测量的方法和标准；劳动者作业区域、场所与作业设备、仪器、用具设计原理、原则和标准研究；劳动者劳动强度与能量代谢问题研究；劳动者的作业能力和作业疲劳问题研究；人的感知特征和反应特征研究；显示装置与控制系统设计原理及标准研究；作业环境研究；人机环境系统研究；劳动安全与心理卫生问题研究；等等。

总之，现代工效学所取得的上述成果，吸收了生理学、心理学、工程学、测量学、卫生学等多个学科领域的最新原理和科学方法，为企业开展岗位分析与岗位设计等活动提供了前提。在企业的工作岗位设计过程中，工效学所阐述的基本原则和基本方法以及它提出的各种技术标准和规范，已经成为工作岗位设计的基本依据。

3. 其他可以借鉴的方法

对企业的岗位设计来说，除了上述可采用的两种方法之外，最具现实意义的是工业工程（Industrial Engineering，简称 IE）所阐明的基本理论和基本方法。

迄今为止，工业工程已走过一个多世纪的发展历程。由于它所涉及的范围非常广泛，内容得到了不断扩展和充实，因此，在其形成和发展的过程中，不同时期、不同国家、不同组织和学者根据自身的研究环境与条件，赋予了工业工程不同的定义。在各种 IE 定义中，最具权威性，至今仍被大家广泛采用的，是由美国工业工程师学会提出的定义，即："工业工程是对人员、物料、设备、能源和信息所组成的集成系统进行设计、改善和设置的一门学科。它综合运用数学、物理学和社会科学方面的专门知识和技术，以及工程分析和设计的原理与方法，对该系统所取得的成果进行确定、预测和评价。"这一定义已被美国国家标准学会（ANSI）列入《工业工程术语》（*Industrial Engineering Terminology*，*ANSI*，*Z94*，*1982*）的国家标准。该定义十分明确地指出，IE 实际是一门方法学，并告知人们：要把人力、物力和设施环境组成一个有效的系统，需要运用哪些知识，采用什么方法，如何去分析、研究和解决问题。

任何一门工程学科都有其特定的对象和目标，机械工程的目标是研究设计各种优质、高效的机器和车辆等机械性质的系统；电气工程的目标是设计电气装置等；化学工程的目标是研究开发新型化工产品(如塑料)和其制作流程;建筑工程设计各种建筑物(如房屋和桥梁)等。那么,工业工程的目标是什么呢? 有的专家认为:"工业工程是对一个组织中人、物料和设备的使用及其费用作详细分析研究,这种工作由工业工程师完成,目的是使组织能够提高生产率、利润率和效率。"而著名的工业工程专家 P. 希克斯(Hicks)博士则指出:"工业工程的目标就是设计一个生产系统及该系统的控制方法,使它以最低的成本,生产具有特定质量水平的某种或几种产品,并且这种生产必须是在保证工人和最终用户的健康和安全的条件下进行的。"

上述定义和解释表明,工业工程的目标就是使生产系统投入的要素得到有效利用,降低成本,保证质量和安全,提高生产效率,获得最佳效益。具体地讲,就是通过研究、分析和评估,对人机系统的每个组成部分都进行设计,乃至再设计、再改善,将各个组成部分恰当地综合起来构造成一个整体系统,以实现生产要素的合理配置和优化运行,保证以低成本、低消耗,安全、优质、准时、高效地完成生产任务,最终达到预定的发展目标。

正如上述分析所指出的那样,IE 的基本功能是:"研究人员、物料、设备、能源、信息所组成的集成系统,进行设计、改善和设置。"针对一个企业的总体系统来说,IE 的功能具体表现为规划、设计、评价和创新等 4 个方面。

(1)规划。确定一个组织在未来一定时期内从事生产所应采取的特定行动的预备活动,包括总体目标、方针政策、战略和战术的制定,也包括分期(短期、中期、长期)实施计划的制订。它是协调资源利用以获得最佳效用的重要工具。IE 从事的规划侧重于技术发展规划。

(2)设计。实现某一既定目标而创建具体实施系统的前期工作,包括技术准则、规范、标准的拟订,最优方案选择和蓝图绘制。IE 的设计不同于一般的机器设计,而是侧重于工程系统设计,包括系统总体设计和部分设计,概念设计和具体工程项目设计等。

(3)评价。对现存的各种系统、规划和计划方案以及个人与组织的业绩做出是否符合既定目标或准则的评审与鉴定活动,包括各种评价指标和规程的制定及评价工作的实施。IE 评价是为高层管理者的决策提供科学依据、避免决策失误的重要手段。

(4)创新。创新是对现存各种系统的改进,以及提出崭新的、富于创造性和建设性见解的活动。任何一个系统,不论是一种产品、一个岗位、一个企业,还是一个产业部门,都将随着时间推移而损耗、老化,乃至失效衰亡,只有通过创新才能使其获得新的生命力。所以,创新是系统维护和发展的重要途径。

总之,工业工程是一门技术科学,它的研究对象是人、原材料、设备等资源构成的生产经营管理或工作系统,它所采用的研究方法汇集了数学、自然科学、社会科学等学科的研究方法,它的研究任务是设计和构建一个完整的人—机—环境系统,并保障其有效运行,它的基本目标是对系统进行设计、改进、评价,并不断创新,使其永远充满活力。

由此可见,工业工程的目标和职能非常具体明确,它涉及的领域十分广泛,知识概念体系博大精深。它的一切研究成果包括所阐述的基本原理和基本方法,对工作岗位设计来说,都是不可多得的重要研究方法。

5.3.3.2 现代职务设计的新思想

1. 工作轮换

工作轮换法是指让受训者在预定时期内变换工作岗位，使其获得不同岗位工作经验的培训方法。以管理岗位的工作轮换培训为例，让受训者有计划地到各个部门学习，如生产、销售、财务等部门，在每个部门工作几个月。实际参与所在部门的工作，或仅仅作为观察者，以便了解所在部门的业务，扩大受训者对整个企业各环节工作的了解。

工作轮换法的优点：① 丰富受训者的工作经验，增加其对企业工作的了解；② 使受训者明确自己的长处和弱点，找到适合自己的位置；③ 改善部门间的合作，使管理者能更好地理解相互间的问题。

2. 弹性工作制度

根据企业实际灵活安排工时制度也是工作时间组织的一项重要内容。我国已经把周制度工时从 48 小时缩短到 40 小时，企业可以根据实际情况试行较为灵活的工作时间制度，即采取软化工时的模式，如实行弹性工作制，即每周制度工时不变，在每天工作时间中规定有核心时间，在核心时间内必须上班，核心时间之外可以自由选择上下班时间；此外还有非全时工制，即以天或周为单位，其工时长度可以少于社会的正常工时，比如一天只工作 4~6 小时，一周只做 3~4 天工作，这一制度最适合家庭主妇；分职制，即一个职业岗位由两个人分担，两人共同从事全时的工作，工资与福利待遇按各人所做的工时比例分配；另外还有在家做工和野外工作的大班制等。设计灵活而适宜的工时制度，有助于缓和冗员过多的矛盾，满足劳动者的实际需要，有利于他们的身心健康，提高其劳动积极性。

5.4 人力资源招聘

5.4.1 人力资源招聘选拔概述

5.4.1.1 招聘的意义

人力资源招聘是企业人力资源管理的最重要环节之一。众所周知，企业的人力资源是企业最核心的资源，在市场竞争日益激烈的今天，企业能否获得持久的竞争优势并在竞争中取胜，归根到底取决于企业的人力资源状况。人力资源招聘的主要任务是为企业选择最合适的人力资源，人力资源招聘从源头上决定了企业人力资源整体质量的高低，从这种意义上说，人力资源招聘事关企业的生存大计，意义重大。因此，如何按照企业的经营目标与业务要求，在人力资源规划的指导下，根据岗位说明书把优秀的人才在适合的时候放在适合的位置，已成为当今企业成败的关键因素之一。

人力资源招聘具体的意义有以下 3 个方面：

(1) 招聘工作是整个企业人力资源管理工作的起点。

(2) 招聘工作是雇主与应聘者之间的互动营销。

(3) 用人部门在人才招聘和选拔上承担更多的责任。

5.4.1.2 招聘的内涵

招聘是企业吸引和获取人才的独立过程，是获得优秀员工的保证，招聘实际上包括两个相对独立的过程,即招募和选拔聘用。

(1) 招募——主要是通过宣传来扩大影响,树立企业形象,达到吸引人应征的目的。

(2) 选拔——使用各种技术测评和选拔方法来挑选合格人才的过程。

招募是选拔聘用的前提与基础,选拔聘用是招募的目的与结果。但是在很多企业中,它们往往忽视招募,只把工作重点放在选拔上,这是不正确的。如果没有招募吸引来合适的应聘人选,即使选拔工作做得再好,也只能导致错误的录用。

5.4.1.3 招聘选拔的标准化流程

招聘选拔的标准化流程可以分为计划阶段、人才招募阶段、人才选拔阶段、人才录用阶段以及评估阶段,具体各阶段的主要工作参见图 5.8。

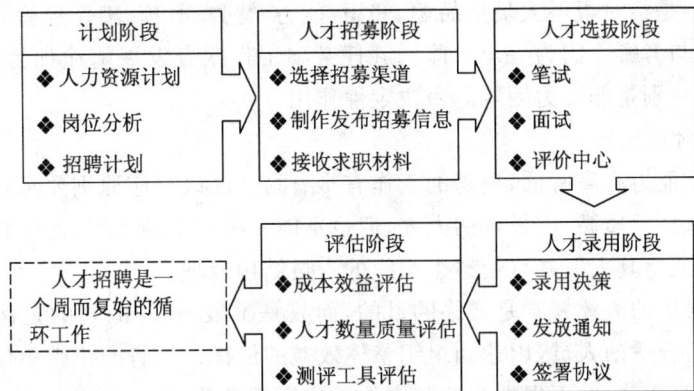

图 5.8 招聘选拔流程

5.4.1.4 招聘选拔的黄金法则

1. 效率优先原则

不管组织采用何种方法招聘,都是要支付费用的,这就是雇用成本。雇用成本主要包括招募广告的费用,对应聘者进行审查、评价和考核的费用等。一个好的招聘过程表现在效益上就是用最少的雇用成本获得适合职位的最佳人选的过程,符合效率优先原则,即力争用尽可能少的招聘费用,录用到高素质、适应组织需要的人员,或者可以说,以尽可能低的招聘成本录用到同样素质的人员。

效率优先也是市场经济条件下一切经济活动的内在准则。效率高的企业才能在激烈的市场经济中赢得主动权,人员招聘工作也不例外。效率优先在招聘中的体现就是根据不同的招聘要求,灵活选用适当的招聘形式和方法,在保证招聘质量的基础上,尽可能降低招聘成本。

2. 双向选择原则

双向选择原则是目前市场上人力资源配置的基本原则。它是指用人单位和劳动者都有自主选择的权利。用人单位根据自身发展的需要自主选择人员,劳动者也可根据自身的能力和意愿,结合市场劳动力供求状况自主选择职位。

招聘中的双向选择益处表现在:一方面能使单位不断提高效益,改善自身形象,增强自身吸引力;另一方面,劳动者为了获得理想的职业,会努力提高自己科学文化知识、技术业务等方面的素质,在招聘竞争中取胜。

3. 公平公正原则

招聘过程中不公正情况经常会出现。很多企业都不能做到对应聘者一视同仁，甚至拉关系、走后门的现象时有发生。有的企业在招聘过程中公开表现出歧视，例如，我们经常可以在报纸上看到这样的招聘广告：35 岁以下、男性、本科学历者可以应聘。而这种对于年龄、性别和学历的限制是违背国家法律法规政策的。《劳动法》中明确规定，劳动者就业，不因民族、种族、性别、宗教信仰不同而受歧视。

因此，在人员招聘过程中企业要努力做到公正，不仅要铲除偏见，还必须学会遵法守法，避免一切与国家有关法规相抵触的活动。否则，不仅会影响招聘人员的素质和工作绩效，而且肯定还会严重损害组织的形象，最终不可避免地会带来损失。

4. 全面原则

全面原则是指对报考人员从品德、知识、能力、智力、心理、工作经验和业绩进行全面考试、考核与考察。因为一个人能否胜任某项工作或者发展前途如何，是由多方面因素决定的，特别是非智力因素起着决定性作用。

5. 能级对应原则

应聘人员能力有高有低，招聘的工作有难有易。能级对应原则要求我们在选聘人员时应尽量选择素质高、质量好的人才，但也不能一味强调高水平，而应是"人尽其才""用其所长""职得其人"，并且使整个组织的人员结构合理。

招聘到最优的人才并不是最终的目的，而只是手段，最终的目的是保证每个岗位上用的都是最合适的人员，以达到组织整体效益的最优化。有的招聘单位一味盲目地要求高学历、高职称，并不根据拟招聘岗位的实际需要来考虑，结果花费了大量人力、物力招聘到的优秀人才，却由于并不适合单位的要求或自身的期望得不到满足而最终只能离开，这样的例子并不少见。

【相关链接】

管理学有一句名言："垃圾是放错了位置的人才。"俄国作家克雷洛夫写过一则寓言。寓言说：一人刮胡子，怕剃刀太锋利伤脸，弃之不用，找来一把钝镰刀刮，结果胡子没刮干净，却落得个满脸伤痕，血迹斑斑。克雷洛夫在讲了这则寓言故事后说：我看好多人也是用这种观点去看待人才的，他们不使用真正有价值的人，却用了一帮糊涂虫。

5.4.2 人才招募与初步选拔

5.4.2.1 内部招聘的渠道

1. 推荐法

推荐法可用于内部招聘，也可用于外部招聘。它是由本企业员工根据企业的需要推荐其熟悉的合适人员，供用人部门和人力资源部门进行选择与考核。推荐人对用人单位及被推荐者的情况都比较了解，使得被推荐者更容易获得企业与岗位的信息，便于其决策，也使企业更容易了解被推荐者，因而这种方法较为有效，成功的概率较大。在企业内部最常见的推荐法是主管推荐，其优点在于主管一般比较了解潜在候选人的能力，由主管提名的人选具有一定的可靠性，而且主管们也会觉得他们具有全部的决定权，满意度比较高。它的缺点在于这种推荐主观性较强，容易受个人因素的影响，主管们可能提拔的是自己的亲信而不是一个能胜任的人选。有时候,主管们并不希望自己的得力下属被调到其他部门,否则会影响本部门的工作实力。

2. 布告法

布告法的目的在于告知企业中的全体员工哪些职务空缺,需要补充人员,使员工感觉到企业在招募人员时具有透明度与公平性,并有利于提高员工士气。布告法是在确定了空缺岗位的性质、职责及其所要求的条件等情况后,将这些信息以布告的形式公布在企业中一切可利用的墙报、布告栏和内部报刊上,尽可能使全体员工都能获得信息,所有对此岗位感兴趣并具有此岗位任职能力的员工均可申请此岗位。目前在很多成熟的企业中,张榜的形式由原来的海报形式改为在企业的内部网上发布,各种申请手续也在网上完成,从而使整个过程更加快捷、方便。一般来说,布告法经常用于非管理层人员的招聘,特别适合于普通职员的招聘。布告法的优点在于让企业内更多的人员了解到此类信息,为企业员工职业生涯的发展提供更多的机会,可以使员工脱离原来不满意的工作环境,也促使主管们更加有效地管理员工,以防本部门员工流失。它的缺点在于花费的时间较长,可能导致岗位较长时期的空缺,影响企业的正常运营,而员工也可能由于盲目地变换工作而丧失原有的优势。

3. 档案法

人力资源部门都有员工档案,从中可以了解到员工在教育、培训、经验、技能、绩效等方面的信息,从而帮助用人部门与人力资源部门寻找合适的人员补充岗位空缺。员工档案对员工晋升、培训、发展有着重要的作用,因此员工档案应力求准确、完备,对员工在岗位、技能、教育、绩效等方面信息的变化应及时做好记录,为人员选择与配备做好准备。

值得注意的是,我们所说的"档案"应该是建立在新的人力资源管理思想指导下的人员信息系统,该档案中应该对每一位员工的特长、工作方式、职业生涯规划有所记录,将过去重"死材料"的防范型档案转变到重"活材料"的开发型思路上来,为企业内部有效管理和用人做好准备。在现代档案管理基础上,利用这些信息帮助人力资源管理部门获得有关岗位应聘者的情况,发现那些具备了相应资格但由于种种原因没有申请的合格应聘者,通过企业内的人员信息查找,在企业与员工达成一致意见的前提下,选择合适的员工来担任空缺或新增的岗位。

5.4.2.2 外部招聘的渠道

1. 发布广告

广告是单位从外部招聘人员最常用的方法之一。通常的做法是在一些大众媒体上刊登出单位岗位空缺的消息,吸引对这些空缺岗位感兴趣的潜在人选应聘。采用广告的形式进行招聘,由于工作空缺的信息发布迅速,能够在一两天内就传达给外界,同时有广泛的宣传效果,可以展示单位实力。

发布广告关键的问题,其一是广告媒体如何选择,其二是广告内容如何设计。一般来说,单位可选择的广告媒体很多,传统媒体如广播电视、报纸、杂志等,现代媒体如网站等,其总体特点是信息传播范围广、速度快,应聘人员数量大、层次丰富,单位的选择余地大。在决定广告内容时,单位必须注意要维护和提升单位的对外形象。

广告的内容不仅应明确告诉潜在的应聘者,单位能够提供什么岗位、对应聘者的要求是什么，而且广告应有吸引力，能够激起大众对单位的兴趣。另外，广告还应告诉应聘者申请职位的方式，这些内容都应在确定广告内容时给予充分的注意。

2. 借助中介

随着人才流动的日益普遍，各类人才交流中心、职业介绍所、劳动力就业服务中心等就业中介机构应运而生。这些机构承担着双重角色，既为单位择人，也为求职者择业。借助这些机构，单位与求职者均可获得大量的信息，同时也可传播各自的信息。这些机构通过定期或不定期地举行交流会，使得供需双方面对面地进行商谈，缩短了招聘与应聘的时间。

（1）人才交流中心。全国的各大中城市一般都有人才交流服务机构。这些机构常年为单位服务，它们一般建有人才资料库，用人单位可以很方便地从资料库中查询条件基本相符的人员资料。人才交流中心选择人员具有针对性强、费用低廉等优点，但对于如计算机、通讯等专业的热门人才或高级人才的招聘效果不太理想。

（2）招聘洽谈会。人才交流中心或其他人才机构每年都要举办多场招聘洽谈会。在洽谈会上，单位和应聘者可以直接进行接洽和交流，节省了单位和应聘者的时间。随着人才交流市场的日益完善，洽谈会呈现出向专业化方向发展的趋势，如中高级人才洽谈会、应届毕业生双向选择会、信息技术人才交流会等。通过参加招聘洽谈会，单位招聘人员不仅可以了解当地人力资源素质和走向，还可以了解同行业其他单位的人力资源政策和人才需求情况。虽然这种方法应聘者集中，单位选择的余地较大，但有时还是难以招聘到合适的高级人才。

（3）猎头公司。猎头公司是英文 Head Hunter 直译过来的名称，是我国近年来为适应一些企业对高层次人才的需求与高级人才的求职需求而发展起来的。在国外，猎头服务早已成为企业单位招揽高级人才和高级人才流动的主要渠道之一，我国的猎头服务近些年来发展迅速，有越来越多的企业单位逐渐接受了这一招聘方式。

对于高级人才和尖端人才，用传统的渠道往往很难获取，但这类人才对企业单位的作用却非常重大。因此，猎头服务的一大特点是推荐的人才素质高。猎头公司一般都会建立自己的人才库。优质高效的人才是猎头公司最重要的资源之一，对人才库的管理和更新也是他们日常的工作之一，而搜寻手段和渠道则是猎头公司专业性服务最直接的体现。

当然，通过猎头公司招聘到高素质的人才，需要支付昂贵的服务费。目前，猎头公司的收费通常能达到所推荐人才年薪的 25％～35％。但是，如果把单位自己招聘人才的时间成本、人才素质差异等隐性成本计算进去，猎头服务或许不失为一种经济、高效的方式。

此外，猎头公司往往对单位及其人力资源需求有较详细的了解，对求职者的信息掌握较为全面，而且在供需匹配上较为慎重，其成功率比较高。

3. 校园招聘

校园招聘亦称上门招聘，即由企业单位的招聘人员通过到学校招聘、参加毕业生交流会等形式直接招募人员。对学校毕业生最常用的招募方法是每年举办的人才供需洽谈会，供需双方直接见面，双向选择。除此之外，有的单位则自己在学校举办招聘会，在学校中散发招聘广告等。有的则通过定向培养、委托培养等方式直接从学校获得所需要的人才。

对于应届毕业生和暑期临时工的招聘也可以在校园直接进行,主要方式有招聘张贴、招聘讲座和毕业分配办公室推荐 3 种。校园招聘通常用来选拔工程、财务、会计、计算机、法律,以及管理等领域的专业化初级水平人员。一般来说,工作经验少于 3 年的专业人员约有 50% 是在校园中招聘到的。

4. 网络招聘

20 世纪 70 年代以后,互联网的出现给人类社会的经济发展以及人们的生产、生活、文化等方面带来了革命性的变化。从企业管理的角度看,不仅出现了 e-HR(即信息化人力资源管理)的新理念和新模式,也使企业人员招聘方式发生了深刻的变化。

目前,越来越多的企业借助互联网承担起公司人力资源管理与开发的多项职能。据美国一家咨询公司最近公布的一项追踪研究报告显示,《财富》全球 500 强企业中使用网上招募的已占 88%。在北美地区有 93%、在欧洲有 83%、在亚太地区有 88% 的大公司都采用了网上招募的方式。另据美国一家招募服务公司所做的调查,绝大多数公司希望求职者通过电子邮件而不是通过邮寄传送个人简历。那些与计算机打交道的技术人员经常会利用互联网寻找工作机会,公司想要找个技术岗位的候选人也多从网上寻找。

用尽可能少的成本找到尽可能称职的应聘者已经成为企业人员招聘主要追求的目标。采用互联网招聘的方式可以从某种程度上满足企业的要求,因为网络招聘具有以下优点:

(1) 成本较低,方便快捷;选择的余地大,涉及的范围广。

(2) 不受地点和时间的限制,在网上距离感似乎已经不复存在,无论身处何地都不会妨碍工作的开展。互联网不但有助于公司在世界各地广招贤才,还可以在网上帮助公司完成应聘人员的背景调查审核、能力素质评估和笔试面试等,互联网已经不仅仅是一个在网上发布招聘广告的媒体,还是具有多种功能的招聘服务系统。

(3) 应聘者求职申请书、简历等重要资料的存贮、分类、处理和检索更加便捷化与规范化。

5. 熟人推荐

通过单位的员工、客户、合作伙伴等熟人推荐人选,也是单位招募人员的重要来源。据有关资料显示,美国微软公司有大约 40% 左右的员工是通过员工推荐方式招聘的。在我国珠江三角洲、长江三角洲的广大地区,也有大量中资或外资企业在招聘一般员工时,采用"老乡介绍老乡"的推荐方式。

熟人推荐的招聘方式,其长处是:对候选人的了解比较准确;候选人一旦被录用,顾及介绍人的关系,工作也会更加努力;招募成本也很低。而其缺点在于可能在组织中形成裙带关系,不利于公司各种方针、政策和管理制度的落实。

熟人推荐的方式适用的范围比较广,既适用于一般人员,也适用于企业单位专业人才的招聘。采用该方式不仅可以节约招聘成本,而且也在一定程度上保证了应聘人员的专业素质和可信任度。有些公司为了鼓励员工积极推荐人才,还专门设立推荐人才奖,以此奖励那些为企业单位推荐优秀人才的员工。

5.4.2.3　简历筛选

应聘简历是应聘者自带的个人介绍材料。对于如何筛选和评估应聘简历，实际上并没有统一的标准。简历的筛选涉及很多方面的问题。

1. 分析简历结构

简历的结构在很大程度上反映了应聘者的组织和沟通能力。结构合理的简历都比较简练，一般不超过两页。通常应聘者为了强调自己近期的工作，书写教育背景和工作经历时可以采取从现在到过去的时间排列方式。相关经历常被突出表述。书写简历并没有一定的格式，只要通俗易懂即可。

2. 审察简历的客观内容

简历的内容大体上可以分为两部分：主观内容和客观内容。在筛选简历时注意力应放在客观内容上。客观内容主要分为个人信息、受教育经历、工作经历和个人成绩4个方面。个人信息包括姓名、性别、民族、年龄、学历等；受教育经历包括上学经历和培训经历等；工作经历包括工作单位、起止时间、工作内容、参与项目名称等；个人成绩包括学校、工作单位的各种奖励等。主观内容主要包括应聘者对自己的描述，如"本人开朗乐观、勤学好问"等对自己的评价性、描述性的内容。

3. 判断是否符合岗位对技术和经验的要求

在客观内容中，首先要注意个人信息和受教育经历，判断应聘者的专业资格和经历是否与空缺岗位相关并符合要求。如果不符合要求，就没有必要再浏览其他内容，可以直接筛选掉。如在受教育经历中，要特别注意应聘者是否用了一些含糊的字眼，比如没有注明大学教育的起止时间和类别，这样做很有可能是在混淆专科和本科的区别，等等。

4. 审查简历中的逻辑性

在工作经历和个人成绩方面，要注意简历的描述是否有条理，是否符合逻辑。比如一份简历在描述自己的工作经历时，列举了一些著名的单位和一些高级岗位，而他所应聘的却是一个普通岗位，这就需要引起注意。比如一份简历中称，自己在许多领域取得了什么成绩，获得了很多的证书，但是从他的工作经历中分析，很难有这样的条件和机会，这样的简历也要引起注意。如果能够断定在简历中有虚假成分存在，就可以直接将这类应聘者淘汰掉。

5. 确定对简历的整体印象

通过阅读简历，确定对简历的整体印象是好或是坏。另外，标出简历中感觉不可信的地方以及感兴趣的地方，面试时可询问应聘者。

5.4.2.4　求职申请表筛选

申请表的筛选方法与简历的筛选有很多相同之处，其特殊之处有以下几方面：

1. 判断应聘者的态度

在筛选申请表时，首先要筛选出那些填写不完整和字迹难以辨认的材料。为那些态度不认真的应聘者安排面试纯粹是在浪费时间，可以将其直接淘汰掉。

2. 关注与职业相关的问题

在审查申请表时，要估计背景材料的可信程度，注意应聘者以往经历中所任职务、技能、知识与应聘岗位之间的联系。例如应聘者是否标明了过去单位的名称，过去的工作经历与现在申请的工作是否相符,工作经历和教育背景是否符合申请条件,是否经常变换工作而这种变换却缺少合理的解释等。在筛选时要注意分析其离职的原因、求职的动机,对那些频繁离职人员加以关注。

3. 注明可疑之处

不论是简历还是应聘申请表,很多材料都或多或少地存在着内容上的虚假。在筛选材料时,应该用铅笔标明这些疑点。在面试时作为重点提问的内容之一加以询问。如在审查应聘申请表时,通过分析求职岗位与原工作岗位的情况,要对高职低就、高薪低就的应聘者加以注意。必要时应该检验应聘者的各类证明身份及能力的证件。

值得注意的是,由于个人资料和招聘申请表所反映的信息不够全面,决策人员往往凭个人的经验与主观臆断来决定参加复试的人选,带有一定的盲目性,经常发生漏选的现象,因此,初选工作在费用和时间允许的情况下应坚持面广的原则,应尽量让更多的人参加复试。

5.4.2.5 笔试

1. 笔试的适用范围

笔试是一种最古老而又最基本的选择方法,它是让应聘者在试卷上笔答事先拟好的试题,然后根据应聘者解答的正确程度予以评定成绩的一种选择方法。这种方法主要通过测试应聘者的基础知识和素质能力的差异,判断该应聘者对招聘岗位的适应性。对基础知识和素质能力的测试,一般包括两个层次,即一般知识和能力与专业知识和能力。一般知识和能力包括一个人的社会文化知识、智商、语言理解能力、数字才能、推理能力、理解速度和记忆能力等。专业知识和能力即与应聘岗位相关的知识和能力,如财务会计知识、管理知识、人际关系能力、观察能力等。现在有些单位也通过笔试来测试应聘者的性格和兴趣,但性格与兴趣通常要运用心理测试的专门技术来测试,仅靠笔试中的一部分题目很难得出准确的结论。

2. 笔试的特点

笔试的优点是一次考试能提出十几道乃至上百道试题,由于考试题目较多,可以增加对知识、技能和能力的考察信度与效度;可以对大规模的应聘者同时进行筛选,花较少的时间实现高效率;对应聘者来说,心理压力较小,容易发挥出正常水平;同时,成绩评定也比较客观。正是由于具有上述优点,笔试至今仍是单位经常使用的选择人员的重要方法。

笔试的缺点是,不能全面考察应聘者的工作态度、品德修养以及管理能力、口头表达能力和操作能力等。因此,还需要采用其他选择方法进行补充。一般来说,在人员招聘中,笔试往往是应聘者的初次竞争,成绩合格者才能继续参加面试或下轮的竞争。

5.4.3 人员精选之面试

5.4.3.1 面试的发展

现代社会的面试已经超越最初面对面交谈的简单含义,而被赋予了更多的内容。如突破面对面的问答模式,以面谈问答为基础,引入答辩式、演讲式、讨论式、案例分析、模拟操作等精心设计的、多样化的辅助形式,即通过精心设计,在特定场景下与应聘者进行面对面的交谈,对其做直接观察,达到客观了解应聘者的业务知识水平、外貌风度、工作经验、求职动机、表达能力、反应能力、个人修养、逻辑性思维等情况的目的，由表及里地评价应聘者的有关素质，并对是否录用做出判断与决策。

在这里，"精心设计"的特点使面试与一般性的面谈、交谈、谈话相区别；在"特定场景"下的面试则融合了情景模拟方法的内容，使面试与日常的观察相区别；"由表及里"的特点，集合了"问""听""察""觉""析""判"等综合性特色，使面试比其他方法更能全面地了解应聘者。总之，广义的面试已经由一般素质测评发展到以模拟岗位要求为依据，涵盖了部分情景模拟的内容。

5.4.3.2 面试的基本程序

面试是一种操作难度较高的测评形式，随意性较大，一般的人难以掌握，或者说由于有掌握面试的程序和缺少面试的技巧，而达不到面试应有的效果。为了改进这一点，使面试能够被一般水平的人操作，提高面试的质量与可比性，在实施中应掌握面试的程序和技巧。

1. 面试前的准备阶段

本阶段包括确定面试的目的，科学地设计面试问题，选择合适的面试类型，确定面试的时间和地点等。面试考官要事先确定需要面试的事项和范围，并写出提纲。并且在面试前要详细了解应聘者的资料，发现应聘者的个性、社会背景、对工作的态度以及是否具有发展潜力等。

2. 面试开始阶段

面试时应从应聘者可以预料到的问题开始发问，如工作经历、文化程度等，然后过渡到其他问题，以消除应聘者的紧张情绪。只有这样才能营造和谐的面谈气氛，有利于观察应聘者的表现，以求全面客观地了解应聘者。

3. 正式面试阶段

采用灵活的提问和多样化的形式，交流信息，进一步观察和了解应聘者。此外，还应该察言观色，密切注意应聘者的行为与反应，对所提的问题、问题间的变换、问话时机以及对方的答复都要多加注意。所提问题可根据简历或应聘申请表中发现的疑点，先易后难逐一提出，尽量营造出和谐自然的环境。

4. 结束面试阶段

面试结束之前，在面试考官确定问完了所有预计的问题之后，应该给应聘者一个机会，询问应聘者是否有问题要问，是否有要加以补充或修正之处。不管录用还是不录用，均应在友好的气氛中结束面试。如果对某一对象是否录用存在意见分歧，不必急于下结论，还可安排第二次面试。同时，还要整理好面试记录表。

5. 面试评价阶段

面试结束后，应根据面试记录表对应聘人员进行评估。评估可采用评语式评估，也可采用评分式评估。评语式评估的特点是可对应聘者的不同侧面进行深入的评价，能反映出每个应聘者的特征，但缺点是应聘者之间不能进行横向比较。评分式评估则是对每个应聘者相同的方面进行比较，其特点正好与评语式评估相反。

5.4.3.3 面试环境的布置

面试的环境应该舒适、适宜，利于营造宽松气氛。握手、微笑、简单的寒暄、轻松幽默的开场白、舒适的座位、适宜的照射光线和温度以及没有令人心烦意乱的噪声，这些都有利于营造舒适、宽松的气氛。

面试的环境必须是安静的。许多面试者喜欢选择自己的办公室作为面试的场所，但难免遇到意外的电话、工作方面的干扰等。因此，一些小型的会议室也是不错的面试场所。

在面试的环境方面，值得注意的是面试中面试考官与被面试者的位置如何安排。面试中有以下 4 种常见的位置排列（见图 5.9）：

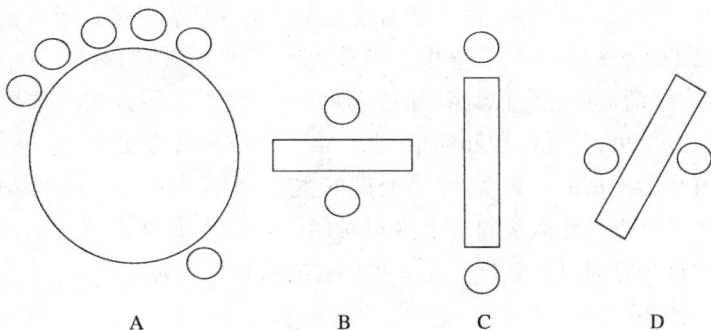

图 5.9　面试座位图

在图 5.9 中，A 为一种圆桌会议的形式，多个面试考官面对一个应聘者；B 为一对一的形式，面试考官与应聘者相对而坐，距离较近；C 为一对一的形式，面试考官与应聘者相对而坐，距离较远；D 为一对一的形式，桌子按一定斜度排列，面试考官与应聘者相对而坐，距离较近。

在面试中，如果采用 B 的形式，招聘者与应聘者面对面地相视而坐，眼睛直视对方，会给应聘者造成一种心理压力，使其有一种被质问的感觉，会更加紧张而不能自如地发挥应有的水平，当然如果主考官想特意考察应聘者的压力承受能力，就可采用此种方法。

采用 C 的排列形式，面谈双方相距甚远，不利于招聘者从对方的表情、言语中获得信息，而且由于空间的距离会造成心理上的远距离，从而不利于双方更好地合作。

采用 D 的排列形式，招聘者与应聘者斜坐着，视线形成一定角度，这样可以缓和紧张的气氛，在心理上避免冲突，因而招聘宜采用这种形式。如果采用 A 圆桌型的排列，同样能达到这种效果。因而，面试时应采用 A、D 两种位置排列方式，这样有利于更好地进行面试。

颜色也会影响人的情绪、意识及行为。某些颜色使人有舒适的感觉，而有些颜色却有相反的效果。有些颜色使人心情放松，有些颜色则令人感觉烦闷，有些颜色还会降低心智的活动，使人思维缓慢。

目前，招聘环境中的颜色布置还没有引起招聘者的注意，桌椅、地板、四壁等都趋向单色化，有的甚至就是一张破桌子旁边散落几张椅子，让人有一种随便感及不适感。因此，在面试过程中一定要注意桌子、椅子、墙壁、天花板，甚至地毯及装饰品的图色都应当相互协调。

由于人员资格审查与初选不能反映应聘者的全部信息，用人单位不能对应聘者进行深层次的了解，个人也无法得到关于用人单位的更为全面的信息，因此需要通过其他的选择方法使用人单位与个人各自得到所需要的信息，以便用人单位做出人员的录用决策,个人对工作岗位做出取舍。

5.4.3.4　面试提问中的新技巧

面试技巧是面试实践中解决某些主要问题与难点问题的一些技术,是面试操作经验的积累。在面试中,"问""听""观""评"是几项重要而关键的基本功。这里重点讨论面试提问的技巧。就"问"而言,无论哪种面试都有导入过程,在导入阶段的提问应自然、亲切、渐进式地进行,如"什么时候到的? 家离得远吗? 是怎么来的?"等等;同时,面试考官的提问与谈话,应力求使用普通话及不会给应试者带来误解的语言,通俗、简明地表达自己的问题;并且,问题安排要先易后难,循序渐进,先熟悉后生疏,先具体后抽象,让应聘者逐渐适应、展开思路,并进入角色。当然,提问方式的选择以及恰到好处地转换、收缩、结束、扩展问题和问话,也有很多值得注意的技巧。

面试考官作为面试的召集者,也是面试的主持者,其提问的方式以及问题决定了从应聘者那里可以得到什么资料或多少资料。一般来说,面试考官应运用一些提问的技巧来影响面试的方向以及进度。主要提问方式有以下几种:

1. 开放式提问

开放式提问即让应聘者自由地发表意见或看法,以获取信息,避免被动。该法一般在面试开始的时候运用,用以缓解面试的紧张气氛,消除应聘者的心理压力,使应聘者充分发挥自己的水平和潜力。开放式提问又分为无限开放式和有限开放式。无限开放式提问没有特定的答复范围,目的是让应聘者说话,有利于应聘者与面试考官进行沟通,如"谈谈你的工作经验"等问题。有限开放式提问要求应聘者的回答在一定范围内进行或者对回答问题的方向有所限制。

2. 封闭式提问

封闭式提问即让应聘者对某一问题做出明确的答复,如"你曾干过秘书工作吗",一般用"是"或"否"回答。它比开放式的提问更加深入、直接。封闭式提问可以表示两种不同的意思:一是表示面试考官对应聘者答复的关注,一般在应聘者答复后立即提出一些与答复有关的封闭式问话;二是表示面试考官不想让应聘者就某一问题继续谈论下去,不想让对方多发表意见。

3. 清单式提问

清单式提问即鼓励应聘者在众多选项中进行优先选择,以检验应聘者的判断、分析与决策能力。例如,在回答"你认为产品质量下降的主要原因是什么"的问题时,对所出的各个选项进行优先选择。

4. 假设式提问

假设式提问即鼓励应聘者从不同角度思考问题,发挥应聘者的想象能力,以探求应聘者的态度或观点,如"如果你处于这种状况,你会怎样处理"等。

5. 重复式提问

重复式提问即让应聘者知道面试考官接收到了应聘者的信息,检验获得信息的准确性,如"你是说……","如果我理解正确的话,你说的意思是……"等。

6. 确认式提问

确认式提问即鼓励应聘者继续与面试考官交流,表达出对信息的关心和理解,如"我明白你的意思! 这种想法很好!"等。

7. 举例式提问

这是面试的一项核心技巧,又称为行为描述提问。传统的面试往往集中问一些信息,十分注意求职申请表中所填的内容,加以推测分析。同时还询问应聘者过去做过的工作,据此来判断其将来能否担任此岗位,这是完全必要的。但有时应聘者也会编造一些假象,为了克服这一点,在考察应聘者的工作能力、工作经验时,可针对其过去工作行为中特定的例子加以询问。基于行为连贯性原理,所提问题应涉及工作行为的的全过程,而不应当集中在某一点上,从而能较全面地考察一个人。当应聘者回答该问题时,面试考官可通过应聘者解决某问题或完成某项任务所采取的方法和措施,鉴别应聘者所谈问题的真假,了解应聘者实际解决问题的能力。面试中一般可让应聘者列举应聘职务要求的并与其过去从事的工作相关的事例,从中总结和评价应聘者的相应能力。

5.4.3.5 面试中的注意事项

面试中还应注意以下问题:

(1)尽量避免提出引导性的问题。不要问带有提问者本人倾向的问题,例如以"你一定……"或"你没……"开头的问题。不要让应聘者了解面试考官的倾向、观点和想法,以免应聘者为迎合面试考官而掩盖其真实的想法。

(2)有意提问一些相互矛盾的问题,引导应聘者做出可能矛盾的回答,以判断应聘者是否在面试中隐瞒了真实情况。

(3)面试中非常重要的一点是了解应聘者的求职动机,这是一件比较困难的事,因为一些应聘者往往把自己真正的动机掩盖起来。但我们可以通过对他的离职原因、求职目的、个人发展、对应聘岗位的期望等方面加以考察,再与其他的问题联系起来综合加以判断。如果应聘者属于高职低求、高薪低求,离职原因讲述不清或频繁离职,则须引起注意。在这方面,一定要注意通过应聘者的工作经历分析应聘者的价值取向,而不要轻信应聘者自己的说法。

(4)所提问题要直截了当,语言简练,有疑问可马上提出,并及时做好记录。并且,不要轻易打断应聘者的讲话,对方回答完一个问题再问第二个问题。

(5)面试中,除了要倾听应聘者回答的问题外,还要观察他的非语言行为,如脸部表情、眼神、姿势、讲话的声调语调、举止,从中可以反映出对方是否诚实、是否具有自信心等情况。

5.4.4 人员精选之人才测评

5.4.4.1 心理测评

心理测试是指在控制的情境下,向应试者提供一组标准化的刺激,以所引起的反应作为代表行为的样本,从而对其个人的行为做出评价的方法。这种测试比前面提到的笔试更加规范。由于心理测试的难度较大,用人单位应选择专业的心理测试人员,或委托专业的人才机构、心理学研究机构进行测试。一般地说,心理测试主要包括以下几种类型:

1. 人格测试

所谓人格,由多种人格特质构成,大致包括体格与生理特质、气质、能力、动机、价值观与社会态度等。人格对工作成就的影响是极为重要的，不同气质、性格的人适合于不同种类的工作。对于一些重要的工作岗位如主要领导岗位，为选择合适的人才，则需进行人格测试。因为领导者失败的原因，往往不在于智力、能力和经验的不足，而在于其人格特质不适合。

人格测试的目的是了解应试者的人格特质。根据心理学家对人格的不同划分，测试的类型也不同。一般可以将人格分为 16 类：乐观型、聪慧型、稳定型、恃强型、兴奋型、持久型、敢为型、敏感型、怀疑型、幻想型、世故型、忧虑型、实验型、独立型、自律型和紧张型。

2. 兴趣测试

职业兴趣揭示了人们想做什么和他们喜欢做什么，从中可以发现应聘者最感兴趣并从中得到最大满足的工作是什么。如果当前所从事的工作与其兴趣不相符合，那么就无法保证他会尽职尽责、全力以赴地去完成本职工作。在这种情况下，不是工作本身，而更可能是高薪或社会地位促使他们从事自己并不热衷的职业。然而，一个有强烈兴趣并积极投身本职工作的人与一个对其职业毫无兴趣的人相比，二者的工作态度与工作绩效是截然不同的。

如果能根据应聘者的职业兴趣进行人事合理配置，则可最大限度地发挥其潜力，保证工作的圆满完成。一般来说，可以将人们的兴趣分为 6 类：现实型、智慧型、常规型、企业型、社交型和艺术型。

3. 能力测试

能力测试是用于测定从事某项特殊工作所具备的某种潜在能力的一种心理测试。这种测试可以有效地测量人的某种潜能，从而预测其在某职业领域中成功和适应的可能性，或判断哪项工作适合他。这种预测作用体现在：什么样的职业适合某人；为胜任某岗位，什么样的人最合适。因此，它对人员招聘与配置都具有重要意义。

5.4.4.2 情景模拟测评

情景模拟测试是一种常用的能力测试方法。各个单位可以根据自己的实际情况，自行设计一些情景模拟题目进行测试。情景模拟测试的方法有很多，如公文处理模拟法、无领导小组讨论法、决策模拟竞赛法、访谈法、角色扮演、即席发言、案例分析法等。其中最常用的情境模拟方法主要有以下两种：

1. 公文处理模拟法

公文处理模拟法又称公文筐测试，它是经过多年实践检验的一种有效的管理人员的测评方法。具体步骤如下：

（1）发给每个被测评者一套文件汇编（由 15～25 份文件组成），包括下级呈来的报告、请示、计划、预算，同级部门的备忘录，上级的指示、批复，规定、政策，外界用户、供应商、银行、政府有关部门乃至所在社区的函电、传真及电话记录，甚至还有群众检举或投诉信等，这些文件经常会出现在管理人员的办公桌上。

（2）向应试者介绍有关的背景材料，然后告诉应试者，他现在就是这个岗位上的任职者，负责全权处理文件筐里的所有公文材料。要使应试者认识到，他就是管理者，要根据自己的经验、知识和性格在给定的时间内去处理、解决问题。他不能说自己将如何去做，而应是真刀真枪地处理每一件事。因此，每个应试者都留下一沓笔记、备忘录、信件等,这是每个应试者工作成效的最好记录。

（3）将处理结果交给测评组,按既定的考评维度与标准进行考评。通常不是定性式地给予评语,而是就某些维度逐一定量式地评分（常用五分制）。最常见的考评维度有 7 个,即个人自信心、企业领导能力、计划安排能力、书面表达能力、分析决策能力、敢担风险倾向与信息敏感性;也可按具体情况进行增删,如加上创造性思维能力、工作方法的合理性等。总之,应当将应聘者的岗位胜任能力与远程发展的潜质作为测评的重点。

为保证测试的有效性,这些文件的编写要逼真、准确,应从单位的存档文件、记录、函电、报告及现场调查收集的信息素材中提炼加工。这些素材中有些是已经被实践证明了的经验和教训,有些则是各种信息和条件大部分具备或者完整具备,有待做出决策并付诸实施的。依次编写的文件的处理难度与重要性也各不相同。同时,文件中应有足够信息才能做出合理决策,一般还附有该企业单位结构系统图、有关人员名单及当月的日历等,以供参考。

2. 无领导小组讨论法

无领导小组讨论法是对一组人同时进行测试的方法,它将讨论小组（一般由 4～6人组成）引入一间只有一桌数椅的空房间中,不指定谁充当主持讨论的组长,也不布置议题与议程,只是发给一个简短案例,即介绍一种管理情境,其中隐含着一个或数个待决策和处理的问题,以引导小组展开讨论。这种方法通常没有人告诉任何一个小组成员他应该坐在哪个位置上,一般使用一张圆桌,而不用长方形的会议桌,以使每个座席的位置具有同等的重要性。在小组讨论的过程中,即使出现冷场、僵局的情况,甚至发生争吵,测评者也不出面干预,令其自发进行。

最后的测评过程是由几位观察者给每一个参试者评分。根据每人在讨论中的表现及所起作用,观察者按既定维度予以评分。这些维度通常是主动性、宣传鼓励与说服力、口头沟通能力、企业管理能力、人际协调能力、自信、创新能力、心理承受力等。应注意的是,这些素质和能力是通过被测评者在讨论中所扮演的角色（如主动发起者、指挥者、鼓动者、协调者等）来表现的。

5.5　员工培训

5.5.1　培训概述

5.5.1.1　培训的重要性

员工培训是指组织在将组织发展目标与员工发展目标相结合的基础上,为了使员工获得或改进与工作有关的知识、技能、态度和动机,有计划地组织员工从事学习和训练,提高员工的知识和技能,改善员工的工作态度,激发员工的创新意识,使员工能胜任本职工作的人力资源管理活动。

一个企业如果想生存,其学习的速度必须大于或等于变化的速度。在"人力资源是第一资源"的时代,企业要想在高度竞争的市场经济中取得竞争优势,就势必需要注重与加强对员工素质的提升和培养。

5.5.1.2 培训体系建设的意义

员工培训与开发的重要意义主要体现在以下几个方面：

(1) 可以促使员工素质与企业发展要求保持同步；

(2) 开发和利用现有人力资源的潜能；

(3) 增强员工对企业的归属感；

(4) 提高企业的竞争能力；

(5) 尽一个现代企业应尽的责任。

5.5.1.3 成人需要什么样的培训

成人学习原则主要有以下 5 点：

(1) 逻辑记忆力较强，机械记忆力较弱；

(2) 有学习欲望时才能学习，没有学习欲望时几乎学不进任何东西；

(3) 联系过去、现在的经验较易学习；

(4) 通过实践活动较易学习；

(5) 在一种非正式的、无威胁的环境中学习，效果较佳。

5.5.1.4 培训课程内容的选择

培训课程内容的选择如图 5.10 所示。

培训课程内容主要有以下 3 类：

(1) 技能类培训——提升员工操作技能；

(2) 理念类培训——改善员工工作思维；

(3) 知识类培训——构建员工知识系统。

第一层次：补课(技能)

第二层次：推进(理念)

第三层次：超前(知识)

图 5.10　培训内容

5.5.2　培训体系建设的系统模型

5.5.2.1　培训工作开展的流程（事前、事中、事后）

培训工作开展的流程如图 5.11 所示。

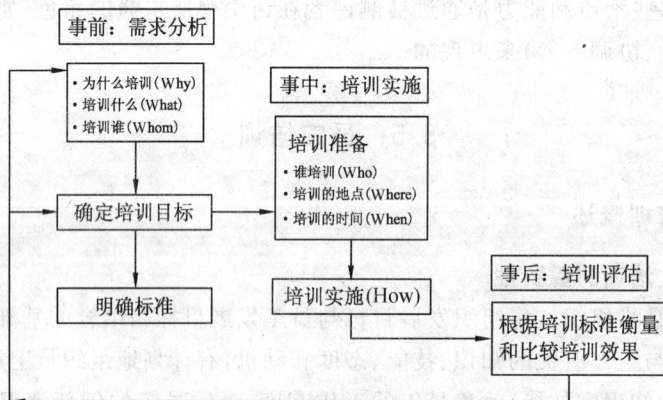

图 5.11　培训流程

5.5.2.2　事前：培训需求分析与年度培训计划

在企业的生产经营活动过程中，企业内外部环境的变化以及主客观多种因素的影响，使企业面临一系列的新困难和新问题，当它们只有通过培训才能解决或才能更好地解决时，培训需求就应运而生。培训需求分析就是采用科学的方法弄清谁最需要培训、为什么要培训、培训什么等问题,并进行深入探索研究的过程。

　　企业的培训需求是由各个方面的原因引起的,确定进行培训需求分析并收集到相关的资料后,就要从不同层次、不同方面、不同时期对培训需求进行分析。

　　1. 培训需求的层次分析

　　需求分析一般从 3 个层次上进行,即战略层次、组织层次和员工个体层次(如图 5.12 所示)。

　　(1) 战略层次分析

　　随着企业变革速度的加快,人们把目光投向未来,不仅针对企业的过去和现在进行培训需求分析,而且重视对企业未来进行培训需求分析,即战略层次分析。战略层次分析一般由人力资源部发起,需要企业的执行层或咨询小组的密切配合。战略层次分析既要考虑各种可能改变组织优先权的因素,如引进一项新的技术、出现了临时性的紧急任务、领导人的更换、产品结构的调整、产品市场的扩张、组织的分合以及财政的约束等,还要预测企业未来的人事变动和企业人才结构的发展趋势(如高、中、低各级人才的比例),调查了解员工的工作态度和对企业的满意度,找出对培训不利的影响因素和可能对培训有利的辅助方法。

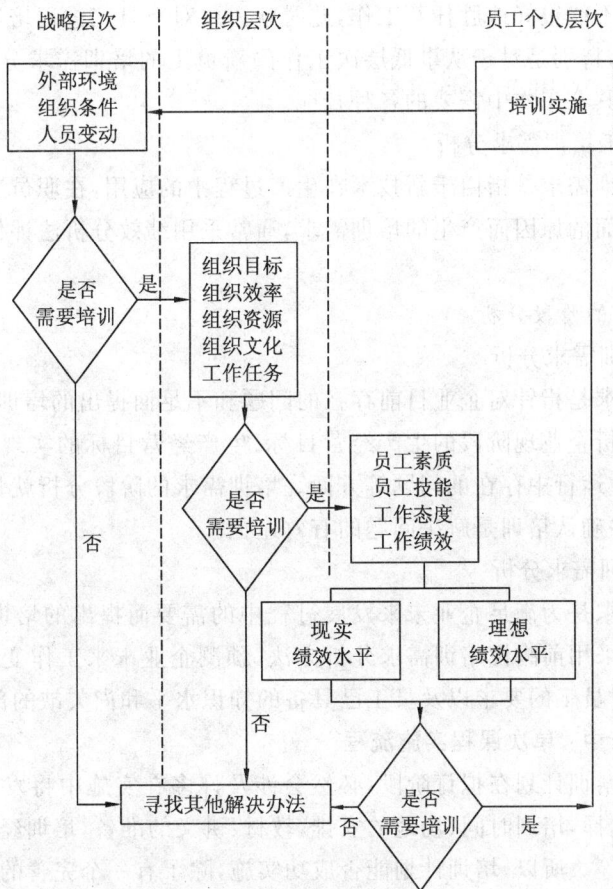

图 5.12 培训需求分析

（2）组织层次分析

组织层次分析主要分析的是企业的目标、资源、环境等因素,准确找出企业存在的问题,并确定培训是否是解决问题的最佳途径。组织层次的分析应首先将企业的长期目标和短期目标作为一个整体来考察,同时考察那些可能对企业目标产生影响的因素。企业目标决定着培训目标,如果企业目标不明确,那么培训采用的标准就难以确定,培训工作就失去了指导方向和评估标准。因此,人力资源部必须弄清楚企业目标,才能在此基础上制订一份可行的培训规划。

（3）员工个人层次分析

员工个人层次分析主要是确定员工目前的实际工作绩效与企业的员工绩效标准对员工技能的要求之间是否存在差距,为将来培训效果和新一轮培训需求的评估提供依据。对员工目前实际工作绩效的评估主要依据以下资料:员工业绩考核的记录、员工技能测试成绩,以及员工个人填写的培训需求调查问卷等资料。

2. 培训需求的对象分析

（1）新员工培训需求分析

新员工由于对企业文化、企业制度不了解而不能融入企业,或是由于对企业工作岗位的不熟悉而不能很好地胜任新工作,此时就需要对新员工进行培训。对于新员工的培训需求分析,特别是对于从事低层次工作的新员工的培训需求分析,通常使用任务分析法来确定其在工作中需要的各种技能。

（2）在职员工培训需求分析

在职员工培训需求是指由于新技术在生产过程中的应用,在职员工的技能不能满足工作需要等方面的原因而产生的培训需求,通常采用绩效分析法评估在职员工的培训需求。

3. 培训需求的阶段分析

（1）目前培训需求分析

目前培训需求是指针对企业目前存在的问题和不足而提出的培训要求,目前培训需求分析主要分析企业现阶段的生产经营目标、生产经营目标的实现状况、未能实现的生产任务、企业运行中存在的问题等方面。培训需求的阶段分析就是要找出上述问题产生的原因,并确认培训是解决问题的有效途径。

（2）未来培训需求分析

未来培训需求是为满足企业未来发展过程中的需要而提出的培训要求。未来培训需求分析主要采用前瞻性培训需求分析方法,预测企业未来工作变化、员工调动情况、新工作岗位对员工的要求以及员工已具备的知识水平和尚欠缺的部分。

5.5.2.3 事中:单次课程实施流程

一个完善的培训计划在拟订阶段,必然会涉及许多在实施中将发生的事情,包括学员、培训师的选择,培训时间、场地的安排,教材、讲义的准备,培训经费的落实,培训评估方法的选择等。所以,培训计划能否成功实施,除了有一个完善的培训计划外,培训师的素质、培训人员的学习成效及环境、时间等相关因素的配合都不可忽视。

培训课程的实施是指把课程计划付诸实践的过程,它是达到预期课程目标的基本途径。课程设计得再好,如在实践中得不到实施,也没有什么意义。课程实施是整个课程设计过程中的一个实质性阶段。

1. 前期准备工作

在新的培训项目即将实施之前做好各方面的准备工作,是培训成功实施的关键。准备工作包括以下几个方面:

(1)确认并通知参加培训的学员。如果先前的培训计划已有培训对象,在培训实施前必须先进行一次审核,看是否有变化。此时须考虑的相关因素有:学员的工作内容、工作经验与资历、工作意愿、工作绩效、公司政策、所属主管的态度等。

(2)培训后勤准备。确认培训场地和设备,此时须考虑的相关因素有:培训性质、交通情况、培训设施与设备、行政服务、座位安排、费用(场地、餐费)等。

(3)确认培训时间。此时须考虑的相关因素有:能配合员工的工作状况,合适的培训时间长度(原则上以白天 8 个小时,晚上 3 个小时为宜);符合培训内容,教学方法的运用,时间控制。

(4)相关资料的准备。这主要包括课程资料编制、设备检查、活动资料准备、座位或签到表印制、结业证书等。

(5)确认理想的培训师。尽可能与培训师事先见面,授课前说明培训目的、内容。此时须考虑的相关因素有:符合培训目标、培训师的专业性、培训师的配合性、培训师的讲课报酬在培训经费预算内。

2. 培训实施阶段

(1)课前工作

① 准备茶水、播放音乐;

② 学员报到,要求在签到表上签名;

③ 引导学员入座;

④ 课程及讲师介绍;

⑤ 学员心态引导、宣布课堂纪律。

(2)培训开始的介绍工作

做完准备工作以后,课程就要进入具体的实施阶段。无论什么培训课程,开始实施以后要做的第一件事都是介绍。具体内容包括以下几个方面:

① 培训主题;

② 培训者的自我介绍;

③ 后勤安排和管理规则介绍;

④ 培训课程的简要介绍;

⑤ 培训目标和日程安排的介绍;

⑥ "破冰"活动;

⑦ 学员自我介绍。

(3)培训器材的维护、保管

对培训的设施、设备要懂得爱护,小心使用,不能粗暴,如收录机或录像机的磁带要轻柔地插入或取出;许多人使用麦克风时,要注意保持麦克风清洁,以免传播疾病等;对设备要定期除尘,不要把食物、饮料放在设备附近。

3. 知识或技能的传授

传授新知识或技能的方法有很多,通常包括培训者讲授、通过教学媒体传授、有组织的讨论、非正式的讨论以及提问和解答等。培训过程应注意以下 3 个问题:

(1) 注意观察讲师的表现、学员的课堂反应,及时与讲师沟通、协调;

(2) 协助上课、休息时间的控制;

(3) 做好上课记录(录音)、摄影和录像。

4. 对学习进行回顾和评估

一般在培训的最后阶段,当学员听到"现在我们来总结一下所学的内容"等时,他们就会松弛下来,认为培训已经结束,该下课了。实际上,这一短暂的总结非常重要,具有承上启下的作用,它既高度概括培训的中心内容,又要提示学员注意:"请大家想一想今天所培训的内容,有哪些可以应用到今后的工作中去。"

虽然,通过总结可以帮助大家复习学过的内容,但由于这时学员通常只是被动地听,所以效果并不好。因此,即使是在培训的最后阶段也不能忘记学员的参与是培训成功的关键。这时学员的参与更为重要,因为这关系到他们能否把学到的知识运用到工作中去,即培训的目标能否最终实现。

做任何一件事情都要有始有终,培训也是一样。但培训者通常都很重视开始和整个培训过程,而忽略了结束部分。当然,好的开始可以给学员和培训者带来信心,而整个培训过程更是传授新知识和技能的主要环节,能留给总结部分的时间就显得不够多。但只要能给结束部分留出相当于全部培训时间的 5% 左右的时间,就能取得意想不到的效果。

5. 培训后的工作

(1) 向培训师致谢;

(2) 做问卷调查;

(3) 颁发结业证书;

(4) 清理、检查设备;

(5) 培训效果评估。

5.5.2.4 事后:培训后的培训效果评估

为了保证培训取得预期的效果,必须对培训进行全程监控和评估。对培训进行全程监控,可以保证培训活动按照规划进行,保证及时解决培训过程中出现的问题,还能将各种影响培训效果的因素记录下来,以便在以后的培训中加以改进。

由于培训监控牵涉面广,影响因素多,所以对培训效果的跟踪与反馈就必须在多方面进行。

1. 培训前对培训效果的跟踪与反馈

对受训者进行培训前的状况摸底,了解受训者在与自己的实际工作高度相关的方面的知识、技能和能力水平,目的是与培训后的状况进行比较以测定培训的效果。如果培训的内容比较单一,摸底就没有必要在很大的范围内进行,只需在与培训内容相关的方面进行即可。

2. 培训中对培训效果的跟踪与反馈

(1) 受训者与培训内容的相关性。培训要取得预期的效果,就必须保证培训内容与受训者实际需求的合理衔接,即把培训提供给那些真正需要这些培训的人员。实际运作中的衔接方式有两种:一是先定培训内容,再根据培训内容选择受训者,如财会培训班;二是先定受训者再定培训内容,如经理培训班。对前者就要考虑受训者的选择是否合理,对后者就要根据培训前的摸底情况考虑培训内容的设计是否恰当。

(2)受训者对培训项目的认知程度。根据成人教育理论,只有当受训者对培训项目比较了解后,他才可能对培训产生兴趣并有接受培训的积极性。因此,为了高度调动受训者的参与意识,培训的组织者就应该采取某些得当的措施,向受训者宣传此次培训活动的内容、进程、方式,让受训者对培训有一定的了解,并相应调整自己的态度和行为。此时就要监测受训者对培训的参与热情和持久性,表现为受训者在培训过程中的出勤率和教学合作态度等方面。

(3)培训内容。监控的目的是及时发现实际提供的培训内容与规划的培训内容之间的差异,保证实际提供的培训与计划高度一致。差异主要表现为提供了非规划的内容、内容缺失或不完整、培训内容错位或非标准化。导致出现这些差异的原因可能有以下几点:培训项目的管理机构或人员没有严格按照规划实施培训;规划中的培训内容没有得到受训者的认同,从而在执行中走了样;因不同项目之间的交叉或相互影响,对培训内容做了调整;外部环境的干扰。一般情况下,应该保证培训按照规划进行,除非有充分的理由证明调整和改变的必要性。

(4)培训的进度和中间效果。监控培训进度是为了保证培训项目在时间进度和资源投入进度方面与规划保持一致。监控中间效果是评估受训者在不同培训阶段的提高和进步幅度,及时发现受训者取得的进步与规划预期的差距并采取补救措施。如果只是在培训结束后才来检查,即使发现问题也为时已晚。这种监控在大型培训项目中,特别是那些承接性很强的培训项目中非常有用。

(5)培训环境。根据学习转换理论,规划时一般都会使培训的实施环境与受训者的工作环境尽量相似,以保证培训效果得到最大的转换,因此,在具体培训实施过程中,就需要及时分析受训者的实际工作环境的变化,调整培训的实施环境,以保证培训适应新环境下的新需求。

(6)培训机构和培训人员,包括培训的管理人员和培训教师。培训的管理人员和培训教师都是培训的具体执行者,培训最终效果的好坏与他们的工作密切相关。评估的内容主要是他们的行为表现,如管理人员的工作积极性、合作精神、领导能力和沟通能力,教师的教学经验、能力和方法等。评估的目的主要是保证培训机构和培训人员有能力做好培训。

3. 培训效果评估

培训效果评估是在培训结束后评估培训究竟发挥了多大效果,培训使企业和受训者发生了多大程度的改变。效果评估是培训评估的重点,主要包括以下几方面内容:

(1)评估受训者究竟学习或掌握了哪些东西,可以以考卷形式或实际操作来测试。这时就需要将测试结果与培训前对受训者的摸底情况加以对比分析。

(2)评估受训者的工作究竟发生了多大的改进,即受训者能否把在培训中学到的知识技能有效地运用到工作中去。如果受训者在培训中学到的知识技能未能有效地运用到工作中去,培训也就没有发挥作用。

（3）评估企业的经营绩效发生了多大的改进。即评估如果一项培训达到了改进受训者工作行为的目的,那么这种改进是否有助于提高企业的经营业绩。提高企业的经营业绩是企业投资培训的真正目的。

4. 培训效率评估

如前所述,培训需要高层领导的大力支持,而取得高层领导支持的最有效的方式就是提供一份详细的培训项目评估报告,让他们知道自己的投资得到了什么样的回报。只有当他们获知支持培训会获得收益后,他们才会给予有力的行政支持和资金保证。效率评估除了向高层管理人员汇报外,也是对培训部工作的一个很好的总结,有助于提高培训效率。通过效率评估,可以与以前的培训效率进行纵向对比,与不同企业之间的培训效率进行横向对比,与企业实际达到的效率和应该达到的效率进行基准对比,从而找出差距,制定改进措施,进一步提高培训质量。

5.5.3 培训方法

5.5.3.1 直接传授型培训法

直接传授型培训法适用于知识类培训,主要包括讲授法、专题讲座法和研讨法等。

1. 讲授法

讲授法是指教师按照准备好的讲稿系统地向受训者传授知识的方法。它是最基本的培训方法,适用于各类学员对学科知识、前沿理论的系统了解,主要有灌输式讲授、启发式讲授、画龙点睛式讲授3种方式。讲课教师是讲授法成败的关键因素。

讲授法的优点是:传授内容多,知识比较系统、全面,有利于大面积培养人才;对培训环境要求不高;有利于教师的发挥;学员可利用教室环境相互沟通,也能够向教师请教疑难问题;员工平均培训费用较低。

讲授法的局限性是:传授内容多,学员难以完全消化、吸收;单向传授不利于教学双方互动;不能满足学员的个性需求;教师水平直接影响培训效果,容易导致理论与实践相脱节;传授方式较为枯燥单一。

2. 专题讲座法

专题讲座法形式上与讲授法基本相同,但在内容上有所差异。讲授一般是系统知识的传授,每节课涉及一个专题,接连多次授课;专题讲座是针对某一个专题知识,一般只安排一次培训。这种培训方法适合于管理人员或技术人员了解专业技术发展方向或当前热点问题等。

专题讲座法的优点是:培训不占用大量的时间,形式比较灵活;可随时满足员工某一方面的培训需求;讲授内容集中于某一专题,培训对象易于加深理解。

专题讲座法的局限性是:讲座中传授的知识相对集中,内容可能不具备较好的系统性。

3. 研讨法

研讨法是指在教师引导下,学员围绕某一个或几个主题进行交流、相互启发的培训方法。

（1）研讨法的类型

① 以教师或受训者为中心的研讨

以教师为中心的研讨从头至尾由教师组织，教师提出问题，引导受训者做出回答。教师起着活跃气氛、使讨论不断深入的作用。讨论的问题除主题本身外，有时也包括由受训者的回答引出的问题。讨论也可以采用这种形式，教师先指定阅读材料，然后围绕材料提出问题，并要求受训者回答。研讨结束后，由教师进行总结。

以受训者为中心的研讨常常采用分组讨论的形式。有两种方法：一是由教师提出问题或任务，受训者独立提出解决办法；二是不规定研讨的任务，受训者就某议题进行自由讨论，相互启发。

② 以任务或过程为取向的研讨

任务取向的研讨着眼于达到某种目标，这个目标是事先确定的，即通过讨论弄清某一个或几个问题，或者得出某个结论，组织这样的研讨需要设计能够引起讨论者兴趣、具有探索价值的题目。

过程取向的研讨着眼于讨论过程中成员之间的相互影响，重点是相互启发，进行信息交换，并增进了解，加深感情。

任务—过程取向的研讨既能得出某个结论，又能达到相互影响的目的，这需要对讨论进行精心的组织。例如，先分成小组讨论，小组内进行充分的交流直至意见达成一致，然后小组推举一人在全体学员的讨论会上发言。

（2）研讨法的优点

① 多向式信息交流。在讨论过程中，教师与学员之间，学员与学员之间相互交流、启发和借鉴，及时反馈，有利于学员取长补短，开阔思路。

② 要求学员积极参与，有利于培养学员的综合能力。研讨法要求在调查准备的基础上，就研讨内容提出自己的观点，找出解决办法，因而学员必须独立思考，收集、查阅各种资料，分析问题，同时还要能判断评价别人的观点并及时做出反应。

③ 加深学员对知识的理解。通过对实际问题的研究、讨论，为学员提供了运用所学知识的机会，加深了学员对原理知识的理解，提高其运用能力，并激发其进一步学习的动力。

④ 形式多样，适应性强，可针对不同的培训目的选择适当的方法。

（3）研讨法的难点

① 对研讨题目、内容的准备要求较高；

② 对指导教师的要求较高。

（4）选择研讨题目注意事项

① 题目应具有代表性、启发性；

② 题目难度要适当；

③ 研讨题目应事先提供给学员，以便其做好研讨准备。

5.5.3.2　实践型培训法

实践型培训法简称实践法，主要适用于以掌握技能为目的的培训。

实践法是通过让学员在实际工作岗位或真实的工作环境中，亲身操作、体验，掌握工作所需的知识、技能的培训方法。该法在员工培训中应用最为普遍。这种方法将培训内容和实际工作直接结合,具有很强的实用性,是员工培训的有效手段,适用于从事具体岗位所应具备的能力、技能和管理实务类培训。

实践法有很多优点:经济,受训者边干边学,一般无须特别准备教室及其他培训设施;实用、有效,受训者通过实干来学习,使培训的内容与受训者将要从事的工作紧密结合,而且受训者在实践的过程中能迅速得到关于他们工作行为的反馈和评价。

实践法的常用方式如下:

1. 工作指导法

工作指导法又称教练法、实习法,是指由一位有经验的工人或直接主管人员在工作岗位上对受训者进行培训的方法。指导教练的任务是教受训者如何做,提出如何做好的建议,并对受训者进行激励。

工作指导法的优点是应用广泛,可用于基层生产工人培训,如让受训者通过观察教练工作和实际操作掌握机械操作的技能;也可用于各级管理人员培训,让受训者与现任管理人员一起工作,后者负责对受训者进行指导。一旦现任管理人员因退休、提升、调动等原因离开岗位,训练有素的受训者便可立即顶替,如设立助理职务,培养和开发企业未来的高层管理人员。

这种方法并不一定要有详细、完整的教学计划,但应注意培训的要点:一是关键工作环节的要求;二是做好工作的原则和技巧;三是须避免、防止的问题和错误。

2. 工作轮换法

工作轮换法是指让受训者在预定时期内变换工作岗位,使其获得不同岗位的工作经验的培训方法。以管理岗位的工作轮换培训为例,让受训者有计划地到各个部门(如生产、销售、财务等部门)学习,在每个部门工作几个月,实际参与所在部门的工作,或仅仅作为观察者,以便了解所在部门的业务,扩大受训者对整个企业各环节工作的了解。

(1) 工作轮换法的优点

① 能丰富受训者的工作经验,增加对企业工作的了解;

② 使受训者明确自己的长处和弱点,找到适合自己的位置;

③ 改善部门间的合作,使管理者能更好地理解相互间的问题。

(2) 工作轮换法的不足

工作轮换法鼓励"通才化",适合于一般直线管理人员的培训,不适用于职能管理人员培训。

3. 特别任务法

特别任务法是指企业通过为某些员工分派特别任务对其进行培训的方法,此法常用于管理培训。其具体形式如下:

(1) 委员会或初级董事会。这是为有发展前途的中层管理人员提供的,培养分析全公司范围问题的能力,提高决策能力的培训方法。一般初级董事会由 10～12 名受训者组成,受训者来自各个部门,他们针对高层次的管理问题,如组织结构、经营管理人员的报酬、部门间的冲突等提出建议,并将这些建议提交给正式的董事会。企业可通过这种方法为这些管理人员提供分析公司高层次问题的机会。

(2) 行动学习。这是让受训者将全部时间用于分析、解决其他部门而非本部门问题的一种课题研究法。4～5名受训者组成一个小组,定期开会,就研究进展和结果进行讨论。这种方法为受训者提供了解决实际问题的真实经验,可提高他们分析、解决问题以及制订计划的能力。

4. 个别指导法

个别指导法与我国以前的"师傅带徒弟"或"学徒工制度"相类似。目前我国仍有很多企业在实行这种"传帮带"的培训方式,主要是通过资历较深的员工的指导,使新员工能够迅速掌握岗位技能。

(1) 个别指导法的优点

① 新员工在师傅指导下开始工作,可以避免盲目摸索;

② 有利于新员工尽快融入团队;

③ 可以消除刚从高校毕业的受训者开始工作时的紧张感;

④ 有利于企业传统优良工作作风的传递;

⑤ 新员工可从指导人处获取丰富的经验。

(2) 个别指导法的缺点

① 为防止新员工对自己构成威胁,指导者可能会有意保留自己的经验、技术,从而使指导浮于形式;

② 指导者本身水平对新员工的学习效果有极大影响;

③ 指导者不良的工作习惯会影响新员工;

④ 不利于新员工的工作创新。

5.5.3.3 参与型培训法

参与型培训法是调动培训对象积极性,让其在培训者与培训对象双方的互动中学习的方法。这类方法的主要特征是每个培训对象积极参与培训活动,从亲身参与中获得知识、技能,掌握正确的行为方式,开拓思维,转变观念。其主要形式有自学法、案例研究法、头脑风暴法、模拟训练法、敏感性训练法和管理者训练法等。

1. 自学法

自学法适用于知识、技能、观念、思维、心态等多方面的学习。自学法既适用于岗前培训,又适用在岗培训,而且新员工和老员工都可以通过自学掌握必备的知识与技能。

自学法的优点有以下几个:

(1) 费用低。自学法只需要为自学者创造一定的学习条件或者对自学进行必要的组织,如购买书籍,而不需要聘请教师、购置大件教学设备,不需要解决学员的食宿问题等,因此自学费用比课堂培训费用低得多。

(2) 不影响工作。与集中培训不同,自学往往是在业余时间进行,学习和工作不会发生矛盾,对工作一般不会产生影响。

(3) 学习者自主性强。自学者可根据自己的具体情况安排时间和进度,有重点地选择学习内容,学习者自主性强,可弹性安排学习计划。

(4) 可体现学习的个别差异。自学者可以对学习内容进行选择,着重学习自己不熟悉的内容。同时,学习者可按照自己习惯的方法学习。

(5) 有利于培养员工的自学能力。在信息时代,每个人都必须终身受教育,学会如何学习对于每个人都非常重要。自学的过程是学习者主动地掌握知识的过程，必然会提高学习能力。

自学的缺点有以下几个：

（1）学习的内容受到限制。自学时缺少交流、演练和指点，通过交流、演练和指点才能掌握的东西显然不适合自学。

（2）学习效果可能存在很大差异。每个员工的自学能力和主动性不同，学习效果可能存在很大差异。

（3）学习中遇到疑问和难题往往得不到解答。在课堂培训时，教师会对重点和难点进行着重讲解，使受训者能够听懂。在自学时，学习者遇到不懂的问题可能无法得到解答。

（4）容易使自学者感到单调乏味。在讲授时，教师一般通过生动的讲解引起学员的兴趣，营造良好的学习气氛。而自学是单个进行，如果恰好学习者对学习的内容缺乏兴趣，就会产生单调、乏味的感觉。

2. 案例研究法

案例研究法是一种信息双向性交流的培训方式，它将知识传授和能力提高两者融合到一起，是一种非常有特色的培训方法，可分为案例分析法和事件处理法两种。

（1）案例分析法

案例分析法又称个案分析法，它是围绕一定的培训目的，把实际中真实的场景加以典型化处理，形成供学员思考分析和决断的案例，通过独立研究和相互讨论的方式，来提高学员的分析及解决问题的能力的一种培训方法。

用于教学的案例应满足以下 3 个要求：内容真实；案例中应包含一定的管理问题；分析案例必须有明确的目的。

案例分析可分为两种类型：第一种是描述评价型，即描述解决某种问题的全过程，包括其实际后果（不论成功或失败）。这样留给学员的分析任务只是对案例中的做法进行事后分析，以及提出"亡羊补牢"性的建议。第二种是分析决策型，即只介绍某一待解决的问题，由学员去分析并提出对策。该方法更能有效地培养学员分析决策、解决问题的能力。上述两种方法并不是截然分开的，两者之间存在着一系列过渡状态。一般来说，解决问题的过程有 7 个环节（如图 5.13 所示）。

图 5.13　解决问题的 7 个环节

一个案例可以终止于 7 个环节中的任何一个。例如，若写到第三个环节，即问题的产生原因已找出，留给学员去做的事便是对症下药，列出若干备选方案，逐一权衡比较，然后制定出决策等；若只找出了问题，分清了主次，则查明原因这一环节也有待学员去做，学员的任务便加重了，案例的分析难度也相应增加。如此逐步上溯，若案例只介绍了头绪纷繁的一种管理情景，则学员应找出此情景中究竟存在哪些问题，案例研究的难度也就更大了。反之，若案例中 7 个环节均已覆盖，即介绍了解决问题的全过程及其后果，学员已能对此做法做一番评价，这才属于描述评价型的案例。

（2）事件处理法

事件处理法是指让学员自行收集亲身经历的案例,将这些案例作为个案,利用案例研究法进行分析讨论,并用讨论结果来警戒日常工作中可能出现的问题。学员间通过彼此亲历事件的相互交流和讨论,可使企业内部信息得到充分利用和共享,同时有利于形成一个和谐、合作的工作环境。

事件处理法的适用范围:适宜各类员工了解解决问题时收集各种情报及分析具体情况的重要性;了解工作中相互倾听、相互商量、不断思考的重要性;通过自编案例及案例的交流分析,提高学员理论联系实际、分析解决问题的能力以及表达、交流能力;培养员工间良好的人际关系。

事件处理法的优点:参与性强,变学员被动接受为主动参与;将学员解决问题能力的提高融入知识传授中;教学方式生动具体,直观易学;学员之间能够通过案例分析达到交流的目的。

事件处理法的缺点:案例准备的时间较长且要求高;案例法需要较多的培训时间,同时对学员能力有一定的要求;对培训顾问的能力要求高;无效的案例会浪费培训对象的时间和精力。

3. 头脑风暴法

头脑风暴法又称"研讨会法"或"讨论培训法"。头脑风暴法的特点是培训对象在培训活动中相互启迪思想、激发创造性思维,它能最大限度地发挥每个参加者的创造能力,提供更多、更好的解决问题的方案。

头脑风暴的操作要点:只规定一个主题,即明确要解决的问题,保证讨论内容不泛滥。把参加者组织在一起使其无拘无束地提出解决问题的建议或方案,组织者和参加者都不能评议他人的建议和方案。事后再收集各参加者的意见,交给全体参加者。然后排除重复的、明显不合理的方案,重新表达内容含糊的方案。组织全体参加者对各可行方案逐一评估,选出最优方案。头脑风暴法的关键是要排除思维障碍,消除心理压力,让参加者轻松自由、各抒己见。

头脑风暴法的优点:培训过程中为企业解决了实际问题,大大提高了培训的收益;可以帮助学员解决工作中遇到的实际困难;培训中学员参与性强;小组讨论有利于加深学员对问题理解的程度;集中了集体的智慧,达到了相互启发的目的。

头脑风暴法的缺点:对培训顾问要求高,如果不善于引导讨论,可能会使讨论漫无边际;培训顾问主要扮演引导的角色,讲授的机会较少;研究的主题能否得到解决也受培训对象水平的限制;主题的挑选难度大,不是所有的主题都适合用来讨论。

4. 模拟训练法

模拟训练法以工作中的实际情况为基础,将实际工作中可利用的资源、约束条件和工作过程模型化,学员在假定的工作情境中参与活动,学习从事特定工作的行为和技能,提高其处理问题的能力。其基本形式是:由人和机器共同参与模拟活动;人和计算机共同参与模拟活动。

模拟训练法的优点:学员在培训中工作技能将会获得提高;通过培训有利于加强员工的竞争意识;可以带动培训中的学习气氛。

模拟训练法的缺点:模拟情景准备时间长,而且质量要求高;对组织者要求高,要求其熟悉培训中的各项技能。

这种方法与角色扮演类似,但并不完全相同。模拟训练法更侧重于对操作技能和反应敏捷的培训,它把参加者置于模拟的现实工作环境中,让参加者反复操作,解决实际工作中可能出现的各种问题,为进入实际工作岗位打下基础。这种方法比较适用于对操作技能要求较高的员工的培训。

5. 敏感性训练法

敏感性训练法(Sensitivity Training)简称 ST 法,又称 T 小组法。敏感性训练法要求学员在小组中就参加者的个人情感、态度及行为进行坦率、公正的讨论,相互交流对各自行为的看法,并说明其引起的情绪反应。它的目的是要提高学员对自己的行为和他人的行为的洞察力,了解自己在他人心目中的"形象",感受与周围人群的相互关系和相互作用,学习与他人沟通的方式,发展在各种情况下的应变能力,在群体活动中采取建设性行为。

敏感性训练法适用于组织发展训练、晋升前的人际关系训练、中青年管理人员的人格塑造训练、新进人员的集体组织训练、外派工作人员的异国文化训练等。

敏感性训练法常采用集体住宿训练、小组讨论、个别交流等活动方式。具体训练日程由指导者安排,内容可包括问题讨论、案例研究等。讨论中,每个学员充分暴露自己的态度和行为,并从小组成员那里获得对自己行为的真实反馈,承受以他人的方式给自己提出意见,同时了解自己的行为如何影响他人,从而改善自己的态度和行为。

6. 管理者训练法

管理者训练法(Manager Training Plan)简称 MTP 法,是产业界最为普及的管理人员培训方法。这种方法旨在使学员系统地学习,深刻地理解管理的基本原理和知识,从而提高其管理能力。

管理者训练适用于培训中低层管理人员掌握管理的基本原理、知识,提高管理能力,一般采用专家授课、学员间研讨的培训方式。企业可进行大型的集中训练,以脱产方式进行。

管理者训练的操作要点:指导教师是管理者训练法的关键,一般由外聘专家或由企业内部曾接受过此法训练的高级管理人员担任。

5.5.3.4 态度型培训法

态度型培训法主要针对行为调整和心理训练,具体包括角色扮演法和拓展训练等。

1. 角色扮演法

角色扮演法是在一个模拟真实的工作情境中,让参加者身处模拟的日常工作环境之中,并按照他在实际工作中应有的权责来担当与实际工作类似的角色,模拟性地处理工作事务,从而提高处理各种问题的能力。这种方法的精髓在于"以动作和行为作为练习的内容来开发设想"。也就是说,学员们不是针对某问题相互对话,而是针对某问题采取实际行动,以提高个人及集体解决问题的能力。

行为模仿法是一种特殊的角色扮演法,它通过向学员展示特定行为的范本,由学员在模拟的环境中进行角色扮演,并由指导者对其行为提供反馈的训练方法。它适宜于中层管理人员、基层管理人员和一般员工的培训。它能使学员的行为符合其职业、岗位的行为要求,提高学员的行为能力,使学员能更好地处理工作环境中的人际关系。这种培训方法根据培训的具体对象确定培训内容,如基层主管指导新雇员,纠正下属的不良工作习惯等。它的操作步骤是首先建立示范模型,其次角色扮演与体验,再次社会行为强化,最后培训成果的转化与应用。

（1）角色扮演法的优点

① 学员参与性强,学员与教师之间的互动交流充分,可以提高学员培训的积极性;

② 角色扮演中特定的模拟环境和主题有利于增强培训效果;

③ 在角色扮演过程中,学员之间需要进行交流、沟通与配合,因此可增加彼此之间的感情交流,培养他们的沟通、自我表达、相互认知等社会交往能力;

④ 在角色扮演过程中,学员可以互相学习,及时认识到自身存在的问题和不足并进行改正,使各方面能力得到提高;

⑤ 加强学员业务能力,同时提高了其反应能力和心理素质;

⑥ 具有高度的灵活性,实施者可以根据培训的需要改变受训者的角色,调整培训内容,同时角色扮演对培训时间没有任何特定的限制,视要求而决定培训时间的长短。

（2）角色扮演法的缺点

① 场景是人为设计的,如果设计者没有精湛的设计能力,设计出来的场景可能会过于简单,使受训者得不到真正的角色锻炼、能力提高的机会;

② 实际工作环境复杂多变,而模拟环境却是静态的、不变的;

③ 扮演中的问题分析限于个人,不具有普遍性;

④ 有时学员由于自身原因,参与意识不强,角色表现漫不经心,影响培训效果。

综上所述,角色扮演法既有优点,又有不足之处,是一种难度很高的培训和测评方法。要想达到理想的培训和测评效果,就必须进行严格的情景模拟设计,同时保证角色扮演全过程的有效控制,随时纠正可能产生的问题。

2. 拓展训练

拓展训练是指通过模拟探险活动进行的情景式心理训练、人格训练、管理训练。它以外化型体能训练为主,学员被置于各种艰难的情境中,在面对挑战、克服困难和解决问题的过程中使人的心理素质得到改善。拓展训练包括场地拓展训练和野外拓展训练两种形式。

（1）场地拓展训练

场地拓展训练是指需要利用人工设施（固定基地）的训练活动,包括高空断桥、空中单杠、缅甸桥等高空项目,以及扎筏泅渡、合力过河等水上项目等。场地拓展的特点如下:

1）有限的空间,无限的可能。如训练场地的几根绳索,却是能否生存的关键;几块木板,成了架设通往成功的桥梁。

2）有形的游戏,锻炼的是无形的思维。在培训师的引导下,利用简单的道具,整个团队进入模拟真实的训练状态,团队和个人的优点得以凸显,问题也不同程度地暴露出来,在反复的交流回顾中也许找到了某些想要的答案,为今后问题的解决提供了思路。

3)简便,容易实施。场地拓展训练可以在会议厅里进行,也可以在室外的操场上进行,因此它既可以作为一次单独的完整团队培训项目来开展,又能很好地与会议、酒会及其他培训相结合,使团队从以下几个方面得到收益和改善:

① 变革与学习:项目中将会设置不同于日常环境中的困难,迫使团队以新的思维解决问题,建立新的学习和决策模式。

② 沟通与默契:有意识地设置沟通障碍,建立团队新的沟通渠道,培养团队默契感。

③ 心态与士气:变换环境,调整团队状态,通过新的因素的刺激提升团队士气。

④ 共同愿景:在微缩的企业团队实验室中检验和明确团队的努力方向,从而在大环境中把握正确的方向。

场地拓展训练可以促进团队内部和谐,提高沟通的效率,提升员工的积极性,对形成从形式到内涵真正为大家认同的企业文化起着显著的作用,也能作为企业业务培训的补充。

(2)野外拓展训练

野外拓展训练是指在自然地域,通过模拟探险活动进行的情景体验式心理训练。它起源于第二次世界大战中的海员学校,英文是 Outward Bound,意思是一艘小船离开安全的港湾,勇敢驶向探险的旅程,去接受一个个挑战,战胜一个个困难。它旨在训练海员的意志和生存能力,后被应用于管理训练和心理训练等领域,用于提高人的自信心,培养把握机遇、抵御风险、积极进取和团队精神等素质,以提高个体和组织的环境适应与发展能力。

野外拓展训练的基本原理:通过野外探险活动中的情景设置,使参加者体验所经历的各种情绪,从而了解自身(或团队)面临某一外界刺激时的心理反应及其后果,以实现提升学员能力的培训目标。

野外拓展训练包括远足、登山、攀岩和漂流等项目。这些活动是参加者的一种媒介,使他们可以了解自身与同伴的力量、局限和潜力。

(3)野外拓展和场地拓展的区别

① 野外拓展借助自然地域,轻松自然;

② 野外拓展提供了真实模拟的情境体验;

③ 野外拓展使参与人员拥有开放接纳的心理状态;

④ 野外拓展使参与人员拥有与以往不同的共同生活经历。

5.5.4 培训制度

5.5.4.1 企业培训制度的基本内容

企业人力资源管理部门在起草某一项具体的培训制度时,应当注意其结构和内容的完整性和一致性,一项具有良好的适应性、实用性和可行性的培训制度至少应包括以下几方面的基本内容:

(1)制定企业员工培训制度的依据;

(2)实施企业员工培训的目的或宗旨;

(3)企业员工培训制度实施办法;

（4）企业培训制度的核准与施行；

（5）企业培训制度的解释与修订权限的规定。

5.5.4.2　各项培训管理制度的起草

1．培训服务制度

（1）制度内容

起草培训服务制度应包括培训服务制度和培训服务协议条款两个部分。

1）培训服务制度条款

制度条款需明确以下内容：

① 员工正式参加培训前，根据个人和组织的需要向培训管理部门或部门经理提出的申请；

② 在培训申请被批准后需要履行的培训服务协议签订手续；

③ 培训服务协议签订后方可参加培训。

2）培训服务协议条款

协议条款一般要明确以下内容：

① 参加培训的申请人；

② 参加培训的项目和目的；

③ 参加培训的时间、地点、费用和形式等；

④ 参加培训后要达到的技术或能力水平；

⑤ 参加培训后要在企业服务的时间和岗位；

⑥ 参加培训后如果出现违约的补偿；

⑦ 部门经理人员的意见；

⑧ 参加人与培训批准人的有效法律签署。

（2）制度解释

对于一些投入较大的培训项目，特别是需要一段时间的离职培训来说，企业不仅投入费用让员工参加培训，还要提供给员工工资待遇，同时企业要承担因为员工离职不能正常工作的机会成本。倘若参加培训的员工学成后就跳槽，企业投入价值尚未收回，这种培训就得不偿失。为防范这种问题的出现，就必须建立制度进行约束，培训服务制度由此而产生并被广泛运用。

培训服务制度是培训管理的首要制度，虽然不同组织关于这方面的规定不尽相同，但目的都是相同的，只要是符合企业和员工的利益并符合国家法律法规的有关规定就应该遵守。

2．入职培训制度

（1）制度内容

起草入职培训制度时，应当主要包括以下几个方面的基本内容：

① 培训的意义和目的；

② 需要参加的人员界定；

③ 特殊情况不能参加入职培训的解决措施；

④ 入职培训的主要责任区（部门经理还是培训组织者）；

⑤ 入职培训的基本要求标准（内容、时间、考核等）；

⑥ 入职培训的方法。

（2）制度解释

入职培训制度就是规定员工上岗之前和任职之前必须经过全面的培训，没有经过全面培训的员工不得上岗和任职。它体现了"先培训，后上岗""先培训，后任职"的原则，适应企业培训的实际需要，有利于提高员工队伍的素质，提高工作效率。

制度的制定要与人力资源部有关人员配合进行，并争取与其他各部门经理人员共同商讨，这对于此制度的贯彻执行是非常有利的。

3. 培训激励制度

（1）制度内容

起草与培训配套的激励制度时，应当主要包括以下几方面的基本内容：

① 完善的岗位任职资格要求；

② 公平、公正、客观的业绩考核标准；

③ 公平竞争的晋升规定；

④ 以能力和业绩为导向的分配原则。

（2）制度解释

企业培训制度的主要目的是激励各个利益主体参加培训的积极性，对员工的激励包括以下 3 个方面：

① 对员工的激励。培训必须营造前有引力、后有推力、自身有动力的氛围机制，建立培训—使用—考核—奖惩的配套制度，形成以目标激励为先导、以竞争激励为核心、以利益激励为后盾的人才培养激励机制。

② 对部门及其主管的激励。建立岗位培训责任制，把培训任务完成的情况与各级领导的责、权、利挂钩，使培训通过责任制的形式渗透在领导的目标管理中，使培训不再只是培训部门的事，而是每一个部门、每一级领导、每一位管理人员的事。

③ 对企业本身的激励。培训制度实际上也是对企业有效开展培训活动的一种约束。企业培训的目的就是提高员工的工作素质，改变员工的工作行为，提高企业的经营业绩。因此，应制定合理的制度并严格实施，激发企业的培训积极性，使培训真正满足企业生产发展的需要。

4. 培训考核评估制度

（1）制度内容

起草培训考核评估制度时，需要明确以下几个方面的内容：

① 被考核评估的对象；

② 考核评估的执行组织（培训组织者或部门经理）；

③ 考核的标准区分；

④ 考核的主要方式；

⑤ 考核的评分标准；

⑥ 考核结果的签署确认；

⑦ 考核结果的备案；

⑧ 考核结果的证明（发放证书等）；

⑨ 考核结果的使用。

（2）制度解释

评估作为培训发展循环的中心环节已经是业内的共识，但从培训模式中各环节所体现的培训评估目的多是提高培训管理水平，同时也有对培训效果的评估，而对参加培训人员的学习态度、培训参加情况则关注得少一些。设立培训考核评估制度的目的，既是检验培训的最终效果，同时也为培训奖惩制度的确立提供依据，是规范培训相关人员行为的重要途径。

需要强调的是：员工培训的考核评估必须100％进行，并且要与标准保持一致，考核评估的过程要开放透明、公平公正，方可达到员工培训考核评估的目的。

5. 培训奖惩制度

（1）制度内容

起草员工的培训奖惩制度时，应当主要包括以下几项基本内容：

① 制度制定的目的；

② 制度的执行组织和程序；

③ 奖惩对象说明；

④ 奖惩标准；

⑤ 奖惩的执行方式和方法。

（2）制度解释

奖惩制度是保障前面几项培训管理制度能够得以顺利执行的关键，如果参加与不参加培训一个样，培训考核评估好与不好一个样，相信谁也不会对这些制度给予重视，同时培训本身也无法引起足够的重视。因此，非常有必要设立、执行培训奖惩制度。

值得注意的是，在制定培训奖惩制度时，一定要明确培训可能出现的各种优劣结果的奖惩标准。如果奖惩标准不一或不明确，就无法保证此制度的有效性。

6. 培训风险管理制度

（1）制度内容

通过制定管理制度规避企业培训的风险，需要考虑以下几个方面的问题：

① 企业根据《劳动法》与员工建立相对稳定的劳动关系；

② 根据具体的培训活动情况考虑与受训者签订培训合同，从而明确双方的权利义务和违约责任；

③ 在培训前，企业要与受训者签订培训合同，明确企业和受训者各自负担的成本、受训者的服务期限、保密协议和违约补偿等相关事项；

④ 根据"利益获得原则"，即谁投资谁受益，投资与受益成正比关系，考虑培训成本的分摊与补偿。比如，对于投资大、时间长、能够迅速提高受训者能力和其个人收入的开发性培训项目，对基础学历教育及以提高自身基本素质为主的培训，以个人投资为主，企业部分分担，根据员工学习成绩的好坏，以奖惩的性质调整各自的比例。

（2）制度解释

培训是一项生产性投资行为，做投资就必然存在风险。培训风险包括人才流失及其带来的经济损失、培养竞争对手、培训没有取得预期的效果、送培人员选拔失当、专业技术保密难度增大等。若企业培训风险较大且找不到合适的防范手段，就会对培训投资持有不积极的态度。培训风险只有通过做好培训实施工作来尽量降低，如积极性维持和培训质量保证等。

5.6 绩效管理

5.6.1 绩效管理概述

5.6.1.1 人们为什么不喜欢绩效考核

困扰职业经理人的两大难题：一是考核，二是裁员。很多考核流于形式，国企考核的怪圈是考核就像推优，换言之，就是考核不出任何实质的内容，大家的打分都差不多。就单个人而言，每次考核的成绩也一样。

从被评估者和主管人员的角度来看，绩效考核不被接受的原因主要有以下两方面：

1. 被评估者的焦虑与回避

(1) 对批评和惩罚的焦虑；

(2) 害怕自己的弱点暴露出来。

2. 主管人员的焦虑与回避

(1) 认为这件事情没有意义；

(2) 担心会与下属产生冲突。

5.6.1.2 为什么需要绩效管理

员工工作的好坏、绩效的高低直接影响着组织的整体效率和效益，因此，掌握和提高员工的工作绩效水平是企业经营管理者的一项重要职责，而强化和完善绩效管理系统是企业人力资源管理部门的一项战略性任务。

1. 从公司的角度看

(1) 解决涨工资和发奖金的问题：谁该涨？谁不该涨？该涨多少？等等。

(2) 解决员工的人事调整问题：谁该晋升？谁该调岗？谁该辞退？等等。

(3) 了解员工培训和教育的需要：谁需要什么样的培训？等等。

2. 从管理者的角度看

(1) 需要有机会将组织的目标传递给团队中的员工，并取得他们对目标的认同，以便团队成员能够共同朝着目标努力。

(2) 管理者需要把组织赋予的目标分解到每个员工的头上。

(3) 管理者有机会告诉员工自己对他们工作的期望。

3. 从员工的角度看

(1) 了解了公司对他工作的评价。

(2) 知道了自己改进工作的方向。

5.6.1.3 绩效的含义

绩效管理中所说的"绩效"，不仅包含着劳动者劳动活动的结果，即凝结劳动，还包含着劳动者的潜在劳动和流动劳动。也就是说，绩效管理不但要考察、衡量员工的最终劳动成果，还要重视员工在劳动过程中的表现；不但要考察劳动态度、行为和表现，还要考察员工的潜质，即员工的心理品质和能力素质。

5.6.1.4 绩效的特征

绩效体现了员工对组织的贡献大小、价值大小。员工的绩效往往具有以下特征(见图5.14):

1. 多因性

多因性,即员工工作绩效的优劣不是由单一因素决定的,而是要受到包括人的主观因素和客观因素多种因素的影响。有学者研究表明,绩效可用函数表示为:

$$P=f(S,O,M,E)$$

图 5.14 绩效的特征

式中,S 表示技能,O 表示机会,M 表示激励,E 表示环境。

2. 多维性

多维性即多指标。例如,工人的考核有产量指标,还有出勤率、团结合作情况、产品质量、原材料消耗、员工态度等。因此,考核员工的绩效必须从多种维度、多个方面去评估。

3. 动态性

动态性即可变性,员工工作绩效不是一成不变的,作为管理者不可因一件事或一次考核轻易对一个人下结论。这主要是因为人力资源本身的特点具有动态性以及个体具有主观性。

总之,管理者对下级绩效的考察应该是全面的、发展的、多角度的和权变的,力戒主观片面和僵化。

5.6.2 绩效指标的设计与运用

5.6.2.1 绩效考评的内容

1. 品质主导型

品质主导型的绩效考评采用特征性效标,以考评员工的潜质为主,着眼于"他这个人怎么样",重点是考量该员工是一个具有何种潜质(如心理品质、能力素质)的人。由于品质主导型的考评需要使用如忠诚、可靠、主动、创造性、自信心、合作精神等定性的形容词,所以很难具体掌握,并且考评操作性及其信度和效度较差。品质主导型的考评涉及员工信念、价值观、动机、忠诚度、诚信度以及一系列能力素质,如领导能力、人际沟通能力、组织协调能力、理解力、判断力、创新能力、理解力、改善力、企划力、研究能力、计划能力、沟通能力等。

2. 行为主导型

行为主导型的绩效考评采用行为性效标,以考评员工的工作行为为主,着眼于"干什么""如何去干的",重点考量员工的工作方式和工作行为。由于行为主导型的考评重在工作过程而非工作结果,考评的标准较容易确定,操作性较强。行为主导型适合于对管理性、事务性工作进行考评,特别是对人际接触和交往频繁的工作岗位尤其重要。例如,商业大厦的服务员应保持愉悦的笑容和友善的态度,其日常工作行为对公司影响很大,因此,公司要重点考评其日常行为表现。

3. 效果主导型

效果主导型的绩效考评,采用结果性效标,以考评员工或组织工作效果为主,着眼于"干出了什么",重点考量"员工提供了何种服务,完成了哪些工作任务或生产了哪些产品"。由于效果主导型的考评注重的是员工或团队的产出和贡献,即工作业绩,而不关心员工和组织的行为与工作过程,所以考评的标准容易确定,操作性很强。例如,著名管理学家德鲁克设计的目标管理法就是属于效果主导型的考评方法。效果主导型的考评方法具有滞后性、短期性和表现性等特点,它更适合生产性、操作性工作岗位以及工作成果可以计量的工作岗位采用,对事务性工作岗位人员的考评不太适合。

一般来说,效果主导型的绩效考评首先是为员工设定一个衡量工作成果的标准,再将员工的工作结果与标准对照。工作标准是计量检验工作结果的关键,一般应包括工作内容和工作质量两方面指标。

5.6.2.2 业绩、能力、态度在考核中的应用

由于业绩、能力、态度具有不同的属性(见图 5.15),因此在实际工作中可以做如下决定:

工作业绩	主要决定	薪酬
工作能力	主要决定	晋升
工作态度	主要决定	去留

要素	业绩	能力	态度
一般权重	70%	20%	10%

图 5.15 业绩、能力和态度的属性

(1) 当考评的目的不同时,主要决定的因素也不完全相同。比如晋升看能力,虽然业绩也很重要,但并不是最好的销售员一定能当销售部经理。

(2) 企业不同岗位层次的员工,3 个方面的权重也不同:管理岗位——业绩;技术——能力;底层的办事人员——态度。

5.6.2.3 关键绩效指标——KPI(Key Performance Index)

关键事件法也称重要事件法。在某些工作领域内,员工在完成工作任务的过程中,有效的工作行为导致了成功,无效的工作行为导致失败。关键事件法的设计者将这些有效或无效的工作行为称为"关键事件",考评者要记录和观察这些关键事件,因为它们通常描述了员工的行为以及工作行为发生的具体背景条件。这样,在评定一个员工的工作行为时,就可以利用关键事件作为考评的指标和衡量的尺度。

关键事件法对事不对人,以事实为依据,考评者不仅要注重对行为本身的评价,还要考虑行为的情境,可以用关键事件来向员工提供明确的信息,使他们知道自己在哪些方面做得比较好,而又在哪些方面做得不好。例如,一名保险公司的推销员,有利的重要事件的记录是"以最快的速度和热诚的方式反映客户的不满",而不利的重要事件的记录是"当获得保险订单之后,对客户的反映置之不理,甚至有欺骗行为"。重要事件法考评的内容是下属特定的行为,而不是他的品质和个性特征,如忠诚性、亲和力、果断性和依赖性等。

由于这种方法强调选择具有代表最好或最差行为表现的典型和关键性活动事例作为考评的内容与标准,因此,一旦考核评价的关键事件选定,其具体方法也就确定了。

采用本方法具有较大时间跨度,因此可与年度、季度计划的制订与贯彻实施密切地结合在一起。本方法可以有效弥补其他方法的不足,为其他考评方法提供依据和参考,其主要特点是:为考评者提供客观的事实依据;考评的内容不是员工的短期表现,而是一年内的整体表现,具有较大的时间跨度,可以贯穿考评期的始终;以事实为根据,保存了动态的关键事件记录,可以全面了解下属是如何消除不良绩效、如何改进和提高绩效的。关键事件法的缺点是:关键事件的记录和观察费时费力;能做定性分析,不能做定量分析;不能具体区分工作行为的重要性程度,很难使用该方法在员工之间进行比较。

5.6.3 绩效考核的实施

5.6.3.1 绩效考评的主体

从企业的一般情况来看,绩效管理会涉及以下 5 类人员:

(1)考评者:涉及各层级管理人员(主管)、人力资源部专职人员;

(2)被考评者:涉及全体员工;

(3)被考评者的同事:涉及全体员工;

(4)被考评者的下级:涉及全体员工;

(5)企业外部人员:客户、供应商等与企业有关联的外部人员。

在绩效管理的活动过程中,根据不同的考评目的,有时需要由几方面的人共同对被考评者进行全面的考评,有时可能是部分人员分别对其绩效进行考评。

在绩效管理中,上述 5 类人员参加考评工作各有其优势。

(1)上级考评。管理人员(上级)是被考评者的上级主管,他对被考评者承担着直接的领导管理与监督责任,对下属人员是否完成了工作任务、达到了预定的绩效目标等实际情况比较熟悉了解,而且在思想上也没有更多的顾忌,能较客观地进行考评,所以在绩效管理中一般以上级主管的考评为主,其考评分数对被考评者的评价结果影响很大,约占 60%~70%。

(2)同级考评。同事通常与被考评者共同工作,密切联系,相互协作,相互配合,被考评者的同事比上级能更清楚地了解被考评者,对其潜质、工作能力、工作态度和工作业绩了如指掌,但他们在参与考评时常受人际关系状况的影响,所以在绩效管理中,同级的考评占有一定的份额(10%左右),但不会过大。

(3)下级考评。被考评者的下级与上述考评者不同,他作为被考评者的下属,对其工作作风、行为方式、实际成果有比较深入的了解,对其一言一行有亲身的感受,而且有其独特的观察视角,但他们对被考评者又容易心存顾虑,致使考评的结果缺乏客观公正性,所以其评定结果在总体评价中一般控制在 10%左右。

(4)自我考评。被考评者对自己的绩效进行自我考评,能充分调动被考评者的积极性,特别是对那些以"实现自我"为目标的人更显重要。但在绩效管理中,自我考评容易受到个人的多种因素的影响,使其有一定的局限性,所以其评定结果在总体评价中一般控制在 10%左右。

(5)外部人员考评。外部人员即被考评者所在部门或小组以外的人员,如直接服务的客户,他们虽能较客观公正地参与绩效考评,但他们很可能不太了解被考评者的能力、行为和实际工作的情况，使其考评结果的准确性和可靠性大打折扣。在实际考评中，采用外人考评的形式时应当慎重考虑。

在设计绩效考评的方案时，在被考评者明确的情况下，具体考评者由哪些人组成取决于3种因素：被考评者的类型、考评的目的、考评指标和标准。例如，在一项旨在了解员工绩效提高程度的对操作工人的考评中，就应以该员工的直接主管作为信息的主要来源，以他们为主进行考评评价。因为这些人最熟悉员工的工作情况，并能做出比较符合实际的判断。如果考评目的是培训和开发人才，通过考评发现员工需要弥补的技能缺陷，那么就应该在上级考评的同时进行自我考评和同事考评，让员工本人和同事积极参与，通过多视角的考评全方位地了解被考评者的优势和不足，发现员工存在的主要问题，在哪些方面存在缺陷亟待弥补和提高，为技能培训和开发提供有力的证据。再如，企业专业技术人员的绩效考评，如果由主管独立完成考评，由于他们对下属具体的技术性工作的内容不够熟悉，难以保证判断和评价的准确性与客观公正性，因此，这时的考评可能又是另一种方式，企业可能召开由主管主持的，由被考评者即专业人员自己、下级、有关的同事以及其他相关人员共同参与的绩效考评会议，围绕技术绩效的核心问题一起进行讨论，以求获得满意的考评结果。此外，如果企业的人文环境良好，员工个人的素养较高，同事之间的人际关系融洽，彼此之间高度信任，同事之间工作接触频繁，应采用以自我考评与同事考评相结合为主、以上级主管考评为辅的方法，也可能会获得较好的考评效果。当考评的目的是发掘人员潜力，而不是单纯用于人事决策时，也应采取这些考评方式。再如，对教师工作和教学效果的考评，如果没有学生参与，就不可能得到对教师更准确、更全面的评判。

5.6.3.2 绩效考评的方法

1. 排列法

排列法亦称排序法、简单排列法，是绩效考评中比较简单易行的一种综合比较方法。它通常是由上级主管根据员工工作的整体表现，按照优劣顺序依次进行排列。有时为了提高其精度，也可以对工作内容做出适当的分解，分项按照优良的顺序排列，再求总平均的次序数，作为绩效考评的最后结果。

这种方法的优点是简单易行，花费时间少，能使考评者在预定的范围内组织考评并对下属进行排序，从而减少考评结果过宽和趋中的误差。在确定的范围内可以将排列法的考评结果作为薪资奖金或一般性人事变动的依据。但是，由于排序法是相对对比性的方法，考评是在员工间进行主观比较，而不是用员工工作的表现和结果与客观标准相比较，因此它具有一定的局限性，不能用于不同部门员工的比较，个人取得的业绩相近时很难进行排列，也不能使员工得到关于自己优点或缺点的反馈。

2. 选择排列法

选择排列法也称交替排列法，是简单排列法的进一步推广。选择排列法利用的是人们容易发现极端、不容易发现中间的心理，在所有员工中挑出最好的员工，然后挑出最差的员工，将他们列为第一名和最后一名，接着在剩下的员工中再选择出最好的和最差的，分别将其排列在第二名和倒数第二名，以此类推，最终将所有员工按照优劣的先后顺序全部排列完毕。选择排列法是较为有效的一种排列方法，采用本法时不仅上级可以直接完成排序工作，还可将其扩展到自我考评、同级考评和下级考评等其他考评方式之中。

3. 成对比较法

成对比较法亦称配对比较法、两两比较法等,其基本程序是:首先,根据某种考评要素(如工作质量)对所有参加考评的人员逐一进行比较,按照从最好到最差的顺序对被考评者进行排序;然后再根据下一个考评要素进行两两比较,得出本要素被考评者的排列次序;以此类推,经过汇总整理,最后求出被考评者所有考评要素的平均排序数值,得到最终考评的排序结果(如表 5.2 所示)。

表 5.2　成对比较法:某行为要素考评表

	A	B	C	D	E	F	排序
A	0	+	+	+	+	+	6
B	－	0	+	+	－	+	4
C	－	－	0	－	－	+	2
D	－	－	+	0	－	+	3
E	－	+	+	+	0	+	5
F	－	－	－	－	－	0	1
汇总	－5	－1	+3	+1	－3	+5	

注:将表纵列上的员工与横行上的员工进行对比,以横行上的员工作为对比的基础,如果比本员工(例如 A 员工)优,画上正号"+",如果比本员工差,画上负号"－"。本表以横行上的员工作为对比的基础,如果以纵列上的员工作为对比的基础,所得出的结果正好相反。

应用成对比较法时,能够发现每个员工在哪些方面比较出色,哪些方面存在明显的不足和差距,在涉及的人员范围不大、数目不多的情况下宜采用本方法。如果员工的数目过多,使用此法不但费时费力,其考评质量也将受到制约和影响。

4. 强制分布法

强制分布法亦称强迫分配法、硬性分布法。假设员工的工作行为和工作绩效整体呈正态分布,那么按照状态分布的规律,员工的工作行为和工作绩效好、中、差的分布存在一定的比例关系,在中间的员工应该最多,好的、差的是少数。强制分布法就是按照一定的百分比,将被考评的员工强制分配到各个类别中。类别一般是 5 类,从最优到最差的具体百分比可根据需要确定,既可以是 10%,20%,40%,20%,10%,也可以是 5%,20%,50%,20%,5%,等等。

采用这种方法,可以避免考评者过分严厉或过分宽容的情况发生,克服平均主义。当然,如果员工的能力分布呈偏态,该方法就不适合了。强制分布法只能把员工分为有限的几种类别,难以具体比较员工差别,也不能在诊断工作问题时提供准确可靠的信息。

5. 考核方法的选择

在绩效考评对象确定的情况下,首先应当解决好采用什么方法进行绩效考评的问题。据不完全统计,自 20 世纪 30 年代以来,国外各个管理学派已经提出了近 20 种适合于企业不同类别岗位人员的考评方法,这些方法各具特色,具有不同的特点和适用范围。

在选择确定具体的绩效考评方法时,应当充分考虑以下 3 个重要的因素:

(1) 管理成本。在设计考评方法时,需要分析管理成本,它包括:考评方法研制开发的成本;执行前的预付成本,如绩效管理的培训成本、各种书面说明指导书的编写和印制的成本等;实施应用成本,如考评者定时观察的费用、进行评定回馈考评结果、改进绩效的成本。在管理成本之外,还存在着隐性成本的问题,如果方法不得当,可能会引起员工的厌烦感和抵触情绪,乃至影响员工的士气;有时如果处理不当,还可能诱发某种冲突或劳动争议,严重影响企业的正常生产经营活动。

(2) 工作实用性。任何一种考评方法都必须体现实用性的原则,即考评方法应充分满足组织绩效管理的需要,能在实际考评中推广应用。如果一种方法需要耗费几年的时间才能研制出来,那么再好的考评工具也失去了实际的使用价值和意义。再如,一种考评方法虽然设计得"有理有据",其考评的指标体系也十分完整,但是在实际应用时却发现有很多指标根本无法进行测量和评定,使这种方法的实用性受到很大限制,不得不进行全面的整合修改,甚至需要另起炉灶重新设计。总之,所设计的考评方法必须切实可行,便于贯彻实施。

(3) 工作适用性。考评方法的适用性是指考评方法、工具与岗位人员的工作性质之间的对应性和一致性,切实保证考评方法能够体现工作的性质和特点。例如,行为锚定评价法和行为观察量表法都要求考评者对下属员工的工作行为进行必要的观察,然后做出判断评估和打分。但实际上有很多岗位的工作特点不可能给考评者这种机会和条件,从而无法完成考评的全过程。一个典型的实例就是质量管理部经理,不可能天天都深入到工作现场,观察并考评质量检查员的工作行为。同样,大学的校长也不大可能对教授在课堂上的教学行为做出全面准确的判断和评估,除非他能定期地到教授的讲坛上去听课,并持之以恒。此外,目标管理评定法更适合于实际产出能够有效进行测量的工作,例如,商厦前台的接待员其实际产出是不太可能进行测量的,只有对其工作行为进行考评才是有效的,比如,他们是否不厌其烦地回答了顾客提出的各种各样的问题,是否和蔼可亲、礼貌待人,是否仪表庄重、站姿优美。一般来说,在生产企业中,一线人员宜采用以实际产出结果为对象的考评方法,而从事管理性或服务性工作的人员宜采用以行为或品质特征为导向的考评方法;在一些大的公司中,对于总经理、管理人员或专业人员宜采用以结果为导向的考评方法,而对于低层次的一般员工通常采用以行为或特征为导向的考评方法。

5.6.3.3 考核的生命线:双向沟通

双向沟通的相关内容如图 5.16 所示。

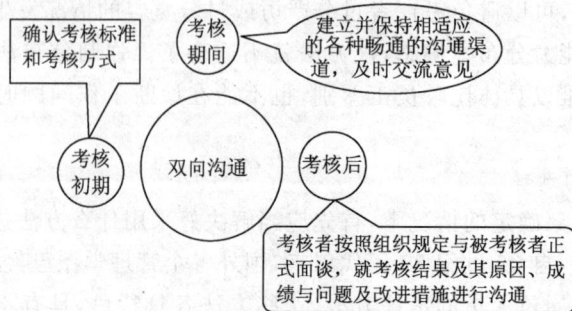

图 5.16 双向沟通

1. 考核初期的沟通

绩效计划面谈,即在绩效管理初期,上级主管与下属就本期内绩效计划的目标和内容,以及实现目标的措施、步骤和方法所进行的面谈。

2. 考核期间的沟通

绩效指导面谈,即在绩效管理活动的过程中,根据下属不同阶段的实际表现,主管与下属围绕思想认识、工作程序、操作方法、新技术应用、新技能培训等方面的问题所进行的面谈。

3. 考核后的沟通

(1)考评结果的反馈。绩效反馈主要是为了改进和提高绩效,被考评者应当知道自己在过去的工作中取得了何种进步,自己在哪些方面还存在不足,有待在今后的工作中加以改进提高。人们常说,知人者智,自知者明,但人们往往不自知,对自己的短处、劣势或不足看得过轻,或者根本看不清。实际上即使一名最优秀的主管,也会感到有效批评下属的难度,很显然,"好大喜功"是人之常情,在面谈时应当以表扬为主,但是不能没有必要的批评指正,特别是对那些不够自觉的下属。

一般来说,过于强烈的指责和批评,特别是在大庭广众之下的斥责,对下属的影响很大,他们会寻求各种办法包装、保护或证明自己。这种自我防卫机制一旦形成,不仅对个人绩效目的和计划的实现极为不利,而且也会严重制约与影响组织绩效的提高和发展。

选择确定有理、有利、有节的面谈策略,采用灵活多变的因人而异的信息回馈方式,对每个考评者来说都是一门学问和艺术。一个成功的主管应当学会并掌握绩效面谈反馈的技术和技巧。

(2)公司员工申诉系统。为了广开言路,给被考评者提供一个发表意见的通道,企业应建立员工申诉的子系统,这一系统的主要功能是:①允许员工对绩效考评的结果提出异议,他们可以就自己关心的事件发表意见和看法;②给考评者一定的约束和压力,使他们慎重从事,在考评中更加重视信息的采集和证据的获取;③减少矛盾和冲突,防患于未然,尽量减少不利的影响。

在人力资源部应建立一个工作小组,全面负责员工的申诉接待和调处。有些企业设立了劳动争议调解小组,本项工作职责亦可由其承担。一般来说,在绩效考评的面谈中,考评者应当允许下属就考评结果发表意见,尽可能地达成共识,如果对某项结果争持不下,可以记录在考评回馈的表格上,保存在个人档案里作为以后的参考。如果员工仍不满意,可以通过申诉通道,要求更高一层的领导者听取员工的申诉,并给予解决。有时也可以针对没有解决的不满意问题,召开由员工代表和主管经理参加的专门会议,倾听员工的申诉,寻求解决的对策。

5.7 薪酬管理

5.7.1 薪酬管理概述

5.7.1.1 薪酬的实质

薪酬(Compensation)泛指员工获得的一切形式的报酬,包括薪资、福利和保险等各种直接或间接的报酬。薪酬有不同的表现形式：精神的与物质的；有形的与无形的；货币的与非货币的；内在的与外在的；等等。薪酬体系如图 5.17 所示。

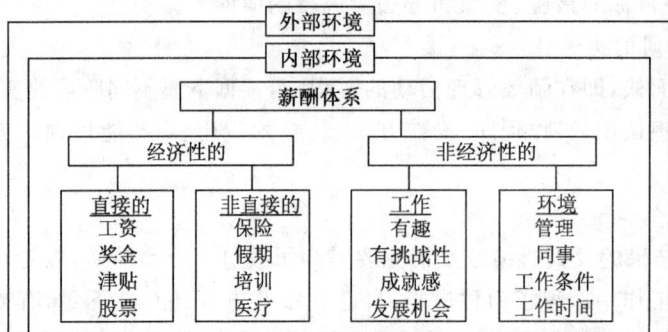

图 5.17　薪酬体系

对于企业来说，薪酬是企业的一项成本，是激励员工的工具。对于员工来说，薪酬是对他们的一种认可，是其身份地位的象征。

5.7.1.2　薪酬系统设计的基本原则

薪酬系统设计的基本原则如图 5.18 所示。

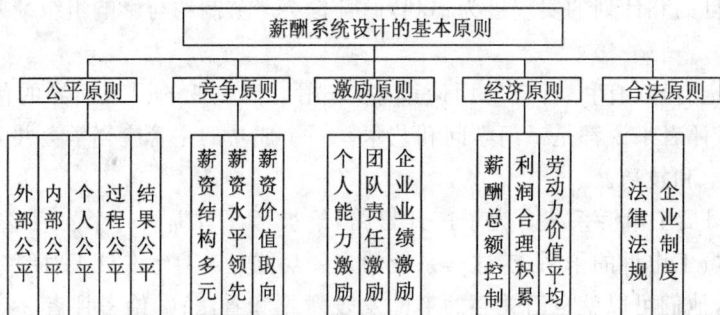

图 5.18　薪酬系统设计的基本原则

1. 对外具有竞争力原则

支付符合劳动力市场水平的薪酬，确保企业的薪酬水平与类似行业、类似企业的薪酬水平相当，虽然不一定完全相同，但是相差不宜太大，薪酬太低则使企业对人才失去吸引力。

2. 对内具有公正性原则

支付相当于员工岗位价值的薪酬。在企业内部，不同岗位的薪酬水平应当与这些岗位对企业的贡献相一致，否则会影响员工的工作积极性。薪酬的设定应该对岗不对人。无论男女老少，在同一岗位上工作都应当享受同等的薪酬。它的前提是每个员工都是按照岗位说明书经过严格的筛选被分配到该岗位的，岗位与员工相匹配。

3. 对员工具有激励性原则

适当拉开员工之间的薪酬差距。根据员工的实际贡献付薪，并且适当拉开薪酬差距，使不同业绩的员工能在心理上觉察到这个差距，并产生激励作用：使业绩好的员工认为得到了鼓励，业绩差的员工认为值得去改进绩效，以获得更好的回报。

4. 成本经济原则

提高企业的薪酬水准,固然可以提高其竞争性与激励性,但同时不可避免地导致企业人力成本的上升。因此,薪酬水平的高低不能不受经济性的制约,在实现前面3个基本原则的前提下,企业应当充分考虑自己的财务实力和实际的支付能力,根据企业的实际情况,对人工成本进行必要的控制。

5. 合法原则

国家和地方规定的福利条例,企业必须坚决严格执行。此外,企业提供福利应当最大限度地与员工要求保持一致。

5.7.1.3 "3P+M"的设计思想

"3P+M"理论中包含 4 个方面,即"Position""Person""Performance"和"Market",意思为企业或单位要根据岗位、个人能力及个人绩效并结合市场定薪酬。人事管理者所需要做的无非 4 件事,即岗位评估、个人能力评估、绩效评估及市场数据运用。

岗位评估的核心在于对各岗位的价值区分。总经理和一般文员有较大的价值差异,但到底差多少几乎无人说得清。在各企事业单位,因企业规模、行业特点的不同,其差异大小本身也存在差异。此时,要通过岗位评估量化的方式,把他们的差异较为客观地表现出来。这将从根本上打破事业单位岗位价值不被体现、薪酬差距过小的格局。

岗位评估结果不仅客观反映各岗位的价值,形成岗位等级表,而且单位的薪酬等级也随之被确定。根据岗位等级确定薪酬等级,每一个薪酬等级的具体薪酬水平则需参照外部市场价值确定。参照市场数据的关键在于不可盲目地运用外部相同岗位的数据。为确保数据有效,首先要将市场数据的调研系统与本单位使用的岗位评估系统进行对接,保证其评价标准的一致。

通过岗位评估及参照市场数据,可对单位所有薪酬等级画出一条相对平滑的薪酬曲线。这条薪酬曲线仅为各薪酬等级的中位值,通过为各薪酬等级添加带宽(即一个薪酬等级中最高值与最低值的幅度),形成最终符合市场规律、体现岗位价值的相对合理的薪酬体系。

各薪酬等级的带宽及各个薪酬等级之间的重叠度也是相对较为重要的。事业单位薪酬体系中,等级带宽过小,各岗位薪资相对较为固定,因此对于拥有不同能力和绩效但从事相同岗位人员的薪酬调节空间过小,无法有效激励员工提升自身能力及提升绩效。

5.7.2 简单的薪酬体系设计

5.7.2.1 简单的薪酬结构

一个简单的薪酬结构可以用以下公式表示:

$$薪酬=工资+津贴+奖金+福利$$

5.7.2.2 工资

1. 工资形式

工资就其计量形式而言,可分为计时工资和计件工资两类。

（1）计时工资

计时工资是指根据员工的劳动时间来计量工资的数额,主要分为小时工资制、日工资制、周工资制和月工资制 4 种,钟点工、临时工分别以小时工资制和和日工资制为主。美国许多企业采用周工资制,我国以月工资制为主。

（2）计件工资

计件工资是指预先规定好计件单价,根据员工生产的合格产品的数量或完成一定工作量来计量工资的数额。计件工资制包括包工工资制、提升工资制及承包工资制等多种形式。与计时工资制相比,它能够更加密切地将员工的劳动贡献与员工的薪酬结合起来,提高员工的劳动生产率。它的缺点是只适合于可以准确以数量计量的工作。

2. 工资内容

从工资的内容来分,我国目前的工资制度可以分为职务工资制、职能工资制和结构工资制 3 种。职务工资制是按员工的工作内容不同来进行划分的,职能工资制是根据员工自身对企业的工作能力不同来进行划分的,而结构工资制则是职务工资制和职能工资制的综合。

（1）职务工资制

职务工资制的依据：根据员工现在所担任的职务的工作内容(价值)发放职务工资。它根据工作价值确定每个职务的职务工资等级的范围,根据个人能力确定范围内的具体等级。

职务工资的优点：担任什么样的工作就给付什么样的工资,因而能够比较准确地反映劳动的质与量,体现了同工同酬的原则。

职务工资的缺点：如果员工的工作能力超过所从事工作的难易水平,也只能得到与工作内容相称的工资水平。

（2）职能工资制

职能工资的依据：根据工作完成能力来决定工作承担者的工资。

职能工资的优点：突出工作能力对个人工资的重要作用,鼓励个人能力的提高。个人的能力是决定工资的最主要因素,所以即使不担任某一职务,但其能力经考核评定被认为已有资格担任此项业务,则就可以支付与这一职务相对应的工资。这样就排除了因客观上职务无空缺而使员工失去发展动力的情况。

职能工资的缺点：员工本身的工作能力不好测量。

（3）结构工资制

结构工资制将职务工资制和职能工资制的优点相综合,同时从工作内容和工作能力两个方面对工资等级进行划分。结构工资制目前被许多企业所采用。根据各企业的具体情况不同,结构工资制中的工资项目和比例也不尽相同。

大体上讲,结构工资主要由技能工资和岗位工资等两个工资项目组成。技能工资部分由员工的工作能力而确定。岗位工资则是根据员工的职务(工作内容)来确定的,有的企业为了解决干部"能上不能下"问题,则取消了岗位工资。

5.7.2.3 津贴

津贴也称附加工资或补助,是指员工在艰苦或特殊条件下进行工作,企业对员工额外的劳动量和额外的生活费用付出而进行的补偿。津贴的特点是它只将艰苦或特殊的环境作为衡量的唯一标准,而与员工的工作能力和工作业绩无关。津贴具有很强的针对性,当艰苦或特殊的环境消失时,津贴也随即终止。

根据津贴不同的实施目的,津贴可以分为 3 类,即生活性津贴、地域性津贴和劳动性津贴。

1. 生活性津贴

生活性津贴是指为了保障员工的实际生活水平而得到的补偿。由于员工的收入是货币性工资收入,货币性工资收入会受到物价上涨因素的影响。为了弥补物价上涨造成的员工生活水平下降,就会有肉食补贴、副食补贴等津贴。另外由于工作而造成的员工家庭生活分离而造成的生活费用增加也应有相应的津贴,如出差补贴等。

2. 地域性津贴

地域性津贴是指由于员工在艰苦的自然地理环境中花费了更多的生活费用而得到的补偿,如林区津贴、艰苦生活津贴、高寒地区津贴等。

3. 劳动性津贴

劳动性津贴是指为从事特殊性工作而得到的补偿,如夜班工作的夜班津贴、高温环境工作的高温津贴等。

5.7.2.4 奖金

奖金也称奖励工资,是为员工超额完成了任务,或工作取得优秀成绩而支付的额外薪酬,其目的在于对员工进行激励,促使其继续保持良好的工作势头。奖金的发放可以根据个人的工作业绩评定,也可以根据部门和企业的效益来评定。

奖金与其他薪酬形式相比,具有更强的灵活性和针对性,奖金形成的薪酬也具有更加明显的差异性。

5.7.2.5 福利

根据我国《劳动法》的有关规定,员工福利可分为社会保险福利和用人单位集体福利两大类。

1. 社会保险福利

社会保险福利是为了保障员工的合法权利,而由政府统一管理的福利措施。它主要包括社会养老保险、社会失业保险、社会医疗保险、工伤保险等。

2. 用人单位集体福利

用人单位集体福利是指用人单位为了吸引人才或稳定员工而自行采取的福利措施,如工作餐、工作服等。

用人单位集体福利根据享受的范围不同,可分为全员性福利和特殊群体福利两类。全员性福利是指全体员工可以享受的福利,如工作餐、节日礼物、健康体检、带薪年假等;特殊群体福利是指能供特殊群体享用的福利,这些特殊群体往往是对企业做出特殊贡献的技术专家、管理专家等企业核心人员。特殊群体的福利包括住房、汽车等项目。

5.7.3 薪酬设计的要点

5.7.3.1 薪资水平的确定

对于国家来说,工资总额的准确统计是国家从宏观上了解人民的收入水平、生活水平,计算离退休金、有关保险金和经济补偿金的重要依据;对于企业来说,工资总额是人工成本的一部分,是企业掌握人工成本的主要信息来源,是企业进行人工成本控制的重要方面。因此,必须充分认识工资总额统计核算的重要性。由于工资总额的各项组成均与企业经济效益等因素直接相关,工资总额的调整在所难免,因此,确定工资总额调整的幅度也是十分重要的。

工资总额的管理方法首先考虑确定合理的工资总额需要考虑的因素,如企业支付能力、员工的生活费用、市场薪酬水平以及员工现有薪酬状况等,然后计算合理的工资总额,可以采用工资总额与销售额的方法推算合理的工资总额,或采用盈亏平衡点方法推算合理的工资总额,还可以采用工资总额占附加值比例的方法来推算合理的工资总额。

企业要明确界定各类员工的薪酬水平,以实现劳动力与企业之间公平的价值交换,这是薪酬管理的重要内容。正确的做法是,哪类员工对企业的贡献大,从薪酬中得到的回报就应当多;哪类员工对企业的贡献小,从薪酬中得到的回报就应当少,以示公平。

同时,为了体现薪酬管理对外对内公平的基本原则,还必须根据劳动力市场的供求关系和社会消费水平的变化,及时对企业员工的总体薪酬水平适时地进行调整,以最大限度地调动员工的工作积极性、主动性和创造性。

5.7.3.2 薪资水平的调整

由于企业的薪酬制度和方案受企业内外部相关因素的影响,而这些因素随时都在发生变化,因此,为保证薪酬制度和方案的科学合理性,对企业的工资、奖金方案进行必要的调整在所难免。

工资奖金的调整有以下几种方式:

(1)奖励性调整。奖励性调整的主要方式是依功行赏。例如,当企业经济效益变化时调整奖金总额,个人业绩变化时调整其奖金的系数,最终调整奖金数额,可用公式表示为:

$$个人奖金＝企业奖金总额×个人应得的奖金系数$$

(2)生活指数调整。从企业的角度来看,当员工创造的业绩、企业的经济效益不变甚至下降时,要增加工资实属无稽之谈,至少是缺乏理由。然而,薪酬的本质中包括了维持员工基本生活水平的要求这一因素,因此,当生活指数提高时,企业也将迫不得已增加员工的工资,为的是使员工避免因通货膨胀而导致实际收入的无形减少,当然,这种状况的持续最终会导致雇主采用减员的政策。

(3)工龄工资调整。相当一部分企业认为,在本企业工作年限的增加,不仅表明了企业对员工的认同,而且意味着员工对企业贡献值的增加,以及其工作经验的积累、技能的娴熟和能力的增加。因此,在工资中,多有体现年资或工龄的这项内容。

(4)特殊调整。针对那些为企业做出特殊贡献或属于市场稀缺的岗位人才,企业应采取特殊的工资、奖金政策。当然,这类调查应当完全依据企业的实际情况和要求确定。

5.7.3.3 影响工资水平的因素

个人经济报酬的决定因素如图5.19所示。

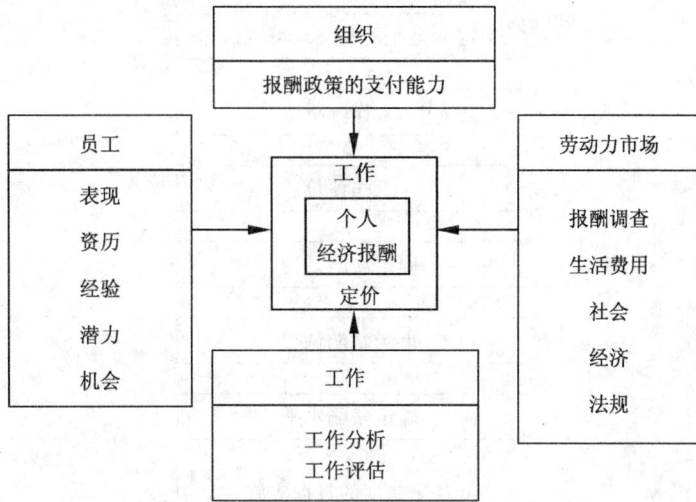

图 5.19　个人经济报酬的决定因素

1．外在因素

（1）人力资源市场的供需关系与竞争状况的关系是：经济萧条期时，工资水平低；经济繁荣期时，工资水平高。

（2）行业的特点与惯例：行业的差异，如萧条与繁荣；行业的特点，如劳动密集型、技术密集型、传统行业等。如果企业是劳动密集型企业，如物业公司等，大多数员工是生产工人，每个工人的工作业绩不受其他人的影响，可以用量化的指标来考核；如果企业是知识密集性企业，如咨询公司，员工大多是高素质的人才，对于企业来说，员工所承担的岗位的重要程度并不是非常重要，重要的是员工能力的大小，如果员工能力强，在业内非常知名，则会给企业带来更多的收益。

（3）地区差异：地区间的经济发展水平、物价水平及政策差异，也是影响组织间员工工资差异的外部因素。

（4）国家的相关法令和法规：如最低工资、反歧视法等劳动法律、法规。

2．内在因素

（1）企业的经营状况与财政实力：根据企业的财力状况和企业战略、企业价值观，确定企业薪酬采用何种市场薪酬水平。

（2）企业的管理哲学和企业文化：企业的管理哲学和企业文化会指导企业管理的各个方面，对企业薪酬管理也有重大影响，最主要的是薪酬要反映企业对员工本性、价值的认识。例如，企业的管理哲学和企业文化是提倡团队合作，如果薪酬管理的原则是拉大同级薪酬差距，就是与企业价值观背道而驰的薪酬管理原则；又如企业的管理哲学和企业文化是迅速扩张、人才引进，相应的薪酬管理原则应是工资水平位于市场中上等水平。

（3）工资本身的差异：由于员工从事的工作、所负的责任、工作环境、劳动强度、工作复杂程度等方面存在差异，因此，其个人收入自然也就有所不同。

5.7.3.4　薪酬管理的基本程序

薪酬管理的基本程序如图 5.20 所示。

```
┌─────────────────────────────────┐
│   制定本企业的薪酬政策与目标        │
└─────────────────────────────────┘
              ↓
┌─────────────────────────────────┐
│           工作分析                │
└─────────────────────────────────┘
              ↓
┌─────────────────────────────────┐
│           工作评价                │
└─────────────────────────────────┘
              ↓
┌─────────────────────────────────┐
│          确定薪酬结构             │
└─────────────────────────────────┘
              ↓
┌─────────────────────────────────┐
│          市场薪酬调查             │
└─────────────────────────────────┘
              ↓
┌─────────────────────────────────┐
│          确定薪酬水平             │
└─────────────────────────────────┘
              ↓
┌─────────────────────────────────┐
│        薪酬制度的贯彻实施           │
└─────────────────────────────────┘
```

图 5.20　薪酬管理程序

1. 明确企业薪酬政策及目标

对企业的薪酬管理来说，首先要明确企业薪酬政策及目标，提出企业薪酬策略和薪资制度的基本原则，即应当明确企业是采用高薪资或低薪资政策，还是依照市场上人力资源的平均价位，将本企业员工的薪资控制在一般水平上。企业薪酬政策必须与企业的总体人力资源策略相匹配，保持一致性。

2. 工作岗位分析与评价

工作岗位分析与评价是制定科学合理的薪酬制度的前提和依据。根据工作岗位分析所采集的数据和资料，采用系统科学的方法，对企业内各个层次和职别的工作岗位的相对价值做出客观的评价，并依据岗位评价的结果，按照各个岗位价值的重要性由高至低进行排列，以此作为确定企业基本薪酬制度的依据。

3. 薪酬等级结构设计

薪酬等级结构是指一个组织中每个工作的相对价值与其对应的实付工资间的关系。具体做法是：将众多类型的岗位工资归并组合成若干等级，形成一个薪酬等级系列。

4. 不同地区、行业和不同类型企业的薪酬调查

通过必要的市场调查，充分了解和掌握企业外部的各种薪酬的影响因素，包括劳动力市场上人才竞争与供给状况、各行业的薪资水平以及其他企业所设立的薪酬福利保险项目等，以确保企业的薪酬制度对外具有一定的竞争性，对内具有一定的公平性。

5. 企业薪酬水平的确定

根据工作岗位分析评价和薪酬调查的结果，以及企业的实际情况，可以确定本企业各级员工的薪酬结构，规划各个职级的薪酬幅度、起薪点和顶薪点等关键性指标。

6. 薪酬制度的贯彻实施

在企业薪酬制度确定以后，应当完成以下工作，才能保证其得以贯彻实施：

（1）建立工作标准与薪酬的计算方式。依据工作岗位分析和过去的原始记录，制定工作标准，明确具体的工作流程和程序以及作业的数量与质量要求，而这些标准和

要求应当是公平合理的。同时，必须向员工解释说明薪酬的具体计算方法和结算方式。

（2）建立员工绩效管理体系，对全员进行工作业绩的动态考评。员工绩效管理制度是建立员工激励制度的前提和基础，也是贯彻执行企业薪酬制度的基本保障。

（3）通过有效的激励机制和薪酬福利计划，对表现突出的优秀员工进行必要的表彰和物质鼓励，以鞭策员工为企业做出更多、更大的贡献。员工的福利计划以及必要的服务、保障措施，是为了最大限度地调动员工的生产积极性和创造性而设立的制度，这些福利性的项目是企业薪酬制度的重要补充，有了这些项目，薪酬制度的组合才能更加完美。

5.7.4　员工精神激励

5.7.4.1　双因素理论

双因素理论是美国心理学家赫兹伯格于 1959 年提出来的，全名为"激励、保健因素理论"。通过在匹兹堡地区 11 个工商业机构对 200 多位工程师、会计师进行调查征询，赫兹伯格发现，受访人员举出的不满的项目，大都同他们的工作环境有关，而感到满意的因素，则一般都与工作本身有关。据此，他提出了双因素理论。

传统理论认为，满意的对立面是不满意，而据双因素理论，满意的对立面是没有满意，不满意的对立面是没有不满意。因此，影响职工工作积极性的因素可分为两类，即保健因素和激励因素，这两种因素是彼此独立的，并且以不同的方式影响人们的工作行为。

所谓保健因素，就是那些造成职工不满的因素，它们的改善能够解除职工的不满，但不能使职工感到满意并激发起职工的积极性。它们主要有企业的政策、行政管理、工资发放、劳动保护、工作监督以及各种人事关系处理等。由于它们只带有预防性，只起维持工作现状的作用，也被称为"维持因素"。

所谓激励因素，就是那些使职工感到满意的因素，唯有它们的改善才能让职工感到满意，给职工以较高的激励，调动其积极性，提高劳动生产效率。它们主要有工作表现机会、工作本身的乐趣、工作上的成就感、对未来发展的期望、职务上的责任感等。

双因素理论与马斯洛的需要层次理论是相吻合的，马斯洛理论中低层次的需要相当于保健因素，而高层次的需要则类似于激励因素。

双因素理论是针对满足的目标而言的。保健因素是满足人的对外部条件的要求；激励因素是满足人们对工作本身的要求。前者为间接满足，后者为直接满足，均可以使人受到内在激励。因此，双因素理论认为，要调动人的积极性，就要在"满足"二字上下功夫。

5.7.4.2　精神激励的基本原则

精神激励即内在激励，是指精神方面的无形激励，包括向员工授权，对他们的工作绩效的认可，公平、公开的晋升制度，提供学习和发展、进一步提升自己的机会，实行灵活多样的弹性工作时间制度以及设计适合每个人特点的职业生涯发展道路等。精神激励是一项深入细致、复杂多变、应用广泛、影响深远的工作，它是管理者用思想教育的手段倡导企业精神，是调动员工积极性、主动性和创造性的有效方式。

精神激励的基本原则有以下几个：

（1）肯定员工的个人尊严；

（2）给员工提供个人培训和发展的机会；

（3）激励的时候要让员工感觉到公平；

（4）以能力为基础给予员工升职的机会；

（5）激励要因人而异。

6 财务会计报告

6.1 财务会计报告概述

6.1.1 财务会计报告的含义与作用

6.1.1.1 财务会计报告的含义

财务会计报告是反映企业财务状况和经营成果的书面文件,包括会计报表及其附注与其他应当在财务会计报告中披露的相关信息和资料。

6.1.1.2 财务会计报告的用户

财务会计报告的用户主要有:所有者、债权人、政府、管理人员、职工、潜在投资者。又可将他们分为内部用户和外部用户。

6.1.1.3 财务会计报告的作用

财务会计报告的作用有:

(1) 有助于所有者、债权人、潜在投资者进行合理投资;

(2) 反映管理人员的经营责任;

(3) 评估与预测未来的财务状况、经营成果和现金流量。

6.1.2 财务会计报告分析的基础知识

6.1.2.1 会计前提

会计前提(或称会计假设,Accounting Assumption)包括:会计主体、持续经营、会计期间、货币计量。

1. 会计主体

会计主体(Accounting Entity,或称会计个体、会计实体,会计个体的说法往往会给人一种错觉,认为会计个体由某一个单位组成,会计实体的说法往往也不能与会计客体的说法相对应)是指会计工作为其服务的特定单位或组织。

2. 持续经营

持续经营(Going-concern)作为会计核算的一个前提条件,其持续经营是指会计主体的生产经营活动将会按既定目标正常地持续进行下去,在可以预见的将来,企业不会面临破产、清算,企业将按原定的用途使用其现有的资产,同时也将按照原先承诺的条件清偿它的债务。一句话,会计的出发点是企业的经营现状,对经营状态的预测将不会改变。

3. 会计分期

会计分期（Accounting Period）也称会计期间假设，是指为及时提供企业财务状况和经营成果的会计信息，可以将连续不断的经营活动分割为若干相等的期间（月、季、年）来反映。按年划分的称为会计年度，年度以内，还可分季、分月。要分别计算、报告各期的经营成果和财务状况，以便考核，进行对比，改善经营。会计年度可采用历年制，即与日历年度保持一致，如我国及法、德、俄、韩等国，也可采用非历年制，如英、日为 4 月 1 日，澳、意为 7 月 1 日，美国为 10 月 1 日。会计年度的划分取决于国会、人大开会的时间。我国会计年度与财政年度一致，以自然公历年份为准。

4. 货币计量

货币计量（Monetary Measurement）是指企业的生产经营活动及其成果可以运用货币单位进行计量与反映，且其币值不变。其中要用货币来计量是进行会计工作的要求，但币值不变才是一种假定，所以我们认为，货币计量前提最好改称为币值不变前提。一般在通货膨胀不严重的情况下，货币计量实际上同时也假定币值不变。

货币计量还有一个缺陷，就是它把那些不能用货币去量度的因素除了存货数量等一概排除在会计核算系统之外，如管理水平、人力资源、社会责任等，即使它们传输的信息很重要、很有用。

6.1.2.2 会计要素与会计等式

会计要素（Accounting Elements）是会计工作的具体对象，是会计用以反映财务状况、确定经营成果的因素，是会计核算内容的具体化，是构成财务会计报告的基本因素，即大类项目，是进行确认和计量的依据，也是设计会计科目的依据。会计要素之间的关系从数量上即构成会计等式。我国新《企业会计准则——基本准则》（2006 年颁布，2007 年 1 月 1 日起施行，2014 年修订 6 项、新增 3 项准则）分列 6 个会计要素，它们是资产、负债、所有者权益、收入、费用、利润，并构成两个会计等式。

第一会计等式：资产＝负债＋所有者权益。

第二会计等式：利润＝收入－费用。

1. 资产

资产（Asset）是企业由于过去完成的交易、事项形成并由企业拥有或实际控制，能为企业带来未来经济利益的一切经济资源。资产的组成如图 6.1 所示。

流动资产是指可以在一年内或超过一年的一个营业周期内变现或耗用的资产。非流动资产（Non-current Asset，也称长期资产 Long-term Asset）是指除流动资产以外的资产，包括：长期投资、固定资产、无形资产、长期待摊费用、其他资产。长期投资（Long-term Investment）是指不准备在一年内变现的投资。固定资产（Fixed Asset）是指使用年限在一年以上或超过一年的一个营业周期以上，企业的非主要生产设备其使用年限在两年以上且单位价值在规定的标准以上，并在使用中保持原来实物形态的资产。无形资产（Intangible Asset）是指企业长期使用而没有实物形态的资产，包括：专利权（Patent）、非专利技术（Know-how）、商标权（Trademark）、著作权（Copyright）、土地使用权（Land Patent）、经营特许权（Franchise）等。新《企业会计准则》规定原属于无形资产的商誉（Goodwill）单独核算。长期待摊费用（Long-term Deferred Expense）是指不能全部计入当年损益，应当在本年及以后年度内分期摊销的各种摊销期在一年以上的待摊费用(Prepaid Expense),如固定资产大修理支出、租入固定资产改良支出等。其他资产是指除上述以外的资产,包括:特种储备物资、冻结物资、冻结存款等。

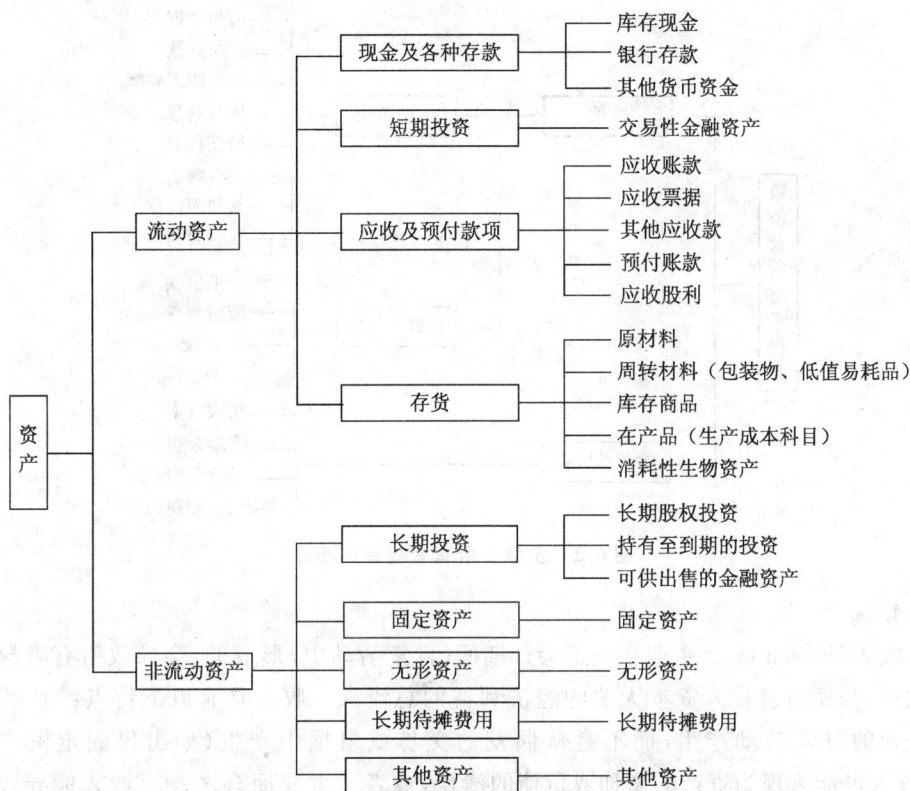

图 6.1 资产的组成

2. 负债

负债(Liability/Debt)是企业由过去的交易或事项所引起,向外筹措的能以货币计量,要在将来某个确定的日期,用资产、劳务或新的债务予以偿还的现有义务。按偿付期长短分为流动负债和非流动负债。流动负债是指将在一年或超过一年的一个营业周期内偿还的债务。非流动负债是指将在长于一年或超过一年的一个营业周期以上偿还的债务。

3. 所有者权益

资产减负债为净资产,属于企业的所有者,称为所有者权益(Owner's equity,股份制企业称股东权益,合伙制和独资企业称业主权益),即所有者对企业净资产的要求权。

负债人格化则称为债务(权)人,企业所有者人格化则称为股份有限公司的股东、合伙企业的合伙人和独资企业的业主。他们都曾把资财投入企业,供企业在生产经营中使用。他们都是投资者,希冀从投资中得到经济利益,具体表现为债券利息或股票上的股利,并且希望将来能收回投入的本金。债权人有定期收回债权本金的权利,股东、合伙人、业主则要到企业解散时才能收回与股份数相当的剩余资产。负债及所有者权益的组成如图 6.2 所示。

企业在一定时期的资产、负债和所有者权益,集合起来反映企业在这一定时期的财务状况。

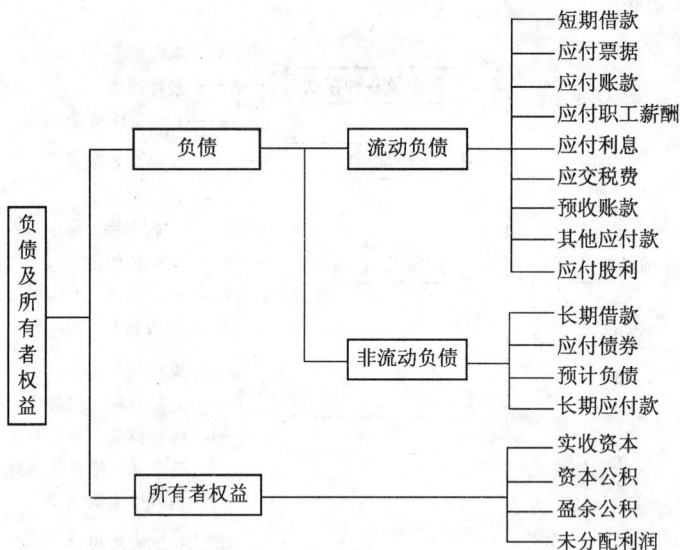

图 6.2 负债及所有者权益的组成

4. 收入

收入(Revenue)是企业在一定会计期间(日常活动中)形成的、会导致所有者权益增加的、与所有者投入资本无关的经济利益的总流入。收入具有以下特点：① 收入从企业的日常活动产生,而不是从偶发的交易或事项中产生(如出售固定资产)；② 收入可能表现为资产的增加或负债的清偿,或者二者兼而有之；③ 收入能导致企业所有者权益的增加,但与所有者投入资本无关；④ 收入不包括为第三方或者客户代收的款项(如增值税、代收利息)。

我国原《企业会计准则》把收入定义为"企业在销售商品或者提供劳务等经营业务中实现的'营业收入'"。据此,势必可以得出结论,收入在会计上就是营业收入,不包括投资收益和营业外收入。但新《企业会计准则》把收入定义为"企业在日常活动中形成的、会导致所有者权益增加的、与所有者投入资本无关的经济利益的总流入"。这里的"日常活动"是指企业为完成其经营目标所从事的经常性活动以及与之相关的活动。据此,势必可以得出结论,收入在会计上除包括营业收入外,还包括公允价值变动收益和投资收益,我们可以把公允价值变动收益和投资收益看作是日常活动的结果,这可谓一大改进或进步,可是这一定义仍然将营业外收入排除在收入的概念之外。另外,考虑到收入是人们日常生活中惯用的普通用语,覆盖面广,例如工资收入、家庭收入、租金收入等,有人主张将营业收入定为会计用语,保留"收入"一词的习惯用法。本书不采用这一观点,仍然使用收入的概念。收入包括：基本业务收入、其他业务收入、公允价值变动收益、投资收益。基本业务收入指企业在其主要的或主体业务活动中所取得的营业收入,也称主营业务收入。例如工业企业销售产成品、自制半成品及提供工业性劳务。其他业务收入指企业在其次要的或附带的业务活动中所取得的营业收入,亦称附营业务收入。例如工业企业通过出租固定资产、出租无形资产、出租包装物、材料销售、处置投资性房地产、用材料进行非货币性交换或债务重组、代购代销、运输等非工业性劳务等取得的收入。公允价值变动收益是指企业交易性金融资产、交易性金融负债，以及采用公允价值模式计量的投资性房地产、衍生工具、套期保值业务等公允价值变动形成的应计入当期损益的利得或损失。投资收益（或称投资净收益）是指投资收入扣除投资损失后的数额。收入是会计要素第四。收入的组成如图6.3所示。

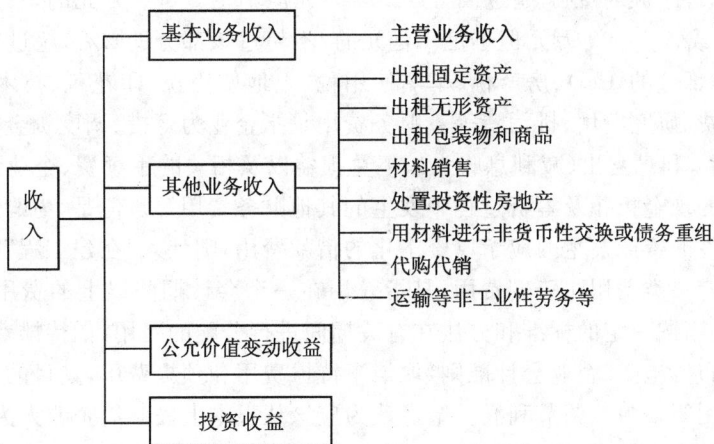

图 6.3 收入的组成

5. 费用（成本）

费用（成本，Expenses/Cost）是指企业在一定会计期间（日常活动中）发生的、会导致所有者权益减少的、与向所有者分配利润无关的经济利益的总流出。费用包括各种物质的消耗、劳动力的消耗以及各种"必要支出"。我们主张，用"费用（成本）"，而不单用《企业会计准则》中的"费用"。但是，费用和成本毕竟是两个名词，它们各自的含义，应分别予以界定。简要地说，费用是资财的耗费，成本是对象化的费用。工业企业的费用（成本）按照是否构成产品生产成本分为营业成本和期间费用等。营业成本（也称销售成本）是指已售出商品的制造成本，是制造成本（也称生产成本）的转化形式。制造成本是指直接为取得营业收入所发生的费用，即与营业收入有明显的因果关系的费用，包括直接费用、间接费用两部分。直接费用是指那些能直接确认并直接计入产品生产成本的费用，包括直接材料、直接人工（工资）、其他直接费用（包括"五险一金"，即医疗保险费、养老保险费、失业保险费、工伤保险费、生育保险费、住房公积金，以及职工福利费、工会经费、职工教育经费等）。间接费用是指那些虽不能直接确认但采用一定的分配标准分配计入产品生产成本的制造费用，包括间接材料、间接人工（工资）、其他间接费用。期间费用是指那些仅仅有助于当期营业收入的实现，不能提供明显的未来效益，并且不值得在各期间分摊而应从当期收益中抵减的费用，包括销售费用、管理费用和财务费用。销售费用（也称营业费用）是指为完成销售业务或在销售商品、提供劳务过程中发生的费用，包括：应当由销售企业负担的保险费、包装费、展览费和广告费、商品维修费、预计产品质量保证损失、运输费、装卸费等，以及为销售本企业商品而专设的销售机构（含销售网点、售后服务网点等）的职工薪酬、业务费、折旧费等经营费用；商品流通企业在购买商品过程中发生的运输费、装卸费、包装费、保险费、运输途中的合理损耗和入库前的挑选整理费等采购费用，金额较小的可直接计入当期的销售费用。管理费用是指在组织和管理生产经营活动中所发生的费用,包括:企业在筹建期间内发生的开办费、董事会和行政管理部门在企业的经营管理中发生的或者应由企业统一负担的公司经费(包括行政管理部门职工工资及福利费、物料消耗、低值易耗品摊销、办公费和差旅费等)、董事会费(包括董事会成员津贴、会议费和差旅费等)、聘请中介机构费、咨询费(含顾问费)、诉讼费、业务招待费(全年销售净额在 1 500 万元以下的,不超过销售净额的 5‰,超过或含 1 500 万元但不足 5 000 万元的,不超过该部分的 3‰,超过或含 5 000 万元但不足 1 亿元的,不超过该部分的 2‰,超过或含 1 亿元的,不超过该部分的 1‰)、房产税、车船使用税、土地使用税、印花税、技术转让费、矿产资源补偿费、研究费用、排污费等。财务费用是指企业为筹措、调度资金而发生的各项费用,包括:利息支出(减利息收入)、汇兑损益以及相关的手续费、企业发生的现金折扣或收到的现金折扣及筹资过程中发生的其他财务费用等。但是,为购建或生产满足资本化条件的资产发生的应予以资本化的借款费用,则计入"在建工程""制造费用"等。另外还有一类费用叫跨期费用,是指效用在一个会计期间以上的费用,亦即依据配比原则,应当按一定的标准和方法在有关期间进行分配的费用,如待摊费用(值得说明的是新颁布实施的《企业会计准则》取消了待摊费用和预提费用,其目的是防止企业通过待摊费用等人为地调节利润。笔者认为应该从根本上去制约企业人为调节利润,比如采用超额累进所得税率等,营造一种所有者既希望利润高但会多交所得税、又希望利润低但会在股票等金融市场难以筹集资金的制度环境,促使企业科学理财,合理安排企业利润,而不是一味地禁止企业待摊费用或预提费用。其实,由于新准则允许企业使用长期待摊费用,只要技术处理得当,照样可以实现费用的待摊。而且,取消待摊费用和预提费用在一定程度上否定了权责发生制。考虑到我国会计实务处理的惯例,本书保留了"待摊费用""预提费用"概念及其相应会计科目的使用)和长期待摊费用。税金及附加包括营业税金及附加和所得税费用。新《企业会计准则》将原分别计入"管理费用""投资收益"和"营业外支出"的资产减值损失统一计入"资产减值损失",它是指企业的应收款项、存货、长期股权投资、持有至到期投资、固定资产、无形资产、贷款等资产发生减值损失。资产减值损失也是一种费用。费用(成本)是会计要素第五。费用(成本)的组成可用图 6.4 表示。

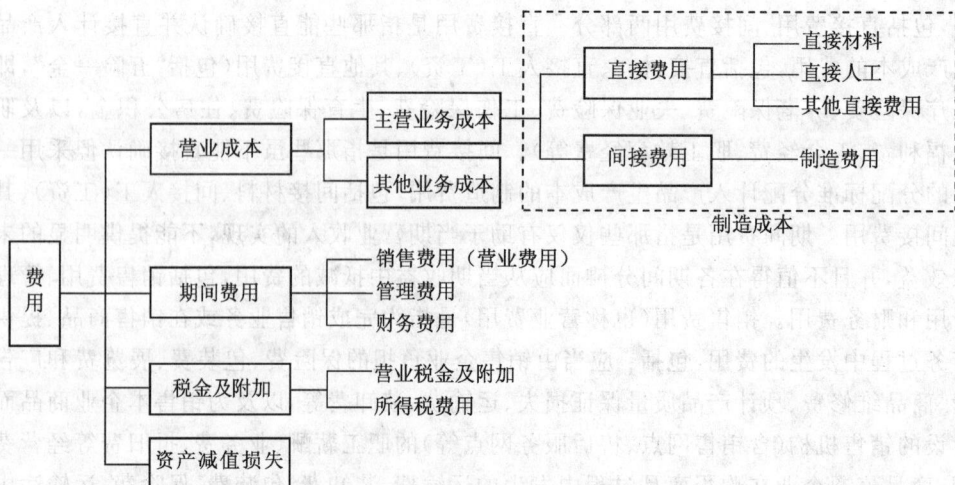

图 6.4　费用(成本)的组成

6. 利润

利润(Profit)是将企业一定期间的收入与费用(成本)配比的余额,是企业在一定期间的生产经营成果。因为配比结果有正数和负数两种可能,正数称盈利,负数称亏损,又可命名为损益。新《企业会计准则》把利润定义为"利润是指企业在一定会计期间的经营成果。利润包括收入减去费用后的净额、直接计入当期利润的利得和损失等"。这里的利润概念可以分营业利润、利润总额、净利润 3 层含义来理解。"收入减去费用后的净额"即为营业利润,"直接计入当期利润的利得和损失"即为营业外收支净额。

营业利润＝营业收入(包括主营业务收入和其他业务收入)－营业成本(包括
主营业务成本和其他业务成本)－营业税金及附加－销售费用－
管理费用－财务费用－资产减值损失＋公允价值变动收益＋
投资收益

利润总额＝营业利润＋营业外收入－营业外支出

利润总额－所得税费用＝净利润(或称净损益)

营业成本是库存商品等的制造成本从生产阶段结转销售阶段的一种转化形式,包括主营业务成本和其他业务成本。主营业务成本是指企业确认销售商品、提供劳务等主营业务收入时应结转的成本。其他业务成本是指企业确认的除主营业务活动以外的其他经营活动所发生的支出,包括销售材料的成本、出租固定资产的折旧额、出租无形资产的摊销额、出租包装物的成本或摊销额等。营业税金及附加是指企业经营活动(包括主营业务和其他业务)发生的营业税、消费税、城市维护建设税、资源税和教育费附加等相关税费。房产税、车船使用税、土地使用税、印花税包括在"管理费用"中,但包括与投资性房地产相关的房产税、土地使用税。营业外收入,也称为直接计入当期利润的利得,是指企业发生的与生产经营活动过程无直接关系,不能列作营业收入、投资收益的各项零星收入。主要包括:非流动资产处置利得、非货币性资产交换利得、债务重组利得、政府补助、盘盈利得(非固定资产)、捐赠利得、罚款收入、因债权人原因确实无法支付的应付款项等。营业外支出,也称为直接计入当期利润的损失,是指企业发生的与生产经营活动过程无直接关系,不能计入成本的各项损失与费用。主要包括:非流动资产处置损失、非货币性资产交换损失、债务重组损失、公益性捐赠支出、非常损失、盘亏损失、非季节性和非修理期间的停工损失、赔偿金、违约金等。营业外收支净额是指营业外收入减去营业外支出后的数额。利润是会计要素第六。利润的组成可用图 6.5 表示。

值得说明的是,根据我国 2006 年《企业会计准则》中利润的定义,势必可以得出结论:

利润＝收入－费用＋利得－损失

或　　　利润＝收入－费用＋营业外收入－营业外支出

这时"利润≠收入－费用",与传统的第二会计等式产生矛盾。解决这一矛盾的办法有两个:一是将收入的定义加以修改,包括营业收入、投资收益、营业外收入等,将费用的定义也加以修改,包括营业成本、期间费用、营业外支出等;二是维持现有关于收入和费用的定义不变,也保持"利润＝收入－费用"不变,增加一个关于"全面收益

（Comprehensive Income）"的概念，定义全面收益＝利润＋利得－损失，或：全面收益＝利润＋营业外收入－营业外支出。

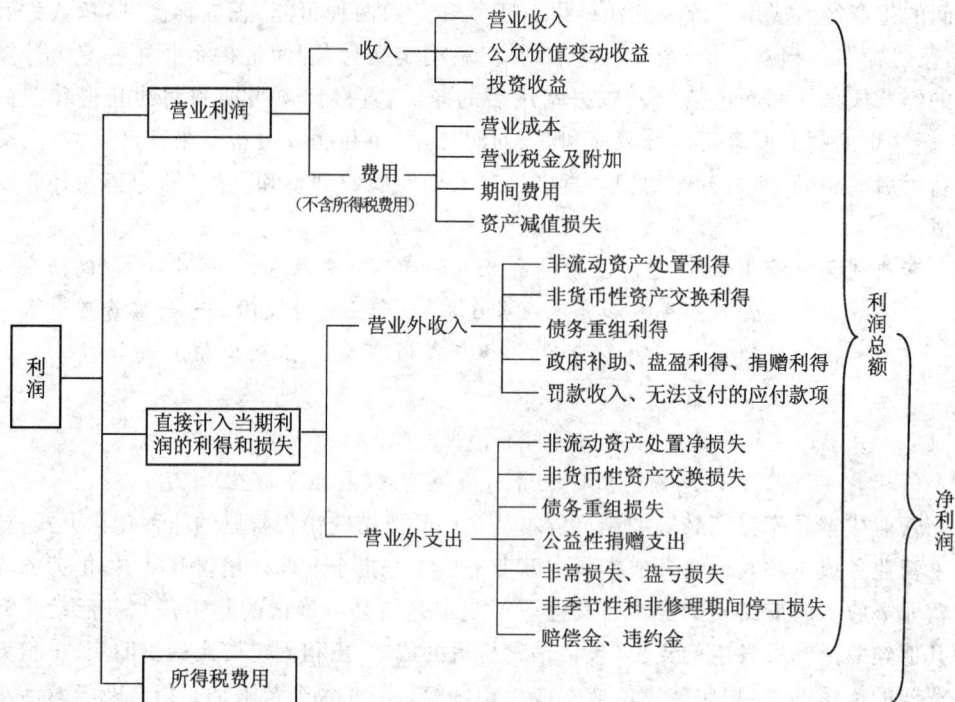

图6.5　利润的组成

在有些国家，会计准则把营业外收入和营业外支出分别列为两个独立的会计要素。这样的划分，显然是认为营业外收入与营业外支出都有相当的左右最终经营成果的重要性，需要单独予以披露。我国2006年《企业会计准则》不采取这种观点，规定将营业外收入和营业外支出相抵，以其余额作为确定利润的调整因素。

本书认为，利润要素是由收入和费用（成本）两个要素决定的，从独立性上来讲，它不能构成一个独立的要素，它是由收入和费用（成本）两个要素派生的结果，但考虑到利润在企业生产经营中的重要性，将其列为会计要素之六也是可取的。

以上分别阐明了6个会计要素，它们分成两组，形成两个会计等式。这两个会计等式之间又客观地存在着勾稽关系。每届期末，就是在一定日期，利润额必然与净资产的增减数，亦即所有者权益的期末增减数相等。

以上6个会计要素，要素第一、第二、第三构成资产负债表的组成，要素第四、第五、第六构成损益表（也称利润表）的组成。

另外，2006年《企业会计准则》中关于资产、负债、收入、费用这4个基本要素（其余两个要素可以看作派生要素）的定义均以"经济利益"这一概念来说明，但并未对"经济利益"这一概念做出规范化的解释，这就使人们难以理解与把握这些会计要素的基本概念，给人们的直观感觉是以一个似是而非的"经济利益"的概念来解释这些会计要素的基本概念。我们认为：经济利益从管理学角度看是管理效益，从经济学角度看是经济效益。效益是效果与效率的统一，用逻辑乘法可表示为：效益＝效果∧效率。效果就是指一种结果，分"正向结果"（是指人们预期的结果，一般是符合客观规律的结果,大多指"好的结果")和"负向结果"(是指人们非预期的结果,一般是不符合客观规律的结果,大多指"坏的结果")。效率是指产出与投入的比值,即效率＝产出/投入。"投入"不仅仅是时间的投入,也可以是其他劳动量、实物量和价值量的投入,比如劳动消耗、劳动占用、资本和自然资源等;相应的,"产出"可包括产品、产量、收入和利润等,实际上也是一种结果,有"正向"和"负向"之分。正向效率＝正向产出/投入,负向效率＝负向产出/投入。

6.1.2.3　会计的一般原则

我们认为会计的一般原则分为会计信息的质量特征和会计确认、计量、报告的原则两部分。

（1）会计信息的质量特征：① 相关性和及时性；② 可靠性和真实性、可验证性和客观性；③ 可比性和统一性、一贯性；④ 明晰性；⑤ 重要性。

（2）会计确认、计量、报告的原则：① 历史成本原则与公允价值并举；② 权责发生制原则与收付实现制(也称现金制)并举；③ 实现原则；④ 配比原则；⑤ 划分收益性支出和资本性支出的原则；⑥ 审慎原则；⑦ 起修正性作用的原则(实质重于形式)。

但是,2006 年《企业会计准则》规定的则是八大会计信息质量要求：真实性、相关性、明晰性、可比性、实质重于形式、重要性、谨慎性、及时性。

6.1.2.4　会计循环

会计循环是指对日常发生的各种经济业务,从分析经济业务起直至提供财务会计报告止的一系列会计处理程序,也就是周而复始地进行会计核算工作程序,这个程序通常被称为会计循环。会计循环可以简化为：会计凭证→会计账簿→会计报表。

6.1.2.5　我国会计规范体系

我国的会计规范体系正在从"会计法→会计准则→行业会计制度→企业自己的会计制度→会计实务"转向"会计法→会计准则→企业自己的会计制度→会计实务"。

6.1.2.6　我国财政税收体系

1.　财政体系

财政是指国家凭借政治权力进行的分配。财政分配的主体是国家。财政分配包括财政收入和财政支出。财政分配的对象是社会产品,且主要是剩余产品,但不是全部,既不是社会产品的全部,也不是剩余产品的全部,只是其中的一部分。财政分配的目的是保证国家实现其职能的需要,这种需要属于社会公共需要,主要是社会安全、秩序、公民基本权利和经济发展的条件等方面的需要,是公共产品。公共产品不同于私人产品。公共产品具有：效用的不可分割性、消费的非排他性、取得方式的非竞争性、提供目的的非盈利性。在实际生活中还存在兼有私人产品和公共产品特征的"混合产品"。财政具有资源配置、收入分配和经济稳定的职能。

西方经济学和公共财政学的理论认为,在市场经济条件下,社会资源的主要配置者是市场,而不是政府。只有在"市场失灵"的领域,政府部门的介入才是必要的,也就是说,"市场失灵"决定着公共财政存在的必要性及其职能范围。"市场失灵"的领域主要有：公共产品、外部效应(私人费用与社会费用之间或私人得益与社会得益之间的非一致性)、不完全竞争、收入分配不公、经济波动和失衡。

国家财政包括中央财政和地方财政。财政收入可以分为：税收收入、企业收入（国有企业上交国家财政除税收以外的收入）、债务收入、其他收入（规费收入、公产收入、专项收入等）。财政支出可以分为：经济建设支出（包括国家物资储备、科技三项费用、地质勘探费用、工交商业部门事业费支出和支援农业支出等）、社会文教支出（包括文化、教育、科学、卫生、抚恤和社会福利救济、社会保险等）、行政管理支出、国防支出、债务支出和其他支出。另外还有城市维护支出、对外援助支出、支援不发达地区支出、专款支出、总预备费（为解决预算执行过程中临时需要追加的支出而设置的不安排具体用途的专项基金，如抗震救灾等，按照《中华人民共和国预算法》的规定，总预备费约占中央预算的 1.1％至 3％，各级政府预算按本级政府预算支出额的 2％～5％设置预备费，2017 年中央预备费为 500 亿元，占中央本级支出的 1.69％）等。财政支出应贯彻量入为出的原则、优化支出结构的原则、公平与效率兼顾的原则。

2. 税收体系

税收也是个分配范畴。社会再生产由生产、分配、交换、消费 4 个环节组成。其中生产是起点，消费是终点，分配和交换是连接生产与消费的中间环节。分配是个份额、比例问题，要解决社会产品在价值量上的分割问题，表现为价值的单方面转移。交换解决的是使用价值的矛盾，表现为价值形态的变换。价值是指凝聚在商品中的社会必要劳动，用社会必要劳动时间来衡量。马克思主义认为价值决定价格，价格是价值的表现形式。而资产阶级经济学家认为价格由供求关系决定。我国实行社会主义市场经济体制以来，越来越多商品的价格由供求关系决定。使用价值是指物的有用性。

税收这个分配范畴可做如下理解：① 税收与国家的存在本质地联系在一起，是政府机器赖以存在并实现其职能的物资基础。② 征税的依据是国家政治权力。③ 税收是财政收入的一种主要形式。税收具有强制性、无偿性、固定性。

税收制度是国家规定的税收法令、条例和征收办法的总称。税收制度由纳税人、课税对象、税率、附加和减免、违章处理等基本要素构成。纳税人是税法规定的直接负有纳税义务的单位和个人，它是交纳税款的主体。若税收的负担能够转嫁，则纳税人不等于税负人。税负人是指最终负担税款的单位和个人。课税对象又称征税对象，是征税的根据，即确定根据什么征税，是纳税的客体。税源是指税收的经济来源或最终的出处。有的税种课税对象与税源是一致的，如：所得税的课税对象与税源都是纳税人的所得。有的税种课税对象与税源不一致，如：财产税的课税对象是纳税人的财产，而税源则是纳税人的收入。税率是指税额与课税对象数额之间的比例。我国税率有 3 种：比例税率、累进税率、定额税率。附加是地方附加的简称，是指地方政府在正税以外，附加征收一部分税款。减税是减征部分税款。免税是免交全部税款。违章处理是对纳税人违反税法行为的处置。

税收按课税对象可以分为流转类税（以流转额为课税对象）、所得类税（以所得额为课税对象）、资源类税（以自然资源为课税对象）、财产类税（以动产和不动产为课税对象）、行为类税（以某种特定行为为课税对象）。税收按计量的标准可以分为从价税（以课税对象的价格为计税依据）和从量税（以课税对象的数量、重量、容积或体积为计税依据）。税收按与价格的关系可以分为价内税（税金构成价格的组成部分）和价外税（税金作为价格以外的附加）。税收按税负能否转嫁可以分为直接税（税负不能转嫁）

和间接税(税负能够转嫁)。税收按管理的权限可以分为中央税、地方税、中央地方共享税。

1994年税制改革之后,我国的税种由37个缩减到近期的24个,具体是增值税、营业税(2016年5月1日起全面实行"营改增")、消费税、关税、企业所得税、外商投资企业和外国企业所得税(2008年1月1日与企业所得税合并)、个人所得税、农(牧)业税(2005年免征)、资源税、土地增值税、房产税、城市房地产税(2009年废止)、契税、车船税、城镇土地使用税、耕地占用税、城市维护建设税(2006年改为城乡维护建设税)、印花税、车辆购置税、烟叶税、船舶吨税、固定资产投资方向调节税、筵席税、屠宰税。其中,固定资产投资方向调节税2005年停征,筵席税2008年2月1日停征,屠宰税(实行农村税费改革试点的地区)2000年停征,关税和船舶吨税由海关征收。因此,目前税务部门征收的税种只有17个。

(1)流转类税

流转类税包括:增值税、营业税、消费税、关税等。分述如下:

1)增值税

增值税是以商品价值中的增值额为课税对象的一种税。所谓增值额,从理论上讲,就是企业生产经营过程中新创造的价值。增值税相对于按商品流转额"全额"征收的产品税,可以避免重复征税和税负不均的问题。增值税分为生产型增值税(不允许对购进固定资产所含的进项税额进行抵扣)、消费型增值税(允许对固定资产所含进项税额进行全部抵扣)、收入型增值税(允许对固定资产折旧部分所含进项税额进行抵扣)。我国正在从生产型增值税向消费型增值税转变。增值税税率一般为17%,对5类商品(粮食、食用植物油;自来水、暖气、冷气、热水、煤气、石油液化气、天然气、沼气、居民用煤炭制品;图书、报纸、杂志;饲料、化肥、农药、农机、农膜;国务院规定的其他货物)实行13%的低税率,对出口货物实行零税率,即出口商品报关出口后可以退还已交纳的全部税款(国务院另有规定的除外,即实际会根据出口政策等仅退还部分税款)。2016年5月1日起全面实施"营改增"(营业税改增值税),提供交通运输、邮政、基础电信、建筑、不动产租赁服务,销售不动产,转让土地使用权,税率为11%。提供有形动产租赁服务,税率为17%。境内单位和个人发生的跨境应税行为,税率为零。具体范围由财政部和国家税务总局另行规定。除以上3条外,税率为6%。小规模纳税人增值税征收率为3%。小规模纳税人的标准由国务院财政、税务主管部门规定。小规模纳税人不得开具增值税专用发票。小规模纳税人不实行进项税抵扣。小规模纳税人以外的纳税人(称一般纳税人)应当向主管税务机关申请资格认定。小规模纳税人会计核算健全,能够提供准确税务资料的,可以向主管税务机关申请资格认定,不作为小规模纳税人。一般纳税人增值税应纳税额计算公式:

$$应纳税额=当期销项税额-当期进项税额$$

$$销项税额=销售额×税率$$

纳税人购进货物或者接受应税劳务(以下简称购进货物或者应税劳务)支付或者负担的增值税额,为进项税额。下列进项税额准予从销项税额中抵扣:

① 从销售方取得的增值税专用发票上注明的增值税额。

② 从海关取得的海关进口增值税专用缴款书上注明的增值税额。

③ 购进农产品,除取得增值税专用发票或者海关进口增值税专用缴款书外,按照农产品收购发票或者销售发票上注明的农产品买价和 13% 的扣除率计算的进项税额。进项税额计算公式:

$$进项税额＝买价×扣除率$$

④ 购进或者销售货物以及在生产经营过程中支付运输费用的,按照运输费用结算单据上注明的运输费用金额和 7% 的扣除率计算的进项税额。进项税额计算公式:

$$进项税额＝运输费用金额×扣除率$$

小规模纳税人应纳税额计算公式:

$$应纳税额＝销售额×征收率$$

当期销项税额小于当期进项税额不足抵扣时,其不足部分可以结转下期继续抵扣。

2) 消费税

消费税是境内生产、委托加工和进口消费税暂行条例规定的应税消费品征收的税种。应税消费品为:烟、酒及酒精、化妆品、贵重首饰及珠宝玉石、鞭炮及焰火、成品油、汽车轮胎、摩托车、小汽车、高尔夫球及球具、高档手表、游艇、木制一次性筷子、实木地板 14 类。征收消费税的目的主要是调节消费结构、引导消费方向。

3) 关税

关税是对进出口国境的货物和物品征收的税种。分为进口税和出口税两种。关税是维护国家主权和发展对外经济往来的一种重要工具。关税对贯彻国家进出口政策、保护民族经济、促进对外贸易和筹集财政收入等均具有重要作用。

（2）所得类税

所得类税包括:企业所得税和个人所得税。

① 企业所得税

企业所得税是指对企业的生产经营所得和其他所得征收的税种。目前,企业所得税实行内外资企业统一的比例税率,其税率为 25%。

② 个人所得税

个人所得税是指对个人所得征收的税种。在中国境内有住所,或者无住所而在境内居住满一年的个人,从中国境内和境外取得的所得,或在中国境内无住所又不居住或者无住所而在境内居住不满一年的个人,从中国境内取得的所得,依法缴纳的所得税。下列各项个人所得,应纳个人所得税:工资、薪金所得;个体工商户的生产、经营所得;对企事业单位的承包经营、承租经营所得;劳务报酬所得;稿酬所得;特许权使用费所得;利息、股息、红利所得;财产租赁所得;财产转让所得;偶然所得。个人所得税实行分类超额累进税率。

农(牧)业税也属于所得类税,包括农业税、农业特产税、牧业税。

（3）资源类税

资源类税包括:资源税、土地增值税。征收资源类税的目的主要是促进资源的合理开发利用,合理调节级差地租,创造公平竞争环境。

① 资源税

资源税是指以自然资源为课税对象的税种。对各种应税自然资源征收。征税范围包括原油、天然气、煤炭、其他非金属矿原矿、黑色金属矿原矿、有色金属矿原矿、盐等七大类。资源税的税额标准因资源的种类、区位的不同,税额标准为每吨 0.3 元到 60 元或每立方米 2 元到 15 元不等。目前,资源税采取从量定额的办法征收,下一步将采取从价定率的办法征收。

② 土地增值税

土地增值税是以纳税人转让国有土地使用权、地上建筑物及其附着物所取得的增值额为征税对象,依照规定的税率征收的税种。它实行 4 级超率累进税率,税率分别为 30%,40%,50%,60%。

(4) 财产类税

财产类税包括:房产税、契税、车船(使用)税,以及即将开征的遗产税。

① 房产税

房产税是以城市、县城、建制镇和工矿区范围内的房屋为征税对象,按房产余值或租金收入为计税依据,向产权所有人征收的一种税(2009 年 1 月 1 日起也适用外商投资企业、外国企业和外籍个人)。其税率分为两类:按照房产余值计算应纳税额的,适用税率为 1.2%;按照房产租金收入计算应纳税额的,适用税率为 12%。但个人按市场价格出租的居民住房,减按 4% 的税率征收。房产税按年征收、分期缴纳。

② 契税

以出让、转让、买卖、赠与、交换发生权属转移的土地、房屋为征税对象征收,承受的单位和个人为纳税人。出让、转让、买卖土地、房屋的税基为成交价格,赠与土地、房屋的税基由征收机关核定,交换土地、房屋的税基为交换价格的差额。税率为 3%～5%。纳税人应当自纳税义务发生之日起 10 日内办理纳税申报,并在契税征收机关核定的期限内缴纳税款。

③ 车船税

以在我国境内依法应当到车船管理部门登记的车辆、船舶为征税对象,向车辆、船舶的所有人或管理人征收。分为载客汽车、载货汽车等六大税目。各税目的年税额标准在每辆 16 元至 660 元,或自重(净吨位)每吨 3 元至 6 元之间。车船税按年申报缴纳。

(5) 行为类税

行为类税包括:城镇土地使用税、耕地占用税、城乡维护建设税、印花税、车辆购置税、固定资产投资方向调节税、烟叶税、船舶吨税等。

① 城镇土地使用税

以在城市、县城、建制镇和工矿区范围内的土地为征税对象,以实际占用的土地面积为计税依据,按规定税额对使用土地的单位和个人征收。其税额标准按大城市、中等城市、小城市和县城、建制镇、工矿区分别确定,在每平方米 0.6 元至 30 元之间。土地使用税按年计算、分期缴纳。

② 耕地占用税

对占用耕地建房或者从事其他非农业建设的单位和个人,依其占用耕地的面积征收。其税额标准在每平方米 5 元至 50 元之间。纳税人必须在经土地管理部门批准占用耕地之日起 30 日内缴纳耕地占用税。

③ 城乡维护建设税

对缴纳增值税、消费税、营业税的单位和个人征收。它以纳税人实际缴纳的增值税、消费税、营业税为计税依据，区别纳税人所在地的不同，分别按7%（在市区）、5%（在县城、镇）和1%（不在市区、县城或镇）3档税率计算缴纳。城乡维护建设税分别与增值税、消费税同时缴纳。

④ 印花税

对经济活动和经济交往中书立、领受税法规定的应税凭证征收。印花税根据应税凭证的性质，分别按合同金额依比例税率或者按件定额计算应纳税额。比例税率有1‰，0.5‰，0.3‰和0.05‰ 4档，比如购销合同按购销金额的0.3‰贴花，加工承揽合同按加工或承揽收入的0.5‰贴花，财产租赁合同按租赁金额的1‰贴花，借款合同按借款金额的0.05‰贴花等；权利、许可证等按件贴花5元。印花税实行由纳税人根据规定自行计算应纳税额，购买并一次贴足印花税票的缴纳办法。股权转让书据按其书立时证券市场当日实际成交价格计算的金额，由立据双方当事人分别按3‰的税率缴纳印花税（即证券交易印花税）。

⑤ 车辆购置税

对购置汽车、摩托车、电车、挂车、农用运输车等应税车辆的单位和个人征收。车辆购置税实行从价定率的方法计算应纳税额，税率为10%（1.6排量及以下为5%）。计税价格为纳税人购置应税车辆而支付给销售者的全部价款和价外费用（不包括增值税）；国家税务总局参照应税车辆市场平均交易价格，规定不同类型应税车辆的最低计税价格。纳税人购置应税车辆的，应当自购置之日起60日内申报纳税并一次缴清税款。

⑥ 烟叶税

对收购烟叶（包括晾晒烟叶和烤烟叶）的单位，按照收购烟叶的收购金额征收，税率为20%。纳税人应当自纳税义务发生之日起30日内申报纳税。具体纳税期限由主管税务机关核定。

⑦ 船舶吨税

船舶吨税是在中华人民共和国港口行驶的外国籍船舶和外商租用的中国籍船舶，以及中外合营企业使用的中外国籍船舶（包括专在港内行驶的上项船舶），均按税法规定由海关征收船舶吨税（以下简称吨税）。船舶吨税分90天期缴纳与30天期缴纳两种。

6.1.2.7 我国会计结算体系

所谓结算，是指企业、事业、机关等单位之间因商品交易、劳务供应或资金调拨等原因所发生的货币收、付业务的清算。按结算支付工具的形式结算方式可以分为：货币结算、实物结算、黄金结算、劳务结算。按结算空间范围结算方式可以分为：国内结算、国际结算。国内结算包括：同城结算、异地结算。同城结算包括：支票（现金支票、转账支票）、银行本票（定额本票、非定额本票）、商业汇票（银行承兑汇票、商业承兑汇票）、委托收款；异地结算包括：托收承付、银行汇票（定额汇票、非定额汇票）、汇兑、商业汇票、委托收款。国际结算的方式有：国际汇兑结算、信用证结算和托收结算。国际结算的价格有：离岸价（Free On Board，FOB），离岸加运费价（Cost and Freight，

CFR,2000 年前称 C & F),成本加保险费、运费(指定目的港)价(Cost,Insurance,Freight,CIF)。

6.2 反映经营成果与财务状况的会计报表

6.2.1 单步式损益表

6.2.1.1 损益表的性质与作用

损益表(Income Statement,也称利润表),是反映企业在一定期间经营成果形成情况的报表。一般每月均应编制损益表,其编制原理是根据"收入-费用=利润"。编制损益表可以有以下作用:有助于解释、评价、预测企业的经营成果和获利能力;有助于解释、评价、预测企业的偿债能力;有助于企业管理人员进行经营决策;有助于考核企业管理人员的业绩。

6.2.1.2 损益表的结构与内容

1. 单步式

单步式损益表(Single-step Form,又称一步式损益表),是将本期所有收入(包括营业外收入)总额减去本期所有费用、支出(包括营业外支出)总额,直接计算出该期净利润或称所得税后利润。因为只有一个相减的步骤,故称为单步式损益表。其格式参见表 6.1。

表 6.1　单步式损益表

会企 02 表

编制单位:××股份有限公司　　　　20××年度×月		单位:元
一、收入		
主营业务收入	1 850 000	
其他业务收入	160 000	
公允价值变动收益	10 000	
投资收益	90 000	
营业外收入	80 000	2 190 000
二、费用、支出		
主营业务成本	720 000	
其他业务成本	60 000	
营业税金及附加	47 000	
销售费用	105 500	
管理费用	206 600	
财务费用	110 000	
资产减值损失	10 000	
营业外支出	156 000	
所得税费用	255 057	1 670 157
三、净利润		519 843

单步式损益表格式比较简单,便于理解。所以,它现在成为大型股份有限公司中最普遍使用的一种损益表格式。但是,这种结构不能反映企业的不同业务的盈利情

况，利润净额是企业各类业务的盈利纳税后的结果。

2. 多步式

多步式损益表（Multiples-step Form）是对损益表的内容做多项分类，产生一些中间性信息。即：将各种收入及相关费用、成本在表中分别对应列示，进行配比，计算出各种净收入，再将各项净收入相加，减去共同性的期间费用等，计算出企业的净利润。由于从销售总额到本期净利润，要经过好几道中间性计算，故称为多步式损益表。其格式参见表6.2。我国采用多步式损益表。

表 6.2　多步式损益表

编制单位：××股份有限公司　　　20××年度

会企 02 表
单位：元

项目	行次	本期金额	上期金额
一、营业收入	1	1 250 000	略
减：营业成本	2	750 000	略
营业税金及附加	3	2 000	略
销售费用	8	20 000	略
管理费用	9	158 000	略
财务费用	10	41 500	略
资产减值损失	12	—	略
加：公允价值变动收益（损失以"－"号填列）	15	—	略
投资收益（损失以"－"号填列）	16	31 500	略
其中：对联营企业和合营企业的投资收益	17		略
二、营业利润（亏损以"－"号填列）	20	310 000	略
加：营业外收入	21	50 000	略
减：营业外支出	22	19 700	略
其中：非流动资产处置损失	23		略
三、利润总额（亏损总额以"－"号填列）	28	340 300	略
减：所得税费用	29	102 399	略
四、净利润（净亏损以"－"号填列）	32	237 901	略
五、每股收益	34		略
（一）基本每股收益	35		略
（二）稀释每股收益	36		略

$$基本每股收益=\frac{归属于普通股股东的净利润}{当期发行在外普通股加权平均数}$$

$$稀释每股收益=\frac{归属于普通股股东的净利润}{当期发行在外普通股加权平均数+优先股、可转换债券等转化成普通股股数}$$

多步式损益表不仅揭示了企业一定时期的净利润，而且可以比较明显地看出净利润的形成过程。但是,表中出现了多个利润概念,容易引起理解上的混乱。

另外,表 6.2 所列示的损益表是按照新《企业会计准则——应用指南》中规定的格式制作的。笔者认为,2006 年《企业会计准则》及其应用指南中有以下几点没有明示,值得改进:

第一,2006 年《企业会计准则》及其应用指南与《企业财务会计报告条例》的关系以及 2006 年《企业会计准则》及其应用指南的实施与《企业财务会计报告条例》存废均没有明示。

第二,由于 2006 年《企业会计准则》及其应用指南并没有给出利润分配表、主营业务收支明细表等的具体格式,所以可以认为 2006 年《企业会计准则》及其应用指南中取消了利润分配表、主营业务收支明细表等。因为利润分配表作为损益表的附表补充反映企业利润分配的情况,不可或缺。加上新损益表中营业收入、营业成本、营业税金及附加均未将主营业务和其他业务的数据分别列示,所以编制主营业务收支明细表更加必要,否则不利于会计信息使用者分析企业的主营业务和其他业务的收支情况。

第三,为了与国际惯例相适应(或称协调、接轨),拟将财务费用科目中的利息费用单独设置"利息费用"科目核算并在损益表中所得税费用项目前单独列示,将财务费用科目中除利息费用之外的其他费用划入管理费用会计科目核算,同时,将损益表中利润总额项目改称为息税前损益(Earning Before Interest and Income Tax,EBIT),以利于财务分析时计算诸如利息保障倍数、财务杠杆系数等指标,以及可以清楚地反映债权人从企业分配所得的剩余价值。甚至可以将利息费用、所得税费用直接放入利润分配表中列示,这样更利于清楚地反映债权人、国家(政府)、所有者、员工(技术人员以无形资产等参与剩余价值分配的所得、高级管理人员以股份支付等参与剩余价值分配的所得、普通劳动者以劳动技能等参与剩余价值分配的所得)等企业各利益相关者参与剩余价值分配的所得,使得企业各利益相关者参与剩余价值分配的所得处于"白箱"状态。

6.2.2 利润分配表

6.2.2.1 利润分配表的性质与作用

利润分配表是反映企业本年度净利润以及以前年度未分配利润的分配或者亏损弥补情况的报表,是损益表的附表之一。

通过编制利润分配表,可以了解企业当年实现的净利润、以前年度未分配利润、可供分配利润的实际分配情况和年末未分配利润的结余情况,所以该表是损益表的延伸。

2006 年《企业会计准则》规定取消了利润分配表的编报,而将原来的所有者权益变动表从资产负债表的附表上升为正表。但笔者认为,应该恢复并改进企业利润分配表的编报,理由如下:

(1) 取消利润分配表的论证不够充分。从对 2006 年《企业会计准则》相关研究文献和学习资料的梳理可以看出,我们没有对取消利润分配表进行足够的理论分析和可行性研究,只是根据《国际会计准则第 1 号——财务报表的列报》,考虑与国际会计准则趋同,取消了利润分配表和合并利润分配表。同时,对取消利润分配表之后带来的不利影响估计不足,对利润分配表的重要性认识不够,没有对劳动、资本、技术、管理等要素参与分配的情况进行全面披露,更没有充分考虑到中国特色社会主义是要求人民当家做主、走共同富裕的道路,与公开、公平、公正原则相悖,应建立人力资本参与剩余价值分配的"制度"安排和披露机制。因此,当时取消利润分配表显得不够慎重。

（2）所有者(股东)权益变动表不能代替利润分配表。所有者(股东)权益变动表主要反映构成所有者权益各组成部分当期增减的变动情况,它所提供的利润分配信息并不全面,更多的是根据所有者的需求来披露信息,而没有站在全体利益相关者的角度,不能代替利润分配表。尽管列示了一部分与利润分配有关的事项,但列示的信息远不如利润分配表详尽,是重所有者分享信息的披露、轻其他利益相关者分享信息的披露,而且也未详细披露各类所有者利润分配的情况,如应付优先股股利和应付普通股股利等。

（3）利润的形成与利润的分配应单独披露。利润表仅反映利润的形成,而利润分配表仅反映利润的分配,利润分配和利润形成的呈报应该被同等对待,且不应该相互交叉重叠,应单独、分别披露。因为 2006 年《企业会计准则》中的利润概念实质上是净利润,已经扣除了财务费用(利息)及所得税,而利息和所得税应该属于利润分配范畴,应该在利润分配表中列示。不能盲目地与国际惯例趋同(应该是与国际惯例相协调或称与国际惯例相适应),照搬国外利润表反映息税前损益(Earning Before Interest and Income Tax,EBIT)及净利润,同时又取消利润分配表,却不知国外把人力资本排除在利润分享之外可能是资本家掩盖剥削的手段,我们还步其后尘。所以,笔者建议修订《企业会计准则》中关于利润的定义,不是净利润,而是利润(不扣除利息及所得税),同时,恢复并改进企业利润分配表,将各利益相关者参与企业利润分配置于"白箱"状态,把股利、利息、税金、人力资本(劳动、技术和管理)参与税后利润分享额等全部纳入利润分配表进行披露。

6.2.2.2　利润分配表结构与内容

我国企业的利润一般平时只做预分配,年度末了才能进行分配,故利润分配表通常属于年报。其格式参见表 6.3。

表 6.3　利润分配表

会企 02 表附表 1

编制单位:××股份有限公司　　　　20××年度　　　　　　单位:元

项目	行次	本年实际	上年实际(略)
一、利润总额(或称 EBIT)	1	340 300	
减:利息分享	2		
所得税分享	3	102 399	
二、净利润	6	237 901	
加:年初未分配利润	7		
其他转入	8		
三、可供分配的利润	11	237 901	
减:提取的法定公积金	12	23 790	

项目	行次	本年实际	上年实际(略)
提取任意盈余公积	13	47 580	
劳动要素分享	14		
技术要素分享	15		
管理要素分享	16		
或：提取职工奖励及福利基金	17		
提取储备基金	18		
提取企业发展基金	19		
利润归还投资	20		
四、可供所有者分配的利润	23	166 531	
减：应付优先股股利	24		
应付普通股股利	25	83 265	
转作资本(或股本)的普通股股利	26		
五、未分配利润	29	83 266	
六、每股收益	30		
（一）基本每股收益	31		
（二）稀释每股收益	32		

6.2.2.3 利润分配的一般程序

按照我国《公司法》和税法规定,企业账面利润在按规定进行必要的税前调整后,应依法交纳所得税。税后利润的分配按下列顺序进行:

(1) 被没收财物损失,违反税法规定支付的滞纳金和罚款。国家有关法规规定,对被没收财物损失和违反税法规定支付的滞纳金、罚款,应以税后的利润支付,所以它是公司税后利润分配的第一项内容。

(2) 弥补公司以前年度亏损。弥补亏损的方式是:以前年度的亏损,用下一年度的税前利润弥补;下一年度的税前利润不足弥补的,可以在 5 年内用缴纳所得税前利润延续弥补。连续 5 年未弥补的亏损,用缴纳所得税后的利润弥补。弥补公司的亏损,是为了维持公司资本,让公司继续生存并取得发展。

(3) 提取法定公积金。《公司法》规定,公司应在当年税后利润中,扣除前两项后提取 10% 作为法定公积金,公司的法定盈余公积金超过公司注册资本的 50% 以上时,可以不再提取。

(4) 提取任意盈余公积金。《公司法》规定,公司可以在自己的税后利润中按公司章程、股东代表大会或董事会决议的比例提取任意盈余公积金。非股份制企业一般不得提取任意盈余公积金,即只有股份有限公司和有限责任公司才能提取任意盈余公积金。

（5）向投资者分配利润。向公司投资者分配的利润也是公司的税后利润，是扣除被没收财物损失、支付各项税收的滞纳金和罚款，扣除弥补以前年度亏损，扣除法定盈余公积金和任意盈余公积金后的利润。向投资者分配利润时，可以将公司以前年度未分配的利润并入本年度向投资者进行分配。向投资者分配利润，也要符合国家的有关规定，其顺序如下：① 支付优先股股利；② 支付普通股股利。若做上述分配后，还有余额，即为未分配利润，留待以后年度分配。

从以上税后利润的各项分配来看，若以现金或财产等实物资产支付优先股和普通股的股利，都有相应的资产退出企业资金周转（但发放股票股利、以增资扩股发放股利除外），而提取公积金则不然，它们是转账业务，不会发生资产的减少。所谓提取，不过表明这部分利润不再可供股东分配而已。所以，提取的法定盈余公积和任意盈余公积，以及余下的未分配利润，一并构成留存利润，形成与投入资本（股本）、资本公积起一样作用的所有者权益的另一个组成部分。

股份制企业在决定分派股利以后，应由董事会将分派股利的事项向股东宣告。对于一般企业来说，董事会要宣布股利支付额（每股股利）、股权登记日、除息日以及发放日等。

6.2.3 资产负债表

6.2.3.1 资产负债表的性质与作用

资产负债表（Balance Sheet）是反映企业某一特定日期财务状况的财务会计报告。由于该表反映了企业月末（或年末）全部资产、负债、所有者权益的情况，有时也称之为财务状况报表。

资产负债表是根据"资产＝负债＋所有者权益"的会计等式，依照一定的分类标准和一定的次序，把企业在一定日期的资产、负债和所有者权益项目予以适当排列，并按照一定的编制要求编制而成。

不同的报表使用者，根据各自需要，可以有选择地利用资产负债表中提供的有关资料：

（1）报表的资产项目，说明了企业所拥有的各种经济资源以及企业偿还债务的能力；

（2）报表的负债项目，显示了企业所负担的流动负债、非流动负债的数量和偿还期限的长短；

（3）报表的所有者权益项目，表明了企业的投资者对本企业净资产所拥有的要求权，包括投入资本和留存利润两部分；

（4）报表的不同时期相同项目的横向对比和同一时期不同项目的纵向对比，客观地表现了企业财务状况的发展趋势。

按照我国现行《企业会计准则》对会计期间的划分和起讫日期的规定，资产负债表一般反映的是企业期末（月末、季末、半年末、年末）的财务状况。

6.2.3.2 资产负债表项目分类

1. 项目分类

资产负债表中的项目可以分为三大类：资产、负债和所有者权益。这 3 个大项目也称为资产负债表的要素,其中每个要素又可分为若干个项目。其中,资产分为流动资产、非流动资产(长期股权投资、固定资产、无形及其他资产、递延所得税资产等)两个项目;负债分为流动负债、非流动负债两个项目;所有者权益分为实收资本、资本公积、盈余公积和未分配利润 4 个项目。其中资产和负债的各个项目又分成若干个子项目。

2. 项目排列方式

资产负债表中各项目及子项目按照变现能力或流动性由强到弱的顺序排列。例如在资产中,流动资产在前,非流动资产在后;流动资产中又以流动性最强的货币资金排在最前面;在负债中,流动负债在前,非流动负债在后;所有者权益项目则按稳定性由强到弱的顺序排列。

6.2.3.3 资产负债表的结构与内容

资产负债表的格式一般有 3 种:报告式、账户式和财务状况式。

1. 报告式资产负债表

报告式(Report Form)资产负债表又有两种格式,如表 6.4 所示。

表 6.4 不同的报告式资产负债表

"资产＝权益"式	"资产－负债＝所有者权益"式
资　产	资　产
各项目……	各项目……
资产合计　　　　1 542 600	资产合计　　　　1 542 600
权　益	负　债
负债	各项目……
各项目……	负债合计　　　　856 000
负债合计　856 000	
所有者权益	所有者权益
各项目……	各项目……
所有者权益合计　686 600	所有者权益合计　686 600
权益合计　　1 542 600	

报告式资产负债表的优点在于便于编制比较资产负债表,即在一张报表中,除列示本期的财务状况外,还增设几个栏目,分别列示过去几期的财务状况。可用旁注方式,注明某些项目的计价方式等。其缺点是资产和权益之间的恒等关系不能一目了然。

2. 账户式资产负债表

账户式(Account Form)资产负债表是按照"T"形账户的形式,根据"资产＝权益"的会计等式设计的资产负债表,将资产列在报表左方(借方),负债及所有者权益列在报表右边(贷方),左(借)右(贷)两方总额相等,格式如表 6.5 所示。我国《企业会计准则》规定采用的就是这种格式。

表 6.5　资产负债表

会企×01表

编制单位：××股份有限公司　　20××年 12 月 31 日　　　　　　　　　　　单位：元

资产	行次	期末余额	年初余额	负债和所有者权益（或股东权益）	行次	期末余额	年初余额
流动资产：				**流动负债：**			
货币资金	1	1 406 300	778 245	短期借款	68	320 000	50 000
交易性金融资产	2	25 000	10 000	交易性金融负债	69		
应收票据	3	242 000	84 500	应付票据	70	200 000	100 000
应收账款	4	299 100	598 200	应付账款	71	940 800	953 800
预付款项	5	95 100	95 100	预收款项	72		
应收利息	6			应付职工薪酬	73	103 000	180 000
应收股利	7			应交税费	74	30 000	205 344
其他应收款	8	3 900	3 900	应付利息	75	6 550	6 550
存货	9	2 579 950	2 574 650	应付股利	76	1 000	
一年内到期的非流动资产	15			其他应付款	80	50 000	50 000
其他流动资产	18	100 000		一年内到期的非流动负债	82	1 000 000	
流动资产合计	31	4 751 350	4 144 595	其他流动负债	83		
非流动资产：				流动负债合计	86	2 651 350	1 545 694
可供出售金融资产	32			**非流动负债：**			
持有至到期投资	33			长期借款	90	600 000	1 160 000
长期应收款	34			应付债券	91		
长期股权投资	35	250 000	250 000	长期应付款	92		
投资性房地产	36			专项应付款	93		
固定资产	37	1 100 000	2 231 000	预计负债	94		
在建工程	38	1 500 000	728 000	递延所得税负债	98		
工程物资	39			其他非流动负债	99		
固定资产清理	40			非流动负债合计	100	600 000	1 160 000
生产性生物资产	42			负债合计	101	3 251 350	2 705 694
油气资产	43			**所有者权益（或股东权益）：**			
无形资产	44	600 000	540 000	实收资本（或股本）	110	5 000 000	5 000 000
开发支出	45			资本公积	111		
商誉	46			减：库存股	112		
长期待摊费用	50	200 000	200 000	盈余公积	115	150 000	173 790
递延所得税资产	51			未分配利润	116		214 111
其他非流动资产	58			所有者权益（或股东权益）合计	117	5 150 000	5 387 901
非流动资产合计	60	3 650 000	3 949 000				
资产总计	62	8 401 350	8 093 595	**负债和所有者权益（或股东权益）总计**	119	8 401 350	8 093 595

补充资料：1. 已贴现的商业承兑汇票_____元。

　　　　　2. 融资租入固定资产原价_____元。

账户式资产负债的优缺点与报告式资产负债表正好相反。资产和权益间的恒等关系一目了然,但要编制比较资产负债表,尤其要做些旁注的话,就会有些困难。

3. 财务状况式资产负债表

另一种资产负债表格式,是财务状况式(Financial Position Form)资产负债表,它特别列出营运资金,以强调其重要性。该表按照"流动资产－流动负债＝流动资金净额(或称营运资金)"和"流动资金净额＋非流动资产－非流动负债＝所有者权益"两个公式进行排列。此格式已不常见,故略。

6.2.4 所有者权益(或股东权益)变动表

6.2.4.1 所有者权益(或股东权益)变动表的定义

所有者权益变动表(Owner's Equity Statement,或称股东权益变动表)是反映企业年末构成所有者权益(或股东权益)的各个组成部分当期的增减变动情况的报表。所有者权益(或股东权益)变动表是年报,一般在年初编制上一年的报表。

6.2.4.2 所有者权益(或股东权益)变动表的内容

所有者权益(或股东权益)变动表应当全面反映企业一定时期内所有者权益(或股东权益)变动的情况,不仅要反映所有者权益(或股东权益)总量的增减变动情况,而且要反映所有者权益(或股东权益)增减变动的重要结构性信息,特别是要反映直接计入所有者权益的利得和损失,让报表信息的使用者准确理解所有者权益(或股东权益)增减变动的根源。

企业的所有者权益(或股东权益)变动表至少应当单独列示反映下列信息的项目:

(1) 净利润;

(2) 直接计入所有者权益的利得和损失项目及其总额;

(3) 所有者投入资本和向所有者分配利润等;

(4) 按照规定提取的盈余公积;

(5) 实收资本(或股本)、资本公积、盈余公积、未分配利润的期初和期末余额及其调节情况。

6.2.4.3 所有者权益(或股东权益)变动表的结构

为了清楚地表明构成所有者权益(股东权益)的各个组成部分当期的增减变动情况,所有者权益(股东权益)变动表应当以矩阵的形式列示:一方面列示导致所有者权益(股东权益)变动的交易事项,改变了以往仅仅按照所有者权益(股东权益)的各个组成部分反映所有者权益(股东权益)变动情况,而是从所有者权益(股东权益)变动的来源对一定时期所有者权益(股东权益)变动情况进行全面反映;另一方面,按照所有者权益(股东权益)的各个组成部分(包括实收资本、资本公积、盈余公积、未分配利润和库存股)及其总额列示交易事项对所有者权益(股东权益)的影响。此外,企业还需要提供比较所有者权益(股东权益)变动表,所有者权益(股东权益)变动表还就各项目再分为"本年金额"和"上年金额"两栏分别填列。

我国目前所采用的所有者权益(或股东权益)变动表的格式参见表6.6。

表 6.6 所有者权益(或股东权益)变动表

编制单位：××股份有限公司　　　　20××年度　　　　会企×04 表

单位：元

项目	本年金额						上年金额					
	实收资本(或股本)	资本公积	减:库存股	盈余公积	未分配利润	所有者权益合计	实收资本(或股本)	资本公积	减:库存股	盈余公积	未分配利润	所有者权益合计
一、上年年末余额												
加：会计政策变更												
前期差错更正												
二、本年年初余额												
三、本年增减变动金额												
(一) 净利润												
(二) 直接计入所有者权益的利得和损失												
1. 可供出售金融资产												
2. 权益法下被投资单位其他所有者权益变动的影响												
3. 与计入所有者权益相关的所得税影响												
4. 其他												
上述(一)和(二)小计												
(三) 所有者投入和减少资本												
1. 所有者投入资本												
2. 股份支付计入所有权益的金额												
3. 其他												
(四)利润分配												
1. 提取盈余公积												
2. 对所有者(或股东)的分配												
3. 其他												
(五)所有者权益内结转												
1. 资本公积转增资本(或股本)												
2. 盈余公积转增资本(或股本)												
3. 盈余公积弥补亏损												
4. 其他												
四、本年年末余额												

6.3 反映资金流量的会计报表

6.3.1 现金流量表

6.3.1.1 现金流量表的性质与作用

1. 现金流量表的性质

现金流量表(Cash Flow Statement)是反映企业在一定时期内现金及现金等价物的流入和流出情况的报表,包括现金流量表正表及其附注资料。

现金流量表中的现金是指企业库存现金、可以随时用于支付的银行存款、其他货币资金、现金等价物。现金等价物是指企业持有的期限短(一般不超过 3 个月)、流动性强、易于转换为已知金额现金、价值变动风险很小的投资。除特殊说明外,本部分所述现金均含现金等价物。

2. 现金流量表的作用

编制现金流量表的目的是为会计报表的使用者提供企业一定会计期间内现金和现金等价物流入与流出的信息,以便其了解与评价企业获取现金和现金等价物的能力,并据以预测企业未来现金流量。因此,现金流量表具有以下作用:

(1) 评估企业在未来会计期间产生净现金流量的大小。从事物发展的趋势看,企业过去的现金流量信息是未来现金流量金额、时间和不确定性的指示器。分析现金流量表可以揭示过去现金流入与流出及现金净流量变动的原因,根据已知推断未知,借以预测企业未来的现金流量。

(2) 评估企业偿还债务及支付企业所有者投资报酬的能力。评估企业是否具有支付能力,最直接有效的方法是分析其现金流量。只有企业产生有利的现金流量才能够还本付息、支付现金股利;反之,企业会陷入财务困境。现金流量表提供了企业当期现金流量的信息,因此,分析现金流量表可以对企业的支付能力和偿债能力,以及对外部资金的需求情况做出较为可靠的判断。

(3) 评估企业的净收益与营业活动所产生的净现金流量的差异的产生原因。通过现金流量表比较当期净利润与当期经营活动产生的净现金流量,可以看出非现金流动资产吸收利润的情况,评价企业经营活动净现金流量是否偏低,进而可以评价企业收益的质量及影响因素。

(4) 分析会计年度内与现金有关或无关的投资活动和筹资活动。企业活动包括经营活动、投资活动和筹资活动,现金流量恰恰就是反映企业这 3 类活动产生现金流量的报表,同时还在附注(补充资料部分)中反映了不涉及现金收支的重大投资和筹资活动。现金流量表是企业活动的综合概括,可以对企业当期活动一览无余。现金流量表信息是资产负债表和损益表信息的必要补充,与它们一起共同构成分别以权责发生制和收付实现制两种渠道反映企业财务状况、经营业绩及财务状况变动(财务状况变动表主要反映变动的结果,现金流量表主要反映变动的影响因素)的完整体系。

6.3.1.2 现金流量表的结构与内容

随着我国经济体制改革的不断深入,以营运资金或全部资金为编制基础的财务状况变动表已经不能满足管理的需要,尤其是我国社会主义市场经济逐步进入买方市场后,现金越来越显现出其具有的重要性,这时,与卖方市场相反,商品要转化为现金比较困难,企业拥有现金比拥有非现金的物资更能体现其财务状况,因而从以营运资金或以全部资金为编制基础编制的财务状况变动表转变为现金流量表是非常自然的转变,也是经济管理不断发展的需要。因为,企业的资产负债表和损益表主要是以权责发生制为基础编制的,其中的资产、负债、所有者权益、收入、费用、利润主要以权责发生制为确认基础。实际上现金流量表是将资产负债表和损益表中有关按权责发生制为基础编制的数据转换为以收付实现制(即现金制)为基础的数据,通过现金流动情况来揭示企业的财务状况。所以,现金流量表是以现金为基础编制的财务状况变动表。从这种意义上说,现金流量作为一种更重要的财务状况的表现,现金流量表也就可作为反映财务状况的报告。

现金流量是指现金的流入和流出。现金流量将企业现金按其交易的性质分为3类:经营活动的现金流量、投资活动的现金流量、筹资活动的现金流量。

1. 经营活动的现金流量

经营活动是指企业投资活动和筹资活动以外的所有交易与事项。经营活动的现金流量指直接与损益表中本期净利润(亏损)计算相关的交易及其他事项所产生的现金流入与流出。经营活动的现金流入包括:销售商品、提供劳务收到的现金;收到的税费返还;收到的其他与经营活动有关的现金。经营活动的现金流出包括:购入商品或接受劳务支付的现金;支付给职工和为职工支付的现金;支付的各种税费;支付的其他与经营活动有关的现金。

2. 投资活动的现金流量

投资活动是指企业长期资产的构建和不包括在现金等价物范围内的投资及其处置活动。投资活动的现金流量指购置与处置非流动资产之交易所产生的现金流入与流出。投资活动的现金流入包括:收回投资所收到的现金;取得投资收益所收到的现金;处置固定资产、无形资产和其他长期资产所收回的现金净额;处置子公司及其他营业单位收到的现金净额;收到的其他与投资活动有关的现金。投资活动的现金流出包括:购建固定资产、无形资产和其他长期资产所支付的现金;投资所支付的现金;取得子公司及其他营业单位支付的现金净额;支付的其他与投资活动有关的现金。

3. 筹资活动的现金流量

筹资活动是指导致企业资本及债务规模和构成发生变化的活动。筹资活动的现金流量指与投资者、债权人有关的筹资性交易而产生的现金流入与流出。筹资活动的现金流入包括:吸收投资所收到的现金;取得借款所收到的现金;收到的其他与筹资活动有关的现金。筹资活动的现金流出包括:偿还债务所支付的现金;分配股利、利润或偿付利息所支付的现金;支付的其他与筹资活动有关的现金。

现金流量表及其补充资料的格式如表 6.7 和表 6.8 所示。

表 6.7　现金流量表

编制单位：××股份有限公司　　　20××年度　　　　　　　　　　单位：元

项目	行次	金额
一、经营活动产生的现金流量		
销售商品、提供劳务收到的现金	1	1 342 500
收到的税费返还	3	
收到其他与经营活动有关的现金	8	
现金流入小计	9	1 342 500
购买商品、接受劳务支付的现金	10	492 266
支付给职工以及为职工支付的现金	12	300 000
支付的各项税费	13	99 089
支付其他与经营活动有关的现金	18	70 000
现金流出小计	20	961 355
经营活动产生的现金流量净额	21	381 145
二、投资活动产生的现金流量		
收回投资所收到的现金	22	16 500
取得投资收益所收到的现金	23	30 000
处置固定资产、无形资产和其他长期资产所收回的现金净额	25	300 300
处置子公司及其他营业单位收到的现金净额	26	
收到其他与投资活动有关的现金	28	
现金流入小计	29	346 800
购建固定资产、无形资产和其他长期资产所支付的现金	30	451 000
投资所支付的现金	31	
取得子公司及其他营业单位支付的现金净额	32	
支付其他与投资活动有关的现金	35	
现金流出小计	36	451 000
投资活动产生的现金流量净额	37	−104 200
三、筹资活动产生的现金流量		
吸收投资所收到的现金	38	
借款所收到的现金	40	400 000
收到其他与筹资活动有关的现金	43	
现金流入小计	44	400 000
偿还债务所支付的现金	45	1 250 000
分配股利、利润或偿付利息所支付的现金	46	12 500
支付其他与筹资活动有关的现金	52	
现金流出小计	53	1 262 500
筹资活动产生的现金流量净额	54	−862 500
四、汇率变动对现金及现金等价物的影响额	55	
五、现金及现金等价物净增加额	56	−585 555
加：期初现金及现金等价物余额	57	1 406 300
六、期末现金及现金等价物余额	60	820 745

表 6.8 现金流量表补充资料

编制单位：××股份有限公司　　　　20××年度　　　　　　　单位：元

补充资料	行次	金额
一、将净利润调节为经营活动现金流量		
净利润	57	237 901
加：资产减值准备	58	900
固定资产折旧、油气资产折耗、生产性生物资产折旧	59	100 000
无形资产摊销	60	60 000
长期待摊费用摊销	63	200 000
处置固定资产、无形资产和其他长期资产的损失（收益以"－"号填列）	64	－50 000
固定资产报废损失（收益以"－"号填列）	65	19 700
公允价值变动损失（收益以"－"号填列）	66	
财务费用（收益以"－"号填列）	67	21 500
投资损失（收益以"－"号填列）	68	－31 500
递延所得税资产减少（增加以"－"号填列）	69	
递延所得税负债增加（减少以"－"号填列）	70	
存货的减少（增加以"－"号填列）	71	5 300
经营性应收项目的减少（增加以"－"号填列）	72	－49 000
经营性应付项目的增加（减少以"－"号填列）	73	－52 690
其他	74	19 034
经营活动产生的现金流量净额	75	381 145
二、不涉及现金收支的投资和筹资活动		
债务转为资本	76	
一年内到期的可转换公司债券	77	
融资租入固定资产	78	
三、现金及现金等价物净变动情况		
现金的期末余额	79	820 745
减：现金的期初余额	80	1 406 300
加：现金等价物的期末余额	81	
减：现金等价物的期初余额	82	
现金及现金等价物净增加额	83	－585 555

6.3.2　会计报表之间的勾稽关系

资产负债表、损益表与现金流量表之间的关系可用图 6.6 来表示。

资产负债表　　　　　　　　　损益表

资产

　　流动资产　××　　　　　　　　收入　××

　　其中：现金××

　　长期资产　××

　　其他资产　××

　　　　　　　××

负债

　　流动负债　××　　　　　　　　费用　××

　　长期负债　××

　　　　　　　××

　　股东权益　××　　←　　净利润××

　　　　　　　××

现金流量表

经营活动产生的现金流量净额××

投资活动产生的现金流量净额××

筹资活动产生的现金流量净额××

当期现金增加净额　　　　　　××

加：现金期初余额　　　　　　××

现金期末余额　　　　　　　　××

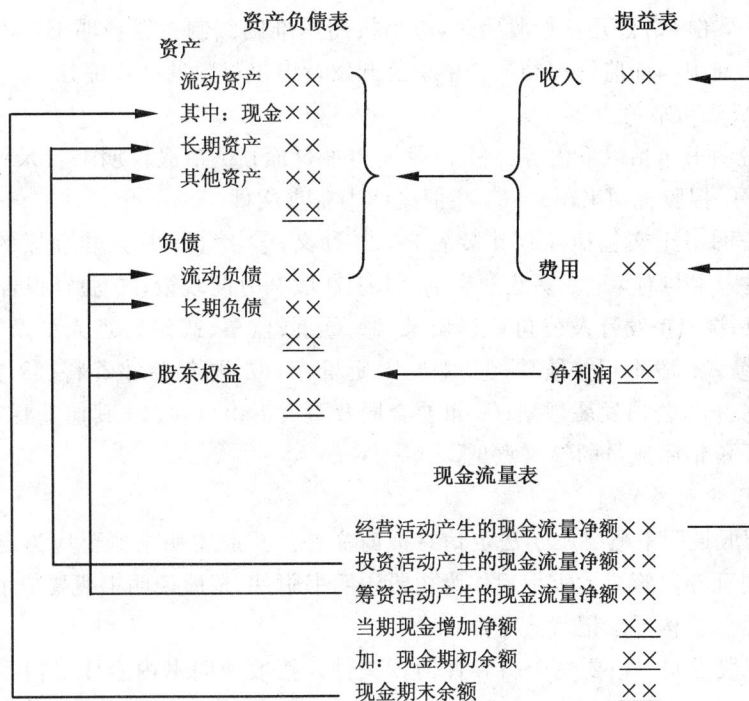

图 6.6　资产负债表、损益表与现金流量表的关系

6.4　公开发行股票公司的会计信息披露

6.4.1　会计信息披露制度

6.4.1.1　会计信息披露的原则

会计信息披露应贯彻公开性、及时性、充分性的原则。

6.4.1.2　会计信息披露制度的体系

会计信息披露制度的体系包括：入市报告制度、定期报告制度、临时报告制度、会计信息披露专业制度。

6.4.2　入市报告

6.4.2.1　招股说明书

1. 招股说明书的概念

招股说明书（Prospectus）是股份有限公司发行股票时，就发行中的有关事项向公众做出披露，并向非特定投资人提出购买或销售其股票的要约邀请性文件。招股说明书是公开发行股票公司必须公开披露的信息。我国《公司法》第 88 条规定，发起人向社会公开募集股份时，必须公告招股说明书。国务院发布的《股票发行与交易管理暂行条例》第 14 条规定，申请公开发行股票，招股说明书是应当向地方政府或者中央企业主管部门报送的文件之一。中国证监会发布的公开发行股票公司信息披露的内容与格式准则第 1 号《招股说明书的内容与格式》规定，凡在中华人民共和国境内公开发行股票和将其股票在经国务院证券委员会批准可以进行股票交易的证券交易场所交易的发行人,在申请公开发行股票时,应当按照本准则编制招股说明书。本招股说明书是发行人向中国证监管理委员会申请公开发行申报材料的必备部分。

2. 招股说明书的内容

招股说明书包括以下内容:① 招股说明书封面;② 招股说明书目录;③ 招股说明书正文;④ 招股说明书附录;⑤ 招股说明书备查文件。

招股说明书正文包括:① 主要资料;② 释义;③ 绪言;④ 发售新股的有关当事人;⑤ 风险因素与对策;⑥ 募集资金的运用;⑦ 股利分配政策;⑧ 验资报告;⑨ 承销;⑩ 发行人情况;⑪ 发行人公司章程摘录;⑫ 董事、监事、高级管理人员及重要职员;⑬ 经营业绩;⑭ 股本;⑮ 债项;⑯ 主要固定资产;⑰ 财务会计资料;⑱ 资产评估;⑲ 盈利预测;⑳ 公司发展规划;㉑ 重要合同及重大诉讼事项;㉒ 其他重要事项;㉓ 董事会成员及承销团成员的签署意见。

3. 招股说明书的特点

(1) 招股说明书概要属于法定信息披露文件。招股说明书概要应当与招股说明书一并报请证券监管机构审批。作为招股说明书附件,招股说明书概要应依照法律规定和证券监管机构要求记载法定内容。

(2) 招股说明书概要属于引导性阅读文件。招股说明书内容详尽但不便于投资者阅读和了解,为增强招股文件的易解性,尽可能广泛、迅速地向社会公众投资者提供和传达有关股票发行的简要情况,应以有限数量的文字做出招股说明书概要,简要地提供招股说明书的主要内容。一般情况下,招股说明书概要约为 1 万字左右,在承销期开始前 2~5 个工作日内刊登在至少一种证监会指定的报刊上及发行人选择的其他报刊上。

(3) 招股说明书概要属于非发售文件。根据现行规定,招股说明书概要标题下必须记载下列文字:“本招股说明书概要的目的仅为尽可能广泛、迅速地向公众提供有关本次发行的简要情况。招股说明书全文为本次发售股票的正式法律文件。投资者在做出认购本股的决定之前,应首先仔细阅读招股说明书全文,并以全文作为投资决定的依据。”虽然招股说明书概要并非发售文件,但不得误导投资人。

4. 招股说明书的基本原则

(1) 凡对投资者做出投资决策有重大影响的信息,均应予以披露。

(2) 发行人认为有助于投资者做出投资决策的信息,发行人可增加这部分内容。

(3) 某些具体要求对发行人确实不适用的,发行人可根据实际情况做出适当修改,同时以书面形式报告证监会,并在招股说明书中予以说明。发行人成立不足 3 年的,应提供其自成立之日起,至进行股票公开发行准备工作之时止的经营业绩及其他资料。

如果发行人由原有企业经改制而设立,且改制不足 3 年,则发行人在根据本准则的要求对其历史情况进行披露时,应包括原有企业情况。

境内上市外资股的发行人,应当增加关于中国经济、政治、法律等有助于外国投资人了解中国一般情况的资料,以及有助于增加对发行人的了解的其他资料。有必要时,境内上市外资股发行人还应编制招股说明书的外文文本。发行人应当保证两种文本内容的一致性。在对两种文本的理解上发行歧义时,以中文文本为准。

发行人尚未成立董事会、监事会,而由筹备机构代行其权力的,招股说明书中凡要求董事会、监事会在股票发行过程中对招股说明书所应承担的责任与义务,由筹备机构承担,对董事、监事有关情况的披露改为对筹备机构成员有关情况的披露。

5. 招股说明书的相关规定

(1) 招股说明书有效日期为 6 个月,自招股说明书签署之日起计算。发行人不得使用过期的招股说明书发行股票。发行人在招股说明书有效期内未能发行股票,必须修订招股说明书,补充最新的财会资料和其他信息。这些修改、补充的信息,须先经承销商、推荐人以及与该等信息有关的中介机构(例如:律师、注册会计师或资产评估人员)的认可,再报证监会审核后,发行人方可发行。

(2) 招股说明书不得刊登任何个人、机构或企业的题字,任何有祝贺性、恭维性或推荐性的词句,以及任何广告、宣传性用语。

(3) 招股说明书中的数字应当采用阿拉伯数字。招股说明书中有关货币金额的资料除特别说明之外,应指人民币金额。

6. 招股说明书的附录与备忘

(1) 附录的内容至少包括以下各项:① 财务报表及其注释和审计报告。② 财务报表差异调节表。如果发行人既发行 A 股,又发行 B 股,或者既在境内发行,又在境外发行,由于会计准则的不同导致不同类型的股票同期财务报表数据不完全相同,应当对其差异编制调节表,说明差异的原因。③ 资产评估报告。④ 盈利预测报告和注册会计师的意见。⑤ 法律意见书。⑥ 发行人的公司章程和细则。⑦ 发行人的营业执照。

(2) 备查文件的内容至少包括以下各项:① 发行人成立的注册登记文件;② 主管部门和证券交易所批准发行上市的文件;③ 承销协议;④ 国有资产管理部门关于资产证明的确认报告;⑤ 发行人改组的其他有关资料;⑥ 重要合同;⑦ 证监会要求的其他文件。同时还应当说明备查期间(不应短于发行期间)和查阅地点。这些地点应当是投资公司较易到达的地点,例如发行人、承销商、证券交易所和证监会所在地等。

6.4.2.2 上市公告书

1. 上市公告书的概念

上市公告书是指上市公司按照证券法规和证券交易所业务规则的要求,于其证券上市前,就其公司自身情况及证券上市的有关事宜,通过证券上市管理机构指定的报刊向社会公众公布的宣传和说明材料。

2. 上市公告书的内容

《深圳证券交易所股票上市公告书内容与格式指引》(2009 年 9 月修订)规定上市公告书的内容包括:重要声明与提示;股票上市情况;发行人、股东和实际控制人情况;股票发行情况;财务会计资料;其他重要事项。

(1) 重要声明与提示

发行人应在上市公告书显要位置做如下重要声明与提示:

"本公司及全体董事、监事、高级管理人员保证上市公告书的真实性、准确性、完整性,承诺上市公告书不存在虚假记载、误导性陈述或重大遗漏,并承担个别和连带的法律责任。"

"证券交易所、其他政府机关对本公司股票上市及有关事项的意见，均不表明对本公司的任何保证。"

"本公司提醒广大投资者注意，凡本上市公告书未涉及的有关内容，请投资者查阅刊载于××网站的本公司招股说明书全文。"

首次公开发行股票并在本所创业板上市的发行人，还应当在上市公告书显要位置作如下声明与提示：

"本公司股票将在深圳证券交易所创业板市场上市，该市场具有较高的投资风险。创业板公司具有业绩不稳定、经营风险高、退市风险大等特点，投资者面临较大的市场风险。投资者应充分了解创业板市场的投资风险及本公司所披露的风险因素，审慎做出投资决定。"

发行人应披露控股股东、实际控制人、董事、监事、高级管理人员等就上市做出的重要承诺，包括但不限于发行前股份自愿锁定承诺等。

（2）股票上市情况

发行人应披露股票发行上市审批情况：编制上市公告书的法律依据；股票发行核准部门、批文及其主要内容等；本所同意股票上市文件的主要内容。

发行人应披露股票上市的相关信息，主要包括：上市地点；上市时间；股票简称；股票代码；首次公开发行后总股本；首次公开发行股票增加的股份；发行前股东所持股份的流通限制及期限；发行前股东对所持股份自愿锁定的承诺；本次上市股份的其他锁定安排；本次上市的无流通限制及锁定安排的股份；公司股份可上市交易日期，应以表格形式列明首次公开发行前已发行股份及首次公开发行股份的各股东名称、所持股份数量和占首次公开发行后总股本比例以及可上市交易日期；股票登记机构；上市保荐机构。

（3）发行人、股东和实际控制人情况

发行人应披露公司基本情况，包括中英文名称、注册资本、法定代表人、住所、经营范围、主营业务、所属行业、电话、传真、电子邮箱、董事会秘书。

发行人应披露董事、监事、高级管理人员的姓名、任职起止日期以及直接或者间接持有公司的股票、债券情况等。

发行人应披露控股股东及实际控制人情况。若控股股东、实际控制为个人，应披露身份证号码以及除发行人以外的其他投资情况；若控股股东、实际控制人为法人，应披露营业执照号及最近一个年度报告期的主要财务状况和经营情况。

发行人应披露本次上市前的股东人数，持股数量前 10 名股东的名称、持股数量及持股比例。

（4）股票发行情况

发行人应披露本次股票上市前首次公开发行股票的情况，主要包括：发行数量；发行价格；发行方式及认购情况；募集资金总额及注册会计师对资金到位的验证情况；发行费用总额及项目、每股发行费用；募集资金净额；发行后每股净资产；发行后每股收益。

（5）财务会计资料

1）在定期报告（包括年度报告、中期报告和季度报告）披露期间刊登上市公告书

的发行人,其上市公告书中当期定期报告的主要会计数据及财务指标应按以下要求披露:

① 若招股意向书中已披露当期定期报告的主要会计数据及财务指标,则上市公告书中不需再次披露。

② 若招股意向书中未披露年度报告的主要会计数据及财务指标,则应在上市公告书中披露,上市后按照《深圳证券交易所股票上市规则》或《深圳证券交易所创业板股票上市规则》的要求披露年度报告。

③ 若招股意向书中未披露年度报告以外的当期定期报告的主要会计数据及财务指标,发行人可以在上市公告书中披露,上市后不再披露当期定期报告;或者在上市公告书中不披露,上市后按照《深圳证券交易所股票上市规则》或《深圳证券交易所创业板股票上市规则》的要求披露当期定期报告。对于招股意向书中引用的财务数据最近一期截止日超过 6 个月的公司,其上市公告书中应至少披露前一期的主要会计数据及财务指标。

2) 在非定期报告披露期间刊登上市公告书的发行人,如未在招股意向书中披露最近一期定期报告的主要会计数据及财务指标,应在上市公告书中披露。

3) 发行人在上市公告书中披露主要会计数据及财务指标的,应在提交上市申请文件时提供以下文件并与上市公告书同时披露:经现任法定代表人、主管会计工作的负责人、总会计师(如有)、会计机构负责人(会计主管人员)签字并盖章的报告期及上年度期末的比较式资产负债表、报告期与上年同期的比较式利润表及利润分配表、报告期的现金流量表。

4) 发行人应以表格形式披露定期报告的主要会计数据及财务指标,并简要说明报告期的经营情况、财务状况及影响经营业绩的主要因素。对于变动幅度在 30% 以上的项目,应说明变动的主要原因。

(6) 其他重要事项

发行人应披露招股意向书刊登日至上市公告书刊登前已发生的可能对发行人有较大影响的其他重要事项,主要包括:主要业务发展目标的进展;所处行业或市场的重大变化;原材料采购价格和产品销售价格的重大变化;重大关联交易事项,包括发行人资金是否被关联方非经营性占用等;重大投资;重大资产(或股权)购买、出售及置换;发行人住所的变更;董事、监事、高级管理人员及核心技术人员的变化;重大诉讼、仲裁事项;对外担保等或有事项;财务状况和经营成果的重大变化;其他应披露的重大事项。

(7) 上市保荐机构及其意见

发行人应披露保荐机构的有关情况,包括名称、法定代表人、住所、联系电话、传真、联系人等。发行人应披露保荐机构的保荐意见。

6.4.3 定期报告

6.4.3.1 年度报告

年度报告按照中国证券监督管理委员会 2007 年 12 月 17 日发布的《公开发行证券的公司信息披露内容与格式准则第 2 号——年度报告的内容与格式》(2007 年修

订）执行。

6.4.3.2 中期报告

中期报告包括半年报告和季度报告，分别按照中国证券监督管理委员会 2007 年 6 月 29 日发布的《公开发行证券的公司信息披露内容与格式准则第 3 号——半年度报告的内容与格式》（2007 年修订）和 2007 年 3 月 26 日发布的《公开发行证券的公司信息披露编报规则第 13 号——季度报告内容与格式特别规定》（2007 年修订）执行。

6.4.4 临时报告

6.4.4.1 公司收购公告

2006 年 9 月 1 日执行的《公开发行证券的公司信息披露内容与格式准则第 16 号——上市公司收购报告书》规定，公司收购报告书包括：封面、书脊、扉页、目录、释义；收购人介绍；收购决定及收购目的；收购方式；资金来源；后续计划；对上市公司的影响分析；与上市公司之间的重大交易；前 6 个月内买卖上市交易股份的情况；收购人的财务资料；其他重大事项；备查文件。

6.4.4.2 配股公告

根据《公开发行股票公司信息披露的内容与格式准则第 4 号——配股说明书的内容与格式》的规定，配股说明书内容与格式包括封面、正文、附录、备查文件。

6.5 财务会计报告的分析

6.5.1 财务会计报告分析的目的

财务会计报告中的数据根据历史性原则填列，而报表使用者关心得最多的问题是企业未来的获利能力和增长趋势。财务会计报告中的数据集中地反映了企业的财务状况、经营成果和现金流量情况，但通过阅读财务会计报告达到全面了解企业生产经营状况却不是一件容易的事。所以，财务会计报告分析的目的是克服财务会计报告的形式和内容本身的局限性，将报告所反映的信息以更为清晰易懂的方式展示给报告使用者，帮助报告使用者进行决策。通过财务会计报告分析，可以帮助企业内部各级管理人员评价企业经营成果，找出薄弱环节，进一步挖掘内部潜力，对各部门、各方面的工作进行有效的管理和控制；财务会计报告分析的结果，可以促使外部报告使用者对企业做出合理的评价、判断和决策。所以，世界各国政府、投资机构、证券交易所、行业协会等各类机构和组织，都十分重视对各公司财务会计报告的分析，它们经常在各类传播媒介中发布财务会计报告分析的结果，帮助报告使用者和政府机构制定投资、贷款和经济政策。

6.5.2 财务会计报告的分析步骤

财务会计报告分析一般可以分为以下步骤：

（1）审阅注册会计师的审计报告，包括无保留意见的审计报告、保留意见的审计报告、反面意见的审计报告、放弃发表意见的审计报告；

（2）分析会计报表附注中所阐述的会计政策；

（3）全面审阅财务会计报告，审阅会计报表、附注及其他应当在财务会计报告中披露的相关信息和资料；

（4）运用具体方法进行分析，比如趋势分析法、比率分析法等；

（5）参考其他重要的信息。

6.5.3 财务会计报告分析的主要方法

6.5.3.1 对比分析法

对比分析法将报告期的某项实际指标同某些选定的基数进行比较，分析产生差异的原因。例如与计划数比较，与同行业平均水平或先进水平比较，与历史同期指标比较等。在使用对比分析法时，要注意指标的可比性，即进行比较的指标口径必须相同。在某些情况下，如计划制订得不合理、技术出现重大革新、企业间的会计计量方法差异较大，以及发生了严重的通货膨胀等，运用对比分析法时就要对某些数据做出调整，对比分析才会有意义。

6.5.3.2 比率分析法

比率分析法指在同期财务会计报告中，在同一财务会计报告的不同项目之间，或在不同财务会计报告的有关项目之间，把有关的项目或数据组合起来，形成一个比率，以此反映它们之间的相互关系，进一步揭示有关的信息。在我国，比率分析法的应用十分普遍。

6.5.3.3 趋势分析法

趋势分析法指考察企业连续几年的财务会计报告的有关项目的增减变化趋势，进而预测企业未来状况的一种分析方法。例如将连续几年的资产负债表或损益表的数字或有关财务指标合并于一张表（也称比较会计报表）内，就是一种常见的做法。

需要指出的是，这里只是提供了财务会计报告分析方法体系的一个基本框架。在实际应用中，财务会计报告分析的方法多种多样。另外，实际应用时，往往需要将几种方法结合起来使用。在很多情况下，依靠单一的分析方法很难说明问题。

6.5.4 财务会计报告分析中常用的指标

指标是财务会计报告分析的核心。无论采用什么样的分析方法，都必须首先选择合适的指标。下面将结合有关××股份有限公司的数据加以详细说明。

6.5.4.1 偿债能力指标

偿债能力即企业清偿债务的能力。这是债权人最为关心的一类指标。随着我国企业破产法的实施和社会主义市场经济的发展，企业管理人员和投资者日益注重企业的偿债能力，因为在社会主义市场经济条件下，即使企业有着良好的发展前景，也可能会因一时的资金周转不灵而破产倒闭。反映偿债能力的指标主要有：

1. 资产负债率

资产负债率（Ratio of Liability to Asset）是指负债总额与资产总额之比，一般以50%左右为宜。计算如下：

$$资产负债率 = \frac{负债总额}{资产总额} \times 100\% = \frac{1\ 545\ 694 + 1\ 160\ 000}{8\ 093\ 595} \times 100\% = 33.43\%$$

2. 流动比率

流动比率（Current Ratio/Ratio of Current Asset to Current Liability）指企业全部流动资产与全部流动负债之比。它是衡量企业流动资产在短期债务到期以前可以变现用于偿还流动负债的能力。计算如下：

$$流动比率=\frac{流动资产}{流动负债}=\frac{4\ 144\ 595}{1\ 545\ 694}=2.68（倍）或268\%$$

流动比率反映了企业的短期偿债能力，即每一元流动负债有多少资产做保障，同时也反映了企业资产的变现能力。流动比率越高，短期偿债能力与变现能力越强；反之则意味着短期偿债能力和变现能力较弱。但是，过高的流动比率同时表明流动资产上占用资金过多，意味着产品滞销、库存材料积压或货币资金使用效率低下等问题。根据经验判断，流动比率在2∶1左右为宜，但不能一概而论，需结合实际情况做进一步的分析。

3. 速动比率

速动比率（Quick Ratio/Ratio of Quick Asset to Current Liability）是企业的速动资产与流动负债之比。所谓速动资产，是指流动资产中最具流动性的部分，一般指扣除存货和待摊费用后的各项流动资产的总和。速动比率反映了企业流动资产中可以立即用于偿付流动负债的能力。计算如下：

$$速动比率=\frac{流动资产-（存货+待摊费用）}{流动负债}=\frac{4\ 144\ 595-（2\ 574\ 650+0）}{1\ 545\ 694}$$

$$=1.016（倍）或101.6\%$$

一般认为，速动比率以1∶1比较合适。需要指出的是，目前国内外对于速动资产究竟应包括哪些内容还缺乏统一的认识。有些企业以流动资产总额减去存货后的余额作为速动资产，也有的企业在速动资产中只包括货币性资产。在报表分析中，尤其是在企业间比较时，应注意这一指标口径是否一致。

4. 资本债务率

资本债务率（Ratio of Liability to Owner's Equity）是指企业负债总额与所有者权益总额之比。计算如下：

$$资本债务率=\frac{负债总额}{所有者权益总额}\times100\%=\frac{1\ 545\ 694+1\ 160\ 000}{5\ 387\ 901}\times100\%=50.22\%$$

6.5.4.2 营运能力指标

营运能力指标主要用来衡量企业在资产管理方面的效率及有效性，又称作资金周转指标、业务比率或经营比率，主要包括应收账款周转率和存货周转率两大指标。

1. 应收账款周转率

应收账款周转率（Receivables Turnover/Ratio of Receivables to Net Sales）是指企业产品销售净额与应收账款平均余额之比，反映应收账款的周转次数。计算如下：

$$应收账款周转率=\frac{赊销收入净额}{应收账款平均余额}=\frac{1\ 250\ 000}{（300\ 000+600\ 000）/2}=2.78（次）$$

其中，赊销收入净额＝销售收入－现销收入－销售退回、折扣与折让；应收账款平均余额可以是年初数与年末数之和的平均数，也可以按全年各月应收账款平均余额$\left(\frac{月初数+月末数}{2}\right)$的合计数除以月数12计算全年应收账款平均余额，或者按各月月末的余额平均计算。后两种计算方法较为合理、精确,但过程较烦琐。此外,上述应收账款余额一般不扣除坏账准备。

与这一指标有关的另一个指标为平均收账期(Average Collection Period of Receivables),也称应收账款周转天数,即应收账款的收回平均需要的时间,计算如下:

$$平均收账期=\frac{应收账款平均余额}{赊销收入净额}\times360=\frac{360}{应收账款周转率}=360/2.78=129.5(天)$$

有关应收账款的这两个比率反映了企业应收账款的变现速度和管理情况。一般情况下,周转率越高越好,平均收账期越短越好。

2. 存货周转率

存货周转率(Inventory Turnover/Ratio of Inventory to Net-Sales)是指营业成本与存货平均余额之比。计算公式为

$$存货周转率=\frac{营业成本}{存货平均余额}$$

或 $$存货周转天数=\frac{存货平均余额}{营业成本}\times360=\frac{360}{存货周转率}$$

它表明一定期间内存货的周转次数(或周转天数,Days of Average Inventory on Hand)。存货平均余额的计算与应收账款平均余额的计算类似,可以用年初数与年末数平均,也可以各月月初数与月末数计算全年平均数,或者全年各月月末数平均而得。

6.5.4.3 盈利能力指标

盈利能力指标是指考察企业的盈利情况,借以评价企业经营成果的一项指标。

1. 资本金利润率

资本金利润率(Ratio of Net Income to Legal Capital)是指企业税后利润与企业注册资本的比率。它表明投资者的注册资本的获利情况。计算如下:

$$资本金利润率=\frac{税后利润}{注册资本}\times100\%=\frac{237\ 901}{5\ 000\ 000}\times100\%=4.76\%$$

2. 销售利润率

销售利润率(Ratio of Operating to Net Sales/Rate of Return on Sales)是指产品销售利润与产品销售净收入的比率。计算公式为

$$销售利润率=\frac{产品销售利润}{产品销售净收入}\times100\%$$

3. 销售利税率

销售利税率(Ratio of Profit and Tax to Net Sales)是指企业利税总额与销售净收入的比率,该指标是根据我国国情特别设计的。计算公式为

$$销售利税率=\frac{利税总额}{销售净收入}\times100\%$$

4. 成本费用利润率

成本费用利润率(Ratio of Operating Income to Costs)是指企业营业利润与为进行生产经营活动而发生的成本、费用的比率。计算公式为

$$成本费用利润率=\frac{营业利润}{营业成本+营业税金及附加+销售费用+管理费用+财务费用}$$

6.5.5　财务会计报告分析中的其他指标

6.5.5.1　流动资产结构的比率分析

流动资产结构的比率分析可从以下 3 个方面入手：

（1）现金流量的结构比率。现金流量的结构比率包括以下几种：① 经营活动现金净流入的比率。② 投资活动现金净流入的比率。③ 筹资活动现金净流入的比率。

（2）营运资金与流动资产的比率。

（3）各项流动资产与流动资产总额的比率。

6.5.5.2　经营风险和营业杠杆

经营风险（Business Risk）是指企业因经营上的原因而出现利润变动的风险。经营风险的大小可用营业杠杆（或称经营杠杆）衡量。营业杠杆的作用程度通常用营业杠杆系数来表示；营业杠杆系数是衡量营业杠杆作用程度的指标。它是营业利润的变动率与销售额变动率之比。计算公式为

$$DOL = \frac{\Delta EBIT\ /\ EBIT}{\Delta S\ /\ S}$$

式中：DOL—营业杠杆系数；$EBIT$（Earning Before Interest and Income Tax）—息税前损益；S—销售额；Δ—变动额，其中 $\Delta EBIT$ 表示营业利润变动额，ΔS 表示销售变动额。

为了便于应用，营业杠杆系数可通过销售额（此处所指的销售额，当为 Q 时指销售数量，当为 S 时指销售收入）和成本来表示。计算公式为

公式一：

$$DOL_Q = \frac{Q \cdot (P-V)}{Q \cdot (P-V) - F}$$

式中：DOL_Q—销售额为 Q 时的营业杠杆系数；P—产品单位销售价格；V—产品单位变动成本；F—总固定成本；Q—销售数量。

公式一适用于计算单一产品的营业杠杆系数。

公式二：

$$DOL_S = \frac{S - V_c}{S - V_c - F}$$

式中：DOL_S—销售额为 S 时的营业杠杆系数；S—销售收入；V_c—变动成本总额；F—总固定成本。

以上公式除了用于单一产品外，还用于多种产品的营业杠杆系数的计算。不难看出，营业杠杆利益是利用固定成本而带来的额外的营业利润。

6.5.5.3　财务风险和财务杠杆

财务风险（Financial Risk）是指全部资本中因债务资本比率的变化而带来的风险。财务杠杆的基本原理是：在长期资金不变的条件下，企业从营业利润中支付的债务成本是固定的，当营业利润增多或减少时，每一元营业利润所负担的债务成本就会相应地减少或增大，从而给每股普通股带来额外收益或损失。财务杠杆利益的程度通常用财务杠杆系数（Degree of Financial Leverage/Financial Leverage Ratio）来衡量；财务杠杆系数是指每股税后利润的变动率相当于息税前损益（利润）变动率的倍数。

与营业杠杆不同,财务杠杆所影响的是企业的税后利润而不是息税前利润。

财务杠杆系数的计算公式为

$$DFL = \frac{\Delta EPS \ / \ EPS}{\Delta EBIT \ / \ EBIT}$$

式中：DFL—财务杠杆系数；ΔEPS—每股税后利润变动额；EPS—每股税后利润额；$\Delta EBIT$—息税前损益变动额；$EBIT$—息税前损益。

经过变换,上式可以写成

$$DFL = \frac{EBIT}{EBIT - I}$$

式中：I—利息。

这个公式将财务杠杆系数的计算与营业杠杆系数的计算通过息税前利润 $EBIT$ 联系起来,有利于确定这两个杠杆的综合影响,即复合杠杆系数。

以上公式的计算结果表示当企业的息税前利润增加一倍时,每股利润提高的倍数,即提高筹资总额中负债筹资的比例,可以充分利用债务利息的抵税,从而达到充分利用财务杠杆作用的目的。但是随着利息额的增大,企业筹资的风险也会随之增大,此时必须进行负债筹资的收益和风险的权衡后选择最有利的决策。如果负债筹资为零,则财务杠杆系数为1。

6.5.5.4 复合杠杆

由以上分析可知,营业杠杆是通过扩大销售影响息税前利润,财务杠杆则通过增加息税前利润影响每股利润,两者最终都影响到普通股的收益。如果企业同时利用营业杠杆和财务杠杆,就会产生复合杠杆利益。营业杠杆与财务杠杆综合的结果,称之为复合杠杆系数(Degree of Total Leverage,用 DTL 表示)。

复合杠杆系数是每股利润变动率相当于销售额(或销售量)变动率的倍数。计算公式为

$$DTL = DOL \cdot DFL = \frac{\Delta EPS \ / \ EPS}{\Delta S \ / \ S}$$

复合杠杆系数的作用为:

(1) 它能用来估计销售量(额)的变动对每股利润的影响；

(2) 它能显示营业杠杆和财务杠杆的相互关系。

6.5.5.5 股东权益比率与权益乘数

股东权益比率(Ratio of Equity to Total Asset)是股东权益与资产总额的比率,它反映企业资产中有多少是所有者投入的。该比率与资产负债率之和等于 1。权益乘数是股东权益比率的倒数,是资产总额为股东权益的倍数。计算公式为

$$股东权益比率 = \frac{股东权益}{资产总额}$$

$$权益乘数 = \frac{资产总额}{股东权益}$$

6.5.5.6 利息保障倍数

利息保障倍数也称偿债准备比率(Times-interest-earned Ratio/Interest coverage Ratio),是税前利润加利息费用之和与利息费用的比率,反映了企业的经营所得支付债务的能力。计算公式为

$$利息保障倍数 = \frac{税前利润 + 利息费用}{利息费用}$$

6.5.5.7 每股盈余

每股盈余也称每股收益或每股净利润（Earnings Per Share of Common Stock），是指每一普通股可能分得当期企业所获利润的多少。计算公式为

$$每股盈余 = \frac{税后利润 - 优先股股利}{流通在外普通股股数}$$

6.5.5.8 每股股利

每股股利也称每股股息（Dividend Per Share of Common Stock），是指普通股每股获得的现金股利。计算公式为

$$每股股利 = \frac{普通股利总额}{普通股发行在外股数}$$

6.5.5.9 股利发放率

股利发放率也称股利支付率（Dividend Payout Ratio），是指每股股利与每股利润的比率，它表明股份公司的净收益中有多少用于股利的分派。计算公式为

$$股利发放率 = \frac{每股股利}{每股利润}$$

6.5.5.10 普通股权益报酬率

普通股权益报酬率也称普通股产权收益率（Rate of Return on Stockholders' Equity），是指净利润减去优先股股利后余额与平均普通产权的比率。计算公式为

$$普通股权益报酬率 = \frac{净利润 - 优先股股利}{平均普通股权益}$$

$$= \frac{普通股每股利润 \times 普通股发行在外平均股数}{平均普通股权益}$$

6.5.5.11 股利报酬率

股利报酬率也称股票获利率（Ratio of Dividend Per Share to Common Stock Price），是指普通股股利与每股市场价格的比率。它反映股票投资在股利方面所获得的报酬。计算公式为

$$股利报酬率 = \frac{每股股利}{每股市价}$$

6.5.5.12 每股面值

每股面值也称每股净资产（Book Value Per Share of Common Stock），是指企业进行清算时，每股普通股所能获得的款项，常用来评价一个企业的价值。计算公式为

$$每股面值 = \frac{普通股股东权益}{流通在外普通股股数}$$

6.5.5.13 市盈率

市盈率又称价格盈余比率（Price-earnings Ratio），是指普通股每股市价与每股利润的比率。计算公式为

$$市盈率 = \frac{普通股每股市场价格}{普通股每股利润}$$

6.6 借贷记账法简介

6.6.1 定义

借贷记账法是以"借""贷"作为记账符号,反映资产和负债及所有者权益等各项会计要素增减变动的一种复式记账方法。

6.6.2 历史由来

意大利数学家卢卡·帕乔利于 1494 年在其著名的《算术、几何与比例概要》一书中写了一章"簿记论",从理论上系统地总结了复式借贷记账法的原理,这就标志着复式借贷记账法的诞生。

6.6.3 理论依据

借贷记账法的理论依据是以资产和负债及所有者权益的平衡关系(即会计等式)作为理论依据,按照资金运动的客观规律来反映资金运动的增减变化。

6.6.4 记账符号

以"借""贷"作为记账符号。借贷的含义最初是从借贷资本家的角度来解释的,即用来表示债权(应收款)和债务(应付款)的增减变动。借贷资本家将收进的存款记在贷主的名下,表示债务,将付出的放款记在借主的名下,表示债权,这时"借""贷"二字表示债权债务的变化。随着商品经济的发展,经济活动的内容日益复杂,记录经济业务已不再局限于货币资金的借贷业务,而逐渐扩大到财产物资、经营损益等。为了求得账簿记录的统一,对于非货币资金借贷业务,也使用"借""贷"二字,记录其增减变动情况。这样,"借""贷"二字已失去了原有的字面含义,只是作为记账符号来使用,标明记账的方向。因此,现在讲的"借""贷"是历史沿用下来的术语。

由于经济业务引起的资产、负债及所有者权益的变化,从数量上来说,不外乎增加和减少两种情况。在借贷记账法下,以借贷作为记账符号来记录这种变化,此时,"借""贷"二字已失去了原义,只起一个符号的作用。不仅如此,根据资产、负债及所有者权益是对立的统一体的原理,用"借""贷"反映量的增减时,对于资产、负债及所有者权益规定了完全相反的含义:对于资产(或成本费用)账户,"借"表示增加,"贷"表示减少;对于负债及所有者权益(或收入成果)账户,"借"表示减少,"贷"表示增加。同时,这里所说的增加和减少均是相对于该会计主体而言的,以会计主体为参照系,否则会产生截然相反的结论,会计的初学者尤其要注意这一点。

6.6.5 账户的结构

借贷记账法的账户,其左方一律称为"借方",右方一律称为"贷方"。"借""贷"作为记账符号具有抽象的双重含义,是一对始终同时出现又始终以会计主体为基点(或称参照系)的矛盾性概念。对于不同性质的账户,"借""贷"的双重含义也不同。以企业会计为例,各类性质账户的"借""贷"含义如表 6.9 所示(以"丁"字式账户说明)。

表 6.9　各类账户的借贷含义

借方		账户		贷方
资金运动的"去向"	资产增加 负债减少 所有者权益减少 费用、成本增加(发生) 收入、成果减少(转销)		资产减少 负债增加 所有者权益增加 费用、成本减少(转销) 收入、成果增加(取得)	资金运动的"来源"

运用借贷记账法在账户中登记经济业务时,凡是记入账户借方的账项称借项,记入账户贷方的账项称贷项。每个账户的借方和贷方在一定时期内所登记的金额合计称为本期发生额,账户借方的金额合计称为本期借方发生额,账户贷方的金额合计称为本期贷方发生额。每个账户的本期借方发生额和本期贷方发生额相抵后的差额再加上期初余额称为期末余额。各类账户的基本结构如表 6.10、6.11、6.12、6.13 所示。

如果账户有余额,期末余额下边则不划线,或再划一条单红线以示与登记的下期经济业务分开。如果账户没有期末余额,可在本期发生额下划双红线表示余额为零。资产类账户期末余额的计算公式为

$$期末余额＝期初借方余额＋本期借方发生额－本期贷方发生额$$

表 6.10　资产账户

借方		账户	贷方
期初余额(上期末余额)	×××	(1) 本期减少数 1	×××
(1) 本期增加数 1	×××	(2) 本期减少数 2	×××
(2) 本期增加数 2	×××	……	
……			
本期借方发生额	Σ×××	本期贷方发生额	Σ×××
期末余额	×××		

划单红线

表 6.11　负债及所有者权益账户

借方		账户	贷方
(1) 本期减少数 1	×××	期初余额(上期末余额)	×××
(2) 本期减少数 2	×××	(1) 本期增加数 1	×××
……		(2) 本期增加数 2	×××
		……	
本期借方发生额	Σ×××	本期贷方发生额	Σ×××
		期末余额	×××

划单红线

负债及所有者权益账户期末余额的计算公式为

$$期末余额＝期初贷方余额＋本期贷方发生额－本期借方发生额$$

表 6.12　成本、费用账户

借方		账户	贷方	
期初余额(上期末余额)	×××	(1)本期成本费用减少数 1	×××	
(1)本期成本费用增加数 1	×××	(2)本期成本费用减少数 2	×××	
(2)本期成本费用增加数 2	×××	……		
……				
本期借方发生额	Σ×××	本期贷方发生额	Σ×××	
期末余额	×××			

划单红线

成本、费用账户一般无余额,可以在本期发生额下划双红线。如果一些成本费用账户有期末余额,其期末余额的计算公式为

期末余额＝期初借方余额＋本期借方发生额－本期贷方发生额

表 6.13　收入、成果账户

借方		账户	贷方	
(1)本期收入成果减少数 1	×××	期初余额(上期末余额)	×××	
(2)本期收入成果减少数 2	×××	(1)本期收入成果增加数 1	×××	
……		(2)本期收入成果增加数 2	×××	
		……		
本期借方发生额	Σ×××	本期贷方发生额	Σ×××	
		期末余额	×××	

划单红线

收入、成果账户大多无期末余额,可以在本期发生额下划双红线。如果收入成果账户有期末余额,收入、成果类账户期末余额的计算公式为

期末余额＝期初贷方余额＋本期贷方发生额－本期借方发生额

值得注意的是,随着进一步的学习,我们还会看到成本、费用账户的期初、期末余额不一定在借方,收入、成果账户的期初、期末余额不一定在贷方,但这并不影响使用上述公式计算期末余额。所以,将其归纳为如表 6.14 所示的情形。

表 6.14　"借""贷"含义的规定

账户的借方(左方)	账户的贷方(右方)
资产的增加	资产的减少
负债及所有者权益的减少	负债及所有者权益的增加
成本、费用的增加(发生)	收入、成果的增加(取得)
收入、成果的减少(转销)	成本、费用的减少(转销)

成本、费用,收入、成果类账户分别与资产、负债及所有者权益账户相类似,它们一般无余额。如果有余额,也分别在借方或贷方,代表没有转销完的数额。对于一些账户,我们今天初学时它们无余额,但等进一步深入学习时就会有余额了。成本、费用,收入、成果类账户是将损益类账户细分的结果。

会计科目实行不固定分类,会计科目的性质(账户的性质)由会计科目余额的性质

决定。虽然会计科目表中将会计科目分为 6 类,除共同类科目外,一般会计科目的性质均是确定性的,但在一些特定的条件下,其会计科目的性质应由其余额的性质来决定。比如,"应收账款"科目一般余额在借方,表示债权,是资产性质科目,列在资产负债表的左方,但如果出现贷方余额(如:对方单位由于工作差错等多归还一定数额的款项等),表示债务,是负债性质的科目,列在资产负债表的右方(但并不影响其借方登记增加数和贷方登记减少数)。

6.6.6 记账规则

借贷记账法的记账规则概括地说就是"有借必有贷,借贷必相等"。它是以资产总额恒等于负债及所有者权益总额的平衡关系为基础的,以"借""贷"作为记账符号,从资金增减变化的 4 种类型中归纳总结出来的。

经济业务不论如何复杂多变,所引起的各项资产和权益(负债及所有者权益)的增减变动不外乎 4 种类型。根据复式记账的原理,任何一项经济业务都必须以相等(不一定是相同)的金额,在两个或两个以上的相关联的账户中进行登记。根据前述关于借贷记账法记账符号含义的规定,针对××股份有限公司 4 种类型的经济业务处理如下:

【例 1】从银行存款中提取现金 60 000 元。这项经济业务的发生,企业资产项目的库存现金增加了 60 000 元,资产项目的银行存款却减少 60 000 元,引起了资产内部两个项目之间以相等的金额一增一减的变动。资产增加记借方,资产减少记贷方,借贷金额相等。

【例 2】向银行借入短期借款,直接偿还应付账款 50 000 元。对于这项经济业务的发生,企业的权益内的短期借款负债项目增加了 50 000 元,权益内的应付账款负债项目却减少了 50 000 元,引起了权益内部两个负债项目之间以相等的金额一增一减的变动。权益减少记借方,权益增加记贷方,借贷金额相等。

【例 3】接受投资者投资 80 000 元,款直接存入银行。对于这项经济业务的发生,企业资产项目的银行存款增加了 80 000 元,权益项目的实收资本也增加了 80 000 元,引起了资产项目和权益项目以相等的金额同时增加,资产增加记借方,权益增加记贷方,借贷金额相等。

【例 4】以银行存款 10 000 元,偿还银行短期借款。对于这项经济业务的发生,企业资产项目的银行存款减少了 10 000 元,权益的短期借款负债项目也减少了 10 000元,引起了资产项目和权益项目以相等的金额同时减少,权益减少记借方,资产减少记贷方,借贷金额相等。

因为经济业务只有这 4 种类型,而且这 4 种类型的经济业务均是有借有贷,借贷相等,所以,在借贷记账法下,对任何经济业务,都是有借有贷且借贷相等,这样就形成了借贷记账法的记账规则,即"有借必有贷,借贷必相等"。

上述 4 种类型经济业务所举例子的每项业务同时只记一个账户的借方和另一个账户的贷方,它是复式记账法的基本形式。如果经济业务内容比较复杂,需要在一个(几个)账户的借方和几个(一个)账户的贷方进行登记时,也应符合"有借必有贷,借贷必相等"的记账规则(注意:不同记账方法的记账规则不一样)。

【例5】××股份有限公司收回应收销货款共32 000元。其中收到银行存款31 400元,现金600元。对于这项经济业务的发生,企业资产项目的银行存款增加了31 400元,资产项目的库存现金增加了600元,资产项目的应收账款减少了32 000元,引起了资产内部3个项目之间以相等的金额增减的变动。资产增加记借方,资产减少记贷方,两个增加的资产项目所记借方的金额之和与一个资产项目所记贷方的金额相等。

记账规则是记账的依据,也是核对账目的依据。

6.6.7 试算平衡

(1) 根据资产总额等于负债及所有者权益总额,资产(含费用成本)类账户的借方余额合计必然与负债及所有者权益(含收入成果)类账户的贷方余额合计相等。首先表现为期初余额,其次表现为期末余额。

(2) 根据"有借必有贷,借贷必相等"的记账规则,每一笔经济业务的借方发生额等于贷方发生额。所以,全部经济业务的借方发生额合计也就等于贷方发生额合计。

(3) 期初借、贷方余额合计相等,本期借、贷方发生额相等,期末借、贷余额也就一定相等。

根据以上3点,在会计工作中我们就可以进行期初、期末余额和本期发生额的试算平衡,以检查日常会计工作中的疏漏和错误,保证会计核算正确无误。这两种平衡方法,我们分别称为余额平衡法和发生额平衡法。

6.6.8 账户对应关系和会计分录

6.6.8.1 账户对应关系

所谓账户对应关系,是指有关账户之间因某项经济业务而形成的应借、应贷相互关系。存在对应关系的账户称为对应账户。分清账户对应关系可以看清经济业务的来龙去脉。

6.6.8.2 会计分录

所谓会计分录(简称分录),是指标明某项经济业务应借、应贷的账户及其金额的记录。为了保证账户对应关系的正确性,登记账户以前就要先做会计分录。值得注意的是,在实际会计工作中对于每一笔经济业务并不专门去编制会计分录,而是将会计分录的内容在记账凭证中集中反映。会计分录只是在会计教学中这样运用。会计分录分为两类:简单会计分录(一借一贷)和复合(杂)会计分录(一借多贷、一贷多借)。一般不允许编制多借多贷的会计分录,主要是因为多借多贷会计分录的账户对应关系不够清楚,或者说,这样会造成账户对应关系混乱(只要账户对应关系不混乱,就可以编制多借多贷的会计分录)。但是,我们不能将不同性质的经济业务合并编制成多借多贷的会计分录。这里所说的"一借一贷""一借多贷""一贷多借"和"多借多贷"均以总分类科目为准,即使某个总分类科目下涉及几个明细科目,我们也算它为一个借方科目或贷方科目。会计分录的编制格式是先写借方科目及其金额,然后另起一行且空两格写贷方科目及其金额,借方或贷方涉及多个科目时,科目和金额均应分别排列整齐。上述××股份有限公司5个例子的会计分录如下:

借:库存现金	60 000
贷:银行存款	60 000
借:应付账款	50 000
贷:短期借款	50 000
借:银行存款	80 000
贷:实收资本	80 000
借:短期借款	10 000
贷:银行存款	10 000
借:库存现金	600
银行存款	31 400
贷:应收账款	32 000

【例6】当然也有一借多贷的情形,例如,××股份有限公司接受某单位原价为60 000元的固定资产投资(假定两公司属于同一控制下的企业,按账面价值计价且无须安装),仅占本企业注册资本50 000元,会计分录如下:

借:固定资产	60 000
贷:实收资本	50 000
资本公积—资本溢价	10 000

【例7】如果账户对应关系清晰,多借多贷的会计分录也是正确的。例如,××股份有限公司以100 000元设备(已提折旧5 000元)及15 000元原购入的土地使用权(已累计摊销3 000元)向通达公司投资(假定两公司属于非同一控制下的企业,按公允价值计价),资产的公允价值为120 000元,会计分录如下:

借:长期股权投资	120 000
累计折旧	5 000
累计摊销	3 000
贷:固定资产	100 000
无形资产	15 000
营业外收入	13 000

7 工业品市场营销

就国际而言,人口老龄化趋势加剧,导致全球总需求增速放缓;QE 和经济刺激政策大规模使用,导致国际贫富差距加大和边际消费倾向下降,进一步加大总需求的不足;逆全球化,民粹主义、保守主义等风险日益增强,全球经济仍然难有起色。就国内来说,2017 年中国经济仍面临比较大的下行压力,经济增速会继续考验 6.5% 的底线。因此,支撑中国工业经济脊梁的工业制造企业正在忍受"外销受阻、内销乏力"的双重压力。"曾几何时,一只皮包,一桌酒席,一份厚礼,一次考察,多少关键人物竞折腰,工业订单多多。"而今,工业品市场的竞争越发激烈,公开招标采购,市场价格透明。一方面价格走低,费用增大,回款变难,风险加大;另一方面资质证书要齐全,技术标准更苛刻,交货期变短,产品质量要求更高。面对互联网时代全新的竞争环境,传统营销方法失效严重的工业企业,应将营销中的新理念纳入整体营销的战略布局(品牌营销、差异化定位、精细化管理、整合传播),以营销升级来推进市场占领,构建持久竞争力!

工业品营销作为营销领域的一个独特分支,其成功的标志在于赢得用户的信任,并持续建立这种信任关系。只有赢得信任的营销行动才是有效的,只有激发营销行动的信任才是有价值的。信任是开启他人心扉的钥匙,信任是建立关系的桥梁,信任影响和决定着企业间的交易行为,信任关系是交易的核心。

7.1 什么是工业品营销

7.1.1 工业品的含义

市场是商品交换中经济关系的总和,作为生产资料的工业品,其购买者主要是能源、交通、建筑施工部门及大、中型企业等。工业品市场的兴衰,是一个国家或地区的社会生产力发展水平的主要标志。

一般认为,工业品是指由制造商、批发商、零售商、机构(如医院或学校等)或组织用于生产、再销售的资本设备、维修或研究与发展所买卖的产品和服务。它可分为原材料、设备、组装件(元器件)、零部件(专用件)、消耗补给品、服务等 6 种。美国营销专家菲利普•科特勒教授把工业品分为 3 类:投入品(Entering Goods)、基础品(Foundation Goods)、便利品(Convenience Goods)。投入品包括原材料、加工材料及部件;基础品包括设施和附件;便利品包括辅助材料和客户服务。

7.1.2 工业品营销的特征

工业品营销又被称为产业营销(Industrial Marketing),即针对团体用户而不是针对个体消费者的营销方式。工业品营销从设备的采购谈判到签订合同，从发货运输到安装验收，从使用指导到售后服务，是一个系统的、漫长的、复杂的过程。

工业品营销具有以下特点：

7.1.2.1 交易对象：行业性用户为主

工业品营销对象一般都是行业特征明显的集团和机构，因此，营销对象并不是快速消费品行业面对的个人消费者，而是以行业用户为特征、投入再生产的生产性投资。

7.1.2.2 产品结构：技术相对专业化

工业品一般属于系统集成的专业化产品，无论是工程机械，还是中央空调等，产品的专业化水平一般都非常高，产品进入的技术性门槛与资本门槛也都很高。

7.1.2.3 营销模式：直销为主，渠道为辅

因为产品结构技术含量相对较高，而国内的大部分经销商是靠市场机会起家的，所以，营销模式是以终端用户为龙头，以项目订单为目的，以厂家引导渠道为发展方向。

7.1.2.4 差异化营销：服务为特色

由于是集团性购买，并且工业品技术比较成熟，因此，现代工业品销售更多是以服务作为核心武器，通过差异化服务来创造可持续的竞争力。

7.1.2.5 营销方式：关系营销为升华

在工业品营销过程中，产品同质化现象比较普遍，即使国外产品存在一定技术与品质的差异，也基本上都能满足用户的需求，更何况大客户一般不会贸然选择新技术与产品；所以，营销中产品差异化不是非常明显，关键就是要搞定关键人物，搞好关系营销，建立信任，促成销售行为。

7.1.2.6 价格体系：宏观环境的影响大

工业品产品结构受国家与国际宏观环境影响比较大，如石油原材料价格上涨，必然影响其下游的氯碱产品价格上涨，而钢材材料的价格变化也直接影响着机床产品市场价格走势，因此，工业品价格对宏观环境非常敏感，任何宏观经济环境的风吹草动都会迅速在工业品价格上有所反映。

7.1.2.7 营销传播：注重品牌的美誉度

工业品营销传播一般不会像快速消费品一样铺天盖地地打广告。广告只对提高认知度有用，如果没有美誉度也是比较空泛的。所以，工业品行业的广告传播有 3 种形式。其一是技术性传播。技术性传播一般较多地以专家论证会、技术研讨会、成功案例分享、客户见面会、展会等形式出现，然后将技术文件做成产品宣传材料进行专业传播。其二是媒体性传播。工业品的媒体性传播一般会选择专业性媒体，如《钢铁资讯》《化工时报》等。工业性专业媒体也是承载工业品产品对外交流的主要平台，因此，很多专业性媒体广告十分稳定，并且相对竞争也不是十分激烈，但专业性媒体广告不可能像消费品广告那样出现大的投放量，其受市场影响也比较小。其三就是形象性传播。这种传播一般会以公关与赞助形式出现，由于对于工业品品牌来说，企业品牌代表了产品形象，因此，随着市场竞争的加剧，不少工业品企业在新产品上市时会选择采用形象性传播手段凸现企业产品品质。

7.1.2.8　信息来源：招标公告为主

对于工业品而言，市场信息就是渠道信息。一般情况下，工业品都会有自己独特的商情体系，如"中国化工商情"就是化工原料产品的供需平台，供应商与采购商都会在这个平台上发布相关信息。政府采购则一般通过政府招标平台来进行运营。尽管这种信息渠道往往带有一定的有偿性，但实际上工业品的渠道成本主要表现在后续维护成本上，信息渠道成本还是比较低的，特别是随着我国社会主义市场经济体制的逐步建立和完善，工业品的信息渠道将越来越走向规范。

7.1.3　工业品营销和快速消费品营销的差异

工业品和快速消费品两个市场需求存在先天差异，工业品的"理性"卖点、特殊的购买诉求、工业品的集团购买行为、传统的销售代表与购买方的关系等因素，使得工业品营销与众不同。了解工业品和一般消费品的营销差别，更有利于针对不同类型的产品制定出适合其产品的营销策略。快速消费品与工业品营销之间的差异如下：

7.1.3.1　产品的金额标的不同

快速消费品单次的金额比较少，客户做决定比较快，所以几乎一次就可以营销成功；然而工业品金额往往少则几万元，多则几千万元，客户做决定的周期比较长，往往需要多次沟通与交流才能下订单。

7.1.3.2　市场规模的前景不同

快速消费品的市场基本上是社会大众，覆盖的群体比较广，大部分是以日用消费品为主。然而，工业类产品基本是某一类特殊的群体，覆盖的群体比较单一，可市场前景却比较广阔。

7.1.3.3　采购的复杂程度不同

客户在采购快速消费品的时候（例如到超市采购），往往比较直接，程序也并不复杂。然而工业品的用户数量较少，地理分布集中，购买者主要是企业或组织，且多是专业性购买、理性购买；因此，采购往往不仅仅需要事先有预算计划，同时客户非常慎重，采购往往不是由某一个人来决定，而是由一群人通过集体讨论来抉择的，而且周期往往拖得非常长。

7.1.3.4　客户采购决定的内容不同

客户在采购快速消费品时，往往仅仅满足于比较产品的基本属性、功能，同时比较关注价格或促销；而在采购工业类产品时，考虑的因素通常比较多。例如：产品是否满足自身的需求？产品能否解决目前面临的困难？产品的售后服务做得怎样？产品的性价比是否合适？产品对自身的好处或利益究竟在哪里？自己与生产该产品的公司之间的关系如何？

7.1.3.5　销售人员推销产品的要求不同

快速消费品的销售比较简单，因为客户并不是太看重销售人员，他们关注的重点是产品的品牌、质量与价格，因为在客户的眼里，产品同质比较多，可以选择的竞争性产品也比较多，快速消费品更多的是采用促销和广告的方式进行市场推广；然而，工业类产品的销售对于销售人员要求比较高，销售人员不仅仅需要掌握销售技巧，还要懂得技术交流和产品知识，能负责样板工程、商务考察，能建立良好的客户关系等，它要求销售人员必须建立足够的信任感。

7.1.3.6 客户的关注点不同

客户在购买快速消费品时，通常只在乎对产品的第一感觉即产品的认知度；而购买工业品时认知度仅仅是第一步，客户更多关注的是产品的美誉度，就是要知道这个产品有多好。所以，工业品本身的特性决定了其与快速消费品行业在营销实践中存在较大差异。工业品营销信息的需求内容比消费品多，用户信息的加工处理过程更复杂；工业品营销需要考虑产品信息对能影响购买行为的相关人员的传递作用，而快速消费品一般不需要考虑；工业品行业对供应商的售后服务要求比快速消费品更高；采购方对工业品提供商的选择一般有一套相对完善的评价指标体系，综合要求比快速消费品高；从控制成本的采购量角度看，工业品行业比常规的企业营运资源采购更关注产品价格和质量；工业品和快速消费品企业在对营销沟通手段的投入方面存在极大差异，前者偏重于公关，相对看淡广告，后者则刚好相反。

7.1.3.7 两类产品的上市决策差异

两类产品的上市决策是完全不同的两个体系。消费品上市策略多为产品线延伸、提高现有市场销量、提高进入壁垒，以防守为主；而工业品上市策略多为通过把技术创新转化为性能更新、更高级、更节省成本的产品，通过撇脂定价法，通过新的渠道进入新的市场，以进攻为主。总之，两者上市战略完全不同。两类产品上市成功的大原则是一致的，上市创新产品、填补现有市场空间等对两者都适用。而两者的区别在于——成功的消费品上市，一般开发时间较长，投入的市场增长较缓慢，这样可以比较容易地建立进入障碍；成功的工业品上市，一般开发时间较快，投入那些市场费用并不高、增长较快、竞争对手较少的成熟市场。同样地，消费品产品上市重防守，工业品产品上市重进攻。从实际采用的决策来看，现有工业品公司最频繁使用的上市决策，比消费品公司最频繁使用的上市决策更容易带来成功。

7.1.3.8 两类产品定价战略差异

虽然成本定价法在工业品和消费品领域都较常见，但其缺陷是不以市场为导向。对有明显产品差异化的产品，可用撇脂定价法。同质化产品多采用渗透定价法。工业品定价多用贝叶斯定价法，是各个价格点订单发生的可能性的加权值。对标准规格的产品，市场对价格调整的反映可通过调研分析得出。消费者一般存在"购后回忆情绪"。工业品营销者对价格问题的关注程度影响分析价格变化的调研速度。

同时，工业品和消费品差异影响其定价策略。工业品采购者通常比消费品采购者有更多判别产品质量的专业技能。针对购买者的这些技能，生产商则需要相应的营销策略与之对应，其中包括营销定价策略。工业品市场通常不会是完全竞争市场，因此，工业品公司要知道其竞争对手对价格变化的态度。工业品市场的另外一些特点有：① 相对于消费品，工业品的需求弹性较小；② 需定期检查工业品价格，以确保定价与成本不低于成本；③ 价格不会被用于工业品卖点。虽然工业品的专业化市场调研不多，但工业品市场信息同样重要，同样值得努力。

7.1.3.9 两类产品渠道战略差异

两类产品营销中，渠道与销售队伍的差异很明显。典型的工业品分销方式是通过专营代理和销售队伍完成的，厂商合作极大地影响有效合作。在银行、保险等服务业，雇员即渠道,服务以销售观念为主,因此对渠道雇员的沟通和控制最为重要。而消费品则分为耐用消费品和快速消费品,快速消费品的分销网络不够专有,分销很随意。随着百货商场和超市的引入,渠道开始变短。

工业品和消费品在跨文化商谈中的差异显著。工业品公司商谈团队由翻译人员、外部专家组成,在商谈开始前可能有简短介绍,商谈中会有与另一方相当的更多的谈判人数。这些技巧使工业品公司比消费品公司在跨文化商谈中成功率更高。即使消费品公司花在"准备报告"和"说服"上的时间比工业品公司更长,但达成共识的时间却明显少于工业品公司。可能是他们对自己关于人性、外国文化等的理解过于自信,以至于他们在商谈之前就有既有观点。因此,商谈结果很可能失败,无法达成共识。

同时,工业品的渠道冲突主要表现为纵向冲突,即厂商之间的冲突。具体有若干种不同的表现形式——厂方直接供给最终用户问题、价格问题、产品质量与促销努力问题、中间商存货问题、中间商资金结算问题、技术咨询与服务问题、中间商专营问题、信息沟通与反馈问题。而工业品纵向渠道冲突的原因是厂商目标不一致且信息不对称。政府干预、纵向一体化等手段实现渠道目标一致化和加强沟通是解决渠道纵向冲突的途径。渠道纵向冲突表现和原因与消费品领域的渠道冲突一致,只是解决这些冲突的手段不同。

从顾客购买行为的角度分析工业品顾客的行为模式,工业品顾客分为"机会型"和"忠诚型"两类。而影响工业品顾客属于变化较大的"机会型"还是重复购买比例更大的"忠诚型"的因素有工业品本身、顾客投入、与风险相关的因素等。结果产生了短期和长期两种购买导向的顾客,而对应的策略分别是交易导向和关系导向的营销方式。

7.1.3.10 两类产品促销战略差异

促销是被广泛采用的促进销售的工具,对短期内增长企业业绩有重要作用。虽然促销不能改变产品的命运,但可以加快产品的生命周期。

消费品领域广告预算高过人员推销,而人员推销在工业品领域是最重要的促销手段。快速消费品促销费用占销售额比例最高,其次是服务组织,耐用消费品、工业品与金融产品的促销花费占销售额的比例最低,且三者比例相当。所有行业中,人员推销所占促销费用比例都高过广告、公关与销售推广。虽然广告在消费品领域最为重要,但人员推销费用还是在总促销费用中占比例最高。"广告促销费用占销售额的比率"(即营销费用强度)在工业品和消费品行业也是有其各自差异的。

在消费品领域,整个行业市场的增长率与"行业内所有企业广告促销总费用/全行业总销售额"负相关;而在工业品行业,整个行业市场的增长率与"行业内所有企业广告促销总费用/全行业总销售额"正相关。

工业品广告沟通组合主要依靠人员推销。工业品采购者被诸多因素影响,有些是情感因素,另外一些是理性因素。当产品差异化比较严重时,对采购者的情绪影响或非理性因素影响作用就不大。而对于"个人推销",这种相对于大众传媒来说情绪化较强的沟通方式来说,尤其对那种高度同质化的产品有效。

7.1.4 工业品营销的实质

工业品营销的最大特色是"讲关系",建立关系最重要的两个环节为:能帮到对方和能给个人实惠。能帮到对方指的是产品确实能解决客户的问题。能给个人实惠指的是给个人的直接好处。两者的重要性与产品对客户的"价值重要性"成反比变化。如果产品确实能解决对方面临的重大问题而且不易找到其他竞争者，则给对方个人的实惠就可以少一些。但目前社会上不可替代的产品并不多。因此，很多人心中的工业品营销就是关系营销或吃喝营销：最关键就是搞定关键人，搞定客户的采购人员，与客户的关系固然重要，但这样却走了极端。市场发展的不成熟、企业管理的不成熟是"极端关系营销"生存的土壤，随着企业压力的增加和市场的优胜劣汰，这种营销思想会变得不合时宜。

那么工业品营销将走向何方？虽然还要顺着"讲关系"的思路走，但更多的是要朝着"伙伴关系"的方向发展。销售人员要能做到"两向促进"，即对外促进客户对公司的信任和忠诚，对内促进公司提供主动满足客户需求的产品和服务。工业品营销如果仅仅只是"讲关系"，那么营销、产品和企业将始终在低水平的层级上运作，工作会越做越累。工业品营销应注重发展关系，建立信任，引导需求，解决问题。

7.1.4.1　发展关系

项目周期较长，过程比较复杂，往往需要多次反复地沟通，这就像男女朋友一样，如果两人在一起没有话题谈，关系就无法维持与发展，更不要说投其所好、共同发展了。所以，我们说大额产品销售就像马拉松式的恋爱，要没话题找话题，找到话题谈话题，谈完话题才没问题，不断求同存异，发展关系，建立信任感。

7.1.4.2　建立信任

信任是工业品营销中客户做出选择的依据。工业品销售由于涉及金额较大，并涉及系统进度，若没有一定的信任基础，就很少有拍板的可能。在产品类似的情况下，采购者会优先考虑其信任的供应商。信任来源于客户对公司和销售人员个人的印象。公司的硬件条件如厂房、环境、设备等，以及公司对特殊情况的反应速度，销售人员的个人综合素质，是建立信任的基点，而后者更为重要。销售人员应该首先具备使不同的客户、客户内部的不同角色从情感上接受自己的能力，其次要熟悉产品和行业，最后能够站在客户的角度进行需求和竞争的战略分析，建立"顾问"的形象。

从客户角度讲，建立客户对公司的信任有3个层次，客户对公司组织的信任是基础，对销售人员个人品质的信任是深化，对风险防范的信任是升华。

（1）对公司组织的信任

可以通过邀请客户来厂实地参观考察、第三方用户见证等，建立客户对公司组织的信任。这包括了对公司实体、公司产品及公司品牌的认可。

（2）对销售人员个人品质的信任

与客户建立联系、发展关系并促成交易的是销售人员，因此，客户对销售人员个人品质的信任是信任关系的升华。这就要求销售人员不断提高自身的综合素质。

（3）对风险防范的信任

在对公司组织及销售人员个人品质信任的基础上，客户对交易的风险就有了一个概念，通过核算交易风险，客户对交易风险做到了心里有数，可以做到防范交易风险，这样信任关系就升华了。

信任关系一建立，就为后面交易流程的顺利进行奠定了基础。

7.1.4.3 引导需求

在工业品项目中,往往涉及金额较大,工程项目细节非常多,技术比较烦琐,专业性相对较强。但大部分客户并不是专家,而企业营销人员有时比客户懂得多得多,客户想到的,你已经涉及了,客户没有想到的,你已经写在方案中了,客户没有了解到的,你已经开始引导了。只有这样,你才是专家,才是医生,才能更好地给客户看病、治病、解决问题。懂得用望、闻、问、切来引导你的客户。

7.1.4.4 解决问题

引导客户,重点要放在能够给客户带来增值的方面,能够解决问题,客户才会认同你的价值。另外,客户买你的产品一定是他工作上遇到问题与困难,你要做的就是激发、深入和扩大客户的问题,把一点点的问题不断延伸与扩大,让他认为若不解决问题,马上就会给公司带来更大的困惑。只有这样,客户才能参与到项目里面来,和你一起推动项目。所以,一定要深入问题并帮助客户解决问题。

7.1.5 做成功工业品营销人的十大心态

营销人员每天都要面临很多新的问题与困难,以什么样的心态对待工作,直接决定着工作的质量,因此,工业品营销人员应重点做好十大心态修炼。

7.1.5.1 积极的心态

首先,工业品营销人员需要具备积极的心态。积极的心态就是把好的、正确的方面扩张开来,同时第一时间投入进去。一个国家、一个企业肯定都有很多好的方面,也有很多不够好的地方,我们就需要用积极的心态去对待。贪污现象屡禁不止,但我们应该看到国家已经在大力整顿;企业虽有很多不尽合理的管理,但是我们也应该看到企业管理风格的改变。也许在销售中遇到了很多困难,可是我们应该看到克服这些困难后的一片蓝天。同时,我们应该就正确的、好的事情第一时间去投入,唯有第一时间去投入才会唤起激情,唯有第一时间投入才会使困难变得渺小,将好的地方发扬光大。积极的人像太阳,走到哪里哪里亮;消极的人像月亮,初一、十五不一样。某种阴暗的现象、某种困难出现时,如果过分关注这种阴暗、这种困难,那么就会因此而消沉。但如果更加关注这种阴暗的改变、这种困难的排除,你就会感觉到自己的心中充满阳光,充满力量。同时,积极的心态不仅使自己充满奋斗的阳光,而且会给你身边的人带来阳光。

7.1.5.2 主动的心态

主动是什么?主动就是"没有人告诉你而你正做着恰当的事情"。在竞争异常激烈的时代,被动就会挨打,主动就可以占据优势地位。我们的事业、我们的人生不是上天安排的,而是我们主动地去争取的。在企业里,有很多的事情也许没有人安排你去做,有很多的职位空缺。如果你主动地行动起来,不但能锻炼自己,同时也为自己争取这样的职位积蓄了力量,但如果什么事情都需要别人来告诉你,你就落后了。主动是为了给自己增加机会:增加锻炼的机会,增加实现个人价值的机会。社会、企业只能给你提供道具,而舞台需要自己搭建,演出需要自己排练,能演出什么精彩的节目、有什么样的收视率,决定权则在你自己。

7.1.5.3　空杯的心态

人无完人,任何人都有自己的缺陷和自己相对较弱的地方。也许你在某个行业已经满腹经纶,也许你已经具备了丰富的技能,但是对于新的企业、新的经销商、新的客户而言,你仍然是你,没有任何特别之处。你需要用空杯的心态重新整理自己的智慧,去吸收现在的,别人的正确的、优秀的东西。企业有企业自己的文化,有企业发展的思路,有自身管理的方法,只要是正确的、合理的,你就必须去领悟,去感受,把自己融入企业,融入团队,否则你永远是企业的局外人。

7.1.5.4　双赢的心态

亏本的买卖没人做,这是商业规则。必须以双赢的心态去处理你与企业之间、企业与商家之间、企业与消费者之间的关系。不能为了自身的利益去损坏企业的利益。没有大家焉有小家?企业首先是一个利润中心,若企业没有了利益,员工也肯定没有利益。同样,我们也不能破坏企业与商家之间的双赢规则,某一方只要失去了利益,必定就会放弃这样的合作。消费者满足自己的需求,而企业实现自己的产品价值,这同样也是一个双赢,任何一方的利益受到损坏,双方都会付出代价。

7.1.5.5　包容的心态

销售人员会接触各种各样的经销商,也会接触各种各样的消费者。这个经销商有这样的爱好,那个消费者有那样的需求。销售人员是为客户提供服务,满足客户需求的,这就要求我们学会包容,包容他人的不同喜好,包容别人的挑剔。你的同事也许与你也有不同的喜好,有不同的做事风格,你也应该去包容。水至清则无鱼,海纳百川、有容乃大。我们需要锻炼同理心,我们需要接纳差异,我们需要包容差异。

7.1.5.6　自信的心态

自信是很多行动的动力。我们要对自己所服务的企业充满自信,对我们的产品充满自信,对自己的能力充满自信,对同事充满自信,对未来充满自信。我们是将优良的产品推荐给我们的消费者去满足他们的需求,我们的一切活动都是有价值的。很多销售人员自己都不相信自己的产品,不相信自己的能力,所以在客户的门外犹豫了很久都不敢敲开客户的门。这样不自信的销售人员,又怎样去说服别人相信自己的产品呢?

7.1.5.7　行动的心态

行动是最有说服力的。千百句美丽的雄辩胜不过真实的行动。我们需要用行动去证明自己的存在,证明自己的价值;我们需要用行动去真正地关怀我们的客户;我们需要用行动去完成我们的目标。如果一切计划、一切目标、一切愿景都是停留在纸上,不付诸行动,那计划就不能执行,目标就不能实现,愿景就只是肥皂泡。

7.1.5.8　给予的心态

要索取,首先要学会给予。没有给予,你就不可能索取。我们要给予我们的同事关怀;我们要给予我们的经销商服务;我们要给予消费者满足需求的产品。给予,给予,还是给予。唯有给予是永恒的,因为给予不会受到别人的拒绝,反而会得到别人的感激。

7.1.5.9　学习的心态

干到老,学到老。竞争在加剧,实力和能力的打拼将更加激烈。谁不去学习,谁就不能提高,谁就不能创新,谁的武器就会落后。同事是老师,上级是老师,客户是老师,竞争对手是老师。学习不但是一种心态,更应该是我们的一种生活方式。21世纪,谁会学习,谁就更能成功,学习成了自己的竞争力,也成了企业的竞争力。

7.1.5.10　老板的心态

像老板一样思考,像老板一样行动。只有具备了老板的心态,你才会去考虑企业的成长,考虑企业的费用,你会感觉到企业的事情就是自己的事情。你知道什么是自己应该做的,什么是自己不应该做的。反之,你就会得过且过,不负责任,认为自己永远是打工者,企业的命运与自己无关。你不会得到老板的认同,不会得到重用,低级打工仔将是你永远的职业。什么样的心态将决定你过什么样的生活。唯有心态摆正了,你才会感觉到自己的存在;唯有心态摆正了,你才会感觉到生活与工作的快乐;唯有心态摆正了,你才会感觉到自己所做的一切都是理所当然的。

7.2　工业企业营销环境的四大特点

从全球范围看,经济已从工业化过程进入信息化经济的发展新阶段,出现了诸多市场新特征。认真分析新环境的特点,是做好工业营销管理的前提。

7.2.1　市场的不确定性

工业市场的基本特征是不确定性,表现为动态多变和不可预期。首先,新技术革命,特别是计算机和信息技术的发展,改变了并继续改变着工业革命后形成的生产方式与生活方式,出现了称之为第三次浪潮的社会变革,主要表现为分众化(Demassification)、分散化(Fragmentation)和个性化(Individualization),以及上述变化速率的加快。其中个性化的需求表现为消费层次提升,人们重视社会需求、自尊需求,特别是表现自我的个性需求。个性化的需求还表现为越来越多的消费者以完全不同的形式决定自身消费,要求市场提供满足其特定目的、在特定环境和特定时间使用的产品,因而顾客或用户驱动市场是造成市场动态不稳定的重要原因。

其次,技术更新换代速率的加快,如微机的换代升级速率已从数十年减到2~3年,消费品市场更是日新月异。当然,快速成型、虚拟技术和仿真技术、CAD/CAM无缝制造技术的实现,既为制造企业满足个性化需求提供了可能性,又刺激了个性化需求的期望值,推动着不断变异的产品市场的形成。最后,市场规模越来越大,大系统中不可控因素增多,会发生莱布热(1978)和马罗托(1980)所称的更高阶和多变量系统的混沌,这种现象已为东南亚金融危机所揭示,全球化制造还会激活这类过程。

7.2.2　市场的国际化

国际化或全球化是未来市场的重要特征。目前,世界范围社会经济急剧变化,市场经济成为全球经济的基本范式。世界贸易组织的诞生和运行,欧洲实施欧元计划,亚太经合组织成立,北美、南亚等区域经济全球化联盟不断得以发展,这些都大大加快了经济全球化的进程,也构成了更加激烈的全球化市场竞争的环境。虽然按照国际贸易原则,利用绝对优势、比较优势追求全球市场的规模效益,仍会是21世纪制造业企业的优先选择，但同时国际大市场又为企业提供了专业化定位的新机遇，促进了制造业产品市场的细分。

7.2.3 新兴产业市场的崛起

新兴产业的崛起是第三个显著的市场特征。有关资料揭示，世界经济合作组织各成员国的技术出口占其实物产品出口的比率已增至 20％～25％，这说明知识经济改变了传统经济那种基于劳动、资本、原材料和能源贡献的观点，突出了知识和技术的直接效益。此外，近 10 年，环境污染和资源枯竭已成为日益威胁着人类生存和发展并为各国政府关注的议题。所以，作为知识经济产物的软件产业的兴起，作为法制经济产物的绿色产业的发展，已初见端倪。

软件产业是计算机、网络技术应用的必然，是信息产业的核心，也是人的思维方式、学习和生产方式及生活方式改变的前提和结果。所谓前提，是由于人机集成的生产方式依赖软件的功能来实现；所谓结果，是指人类的劳动价值，特别是智力劳动价值，将显著地体现为知识的创新，而软件是新生产方式下知识价值的重要载体，是作为企业资源中最具竞争力的无形资产的一种重要形式。

作为可持续发展支持的环境保护问题，备受各国重视，激发环保产业在全球澎湃兴起。从我国看，环境污染问题已很突出，大气污染属煤烟型污染，以尘和酸危害最大，污染程度在加重；生态环境的破坏也很严重，如水资源人均占有量低，约为世界人均水量的 1/4，有专家估计，"每年环境污染造成的经济损失约 2 000 亿元"，因此，发展环保产业势在必行。

7.2.4 互联网带来的冲击

7.2.4.1 在线化

进入 4G 时代之后，Wi-Fi 已然普及，绝大多数手机客户如果愿意的话都可以永远在线，移动互联会成为未来十年，甚至更长一段时间的主旋律。所以消费者得到各种信息（好消息与坏消息）的速度加快，时效性更强，信息量更大，尤其是年轻一代，互联网成为获取各种信息的首要来源，各种攻略、点评、分析随时可以查到。而不同观点的分析和碰撞为整个国家的民主进程奠定了基础。而在互联网时代之前，由于各种历史的原因，普通百姓获取信息的通道相对较少，及时性也不够，更不敢奢望不同观点的碰撞。

7.2.4.2 小众化

随着消费水平的不断提高，我国市场已经进入小众化消费的阶段，消费需求开始离散，大一统的市场格局开始分化，互联网在这个过程中扮演了推波助澜的作用，不管你的需求多么特殊，不管你想要什么样的产品，在淘宝上几乎都能找到。这样一来给众多的中小企业带来了机会，过去那种靠规模经济取胜的大而全模式，被灵活多变的小而专所替代。只要中小企业懂得聚焦，懂得走差异化道路，就能做出比大企业更好的小众化产品，得到某个特定群体的偏爱。可以说，小众化思维是现代市场营销的前提，不理解小众化的概念，就谈不上市场营销，从这个维度来看，中国的小众化时代比美国的小众化时代晚了整整 30 年。

7.2.4.3 透明化

由于互联网的存在,买卖双方的信息变得对称,一旦某个客户发出声音,就会迅速传播到全国各地,形成社会压力。而在过去的年代里,因为有广告合作关系,传统媒体与大企业之间往往都有默契,不会互相拆台,媒体在曝光企业问题之前会跟大企业打招呼,名义上讲是核对一下,实际上是给企业一个公关的机会,这样一来很多问题都被压下去了,大企业慢慢地形成了一整套危机公关体系,就算产品出了大问题也没有什么可怕的。但是到了互联网时代,一切都变了,买卖关系趋于正常,中国的消费者开始享受到与发达国家民众一样的平等待遇,开始有了话语权,企业对客户不得不有敬畏之心。随着各种差评系统的问世,商业环境日趋公平公正,正在回归到市场经济的本质,那就是给消费者选择权和话语权。

7.2.4.4 平民化

互联网时代的到来就像改革开放之初一样,给那些有本事而没有关系和后台的草根一族带来了翻身的机遇,只要你懂得如何去挖掘目标客户未被满足的需求,并根据这些需求做出好的创意,再把这些创意变成令消费者愉悦的好产品,就有机会成功。不管是一篇好文章,还是一首好歌曲,或者一个好创意,只要大家喜欢,就能够广泛地传播,不需要有后台。过去十年是中国"拼爹"最严重的十年,打击了很多草根阶层的奋斗精神。但是,大家如果真正懂得了互联网时代的特征,就会发现机会,把握机会,草根一族只要抓住机会,努力奋斗,就有可能成功,实现梦想。

7.2.4.5 平台化

互联网把大家聚合在一起只是第一步,下一步一定会形成各种各样的平台,所以平台经济将会是未来十年的主旋律。近几年,不管是互联网新秀还是传统企业转型的成功者,基本上都是平台型的,如百度、阿里巴巴、腾讯、小米、360、京东、苏宁等。今后的创业者要么从一开始就想好去打造一个平台让别人来参与,要么就是加入别人已有的平台,通过特许经营等方式借别人的平台做生意。不过平台经济的特点是数一数二,一个市场上最多能容纳两个平台类品牌,让大家二选一,而不会像过去那样,一个产品品类里出现几十个品牌。

7.2.4.6 数字化

互联网开启了数字化的时代,令过去的很多天方夜谭式的创意变成现实,这个世界离智慧地球、智慧城市、智慧生活越来越近,各种远程诊断、远程操控、远程监控成为现实,稀缺资源得以充分利用和优化。随着各种穿戴式设备在未来几年逐渐进入人们的生活,大数据(知识管理)也会像云计算一样,不再是少数人的专业术语,各类公司通过穿戴式设备收集用户的各种资料,通过技术处理成为非常有价值的信息。

7.2.4.7 直通化

未来受冲击最大的企业莫过于各类中介机构、中间环节、代理机构,除非这些企业能演变成平台型企业,形成双边市场,对买卖双方有明显的平台价值,不管是经济方面还是服务方面,不管是体验方面还是风险方面。否则就会面临很大的挑战,互联网的威力就在于把渠道压扁了,厂家与最终客户之间可以直通,或者叫短路,企业可以直接与最终客户打交道,听取客户的声音,得到客户的反馈,让客户参与进来,对中间环节形成压力。虽然厂家不可能100%通过电子商务去卖所有的产品,在销售环节可能还会使用中介机构,但是厂家的市场控制力会明显提高。

7.2.4.8　廉洁化

互联网在各行各业的广泛运用,会迫使许多权力部门改变工作方式,去掉很多不必要的人为干预。将来与各类机构打交道时,人们可以通过互联网进行预约,很多事情都可以在网上办理,包括网上申请、网上交费、网上审核等,这样就大大减少了靠权力寻租的机会,不断提高整个社会的廉洁水平。同时,互联网作为监督约束的一个工具,可以方便地举报一些不法分子的行为,越过很多人对传统媒体的控制,令很多握有权力的人害怕。通常情况下,证据一旦被人拍照并放到网上,就离出事不远了。所以,互联网对规范社会市场秩序有很大的帮助,必将加速中国社会的转型。

7.3　工业品营销中的误区

7.3.1　认识上的误区

作为决策链营销、关系营销、方案营销及服务营销总和的工业品营销,是组织间的大客户营销。在过去,工业品营销的主要工作就是找关系、找硬关系,会吃喝、会送礼,掌握好回扣的秘诀,业务几乎就十拿九稳;但是,今天的市场与竞争发生了重大变化:众多工业品行业的客户以招标的方式展开,招投标是常态,甚至出现很多以最低价中标的情况。客户对功能、质量的要求越来越高,甚至价格、付款方式及其他商务条件也苛刻起来,还要求有品牌;不仅如此,客户往往货比三家,企业背着重大市场开发费用的压力还得不到有保障的业务,当今工业品营销的现状使企业透不过气来。21世纪初,中国企业走向国际化的步伐不断加快,越来越多的企业开始到国际市场上参与竞争。但是,我们工业品营销水平整体上还比较低,无法与国际大公司竞争。究其原因,我们认为目前工业品营销存在以下误区。

7.3.1.1　关系至上论

在中国的工业品企业里存在着这么一个误区,那就是将工业品营销和"关系营销"完全画上了等号,认为关系"过不过硬"直接决定了能不能成功。然而关系营销最根本的因素却被忽略了,即所提供的产品和服务必须能够满足用户的需求。

中国工业品企业在对营销工作进行总结的时候,"利益"常常是被用得最多的字眼。当然,不可否认,在工业品营销中的确存在"灰色地带",但其绝对不是决定性因素。目前中国老一套"富有中国特色"的"吃、喝、玩、乐、送"的营销方式在工业品行业销售人员中依然盛行。专注于"灰色地带"的关系营销不仅导致了企业营销成本增加,而且也培养了客户的依赖性。这种关系营销曾在一段时间内给企业,甚至全国各行业的营销都带来了非常好的效果,但是随着竞争的加剧及用户观念的不断改变,关系营销在实际销售中的作用正在逐步削弱。

关系营销可以运用,但永远不可能成为市场开拓和维护的主流,而且一旦控制不好,会对企业造成很大的伤害。关系营销可能会导致销售人员与代理商、与用户之间的关系牵扯不清,甚至部分企业的销售人员与商家结成私人联盟,一同损害生产企业的利益。

调查发现,相互信赖的关系居于理想关系的首位。在市场竞争复杂多变的环境下，越来越多的因素影响厂家、企业和用户的信赖关系，比如在用户使用工业品产品遇到问题的时候，厂家或者经销商的反应速度或者对一个免费的技术保修期的承诺等。建立信赖关系并不是简单的吃喝问题或价格的折扣问题，也不是一两天、一两个人的事情，而是在合作过程中，通过双方的诚意，长期积累而产生一种相互依赖的关系。"价值双赢"用来形容这种关系是再恰当不过的了。

致力于提升客户的满意度，品牌的忠诚度才逐渐得以建立，一种可持续的合作关系也就随之诞生。这就是我们应该赋予"关系营销"的新的内涵。

7.3.1.2 唯利是图论

有人在总结工业品营销时，常常仅用一个词——"利益"下定论。不可否认，在工业品营销中会出现"灰色地带"，但它绝对不是决定性因素。在不少情况下，生意之所以成交，是因为彼此是可以信赖的朋友。在质量和价格相差不大的情况下，客户会倾向于购买自己相信的人的产品。所谓"先做朋友，再做生意"即是如此了。

7.3.1.3 价格杠杆论

时至今日，"Made in China"已经成了全世界通用的一个标识，但是目前许多营销人员仍停留在一个"八亿件衬衫换一架波音飞机"的时代，依靠低廉的制造成本、密集的劳动生产打造出价格方面巨大的竞争优势，价格战可谓"一招鲜，吃遍天"。例如，在工业品营销的拉锯战中，如果有同类产品竞争，就有人会想到把价格降低，以为此举会促成交易，但这只是一厢情愿的想法。因为在工业品采购过程中，用户会从采购风险、采购收益及采购成本 3 个方面进行权衡，而考虑得最多的是采购风险，价值是决定性因素。用户最担心的问题是产品和服务是否可靠、交货是否及时，以及设备的运行费用是否经济合算。只有在确保产品和服务可靠的前提下，才会考虑成本方面的问题。

因此，国内企业急需树立正确的现代经营理念，从价格竞争向服务、价值、解决方案转变，以促进行业发展来促进企业发展，实现共赢，而不是大家争个你死我活、鱼死网破。

营销大师菲利普·科特勒说过这么一句话："营销并不是以精明的方式兜售自己的产品或服务，而是一门创造真正客户价值的艺术。"在目前的市场竞争中赢得主动权，增值服务是核心竞争力之一。国内工业品企业必须及时完成向"提供价值"趋势的转型：从满足用户需求的传统营销观念转变为不仅满足用户需求，还要创造用户价值需求的新营销理念。

提供价值不仅包括产品的自身价值，更重要的是使用价值，确保用户设备资产运行正常，降低设备资产运营综合成本，甚至从客户经济系统着手，提高其生产运营效率。这正是许多竞争对手没有意识到工业产品市场的有效做法。只有完全理解目标用户的购买意愿，正确地提供一种"价值服务"，才能避免当今工业产品市场经常出现的以价格竞争的倾销局面，逐步走向良性竞争。

7.3.1.4 露水夫妻论

很多人在工业品营销中短期利益思想严重，把与客户的关系视作买卖关系，在不择手段地完成交易后，即把客户一脚蹬掉，既不回访，售后服务也一团糟。实际上，在工业品营销时，一旦与客户建立起长期稳定的关系，并不厌其烦地向客户提供优质及时的服务，就会为竞争对手的进入筑起很高的门槛，从而为自己源源不断的后续产品提供机会。工业品厂商不应该把客户当作买卖关系，而应该当作伙伴关系，不断在技术上创新，与客户共享信息和资源，帮助客户解决生产及销售上的难题，从而最大限度地满足终端消费品用户的需求，实现双赢。因为工业品的需求最终是消费需求派生的结果，只有消费品的需求旺盛，工业品的需求才会旺盛。

7.3.1.5 产品品牌无用论

与众多的消费品企业相比，目前中国工业品企业对于品牌观的认知在一定程度上处于一种真空的状态，而实际上后者的数量远远超过了前者，但就品牌知名度而言，却是一种大相径庭的局面。工业品是否真的不需要进行品牌建设呢？答案显然是否定的。

"利乐"这个名字可能对于大多数人来说会显得比较陌生，它的赫赫大名除了在食品加工包装行业及它的直接用户当中为较多的人所知道之外，许多企业对它的成功根本是一无所知。事实上，利乐集团是全球最大的饮料纸包装生产商之一。在中国，蒙牛、伊利、王老吉等知名品牌都先后选用了利乐作为纸包装的供应商，而且在中国，利乐集团几乎已经处于垄断地位。单就蒙牛、伊利而言，它们的主力品种——常温牛奶产品，都是100%选用利乐包装；"利乐"的实力可见一斑。

对于蒙牛、伊利这样的优质客户，可以想象，有多少国内同行的包装厂家梦寐以求能够成为它们的供应商，然而为什么偏偏是利乐遇上了这等好事？蒙牛、伊利作为直接的竞争对手，但都并不忌讳跟利乐进行合作，利乐为什么能对客户产生这样大的影响力呢？

与一般的工业品企业不同，尽管利乐在技术上也有相当的强势地位，但它对品牌的建设更加重视。从2005年开始，利乐集团通过"利乐，保护好品质"的健康诉求成功打响品牌第一战，它不甘心做幕后英雄，在中国市场尤其注意品牌形象建设，如今，在中国包装市场已经形成相当强大的影响力。

利乐的品牌之路，与全球最大的半导体芯片制造商Intel公司的品牌策略几乎如出一辙。20世纪90年代初期，Intel公司凭借一项"Intel Inside"计划，让当时面临重压的Intel公司迅速崛起，成为全球第一大CPU芯片供应商。如今，利乐推出的这种"品牌联合推广模式"与"Intel Inside"计划惊人地相似。通过"品牌联合推广模式"，利乐努力想让消费者知道，选用利乐包装的产品，才是最安全、最让人放心的。如果某一天利乐独占全球大包装材料市场，称霸食品加工包装行业，也并非不可能的事情。

利乐对于品牌观的独到见解对中国工业品企业来说是非常具有借鉴意义的。在知识产权不能成为核心壁垒的时候，品牌往往是工业品营销制胜的法宝。无论如何，中国的工业品企业必须学会在品牌这一端建立自己的优势，而不是将所有法宝只押在一个筹码上。

7.3.1.6 企业形象无关论

有些人认为只要产品有竞争力就够了，至于企业形象是可有可无的东西，其实正如科特勒所言："有些工业品行业公司广告支出严重不足，无法提高在用户中的知名度与得到认可。他们低估了公司形象和产品形象在售前争取消费者的能力。"在工业品行业营销中，客户常常会问是哪家公司开发的产品，并花很多心思去了解行业内有哪些企业生产同类产品，谁是龙头企业，谁是信得过的企业，反复分析论证，慎重选择。

对于工业品行业的营销,企业形象越好,就越容易获得订单。因此,企业有必要充分地运用公关手法,在业界及用户中树立有实力、讲信誉的企业形象,如举行新闻发布会或研讨会,参加有影响力的交流会或展览会,制造或利用新闻热点,在专业媒体上投放广告或发表论文,等等。

7.3.2 操作上的误区

中国工业品营销的第一个致命缺陷就是,欠缺对正确营销模式的认识。当前90％以上的工业品生产企业都在用消费品销售模式销售工业品,这不仅导致了整个工业品市场的混乱竞争状况,也使得中国工业品崛起之路越走越窄。

消费品营销的最大特点是"分片",这其中也存在着一些缺陷:业务员素质不一,导致关键客户流失;没有过程管理,因而无法有效管理营销过程;只考核销量,导致业务员管理失控。对于中国的工业品企业而言,转换思维是第一条必经之路。目前工业品营销在操作层面上存在以下误区。

7.3.2.1 忽略行业的意见领袖

行业协会、大学学者、专业媒体或记者及行业主管部门的官员,往往是业界的权威人物及意见领袖,他们虽然不是位高权重的高官,但他们的评论和意见对用户的影响非常大,他们的一句话比你口若悬河说上一万句还管用。因此,开展工业品行业营销活动的第一步就应该是努力和这些关键人物建立起信赖的关系。比如,登门拜访并奉送产品的资料,邀请其参观公司并了解公司的实力,亲身感受产品质量和功能的可靠性,从而使其产生信任感,在各种场合正面评价企业及企业的产品。如有可能,可以聘请他们当顾问,树立企业在业界的形象。

7.3.2.2 只去和高层套近乎

工业品行业营销涉及很多不同角色的人,如使用部门、采购部门、信息工程部门、财务部门、技术部门及高层管理者等,他们都发挥着各自不同的作用,你必须一一拜访各方面人物,打通各种各样的关节,不要存在侥幸心理而试图走捷径。如果建不成广泛的统一战线,就会遇到意想不到的麻烦。请记住,即使你确定花大部分精力来搞定高层人物,但也千万不要绕过采购部门、信息部门或其他相关部门,一定要与他们保持合理的接触。尤其是要了解使用部门的需求、价值及利益。

7.3.2.3 由业务代表单枪匹马出战

工业品行业购买系统的金额较大时,客户会相当慎重。工业品行业的购买决策参与者包括使用者、影响者、决策者、批准者、购买者、把关者,他们有着不同的性格特点和文化背景。因此,工业品行业在营销过程中,应采取多兵种协同作战方式,组织由业务代表、技术人员、设备人员、客户服务人员、企业高级主管在内的专业顾问团队,既有分工,又有合作,有针对性地与相关人员接触、沟通,共同发现问题并解决问题。这样,就改变了业务代表与采购人员的单线关系而成为多头关系,稳固了与客户的关系,提升了用户满意度。

7.3.2.4 不能打持久战

与客户不能尽快签下订单往往有各方面的原因,如财务上的困难、人事上的变动、对产品的性能存在质疑、观望同行业的动向或者现有合同的约束等。因此,工业品行业从接触客户到成功交易可能需要很长时间，甚至会延续几年，必须要有打持久战的决心和信心，不能急于求成。

7.3.2.5 不懂得帮客户算账

工业品行业的营销至少有两个群体需要我们说服：一是关心产品性能和质量的部门主管；二是关注投资效益的幕后的高级主管。因此，从购买者的角度来为客户分析投资报酬率是十分有力的武器，对达成合作会大有帮助。

7.3.2.6 前期准备不足

很多业务代表往往因准备不足而丢掉了进一步与客户沟通的机会。由于交易中所涉及的资金数额大并且制约因素很多，因此必须尽量从有效渠道掌握客户的信息，例如，客户急需解决的问题是什么？客户过去与哪家公司保持业务往来？客户的业务流程是什么？只有这样才能抓住关键矛盾和关键人物。另外，所准备的资料必须详尽，如产品的宣传册、权威机构的认证、客户的使用评价资料等。尤其应该准备一份书面建议，主要从客观立场来分析客户面临的问题，并提出解决的办法。

7.3.2.7 对客户不真诚

为了促进订单，有些业务代表试图夸大产品和服务的特点以吸引顾客，结果是搬起石头砸自己的脚。推荐产品的最重要因素就是可信性。在业务过程中讲究策略、方法和技巧是应该的，也是必须的，但业务活动必须遵循诚信的原则，实事求是地介绍产品，实实在在地提供服务。请记住，尤其对于软件行业营销，签下合同还只是销售的开始。

7.3.2.8 对竞争对手的用户不理不睬

实际上竞争对手的客户完全可以成为自己产品的推荐者。比如请相关负责人到公司参观，邀请其参加公司主办的研讨会，定期或不定期拜访等，这样就会与其建立起良好的关系，使其心甘情愿在业界为你做义务宣传。相反，如果未能与竞争对手的客户保持良好的关系，那他就可能成为你最有杀伤力的负面消息传播者。

7.4 工业品营销的新发展

7.4.1 工业营销理念的变革

7.4.1.1 营销功能和子系统地位的变化

大量生产的指导思想是"我生产什么，用户买什么"，企业利润取决于市场和生产能力，而在敏捷竞争条件下企业利润转而取决于企业辨识用户需求和机遇的能力，以及将此机遇转换成产品和服务组合的速度。营销功能从原来企业管理功能之尾转而跃居首位。以往企业总是首先开发某种产品创意，再研制原型和试制，最终投产、投入市场，现在产品开发周期将从营销功能开始。尽管营销名词和过去相同，但内涵变动甚大。敏捷条件下是为了满足用户的独特需求而提供产品和服务组合，而不只是推销现有产品，销售产品将被销售解决方案所取代。成功的关键也将由增加产品附加值转向提高用户利润（效益）"底线"。

7.4.1.2　时间竞争战略要求快速反应市场的敏捷营销理念

1．销售"产品"和销售"解决方案"

销售"产品"旨在引导用户清楚地认识并认可摆在眼前的、可观测的产品正是自己所需要的产品，而销售"解决方案"则向用户提供能够满足用户独特需求或促成用户新消费的"产品和服务"组合。两者提供用户效益的区别可以从企业的利润底线角度来分析。销售产品对利润底线的影响是间接的，如用户为企业采购材料或零件时，心目中自有利润底线，需盘算这笔采购费用对此底线的影响，但底线不会由于此项购买行为而变化。而在敏捷生产条件下，销售"解决方案"则直接影响底线。企业的利润底线由销售收入（价格）和成本两个因素决定，在购买"产品"的模式下，企业采购过程中只注重降低成本，保住利润底线，而在购买"解决方案"的模式下，注意力则转向销售收入即价格因素，着眼于提高产品售价和销售收入的潜力，用户即使增加采购费用和成本还是能超出利润底线。显然，销售"解决方案"要求卖方对用户需求及产品使用背景有深入的了解，才能提供可以提高用户利润底线的"解决方案"。

2．应时价格

对于各个顾客而言，传统营销中产品和服务历来都是以相同价格出售，否则就不公平，这种定价原则已取得共识。但销售解决方案却是另一回事，其定价也是个性化，视不同用户的不同需求而定，即使对于同一用户，处于不同环境的要求，也有不同价格，或者说有不同的效益底线，英文 Contextual Value 一词即指视背景而定的使用价值。

3．附加值（Added Value）和增益值（Enrichment Value）

附加值对生产商而言，指的是增加成本获得的价值，产品生产中投入贵重机器设备或高技术可看作追求高附加值行为。企业期望产品的附加值高，价格高，相应的利润也高。而增益值的概念则是就用户而言，指用户购买此"解决方案"后利润（效益）底线提高的程度。企业有两条路径来吸引用户，一是用户购买产品后得以降低生产、存储、基础设施等的成本，另一种是加强用户潜入市场、增加市场份额和开辟新市场的能力，提高利润底线。在敏捷竞争条件下着眼于后者，供应成本并不是用户考虑的主要因素。这促使卖方和用户之间关系更为密切，取代原来规范的交易关系。总之，在大量生产条件下，产品（服务）的价值独立于用户或其使用过程，而在敏捷生产中，大量个性化需求、用户购买的背景、用户底线"解决方案"的价值等是营销中迫切需要引入的新因素。

4．大量生产向大量定制化生产及单件小批生产模式变化

大量生产旨在谋求规模效益。单件、小批生产限于产品本身特点，不得已而为之。因此，制造商尽量设法（如采用成组技术）增大其加工批量，实际上还是在追求大量生产的效益。大量定制化生产则是主动式满足大量用户的个性化需求，不依赖规模经济和降低成本，而主要靠提高用户效益底线的思路来获取利润。

7.4.1.3　信息网络技术改变传统营销理念

网络互动的特性使顾客能够真正参与到整个营销过程中，消费者可以迅速地通过互联网找到任何一家公司及其产品，因此选择的主动性加强。在满足个性化消费需求的驱动之下，企业必须严格地执行以消费者为出发点、以满足消费者需求为归宿点的现代市场营销思想。并用互联网思维来思考和解决工业品营销的战略和战术问题。工业品营销的互联网思维主要体现在：

1. 开放化思维——从封闭走向共享

工业品行业是一个相对较为封闭的商业生态圈，由于行业细分较为深入，各家互为其道互不相干；再加上客户多为大客户和组织机构，似乎埋头耕种好自己的一亩三分地即可，无需更多动作。但网络时代、大数据时代的到来打破了这种各扫门前雪的境况，资源抢夺的制高点从有形资源（工业资源）变为了无形资源（信息资源），而信息资源的高度分散化迫使企业再也不能独善其身，谁能够更有效地整合所拥有的资源，谁就是互联网时代的王者。这种开放化思维更进一步即为"平台化思维"——对海量的互联网信息资源进行深度开发利用，从向客户提供"工具"变为提供"服务"和"体验"。

工业时代使我们习惯于线性的思维模式，而互联网时代允许企业从外部创造新的资源。在传统工业方式缩紧供应和商业运作的同时，平台方式正逐步成为一个拥有外部协同供应者的生态系统。企业需要主动融入互联网，善于利用互联网资源对本身的业务进行补充和完善。例如越来越多的工业品企业开始试水网络 B2B 营销平台，或是与新锐互联网企业合作开发智能化工业产品，又或是寻找最为节省资源的网络化业务流程改进方法（如谷歌眼镜中的远程协助功能，可大大减少现场服务和员工培训成本），等等。这些都说明传统工业化的直线型思维已不再适用，必须跳出本行业的桎梏，寻找更加开放的、合作共享的商业模式。

2. 体验化思维——从客户转向用户

工业品企业讲究客户量，在工业时代无可厚非，由于信息获取渠道的单调，客户几乎必定为产品的用户；但网络时代信息只嫌多不嫌少，人们再也不必亲临现场体验产品特性，购买渠道也日益多元化，企业需要关注的对象从付钱的"客户"转移到了使用产品的"用户"，最终用户的使用体验才是产品和服务改进的根本。

工业品企业利用互联网技术和大数据技术，可以最大限度地获取到以往较难获取的用户体验资料。如当下国家力推的合同能源管理（Energy Performance Contracting，EPC）模式，即是"用户端大数据＋大平台"的成功示例。又如多家工业自动化巨头如丹佛斯推出移动端 APP 产品选型软件，看似一个单纯的移动应用工具，背后却是海量一线用户的使用数据收集，这些真实鲜活的数据资源是以往工业化思维模式下进行再多的市场调研都无法企及的。

3. 扁平化思维——从集权走向分散

工业品企业之所以被冠以"傻大黑粗"的帽子，在于一个"大"字——工业品企业规模大、业务大、组织结构大；而互联网思维则相反，强调"轻资产"，不再坚持产销一体，而是坚持企业核心财富同时运用互联网平台将其余低附加值的业务模块分离出去。互联网时代信息传递以光速计，用户的喜好日新月异，企业的决策必须快上加快，尽可能缩短研发周期以满足需求。

与传统工业品企业偏好"大而全"相反，互联网思维的企业敏锐觉察到了现代用户需求的多样性和分散性。企业拥有资源的能力是有限的，一味致力于满足更多用户的需求，稍不留意便会陷入滚雪球的窘境：拿掉些雪，球就滚不起来；继续滚，难免陷入雪球越滚越大越滚越重的恶性循环。"小而美"要求企业的业务架构包括管理架构必须尽可能地扁平化,各个微业务单元形成一个有机整体,进可攻退可守,即可全力以赴又可轻装上阵。这对企业的管理能力提出了极高的要求,对资源的整合和把控必须坚实有力而又不失弹性。诸多跨国工业品公司已经先行一步进行了扁平化的试验,如采用合资、并购等方法扩充业务领域,采用原厂委托制造(Original Equipment Manufacturer,OEM)方法扩大产品线等。

7.4.1.4 经济全球化挑战国际营销学理念

全球化给国际营销学带来了新问题。全球化把市场变成了一个比国家更广泛和更多样化的空间。一些国家联合起来组成了整片区域,如欧盟;某些独立于国家的自由市场开始出现,如网络销售市场。这些现象使传统国际营销理论正受到地缘政治的考验。

长期以来,人们一直将民族或者国家作为分割世界市场的一种很贴切的等级,将民族空间和文化空间视为一体。而全球化意味着挑战"国家—市场"这一实体,一些更广泛和更适合将消费者组织起来的空间,已形成了跨边界市场或跨国家市场结构。

7.4.2 打造工业品品牌

传统的观念认为,工业品只有销售,没有营销。"工业品营销"概念的出现是对这一观点的纠正和进步。而"工业品牌营销"概念的出现又是对"工业品营销"理论和实践的一次重要补充。工业品打造出了品牌,就抓住了销售的核心,就能为企业树立可持续发展的竞争力。

7.4.2.1 工业品品牌的核心与特点

无论是工业品品牌(Industrial Brand)还是消费品品牌,它们都不是短时间能够培育出来的,是长期文化、技术、品质的沉淀与积累,特别是高端品牌的搭建更要靠时间来沉淀,需要企业在很长时间内以一贯的高品质塑造出来。

工业品品牌的核心是信任,例如与用户的信任、与员工的信任、与渠道商的信任等。工业品品牌强调的是专业,品在"工"、牌在"业"。"工"是指企业先进的工艺、领先技术和一流的设备等;"业"是指品牌传播往往在业内渠道进行,专业传播,是窄而告之。工业品品牌具有以下特点:

1. 从行业品牌到公众品牌

消费品主要面对个人客户,供需双方面临众多选择,市场基本处于充分竞争状态,即消费品品牌天生就是一个公众品牌。但工业品基本属于 B2B,考虑到行业发展阶段、地域等因素,基本属于垄断竞争或寡头垄断,尤其是新兴行业,用户圈子有限。这时品牌只需要成为行业品牌,而运用"品牌知名度"指导品牌建设显然存在误区。但随着企业发展,社会影响力提高,消费品就必须从关注价值链向更大范围扩展,成为公众品牌,比如英威腾电气,上市后它就逐渐转变单纯的产品及行业传播,有目的地向公众传递有关经营决策及社会责任信息,以塑造良好的公众形象。

所以,与消费品品牌相比,工业品品牌天生是一个行业品牌,重点关注上下游品牌,进而才发展为一个公众品牌。

2．从侧重感性诉求到理性诉求

消费品采购基本属于个人行为，受个人的价值观、情感影响较大，决策趋于感性；而工业品采购属于决策链行为，采购决策各个环节由不同专业人员按规定流程完成，决策更趋理性。消费品客户选择某个品牌更多是基于知名度、美感等感性因素；工业品客户选择某个品牌则更关注功能、性价比等理性因素。这种在决策方式性质上的不同导致工业品品牌与消费品品牌的诉求方式和诉求点也不同。

3．从品牌号召力到品牌控制力

品牌的本质体现是：与同品牌相比，客户能够优先选择，甚至付出溢价。反映在消费品品牌塑造上：品牌最高境界就是围绕目标客户塑造一种文化，通过价值观趋同或情感激发影响采购决策。这种影响力尽管对消费者决策影响大，但属于感性层面，强制性不高，可称之为"品牌号召力"。

与消费品品牌相比，工业品品牌的价值来源和表现方式则有自己的特点。如果不是"钢铁大战"，公众可能根本不知道必和必拓、力拓和淡水河谷这3个行业巨头，宝钢等特大型钢企在其面前几乎无讨价还价余地；同样，西门子、ABB、英特尔等强势品牌的价值并不主要表现在公众知名度，而是其通过核心技术对价值链的控制，使得上下游品牌"不得不"接受其定价并采购，从而获取溢价或规模价值。所以，工业品品牌的影响力不仅对客户影响大，而且某种程度上具有强制性，应该称之为"控制力"，这与工业品企业强调一体化经营和产业链渗透一致。

所以，工业品品牌价值主要来源于该品牌与价值链上下游品牌相比具有的独特优势，如稀缺资源的占有、核心技术的掌握等，其表现方式为"品牌控制力"。

4．从侧重市场表现到内部行为落地

消费品品牌面向大众市场，侧重感性诉求，这就决定了它必须关注市场表现，通过电视、终端促销等方式占领舆论高地和消费者心智，不断强化消费者认知。而工业品面对行业客户，属理性行为，尽管电视等媒介对客户采购决策会有一定影响，尤其在"寻求信息"阶段。但在比较评价、决定购买、购后评价等环节则面临严格的流程考验，如商务洽谈、中试等，这个过程中，与客户接触最多的是负责跟单的业务或技术人员，而不是媒介，客户评价品牌的依据除了样品品质就是跟单人员的行为表现，包括商务礼仪、专业性、工作态度等。而且工业品客户关注长期合作，对供应商在产品稳定性、交期、售后等方面的行为一致性要求非常高，某种程度上，客户会通过供应商某次行为表现评价其长期表现，比如一个简单的客户接待流程，所以，工业品品牌更注重内部行为落地。

7.4.2.2　立足品牌价值链快速打造工业品品牌

由于工业品品牌的"链式"（价值链和决策链）属性很明显，打造工业品品牌应以"品牌控制力"提升为目的，立足与上下游品牌相互作用形成的品牌价值链，围绕客户采购决策行为推进内部行为的品牌落地。

1．基于品牌价值链规划品牌定位、核心价值及其文化

因为工业品品牌的控制力主要体现在与上下游讨价还价的能力，所以工业品品牌定位必须围绕上下游品牌定位，突显自己的特点和优势，拉近上下游品牌关系，进而提高品牌厚度和紧密度。

首先,工业品品牌厚度主要体现在企业研发创新等方面的资源禀赋,所以品牌定位一般要与企业保持一致,这与消费品强调"轻品牌"运作,品牌定位或文化,甚至与企业有意区别不同。反映在市场上就是工业品企业一般采取通用家族名称的品牌化策略,比如 ABB、三一重工等。

其次,市场环境发生了巨大变化,终端或下游用户从"关注卖肉的到关注杀猪和养猪的",下游客户在选择供应商时已经不仅关注成本等传统因素,环保、社会责任等成为焦点。下游客户越来越关注上游品牌在价值创造和公众认知方面能否与自己形成正强化效应,从而实现"品牌与品牌"到"品牌价值链与品牌价值链"的竞争。

2. 强化内部行为落地,提高品牌整合度

品牌规划能不能在内部(不仅指工业品品牌本身,还包括经销商,甚至上游供应商)落地形成行动纲领是工业品品牌建设成败的关键。品牌行为与一般礼仪有很大区别,它需要围绕品牌定位、核心价值和文化,并在每个细节体现,是有"魂"的。品牌行为落地分为制度建设和形象规范两个方面,制度建设主要涵盖品牌相关业务主要流程及标准化动作;形象规范则包括品牌标志、标书模板、展厅等视觉系统。制度与形象相辅相成,最终通过培训等方式落实到日常行为当中,从而提高品牌整合度。

3. 整合品牌外部接触点,区隔市场表现

工业品品牌的外部接触点管理有助于树立鲜明的市场形象,提高品牌区隔度。但与消费品相比,工业品品牌的接触点管理必然以行业客户为主,兼顾公众层面。不过通过影响公众反向影响下游客户,也是一个好的策略选择,比如英特尔通过加强公众层面推广,提高了其对联想、DELL 等下游厂商的控制力。但在能力较弱情况下,过分关注公众层面,一方面会导致行业层面资源投入不够,另一方面由于缺乏公关能力,反而引来不必要麻烦。

品牌向外部传递信息要以品牌规划为基础进行整合,保证各个接触点的选择、表达方式及传递内容与目标对象相适应,比如行业层面要选择行业展会、研讨会等渠道,并运用专业术语,强调理性表达和品牌专业形象;在公众层面传播则要选择电视、报纸等大众渠道,运用通俗语言,强调感性表达和品牌社会影响力。同时,严格协调两者目的及内容的一致性,比如一个新产品上市,在行业研讨会则主要展示突破性技术的运用及其带来的工艺性改进,如成本降低;在报纸等公众渠道上则展示这种突破带来的社会效益,比如环保、节能。

在全球市场越来越开放的情况下,中国工业品企业不仅面临如何走出去的问题,而且国际品牌也开始深耕中国市场,中国工业品企业应充分利用国内制造业集群优势,立足品牌价值链,通过提高自身在价值链上的控制力打造一流的工业品品牌。

7.4.2.3 打造品牌的利益

公司不仅可以通过创建品牌从巨大的先入优势中获得巨大利益,甚至还可能通过品牌设立行业标准,打造工业品品牌对于工业品企业来说,可以获得以下几方面利益。

1. 获得差异化的竞争优势

品牌是一种使高度无差异化的产品种类"与众不同"的有效且引人注目的重要手段。一个强有力的品牌企业,不仅可以获得差异化的竞争优势,而且是竞争对手无法模仿的。这种优势还可以在营销传播中受益,与那些完全无名的产品或服务相比,营销努力将更容易被接受。

2. 创造品牌忠诚

品牌可以帮助公司从以交易为基础的推销模式，转型为以品牌为基础的长久合作关系。客户永远是最重要的，企业在始终如一地根据品牌承诺竭力递送品牌价值时，就能创造客户对企业的忠诚，从而获得更多的购买机会。同时，品牌对塑造企业员工的忠诚度也是大有裨益的，使企业更容易招聘和留住人才。一个积极的品牌形象可以吸引所有的利益相关者。

3. 创造用户的购买偏好

品牌偏好能有效地造成对竞争性品牌的区隔和排斥。品牌偏好在消费品市场已经是司空见惯了，在工业品市场也不例外。一个强势品牌传递的信念、利益、功能、特征等品牌价值，将阻碍用户转向竞争者的产品或服务。

4. 获得更多的溢价空间

企业的最终目标是追求利润最大化，工业企业也不例外。因此，工业企业也应培育品牌，保证中间商能获得合理的利润，才能使自己获取最大的利润。据统计，名优品牌和一般品牌价差国外一般是 $30\% \sim 60\%$，在国内一般是 $10\% \sim 30\%$，据此确定培育名优品牌可以使经销商获得更多的利润，同时也可使工业企业获得合理、稳定的利润。通过企业品牌，把工业企业、商业企业、中间商连接起来，形成一个利益共同体，才能真正实现工业企业、商业企业和中间商的多赢、利益共享。而在这个利益共同体中，必须达成品牌关系的共识。获利的重要手段是有好的品牌。

5. 获得更多的竞争机会

随着市场选择的增加，买方无疑更加偏好自己已经知道的公司和品牌，因为这样既节省调研时间又降低了风险，还能更快、更好地完成采购任务。通常，买方没有太多的时间和资源彻底核查和评价所有的潜在供应商。显然，在公司潜在采购来源的简短名单上，大多数无疑是著名的企业和品牌。所以，要想在激烈的市场竞争中突围，成为知名的供应商，或者至少挤入买方采购的简短供应商名单中，那就需要建立一个强势的品牌。

6. 增加销售

建立强势的品牌，不但可以从较高的利润中受益，还可以从较大的销售量中受益。相反，企业往往只能通过降价、折扣等来获得订单，不仅利润大大降低，而且销量也往往上不去。

7. 增强企业抗危机能力

借助强势品牌，利用品牌各利益相关者的忠诚度，能帮助企业比较容易地度过产品质量、营销事件等各种企业危机。由于客户长期来对品牌形成的偏好和忠诚度，即使企业一时出现了负面问题，但客户仍会最大限度地"不离不弃"，给了企业解决问题、处理危机的机会和时间。

7.4.2.4　工业品牌传播思路

工业品和消费品一样，最终还要面对消费者的选择。事实也证明，适用于消费品的品牌策略依然适用于工业品。然而，这种适用并非不加区别地直接挪用，因此，在借鉴消费品品牌策略的同时，应结合工业品的个性，为其品牌策略理清思路。

（1）明确多层次的目标受众。工业品的目标对象比消费品要复杂，它所针对的受众群体是多层次的。机构的决策管理人员是工业品品牌传播一直以来的主要对象，除此以外，和该工业品最终消费相关的消费者也必须被确定为品牌策略的目标受众，他们才是工业品品牌得以形成的基础力量。有了明确的受众对象，就可以以此为依据，制定有针对性的传播方案。

（2）确定品牌发展的长远规划。对于工业品企业来说，除了打好产品基础以外，企业还必须为品牌的发展提供管理基础和思想基础。管理基础涉及各种资源的有效利用，并且在组织形式和执行方法上提供一种规范，使品牌策略能够正确地执行；而思想基础则是企业应该具备的品牌理念和意识，即包含着企业对于品牌的发展方向和发展前景的规划。

（3）使用整合营销传播的手段。凡是目标受众能够获得有关本品牌感觉和知觉的信息来源都应当加以管理。在工业品营销传播中比较多地采用的是展会传播、公关传播、俱乐部传播及和下游厂商的联盟传播等，把这些手段统一整合起来，每个不同的时期针对特定的目标，传达一致信息，塑造完整形象，深化消费者对品牌内涵的理解，能够更有效地建设品牌。

（4）重视广告传播的作用。广告传播在传达信息方面的优势体现在面的广泛性上，对于扩大品牌在消费者中知名度的作用最明显，消费者的反拉动力使工业品成为最终产品不可缺少的一个关键组成部分。此外，通过广告还可以培育下游市场、拉动股票买气、获得银行融资、协助前线销售、争取营销通道、提升用户信息和满意度、提升员工士气、争取跨国合作项目，等等。

7.4.3　从灰色营销到"四度理论"

目前，在工业品营销的过程中，很多人都认为营销就是吃喝，就是靠关系，就是拉拢与"腐蚀"客户的"采购人员"，进行灰色交易，满足他们的吃、拿、卡、要，甚至销售人员应该主动挖掘，进行投怀送抱，而产品技术与品牌不是最重要的，最关键的就是搞定关键人，建立良好的客户关系，这已经成为工业品企业营销过程中的"潜规则"。

"关系营销"能够在部分工业品企业中大行其道，最根本的原因还是有其繁衍的土壤，这一整套行贿受贿系统能够得以运转，必然有其存在的深层次缘由：第一，在日趋激烈的市场竞争中，为了在短期内能够迅速增加销量，提高销售业绩而不择手段。第二，也许企业其实也不愿意这么做，但是"大家"都这么做，既然是业内潜规则，就不得不遵从。第三，原始积累心态所致。部分企业认为干完这一阵就收手，等到市场扩大、业绩提高之后就不走"野路子"了，到时候再"从良"也不迟。第四，部分企业的销售人员本身素质有待提高，除了会搞点"关系"外，对真正的市场营销却是知之不多。第五，部分企业的经销商认为，短期利益最为重要：反正是一锤子买卖，赚一笔是一笔，企业的品牌建设与我何干？所以，关系营销才会招摇过市，当然，关系营销在中国目前的现实中也是非常重要的，但是长期发展下去，就会有很大的问题。

7.4.3.1　灰色营销的危害

1. 吃喝影响业内的风气

目前，在行业内一些企业的销售人员的营销观念依然停留在"吃喝"营销的层面，老一套"富有中国特色"的营销方式在工业品行业销售人员中依然盛行。有时候你不提出，客户也会主动要求吃喝或去卡拉 OK、桑拿、酒吧等场所娱乐。

2. 吃喝导致销售成本增加，价格更贵

由于销售企业要花大量的精力与金钱在请客、送礼、回扣上，因此将造成企业销售成本的增加，这样，销售企业将通过把这部分增加的成本转嫁到购买方的身上或者降低产品质量的方法来保证自己的利润，从而增加了客户的成本，导致产品质量下降。长此以往，就会出现伪劣产品或问题工程等，甚至给整个工程项目造成更大的危害，由此，这种吃喝导致成本扩大，反而会给客户带来更大的麻烦。

3. 吃喝盛行，导致企业缺乏创新

长期依赖吃喝方式来建立工业品项目的关系营销，会导致企业的销售人员及企业高层把精力集中于发现客户关系、了解客户背景、挖掘客户需求上，以此来发现与之有关的客户关系，导致企业长期依赖关系，而不注重练企业的"内功"和加强自己产品品牌的建设，因此缺乏创新，无法形成自己的拳头产品，更无法在竞争激烈的市场上建立自己的核心竞争力。

4. 依赖吃喝，缺乏内练，与国外差距加大

国内工业品企业目前的核心技术几乎都由国外厂家垄断，而且外资或者合资企业在国内也越来越多，行业内的竞争程度加剧。如果国内企业还是依赖吃喝来建立客户关系，而不建立自己的核心竞争力，长期发展下去，国内企业的产品无法与国外企业的产品在技术、质量、服务，甚至新的营销模式上形成有力的竞争，差距越来越大，企业核心竞争力也越来越弱。

因此，灰色营销必然会遇到新的困惑，因为：

（1）灰色营销不遵循一般竞争优胜劣汰的游戏规则。作为短期促销手段，灰色营销在处理企业积压产品方面，对于营销者来说在中国目前的环境下不无可取之处，但若长此以往则后患无穷。它会使企业竞争环境恶化，导致卖方企业之间的恶性竞争，直至最后迫使企业以降低产品质量为代价，提高提供灰色利益的能力。

（2）灰色营销是一种恶性竞争，而且其在灰色需求存在的情况下力量强大，对此，不依赖灰色营销的企业绝不能等闲视之。比较稳妥的策略是，利用自己的优势（买方所有者可接受价较高）参与其中，但始终以正常营销为主。

（3）灰色营销的根源在于买方的采购代理制，所以要想根除灰色营销必须从买方着手。只要社会上有大量的灰色需求存在，即使国家制定了有关法律限制灰色营销，也是很难限制得住的。因为灰色营销的特点在于一个"灰"字，由于灰，即使有法律条文限制，也很难进行监督和贯彻执行。而从采购代理制着手，想办法使"灰"变"白"，如规范采购程序、健全采购机构、强化监督机制等，再加大打击力度，那么灰色需求就能得到有效的控制。一旦灰色需求被控制住，灰色供给自然没有了用武之地，而这一切在一定程度上又取决于买方企业的产权关系是否理顺。

现阶段市场经济正在逐步完善，中国工业品市场处于转变过程中，具有市场巨大、发展迅速、政策多变、短期导向、地区差异等特点。企业不应目光短浅，而要基于长期发展的考虑，重新认识工业品的新营销。

7.4.3.2 工业品营销的"四度理论"

工业品营销的"四度理论",即关系、价值、服务、技术营销,这 4 个方面对客户的影响力逐步递减,工业品厂家在营销方面正遵守"四度理论"开展营销。

1. 关系营销

所谓关系营销(Relationship Marketing)是把营销活动看成是一个企业与消费者、供应商、分销商、竞争者、政府机构及其他公众发生互动作用的过程,其核心是建立和发展与这些公众的良好关系。一般工程项目投标过程中,能够经过初选入围的厂家基本上都能够满足客户的采购需要,只是服务、技术标准等某些方面存在不同,然而在国内招标过程中,一般公司项目对于技术方面没有特殊要求,因为工程项目招标中更新换代技术发展并不像 IT、高科技、生物制药等行业发展那么迅速。

所以,一般靠什么发展壮大?靠品牌吗?品牌只是产品的代名词,国外工业品发展的历程已经有 200 多年了,而国内不过 50～60 年而已。靠服务吗?其实,大家的服务都差不多,关键是服务的用心程度,这个在买卖双方没有合作过的情况下,也没有更多的体验,而且厂家们也都意识到,服务是有成本的。靠价格吗?大公司价格贵,小公司相对便宜,但每次都在相对招投标的范围之内。那靠什么呢?只有靠客户关系!所以评估指标固然重要,但不要忘了所有的指标都是由人来定的,而且也是由人来评估的,所以,人的因素就起了非常大的作用,这就是关系,俗称"关系营销"。

如何搞定评估小组的组长决策层(有影响力的人是关键)?因为你在关注的同时,对手也虎视眈眈,这就靠运作关系的能力,靠满足客户需求的能力,靠差异化的客户关系竞争策略。

然而,传统意义上的吃喝,只是关系营销的一种基本方式,却不是核心的客户关系。调查发现,要建立真正的客户关系,相互信赖、价值双赢、可持续性这 3 个方面才是最关键的。

(1) 相互信赖

在市场竞争复杂多变的环境下,越来越多的因素在影响着厂家、企业和客户的信赖关系,比如在客户使用工业品产品遇到问题的时候,工业品生产厂家或者经销商的反应速度,对一个免费的技术保修期的承诺等。所以,建立信赖关系并不是简单的吃喝问题、价格后折扣问题,也不是一两天、一两个人的事情,而是在合作过程中通过双方的诚意长期积累的一种相互依赖的关系。

(2) 价值双赢

双赢关系在市场营销中体现在两个方面:一方面,客户往往对产品不是非常了解,通常需要销售人员有意识地进行引导,推荐合适的产品,不欺骗客户,给予客户正确的选择,为客户提供适合的、质量过关的产品与服务;另一方面,客户要有相应的预算和信誉,并且不能无限制地提出过高要求。"双赢关系"重在"双"而非"单",所以厂家和客户都应该拿出足够的诚意建立这种关系,重在长远而非一时。

(3) 可持续性

销售人员往往只注重前期的客户关系,一旦项目合同签订,对客户就非常淡漠,不理也不睬,甚至有些工业品企业认为一般客户就是一次生意,没有回头客,这样的思想就无法让每一个项目都成为一个经典样板工程,客户的满意度下降,品牌的忠诚度就无法建立，所以，企业应该把眼光放得长远一些，与客户建立可持续性的客户关系。除此之外，"客户的顾问伙伴""共同成长""朋友式""遵守合约"等也是重要关系。由此可见，随着市场经济和市场营销的发展，客户关系已经不是计划经济下"吃喝关系"的延续，也不是市场营销初期"人情关系"的变相，而是被赋予了更多内涵的多重关系。

2. 价值营销

价值营销（Value Marketing）是企业对抗价格战的出路，也是企业真正成功的关键所在。它通过向顾客提供最有价值的产品与服务，创造出新的竞争优势取胜。价值营销就是赋予抽象的品牌以顾客可感知的价值，让品牌具有明确而实在的价值基础，并把价值表达出来，达成现实销售。实效营销主义极力倡导的就是营销一定要有实效，价值营销的特色即一方面让消费者真实地感知到品牌价值，另一方面也让企业实实在在地收获营销的效果。将心比心，以真诚换取双赢的结果。

价值营销实际操作主要有 4 个步骤：价值发现、价值重估、价值匹配和价值点睛，这 4 个步骤各有侧重，又相辅相成。

（1）价值发现

价值营销的第一步是对品牌价值做一个全面梳理，明确了解品牌的价值基础。首先，这需要对公司能力、品牌背景等都有透彻的了解，而且不能仅仅停留在表面的价值层面，还应该深入挖掘，发现核心价值。

俗话说，巧妇难为无米之炊，没有价值基础支撑的品牌，仅靠高明的营销手段是无法发展壮大的。所以树立品牌的价值体系，明确品牌的核心价值，是价值营销的第一步。也只有夯实品牌的价值基础，品牌的创建才能有据可依，势如破竹。

（2）价值重估

企业的价值从来都不是一成不变的，时代在变，环境在变，企业品牌价值发现的过程必然也伴随着一个价值重估的过程。在不同的时代和不同的环境中，对企业品牌价值的侧重也不相同，有时甚至有天壤之别。这就需要企业结合现实环境，甄别企业当前的核心价值，如实衡量品牌的价值存量。

加之重估的过程也是一个对企业自身观念和价值体系重估的过程。抛开企业旧有观念，一切以企业未来的发展为出发点，只有具有前瞻性的眼光才能真正地实现价值重估。

（3）价值匹配

企业的价值都是相对于顾客而言的，产品或品牌的价值就在于它能满足目标消费者的需求，所以企业在对自身价值有了全面的了解和掌握后，下一步就是去了解并明确自己的目标消费者，有针对性地将品牌价值与目标消费者的真实需求相匹配。

价值匹配首要的就是建立以目标消费者为中心的观念，一切以满足目标顾客为目的，寻找顾客最需要的"突出价值"，将品牌价值与顾客需求相匹配，才能顺利连通品牌价值链。

（4）价值点睛

将品牌价值与顾客的真实需求相匹配后，接着就要将价值表达出来，使其成为顾客可感知的价值。价值自己不会说话，价值点睛的作用就是用一句最简短的话点出品牌价值，并且能让消费者感知到，一语中的。

3. 服务营销

服务营销(Service Marketing)是一种通过关注顾客,进而提供服务,最终实现有利的交换的营销手段。作为服务营销的重要环节,顾客关注工作质量的高低,将决定后续环节的成功与否,影响服务整体方案的效果。随着知识经济时代的到来,以及消费者对质量的要求也越来越高,市场对服务营销也提出了更高的要求。为此,企业要制定和实施一套科学的、系统的服务营销策略以保证企业营销目标的实现。目前企业应特别注意:

(1) 提高企业的服务意识

首先,企业要认识到在真正的服务营销中,服务才是实质的商品,而产品只是服务的附属品。只有这样,才能使企业上下都对服务营销有一定程度上的认识,进而不断努力提高企业人员的服务意识。其次,服务不仅局限于企业的服务人员,企业的每一个员工都要成为企业的"营销代表",都能为消费者解决各种问题,进而在消费者面前展示本企业的文化和实力。

(2) 重视企业的服务质量与人员培训

在服务营销中,人是决定胜败的一个最重要的因素。在市场竞争的条件下,企业竞争优势的取得越来越依赖于人的能力的发挥。由于服务在顾客购买之前是看不到、摸不着的,消费者只能从企业员工的行为和态度中获得对本企业的印象,因此,服务人员的素质就直接地影响着企业的形象。

(3) 树立正确的服务营销理念

要走出企业对服务营销理念认识不足的误区,为顾客提供优质的服务,首先要树立正确的服务营销理念。服务营销是以顾客服务为目的而开展的营销活动,它更关注的是顾客接受服务的满意度,它贯穿于企业的生产经营活动中,是售前、售中、售后的全程的服务,可以说,服务营销不只是一种营销手段,更是一种经营理念。所以,企业要把经营思想放在其产品的服务上,通过"服务为导向""以顾客为中心"的经营思想,以优质的服务真正为顾客解决问题,从而达到其经营的目的。

4. 技术营销

技术营销(Technical Marketing)是以技术为手段、方法对产品、营销渠道、品牌传播、售后服务、消费者培育、市场开拓等进行的一系列营销创新和变革活动。运用企业的技术服务和专业知识等方面的系统能力,使客户在短期内对新技术产品得以认识、了解和接受。技术营销的对象是一种知识、一种技术,而不是某一具体产品。技术营销的首要目的在于帮助客户掌握与此项技术相关的各种知识和技术,并予以接受。技术营销揭示了营销的过程不仅存于新产品生产之后,而且伴随着技术的研究、开发、推广的全过程。技术营销的要点如下:

(1) 正确处理好不同时期技术与营销的关系

一般而言,在企业发展的不同阶段,或产品生命周期的不同时期,技术与营销的地位和作用有所不同,在产品处于研发或初创时期,企业可能更偏重于技术;而随着产品逐渐成熟,将慢慢转向偏重于市场营销能力。比如在手机技术同质化的今天,营销的地位则更加重要,不然阿尔卡特的总裁 Serge Tchuruk 就不会这样说:"给我客户,给我大公司的客户,打开 AT&T 和 Verizon 通讯公司的大门,我把技术卖给他们。"

（2）要以市场为基础进行产品研发定位

企业在产品生产和创新上，要坚持从顾客中来的原则。要通过周密的市场调查、预测、比较来搞好产品研发定位，只有根据市场做出产品的市场定位，开发出的产品才能有市场基础。比如海尔推出的"双富豪"双温冷柜和"雪富豪"变温冷柜，就是以营销为导向的成功事例，海尔专为冷饮店老板设计的冷柜，一投入市场就供不应求。

（3）要依据产品的市场定位进行技术创新和产品创新

有了市场定位这个基础，技术创新便有了方向。技术代替不了市场，高新技术产品同样存在市场风险，但如果产品的技术创新能以市场为基础，则会降低这种风险。

（4）真诚地听取顾客意见

顾客对产品的意见和建议，甚至抱怨或投诉，其实正是企业需要寻找和解决的不足之处，善于搜集顾客的抱怨和意见来改进产品，正是产品适应市场的过程。华硕在实施技术营销过程中，对用户需求的掌握就是从倾听用户的意见开始的。

7.4.4 从价格竞争向价值竞争转型

价格往往是最能挑动消费者神经的利器，特别是对于竞争已到白热化的市场，厂商利用降价以达到促进销量的目的更是屡试不爽的法宝；然而这种较量往往最终演变成厂商间的"贴身肉搏"，一味地降价带给消费者的往往是一时的利益，但损害的却是厂家长远的利益，毕竟厂家需要维持一个合理的价格来保证利益。因此，目前从价格竞争向服务/价值/解决方案转变刻不容缓。

7.4.4.1 价格竞争不是最有效的市场竞争形式

现在有一种观点认为，价格竞争是最有效的市场竞争形式，甚至是百战不殆的商战利器，抱持这种观点是很危险的。适度的价格竞争是市场兴奋剂，而非理性的价格竞争乃至价格战则是市场抑制剂。目前一些行业的价格战正走火入魔，演变成一场无序混战。过低的价格不但企业不堪承受，消费者的长远利益也会受到损失，过低的利润也不利于行业技术进步和市场繁荣，以至于政府都开始干预，牵头制定"行业自律价"。

1. 企业应该做好12个P的营销组合

战术性"4P"——产品、价格、渠道、促销；战略性"4P"——探查（营销调研）、分割（市场细分）、优先（目标市场选择）、定位；营销技巧"2P"——权力或政治、公众舆论或公共关系；人员、包装"2P"。显然，将营销重点过多地集中在价格上，可能会忽视其他更重要的层面。

2. 价格竞争可换来市场份额，但换不来品牌忠诚

"谁升起，谁就是太阳"这句话很有哲理。名牌应该有稳定的价格形象，过低的价格只会损害名牌的形象。从国外品牌进入中国市场的情况来看，它们基本上都是采用高价切入的，即使近年来一些品牌降价销售，也不至于像国内企业那样赔本赚吆喝。单纯用价格战手段换来的市场份额就像是吸入了不含氧的空气一样于身体无补，同时，这种市场份额也是一种极不稳定的市场份额。

3. 创新才是竞争制胜的关键

美国人是以创新取胜的，如果他们还是在家电、汽车、电子产品上与日本展开价格

战,是很难打破"日本第一"的神话的,好在他们选择创新,在信息高速公路这个无竞争领域发展,因而将其他国家远远地抛在了后边。日本人则是模仿加小创新,短期抄捷径颇有所得,但缺乏后劲。中国企业则善于模仿、跟风,正像有人说的是采用"流行性经营"。这种流行性经营最容易形成"双输"竞局。我国企业创新能力不足,这是一大通病。即使一些优秀企业也缺乏持续创新的能力。目前在技术创新、产品创新、服务创新、营销网络创新、经营观念创新、组织创新等方面可做的事情很多。像彩电行业越来越多的生产者和经营者已经开始认识到技术发展与技术创新是企业争夺明日饭碗的前提。根据迈克尔·波特的观点,企业只有两大持久的优势:一是低成本,二是差异化。差异化来自于创新,也是较低成本更有竞争力的优势。日本的崛起是靠低成本与欧美竞争,虽然短期内获得成功,但东南亚"四小龙""四小虎"比日本企业成本更低,日本获得的优势开始转移到东南亚。中国较之东南亚更容易获得成本优势,东南亚低成本优势开始转向中国,而美国虽然没有低成本优势,但保持了强盛的创新能力,在差异化竞争上形成了无与伦比的优势。

7.4.4.2 企业如何应对价格战

任何行业内一般都存在 5 个类型的企业:一流企业做标准,二流企业做品牌,三流企业做服务,四流企业做差异化,五流企业做产品同质化。做标准是企业最高的目标,比方说思源电气公司拥有发明专利 5 项、实用新型专利 13 项、专用技术 30 多项,每年都拿出 6% 的销售收入投入新产品的研发,这使它们的一些产品能在国内乃至国际上该专业领域的细分市场中处于最高端的标准优势。相反五流企业只能打价格战。

"价格战"被称为没有赢家的角逐。恶性价格战是一把双刃剑,当它疯狂飞舞的时候,不但会重创竞争对手,而且也把自己弄得伤痕累累,并最终拖累整个产业。对于企业来讲,要么在价格战竞争中被淘汰出局,从此销声匿迹;要么在硝烟之后勉强生存了下来,却已经是伤痕累累,从此处于微利时代。对于行业来讲,每次的激烈价格战都会带来整个行业的重新洗牌。

我们认为,产品同质化无疑会带来无休止的价格战,为了生存,企业只有迎战并挤掉竞争对手。但是这并不是长期的策略,恶性的价格战会把企业拖到利润的边缘,企业要生存,必须跳出价格战的泥沼,重新审视自己,结合自身特点,明确定位,挖掘优势,做到最好,组建团队。

1. 明确定位

营销活动开展的第一步,是要找准自己的定位。有一位大师级人物给"定位"下过这样一个定义:将头上的头发拔得只剩下一根,在风中摇曳。这个定义虽然有些戏剧成分,但是很形象地说出了定位的重要性。定位准确与否,也直接决定了一个企业能否避开价格战。

2. 挖掘优势

优势不是自然存在的,是与竞争者相比之下而凸显的,优势是超越对手的锋利武器。要想真正取得优势,超越竞争者,则需要找出对方的不足,找出自身的长处,从产品、质量、服务、技术、品牌等方面入手,打造自身不可超越的优势。

自己有了准确的定位之后,就要努力发现自己的优势所在。优势就是客户有需求,同时竞争对手做不到,或者没有你做得好;优势就是你与别人的不同;优势就是项目本身与众不同。

每个人、每项事物，包括营销活动，都会存在自己的优势。发现优势对于营销活动本身非常必要。在家电行业及中央空调行业内，大家都认为海尔的服务好，这就是海尔的优势，且相对成本提高导致价格高一点，客户一般都能接受。

3. 做到最好

一个企业已经有了明确定位，并且已经挖掘出了自己的优势后，接下来该怎么做？任何一个行业都存在无数细分市场，而且产品的质量与技术改进永无止境。企业要想在行业中站稳脚跟，求得一席之地，必须在这个行业中把最擅长的做到最好，精益求精。

4. 组建团队

在今天的商场征战中，个人英雄主义高唱凯歌的时代已经一去不复返了，靠个人单打独斗已经无法赢得市场的决胜权，企业只有通过团队的力量才能提升整体的竞争力，只有团队比别人更优秀才能在竞争中形成优势，发挥团队的力量已成为赢得未来竞争胜利的必备条件。

对于企业来说，一个优秀的团队意味着什么？一个优秀的团队，可以把企业带到永续经营的高尚境界，可以更好地达成企业的各项经营目标，可以更好地达成顾客的满意预期。

中国现在是"制造大国"，但要做"创造大国""品牌强国"尚有很长一段路要走。"品牌强国"即不但要在消费品建立品牌，更重要的是工业品建立品牌，因为工业品是一个国家国民经济的基础。但在当前社会，对于工业品品牌，绝大多数工业品企业尚处于懵懂之中，而已觉醒的企业大都还处在打破工业品营销"陋习"和品牌国际化的路上，也是任重道远。根据我们的研究，我们认为工业品的品牌发展需要按照人员推销、销售促进、公关、广告4种模式来进行品牌推广。工业企业品牌要从产品中解放出来，步入品牌的行业，引导产业发展是必由之路。

7.4.5 从简单的销售人员到销售顾问

7.4.5.1 工业品销售人员发展的现状

21世纪初，中国企业走向国际化的步伐不断加快，越来越多的企业开始到国际市场上参与竞争。例如，海尔促进自有品牌的国际化，TCL通过收购国外品牌进行品牌国际化，联想收购IBM的PC业务等对中国企业来说也是一种从价格到价值的尝试。但是，扪心自问，大部分的中国企业能够提供差异化和创新的产品吗？能够成为行业技术标准制定者吗？能够提升产品的新价值吗？能够把价格低的优良产品卖出去吗？能够把核心产品之外的价值体现出来吗？在全球产品一体化的进程中，"中国制造"是一贯烙印，中国还是在扮演全球加工厂的角色，所以，商品卖不了好价钱；而且，国内的工业发展起步比较晚，只有60年左右的时间，国外至少有200年以上，甚至有的达到400多年。工业基础与科技含量不同，决定了商品中的附加价值不同，价格也就自然成为主要的问题了。

在中国工业发展的进程中，长期以来，企业的销售力受到计划经济与关系营销两大要素的约束，其成长速度比较慢，因为大家不是想方设法提升销售力，而是将心思放在计划控制在谁的手中,谁是有决策权的人,拍板的人有什么爱好,关系怎么做可以更好。甚至有许多老板都认为,"不管白猫黑猫,抓住老鼠(搞定订单)就是好猫(销售精英)"。因此,销售人员在本身的职业化能力、销售力、产品力等方面下功夫自然就比较少了,特别是有些行业的销售人员呈现低文化、低素质的特征趋势。同时,20 世纪 80 年代末以来,随着市场逐步开发,中国工业企业整体的销售力在不断上升也是事实。

然而,随着市场营销观念的兴起,客户在市场中的位置已经发生了改变,他们从市场的被动者变成了市场的主动者。于是顾问式销售理论就应运而生,成为人员推销的指导思想。顾问式销售理论要求销售人员站在客户的角度看待问题,处处为客户着想,使客户的购物所得与购物支出的差最大,从而让客户主动放弃竞争对手的产品,以达到销售产品、占领市场的目的。毋庸置疑,在这个变革的时代,许多公司的一线销售代表们正面临着一系列的改变:

(1) 不再只是推销产品,还要销售解决问题的策略和解决方案。

(2) 要向更高层次的决策者和更广泛层次的客户推销。对于解决方案,直接购买者和最终使用者非常不同,比如 ERP/SCM/电子商务平台等解决方案,往往关系企业客户的所有业务部门。

(3) 解决方案的销售者必须成为客户心目中可信赖的业务顾问和咨询者,而不仅仅是产品技术的提供商。

市场环境的改变也造就了企业营销策略的改变:

(1) 必须以客户为中心,为客户提供个性化服务。

(2) 更看重知识,包括客户的核心业务运营、客户服务模式、客户面临的业务挑战等知识,包括本公司的产品技术应用知识及对业界相关应用趋势的把握。

(3) 必须以客户业绩为基础,确立持续而密切的客户关系。

也就是说,在企业的营销策略从原来的产品销售向顾问式销售转型时,为了适应新的变化,销售人员需要从知识、态度和技能等方面全面提升自己的销售能力。

7.4.5.2 工业品销售顾问的诞生

顾问式销售是一种全新的销售概念与销售模式,它起源于 20 世纪 90 年代,具有丰富的内涵及清晰的实践性。它是指销售人员以专业销售技巧进行产品介绍的同时,运用分析能力、综合能力、实践能力、创造能力、说服能力达到客户的要求,并预见客户的未来需求,提出积极建议的销售方法。

传统销售理论认为,顾客是上帝,好商品就是性能好、价格低,服务是为了更好地卖出产品;而顾问式销售则认为,顾客是朋友,是与销售者存在共同利益的群体,好商品是顾客真正需要的产品,服务本身就是商品,服务是为了与顾客达成沟通。可以看出,顾问式销售将销售者定位在客户的朋友、销售者和顾问 3 个角度上。因此,如何扮演好这 3 种角色,是实现顾问式销售的关键所在。

作为现代营销观念的典型代表,顾问式销售有着现代营销观念的很多特征。现代营销强调买方需求,即通过产品与创意,传递产品和与产品有关的所有事情来满足顾客需要。而顾问式销售的出发点也在于顾客的需求,其终结点在于对顾客信息的研究、反馈和处理。在销售过程中,经销商在厂商和用户中起到桥梁作用,实现信息流的有效传递,一方面将厂商信息有效地传递给用户,另一方面,经销商作为产品流通中最接近消费者的一个环节,最了解用户需求,应该实现对用户需求的有效收集和反馈,及时地反馈给厂商。

所以,要想成为"医生"一样的销售顾问,至少要具备 3 个条件:专业的产品知识,问、听、说的技能,建立良好信任感的态度。优秀的销售顾问总是和客户建立长期和顾问式的关系,这样不仅能帮助自己所在的公司达到业务上的目标,而且还能站在客户的立场上,帮助他们达成业务上的目标。因此,要成为高明的销售顾问,就必须达到"我们永远要比客户落后一步拥抱结果;我们永远要比客户提前一步看到结果"的境界。在任何产品的定义中,价格都只是核心产品,其包装、服务、附加价值、品牌、诚信、信誉、成功案例、行业标准、技术实现、销售人员、职业化、销售力等就是其价值的综合体现。其实在老板心中,一直有一个声音在说:"价格战不能再打了,企业利润越来越薄,我该怎么办?"同样,销售人员心中也有一个声音在说:"我也想卖高一点的价格,但是,价格高一点,就没有竞争力了。"所以,大家共同的心声就是:"我要价值,我不要价格,让我们提升销售力吧!"要想提升销售力,就要改变销售人员的心智,让职业化得以张扬,让专业化形象得以展示,让角色定位得以转变,让知识水平得以提升,让技能娴熟得以发挥,让信任感得以延续……这就是销售力,这就是职业顾问的销售力。

在对顾问的理解上,"我们永远要比客户提前一步看到结果;我们永远要比客户落后一步拥抱结果",这句话暗示了销售顾问最关键的 3 个技术:

(1)销售顾问永远要掌握销售过程中的主动权。当然,主动权不是讲话多,而是有目的地引导客户,建立信任,让客户沿着你的思维方式进行沟通,客户的参与程度越高,往往信任感越强,销售的可能性越大。

(2)销售过程中设计问题非常有必要性。因为销售不是讲出来的,而是问出来的,问出客户的需求,问出客户的问题,问出对现有供应商的不满意,从而激发客户的行动力,工业产品更是如此。同时,客户也经常会问销售顾问问题,通过交流基本上可以发现,客户问题的种类几乎是差不多的,所以,尽可能地设计好这些问题的答案,让客户更加满意,就是关键了。

(3)销售顾问总是让客户得到快乐。因为客户的问题解决了,不满意消失了,客户得到了解决方案,自然就得给我们"李子"。因此,销售顾问就是通过自己的专业知识,提出良好的建议,为客户提供增值服务,从而获得相应的利润。与竞争对手相比,一个企业如果为客户提供更低成本的增值服务,为客户创造更多的价值,就会获得更好的生存条件。

例如,在家用中央空调领域,不应遵循传统家电销售的模式,而是运用工程项目的营销模式来提升销售人员的专业度,在售前咨询阶段给客户留下专业的形象,建立良好的客户关系,从而营造良好的信任感;在售中实施阶段,给客户提供专业顾问的安装咨询,充分与客户及时沟通,了解客户的想法,为客户提供专业的建议,确保每一个工程项目都是一个样板;在售后阶段,定期回访,及时维修,形成良好的口碑,为销售的下一个循环做好铺垫。

7.4.6 分类管理客户关系

一个成功的客户关系管理,是从产品营销到售后服务,从售后服务再到使对方成为长期客户的过程。拓展客户难,维持客户更难,经济越是不景气,客户资源就越是稀缺,因此客户关系管理越来越风靡。过去,客户关系管理给人的印象是一些高科技公司搞的一种与 IT 技术相关联的管理新理论,其炒作成分过多。但是从全球趋势来看,制造业已经开始越来越多地穿上服务业的外衣。在这个客户稀缺的时代,什么才是企业的核心竞争力呢?对所有的企业而言,至少有一项是不可或缺的,那就是管理客户关系的能力,把一次性客户转化为长期客户,把长期客户转化为终身忠诚客户。国内企业间的竞争也从低价策略向注重长期客户关系管理转移。

7.4.6.1 企业为什么要选择客户

根据帕累托的 20/80 法则,企业营业收入的 80% 是来自于 20% 的顾客。如果能为这部分顾客提供更有针对性的服务,提高他们的满意度,他们就更有可能成为公司的忠诚顾客从而持续不断地为公司创造利润。根据有关研究的结论:争取一位新顾客所花成本是维系一位老顾客的 6 倍;企业如果比以往多维系 5% 的老顾客,就可以让利润提升 100%;如果企业只为顾客提供一种产品或服务,那么顾客与企业维系关系的概率为 15%;如果企业与顾客维系关系的产品或服务增加到 2 项,那么顾客与企业维系关系的概率上升至 45%～60%;而如果有 3 项或以上的产品或服务作为与顾客之间的桥梁,那么顾客与企业维系关系的概率将高达 90% 以上。所以,针对客户进行市场细分,研究并分析 20% 有价值的客户,企业营业收入就能增加 80%。80% 的收获,来自于 20% 的付出;80% 的结果,归结于 20% 的原因。企业如果能够知道产生 80% 收获的,究竟是哪 20% 的关键付出,那么就能事半功倍了。因此,选择客户十分重要,原因有以下 4 个:

(1) 企业的资源是有限的。企业所拥有的资源如生产能力、人员、资金等在任何时间都是相对有限的。而企业每增加一个客户,都需要为这个客户使用一定量的资源。从这个角度讲,企业的客户量与其资源拥有量是成正比的,每个企业真正拥有的客户应是有限的。因此,企业要有客户标准,选择性地拥有客户,使其尽可能都是对企业有价值的客户。

(2) 选择客户是企业定位的市场表现。有人说,企业定位就是把所有头发拔得只剩一根。也就是说,企业定位要特色鲜明,通过有特色的产品,选择特定群体的客户,即企业是通过选择客户彰显了企业的定位。

(3) 选择客户体现了企业的品牌和尊严。劳斯莱斯成为世界公认的名车,有一个重要的原因就是它只卖给国家元首、皇室成员、绅士名流、商界富豪,对客户背景严加考证,而且不同客户类型车身颜色有别。正是这种选择客户的销售模式成就了劳斯莱斯车坛太上皇的地位、品牌。一些企业奉客户为上帝,似乎客户成为企业的主宰,企业就该归上帝支配了,其实成功的企业都否定了这一点,企业要独立自主,依靠自身,自己做自己的主人,即企业对客户一定要行使应有的选择权。

(4) 选择客户才能拥有大客户、忠诚客户。冠军是在精英中再三选择,最终留下来的没法淘汰的那一位。企业选择客户也是类似的,经过一系列限制条件(如规模、资金、信誉、管理水平、技术实力等)选择后入围的客户肯定会珍惜与企业的合作,企业也清楚这些客户是企业真正需要的客户,是企业的重要资源和财富,企业的有限资源和精力就会偏重于他们。企业对待这些客户的措施应切实向关心客户需求、客户发展、客户利益转变,彼此建立长期战略合作关系,共赢共成功。

7.4.6.2 企业与客户之间的依存关系有两大关键需要把握

1. 赢利/绩效:赢利能力与绩效提升必须兼备

赢利是一个企业生存的第一前提,无论是从企业自身考虑,还是站在客户角度考虑,都是如此。一个企业的赢利水平,必须建立在具备并持续保持市场竞争力之上。市场竞争力的提升,离不开企业自身内部客户与外部客户的齐心协力。进一步说,内部客户就如同企业赢利的基石,它是前提,也是根基所在,企业必须高度重视。

不过,企业要想成长、赢利,最主要的还是要靠外部客户的"砖与瓦"。一个企业没有自己坚实的外部客户资源,无疑是无源之水。所以说,一个企业要想具备并持续保持市场竞争力,就必须牢牢抓住客户尤其是大客户,区分开砖与瓦,差异化地对待他们,让他们持续提高企业赢利的能力。当然帮助客户提高盈利能力也是企业的任务。

绩效是企业在考虑问题时的第一出发点,也是企业内部员工、外部客户联系的第一纽带。一个企业要想持续发展,内部员工的绩效带来的整个公司的绩效提升,是最根本的,而外部客户产生的绩效,则是最为关键的。要想外部客户产生和提高绩效,必须切实给他们一些政策、一些支持、一些标准。这里面有个特别重要的环节,即不要忘记帮助客户产生绩效。如果一个企业没有绩效的持续提高和改进,那么这个企业的发展就会滞后、后退,甚至导致灭亡。

2. 满意/服务:客户满意度与服务水平相互促进

企业的服务水平促进客户的满意度提升。客户的满意度提高需要企业不断提升服务水平。上面我们已经认识到了外部客户的重要性,那么我们就要换个角度考虑客户的赢利能力、绩效的提升。这个就是提升客户满意度的最关键地方,也是客户的要害所在。这是很多销售顾问容易忽视的问题。

客户满意度提升促进企业的服务水平改进。服务水平的改进依赖客户的评价,服务水平有很多层次,企业不能只看到简单层面上的服务,真正的服务还要讲究服务点的数量与深度,服务点的把握随着满意度的提升而增加。因此,只有客户满意度提升了,企业才可能更进一步提升服务水平。

7.4.6.3 企业如何选择客户

1. 理想客户

理想客户,就是对企业而言,其终生价值大,占用企业销售资源少的客户。企业选择客户,就应选择理想客户。就像达坂城的姑娘,嫁人时不仅自己去,还带着自己的妹妹、自己的嫁妆,赶着马车去,企业的客户如果是这样的,岂不是很理想?

2. 选择标准

理想客户,对企业而言可能只是一种假想,是一种模型。企业在选择客户时,要结合自定的理想客户模型,再定出选择标准。也就是说,一个客户其终生价值或潜在价值的大与小,企业要有衡量判断的标准。客户的终生价值或潜在价值与客户的规模、经营状况、市场定位、需求方案、战略价值,以及与本企业的合作倾向、关系、文化兼容性等息息相关。因此,企业的选择标准应包括:① 诚信度;② 经营能力;③ 经济实力;④ 经营地点;⑤ 最大需求量;⑥ 开发成本;⑦ 与企业互动性;⑧ 稳定成本。

3. 选择原则

首先,遵循客户的终生价值大于零的原则。要保证选定客户为企业带来效益。

其次,遵循有效管理原则。要保证所选客户能被业务员(部)有效管理,业务员(部)有时间有精力与之充分沟通、规范合作。

最后,遵循资源匹配原则。要保证选定客户的数量与企业资源相对等、相匹配,使企业资源发挥最大功效,创造尽可能多的利润。

4. 评价客户的 3 个指标

评价一个客户属于哪个类型,一般有以下 3 个指标:

(1) 单一指标。单一指标就是企业单纯从销售额、利润、回款金额、交易次数等数据指标来确立大客户分类标准。单一指标存在很多弊端和副作用。

(2) 金字塔模型(权重分析)。客户价值金字塔的应用是根据价值指标和指标权重为每个客户计算出综合价值状况,然后按照价值等级将客户划分为价值金字塔的不同区段,并进行可视化展现,从而形成量化的客户价值体系。企业可以选择不同的价值指标定义多个价值金字塔模型,例如利润价值金字塔、模版价值金字塔、潜在价值金字塔等,从不同的视角评估自己的客户群和每一个客户,明晰客户的价值取向、价值分布及不同价值区间的客户构成特征等。

(3) 客户价值计分卡。这是最新的划分方法,因为目前划分客户的价值大部分都是现实价值,然而有些企业的发展潜力比较大,例如,10 多年前很少有人充分认识到互联网行业的价值,而现在许多门户网站像新浪、网易等公司都已经上市,所以说可以没有综合的衡量标准。

因此,客户的价值分为潜在价值与现实价值。现实价值包括财务指标与销售指标,这两个指标可以非常明显地看到。潜在价值包括客户指标与服务指标,这两个指标可以根据客户本身对企业的潜在价值来衡量,最后透过 4 个方面进行加权平均来计分,所以未来客户计分卡一定会是一种趋势。

5. 选择策略

企业产品生产完后,就等一个"卖"字。卖到哪儿,卖给谁,就是界定目标市场、确定目标客户的问题,这本身也是一个选择客户的过程。选择客户得讲策略,以求四两拨千斤,事半功倍,常用的策略如下:

(1) 捕鱼策略。选定一个目标市场,按企业既定的标准撒网,能捞上来的客户都算数。关键是在什么地方下网,网孔大小要根据企业自身情况而定。此策略尤其适用于初创企业。

(2) 采蘑菇策略。在所到市场优先只采大蘑菇,而将小蘑菇留给竞争对手。关键是企业有实力能攻下所到市场的大客户。此策略尤其适用于老牌大企业。

(3) 声东击西策略。为选择一时难攻的甲,而佯攻与甲有关联的乙,希望甲迫于表象而降。关键是虚攻乙时,能否使甲就范。此策略尤其适用于甲、乙两客户彼此间竞争激烈,双方都不愿对方与本企业合作而获得更优外部资源支持的情况。但切记,勿弄巧成拙,偷鸡不成反蚀把米。

7.4.6.4　客户选定后工作

1. 对选定客户分类管理

客户选定后，将其详细资料加以整理归档，划分为 A,B,C 3 类，分类管理。

A 类为白金型客户。接近理想客户，是企业核心客户。企业 80％的利润靠他们贡献，是企业重点保护对象，要集中优势兵力随时关注他们的动态，关心他们的利益得失，注意竞争对手对他们所抛的"媚眼"，为他们提供有针对性的差异化、精细化服务，迅速有效地解决彼此间产生的冲突。

B 类为梅子型客户。古有"望梅止渴"一说，今天这"梅子"就是对企业有战略价值，但不一定带来很多利润的客户。"梅子"不仅让自己也让对手口中生津，能让企业增强自信，提升品牌知名度。但必要时，也不妨把远不可及的"梅子"分几粒给竞争对手，让他们耗些精力去寻找。

C 类为鸡肋型客户。这种食之无味，弃之可惜，抑或白白消耗企业资源的客户，应压缩其数量，减少为之服务的次数。

对客户分类后，可以让其明知自身享有的服务内容，并激发其向 A 类转化。

2. 培养选定客户忠诚度

大家都知道这样一个事实：一个满意的成熟客户所能为企业带来的价值远高于一个新客户的价值，而每一个成熟客户资源的流失所带来的损失远大于从一个新客户身上获得的补偿，我们认为一个企业能否稳健发展，成就百年老店，培养客户忠诚度至关重要。

总之，我们在生活中无时无刻不在选择，选房选车选妻选秀，择职择业择木而栖……选择是种权利。销售开始的第一步就是开发一位好客户，找到一位好客户等于成功了一半。好的客户是靠选择的。你应该保留的客户是谁？应该发展的客户又是谁？哪个客户给你带来新客户？哪个客户让你赔钱？企业家们，请拿出你们的权利，去选择客户吧！

7.5　工业品营销技巧

7.5.1　工业品营销之关键：找对人，说对话，做对事

在工业品销售过程中，找对人比说对话更重要；如果不能有效地找到关键决策人，甚至连客户的需求也没有结合，而只是一味地找关系，靠吃、拿、卡、要、送等灰色营销的手段，长远来看是非常危险的。所以，我们针对市场化运作的机制提出了九字诀，即"找对人，说对话，做对事"。

1. 找对人

找对人就是在了解客户采购流程的基础上，在客户采购的每一个阶段找到该阶段的关键人。优秀的销售人员能够在与采购方人员进行接触的有限时间内，迅速地识别出那些对推进销售进程具有影响力的关键人物，并努力与之建立良好的业务与个人关系。例如，在发现需求阶段，此时的关键人是使用者，而不是高层决策者；而在技术标准确定阶段，关键人就是技术人员；高层决策者在购买承诺阶段才起到决定作用，是这个阶段的关键人。工业品客户内部角色分为 5 种买家，即经济买家、技术买家、使用买

家、财务买家、教练买家。① 经济买家,一般是客户公司的总经理或者项目决策人。他们考虑关心的重点是利益最大化和性价比适中。这些人物有购买的财务决策权力,是项目最后的拍板人,但往往比较难以掌控。② 技术买家,一般是客户公司的技术主管。他们考虑的重点是项目可行性、技术效果等,他们具有对技术上的建议权和否决权。技术买家一般不关心商务条件。③ 使用买家,一般是客户公司生产部门或者使用部门的主管。他们关心的是产品应用是否方便,是否具有可操作性。使用买家有是否采用的说话权,虽然不起决定的作用,但是他们的意见具有一定的影响。④ 财务买家,一般是客户公司的财务主管。他们是负责付钱的,希望预算不超过标准。他们可能是价格谈判中的主角之一。⑤ 教练买家,一般是客户公司的业务部或采购部。他们是希望你拿到生意的人,是内部的催化剂,他们既关心要满足公司组织机构的利益,又关心能够同时满足个人的利益。对于教练买家,必须及早与之发展关系。

2. 说对话

说对话是建立客户关系的基础。从开始的寒暄到观念认同,再到价值观达成一致,这些都需要销售人员说对话。没话题找话题,找到话题聊话题,聊完话题没问题,这是销售人员说对话的最高境界。销售人员要从菜鸟级逐步成长为中鸟级、老鸟级、遛鸟级的沟通大师。

3. 做对事

做对事就是指了解客户的需求,有针对性地制作方案或标书。关系固然重要,但是方案与标书也要不比竞争对手差才行。在实际项目销售的过程中,不可能只在乎关系,而忽略产品的性能。所以,人要做好,事情也要做对。

因此必须进行工业品营销之客户采购流程分析:

(1)建立客户内部的组织架构图。旨在对客户的决策层、管理层、基层等内部组织构架有个清晰的概念。

(2)了解客户内部的采购流程。一般客户的采购流程可以分为6个步骤:发现需求—内部酝酿—标准准备—评估—购买承诺—安装使用。

(3)分析客户内部的角色与分工。客户内部的角色可以划分为决策者、使用者、影响者、内部战略同盟者(教练)等,他们在采购过程中的作用是不同的。

(4)明确客户关系的比重。在不同的采购阶段,每个参与的角色的作用是不同的,因此,相应阶段客户关系的比重也是有侧重点的。在发现问题阶段,发展与使用部门的关系就是此阶段的重点,而到了项目评标阶段,发展客户关系的重点就转到了决策层方面。

(5)制定差异化的客户关系发展表。差异化的客户关系表是相对于竞争对手来说的。建立和发展与客户的关系,应在了解竞争对手的策略基础上,制定差异化的客户关系策略,突出本产品和服务的优势。

7.5.2 如何开发新客户

在销售开始的时候,或者说,要开发新的客户的时候,企业会面临一个问题:谁是潜在客户?因为如果不弄清楚这个问题,我们将会无功而返。

7.5.2.1 什么是合格的客户

合格的客户应该具备以下特征：

1. 有购买需求

企业不可能给一个家庭主妇推销 PLC（Programmable Logic Controller，可编程逻辑控制器），或者给一个化工企业推销 Intel 的芯片，这是显而易见的事情。

需求可以从两个方面来明确：

（1）产品本身的设计思路和产品的市场定位策略，为我们提供了一个被动的需求。

（2）客户的应用需求。这是一个具体的、有多变性的需求，并且从市场角度来考虑，我们认为销售的过程同时也是对客户的需求重新了解的过程。

2. 有购买能力

显然，企业的产品是客户所需的，但是，如果价格或者交货周期及由于客户资金周转的问题而造成无法采购的话，这就属于购买能力的问题了。合格的客户一定是有购买能力的。

3. 有购买决策权

事实上，我们接触的大部分客户方代表没有决策权。

企业在销售过程中会发现，客户方有实际决策权的人，往往都是委托工程师或者采购工程师来与企业进行洽谈，但是，这些人只有很好的建议权，并没有决策权。作为销售人员，必须明确谁是决策的人，否则，如果竞争对手方的销售工程师与决策者有较多的沟通，那么你与只有建议权者沟通再多可能也毫无意义。

7.5.2.2 如何去发现潜在客户

当今社会是一个信息社会，我们对信息的理解在于我们如何获得潜在客户的情况，使我们能够有目的地进行销售工作，而不是盲目地去拜访。

通常我们可以采用的渠道包含以下几个：

（1）专业期刊

这里提供了客户的项目信息，以及一些客户单位的发展动态。

（2）公司名录

这是一个简单的信息，基本上用途不大。

（3）电话黄页

这里提供的是电话号码和地址，但是，我们可以确定这是一个行业潜在客户。

（4）Internet 搜索

这里提供了客户比较详细的资料。

（5）非竞争的销售人员提供的信息

非竞争的销售人员提供的信息价值可能会高一些，因为他可能介绍了具体负责这些问题的具体的人。

（6）公司内部的客户主动询价

这是最好的潜在客户。

（7）展会和研讨会

在这里我们可以认识一些人以备今后联系时候方便。

（8）老客户推荐

老客户推荐的客户通常是他们一个行业内的,甚至与老客户还有相当不错的私交,这些客户也是高价值的客户。

（9）电话推销

这是一个很好的办法,因为电话推销是为了预约,如果预约成功则说明这个客户至少是有兴趣的,很可能就是一个潜在客户。电话号码可以通过以上任何一种方式获得。

（10）朋友推荐的客户

这同样属于高价值客户。

（11）其他合适的方式

我们可以看到(4)～(8)项方式获得的客户信息相对有较高的应用价值,但是比较好的方法是能够采用一个客户评估系统来评估这个客户,评估的标准就按照合格客户的标准来进行。

7.5.3　如何挖掘用户需求

7.5.3.1　挖掘需求六层次

需求是指在市场上能够引起客户的购买欲望。企业既要满足已经在市场上出现的现实性顾客需求,让每一个愿意购买企业的商品的顾客确实买到商品,也要争取那些有潜在需求的顾客,提供他们所需要的商品和服务,创造某些可以让他们买得起、可放心的条件,解除他们的后顾之忧,让他们建立起购买合算、消费合理的信念,从而将其潜在需求转变成为现实需求,使顾客前来购买企业的商品。这就是"创造市场需求"。企业真正要做到的是创造需求。

一个人或者一个企业每一次在进行销售的过程中,无论在意识还是潜意识上,都受到两个因素的控制,那就是追求快乐的欲望、逃避痛苦的动力。我们归纳为:追求快乐,逃离痛苦。

一个人要产生购买冲动只有两个关键因素:追求快乐与逃离痛苦。痛苦的影响力比快乐的影响力至少要大3万倍。头脑在对这些快乐或痛苦的程度做比较判断时,通常会比较倾向于逃避痛苦,就是说,若有痛苦产生,则认为逃避痛苦者优先。这也是销售切入的关键点。

在与客户接触的过程中,挖掘需求的一个策略是使问题扩大化,扩大其痛苦,促使其做出我们想要的行动。企业要善于站在客户的角度考虑与分析他们的需求,这会起到事半功倍的效果。一般客户的需求都具备以下6个层次:

1. 不满意

举例:工程机械企业A销售员在销售过程中刚开始接触客户,客户一般都是这句话:"我们用目前供应商的产品感觉还可以,就是有一点……不过没有值得我们更换产品供应商的太多理由。"

每一个客户在产生某种需求的时候,第一个阶段表现出来的都是对现状的不满意。他们或多或少都会对现状产生某些程度的不满意,这些不满意就是销售人员可能进入的关键点。

2．困难

当客户的不满意程度随着时间的推移慢慢扩大时，他们会表现出困难。日常的需要都表现出某些困难的时候，这是销售人员进一步切入的最好时机。

3．问题

客户的困难进一步演化，就会表现出很多问题。这个时候的客户就开始考虑问题对自己的影响程度，他们也许能够接受这些问题，也许想着以后再解决，没有产生迫切感，这个时候需要我们的引导。这个时期，我们就要试图把客户的问题扩大化。

4．痛苦

当客户的问题进一步恶化，或者被我们有意识地扩大化以后，他们开始产生痛苦。当客户感觉到问题的严重性时，我们要进一步把这种痛苦加剧，让客户更加痛苦。

5．想要

痛苦持续到了一定程度，客户就开始考虑如何减轻痛苦，从而产生了解决问题的想法，他们变得"想要"了。这个时候我们已经开始变被动为主动。我们只要把我们的"治疗方案"及时送到他们手中就好了。

6．需要

客户"想要"了，再加上我们精心设计的"治疗方案"，顺理成章，客户就产生了需要。需要解决他们的问题，需求达到了顶峰，这个潜在客户也就基本上成了我们的正式客户了。

7.5.3.2　挖掘需求的 5 把金钥匙

1．6W3H——开普通门

6W3H 是英文 Who（谁）、When（何时）、Where（在哪里）、What（什么）、Why（为什么）、Which（哪一个）、How（如何）、How much（多少）及 How long（多久）的首字母缩写，是问问题必备的技巧之一。"6W3H 人体树提问模型"是一种直接询问的方法，透过询问可以获取更多的资料。不管销售的产品是单纯的还是复杂的，调查工作都是不可避免的。

人们购买商品是因为有需求，因此就销售人员而言，如何掌握这种需求，使需求明确化，是最重要的也是最困难的一件事，因为客户本身往往也无法知晓自己的需要到底是什么。有一项发掘客户潜在需要最有效的方式就是询问，询问最重要的手段就是"6W3H 人体树提问模型"。可在潜在客户中借助有效提出的问题，刺激客户的心理状态，销售顾问就能将客户的潜在需求，逐步从口中说出。

2．漏斗式提问——开密码门

传统销售人员提问，一般采用喇叭式提问，弊端就是以自我为中心，一味从产品、服务展开提问，没有首先考虑到客户的需求。漏斗式提问就是运用引导需求技术的一个经典模型。

漏斗式提问简单来说就是一个逆向思维，实行的是站在客户角度考虑问题的倒金字塔模式。漏斗式提问真正从客户的角度出发，并且一步步引导客户产生需求。实践证明，这种提问方式成功的概率比喇叭式提问大得多。

3．开放&封闭——开螺旋门

封闭式问题有点像对错判断或多项选择题，回答只需要一两个词，"是"或"不是"，对或错,知道或不知道等。封闭式问题的好处就在于能够确认客户对某一事件的态度和看法,从而帮助销售人员真正了解客户的想法,针对特定的范围对目标客户进行询问,客户一般只能选择"是"或"否"。其主要目的在于引导客户注意到我们想要强调的重点或是引导对方思考的重点朝我们希望的方向发展。

开放式问题不像封闭式问题,只是回答"是"或"否"、"对"或"错",这种问题需要解释和说明,让客户根据我们的问题进行多个方面的回答,答案没有一定的标准,同时向客户表示你对他们说的话很感兴趣,还想了解更多的内容。

4. 赞美他人——开幸福门

我们与客户接触的过程中,要在适当的时机赞美客户。

如何赞美你的客户?

第一招,明夸与暗夸结合。赞美也是有讲究的。明夸你就直接赞美他,比如"张总,像您这种有智慧的不多",这种叫明夸。什么叫暗夸?比如"我听您下面的员工讲,您平时加班加点非常的辛苦,所以我感觉企业家能做到像您这样能得到员工的认同的真的不多",这种叫暗夸。什么意思?不直接夸他,而是借第三者的话来赞美他。对方一听"嗯,不错"。所以这是我们说的第一招。

第二招叫重复。什么叫重复?重复,说得简单一点就是把别人的话用自己的语言表达一下。比如"张总您一共讲了两点,第一点是……,第二点是……,张总是这样吗?"把别人的话用自己的语言重复一下。

第三招是必杀招,一般的人都抗不住。什么叫必杀招?比如你跟张总说:"张总您讲话慢一点点,您刚刚前面讲的那一句话非常的经典,什么叫不到长城什么来着,能不能麻烦您重复一下,让我专门再记录一下,您看行不?"张总都忘了是哪一句话,然后你得提醒他一下,"说不到长城什么来着,噢,非好汉"。原来是这样。这一招一般的老总都抗不住,但是要注意,不能重复在一个老总身上用,一个老总用一次就可以了。

第四招是就是把别人的话先总结一下,再加上自己对这句话的想法和看法,这种叫垫子。举个例子而言,你跟对方说:"张总,您刚才一共讲了两点,第一您说目前为止有3家供应商,第二呢,您说选择供应商并不单看价格,您还要考虑质量、服务等,是这样吗?"对方说"是的"。然后你开始引申了:"张总,您不把价格放到第一位,而是把质量跟服务放在第一位,像这样的企业是未来非常有生命力的企业,张总,您真的蛮厉害的。"这一种叫垫子。然后再问他:"张总,那么您对质量跟服务又有什么要求呢?"先把别人的话总结一下,再加上自己对这句话的想法,为什么这一招有效?因为你会让客户感觉你非常在乎他讲的话,他讲的话你都听得懂,非常尊重他,所以这种情况效果来得更加明显。

第五招我们叫作肯定并认同,这个里面有3招,我们能够让企业家稍许训练一下,这3招可以说是"万金油"。到什么地方你都可以用,就是达成观念的共识。其实我们经常说"兄弟,你讲得非常有道理"。第二句话是"兄弟,我非常理解你的心情",还可以说"我也非常理解你,所以往往选择供应商不能选择一家,是的,换成我是你,我跟你也会有一样的想法跟看法,我非常理解你的心情",你仿佛站在别人的角度。对方感觉你好像认同他。第三句是"我非常认同您的观念"。

5. 两大原则——开天堂门

追求快乐，逃避痛苦，即快乐、痛苦两大原则。

我们必须学习如何能够使用追求快乐和逃离痛苦的这一过程，以有效地改变自己或改变别人的行为，进而能帮助我们达成所要达到的目标。懂得如何运用人类追求快乐及逃避痛苦的法则，将会让你无所不能，达成你想达成的目标，它的影响力是非常巨大的。

7.5.4　大客户营销

7.5.4.1　大客户的含义

大客户（Key Account，简称 KA）又被称为重点客户、主要客户、关键客户、优质客户等，有两个方面的含义：其一指客户范围大，客户不仅包括普通的消费者，还包括企业的分销商、经销商、批发商和代理商；其二指客户的价值大小，不同的客户对企业的利润贡献差异很大，20％的大客户贡献了企业 80％的利润，因此，企业必须要高度重视高价值客户及具有高价值槽力的客户。在大客户营销战略中的大客户是指后者，是指公司所辖地域内使用产品量大或单位性质特殊的客户，主要包括经济大客户、重要客户、集团客户与战略客户等。其中经济大客户是指产品使用量大、使用频率高的客户。重要客户是指满足党政军、公检法、文教卫生、新闻等国家重要部门的客户。集团客户是指与本企业在产业链或价值链中具有密切联系、使用本企业产品的客户。战略客户是指经市场调查、预测、分析，具有发展潜力，会成为竞争对手的突破对象的客户。

大客户营销战略是立足大市场、服务大客户，通过定制的客户解决方案和完善的服务，利用互动的平台来为大客户提供快捷方便的“绿色通道”，大客户服务宗旨是本着“优质、高效、方便”的原则为大客户提供“优先、优质、优惠”的“三优”服务，服务范围包括向大客户提供产品的咨询、宣传、受理和维护。大客户服务中心或大户室对外代表公司对大客户进行服务，对内代表客户提出需求，是公司与大客户之间的桥梁。

根据美国营销学者赖克海德和萨瑟的理论，一个公司如果将其顾客流失率降低5％，利润就能增加 25％～85％。而大客户营销战略就是为了提高顾客的忠诚度和满意度，保留顾客可以有两种途径：一是设置高的转换壁垒。例如，电信行业中，如果顾客转向使用其他运营商的产品，那么就会丧失一笔原来专门提供老顾客的折扣和优质的网络服务。二是提供高的顾客满意度和顾客让渡价值。这是保持顾客的根本办法。如果竞争者只是简单地采用低价或一些廉价的促销手段，就很难争取到顾客。

当今世界，一个企业无论规模如何大、产品如何全，也不可能拥有市场竞争所需要的全部资源和竞争优势。随着世界经济一体化进程的加快及市场竞争的日益加剧，世界经济已进入战略联盟时代。因此，我们要积极与政府、信息内容提供商、设备制造商、代理商等利益相关者合作，做大蛋糕，做强、做优企业，增强企业竞争力和抗市场风险能力。20％的客户创造 80％的收益，大客户对企业收入贡献大，因此，与大客户建立良好的关系是保证业务收入稳步增长、提高市场占有率的重要手段。推进大客户营销战略，实行客户经理制，为客户提供差异化服务，在战略上充分重视大客户对企业发展的重要性，在产品服务、价格、服务等级等方面给予大客户优质满意的服务，满足大客户个性化、差异化需求，以留住大客户。

7.5.4.2　工业品大客户十点关注

同样是工业用品的销售,不同的客户在采购、决策、关心内容等方面都各不一样。

1. 大客户对工业用品采购流程不同

工业用品的采购程序因公司的不同而各异,这取决于各公司的经营规模和管理侧重点。一般说来,要涉及以下方面:申请可能由工程设计部或所属工厂提出,然后交给采购部。如果采购的东西超出了常规,总经理或许会进行干预做最后决定。

在小型企业里,一切重要物资的采购大权实际上都掌握在老板的手里,但在决策过程中老板又或多或少受到下属们的影响。比如公司要购买一台复印机,虽然最终决定权在老板手里,但购买哪个牌子可能是由文秘建议的,因为这机器她用得最多,她也最有发言权。因此,工业用品的销售员通常都面对一种复杂的局面,往往需要拜见许许多多的人,并考虑这些人所扮演的角色,打通各种关节,最后才能做成生意。

2. 大客户对工业用品的购买动机不同

与生活消费品不同的是,工业用品更注重商品的使用价值,而生活用品消费者更多考虑的可能是商品的形象和等级。价格对于工业用品来说也很重要,但第一要素肯定是质量。因为企业都有这样的认识,再便宜的东西如果不耐用也是白搭,能够使企业正常工作才是最重要的。这也正是工业采购员的责任所在。

尤其在企业购入生产性设备时,老总最关心的就是设备的运行费用、耐久性、可靠性和能否提供便捷的维修服务。只有这几条能满足,企业才会考虑购买。但对于机器设备出现的问题,应如何处理呢?当面对着的是企业老总时,可以把产品当作生产设备来推销,说明其产品是如何提高生产率,从而减少了企业的生产成本(时间及人力成本),加强了企业的社会竞争力。而面对设计部经理时,则更应强调其产品的方便快捷性。

3. 大客户购买工业用品一般有预算

以工业用品设备为例,它包括生产性设备和企业管理性设备。工业设备方面的生意有大有小,差别极大,小到手动工具,如手钻、扳手等只值几元钱的东西,大到价值几百万元的重型设备如机床、高炉及货船等。它们一般都计入经营性支出,而且列入企业资产负债表。有的设备是标准化的,可以摆到货架上出售,有的则是特意为顾客设计的。

绝大部分企业都愿意把投资用于购买优良的生产性设备上,因为他们都知道如果生产效率不高,企业就会失败。只要他们明白能够在相对较短的时间内(即回收期)获取利润,他们通常都愿意下订单。相对而言,企业管理性设备则比较难下订单,不少企业老总有这样的认识:购买生产设备,企业可以赚钱;购买办公设备只是让员工更舒服些,对于企业不会有太大好处,因此企业购买管理性设备的审批往往受到比较严格的控制。

4. 大客户认为销售工业用品需要长期的关系

有人说在工业用品市场上,只有拥有关系的人才能拥有顾客,此论虽非真理,却充分表明:当顾客已经与竞争对手建立起良好关系时,你能否插足进去并把客户拉到你一边就成了全部工作的关键。从另一方面讲,你一旦与客户建立起长期关系,并能不断向他们提供良好的服务,就如同树起了一道坚固的围墙,可以阻挡竞争对手的入侵。

有时,工业用品交易的谈判可以延续很长一段时间,甚至几年之久,新手们往往不可能一跨进大门就立即获得某公司的生意。大部分公司都有契约义务,在旧合同期满前没有购买权。当然,并非所有的工业用品都需要这么长时间的关系,有时公关活动做得好,高层的互动比较容易获得订单。

5. 大客户比较强化谈判协商

在许多情况下,工业用品的价格是可以谈判的,尤其是遇到大买主时。在推销特殊原材料、组装件、零部件和某些服务时,价格一般需双方进行协商,通过谈判达成双方接受的价格和条件。谈判是非常重要的手段,学会谈判,了解并懂得真正的谈判对于大客户的销售非常重要。

6. 大客户需要备忘录等来强化双方的信任感

在工业用品市场,为了减少双方的误解,人们普遍都要采用书面合同(契约)或备忘录等方式,不同的阶段采取的方式也各不一样,双方往往都需要一些承诺,从一些小小的承诺到最后大大的承诺,然而,承诺的方式就是备忘录等,因为人们往往相信过程是非常重要的,而不仅仅重视结果。

7. 大客户对工业用品更需要售后服务

服务已成为当前商家竞争的一大手段。有无良好的服务措施及设施,是非常重要的问题,对工业用品而言尤其如此。可以毫不夸张地说,在许多情况下,你的快速维修能力可能是你做成生意的主要原因。如果购买了复印机,却经常失灵,失灵后又难以找到必要的零件和人力进行即时维修——这种情况极易破坏工业用品买卖双方的关系。

有时,买主为了使维修工作及时进行,宁愿多出点钱也无所谓,甚至会购买一些维修零件库存备用。由此可见,工业用品的售后服务是多么重要。对于工业用品来说,拿到订单只是销售的开始。工业用品销售员的成功与否,取决于随后的服务工作。因此,工业用品销售员应当切切实实地做好善后的每一项工作,尤其是对待大客户,要特别认真,绝不能因小失大。

8. 大客户对工业用品的技术非常关注

在许多情况下,如果公司能够向顾客提供必需的技术咨询和技术交换,他们就会主动找上门来,与公司建立长期关系。那些并不想制造初级产品的工业公司更是如此。

例如,一个年轻人办了一家小公司,专门向保健品工业出售印好图案的包装盒,但他不是印刷商,对印刷技术也不在行,于是他找到一个可以提供印刷技术服务的公司,根据他的设计拿出成品。这样的客户一旦形成关系,就不太会被抢走。

9. 工业用品对大客户销售要抓住时机成交

大型公司内部的主管或领导有可能发生改换,如果项目本来运转非常正常,就一定要花费力气力争早一点结束,否则就可能会遥遥无期;如果项目本来运转比较一般或很差,但也有可能找到机会,因为可能来了一位新领导,这将是下手的好机会,所以时机非常重要。

总之,工业用品的成交没有什么特别的地方,但有一点要特别强调,那就是"机不可失,失不再来",工业用品的客户都十分重视发货时间。

10. 大客户服务的 4 个期待

作为大客户,对公司服务的期待必然也大于普通中小客户,除了要求基本服务的满足外,大客户对服务还有更高的期待,只有满足了大客户的期待,才能够提高大客户的满意度,获得大客户的忠诚度,赢得大客户。工业品行业大客户的服务要求更高,涉及面也更广。除了使用前后及时、周到、全面的安装调试、实验、试用、问题解决等服务型工作要求外,还包括财务支付要求、供货周期及运输要求。大客户的生产流程要求严格,品质要求较高,因此对供应商要求严格,特别是在售后的服务方面。在一般情况下售后服务的优劣都直接纳入企业的供应商评估体系中,作为重要指标进行考查。大客户对服务一般有以下 4 个期待:

(1) 对客户显示良好的积极态度

在与公司合作的过程中,客户会遇到许多问题需要解决,甚至会对公司的产品或服务产生抱怨和投诉。这个时候,客户期待的是公司对其显示积极的态度,重视并及时解决其所反映的问题。对企业来说,这个时候的客户问题是必须解决的,也是最容易解决的,是挽留客户的最好时机。

(2) 企业内部有标准化的服务体系

客户对服务的第二个期望是,企业有标准化的内部服务体系来满足客户的需求。工业品行业一般都有自己的服务流程体系,我们建立了标准化的内部服务流程体系后,就能在一定范围内按照流程来处理问题,满足客户的需求。

(3) 个性化服务——提供有差异特色的服务

大客户的第三个期待是公司能够为他们提供差异化的个性服务。工业品行业的每个客户都有自己的实际情况,他们希望公司能够根据他们的自身情况,量身定做出符合他们的服务解决方案。预先了解或引导客户的服务需求,提供保障关怀类服务,通过对客户体验与感知的刺激,使服务成为切合客户需求、赢得客户青睐与忠诚的秘密武器,变被动服务为主动服务。

(4) 主动服务——用心为客户着想

世界上最好的企业都把自己的业务称为服务,产品生产出来后,实现本身价值的过程是第一次竞争,售前、售中和售后服务是第二次竞争,第二次竞争对客户更有吸引力,更能使客户倾心。实际情况正是如此,相对于产品、资金、设备等硬件而言,工业品服务具有更大的可控性和可塑性。客户,尤其是大客户,也是有感情的,期待着我们能够主动为他们提供真诚的贴心服务,就像对待自己的亲人一样,主动地为客户着想,"永远比客户先一步想到结果,永远比客户晚一步拥抱结果"。

7.5.4.3 大客户营销成功的关键

把握好大客户营销的三大关键点是企业成功必走的一步。

1. 小心走入大客户的 5 个误区

有了 20% 的大客户,衣食不用愁。但是,企业在大客户营销过程中往往难以把握大客户,甚至会使大客户越走越远,要做好大客户营销必须谨记以下 5 个区分大客户的误区。

(1) 单一指标风险高

企业在区分大客户的时候,有单一指标、金字塔模型、客户价值计分卡三大指标。

企业不能因为这些指标太复杂或者没有引起足够重视而单一拿出某一个指标来判断，这样做是很危险的。

（2）抓"大"放"小"

大客户一般都实力雄厚，有自己的市场全盘考虑和战略思维，而且拥有众多的企业资源，绝对不会为了某个企业而改变自己的整体策略，每个企业都只是大客户手中的一颗"棋子"。企业则不然，一旦企业认定大客户利益至上，抛弃了其他中小客户，那就等于是将自身身家安全系于一仞间，所冒的风险实在是太大了。因此，不要因为客户"大"，就丧失管理原则，更不要因为客户"小"，就盲目抛弃。在大客户营销中，企业应该切记厂商之间没有永恒的朋友，也没有永恒的敌人，只有永恒的利害关系！

（3）大额产品等于大客户

企业在区别客户大小的时候时常会犯这样一个错误，即大额产品等于大客户，其实不然。的确，大额产品是大客户的特征之一，但是大额产品并不等于大客户。

其实这个道理很简单，例如单次销售金额大（如泵车、客车、飞机、工程机械等），这只能说是大单销售、大额产品销售，销售过程非常复杂，周期非常长；又如一次性大额销售，若一个客户2015年2月交易了一个200万元的产品，但直到2016年12月都还没有第二次交易，就连一点耗材、其他服务都没有，而企业却耗费了巨大的人力、财力在维护和这个所谓大客户的关系上，就会得不偿失。

（4）大客户营销获量，中小客户营销获利

企业在大客户营销过程中，应该转变以往那种靠大客户获量、靠中小客户赢利的观念，毕竟时代不同了，社会在不断前进。企业转变不了这种观点，必定只剩死路一条！许多企业为了博取大客户的"芳心"，往往将自己的总体营销思路定为：重视大客户营销，但目的并不在于获得利润，而在于提高销量，扩大市场份额；企业的主要利润来源于中小客户。

（5）企业给大客户的优惠政策愈多愈好

企业在给予大客户营销政策和市场支持时，必须把握好一个度，并不是优惠政策愈多愈好，"过犹不及"就是这个道理。优惠政策不是越多越好，太多只能引起他们的不满和再不满，要清楚测算出利润的空间，更不能太放纵大客户的变性。

2. 要对大客户有效分类

环境因素的不同，造就了每个人的差异。企业要深度了解大客户，就要对大客户进行分类。工业品行业的大客户在类型划分上大致可以分为内在价值型大客户、外在价值型大客户、战略价值型大客户三大类。

（1）内在价值型客户——价格敏感

内在价值型大客户，即交易、产品价值型大客户。对这些客户来说，价值就是产品本身。他们注重价值中的成本因素，并对产品有很深的了解。内在价值型大客户知道如何使用产品。他们将产品或服务视为可以被竞争产品轻易取代的同质产品，希望产品价格能够尽量合理，或在采购方面获得便利。

（2）外在价值型大客户——产品增值

外在价值型大客户，即附加价值、顾问、咨询型大客户。这些客户不仅注重产品，还包含产品的增值服务、产品的价值或解决方案等外部因素。对他们来说，价值不是产品本身所固有的,而是存在于如何使用产品上。附加价值型客户对产品方案和应用感兴趣,认为销售队伍能为他们创造出大量的新价值,而他们也会为建议和帮助额外付费。他们希望销售人员能为他们的需要和方案提供新的见解,并愿意为找出客户化的方案而与销售人员合作,并投入时间、精力和费用。

(3)战略价值型大客户——资源互补

战略价值型大客户,即战略伙伴、企业、资源互补、合作伙伴型大客户。这些客户要求非一般的价值创造。他们想要的远远超过了供应商的产品或建议,还想进一步利用供应商的核心竞争力。战略价值型大客户对其组织内部进行深度变革保有准备,其战略是与选择的战略型供应商建立起密切的关系,并得到最佳利益。在战略价值型关系中,几乎不可能分清谁是买方,谁是卖方,地位平等的双方之间存在着更深层次的关系。双方共同工作以创造超常水平的价值,而这种价值不可能由任何一方单独创造出来。

3. 与关键人物互动

由于工业品销售的金额较大,项目周期也比较长,往往高层的关键人物的决策是最重要的。所以,把握好与关键人物的互动,是使项目成交最有效的方式。但关键人物一般是很难见到而且很难沟通的,因此 IMSC 中心提供了 7 种诀窍供大家参考,简称与关键人物沟通的"七剑下天山"。

(1)借用资源,借力打力

高层高高在上,我们很难接近……有时,想和高层见个面太难太难。深入敌后——太慢,拦轿喊冤——欠扁。所以,很难见到高层。

如果有内部的人帮你,那么与关键人物见面的概率就会非常大。因为人有一个心理上的特点,通过内部的介绍,第一他会对你放松警惕,第二他也要照顾同事的面子。所以如果你没有内部人员的介绍,为了成功起见,你也要制造一个这样的人。这个人可以是其公司内部的中层干部,也可以是外部人士,如亲戚、朋友等。因此,我们可以借用中间人资源(通常其公司内部的中层干部是中间人,也就是教练买家),进行借力打力,达成与关键人物互动的机会。

因此,结盟中层,发现机会,制定策略,与关键人物互动就变得非常重要。也就是说,我们在个人权限已经无法推动项目进程时,可以借助于对方公司技术人员或者上层经理的力量,强化自身优势和卖点,发展与对方的关系。

(2)细节决定成败

工业品营销中,请客吃饭已经不能再打动人,而微不足道的细节往往能起到四两拨千斤的作用,在细微处让对方感动,从而让对方对你的为人及产品产生好感。

(3)风格矩阵图了解关键人物风格

在销售过程中,对关键客户的拜访与分析相当重要。关键客户即决策者有 4 种主要风格:领导型、施加影响型、检查型和跟随型。对于不同类型的对方角色,我们要分析其沟通特点,对症下药。对待领导型的决策者就要开门见山,并用利益吸引对方;对待施加影响型的决策者,就以专家对专家的形式推动其决策;对待检查型的决策者,要多赞美对方;而对待追随型的决策者,就要利用别人的影响力来推动其决策。

（4）逃离痛苦，追求快乐

大多数销售人员销售产品，他们一上场就跟客户说自己的产品多好，能够带来多大的利益。这一招对待小客户没错，在消费品行业比较有希望，让小客户心动，马上掏钱，几百块大家都可以马上决定。但是，工业品行业由于周期长，客户考虑的因素比较多，这一招可能不太灵，除非你发掘对方的需求，即对方追求快乐的倾向，从而引申问题，让客户痛苦，并且能够帮他解决问题，消除或减轻痛苦。这就是顾问的价值。

（5）高层互动

随着大品牌、大企业、大市场的逐渐形成，企业各种资源得到了有力的整合和利用。特别是客户资源，企业在发展中最关注的是品质和服务，以及能否提供超值服务。在市场中拜访客户次数最多的是一线服务人员。客户对我们企业支持很大，合作了许久，可是连公司高层都没有见过，更不用谈公司高层向客户表示感谢了。因此，公司高层弯下身来，做公司的"首席客户经理"亲自拜访客户具有重要的作用和意义。

（6）参观考察

在客户的内部酝酿阶段，邀请决策层参观考察是非常有效的销售方式。参观考察不仅可以安排客户参观自己的公司，也可以安排客户参观成功客户的公司。

（7）商务活动

商务活动一般能够增进双方的沟通，进而搞定高层。目前，公司与客户间的商务活动有很多种，常见的有赠送礼品、开展体育比赛等联谊活动、VIP 客户俱乐部及客户见面会等。

7.5.4.4 大客户经理的角色定位

大客户经理应具备这样的素质：首先对客户而言，客户需要大客户经理对客户本身的经营状况、赢利方式有绝对的了解；具有相当强的沟通能力；产品知识丰富，业务知识全面，有能力与其高层沟通并提出建议性的设想，并有能力推进合作。如果购买方认为大客户经理在其企业中缺乏权威，无法决策问题，那么他们将不愿意和这样的企业有更深层次的合作。其次对企业来说，若要大客户经理忠诚于自己的企业，必须具有很强的销售谈判能力，在整体的战略思考、管理计划、行政组织能力上要更胜一筹，对于产品知识和培训能力也有一定的要求，熟悉法律、财务的基本知识。作为一个优秀的大客户经理，不仅要求其整体素质全面，还必须扮演好 4 个角色，即舵手的角色、医生的角色、教师的角色和朋友的角色。

1. 舵手的角色

"大海航行靠舵手"，这句话充分说明了舵手在航行中的重要意义。如果舵手不称职，就很容易搞错航向，使船多走弯路或触上暗礁，也难以对气象、潮汐、海流等进行准确的把握，航船很容易遇上大风大浪而倾覆，甚至最终造成船毁人亡的惨剧。在激烈的市场竞争中，市场环境千变万化，极为复杂，如果大客户经理没有战略的眼光和超强的预见性，对周围的市场环境和竞争对手缺乏敏锐的洞察力，在工作中肯定是思路不清，方向不明，缺乏创新，要么跟着别人走，要么走一步说一步，这样就很容易走入竞争对手布下的陷阱，被竞争对手打败，或者止步不前，被竞争对手所淘汰。

2. 医生的角色

医生是救死扶伤的，看似与大客户经理没有多大联系，而深入分析就会发现，一个优秀的大客户经理应该具有一名优秀医生的某些素质。衡量一名优秀医生的最根本、最理想的标准是看其能否在最短的时间内准确判断病人的病情与病因,并据此制订出最有效的治疗方案,使用最有效的治疗手段,使病人治愈时间最短、花费最少、痛苦最小,而且病能根除,不再复发,也就是常说的对症下药,药到病除。一个优秀的大客户经理也是一样,要随时发现自己所领导的团队肌体上已经出现或可能出现的问题,并能够及时采取有效措施予以化解,使团队随时保持健康的体魄和旺盛的战斗力,成为一支拉得出、打得胜的营销精锐之师。

3. 教师的角色

师者,传道、授业、解惑也。一名优秀的教师能够把自己渊博的知识毫无保留地传授给自己的学生,而且能够保证学生有效地吸收、消化,并进一步创新和提高,达到"青出于蓝而胜于蓝"的理想境界。一个优秀的大客户经理也是如此,首先,必须在营销理论与实践方面远远超出普通业务人员的水平,是这个团体中专业水平的权威;其次,心胸开阔、品德高尚,受到全体下属的尊敬和爱戴;最后,能够把自己的所长无私地传授给自己的下属,与同事们一起提高,鼓励下属在某些方面超过自己,也能够接受下属超过自己的现实,能够充分发挥每个人的潜能和才干。所以,一个优秀的大客户经理一定具有高超的沟通水平和培训水平,能够有效地向下属传递知识和信息,快速提高下属的能力和水平。

4. 朋友的角色

真正的朋友之间是无所不谈、无所不知的,既能够接受对方的表扬,也能够接受对方的批评;既能同甘,也能共苦。一个优秀的大客户经理不但要有较高的威信和较强的感召力,更应具有较强的亲和力,让下属有一种敬而近之、而不是惧而远之的感觉,愿意与你同甘共苦,愿意向你倾诉心中的酸甜苦辣。为此,一个优秀的大客户经理必须是下属的好朋友、好兄长,在开拓市场过程中既能带领大家冲锋陷阵,吃苦在前,享乐在后,又能深入下属中间与他们促膝谈心,真诚地了解他们的思想动态、观念思路、意见和建议等,尽其所能地帮助他们,充分发挥他们的主观能动性。

7.5.5 工业品销售之陈述技巧

什么是工业品销售中的陈述技巧?就是销售人员在通过提问(如 SPIN 的背景问题、难点问题、暗示问题和需求-效益问题)发现客户的真正需求后,对所提供的解决方案和产品优点进行介绍,使客户相信你介绍的解决方案和产品恰好能满足他们的需要的过程。这是工业品销售人员应当具备的一个基本功。

销售陈述一般可以在以下两种场合中进行:针对单个客户或者针对团体客户,如产品介绍会。一个成功的工业品销售陈述需要注意以下几方面。

7.5.5.1 产品的利益永远是销售陈述的重点

需要注意以下几点:

(1)确保解决方案和产品利益要与未来客户的需求精确匹配,客户不会理解那些他们不明白的特性,也不会重视那些与他们的实际需求无关的利益。

(2)针对客户中不同角色的关注点(高层决策人关注利益、技术人关注特性、使用人关注功能),对销售陈述的重点进行调整。

（3）向客户介绍不超过 3 个最重要的且能满足客户需求的优点和利益点，因为客户一般不会记住超过 3 个的产品优点和利益点。

7.5.5.2　使销售陈述变得妙趣横生

产品陈述需要遵循 AIDA 的原则，也就是注意力（Attention）、兴趣（Inspire）、渴望（Desire）及行动（Action）。

首先你必须要吸引住销售对象的注意力，引起他们的兴趣。要达到这个目的，除了针对销售对象的需要，展示你的产品所具有的优越性和价值外，还必须使你的销售陈述变得生动有趣起来，同时充分调动你的形体语言，而最好的形体语言技巧之一是微笑。

7.5.5.3　使潜在客户参与到销售陈述中来

可以通过提问、试用产品、产品演示等方法激发客户参与到销售陈述中来，潜在客户的参与可以使你抓住客户的注意力，减少客户对购买的不确定性和抵触情绪。事实上，使买方积极地描述利益比你描述相同的内容而买方消极地听效果更好。

7.5.5.4　证明性销售陈述更有力量

销售陈述中可借助第三方来证实你的产品优势和利益：① 让事实说话：图片、模型、VCD 等都是最好的选择方法；② 让专家说话：权威机构的检测报告或专家的论据；③ 让数字说话：产品的销售统计资料及与竞争者的比较资料；④ 让公众说话：来自媒体特别是权威报纸、杂志的相关产品报道；⑤ 让顾客说话：客户推荐函及一些实际使用的实例等。

7.5.5.5　应该做一些记录

你必须带着一本看起来很专业的笔记本，在你和销售对象讨论的过程中，用它来记录一些重要的东西。通过记笔记，客户就会觉得你很重视他的意见，这样你们的讨论会显得更加专业。

7.5.5.6　针对团体客户的销售陈述

除以上几点以外，还需要注意以下几方面：

（1）最好给陈述内容写一个提纲，产品的特点利益是介绍会的重点，其他根据重要性排列依次是：① 产品的竞争优势；② 与你合作过的重要客户名单；③ 公司的质量保证和资格认证；④ 公司的规模历史；等等。要根据会议的时间长短，对演讲内容做出合理的安排，确保最重要的内容得到充分的阐述，其他不重要的内容一笔带过。

另外，在给团体客户销售陈述前，一定要自己先预演，甚至多次预演。如果没有认真地预演过，很容易在实际陈述时出现"卡壳"的现象。

（2）在产品介绍会前还需要做到以下几点：① 知道每个参加会议的人的姓名和头衔；② 拜见或者至少致电参加会议的每一个人；③ 知道每个参加会议者的角色与职能分工，知道谁是决策的关键人；④ 知道参加会议者中谁是支持者，谁是反对者，谁是中立者。

（3）另外，要根据与会者的角色不同，对陈述内容进行安排。一般来说，企业高层更关心的是产品能够带来的利益：效率提高、收入大幅度增长、销售量增加、市场份额扩大、成本降低等，那么你应该在利益上做足文章，突出带来的收益，有明确的数字和百分比，如提高收入或降低成本百分之多少等。而技术人员对产品的特性、数字、标准和解决方案的优势感兴趣,如果你的关键人是有技术背景的,不妨对这些问题进行更详细的叙述。除此以外,直接的用户需要了解解决方案具备哪些功能,如何为他们简单而有效率地工作等。原则是影响力越低的人,你在其感兴趣的话题上花的时间越少,如果有人提出太多的问题,建议会后单独与他进行讨论。

(4) 最好留够提问和讨论的时间,以集中讨论客户关心的问题。有 3 种情况要注意:一是客户提的问题太简单,不要表现出轻视甚至轻蔑的态度。二是客户提的问题太难,不要慌张,可以告诉客户自己拿不准,需要回去查一下才能给一个准确的答案。三是客户有意刁难,遇到这种情况,可以这么讲:"您的问题非常好,不过需要比较长的时间来讨论,我们最好以后再详细谈谈这个问题。"

(5) 演讲的 PPT 文件除每张都加上公司标志(Logo)外,最好把客户的公司标志也列在其中,使之看起来像为客户专门定做的一样,这也会给客户一个自己很受重视的强烈暗示。

(6) 事先分发陈述稿,可以帮助客户理解陈述内容。但对于公司的秘密或可能带来法律问题的内容(如对竞争对手的贬低),不适合用书面的形式交给客户。

调查显示,销售陈述中如果仅仅是口头介绍你公司的产品,那么在 3 天以后销售对象只能留下 10％的印象。但是如果你一边介绍,一边进行产品演示的话,销售对象就会留下 65％的印象,你就会有很大的机会获得销售成功。所以成功的销售陈述还必须与销售演示结合起来运用,这样才能取得良好的效果。

7.5.6　工业品销售中的收场白

根据传统的营销理论,生意成功的关键是在承诺接受阶段正确地使用收场白技巧。收场白技巧有很多,例如:

(1) 假设型收场白。如"您希望货物发到什么地方,A 地还是 B 地?"

(2) 选择型收场白。如"您看是星期二发货好,还是星期四发货好?"

(3) 不客气型收场白。如"如果您不能马上决定,我不得不把它介绍给别人"。

(4) 最后通牒型收场白。如"如果现在不买,下星期价格会上升"。

(5) 空白订单型的收场白。如"未经许可,为客户制作发货订单"。

但这种收场白技巧是否是放之四海而皆准的真理呢? SPIN 经过对大量销售实例的跟踪和研究后发现:这种技巧对小生意小订单很有效,但对大生意的销售却是相当危险的。如果你从事大客户销售(如工业品大客户销售)工作,与你接触的都是经验老到的专业采购人员,并且你要与客户建立长期的合作关系,收场白技巧就不仅会降低你工作的效率,而且还会使你成功的机会大大减少。其原因就在于:收场白的目的就是想方设法使客户处于一种必须选择的境地,不管客户选 A 或 B 结果都是交易成功,这种给客户施加压力的手段对小生意小决定有效,但对大客户大生意而且大部分不是一个人能决定的大决定却有负面和消极的影响。SPIN 的结论是:生意越大,收场白技巧的有效性就越差;客户越精明,对使用收场白技巧就越反感。

请看以下例子:

销售员:张经理,您知道我们的产品是多么适合您,您可以在这里签字吗?(假设型收场白)

张经理：等一下，我还没有最终决定。

销售员：张经理，我们的设备可以提高您生产线的工作效率，价格也很优惠。如果您现在决定的话，您……（假设型收场白）

张经理：（明显不悦）目前不想买，本周也不会做任何决定。

销售员：这种产品很畅销，如果等到下个星期，也许就没有货了。（不客气型收场白）

张经理：（极不耐烦）我愿意承担这个风险。

销售员：您是全额付款享受 2％的折扣还是先付 50％的货款？（选择型收场白）

张经理：（愤怒）我打算把你从我的办公室赶出去。

那么，什么是大客户销售的成功收场白？

7.5.6.1　设立正确的目标

关键是以进展而不是暂时中断为目标（有关这一点我们将做进一步的详述）。

在一笔简单的生意中，只有两个结果：成功的承诺就是一份订单；没有得到订单就是失败。

但大客户销售中它却有 4 种结果：

（1）订单：客户很肯定地决定购买——成功。

（2）进展：推动生意朝着成功的方向发展——成功。典型的进展可以包括：① 客户同意参加一个产品演示会。② 客户让你见更高一级决策者。③ 客户来工厂参观考察。④ 客户邀请你参加投标。

（3）暂时中断：没有具体的行动使生意有进展——失败。典型的进展可以包括客户说：① 我们非常有兴趣，下次有时间我们再一起谈谈。② 把资料留下，如果我们想进一步了解情况，会与你联系。③ 产品不错，我会向总经理推荐的。……

（4）没成交：客户明确表示拒绝，也包括拒绝下一次拜访或拒绝你见更高一级决策者——失败。

需要说明的是，在大客户销售拜访中仅不足 10％会以订单或没成交而结束，另外 90％是以进展和暂时中断而结束的。把暂时中断列入失败的范畴，也许你会认为这不公平，毕竟客户说了一些积极的话，如"我们很感兴趣"或"你的产品真不错"等，但以一个经验丰富的销售员来看，其客户的潜台词就是"我没有兴趣，你可以走了，我不想见到你"。

大客户销售从来不是一次拜访就能成交的，拜访周期有时是几个月甚至是几年，关键是每次拜访都能推动生意朝着成功的方向发展——进展，SPIN 的研究中把进展列入成功的范畴，而且将进展作为拜访和承诺接受阶段的目标。

大客户销售以具体的行动而不是用言语来衡量收场白。目标的关键是以进展（如何得到一个具体的行动和进展）而不是暂时中断为目标（如"搜集客户信息"和"建立良好关系"等泛泛目标）。

7.5.6.2　获得承诺——4 个成功的行动

（1）注重调查和证实能力：没有必要将收场白看成整个销售会谈中最重要的部分而煞费苦心，成功的销售人员把主要的注意力都放在调查阶段，最关键还是问题，如背景问题、难点问题、暗示问题和需求-效益问题。问问题的结果是客户逐渐意识到他们迫切需要购买你的产品,对一个原本就想购买你产品的客户你不必使用收场白技巧。

(2)检查关键点是否都已经陈述过了:在大生意中,产品与客户的需求似乎都是相当复杂的,因此做出承诺时客户的心中有混淆和怀疑的可能性,最有效获得客户承诺的方法是:询问客户是否还有什么更深层次的问题或其他方面的问题。而以收场白技巧回答和躲避客户的疑惑和关注的问题势必会引起客户反感。

(3)总结利益:总结关键点,特别是利益点的总结。在接近承诺前通过总结关键点为客户理出一条思路。

(4)提议一个承诺:在大客户销售中,要求订单不是重点,大部分情况是如何得到一个具体的行动和进展。使销售会谈有所斩获的最有效的方法是向客户建议下一步的行动内容,使生意向前进展。

7.5.7 如何与客户建立相互信任的关系

大家都认同工业产品销售中关系的重要性,而关系的两大因素之一——信任,是双方交易得以成功的基础和关键。其实销售人员每天工作的绝大部分时间是在与客户建立信任,准确地说是在尽可能短的时间内与客户建立信任,同时保持和加强这种信任。信任的建立将会占据销售人员日常工作越来越重要的地位,在客户的长期维护中也必然发挥长足的作用。我们将通过以下8种途径,来分析如何与客户建立信任并获得订单。

7.5.7.1 有熟人牵线搭桥

中国传统的社会是一个熟人社会,其特点是人与人之间有着一种私人关系,人与人通过这种关系联系起来,构成一张张关系网。在关系网里人们彼此信任,"熟人好办事"的说法正是对熟人社会的一种朴素表达。两个人来办同一件事,我们对生人的标准要求往往要高于对熟人的标准要求。

中国人办事找熟人,找熟人好办事,传统的人际关系就是解决这个问题最便捷、最经济、最可靠的资源。亲帮亲,戚帮戚,困难就变得容易多了;朋友、亲戚、同学、家人、曾经的客户,以及与这些人有关系的人,都可以成为你的熟人。不熟可以变得熟悉,陌生可以变得亲热。只要与你所要公关的客户、与你所要获得的信息有一定的关联,你都可以抽丝剥茧地开辟出一条信任之路。虽然它对你销售的成功不一定起着决定性的作用,但确实缩短了双方从陌生到熟悉再到信任的时间。

温州人有这样一句关系哲学:"有关系就没有关系,没有关系就有关系,没有关系的找关系,找了关系就没有关系。"这句话应用于工业品销售十分贴切。你所认识的每个人都有200~250个联系人,想和某个人拉关系,假如没有关系,则你托我,我托他,他再托她,七拐八拐地怎么着都能找出个熟人来。有个笑话说如果要托普京办事也不难,因为你与普京之间其实只有5~6层关系。

在工业产品采购中有4种对购买产生重要影响的人:使用人、购买人、技术人。而销售成功的关键之一,就是要获得这些有重要影响的人物的信任并促成销售的决策。

使用人:由于他可以评价产品对工作效率的影响,因此也影响着客户的采购决策。如果客户企业的使用人中有熟人，你就可以发现产品销售机会和方案改进的确切方向，他为你投上赞成的一票，可以使你多一分胜算。

购买人：控制着企业的采购成本，也是通常人们认为企业中"油水""回扣"很多的一个职位。如果能够将购买人变为熟人，就可以获得一个很好的价格和付款条件了。

技术人：一个可以说"NO"的人。尤其在技术复杂的产品中，占据着十分重要的地位，因此，你需要格外地"笼络"他。通过熟人，你可以获得更多的技术需求信息，同时也可以通过熟人的引荐，获取客户对产品的信任。

决策人：最后的拍板者。获得决策人的信任，无疑会使销售变得简单许多。那么怎样的熟人会更有影响力呢？决策人身边的重要人物，例他的家人、秘书、重要的合作伙伴和朋友都是十分有效的建立信任的途径。

然而，熟人是有限的。因此，你必须要发展扩大，从不认识发展为认识，不断地扩大熟人网络，通过熟人彼此帮助。秉承"熟人牵线好搭桥"的思想，可以在客户企业中努力发展熟人，赢得更多的同盟者，获得信任合作关系。在中国社会中，有时候熟人的作用远胜于法律和企业制度的约束力，通过已有的和正在建立的各种"熟人"关系，许多企业制度的障碍可以被轻松地解决。这也是销售人员在熟人关系上前仆后继的原因之一。

7.5.7.2　以自信的态度消除客户的疑虑

首先请你回答以下 3 个问题：

（1）你是否真的非常信任你服务的公司、公司的产品和服务？

（2）你是否真的从心里认为你公司的产品和服务最适合你客户的要求？

（3）你是否真的相信你公司的解决方案比竞争对手更加符合你客户的需要？

如果你能坚定地、大声地回答以上 3 个问题："是！"那么你可能就是一个自信的销售人员。心理学家认为人与人沟通时，其影响力分别是：口头语言占 7%，语音语调占 38%，肢体语言占 55%。一般人常强调讲话的内容，却忽略了声音和肢体语言的重要性。客户在与你交谈时，不仅是听你说什么，更重要的是听你的语气语调和看你的肢体语言。

销售人员的自信语调，在与客户初步接触阶段尤其重要。客户在询问关于公司或者产品的细节时，你所有的回答必须语气语调充满自信，不能支支吾吾，否则会让客户感到有所怀疑而导致对你的不信任。当客户信心不足的时候，他们也需要你有一个坚决的态度给予他们决心和信念。如果你自己都显得底气不足，那如何去赢得客户的信任呢？

而且肢体语言也要表现出你的自信，脸上要时常带着微笑。与客户的目光交流及与客户有力的握手都体现了你是一个充满自信的人。而在面对客户的时候，销售人员最忌讳眼光飘忽不定，左顾右盼，这样的人容易被人认为要么是自信不足，要么是心中有鬼。

销售人员的自信从哪儿来呢？

1. 自信源自积极乐观的心态

一个富有激情、积极乐观的人，发自内心的快乐和自信是掩饰不住的，同时这种自信一定会对别人有极强的感染力，从而形成对你的信任感和对你所代表公司产品的信任。积极乐观的人可以驱散心中的阴霾,使人在逆境中依旧感受到希望的曙光。工作的快乐与否,完全决定于个人对人、事、物的看法如何;如果我们想的都是欢乐的事情,我们就能欢乐;如果我们想的都是悲伤的事情,我们就会悲伤。

2. 自信源自了解

首先要了解自己,包括对自己产品、服务和性价比的了解,以及对竞争对手的了解、对行业趋势的了解,最重要的是了解客户,了解客户的现状、采购流程、组织结构、存在的问题,还要了解与我们接触的每一个人的个人情况等。总之,你了解得越多,信心才会越足。以下是销售人员在拜访客户前需要了解的框架:

(1) 了解所在行业的发展趋势:尤其在与客户高层沟通时,产品服务也许不是他们最关心的,而行业的发展趋势是其感兴趣的话题,销售人员必须具有一定高度,才会在客户面前有一定的自信度。

(2) 了解市场的价格和行情:熟悉市场,了解行情,面对客户的杀价、忽悠更能心中有数,从容应对。

(3) 了解竞争对手的优势和劣势:用竞争对手的劣势来呈现出自身产品的优势,这种比较的方式最有说服力。

(4) 了解自己产品的卖点及差异化优势:自信来源于对自己产品的真正了解,产品的卖点及优势确实能真正帮助客户解决问题。

(5) 站在客户的角度换位思考,了解客户的真实需求:也只有站在对方的角度,才能更清楚地知道对方需要的是什么,而自信就来自于对客户需求的真正了如指掌。

3. 自信源自充分的准备

在销售岗位上,要想征服客户,前期就必须进行充分的准备,只有这样,才能更加有自信去面对客户。下面几点,是销售人员拜见客户之前必须要了解和准备的:

(1) 本次拜访目标明确吗?

(2) 与客户电话预约了吗?

(3) 客户的背景资料了解吗?

(4) 名片、产品宣传手册、样品、产品检测报告带齐了吗?

(5) 目前客户的供应商是谁?

(6) 谁是影响采购决策的关键人?

(7) 谁是竞争对手的支持者?

(8) 照镜子检查仪容仪表。

4. 自信源自销售实践

没有人敢说,第一次见客户就能够把所准备的一切都发挥得淋漓尽致。就算你准备得再充分,也总会出现一些误差。只有不断地磨炼,不断地积累经验,才能变得更加纯熟。等你纯熟了以后,自信心会慢慢从你的身上散发出来。而这种自信是内在的,能够真正地带给别人一种安全感。所以,自信源于积累的成功经验、丰富的专业知识、熟练的销售技巧。有业绩的销售人员更自信,自信的销售人员也不断创造出新的业绩。

7.5.7.3 以有效的沟通技巧寻求共同语言

很多新入行的销售人员都会遇到一个比较困惑的问题,就是和客户交谈时很难引起对方的共鸣。拜访前想好的几句话，对方回答时总是有一搭没一搭，而你却无话可说了，感觉很别扭，觉得和客户中间有堵墙似的。如何让客户喜欢你并信任你，需要一定的沟通技巧，销售人员难以引起客户共鸣的原因是：他们还不懂得如何寻求与客户的共同语言和共同话题。

人最喜欢的是谁？其实就是自己，除了自己就是与自己趣味相同、有共同语言的朋友，也就是与自己最相像的人。物以类聚，人以群分，人都喜欢和与自己有共同点的人交流，常与和自己有相同点的人待在一起，会更有安全感和归属感，也会感觉更亲切，并且更愿意交谈。

若要客户喜欢你，最终信任你，你首先必须是跟他很类似的人，如果碰巧你跟对方不是一类人，甚至对他很不以为然，那你也必须让你自己成为他那样的人，否则你赢得客户的机会就非常渺茫。

因此，在与客户交谈时，要努力寻找共同语言，有句话说得好："不能同流，哪能交流；不能交流，哪能交心；不能交心，哪能交易。"但人与人的性格不一样，思维不一样，素质不一样，地位不一样。销售人员要找出彼此都感兴趣的话题，在沟通中交谈，促进感情的培养。客户的爱好、平时的习惯、关注的热点，都可以成为我们共同语言的一部分。客户喜爱什么，关心什么，我们就谈什么。观察客户的工作、生活，用心巧妙地设计聊天的内容，共同语言就是这么来的。

"微笑"是全世界共同的语言，与客户沟通时不要吝啬笑容。初次见面时的一个笑容能使陌生的双方迅速接纳彼此，友好的态度能消除对方的戒备；面带微笑，表明对自己的能力有充分的信心，使人产生信任感，也容易被别人真正地接受；微笑也反映自己心地坦荡，善良友好，待人真心实意，使人在与其交往中自然放松，不知不觉地缩短了心理距离。

另外，在倾听客户说话时，配合对方的言语，表现出惊奇和好奇，可以让客户感到更加愉悦和满足。假如当客户向你描述一件在他看来很值得一说的事情时，无论你感到多么无聊无趣，请你也一定要保持一副好奇的表情，只有先表现出对别人的兴趣，别人才会对你产生兴趣。"笑容＋惊奇的表情＋共同的话题"，是缩短你和客户之间的距离、建立彼此信任关系的有力武器，可以帮助你赢得更多的客户。

7.5.7.4　拜访、拜访、再拜访

有人说关系是跑出来的，要反复在客户那里出现。其实更准确地说，是借助接触的频度使彼此之间的隔阂减少，提升客户对你的信任。即使是已经建立信任关系的客户，也需要定期拜访来巩固关系。拜访加深感情，但还需用利益打动客户，你要为客户带来一定的利益，他才愿意接受你的拜访。因此你需要做到以下几方面：

1. 客户拜访的原则

（1）带着客户的需求拜访

在产品的技术、售后服务、使用指导培训等方面，客户都需要供应商——满足。只有满足客户的组织利益和个人利益，才可能将拜访进行到底。满足客户需求的拜访有两种：一是客户自身意识到的需求，已经暗示或者明确地告诉你想要获得这方面的帮助；二是客户没有意识到的需求，你需要创造需求并主动提供能够满足客户的信息。二者结合，能令客户有更深的满足感，使得拜访更有成效。

（2）带着你的心意拜访

如何感动你的客户呢？你需要表现出你的心意来。天气变化、头疼脑热时，一个关切的问候都能体现你的心意。有这样一个例子：一名销售人员拜访一家公司的采购部经理，但是每次都吃到秘书的闭门羹。一天销售人员听秘书说过两天就是经理儿子的生日，经理急着为他的儿子凑齐一套邮票，但是还差6张始终找不到。次日，这个销售人员带着一本精美的集邮册顺利地进到了采购经理办公室，经理翻开集邮册，首页便是那6张他苦苦找寻的邮票。经理的感激之情油然而生，觉得这名销售人员颇为有心，就格外地多给了他一些方便。

（3）带着你的诚意拜访

你为客户所做的利益承诺或者设计的技术解决方案，你的对手也可以做到；产品同质化和标准化使得服务差别也越来越小，这就使得你与竞争对手提供的利益更加难以区分。销售人员跑得勤，成功的可能性就大。有时候客户对为什么选择你的产品的说法也很直白：其实都是大厂的产品，质量、服务、价格也差不多，可你一周来3次，打12个电话，怪不容易的。可见，带着你的诚意反复地拜访，可以获得客户更多的青睐和信任。

2. 客户拜访需要注意的细节

（1）每次见面都有借口，每次拜访时要留下伏笔（下次拜访的借口）

没有借口的拜访，例如"我路过，所以顺便来看看""没什么，过来问问情况吧"，会使人对你产生随便轻率的感觉，"既然你顺便来看看，对不起恕不奉陪"，信任就很难在相对更短的时间内建立起来。如何找到借口呢？送一份资料、解决上一次未解决的问题等都可以。例如，"李总，您今天提出的问题，我回去和专门负责的技术人员探讨后做出方案，周五拿过来和您探讨，您看行吗？"这样的总结语，既约定好了下次见面的时间，也恰如其分地找到一个见面的借口。

（2）注意掌握频率

拜访是为了获得客户的信任和认可，反复的拜访可以积累更多的机会和信息，提升销售成功的机会。虽说拜访多多益善，但是恰如其分会更好一些。如果对于客户的拜访次数过于频繁，可能使得客户产生厌倦、疑虑、烦躁等心态，不利于良好关系的保持；而拜访频率太低又可能导致关系逐渐疏远，无法得到及时的消息，从而影响关系的建立。总之，频率要根据客户的个人喜好和工作习惯来确定。

（3）重点要放在下班后和办公室以外的拜访

工作场所的拜访满足的是客户的组织需求，而工作场所以外的拜访满足的是客户的个人需求。尤其当拜访涉及一些私人或者与公事无关的因素时，再在办公室聊天就显得不够妥当，不但会影响客户的正常工作效率，当事人也会有很大的顾虑，恐怕在客户企业内部产生不好的影响。

3. 日常工作拉近距离，关键事件升华感情

有时候客户拜访的频率也不低，但往往是客客气气，双方的关系无法取得更深的突破。你要注意抓住客户发生的关键事件，如客户生日、生病或者企业遇到难以解决的问题等，这时如果你及时出现并且帮他解决了问题，那么你们的关系就会有突破性的进展。

7.5.7.5 销售人员的人品和为人

常言道，"先做人后做生意"。在典型的中国社会，人的信任高于组织的信任，在商业社会中也是先把组织关系变为个人关系，通过个人关系再进而发展组织关系。而销售人员的人品和为人与是否能获得客户的信任是紧密联系在一起的，一个言而无信的人，哪怕你所在企业的品牌知名度再高、产品再好，生意也很难成功。在销售产品之前，你先要做的是销售自己。

客户是如何看待销售人员的人品和为人的呢？

1. 看你是否稳重可靠

一个人是否稳重可靠，是决定成败的关键，因为你给客户带来的是一种无形的信任。如何塑造稳重可靠的形象，是我们要思考的。如××公司的销售人员普遍在行业从业时间很长，经验也比较丰富，按理说销售业绩应该不会很差，但是整个公司的销售额总是上不去。经过调查，发现他们在与客户交谈时，总是举止轻浮、油腔滑调，给客户一种不可靠的形象。因此，建议销售人员在拜访客户时应该像一位专业的顾问那样，可以适度友善但不要过分亲密，这样才会给别人带来信任。

2. 看你是否诚实

可以保持沉默但一定不能说假话，这是做销售的基本法。如果你欺骗了客户，最终倒霉的是你自己。管理学上有个"十名效应"，即如果一个人说你的坏话，可能会传到十个人的耳朵里，十个人再继续传下去，就变成了一百人。这样一传十、十传百，就会使你的口碑越来越差。销售人员应该依靠不断积累的客户口碑来增长你的业绩，如果你不诚实，带给你的只能是悲剧。

3. 看你是否说到做到

不要轻易给客户承诺，承诺了就一定要做到。诚信很重要，不要让你的一次不负责的承诺断送了一个老客户。那种拍胸脯说没问题、碰到问题拍屁股走人的销售人员在这一行肯定做不长。曾经有一个客户非常气愤地在电台里投诉：他在某品牌4S店购车时，销售人员答应送脚垫、香水及洗车卡，由于当时没货就没给。现在客户购车3个月了，和销售人员联系不下十次对方都说没货，后来再打电话时对方说那名销售人员不在这家4S店干了，让客户直接找现任销售经理。但是销售经理说做不了主，说自己也是打工的，而且当时也没立字据什么的。据说这名销售人员也给其他客户承诺了许多无法兑现的东西，最后自己拍拍屁股走人了。这种行为给这家4S店带来极其不好的影响，这名销售人员的口碑也变得很差。

4. 看你的敬业精神

敬业精神是一种优秀的职业品质，是销售人员的基本价值观和信条。

在中国社会中，每个人要想获得成功或得到他人的尊重，就必须对自己所从事的职业、对自己的工作保持敬仰之心，视职业、工作为天职。只有你首先尊重自己的工作，客户才能尊重你、信任你，一个对自己工作马马虎虎或怨声载道的销售人员，客户如何放心跟你做生意？

拥有敬业精神的人发展的道路越走越宽；没有敬业精神的人，与公司格格不入，矛盾重重，最后只好被迫离开。

5. 看你是否懂得知恩图报

要懂得知恩图报,无论是对待客户,还是对待帮助你成功的人。滴水之恩,当涌泉相报,如果没有客户给予你的机会,没有别人帮助你,你是不可能有今天的成就的。销售人员不能完成了订单就不再理会客户的售后,那样只能做一次买卖,下次客户绝对不会再找你购买。在当今社会,一个懂得感恩、懂得回报的人,肯定会得到客户的信任。

7.5.7.6 成为为客户解决问题的专家

一个人生了病就去看医生,医生告诉病人该吃药打针,病人一定笃信,这是因为人们往往更崇尚权威和专家。要让客户信任你,你就要成为为客户解决问题的专家。能切实地为客户带来利益,解决客户的问题,协助他们提高生产绩效,这样客户才会更加信赖你。那么如何才能成为解决问题的专家呢?俗话说:"没有金刚钻,就不要揽瓷器活。"要成为专家,就必须有发现问题、分析问题、解决问题的能力,要有扎实的技术实力。为客户解决问题的方法途径有以下几种:

1. 提供技术解决方案

工业产品往往技术复杂、专业性强,大部分客户并不是专家,厂家销售人员和技术人员比客户懂得更多。例如,厂家的销售人员经常需要与设计方协同工作,即便是设计师,也不可能对所使用的材料和设备全部精通,在单个产品和提供解决方案上,厂家的技术人员要精通得多。客户关心的其实不是产品本身而是为他们解决存在的问题,通过为客户设计技术解决方案,可以迅速与客户建立信任关系。

2. 解决客户目前遇到的问题

找出目前客户的问题所在,一边施以问题的后果压力,一边给出合理的解决方案,这样帮助客户改善当前状况的销售人员,一定会让客户产生信任感。有个销售员拜访成功率很高,他的经验是:在拜访新客户时先到客户的车间转一转,发现一些问题并委婉地提醒客户,客户顿时心生敬佩,随后的洽谈就很顺利了。你为客户改进了生产流程、提高了管理效益,建立在互利基础上的销售就会使得双方更加愉悦,也可以使合作关系更为长久。

3. 减少客户的工作量,降低工作难度和成本

将更多客户所不具备的技术和经验融入其实际工作,帮助客户减少工作量,降低工作难度和成本,这样做有利于与客户建立更牢固的信任关系。例如,有位销售建筑机械的销售人员,对已经交易完成的订单还会继续关注,定期打电话或者上门拜访,提出专业的保养建议,客户对此很受感动,并且根据他的建议改善使用方法,既提高了效率,也降低了机器的损耗速度。以后一有新的采购,客户都会首先想到他。

7.5.7.7 通过第三方证实供应商的实力

工业产品的质量和服务只能通过实际使用来鉴别,产品又往往具有较长的使用寿命,甚至只有在实际使用了若干年后问题才会出现,再加上涉及的采购金额大,所以采购中客户考虑最多的往往是采购风险。消除客户对风险的担心就是向客户证实能力,由于企业本身是直接利益的体现,要令人信服还需要通过第三方证实。那么如何通过第三方来证实供应商的实力呢?

1．国家权威机构的产品检测报告

为了规范市场秩序，维护良好的生产秩序，国家专设一些权威的机构进行产品的检测。检测过关无疑像是盖了一个鲜红的"优秀"印章，就不会再有更多的质疑了。而国家权威机构的产品检测报告现在已成为供应商证明自己实力最基本的入门证。

2．已经投入运行的设备

产品实际的功效和使用状况，是客户最希望直接看到的，有利于降低客户企业对采购风险的忧虑。无论你对产品的描述有多好，只要有正常运行的设备，你就不必多费口舌了。有一家企业的销售人员向重庆一客户销售数控机床，前期工作做得都很好，产品服务基本也没什么问题，但最后客户采用了竞争对手的产品。原因是竞争对手提交了一份该企业产品在客户某同行使用情况的说明。该同行曾经购买这家企业的同款设备，但是由于操作不当，很快就不能使用，而该企业也一直没派人去进行处理。

3．使用过你产品的客户推荐

有人替你美言几句，那效果自然不同凡响。忠实的老客户不仅持续地和你进行销售合作，还会为你介绍一些新的客户。由于长期的合作，老客户往往很了解产品的各种性能，并且由于他用过产品，说的话也自然更有分量，更令人信服。销售人员销售完产品、获得客户信任后，还要适时地鼓励客户帮助自己宣传。有客户的推荐，你会源源不断地获得更多的新客户和新订单。

4．实地参观工厂和考察设备

客户会用自己的眼睛来寻找所希望的求证，工厂规模和先进设备可以体现一家企业的生产技术实力，也可以作为一个第三方帮助赢得客户求证。重庆有一家生产防盗门的企业，产品质量很好，有一次一个境外客户来此考察准备投资合作，却因为脏、旧、破、不健全的厂部环境而否决了之前的选择。后来这家企业意识到生产环境的重要性，努力改善生产环境，目前已经成为国内一流的防盗门企业，也成为重庆一流的花园式工厂，前去参观者络绎不绝。

5．国际认证证书

国际的统一认证，自然有着更广泛的影响力。除了 ISO 9000 认证之外，还有许多其他类型的认证，如 TS16949 汽车行业质量管理体系，ISO 22000 食品安全管理体系等。这类证书相当于直接告诉客户企业，企业的管理是规范的，产品的质量也是有保证的，可以放心购买。

8 生产运作管理

8.1 工业工程

8.1.1 工业工程概述

8.1.1.1 工业工程的定义与目标

1. 定义

美国工业工程师协会对"工业工程"(Industrial Engineering,简称 IE)所下的定义是:工业工程是对人、物料、设备、能源和信息等所组成的集成系统进行设计、改善和实施的一门学科,它综合运用数学、物理和社会科学的专门知识和技术,结合工程分析和设计的原理与方法,对该系统所取得的成果进行确认、预测和评价。

日本工业工程协会对"工业工程"所下的定义是:工业工程是这样一种活动,它以科学的方法,有效地利用人、财、物、信息、时间等经营资源,优质、廉价并及时地提供市场所需要的商品和服务,同时探求各种方法给从事这些工作的人们带来满足和幸福。

2. 目标

工业工程的目标:可获利性(Profitability)、有效性(Effectiveness)、高效(Efficiency)、适应性(Adaptability)、响应性(Responsiveness)、高质量(High Quality)、持续改进(Continuous Improvement)、经济可承受性(Economic Affordability)。

8.1.1.2 工业工程师的职责

工业工程师的主要职责如下:

(1) 工业工程师是最佳工作系统的设计者;

(2) 工业工程师是决策者的助手;

(3) 接口、沟通者和协调人;

(4) 新方法、新思想、新策略的高参、革新者。

8.1.1.3 工业工程与管理和工程的区别与联系

1. 工业工程的学科性质

工业工程是一门工程学科,需要学习大量的工程技术和数学方面的课程。但它不同于一般的工程学科,它不仅包括自然科学和工程技术,还包括社会科学和经济管理方面的知识,它是一门技术和管理有机结合的边缘科学。

2．工业工程的特点

(1) 工业工程是"硬管理"

如何节省成本,提高生产效率,怎样设计生产线使得生产效率更高,怎样来判断产品质量,这些都是"硬管理"。

(2) 工业工程是"软技术"

工业工程不考虑机器怎样设计,但考虑机器怎样摆放才能使生产效率更高,所以它是技术与管理有机结合的问题,它是一门以系统的效率和效益为目标的学科,工业工程整个学习的目标就是研究系统的效率和效益。

3．工业工程与工业管理的职能

(1) 工业工程的职能:为把人力、物资、装备、技术和信息组成更加有效和更富有生产力的综合系统而从事规划、设计、评价和创新活动。

(2) 工业管理的职能:计划(Planning);协调(Coordinating);领导(Directing);组织(Organizing);控制(Controlling)。

4．工业工程与工业管理的相同点

工业工程与工业管理的目的是一致的,都是为了把人力、物料、能源、装备、信息和生产技术组成一个更加有效、更加富有生产力的综合系统。

5．工业工程与工业管理的不同点

(1) 提高效益的途径不同

工业工程:对整体运作系统优化重组,侧重系统的整体性、合理性;

工业管理:为现有系统的运行维护提供支持保证。

(2) 手段不同

工业工程:靠科学力量、技术手段,最后实施靠工业管理;

工业管理:靠权力(行政、组织、财务、法律等)。

(3) 强调人的因素的侧重点不同

工业工程:从科学角度,进行科学测试;

工业管理:着重处理人和自然的关系。

(4) 对从业人员的要求不同

相对于工业管理而言,工业工程要求从业人员知识结构广,具备工程背景。

8.1.1.4 工业工程的意识、方法与实践

当学习工业工程的时候,要用工业工程思维方法去想问题。别人看很多事物时没什么问题,而学了工业工程的人就能发现问题,因此意识很重要。

工业工程意识大体分为 5 个意识:

(1) 成本效率意识;

(2) 系统意识;

(3) 成功环境意识;

(4) 简化、专业化和标准化意识;

(5) 人本意识。

工业工程的主要方法是理论应用,应用有关理论可以解决不同的问题。

工业工程的实践也非常重要。工业工程是管理和工程相结合的学科。管理学科

的特点就是实践,不是听了就能掌握,必须在企业中去实践才能理解这个方法具体是怎样用的,怎样才能有用。

意识、方法和实践是工业工程 3 个不可缺少的要素。其中意识最重要,实践是最终的归宿,最终工业工程要在实践中解决问题。

8.1.1.5 工业工程的发展

(1) 商务流程重组(BPR);

(2) 敏捷制造;

(3) 虚拟企业(VE)。

常见的八大浪费包括:不良修理的浪费,加工的浪费,动作的浪费,搬运的浪费,库存的浪费,制造过多或过早的浪费,等待的浪费,产业废弃物的浪费等。

8.1.2 工业工程常用的技术与方法

8.1.2.1 程序分析

程序分析即对产品整体进行分析,将生产过程转化为由加工、检验、搬运、储存等符号组成的程序图。

程序分析的目的是了解产品从原材料投入开始到成品形成为止的整个生产过程有哪些生产环节,由多少主要工序组成,经过一个什么样的加工工序。

8.1.2.2 动作分析

(1) 动作分析或称动作研究,是对生产活动中的全部作业动作进行观测分析,研究人的各种动作浪费,从而寻求省力、省时、安全、经济的作业方法。它是工业工程的基础手法之一。

(2) 动作经济原则。包括以下 7 个方面:① 双手动作应同时且对称;② 人体的动作应以尽量应用最低级且能得到满意结果为妥;③ 零件、物料应尽量利用其自重坠送到工作者面前近处;④ 应有适当的照明设备、工作台及座椅式样和高度以使工作者保持良好的姿势;⑤ 尽量解除手的工作,而以夹具或足踏工具代替手;⑥ 可能时,应将两种或两种以上的工具并用;⑦ 手指分别工作时,各指负荷按其本能予以分配。

8.1.2.3 设定时间标准方法

1. 为什么要做时间研究

(1) 确认

① 机器及工具之需求数量;

② 生产作业员工之需求数量;

③ 制造成本及销售价格;

④ 生产线平衡与部门及设备之布置。

(2) 估算

① 成本降低及较佳方法之选择;

② 采购新设备及其费用之评断。

(3) 生产排程

保证机器、生产及操作人员能准时作业。

（4）员工薪资

使员工绩效不断提高和改善。

2. 标准时间

在正常的操作条件下，利用规定的作业方法和设备，普通熟练作业者以标准的作业方法及合理的劳动强度和速度完成符合质量要求的工作所需的时间，称标准时间。

（1）方法：按照明确的作业方法并使用固定设备。

（2）条件：明确作业条件（如环境）。

（3）熟练度：进行操作的人具备中等偏上的熟练度与必要的技能。

（4）劳动强度与速度：不可对作业者有肉体上、精神上不利的影响。

（5）品质要求：达到规定的品质要求。

标准时间就是在上述条件下完成单位作业量所需要的时间。

3. 标准时间的构成（见图 8.1）

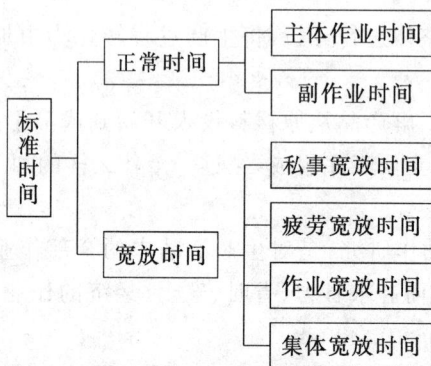

图 8.1　标准时间的构成

8.1.2.4　改善原则及方法

1. 改善的基本原则

（1）抛弃固有的传统观念；

（2）不找借口，从否定现有的做法开始；

（3）不求完美，马上去做；

（4）立即改正错误；

（5）从不花钱的项目开始改善；

（6）遇难而进，凡事总有办法；

（7）问 5 次"为什么"，找出根本原因；

（8）众人拾柴火焰高；

（9）改善无止境。

2. 用看不惯的眼光找出问题项目

问题项目主要包括：

（1）在生产上属于瓶颈（或问题最多）的工作；

（2）占用大量时间或人工的工作；

（3）反复性的工作；

（4）消耗大量材料的工作；

（5）看起来不合理的工作；

（6）布置不当或搬运不便的工作。

3. 使用问题检查表（见表 8.1），逐条对照找出问题点

表 8.1 问题检查表

4M	问题点
设备	设备经常停机吗？
	维修点检有正常进行吗？
	设备使用方便、安全吗？
	设备配置与布置好不好？
人员	是否遵守作业标准？
	工作技能足够、全面吗？
	工作干劲高不高？
	作业条件、作业环境如何？
材料	材料品质状况如何？
	材料库存数量是否合适？
	材料存放、搬运方式好不好？
方法	作业标准内容是否合适？
	作业前后的准备工作是否经济高效？
	前后工序的衔接好吗？
	作业安全性如何？

4. 常用的要因解析方法

常用的要因解析方法略。

5. 作业改善流程

作业改善流程如图 8.2 所示。

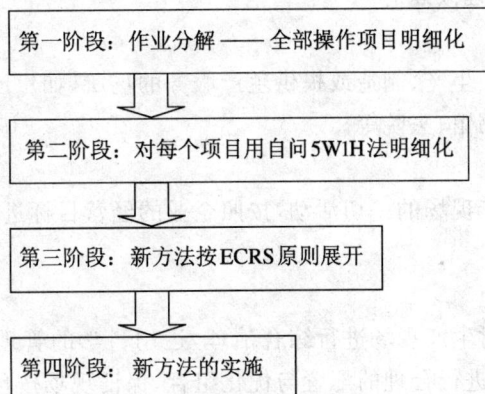

第一阶段：作业分解 —— 全部操作项目明细化

↓

第二阶段：对每个项目用自问 5W1H 法明细化

↓

第三阶段：新方法按 ECRS 原则展开

↓

第四阶段：新方法的实施

图 8.2 作业改善流程

（1）作业分解——全部操作项目明细化

搬送作业、机械作业、手作业全部项目明细化，动作及其项目尽可能细化，明细要具体、简洁地书写，要摘要记录难易轻重。

（2）对每个项目明细化

可以用自问5W1H法（见表8.2）对每个项目进行细化。

表8.2　自问 5W1H 法

5W1H	问题	改善方向
1. Why	目的是什么？	去除不必要及目的不明确的工作
2. Where	在什么地方执行？	有无其他更合适的位置和布局
3. When	什么时候做此事？	有无其他更合适的时间与顺序
4. Who	由谁来做？	有无其他更合适的人
5. What	做什么？	能否简化作业内容
6. How	如何做？	有无其他更好的方法

（3）新方法按"ECRS"原则展开

① 除去不要的项目明细（Eliminate）；

② 尽可能结合项目明细（Combine）；

③ 将项目明细以合适的顺序重编排组合（Rearrange）；

④ 将重编排组合明细简单化（Simplify）。

（4）新方法的实施

① 使上司理解新方法；

② 使部下理解新方法；

③ 要征求到安全、品质、产量、价格的相关者的认可；

④ 推进新方法工作，比较改善前后效果，一直使用到下一次的改善；

⑤ 承认他人的功绩。

8.1.3　现场管理

8.1.3.1　现场管理概述

1. 现场

现场是指从事产品生产、制造或提供生产服务的场所，如厂区、车间、仓库、运输路线等，也包括机关、图书馆、医院等。

2. 现场管理

现场管理是对生产现场的一切活动，按照企业的经营目标进行计划、控制、协调与激励的总称。

3. 现场管理优化

现场管理优化指对生产现场进行综合治理，运用科学的管理思想、方法和管理手段，对现场的各种要素进行合理的配置与优化组合，保证现场按预定的企业经营目标，实现优质、高效、低耗、均衡、安全、文明的生产。

4. 现场管理优化的任务

（1）消除生产现场的浪费现象

加强定员定额管理，降低物料和能源消耗，减少生产储备和资金占用；科学地组织生产，采用新工艺、新技术，开展技术革新活动，不断地完善各项专业管理保证体系。

（2）落实现场管理职责，严格按标准组织现场生产，优化劳动组合，严格按工艺规范进行生产，组织均衡生产。

（3）治理现场，改变生产现场"脏、乱、差"的状况。

5. 现场管理的要素

（1）人（Manpower）：选人，用人，育人，留人。

（2）机（Machine）：机器设备，工装夹具。

（3）料（Material）：材料成本是产品成本的主要成本。

（4）法（Method）：技术手段，工艺水平，企业文化，行事原则，标准规范，制度流程。

（5）环（Environment）：良好的工作环境，整洁的作业现场，融洽的团队氛围。

6. 现场管理的目标

（1）品质（Quality）：品质是企业的决战场，没有品质就没有明天。

（2）成本（Cost）：合理的成本也是产品具有竞争力的有力保障。

（3）交期（Delivery）：客户就是上帝，而且是不懂得宽恕的上帝。

（4）效率（Production）：效率是部门绩效的量尺和工作改善的标杆。

（5）安全（Safety）：工作是为了生活好，安全是为了活到老。

（6）士气（Morale）：坚强有力的团队和高昂的士气是取之不尽、用之不竭的宝贵资源。

7. 现场管理的三大工具

（1）标准化；

（2）目标化；

（3）管理看板。

8.1.3.2　5S 管理

1. 5S 的起源

1995 年，日本企业提出了整理、整顿两个 S，后来因管理的需求及水准的提升，陆续增加了其余的 3 个 S，从而形成了目前广泛推行的 5S 架构。

2. 5S 的定义及展开

5S 即 1S（整理），2S（整顿），3S（清扫），4S（清洁），5S（素养）。这 5 项内容在日文的罗马发音中，均以"S"为开头，故称为"5S"。

8.2　现代生产管理

8.2.1　现代生产管理的概念

8.2.1.1　开篇案例

（1）Intel 公司选址。Intel 公司需要在中国新建一个数亿美元的封装测试工厂来生产下一代电脑芯片,应该建在什么地方呢?

(2) American Airlines(美国航空)管理细化。American Airlines 需要对其资源加以分配以满足所有旅客下月的空中旅行要求,它将面临针对不同的飞行路线如何安排飞机,针对不同的飞机如何安排飞行员,针对不同的飞行员如何安排服务员等问题。

(3) 惠普公司产能提高模式。Hewlett-Packard 需要对一条已经全负荷运转的生产打印墨盒的生产线提高产量,按照收益最大化原则,它应如何重新设计这条生产线呢?

8.2.1.2　生产运作管理概述

1. 基本概念

(1) 生产:一切社会组织(或个人)将它的输入转化为输出的过程。

(2) 作业、搬运和存储。作业:直接改变生产对象的性质、形状或大小的活动。搬运:生产对象从一个作业工位运送到下一个作业工位,或从作业工位运送到储藏地,或从储藏地运送到作业工位的活动。存储:当下一个活动由于某种原因不能继续进行时所发生的停留。作业、搬运和存储属于转换过程。

(3) 生产运作系统:由人和机器构成,能将一定输入转化为特定输出的有机整体。

(4) 生产与运作管理:对企业提供产品或服务的系统进行设计、运行、评价和改进的各种管理活动的总称。

2. 企业的生产经营活动及其职能

企业最基本的生产经营活动:财务;营销;技术;人力资源;运作。

企业的经营具有五大基本职能:财务、技术、生产与运作、营销和人力资源管理。企业的经营活动是这五大职能有机联系的一个循环往复的过程。

3. 生产与运作管理的最新发展

(1) 现代生产与运作管理的涵盖范围越来越大;

(2) 随着市场需求日益多样化、多变化,多品种、小批量生产方式成为主流;

(3) 信息技术已成为生产与运作系统控制和生产运作管理的重要手段;

(4) 生产管理模式不断更新。

8.2.2　生产过程和生产类型

8.2.2.1　生产管理的对象及任务

1. 生产过程的构成

从管理角度分,生产过程分为基本生产过程、辅助生产过程、生产服务过程、附属生产过程、生产技术准备过程。

从工艺角度分,生产过程分为基本工艺过程、辅助工艺过程、非工艺过程。

2. 生产管理的任务与目标

(1) 实现企业的经营目标(Business Goal),全面完成生产计划所规定的任务,包括完成产品的品种、质量、产量、成本和交货期等各项要求。

(2) 降低物耗,降低生产成本,缩短生产周期,减少在制品,压缩占用的生产资金,提高企业经济效益。

(3) 从系统机能上提高企业生产系统的核心竞争力,以适应竞争需要。

8.2.2.2 现代生产管理的特征

现代生产管理具有以下特征：

（1）生产管理范围不断扩展；

（2）多品种、中小批量生产成为主流；

（3）信息技术、数字技术和现代管理理论得到广泛应用。

8.2.2.3 生产运作系统的构成要素

生产运作系统的构成要素分为结构化要素和非结构化要素。

1. 结构化要素

结构化要素是指构成生产系统主体框架的要素，包括生产技术、设施、能力、集成度。其特点是形成生产系统功能的关键，决策风险大，投资高。

2. 非结构化要素

非结构化要素是指支持和控制系统运行的软件要素，包括人员组织、生产计划、库存管理、质量管理。其特点是投资小、易调整、难预测（受其他因素影响）。

8.2.2.4 生产运作系统的功能指标

生产运作系统的功能指标共有 7 项，可分为两组。一个生产运作系统应在这 7 个方面的不同特色反映出该系统的战略。

（1）体现该系统适应环境能力的指标：创新、弹性、继承性、环保安全性；

（2）体现该系统运行效率的指标：质量、成本、交货期。

在设计生产运作系统时，应力求这两组功能相辅相成，共同达到企业的目标。

实际上生产系统的 7 项功能指标来源于用户对产品的 7 项要求：款式、质量、数量、价格、服务、交货期、环保安全。

注意：对于不同的目标客户，这 7 项要求的排序是不同的。

8.2.2.5 生产过程的组织

1. 生产过程组织的基本原则

（1）连续性（缩短生产周期，降低在制品库存，加快资金周转）。

空间上：生产过程的各环节在空间布置上合理紧凑，使物流尽可能短，没有迂回往返的现象；

时间上：物流在生产过程各个环节的运动自始至终处于连续状态，没有或很少有不必要的停顿与等待。

（2）平行性：物流在生产过程中实行平行交叉作业。

平行：相同的零件同时在数台相同的机床上加工；

交叉：一批零件在上一道工序还未完工时，将已经完成的部分转移到下一道工序加工。

（3）比例性：生产各环节的生产能力要保持适合产品制造的比例关系，否则会出现生产中的"瓶颈"环节，导致非瓶颈资源的浪费及物流的阻塞。

（4）节奏性：产品从投料到完工能按计划均衡地进行，能在相等的时间间隔内完成大致相同的工作量。

（5）准时性：生产各阶段、工序都按照后续工序的需要进行生产（按需生产）。

（6）适应性（柔性）：生产过程对市场需求及企业产品方面的变化的适应能力。适应性原则的提出来自于顾客的个性化和多样化需求。

2. 生产过程的专业化组织方式

(1) 工艺专业化(Process-Oriented Specialization)

① 按工艺特征建立生产单位。

② 集中了相同类型的设备和相同工种的工人,对不同种类的工件进行相同工艺方式的加工。

(2) 对象专业化(Product-Oriented Specialization)

① 按加工对象建立生产单位。

② 集中了为加工某种产品(零件)所需的全套设备、工艺装备和各有关工种的工人,对同种或相似的产品(零件)进行该产品(零件)的全部(或大部分)工艺加工。

(3) 工艺专业化的优点(对象专业化的缺点)

制造顺序有一定的弹性,品种变换的适应性较好,能充分利用设备人员的工作时间;有利于同类技术人员的交流与支援,便于工艺管理。

(4) 工艺专业化的缺点(对象专业化的优点)

在实际生产中,可能在某些工序上形成"瓶颈",连续性差;运输时间和费用较高;在制品库存量大;不同单位之间的生产联系复杂,管理难度大。

(5) 混合组织方式

在工艺专业化的基础上,局部采用对象专业化,如铸造厂的箱体造型工段。

在对象专业化的基础上,局部采用工艺专业化,如电视机厂的成型车间。

8.2.2.6 生产类型分类

1. 按照工艺特征分

按照工艺特征分,生产类型分为流程型、加工装配型。

2. 按照生产驱动源分

按照生产驱动源分,生产类型分为面向订单的制造(MTO,Make to Order)和面向库存的制造(MTS,Make to Stock)。

3. 按照生产的重复性分

按照生产的重复性分,生产类型分为大批量生产、成批生产、单件小批生产。

4. 按照产品的使用性能分

按照产品的使用性能分,生产类型分为通用产品、专用产品。

5. 按照产品的结构特征分

按照产品的结构特征分,生产类型分为大型复杂产品、简单产品。

8.2.3 生产系统的组织

8.2.3.1 生产过程的时间组织

零件在加工过程中的移动方式(简单生产过程)有以下 3 种:顺序移动;平行移动;平顺移动。

(1) 顺序移动:一批零件在上道工序全部加工完毕后才整批地转移到下道工序继续加工,即零件在工序间是整批地移动。用公式可表示为

$$T_顺 = nt_1 + nt_2 + nt_3 + \cdots + nt_m$$
$$= n(t_1 + t_2 + \cdots + t_m)$$

$$= n \sum_{i=1}^{m} t_i$$

式中，T_0—零件批在顺序移动方式下的加工周期；

n—零件批量；

t_i—零件在第 i 工序的单件工时；

m—工序数目。

（2）平行移动：每个零件在前道工序加工完毕后，立即转移到后道工序去继续加工，即零件在工序间一件一件地移动。用公式可表示为

$$T_{平} = t_1 + t_2 + \cdots + n t_L + \cdots + t_m$$
$$= t_1 + t_2 + \cdots + t_L + \cdots + t_m + (n-1) t_L$$
$$= \sum_{i=1}^{m} t_i + (n-1) t_L$$

式中，t_L—最长的单件工序时间。

（3）平顺移动：将顺序移动和平行移动的优点结合起来，既要求每道工序的设备连续加工，又要求各道工序尽可能平行地加工。

① 当 $t_i < t_{i+1}$ 时，按平行移动方式移动；

② 当 $t_i \geq t_{i+1}$ 时，以 i 工序最后一个零件的完工时间为基准，往前推移 $(n-1) \cdot t_{i+1}$ 作为零件在 $(i+1)$ 工序的开始加工时间。用公式可表示为

$$T_{平顺} = n \sum_{i=1}^{m} t_i - (n-1) \sum_{j=1}^{m-1} t_{sj}$$

式中，$T_{平顺}$—平行顺序移动方式下的零件批加工周期；

t_{sj}—每相邻两工序中较短的工序单件时间。

【例题】 某企业生产产品的批量 $n=4$，经 4 道工序加工，其单件工时为：$t_1 = 10$ 分，$t_2 = 5$ 分，$t_3 = 20$ 分，$t_4 = 10$ 分。分别求零件按照顺序移动、平行移动和平顺移动所需要的加工时间。

8.2.3.2 生产过程的空间组织

1. 选址的重要性与难度

（1）选址的重要性

设施选址就是确定在何处建厂或建立服务设施，它关系到投资和建设的速度、产品和服务的成本、生产活动和经济效益。

（2）选址的难度

① 选址因素互相矛盾；

② 不同因素的相对重要性很难确定和度量；

③ 不同决策部门利益不同，追求的目标不同；

④ 判别标准会随时间变化。

2. 选址的影响因素

（1）经济因素

1）运输条件与费用

交通便利能使物料和人员准时到达指定的地点，使生产活动能正常进行，还可以使原材料产地与市场紧密联系。因此，选择水陆交通都很方便的地方是最理想的。

① 在以下条件下,选址应接近原料或材料产地:原料笨重而价格低廉;原料易变质;原料笨重,产品由原料中的一小部分提炼而成;原料运输不便。

② 在以下条件下,选址应接近消费市场:产品运输不便;产品易变化和变质;大多数服务业。

2)劳动力可获性与费用

大量需要专门技术员工的企业人工成本占制造成本的比例大,且员工技术水平和业务能力直接影响产品的质量和产量,劳动力可获性与费用就成为选址的重要条件。

3)能源可获性与费用

耗能大的企业应靠近燃料和动力的供应地。

4)厂址条件和费用

建厂地方的地势、利用情况和地质条件,都会影响到建设投资。

(2)其他因素

① 政治因素:政局是否稳定,法制是否健全,税负是否公平等。

② 社会因素:生活习惯、文化教育水平、宗教信仰和生活水平。

3．选址的一般步骤

(1)选择某一个地区(选位)

选择地区时要综合考虑经济因素、政治因素、社会因素和自然因素,最后确定某一个地区。

(2)选择适当的地点(定址)

通常考虑的是产品的可变成本,如直接人工、物料搬运费和管理费等。

① 确定厂址应考虑场区平面布置方案,并留有适当扩充余地。

② 整理场地环境的费用。

③ 职工生活方便。

4．单一设施选址

(1)单一设施选址:独立地选择一个新的设施地点,其运营不受企业现有设施网络的影响。

(2)单一设施选择的基本原则:总负荷(货物、人或其他)移动的距离最小。

总负荷计算公式为

$$ld = \sum_{i=1}^{m} l_i d_i$$

式中,d_i—目的地 i 到新址的距离(几何距离或直线距离);

l_i—目的地 i 到新址的负荷;

m—可供选择的地址数量。

5．复合设施选址

复合设施选址是指为多个设施或一个企业的若干个下属工厂、仓库、销售点、服务中心选择各自的位置,目的是使设施的数量、规模、位置达到最佳。

两种不同的复合设施选址应满足:

(1)各个设施相互独立。

(2)各个设施相互作用。

6. 选址的评价方法

(1) 选址问题的特点

要根据本企业的产品特点、用户和供应商的地点及本企业的其他特点做出选址决策,没有一成不变的、普遍适用的方法。

(2) 评分法

全面比较不同选址方案,是一个多目标或多准则的决策问题。

不同的目标对于选址的重要程度不同,所以要为不同的目标分配不同的权重。权重通过分配给不同目标以不同的最高分数来体现。

【例题】 对某投资方案,现有 4 个可供选择建厂的地址 A,B,C,D,有关资料见表 8.3,请用加权评分法进行选址决策。

表 8.3　A,B,C,D 4 个厂址的资料

条　　件	权　数	A	B	C	D
产品销售	25	5 / 125	2 / 50	3 / 75	4 / 100
提供服务	5	4 / 20	3 / 15	3 / 15	4 / 20
交　　通	10	3 / 30	4 / 40	2 / 20	5 / 50
劳动力	5	2 / 10	5 / 25	4 / 20	3 / 15
资源供给	5	1 / 5	2 / 10	4 / 20	3 / 15
基础设施	10	3 / 30	4 / 40	4 / 40	3 / 30
地价税收	20	1 / 20	3 / 60	3 / 60	2 / 40
环境保护	5	3 / 15	3 / 15	2 / 10	4 / 20
政治文化	5	4 / 20	5 / 25	3 / 15	3 / 15
扩　　展	10	3 / 30	2 / 20	4 / 40	3 / 30
总　　计	100	305	300	315	335

对于多目标决策问题,可采取以下办法进行决策:

① 淘汰法。

② 设置最低指标值法。

③ 加权和法。

7. 设施布置决策

生产和服务设施布置:合理安排企业或某一组织内部各个生产作业单位和辅助设施的相对位置与面积、车间内部生产设备布置。

(1) 影响生产单位构成的因素

① 产品的结构与工艺特点。

② 生产单位的专业化原则。

③ 企业的生产规模。

（2）设施布置的影响因素

① 工厂厂房的布置满足生产过程的要求，以避免互相交叉和迂回运输，缩短生产周期，节省费用。

② 生产联系和协作关系密切的单位应相互靠近布置。

③ 充分利用现有运输条件。

④ 按照生产性质、防火和环保要求，合理划分厂区。

⑤ 在考虑防火和卫生条件下，总平面布置应力求占地面积小。

⑥ 工厂布置应考虑有扩建的余地。

设施布置决策过程和最终布局方案分别见图 8.3 和图 8.4。

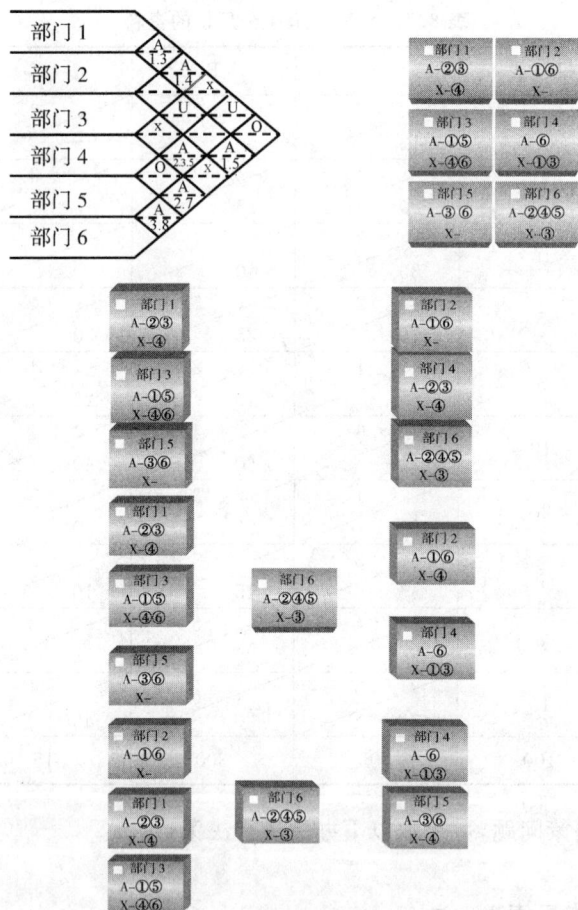

图 8.3 决策过程

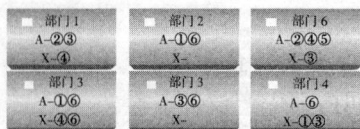

图 8.4 最终布局方案

8. 作业相关图

评价企业布局的主要标准：总运输路线最短,运输总费用最小。

作业相关图法——厂区布置的常用方法,它是根据企业各个部门之间的活动关系密切程度布置其相互位置。关系密切程度分类及原因如表 8.4 所示。

表 8.4　关系密切程度分类及原因

密切程度	代码	评分	代　号	原　因
绝对重要	A	6	借用共同的原始记录	1
特别重要	E	5	共用人员	2
重要	I	4	共用场地	3
一般	O	3	人员接触频繁	4
不重要	U	2	文件接触频繁	5
不考虑	X	1	工作流程连续	6
			工作类似	7
			共用设备	8
			其他	9

9. 从至表法

利用从至表列出机器或设施之间的相对位置,找出整个生产单元总运量最小的布置方案。

基本步骤：

(1) 选择典型零件,制定典型零件的工艺路线,确定所用的机床设备；

(2) 制订设备的初始布置方案,统计设备之间的移动距离；

(3) 确定零件在设备之间的移动次数和单位运量成本；

(4) 用实验法确定最满意的布置方案。

【例题】　某车间设备排列的初始方案及其承担加工的 4 种零件的加工路线见表 8.5。根据表 8.5 编制初始方案从至表 8.6,并填写表 8.7 所示的零件运输距离计算表。

表 8.5　工艺路线图

序号	A	B	C	D	E	F	G	H
01	①	→②	④			→③		→⑤
02	①				→②	→③		→④
03	①		→②	④	→③			→⑤
04	①	③		→②	→④	→⑤		→⑥

表 8.6 初始方案从至表

项目	A	B	C	D	E	F	G	H	小计
A		1	1	1	1				4
B					1	1			2
C					1			1	2
D		1						1	2
E				1		2			3
F			1					2	3
G									0
H									0
小计	0	2	2	2	3	3	0	4	16

表 8.7 零件运输距离计算表

零件顺向运输距离 （对角线上部的运输距离）	零件逆向运输距离 （对角线下部的运输距离）
$1 \times (1+2) = 3$	$1 \times (1) = 1$
$2 \times (1+1+2) = 8$	$2 \times (1) = 2$
$3 \times (1+1) = 6$	$3 \times (1) = 3$
$4 \times (1+1+1) = 12$	
$5 \times (1) = 5$	
小计：$3+8+6+12+5=34$	小计：$1+2+3=6$

零件运输的总距离：$34+6=40$

8.2.3.3 流水线

生产过程组织的基本任务,就是最大限度地使生产过程在时间和空间上合理化,从而取得最优的技术经济效果。流水生产就是这样一种先进的生产组织形式。

1. 流水生产概述

(1) 流水生产的定义

流水生产是指劳动对象按照一定的工艺过程顺利地通过各个工作地,并按照统一的生产速度连续完成工序作业的生产过程。

(2) 流水生产的特点

① 工作地专业化程度高,每个工作地只固定完成一道或少数几道工序。

② 工作地按工艺过程排列,工艺过程一般是封闭的,劳动对象在工序间作单向流动。

③ 生产具有明显的节奏性,劳动对象在各道工序上按一定的时间间隔投入和产出。

④ 生产具有较高的连续性,劳动对象在工序间采用平行或平行顺序移动方式,以减少各工序之间的间断时间。

从上述特点可以看出,流水生产过程具有较高的连续性、比例性、平行性、节奏性和封闭性,因而是一种较先进的生产组织形式。

(3) 流水生产的组织条件

为了能够组织流水生产,充分发挥其经济效益,在设计流水生产线时,应考虑以下几个条件：

① 产品的产量要足够大，以便使流水线固定生产一种或少数几种制品。

② 产品结构和工艺要相对稳定。工作地专业化程度较高，流水生产多采用专用设备和工艺装备，因此要求产品的结构和工艺具有一定的稳定性，以使专用设备和工艺装备能充分发挥作用。

③ 工艺过程应能划分为简单的工序，从而能根据工序同期化的要求把某些工序适当合并、分解，使各工序的工时相差不太大。

（4）流水线的分类

按流水生产的特点组织起来的生产线叫作流水线。流水线的形式有多种，可以按照不同的分类标准进行分类。

① 按生产对象的移动方式，可分为固定流水线和移动流水线。

固定流水线是指生产对象位置固定，生产工人携带工具沿着依序排列的生产对象移动。它主要用于不便运输的大型制品的生产，如重型机械的装配、船舶的装配、大型部件的焊接加工等。而生产对象移动，工人、设备及工具位置固定的流水线称为移动流水线，大多数流水线都是对象移动流水线。

② 按流水线上生产对象的数目，可分为单一对象流水线和多对象流水线。

单一对象流水线是指流水线上只固定生产一种制品。因此，它要求制品的数量应足够大，以保证流水线上的设备有足够的负荷。单一对象流水线亦称不变流水线。

当单一制品的产量不能保证设备足够的负荷时，应组织多对象流水线，即将结构、工艺相似的两种以上的制品统一组织到一条流水线中生产。

③ 按生产对象的轮换方式，可分为不变流水线、可变流水线和成组流水线。

不变流水线就是前述的单一对象流水线，而可变流水线和成组流水线均属于多对象流水线，其中可变流水线的特点是集中轮番地生产固定在流水线上的几个对象，当某一种制品的一批制造任务完成后，相应地调整设备和工艺装备，然后开始另一种制品的生产。实际上，在某一时间段内流水线上仅生产一种制品。

成组流水线不是成批轮番地生产固定在流水线上的几种制品，而是在一定时间内同时或按顺序进行生产。由于生产对象是按照成组加工工艺和使用专门的成组工艺装备来完成的，因此在变换品种时，基本上不需要重新调整设备和工艺装备。

④ 按生产过程的连续程度，可分为连续流水线和间断流水线。

在连续流水线上，制品从投入到产出在工序间是连续进行的，没有等待和间断时间。它一般用于大量生产，是一种较为完善的组织形式。组织连续流水线的条件是所有工序的加工时间与节拍相等或成整倍数关系。

在间断流水线上，由于各道工序的劳动量不等或不成整倍数关系，生产对象在工序间会出现等待停歇现象，生产过程是不完全连续的。这种组织形式虽然经济效果不如连续流水线，但它比较容易组织。

⑤ 按流水线的节奏性，可分为强制节拍流水线、自由节拍流水线和粗略节拍流水线。

所谓节拍，是指流水线上前后出产两件相同制品的时间间隔。

强制节拍流水线要求准确地按节拍出产制品，它一般由专门的装置来实现这一要求,工人必须在规定的时间内完成自己的工作。强制节拍流水线的优点是能够严格地控制出产节奏,有利于实行自动化生产。

自由节拍流水线则不严格要求按节拍出产制品,节拍主要靠工人的熟练操作来保证,但它要求工作地在规定的时间间隔内的生产率应符合节拍要求。

粗略节拍流水线的特点是各个工序的加工时间与节拍相差很大,如果按节拍组织生产,就会使工人和设备处于时断时续的状态。为了充分利用人力物力,只要求流水线在每一个合理的时间间隔生产等量的制品,而每道工序并不按节拍进行生产。

2. 单一对象流水线设计

具备流水生产条件的企业,只要通过技术经济论证或可行性研究,决定采用流水生产方式后,就可以进行流水线的具体组织设计。

单一对象流水线的设计步骤如下:

(1) 计算流水线的平均节拍

平均节拍是指流水线上连续出产两件制品的时间间隔。它表明流水线的生产率是流水线最重要的工作参数。

计算平均节拍的公式如下:

$$r = \frac{F}{Q}$$

式中,r—流水线平均节拍;

F—计划期有效工作时间;

Q—计划期制品产量。

$$F = F_制 \cdot K$$

式中:$F_制$—计划期制度工作时间(单位:分);

K—时间利用系数。

系数 K 主要考虑设备检修、更换模具、调整设备时间及工人班内休息时间的影响,一般取 0.9～0.96。如两班制工作,时间利用系数为 0.95,则 $F = F_制 \cdot K = 306 \times 2 \times 8 \times 0.95 \times 60 = 279\,072$ 分。

计划期制品产量 Q 应包括计划产量和预计废品量。如计划期某制品年产量 20 000 件,外销备件 1 000 件,废品率为 2%,则 Q 为

$$Q = \frac{20\,000 + 1\,000}{(1 - 0.02)} = 21\,429(件)$$

于是该制品的平均节拍为 $r = \frac{F}{Q} = \frac{279\,072}{21\,429} = 13(分/件)$。

如果计算出的节拍值很小,或制品体积小、重量轻,不便于按件运输,可以采用按批运输方式,以减少运输工作量和频繁取放制品时间。此时,顺序出产两批同样制品的时间间隔称为节奏。它等于节拍与运输批量的乘积,即

$$r_0 = n_运 \cdot r$$

式中,r_0—流水线节奏;

$n_运$—流水线运输批量。

流水线采取按批运送制品时,正确地规定运输批量,对于减少运输时间、充分利用生产面积和减少在制品占用量,都有一定的意义。表 8.8 所列运输批量值可供参考。

表 8.8　流水线运输批量参考值

零件在一道工序的平均加工劳动量/分	单件重量/千克						
	0.1	0.2	0.5	1.0	2.0	5.0	≥10
	运输批量						
小于 1.0	100	50	20	10	5	2	1
1.0～2.0	50	20	20	10	5	2	1
2.0～5.0	20	20	10	5	2	2	1
5.0～10	10	10	5	2	2	1	1

（2）工序同期化，计算设备（工作地）数量

工序同期化是指通过技术组织措施来调整流水线各工序时间，使它们与平均节拍相等或成整数倍关系。工序同期化是组织连续流水线的必要条件。工序同期化程度高，则流水线设备负荷率也高，并有利于提高劳动生产率和缩短生产周期。

工序同期化的措施包括：

① 在未同期化的工序上采用高效率设备或改装原设备，以提高生产效率。

② 采用高效率工艺设备，如快速安装夹具、模具，以减少襄夹零件、换刀时间。

③ 改变加工方法，减少切削时间，如改变切削用量、采用高效刃具、减少走刀次数等。

④ 改进工作地布置，减少辅助操作时间。

⑤ 提高工人的熟练程度和工作效率。

⑥ 进行工序的分解和合并，从工艺上使每一工作地的工作量相等或相近。这是装配流水线工序同期化的主要方法。由于在装配阶段大多数采用手工作业，工序同期化不受设备种类的限制，工序的分解与合并工作比较容易进行。而在其他工艺阶段，由于受工艺条件的限制，工序不能任意合并，所以工序同期化比较困难。根据经验，每道工序单件时间与节拍的差额，在 $10\%\sim15\%$ 到 $-5\%\sim-10\%$ 之间。

工序同期化后，可计算流水线设备（工作地）数量及设备负荷率。

每道工序的设备（工作地）需要量可用下式计算：

$$S_{计i} = \frac{t_i}{r}$$

式中，$S_{计i}$—流水线第 i 工序计算所需设备（工作地）数；

t_i—同期化后的第 i 工序单件工时定额（单位：分）。

根据上面的公式计算出的设备数量可能不是整数，实取设备数应为大于计算数的近似整数值，以 S_i 表示，即 $S_i \geqslant S_{计i}$，则工序的设备负荷系数 η_i 为

$$\eta_i = \frac{S_{计i}}{S_i}$$

流水线平均设备负荷系数 $\eta_平$ 为

$$\eta_平 = \frac{\sum_{i=1}^{m} S_{计i}}{\sum_{i=1}^{m} S_i}$$

式中,m—流水线工序数目。

由于 S_i 可能大于 $S_{计i}$,则会发生时间损失,计算公式为

$$t_{in} = r - \frac{t_i}{S_i}$$

式中,t_{in}—第 i 工序加工每件制品后的间断时间。

流水线的负荷率越高,生产过程中的时间损失就越小,一般要求平均负荷系数不低于75%。当 $\eta_{平}$ 为 0.85~1.05 时,就可以组织连续流水线;当 $\eta_{平}$ 为 0.75~0.85 时,以组织间断流水线为宜。

应当指出,工序同期化和流水线设备需要量的计算往往是同时进行的,工序同期化的过程也是寻求每道工序及整个流水线最少设备数量的过程。这里举例说明装配工序同期化及计算流水线工作地数。

【例题】 设某装配流水线平均节拍为 8 分钟,由 13 个工步组成,单位产品的总装配时间为 44 分钟,各工步之间的装配顺序如图 8.5 所示。

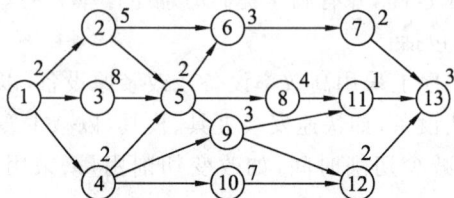

图 8.5 装配工步顺序图

注:圆圈中数字表示工步号,圆圈上方数字表示该工步作业时间。

各工步作业时间定额见表 8.9。

表 8.9 工步作业时间定额

单位:分

工步号	1	2	3	4	5	6	7	8	9	10	11	12	13
工步时间	2	5	8	2	2	3	2	4	3	7	1	2	3

计算过程如下:

首先计算装配流水线上所需要的最少工作地数。由于装备一台产品的总时间已定,且每个工作地最多只能完成 r 分钟的装配作业任务,所以装配流水线上需要的最少工作地数为

$$S_{min} = \left[\frac{T}{r} \right]$$

式中,S_{min}—最少工作地数;

T—单位产品总装配时间(单位:分);

$[\ \ ]$—表示大于或等于 T/r 的最小整数。

本例中,有

$$S_{min} = \left[\frac{44}{8} \right] = [5.5] = 6$$

即该流水线上最少需设置 6 个工作地。

然后进行工序同期化工作,并由此确定流水线上实际采用的工作地数。

工序同期化通过合并工步进行,即将工步分配到工作地。为工作地分配工步时必

须满足下列条件：

① 保证各工步之间的先后顺序关系。

② 每个工作地分配到的工步作业时间之和应尽可能接近节拍，但不能大于节拍。

③ 应使流水线工作地数最少。

流水线平衡的方法有很多种，从理论上讲可以求得最优解，如采用数学规划方法和分支界限法等。由于工步数目的稍稍增加就会大大增加计算最优解的工作量，因此一般能通过简便的方法求得近似最优解就可以了。近似最优解的解法除上述方法外，还有启发式方法、位置加权法和计算机方法等。

对于以手工为主的装配流水线，其负荷系数可用下式计算：

$$\eta = \frac{T}{S \cdot r}$$

式中，η—流水线总负荷系数；

T—单位产品总装配时间；

S—流水线平衡后实际采用的工作地数。

本例中，有

$$\eta = \frac{44}{6 \times 8} = 0.92$$

装配流水线的总负荷系数要求在 $0.85 \sim 0.9$ 以上。

（3）计算工人人数

在以手工操作为主的流水线上，每道工序的工人人数按下式计算：

$$P_i = S_i \cdot W_i \cdot g$$

式中，P_i—第 i 工序的工人人数；

S_i—第 i 工序的工作地数；

W_i—第 i 工序上每一工作地同时工作的人数；

g—每日工作班次。

整个流水线的工人人数是各工序工人人数之和。

在以设备加工为主的流水线上，计算工人人数时，要考虑工人的设备看管定额。设备看管定额随设备类型不同而不同，粗略计算工人人数时，可按平均看管定额计算，同时考虑后备工人的比重 b，则流水线工人人数 P 为

$$P = g \frac{S_n}{S_{看}} \left(1 + \frac{b}{100}\right)$$

式中，S_n—流水线上总工作地数；

$S_{看}$—平均设备看管定额；

b—后备工人百分比。

间断流水线上的工人人数，可在编制间断流水线标准工作指示图表的基础上确定。

（4）选择流水线的运输装置

流水线上使用的运输装置有许多种，如传送带、传送链、滚道、重力滑道及各种运输车辆等。应根据流水线的种类选取相应类型的运输装置，同时要考虑产品的形状、尺寸、重量和精度要求等。

对于连续流水线，为了保证按规定的节拍出产制品，必须采用传送带等机械化的

运输装置。传送带有 3 种类型，即分配式传送带、连续式工作传送带、间歇式（脉动式）工作传送带。

分配式传送带用于自由节拍连续流水线，工人将在该工序已完工的制品放在传送带上，并从传送带上取下需要加工或装配的制品。传送带则按照自由节拍所要求的平均速度连续运动，将制品转到下一工序。

连续工作式传送带用于强制节拍连续流水线，在传送带上安放着生产对象，工人在传送带旁工作。工作传送带通过连续运动（连续式工作传送带）或间歇运动（间歇式工作传送带）将制品转到下道工序，并保证强制节拍的实现。

传送带速度 v 由下式计算：

$$v = \frac{l}{r}$$

式中，v—传送带的速度（单位：米/分）；

l—相邻两工作地或传送带上两个制品的中心距（单位：米）。

l 根据工作地尺寸及它们之间的距离或者根据产品尺寸和相邻产品之间的最小工作范围长度决定。当连续工作式传送带上的产品不太大时，l 可取 1～1.2 米。

传送带的速度，对于工作式传送带，一般选择在 0.1～2 米/分的范围，装配较小产品时，v 值为 0.1～0.5 米/分。分配式传送带的速度值范围为 0.2～0.5 米/分。

传送带的总长度取决于 l、流水线的工序数、每道工序的工作地数及工作地的排列方式。当工作地单向排列时，传送带的长度由下式计算：

$$L = \sum_{i=1}^{m} l \cdot S_i + l_{附}$$

式中，L—传送带长度；

m—流水线上工序数；

$l_{附}$—传送带两端附加长度。

除了以传送带作为运输装置外，自由节拍流水线亦可采用滚道、滑道等运输工具。这些运输工具的共同特点是，允许工序间储存一定数量的在制品，用以调节节拍的波动。同样，对于间断流水线，由于生产过程的连续性差，一般采用滚道、重力滑道及手推车等运输工具。

（5）流水线平面布置

流水线的平面布置应保证零件的运输线路最短，有利于工人操作方便，流水线之间紧密衔接及充分利用生产面积等。根据这些要求，进行流水线平面布置时应考虑 3 个问题：流水线的形式；流水线内工作地的排列方法；各流水线的衔接。

流水线的形状一般有直线形、直角形、开口形、山字形、环形、蛇形等，如图 8.6 所示。

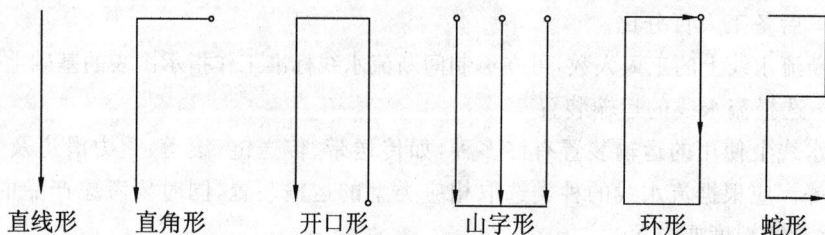

| 直线形 | 直角形 | 开口形 | 山字形 | 环形 | 蛇形 |

图 8.6　流水线平面布置形式

直线形多用于工序少、每道工序的工作地也较少的情况。当工序或工作地数较多时,可采用双行直线排列。当工序或工作地数更多时,可采用直角形、开口形或蛇形布置。

山字形布置一般用于零件加工与装配相结合的情况。环形在工序循环重复时采用,例如用于铸造流水线。

流水线内工作地的排列首先应符合工艺路线,当每道工序的工作地数在2个以上时,就要考虑同一工序工作地的排列方法。一般当有2个或4个同类工作地时,可将它们分列在运输路线的两侧。当几台设备由一个工人看管时,还应注意工人的最短运动距离,以避免无效劳动,减轻工人劳动强度,提高生产效率。

流水线的位置及它们之间的衔接,应根据加工、部件装配及总装配所要求的顺序进行安排。整个布置要符合产品总流向,以缩短运输路线,减少运输工作量,消除无效劳动。

在进行流水线平面布置时,除了遵循上述一般原则外,还应考虑一些具体条件,如车间的生产面积,毛坯输入和成品输出的条件,通风设备、运输装置及动力系统的位置等。

3. 多对象流水线设计

在工业企业中,大量生产的产品和零件所占的比重毕竟不大,所以单对象流水线的应用就需受到限制。由于生产类型的不同,特别是成批生产的企业,虽然产品品种较多,但许多零部件是相同或近似的,这就有可能需要组织多对象流水线进行生产。

由于各种产品的结构与工艺相似的程度不同,以及组织流水生产的方法不同,多对象流水线主要可分为可变流水线和成组流水线,另外,还有一种国外流行的多对象流水线——混流生产流水线,这里着重介绍可变流水线。

(1)可变流水线的特征

① 流水线上加工的产品对象有若干种,各种加工对象在结构和工艺上是近似的。

② 每种加工对象在流水线上成批轮番地进行生产。

③ 流水线上每改变一种产品,全线就重新调整一次设备。

④ 每种加工对象在流水线各道工序上的负荷比大致相同。

由上述特征可看出,虽然可变流水线的加工对象有很多种,但在计划期内的各段时间内,流水线是同单一对象流水线一样地进行生产。

(2)可变流水线的设计步骤

① 确定流水线节拍

在可变流水线上,各个制品按自己的节拍实现流水生产,即固定在同一流水线上的各种制品的节拍是不相等的,因此要分别计算每种制品的平均节拍。其计算方法有以下2种。

第一种方法:将各种制品产量按加工劳动量折合为一种制品产量,然后以此计算平均节拍。

首先选择代表产品,设A,B,C 3种制品在流水线上加工,A制品为代表件,将其他制品(B,C)的产量按其劳动量比例关系折算为A制品的产量,即计划期以A制品表示的加工制品总产量为

$$Q = Q_A + Q_B \cdot \varepsilon_B + Q_C \cdot \varepsilon_C$$

式中,Q—用代表件表示的计划期总产量(单位:件);

Q_A, Q_B, Q_C——依次为 A,B,C 制品的计划期产量（单位：件）；

$\varepsilon_B, \varepsilon_C$——制品 B,C 的劳动量与制品 A 劳动量的比值。

$$\varepsilon_B = \frac{T_B}{T_A}, \varepsilon_C = \frac{T_C}{T_A}$$

式中，T_A, T_B, T_C——依次为 A,B,C 制品在流水线上的单件加工总劳动量。

则各制品的平均节拍 r_A, r_B, r_C 的计算公式为

$$r_A = \frac{F}{Q}（分/件）$$

$$r_B = r_A \cdot \varepsilon_B$$

$$r_C = r_A \cdot \varepsilon_C$$

第二种方法：按制品在流水线上加工劳动量在总劳动量中所占的比重分配有效工作时间，然后计算各种制品的平均节拍。

如上述 3 种制品加工劳动量在总劳动量中所占比重 α 分别为：

$$\alpha_A = \frac{Q_A \cdot T_A}{Q_A \cdot T_A + Q_B \cdot T_B + Q_C \cdot T_C} = \frac{Q_A \cdot T_A}{\sum Q_i \cdot T_i}$$

$$\alpha_B = \frac{Q_B \cdot T_B}{\sum Q_i \cdot T_i}$$

$$\alpha_C = \frac{Q_C \cdot T_C}{\sum Q_i \cdot T_i}$$

或

$$\alpha_i = \frac{Q_i \cdot T_i}{\sum Q_i \cdot T_i}$$

式中，i 为 A,B,C 三种制品之一。

于是，每种制品分配到的有效工作时间 F_i 为

$$F_i = \alpha_i \cdot F$$

每种制品的平均节拍 r_i 为

$$r_i = \frac{F_i}{Q_i} = \frac{\alpha_i \cdot F}{Q_i}$$

即上述 3 种制品的平均节拍分别为

$$r_A = \frac{\alpha_A \cdot F}{Q_A}, r_B = \frac{\alpha_B \cdot F}{Q_B}, r_C = \frac{\alpha_C \cdot F}{Q_C}$$

下面举例计算多对象可变流水线上制品的平均节拍。

设在可变流水线上加工 3 种零件，其年产量及单位零件加工劳动量如表 8.10 所示。

表 8.10　年产量及单位零件加工劳动量

零件号	年产量/件	单位零件加工劳动量/(分·件$^{-1}$)
A	24 000	48.5
B	12 000	44.1
C	24 000	35.4

设计划期有效工作时间 F 为 4 400 小时(以全年制度工作时间 $F_制$ 为 4 896 小时,设备修理及调整时间占 10％计算),用第一种方法计算平均节拍。

设以 A 为代表件,则计划期流水线加工零件的总产量为

$$Q = 24\,000 + 12\,000 \cdot \varepsilon_B + 24\,000 \cdot \varepsilon_C$$
$$= 24\,000 + 12\,000 \times \frac{44.1}{48.5} + 24\,000 + \frac{35.4}{48.5}$$
$$= 24\,000 + 10\,920 + 17\,520 = 52\,440(件)$$

则各零件的节拍 r_A, r_B, r_C 分别为

$$r_A = 4\,400 \times \frac{60}{52\,440} = 5.04(分/件)$$

$$r_B = 5.04 \times \frac{44.1}{48.5} = 4.58(分/件)$$

$$r_C = 5.04 \times \frac{35.4}{48.5} = 3.68(分/件)$$

按第二种方法计算,则计算过程见表 8.11。

表 8.11　计算过程

零件号	Q_i/件	T_i	$Q_i \cdot T_i$	a_i	F_i/小时	r_i/(分·件$^{-1}$)
①	②	③	④＝②×③	⑤＝$\frac{④}{\sum ④}$	⑥＝⑤×F	⑦＝$\frac{⑥×60}{②}$
A	24 000	48.5	1 164 000	0.458	2 015	5.04
B	12 000	44.1	529 200	0.208	915	4.58
C	24 000	35.4	849 600	0.334	1 470	3.68
合计			2 542 800		4 400	

② 确定各工序设备数量及计算设备负荷系数

这里首先进行工序同期化工作,但由于可变流水线上生产的是多种制品,则不仅要求工序时间与平均节拍相等或成整数倍关系,而且要求各制品同一工序的工序时间之比与各制品在流水线上总加工劳动量之比相等或相近,这样可使按各制品分别计算所得的同一工序的设备数量相等或相近。

下面对此给予简单的证明。

设:S_{ij}—加工制品 i 的 j 道工序所需设备数;

　　t_{ij}—i 制品 j 工序的工序单件时间;

　　r_i—i 制品平均节拍;

　　T_i—i 制品在流水线上单件加工总劳动量;

　　n—流水线上加工的制品种数。

则由 $S_{计i} = \dfrac{t_i}{r}$ 得

$$S_{1j} = \frac{t_{1j}}{r_1}, S_{2j} = \frac{t_{2j}}{r_2}, \cdots, S_{nj} = \frac{t_{nj}}{r_n}$$

为使 $S_{1j} = S_{2j} = \cdots S_{nj}$,则应有

$$\frac{t_{1j}}{r_1} = \frac{t_{2j}}{r_2} = \cdots = \frac{t_{nj}}{r_n}$$

即

$$t_{1j} : t_{2j} : \cdots : t_{nj} = r_1 : r_2 : \cdots : r_n$$

由于

$$r_i = \frac{Q_i \cdot T_i}{\sum Q_i \cdot T_i} \cdot \frac{F}{Q_i} = \frac{T_i \cdot F}{\sum Q_i \cdot T_i}$$

代入公式得

$$t_{1j} : t_{2j} : \cdots : t_{nj} = \frac{T_1 \cdot F}{\sum Q_i \cdot T_i} : \frac{T_2 \cdot F}{\sum Q_i \cdot T_i} : \cdots : \frac{T_n \cdot F}{\sum Q_i \cdot T_i}$$

消去 $\dfrac{F}{\sum Q_i \cdot T_i}$，得

$$t_{1j} : t_{2j} : \cdots : t_{nj} = T_1 : T_2 : \cdots : T_n$$

即各制品第 j 道工序时间之比等于各制品在流水线上单件加工总劳动量之比。如果各制品同一工序时间之比不满足上述要求,应采取各种同期化措施使之尽量满足要求,否则按各制品分别计算的该道工序的设备数量可能不等。因为工序只能取唯一的设备数量,又要满足各种制品的加工,故此时流水线上该工序的设备数应取按各制品分别计算所得设备数的最大值,即

$$S_j = \max[S_{1j}, S_{2j}, \cdots, S_{nj}]$$

式中,S_j —— j 工序实取设备数;

〔 〕——取整符号。

由于各制品要求的同一工序的设备数量不等,则将降低流水线的设备负荷系数。

各工序的设备数量正式确定下来后,就可以计算各工序及整个流水线的设备负荷系数。

各工序的设备负荷系数计算公式为

$$\eta_j = \frac{\sum_{i=1}^{n} Q_i \cdot t_{ij}}{S_j \cdot F}$$

式中,η_i ——第 j 道工序的设备负荷系数。

流水线平均设备负荷系数按下式计算:

$$\eta = \frac{\sum_{j=1}^{m} \eta_j \cdot S_j}{\sum_{j=1}^{m} S_j}$$

式中,η ——流水线平均设备负荷系数;

m ——流水线上工序数。

也可以写作

$$\eta = \frac{\sum_{i=1}^{n} Q_i \cdot T_i}{F \sum_{j=1}^{m} S_j}$$

这里

$$T_i = \sum_{j=1}^{m} t_{ij}$$

二式结果一致。

根据前述 A,B,C 三零件的工序时间,计算可变流水线上的设备数量及设备负荷系数最终结果如表 8.12 所示。

表 8.12　最终结果

	工序号	1	2	3	4	5	6	7	8	合计
零件 A $r_A = 5.04$ (分/件)	t_{Aj}(分)	4.7	9.0	9.2	4.6	4.3	8.9	4.0	3.8	48.5
	$S_{Aj} = \dfrac{t_{Aj}}{r_A}$	0.93	1.78	1.83	0.91	0.85	1.77	0.79	0.75	
	应取设备数	1	2	2	1	1	2	1	1	
零件 B $r_B = 4.58$ (分/件)	t_{Bj}(分)	4.2	8.4	8.6	3.9	3.5	8.2	3.8	3.5	44.1
	$S_{Bj} = \dfrac{t_{Bj}}{r_B}$	0.92	1.83	1.88	0.85	0.76	1.79	0.83	0.76	
	应取设备数	1	2	2	1	1	2	1	1	
零件 C $r_C = 3.68$ (分/件)	t_{Cj}(分)	3.3	7.0	6.8	3.1	2.8	6.4	3.2	2.8	35.4
	$S_{Cj} = \dfrac{t_{Cj}}{r_C}$	0.90	1.90	1.85	0.84	0.76	1.74	0.87	0.76	
	应取设备数	1	2	2	1	1	2	1	1	
流水线实取设备效		1	2	2	1	1	2	1	1	
工序设备负荷系数 η_j		0.92	0.92	0.92	0.88	0.81	0.88	0.83	0.76	
平均设备负荷系数 η					0.88					

对象可变流水线的其他设计步骤与单一对象流水线相同,这里不再赘述。

8.3　企业计划体系

8.3.1　生产计划体系

8.3.1.1　企业计划体系的层次及内容

1. 战略层次计划

战略层次计划的依据是企业发展的需要,不受现有资源条件的约束。

2. 战术层次计划

战术层次计划的依据是战略层次计划,并受现有资源条件的限制。

3. 作业层次计划

作业层次计划的依据是战术层次计划的执行计划。

企业各层次生产计划体系的详细情况如表 8.13 所示。

表 8.13　各层次生产计划体系

特点＼分类	长期(战略层)	中期(管理层)	短期(作业层)
1. 计划层任务	制定总目标及获取所需的资源	有效利用现有资源,满足市场需求	最适当地配置生产能力,执行中期计划
2. 管理层次	高层	中层	基层
3. 时间期	3～5 年或更长	1～1.5 年	≤6 个月
4. 详细程度	非常概略	概略	具体、详细
5. 不确定性程度	高	中	低
6. 决策变量	• 产品线 • 工厂规模与厂址配置 • 设备选择(通用、专用) • 供应渠道 • 劳工的培训 • 生产与库存管理系统类型选择	• 工厂工作时间 • 劳动力数量 • 库存水平 • 外包量 • 生产速率	• 生产什么 • 生产多少 • 生产顺序 • 何处生产 • 何时生产 • 物料库存控制方式

8.3.1.2　各种类型的生产计划

1. 按照计划对象分类

按照计划对象分类,企业生产计划包括 4 种不同层次的计划:综合生产计划、主生产计划、物料需求计划和生产作业计划。

(1) 综合生产计划(Aggregate Production Planning,APP)

综合生产计划又称年度生产大纲或年度生产计划,它是对企业一年内资源和需求之间的平衡所做的概括性设想。它不具体制定每一品种的生产数量、生产时间及每一车间和人员的具体任务。

综合生产计划按以下方式对产品、时间和人员做出安排。

① 产品

按照产品的需求特性、加工特性、所需人员和设备上的相似性等,将产品分为几大系列,以系列为单位制订综合计划。

② 时间

计划期通常为年,所以也称为年度生产计划或年度生产大纲。在该计划期内,使用的计划时间单位是月、双月或季。

③ 人员

可用几种不同方式考虑人员安排问题。按产品系列分成相应的组,分别考虑所需人员水平,或将人员根据工艺特点和人员所需的技能分组等。

(2) 主生产计划(Master Production Schedule,MPS)

主生产计划将综合计划的系列产品分解为每一具体时间段的最终产品的生产数量。最终产品指企业最终完成要出厂的完成品,它可以是直接用于消费的消费产品,也可以是作为其他企业的部件或配件。时间段通常为周、旬、日或月。

综合生产计划与主生产计划示例如图 8.7 所示。

综合生产计划(件/月)

月	7	8	9	10	11
重型变速器	100	125	120	130	120
标准变速器	75	80	70	100	100
经济变速器	75	45	60	70	80
总数 I	250	250	250	300	300

重型变速器的主生产计划(件)

		7月				8月		
周	1	2	3	4	1	2	3	4
1176	0	10	0	15	0	0	20	0
1177	0	10	0	10	0	5	10	0
1178	0	5	10	0	0	15	0	10
1179	10	0	5	0	10	15	0	0
1180	15	0	10	0	20	0	0	20

（左侧竖排：重型变速器规格）

总数 100　　　　　　　　　　总数 125

图 8.7　APP 和 MPS 示例

（3）物料需求计划（Materials Requirement Planning，MRP）

主生产计划确定之后，生产计划部门要保证生产主生产计划所规定的最终产品所需的全部物料（原材料、零件、部件），以及其他资源能在需要的时候供应到位。

所谓物料需求计划，就是要制订原材料、零部件的生产、采购计划，例如外购什么、生产什么、什么物料必须在什么时候订货或开始生产，每次订多少、生产多少等。MRP 的对象是零部件、原材料。

（4）生产作业计划（Production Planning and Scheduling，PPS）

生产作业计划确定日常生产经营活动的安排，它是主生产计划的执行计划，是日常生产运作活动的依据，是联系供、产、销和生产技术准备工作的纽带。

生产作业计划内容包括期量标准的制定、作业计划的编制、生产能力的核算与平衡、日常生产派工和生产作业准备的检查等。

2. 按照执行部门分类

按照执行部门分类，企业生产计划包括厂级计划、车间级计划、班组级计划。

3. 按照时效分类

按照时效分类，企业生产计划包括年度生产计划、季度生产计划、月度生产计划和周生产计划等。

8.3.2　综合生产计划的制订

8.3.2.1　所需主要信息和来源

综合计划要根据企业所拥有的生产能力和需求预测对企业的产出内容、产出速度、劳动力水平、库存投资等问题做概括性的决策，这些决策必须在与企业有关的多种信息基础上才能做出，这些信息需要企业不同部门来提供。

综合计划对企业来说非常重要，因此，各种信息要尽量准确，并保证及时提供。所以，每一部门应有一个主要负责人负责提供准确、及时的信息，并参与综合计划的制订。

8.3.2.2 综合计划的主要目标及其相悖关系分析

综合计划是企业的整体计划，即要达到的企业的整体经营目标。

综合计划不是一个部门的计划，其目标与部门目标有所不同。有时这些目标的实现与部门目标相矛盾。因此，在综合计划制订过程中必须处理好这些关系，妥善解决矛盾。

1. 综合计划的主要目标

（1）成本最小，利润最大；

（2）顾客服务最大化（最大限度地满足顾客要求）；

（3）最小库存投资；

（4）保证生产速率的稳定性（变动最小）；

（5）人员水平变动最小；

（6）设施、设备得到充分利用。

2. 目标的相悖性分析

（1）顾客服务与库存。最大限度地满足顾客要求，要求快速、按时交货，但这必须通过增加库存而不是减少库存来达到。

（2）当企业产品需求随季节波动时，保持稳定的产出速率也需要同时保持较大的库存。

8.3.2.3 两种基本的决策思路

制订综合计划有以下两种基本的决策思路。

1. 稳妥应变型

根据市场需求制订相应的计划。将预测的市场需求视为给定条件，通过改变人员水平、加班加点、安排休假、改变库存水平、外协等方式来应对市场需求的变化。

调节人力水平、加班或部分开工、外协、调节库存均可使生产速率和人员水平保持稳定，但却需耗费相当大的成本。成品的库存是最费钱的一种库存投资形式，因为它所包含的附加劳动最多。因此应尽量储存零部件、半成品，当需求到来时再迅速制造成成品。

稳妥应变型决策最重要的是决定不同时间段的不同生产速率，不管采用什么应变方法，都意味着在该段时间段内的产出速率被决定了。或者说，生产速率是上述因素的函数。

2. 积极进取型

积极进取型决策力图通过调节需求模式，影响、改变需求，调节对资源的不平衡要求来达到有效地、低成本地满足需求的目的。常用方法有：

（1）导入互补产品，使不同产品的需求"峰""谷"错开，使产出保持均衡。该方法的关键是找到合适的互补产品。

（2）调整价格，刺激淡季需求。在需求淡季，可通过促销、降低价格等方式刺激需求。

8.3.2.4 制订综合计划的策略

1. 追赶策略

在计划期内调节生产速率或人员水平，以适应需求。其关键之处是不使用调节库存或部分开工。

2. 平衡策略

在计划期内保持生产速率和人员水平不变,使用调节库存或部分开工来适应需求。

3. 混合策略

对一个企业来说,最好的策略应该是将需求淡季时建立调节库存、小幅度变动人员水平、加班等几种方式结合使用,即采取一种混合策略。

综合计划的制订程序如图 8.8 所示。

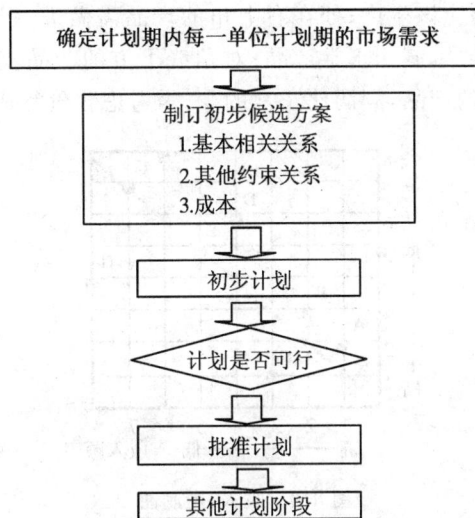

图 8.8 综合计划的制订程序

8.3.3 年度生产计划的编制

年度生产计划是年度综合计划的重要组成部分。它是决定企业生产经营活动的重要纲领性计划(生产大纲)。

年度生产计划要确定企业在计划年度内生产哪些产品,各个品种产品生产的数量和要达到的质量水平,计划年度应完成的总产值和商品产值,以及规定各类产品的交货期。

编制年度生产计划的主要任务,就是要对品种指标、产量指标、质量指标和产值指标等计划指标的水平做出正确的决策。

8.3.3.1 产品品种指标

产品品种指标是指企业在计划期内规定生产的产品项(种)数,包括生产什么、品名、规格、型号、种类数等。

$$品种计划完成率 = \frac{报告期完成计划产量的品种数}{报告期计划品种数} \times 100\%$$

注:① 不能以计划外品种代替计划内品种。

② 该值不大于 100%。

1. 收入利润顺序法

（1）确定产品销售收入和利润顺序，填制产品的收入和利润顺序表，如表 8.14 所示。

表 8.14　收入和利润顺序表

产品代号	A	B	C	D	E	F	G	H
销售收入	1	2	3	4	5	6	7	8
利润	2	3	1	6	5	8	7	4

（2）绘制收入、利润图（见图 8.9）。

处在左下角的产品应该生产；处在右上角的产品需做进一步分析（考虑产品寿命周期）；对角线上方的产品，属于正常产品；对角线下方的产品，利润比正常的高，考虑增加销量；对角线上方的产品，利润比正常的少，需考虑售价和成本。

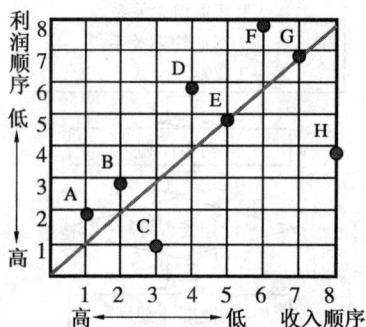

图 8.9　收入、利润图

2. 象限法

象限法的前身是波士顿矩阵法（见图 8.10）。波士顿矩阵法是 1970 年由美国波士顿咨询公司首创的一种方法。这种方法是根据每种产品的销售增长率和相对市场占有率将企业的产品分为 4 种类型，即 4 个象限，然后根据各种产品在象限中的位置来采取相应的策略。

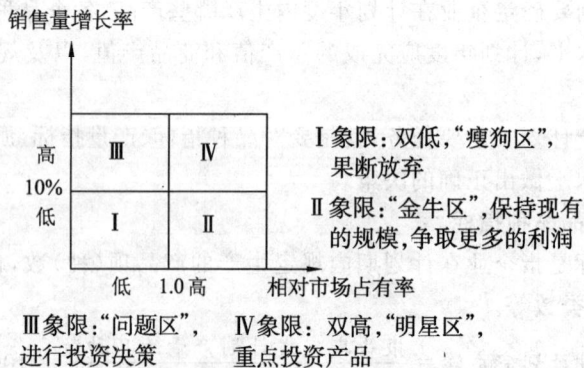

Ⅰ象限：双低，"瘦狗区"，果断放弃

Ⅱ象限："金牛区"，保持现有的规模，争取更多的利润

Ⅲ象限："问题区"，进行投资决策

Ⅳ象限：双高，"明星区"，重点投资产品

图 8.10　波士顿矩阵

美国通用电气公司在引用波士顿公司象限法原理的基础上，扩大了考核的内容，把 4 个象限扩大为 9 个象限，以进行产品组合决策。

8.3.3.2 产品产量指标

企业在确定完产品品种以后,要进一步确定每类产品的生产数量。

产品产量指标是指企业在计划期内生产的合格(符合质量标准)产品(或劳务)的实物数量。

$$产量计划完成率 = \frac{报告期实际完成产量}{报告期计划产量} \times 100\%$$

注:① 实际完成产量可包括计划外产品产量和超计划产量。

② 产量计划完成率可大于 100% 。

8.3.3.3 质量指标

质量指标包括内在质量和外在质量两个方面。

8.3.3.4 产值指标

产值指标包括商品产值、总产值和净产值 3 个方面。

8.4 质量管理

8.4.1 质量与质量管理

8.4.1.1 质量的定义

质量的概念在不同的历史时期有着不同的内涵。质量的概念最初仅用于产品,如今逐渐延伸到服务、过程、体系和组织,以及以上任意项的组合。

GB/T19000-2016/ISO9000:2015 关于质量的定义:质量是指客体的一组固有特性满足要求的程度。

在理解上述定义时,应注意以下要点。

1. 客体

客体指可感知或可想象到的任何事物。例如,产品、服务、过程、人员、组织、体系、资源。客体可能是物质的(如:一台发动机、一张纸、一颗钻石)、非物质的(如:转换率、一个项目计划)或想象的(如:组织未来的状态)。

2. 关于"固有特性"

特性是指"可区分的特征",如物的特性(如机械性能、物理化学性能)、感官的特性(如气味、噪音、色彩)、时间的特性(如准时性、可靠性)、人体工效的特性(如生理的特性、安全性)、经济的特性(如使用成本)和行为的特性(如礼貌、仪表)等。

特性可以是固有的赋予的。"固有特性"是指事物本来就有的、与生俱来的,尤其是那种永久的特性。例如,产品的尺寸、体积、重量,机械产品机械性能、可靠性、可维修性,化工产品的化学性能、安全性等。"赋予特性"不是固有的,是人们后来施加的,例如,产品的价格、交货期、保修时间、运输方式等。

固有特性与赋予特性是相对的。某些产品的赋予特性可能是另一些产品的固有特性,例如:交货期及运输方式对硬件产品而言,属于赋予特性,但对运输服务而言就属于固有特性。

3. 关于"要求"

要求指"明示的、通常隐含的或必要履行的需求或期望"。

"明示的"可以理解为规定的要求。例如,在销售合同或技术文件中阐明的要求或顾客明确提出的要求。

"通常隐含的"是指组织、顾客和其他相关方的惯例或一般做法,所考虑的需求或期望是不言而喻的。例如:化妆品对顾客皮肤的保护性等。一般情况下,顾客或相关方的文件(如:标准)中不会对这类要求给出明确的规定,供方应根据自身产品的用途和特性进行识别,并做出规定。

"必须履行的"是指法律法规要求的或有强制性标准要求的。如食品卫生安全法等。供方在产品实现的过程中,必须执行这类标准,要求可以由不同相关方提出。不同的相关方对同一产品的要求可能是不相同的。例如:对汽车来说,顾客要求美观、舒适、轻便、省油,但社会要求对环境不产生污染,组织在确定产品要求时,应兼顾各相关方的要求。

要求可以是多方面的,当需要指出时,可以采用修饰词表示,如产品要求、质量管理体系要求、顾客要求等。

4. 质量的内涵

质量的内涵是由一组固有特性组成,并且这些固有特性是以满足顾客及其他相关方要求的能力加以表征,质量具有广义性、时效性和相对性。

质量的广义性:质量不仅指产品质量,也可以指过程质量和体系的质量。组织的顾客及其他相关方对组织的产品、过程或体系都可能提出要求。

质量的时效性:组织的顾客及其他相关方对组织的产品、过程和体系的需求和期望是不断变化的,因此,组织应不断地调整对质量的要求,想方设法满足顾客及其他相关方的要求,并争取超越他们的期望。

质量的相对性:组织的顾客和其他相关方可能对同一产品的功能提出不同的需求;也可能对同一产品的同一功能提出不同的需求;需求不同,质量要求也就不同,只有满足需求的产品才会被认为是质量好的产品。

质量的优劣是满足要求程度的一种体现。它须在同一等级基础上做比较,不能与等级混淆。等级是对功能用途相同但质量要求不同的产品、过程或体系所做的分类或分级。

8.4.1.2 质量管理的沿革

质量管理起源于 20 世纪初,在整个一个世纪中,质量管理的发展大致经历了 3 个阶段。

1. 质量检验阶段(20 世纪初—20 世纪 40 年代)

20 世纪初,人们对质量管理的认识仅仅局限于质量检验,而具这种检验是非破坏性的、百分之百的检验。

20 世纪 20 年代,美国著名管理学家泰勒在他的著作《科学管理》中首次提出在人员中进行科学分工的要求,即将计划职能和执行职能分开,中间再增加检验环节,设置专职的检验部门。

虽然专职的质量检验对保证成品的质量有其突出的作用,但不久便暴露出弱点。首先,这种事后把关式的检验不能起到事前预防、控制的作用;其次,这种百分之百的检验对于破坏性试验或大批量生产显然是不可能的;最后,由于"三权"分立,即质量标准制定部门、产品制造部门、检验部门各管一方，只强调相互制约的一面，忽视相互配合、促进、协调的一面，缺乏系统观念。

2. 统计质量控制阶段（20世纪40年代—60年代）

1924年美国贝尔电话公司的休哈特（W. A. Shewhart）将数理统计方法运用到质量管理中来，首先提出用 6σ 方法控制加工过程的质量波动。1931年他出版了第一本质量管理科学专著《工业产品质量的经济控制》，第一张工序控制图——休哈特控制图问世。1929年休哈特的同事道奇（H. F. Dodge）与罗米克（H. G. Romig）发表了第一本统计抽样方法的专著《抽样检查方法》，这种以统计抽样的方法代替大批量产品的检查验收，极大地提高了质量检验的效率。但是由于20世纪二三十年代世界资本主义危机重重、经济萧条，这些理论和方法长期以来被束之高阁。

第二次世界大战开始后，由于军工生产的迫切需要，统计质量控制方法得到了广泛的应用。1941年至1942年，美国国防部先后制定了3个军用标准：AWSZ1.1《质量管理指南》、AWSZ1.2《数据分析用控制图法》、AWSZ1.3《生产过程质量管理控制图法》，并且要求在交货检验中采用科学的抽样检查方法。历史证明，由于美国大力推广应用统计质量管制方法，使得美国的军工生产在数量上、质量上以及成本上均占世界领先地位。

第二次世界大战结束以后，统计质量控制不仅在美国许多民用工业企业得到广泛应用，而且迅速推广到美国以外的许多国家，并取得了成效。

尽管统计质量控制取得很大成效，但是也存在缺陷，由于它过分强调质量控制中的数理统计方法，使人们误认为质量管理主要是数理统计专家的事，特别是在计算机和数理统计软件应用不普及的情况下，许多人感到望而生畏。

3. 全面质量管理阶段（20世纪60年代至今）

20世纪50年代以来，随着科学技术和工业生产的发展，对质量的要求也越来越高，人们开始运用"系统工程"的概念，把质量问题作为一个有机整体加以综合分析研究，实施全员、全过程、全公司的管理。60年代管理理论上出现了"行为科学"学派，主张重视人在管理中的作用。在上述背景下，1961年美国通用电气公司的费根鲍姆（A. V. Feigenbaum）首次提出全面质量管理的概念，他在《全面质量管理》一书中指出："全面质量管理是为了能够在最经济的水平上并考虑到充分满足用户需求的条件下进行市场研究、设计、生产和服务，把企业各部门的研制质量、维持质量和提高质量的活动构成一体的有效体系。"费根鲍姆首次提出了质量体系的问题，提出质量管理的主要任务就是建立质量管理体系，这是一个全新的见解，具有划时代的意义。

全面质量管理的内涵：以质量为中心，以全员参与为基础，目的在于通过让顾客满意和本组织所有者、员工、供方、合作伙伴或社会等相关方受益而达到长期成功的一种管理途径。

全面质量管理的重要特点：

（1）突出4个全：全员参与，质量形成全过程的管理，全公司的管理，各种专业技术和管理方法的综合运用。

（2）实现3种转变：指导思想上从事后检验、把关为主转变成事前预防、改进为主；组织形式上从分工为主转变成协调为主；方式方法上从管结果为主转变成管原因为主。

（3）基本工作方法——PDCA循环。

日本在20世纪50年代引进了美国的质量管理方法，并且有所发展，取得了举世瞩目的成绩，日本著名质量管理专家石川馨教授把日本的质量管理称为全公司质量管理（CWQC），他们十分重视职工的质量管理教育，开展群众性的QC小组活动，以及全国质量月活动，归纳、整理了质量管理的老七种工具和新七种工具，发明了质量功能展开（QFD）以及质量工程技术（田口方法），使全面质量管理充实了大量新的内容。

全面质量管理的理论和方法迅速在全球范围广泛传播，各国均结合自己的实践有所创新发展。当今，世界闻名的ISO9000族质量管理标准，美国波多里奇奖、欧洲质量奖、日本戴明奖等各种质量奖以及卓越经营模式，6σ管理模式等，均是以全面质量管理理论和方法为基础的。

8.4.2　质量管理原则

国际标准化组织（ISO）总结了质量管理近100年的实践经验，吸纳了当代最杰出的质量管理专家的理念，用高度概括而又易于理解的语言，总结成质量管理的7项原则，这些原则适用于任何类型的组织和任何类型的产品，这些原则也是建立质量管理体系的理论基础。

8.4.2.1　以顾客为关注焦点

质量管理的首要关注点是满足顾客要求并且努力超越顾客期望。

组织只有赢得和保持顾客与其他有关相关方的信任才能获得持续成功。与顾客相互作用的每个方面，都提供了为顾客创造更多价值的机会。理解顾客与其他相关方当前与未来的需求，有助于组织的持续成功。

主要益处可能有：提升顾客价值；增强顾客满意；增进顾客忠诚；增加重复性业务；提高组织的声誉；扩展顾客群；增加收入和市场份额。

可开展的活动包括：识别从组织获得价值的直接顾客和间接顾客；理解顾客当前与未来的需求和期望；将组织的目标与顾客的需求和期望联系起来；在整个组织内沟通顾客的需求和期望；为满足顾客的需求和期望，对产品和服务进行策划、设计、开发、生产、交付和支持；测量和监视顾客满意情况，并采取适当的措施；在有可能影响到顾客满意的有关相关方的需求和适宜的期望方面，确定并采取措施；主动管理与顾客的关系，以实现持续成功。

8.4.2.2　领导作用

各级领导建立统一的宗旨和方向，并创造全员积极参与实现组织的质量目标的条件。

统一的宗旨和方向的建立，以及全员的积极参与，能够使组织将战略、方针、过程和资源协调一致，以实现其目标。

主要益处可能有：提高实现组织质量目标的有效性和效率；组织的过程更加协调；改善组织各层级、各职能间的沟通；开发和提高组织及其人员的能力，以获得期望的结果。

可开展的活动包括：在整个组织内，就其使命、愿景、战略、方针和过程进行沟通；

在组织的所有层级创建并保持共同的价值观，以及公平和道德的行为模式；培育诚信和正直的文化；鼓励在整个组织范围内履行对质量的承诺；确保各级领导者成为组织中的榜样；为员工提供履行职责所需的资源、培训和权限；激发、鼓励和表彰员工的贡献。

8.4.2.3　全员积极参与

整个组织内各级胜任、经授权并积极参与的人员，是提高组织创造和提供价值能力的必要条件。

为了有效和高效的管理组织，各级人员得到尊重并参与其中是极其重要的。通过表彰、授权和提高能力，促进在实现组织的质量目标过程中的全员积极参与。

主要益处可能有：组织内人员对质量目标有更深入的理解，以及更强的加以实现的动力；在改进活动中，提高人员的参与程度；促进个人发展、主动性和创造力；提高人员的满意程度；增强整个组织内的相互信任和协作；促进整个组织对共同价值观和文化的关注。

可开展的活动包括：与员工沟通，以增强他们对个人贡献的重要性的认识；促进整个组织内部的协作；提倡公开讨论，分享知识和经验；让员工确定影响执行力的制约因素，并且毫无顾虑地主动参与；赞赏和表彰员工的贡献、学识和进步；针对个人目标进行绩效的自我评价；进行调查以评估人员的满意程度，沟通结果并采取适当的措施。

8.4.2.4　过程方法

将活动作为相互关联、功能连贯的过程组成的体系来理解和管理时，可更加有效和高效地得到一致的、可预知的结果。

质量管理体系是由相互关联的过程所组成。理解体系是如何产生结果的，能够使组织尽可能地完善其体系并优化绩效。

主要益处可能有：提高关注关键过程的结果和改进的机会的能力；通过由协调一致的过程所构成的体系，得到一致的、可预知的结果；通过过程的有效管理、资源的高效利用及跨职能壁垒的减少，尽可能提升其绩效；使组织能够向相关方提供关于其一致性、有效性和效率方面的信任。

可开展的活动包括：确定体系的目标和实现这些目标所需的过程；为管理过程确定职责、权限和义务；了解组织的能力，预先确定资源约束条件；确定过程相互依赖的关系，分析个别过程的变更对整个体系的影响；将过程及其相互关系作为一个体系加以管理，以有效和高效地实现组织的质量目标；确保获得必要的信息，以运行和改进过程并监视、分析和评价整个体系的绩效；管理可能影响过程输出和质量管理体系整体结果的风险。

8.4.2.5　改进

成功的组织持续关注改进。

改进对于组织保持当前的绩效水平，对其内、外部条件的变化做出反应，并创造新的机会，都是非常必要的。

主要益处可能有：提高过程绩效、组织能力和顾客满意；增强对调查和确定根本原因及后续的预防和纠正措施的关注；提高对内外部风险和机遇的预测与反应能力；

增加对渐进性和突破性改进的考虑；更好地利用学习来改进；增强创新的动力。

可开展的活动包括：促进在组织的所有层级建立改进目标；对各层级人员进行教育和培训，使其懂得如何应用基本工具和方法实现改进目标；确保员工有能力成功地促进和完成改进项目；开发和展开过程，以在整个组织内实施改进项目；跟踪、评审和审核改进项目的策划、实施、完成和结果；将改进与新的或变更的产品、服务和过程的开发结合在一起予以考虑；赞赏和表彰改进。

8.4.2.6　循证决策

基于数据和信息的分析和评价的决策，更有可能产生期望的结果。

决策是一个复杂的过程，并且总是包含某些不确定性。它经常涉及多种类型和来源的输入及其理解，而这些理解可能是主观的。重要的是理解因果关系和潜在的非预期后果。对事实、证据和数据的分析可导致决策更加客观、可信。

主要益处可能有：改进决策过程；改进对过程绩效和实现目标的能力的评估；改进运行的有效性和效率；提高评审、挑战与改变观点和决策的能力；提高证实以往决策有效性的能力。

可开展的活动包括：确定、测量和监视关键指标，以证实组织的绩效；使相关人员能够获得所需的全部数据；确保数据和信息足够准确、可靠与安全；使用适宜的方法对数据和信息进行分析与评价；确保人员有能力分析和评价所需的数据；权衡经验和直觉，基于证据进行决策并采取措施。

8.4.2.7　关系管理

为了持续成功，组织需要管理与有关相关方（如供方）的关系。

有关相关方影响组织的绩效。当组织管理与所有相关方的关系，以尽可能有效的发挥其在组织绩效方面的作用时，持续成功更有可能实现。对供方及合作伙伴网络的关系管理是尤为重要的。

主要益处可能有：通过对每一个与相关方有关的机会和限制的响应，提高组织及其有关相关方的绩效；对目标和价值观，与相关方有共同的理解；通过共享资源和人员能力，以及管理与质量有关的风险，增强为相关方创造价值的能力；具有管理良好、可稳定提供产品和服务的供应链。

可开展的活动包括：确定有关相关方（如：供方、合作伙伴、顾客、投资者、雇员或整个社会）及其与组织的关系；确定和排序需要管理的相关方的关系；建立平衡短期利益与长期考虑的关系；与有关相关方共同收集和共享信息、专业知识与资源；适当时，测量绩效并向相关方报告，以增强改进的主动性；与供方、合作伙伴及其他相关方合作开展开发和改进活动；鼓励和表彰供方及合作伙伴的改进与成绩。

8.4.3　质量改进过程

8.4.3.1　PDCA 循环

任何一个质量改进活动都要遵循 PDCA 循环的原则，即策划（Plan）、实施（Do）、检查（Check）、处置（Action）。

1. PDCA 的内容

（1）策划阶段（Plan）：根据顾客及其相关方的需求，拟定质量目标，确立管理项

目,制订活动计划:

步骤一:分析现状,找出存在的质量问题。

步骤二:分析产生质量问题的各种原因。

步骤三:找出影响质量的主要原因。

步骤四:针对影响质量的重要原因制定措施,提出改进计划。

(2)实施阶段(Do):执行计划。

步骤五:按照既定的计划实施执行,开展各种技术和管理活动。

(3)检查阶段(Check):检查计划的执行情况。

步骤六:在计划执行过程中,及时检查计划执行情况和效果,找出存在问题,必要时对计划进行调整。

(4)总结、处理阶段(Action):总结成功经验,找出遗留问题。

步骤七:总结成功的经验(或教训)纳入标准、制度和规定,以巩固成绩,防止失误。

步骤八:找出尚未解决的遗留问题,纳入下一轮 PDCA 循环。

2. PDCA 的特点

4 个阶段一个也不能少。

大环套小环,在某一阶段也需要制订实施计划、落实计划、检查计划的实施进度和处理小 PDCA 循环。

每循环一次,产品质量、过程质量或工作质量就提高一步,PDCA 是不断上升的循环。参见图 8.11。

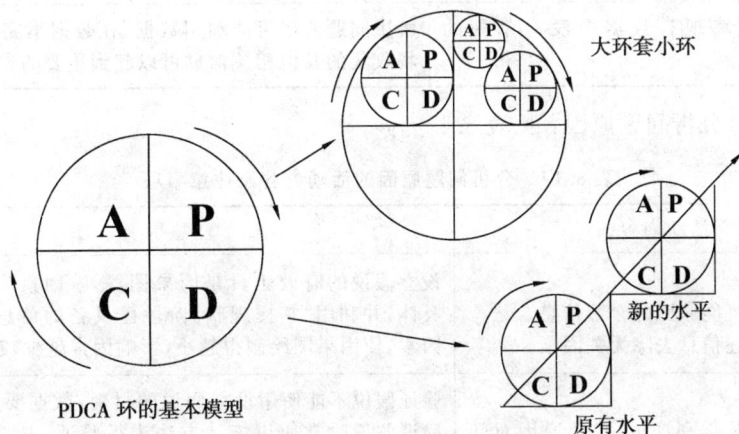

图 8.11 PDCA 循环特点

8.4.3.2 质量改进的步骤、内容及注意事项

质量改进的步骤本身就是一个 PDCA 循环,可分为 7 个步骤完成。

第一步,选择课题:

质量改进的思想在于增强顾客及相关方的满意度。企业需要改进的问题会有很多,经常提到的不外乎是质量、成本、交货期、安全、激励、环境 6 个方面。选择课题时,通常也围绕 6 个方面来选,如降低不合格品率、降低成本、保证交货期等。见表 8.15。

表 8.15　选择课题的活动内容及注意事项

活动内容	注意事项
1. 明确所要解决问题的重要性	对存在的多项问题区分重要和次要
2. 明确问题的背景及当前状况	分析急需解决的几项重要问题的情况
3. 用语言和数据表述"三具体"	问题具体、损失具体、改进目标具体
4. 选定课题及其目标值	选择课题，要求经济合理、技术可行
5. 正式选定任务负责人	建立质量改进小组，确定负责人
6. 对改进活动的费用做出预算	预算与目标值及效果比较，易获支持
7. 拟订改进时间表及改进计划	免被看似"更重要、更紧急"问题取代

第二步，掌握现状：

质量改进课题确定后，就要了解把握当前问题的现状。见表 8.16。

表 8.16　掌握现状的活动内容及注意事项

活动内容	注意事项
1. 调查问题的特征：时间、地点（位置）、种类、特征 4 个方面的内容一项也不能少。	解决问题的突破口往往在问题内部，可以利用直方图来反映问题特性值波动的情况。
2. 解决质量问题需调查人、机、料、法、测、环（5M1E）。	掌握现状的有效工具是调查表，不同时间不合格品调查可使用不合格原因调查表，不同位置不合格品调查可使用不合格位置调查表。
3. 去现场收集现有数据中没有掌握的信息。	解决问题要尽可能利用数据，在数据不完整时，在现场收集的其他相关信息可以起到重要的参考作用。

第三步，分析问题原因：见表 8.17。

表 8.17　分析问题原因的活动内容及注意事项

活动内容	注意事项
设立假说 1. 收集关于可能原因的全部信息。 2. 利用已掌握信息去除无关因素。	设立假说的有效工具是因果图，影响因素应尽量写得具体，并利用"掌握现状"阶段已具备的信息去除无关因素，使因果图绘制得越小（影响因素越少）越好。
验证假说 1. 收集新的数据和证据，确认原因对问题的影响。 2. 综合全部信息，确定主要原因。 3. 条件允许可以将问题再现一次。	验证假说不能使用设立假说的材料，数据要重新收集。验证假说时常使用统计方法进行验证，主要工具有排列图、方差分析、相关及回归分析。问题再现是验证假说的一个有效手段，再现的质量问题应与"掌握现状"时查明的问题一致。

日本玉川大学的著名质量管理专家谷津进教授曾将质量改进这几个步骤的活动形象地用图 8.12 表示出来。

（明确问题）

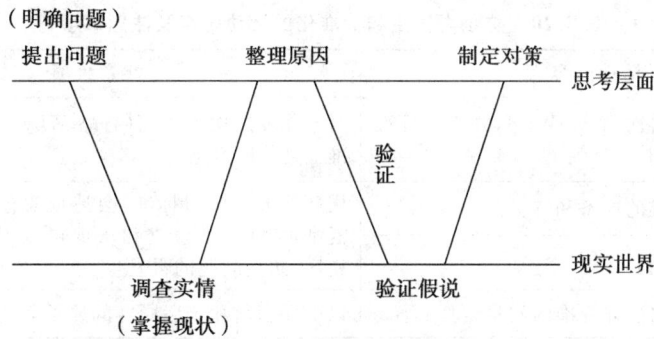

图 8.12 分析解决问题的过程

F 第四步，拟定并实施对策：

原因分析出来以后，就要制定对策，并实施对策。见表 8.18。

表 8.18 拟定并实施对策的活动内容及注意事项

活动内容	注意事项
1. 严格区分应急对策（排除现象的对策）和永久对策（排除原因的对策）。	应急对策治标，永久对策治本。解决问题是应先治标后治本，先治标为争取时间，获取资源，为后治本打下良好基础。
2. 采取的对策应尽量不要引起副作用，否则要考虑采取其他措施或消除副作用。	质量和过程的特性相互关联，对一个问题采取措施，可能带来其他问题，拟定对策时要有系统的观念和方法，考虑问题的方方面面，尽可能做到利益最大化、损失最小化。
3. 准备若干对策，分析利弊，选择参加各方都能接受的方案予以实施。	参加对策制定和讨论的人员可以来自组织内部各个部门，也可能涉及顾客或其他相关方。

第五步，确认效果：

对质量改是的效果要正确确认，确认的失误会误认为问题已得到解决，从而导致问题再次发生。反之，也可能导致对质量改进的成果视而不见，从而挫伤了持续改进的积极性。见表 8.19。

表 8.19 确认效果的活动内容及注意事项

活动内容	注意事项
1. 使用同一种图表（如排列图、调查表等）对采取对策前后问题的情况用数据进行比较。	没有前后一致的对比，就无法体现改进的效果。
2. 如果改进的目的是降低不合格品率或降低成本，最好将特性值换算成金额与目标值进行比较。	引起高级管理层的重视，以获得更多的支持，利于持续改进。
3. 如果有其他效果，不管大小都要列出来。	

第六步，防止再发生和标准化：

对质量改进有效的措施，要进行标准化，纳入质量文件，以防止同样的问题再次发生。见表 8.20。

表 8.20　防止再发生和标准化的活动内容及注意事项

活动内容	注意事项
1. 为改进工作再次确认 5W1H,并将其标准化,制成工作标准。	对于作业层次 4W1H(省略 Why)即可成为工作标准,但宜贯不能省。
2. 进行有关标准的准备和宣贯。	用新标准代替旧标准,会造成思想上和行为上的混乱,加强标准宣贯和培训可以保证工作的正常秩序,防止问题的再发生。
3. 实施教育培训。	
4. 建立保证严格遵守标准的质量责任制。	以确保当前和今后同样的质量问题不再发生。

其中,5W1H,即 What(什么)、Why(为什么)、Who(谁)、Where(哪里)、When(何时做)、How(如何做),并将其标准化,制定成工作标准。

第七步,总结:

对改进效果不显著的措施及改进实施过程中出现的问题,要予以总结,为开展新一轮的质量改进活动提供依据。

(1)活动内容

找出遗留问题,考虑解决这些问题的下一步对策,对质量改进活动的过程进行总结。

(2)注意事项

在质量、成本、交货期、安全、激励和环境的改进活动中,将不合格品率降为零或一步就达到国际先进水平是不可能的,也就是说"一步到位"的思想从某种意义上说是不现实的,因此,质量改进活动要长期持久地开展下去,应该坚持不懈。

8.4.4　六西格玛管理

8.4.4.1　六西格玛管理的产生及推广

美国的质量管理专家费根鲍姆于 20 世纪 60 年代提出了全面质量管理(Total Quality Control,TQC)的概念之后,他的理论在日本被普遍接受,日本人根据自己的国情并结合自己的实践进行了创新。由于质量的改进,日本企业的产品占领了很大一部分的美国市场,而美国企业的产品则逐步失去了自己的市场,许多美国企业面临着生死存亡的问题。

摩托罗拉(Motorola)公司同样面临着生死存亡的考验。在 20 世纪 70 年代初期,摩托罗拉已经成为全球无线通信产品的领导者,并与得克萨斯仪器公司及英特尔公司一起争夺半导体产品的最大销售商的位置。伴随着半导体市场的激烈竞争,70 年代末,日本对摩托罗拉在美国的寻呼机市场的领导地位构成了威胁。

在摩托罗拉首席执行官鲍勃·高尔文的领导下,一个特别工作组开始为摩托罗拉的创新和业务增长制订计划。这项工作因阿特·萨恩德赖而得到加速发展,因为他得到了摩托罗拉通信产品顾客和用户的意见反馈,并大声疾呼"我们的质量糟透了"。高尔文的工作组和萨恩德赖的研究使一个四点计划得以产生并于 1980 年实施,其目的在于确保摩托罗拉在全球的领导地位:

(1)全球竞争力。通过与竞争对手进行水平对比,设计面向全球市场的产品,来确保优胜地位。

（2）参与式管理。吸取全面质量管理之精华,将质量周期的原则和方法引入摩托罗拉的企业文化。

（3）质量改进。将改进目标定为5年内改进10倍,将质量改进目标与所有管理人员的奖励计划挂钩。这个创意播下了六西格玛理念的火种。

（4）摩托罗拉培训与教育中心。形成摩托罗拉大学的雏形,要解决的问题是:使员工的能力满足质量流程与管理方式的巨大变化的需求。

经过几年的努力实践,在当时的首席执行官鲍勃·高尔文的大力支持下,六西格玛在全公司范围内得到了广泛施行和推广。六西格玛产生的强大动力使得摩托罗拉制定了以前看上去几乎是不可能实现的目标:20世纪80年代早期的目标是每5年改进10倍,后来改为每5年改进100倍,到1992年产品和服务质量达到六西格玛质量水平。由于实施六西格玛,公司于1988年获得美国鲍德里奇国家质量奖,从开始实施的1987年到1997年的10年间,销售额增长了5倍,利润每年增加20%,通过实施六西格玛管理所带来的收益累计达140亿美元,股票价格平均每年上涨21.3%,效果十分显著。

不论走到哪里,高尔文总要提到六西格玛,它的目标和成功的故事。在他的听众中就有拉里·博西迪——原通用电气公司副总裁,韦尔奇的助手与最要好的朋友。1991年,博西迪结束了他在通用电气的任职,接手了刚刚由若干个公司并购而成的联合信号公司(Allied Signal),出任CEO。从通用电气这样一个"言出必践"的公司来到联合信号,博西迪吃惊地发现,表面上看起来,联合信号和通用电气有着相似的核心业务和管理流程,但在联合信号,这些流程大都只是一些空洞的形式,没有实际效果或效率很低。人们很少关注提高生产力、扩大市场份额、提高产品质量等具体问题。尽管有着很多聪明和勤奋的员工,但是在计划和行动之间存在很大的差距。更糟糕的是,企业的人员、战略和运行都采用了各自为政的方式,每个业务部门都强调自己的文化,不肯融入联合信号。博西迪面临的最重要的问题是如何将联合信号真正凝聚成一个整体,并且快速地改变公司的"执行"能力和"执行"文化。听了摩托罗拉的故事,他马上意识到,六西格玛正是他想要的可以将联合信号塑造成他心目中企业的方法。

1992年,博西迪将六西格玛引入联合信号公司。"我们不但要给人们提出目标,我们还要提供合适的工具和方法。"联合信号的管理层这样说。人们从各地赶来,学习六西格玛方法,然后,回到自己的岗位上,将所学的用于解决实际问题。事实上,对联合信号来说,不仅需要改进质量,更需要变革人们做事的方式。不论人们来自哪个公司,具有什么样的企业文化背景,在联合信号中都要形成统一的语言和文化。为了使六西格玛更好地适合联合信号的目的,在博西迪的带领下,许多被称为"软工具"的内容被补充到六西格玛方法中,其中包括大量的关于组织变革、领导力提升和变革企业文化方面的内容。

博西迪成功了!六西格玛改变了联合信号的经营与运作方式。公司的业绩出现了快速增长的势头,销售额和利润持续实现了每年两位数的增长。公司的收益从1991年的3.42亿美元增长到1997年的11.7亿美元。在短短的6年内,几乎翻了两番,而且连续31个季度保持了每股利润13%以上的增长,公司的股价增长了8倍。正是因为博西迪和联合信号,华尔街第一次听说了六西格玛。此后,得克萨斯仪器等一批公司相继引入了六西格玛,同样取得了令人瞩目的成功。

美国通用电气(General Electricity Company,简称 GE)在 20 世纪 70—90 年代制订的战略性计划取得了成功,这使得通用电气适应了公司规模和经营多样化的发展,因而给公司带来了巨大利益;在这个时期,通用电气重点关注的是业务的高速增长、提高效率,而质量问题排在后面,产品质量在三至四西格玛水平。随着业务的高速增长,质量越来越成为一个不容乐观的问题。杰克·韦尔奇在其自传中回忆说:在 1995 年 4 月通用电气内部员工调查中发现,质量问题已经为许多员工所担忧……

1995 年夏,杰克·韦尔奇见到了他的朋友博西迪,他们谈到了联合信号成功的原因。这次谈话给韦尔奇留下了深刻的印象。自上任以来,韦尔奇已经对通用电气进行了一系列大刀阔斧的变革,使此时的通用电气在其所有业务领域,几乎都是"数一数二"的。但韦尔奇希望,通用电气这个百年老店能够永远成功。

韦尔奇意识到,把通用电气公司打造成为六西格玛企业,将是他 2001 年退休时给通用电气留下的最宝贵财产。

在杰克·韦尔奇的带领下,通用电气公司开始了它的六西格玛之旅。但是,在韦尔奇眼中,此时的六西格玛已经不是彼时的六西格玛。它已不仅是关于统计学的——尽管它需要统计技术;它也不仅是关于改进质量的——尽管它最终使质量大幅度提升。韦尔奇要将六西格玛提升到打造通用电气公司核心竞争力的战略层次。在 1996 年 1 月通用电气高层博卡会议上,韦尔奇将六西格玛称为通用电气前所未有的最雄心勃勃的工作,"质量问题可以真正地使 GE 从最了不起的公司之一这个位置上升到全球商界绝对最了不起的公司,"杰克·韦尔奇说,"这个房间的所有人都必须抓质量,这个问题是没有投机可言的,摩托罗拉用 10 年时间办到的,我们必须在 5 年内实现——不是通过走捷径,而是通过学习他人。"

"最神话的说法是:六西格玛是关于质量控制和统计学的。看起来是这样,但事实上(六西格玛比这些)要多得多,它通过提供对付难题的方法,驱使领导层把工作做得更好。六西格玛的核心是使一个公司彻底转变。"韦尔奇这样说。在他看来,六西格玛是通用电气公司从来没有经历过的最重要的发展战略。1995 年年底,随着 200 个六西格玛项目的实施,这种管理方法在通用电气大规模地实行起来。1997 年,这样的项目超过了 6 000 个。根据通用电气 2000 年度的报告:1999 年通用电气公司的利润为 107 亿美元,比 1998 年增长了 15%。其中,实施六西格玛而获得的收益就达到了 15 亿美元。到 21 世纪初,这个数字达到了 50 亿美元。而 2000 年,在通用电气中获得绿带认证的员工已达 90%以上,公司中层以上的经理中有过六西格玛黑带经历的人员已达 15%。

在通用电气,六西格玛被作为公司战略的一部分来实施;六西格玛方法演变为一个管理系统,将人事、财务与其对推行和实施结果的衡量紧密地结合在一起;首创了"倡导者"(Champion)、"黑带大师"(Master Black Belt)、"黑带"(Black Belt)、"绿带"(Green Belt)的组织形式,并以通用电气特有的方式推进六西格玛。

在通用电气公司应用六西格玛取得了巨大成功之后,六西格玛为全世界所认识并接受,很多企业发现六西格玛同样可以对自己产生深远而重大的影响,它们也开始大力推行六西格玛;六西格玛的应用已经从摩托罗拉、通用电气走向了全世界,并从开始的电子工业领域走进了普通制造业、航空业、化工业、冶金业,乃至银行、保险等服务业及电子商务领域。

8.4.4.2 六西格玛管理的含义

六西格玛有两层含义:一层是基于统计角度,另一层是基于管理角度。

1. 六西格玛的统计含义

σ 是一个希腊字母,在数理统计中表示"标准差",是用来表征任意一组数据或过程输出结果的离散程度的指标,是一种评估产品和生产过程特性波动大小的统计量。由于 σ 的大小可以反映质量水平的高低,所以六西格玛采用"σ 水平"的尺度来衡量过程绩效。不同西格玛水平的统计含义如图 8.13 所示。

σ 质量水平则是将过程输出的平均值、标准差与顾客要求的目标值、规格限联系起来进行比较,是对过程满足顾客要求能力的一种度量。σ 水平越高,过程满足顾客要求的能力就越强;σ 水平越低,过程满足顾客要求的能力就越低。六西格玛管理法中提到的 6σ 代表的是质量水平,6σ 质量水平意味着 100 万次机会中有 3.4 个缺陷的可能。图 8.14 为过程无漂移即实际分布中心与规格中心重合时产品特征分布图。其中 P_L 为低于下规格限 LSL 的概率;P_U 为高于上规格限 USL 的概率;μ 为正态分布的中心值;M 为规格中心;σ 为标准差。表 8.21 显示了 σ 水平与合格率及缺陷数之间的关系(无漂移)。

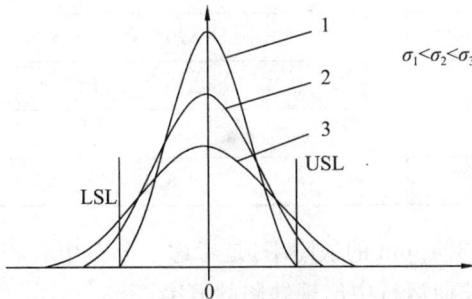

图 8.13 不同西格玛水平的统计含义

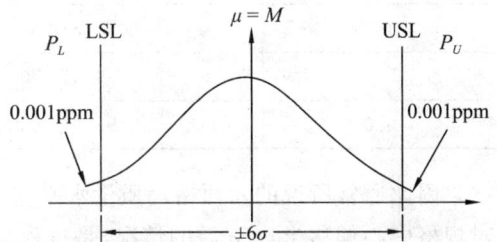

图 8.14 产品特征正态分布图(无漂移)

表 8.21 σ 水平与合格率及缺陷数之间的关系(无漂移)

σ 水平	合格率(%)	ppm 缺陷数
1.0	68.27	317 300
2.0	95.45	45 500
3.0	99.73	2 700
4.0	99.993 7	63
5.0	99.999 943	0.57
6.0	99.999 999 83	0.001 8

但是实际上过程输出质量特性的分布中心与规格中心重合的可能性是很小的,而且只能维持很短一段时间,在这种状况下计算出的过程能力为短期过程能力。在生产中,即便是最佳的过程随着时间的推移也会存在波动——漂移,长期的质量水平就得将各种短期的情况综合起来考虑。出现缺陷的概率变大这种情况被称为长期过程能

力,如图8.15所示。因此,在计算过程长期运行中出现缺陷概率时,一般考虑将上述正态分布的中心向左或向右偏移1.5σ,如图8.16所示。表8.22显示了σ水平与合格率及缺陷数之间的关系(中心偏移±1.5σ)。

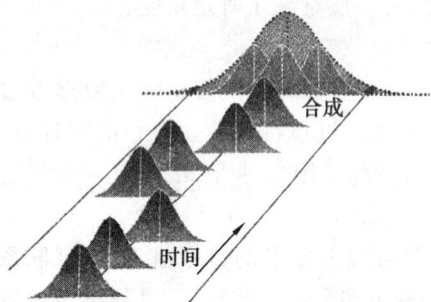

图 8.15 长期过程能力—各种短期
过程能力的合成图

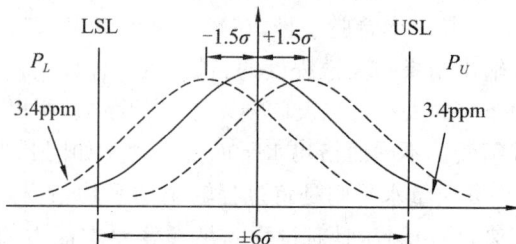

图 8.16 过程有±1.5σ 偏移时
产品特征正态分布图

表 8.22 σ 水平与合格率及缺陷数之间的关系(中心偏移±1.5σ)

σ 水平	合格率(%)	ppm 缺陷数
1.0	30.23	697 700
2.0	69.13	308 700
3.0	93.32	66 810
4.0	99.379 0	6 210
5.0	99.976 70	233
6.0	99.999 660	3.4

因此通常所说的六西格玛质量水平代表 3.4ppm 的缺陷率,是考虑了分布中心相对规格中心偏移±1.5σ后的情况,是过程在长期运行中出现缺陷的概率。

既然99%的合格率看上去已经很高了,企业为什么还要追求六西格玛质量? 当一个流程由 100 个环节组成,即使每一个环节的合格率均为 99.73%,流程的合格率也仅为 99.73%×…×99.73%＝76.31%,而当该流程由 500 个环节组成,该流程的合格率仅为 25.88%,同时表 8.23 说明 99%的合格率是远远不够的。

表 8.23 不同质量水平的比较

99%	99.999 66%(6σ)
每小时丢失 2 万件邮件	每小时丢失 7 件邮件
每天有 15 分钟不安全自来水	每 7 个月有 1 分钟不安全自来水
每星期有 5 000 例不成功的外科的手术	每星期有 1.7 例不成功的外科的手术
在一些主要机场每天有 2 次航班不能降落	在一些主要机场每 5 年有 1 次航班不能降落
每月有 7 小时停电	每 34 年有 1 小时停电

说明:上述数据以美国为基线。

2．六西格玛的管理含义

（1）以顾客为关注中心

获得高的顾客满意度是企业所追求的主要目标，然而顾客只有在其需求得到充分理解并获得满足后，才会满意和忠诚。以前有很多的企业仅是一次性或短时间地收集顾客的要求或期望，而忽略了顾客的需求是动态变化的，从而达不到高的顾客满意度。

在六西格玛中以顾客为中心是最优先的事。例如六西格玛的绩效评估就是从顾客开始的，六西格玛的改进程度是用其对顾客满意度和价值的影响来确定的，即一切以顾客满意和创造顾客价值为中心。

（2）基于数据和事实驱动的管理方法

六西格玛把"基于事实管理"的理念提到了一个更高的层次。虽然现在很多人的注意力开始集中在诸如改进了的信息系统、知识管理等新的管理手段上，但是他们做出的许多商业决策仍然是基于一些自以为是的观点和假设。六西格玛一开始就澄清什么是衡量企业业绩的尺度，然后应用统计数据和分析方法来建立对关键变量的理解和获得优化结果。

（3）聚焦于流程改进

在六西格玛中，流程是采取改进行动的主要对象。设计产品和服务，度量业绩，改进效率和顾客满意度，甚至经营企业等，都是流程。流程在六西格玛中是取得成功的关键。

精通流程不仅是必要的，而且的确是在给顾客提供价值时建立竞争优势的有效方法。一切活动都是流程，所有的流程都有变异，六西格玛可以帮助有效地减少过程的变异。

（4）有预见的积极管理

积极管理，是指主动地在事情发生之前进行管理，而不是被动地处理那些令人忙乱的危机，或称为"救火"。有预见的积极管理意味着工作中应当关注那些常被忽略了的业务运作，并养成习惯：确定远大的目标并且经常加以检视；确定清晰的工作优先次序；注重预防问题而不是疲于处理已发生的危机；经常质疑自己做事的目的，而非不加分析地维持现状。

六西格玛包括一系列工具和实践经验，它用动态的、即时反应的、有预见的、积极的管理方式取代那些被动的习惯，促使企业在当今追求几乎完美的质量水平而不容出错的竞争环境下能够快速向前发展。

（5）无边界合作

"无边界"是通用电气成功的秘诀之一。在实施六西格玛之前几年，杰克·韦尔奇曾致力于消除部门及上下级间的障碍，促进组织内部横向和纵向的合作，改善了过去仅仅是由于彼此间的隔阂和企业内部部门间的竞争而损失大量金钱的状况，这种做法改进了企业内部的合作，使企业获得了许多受益机会。而六西格玛扩展了这样的合作机会，当人们确认了如何使自己的职责与企业的远大前景相适应时，就会意识到并且能够衡量出工作流程各部分的相互依赖性。在六西格玛管理法中无边界合作并不意味着无条件的个人牺牲，这里需要确切地理解最终用户和流程中工作流向的真正需求，更重要的是，它需要用各种有关顾客和流程的知识使各方同时受益，由于六西格玛管理是建立在广泛沟通基础上的，因此六西格玛管理法能够营造出一种真正支持团队合作的管理结构和环境。而联结这种无边界合作的"纽带"就是那些有着强烈使命感的黑带。黑带是项目改进团队的负责人，而黑带项目往往是跨部门的，要想获得成功就必须由黑带率领他的团队打破部门之间的障碍，通过无边界合作完成六西格玛项目。

（6）追求完美，容忍失误

在追求完美的同时还要容忍失误，二者看上去似乎有些矛盾。从本质上讲，这两方面是互补的。作为一个以追求卓越为目标的管理方法，六西格玛为企业提供了一个近乎完美的努力方向。没有不执行新方法、贯彻新理念就能实施六西格玛管理的企业，而这样做总会带来风险。在推行六西格玛管理的过程中，可能会遇到挫折和失败，企业应以积极的心态，面对挑战和失败。

8.4.4.3 六西格玛管理的组织

企业实施六西格玛管理的首要任务是创建一个致力于流程改进的专家团队，并确定团队内的各种角色及其责任，形成六西格玛的组织体系。这是实施六西格玛管理的基本条件和必备资源。以黑带团队为基础的六西格玛组织是实施六西格玛突破性改进的成功保证。图8.17为六西格玛组织结构示意图。

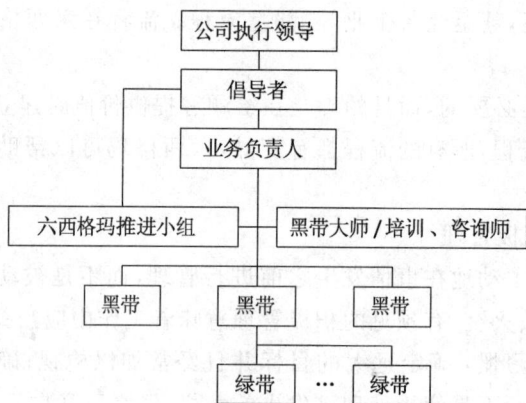

图8.17 六西格玛组织结构示意图

六西格玛组织是由执行领导、黑带大师、黑带、绿带等构成的。他们的职责与权限如下。

1. 公司执行领导

公司执行领导是推行六西格玛获得成功的关键因素。成功推行六西格玛管理并获得丰硕成果的企业都拥有来自高层的高度认同与卓越领导。

2. 倡导者

倡导者发起和支持黑带项目，是六西格玛管理的关键角色。倡导者通常是企业推行六西格玛领导小组的一员，或者是中层以上的管理人员，其工作通常是全面的、战略性的部署实施战略、确定目标、分配资源及监控过程。倡导者最后会对六西格玛活动整体负责，其核心任务包括：

（1）充分认识变革，为六西格玛确定前进方向；

（2）确认和支持六西格玛管理全面推行，制定战略性的项目规划；

（3）决定"该做什么"，确定任务的实施优先顺序；

（4）合理分配资源，提供必要的支持；

（5）消除障碍；

（6）检查进度，确保按时、按质完成既定目标；

（7）了解六西格玛管理工具和技术的应用；

（8）管理及领导黑带大师和黑带。

倡导者在六西格玛组织中起着承上启下的作用，黑带应积极争取倡导者的支持。

3. 黑带大师

黑带大师的职责在不同的企业有不同的规定。在通用电气，更多地强调黑带大师的管理和监督作用；在霍尼韦尔，黑带大师主要起协调作用，负责日程调整、项目领导和指导工具的运用。两方面的作用都很有效。

在一些企业中，黑带大师更多的是扮演企业变革的代言人角色，其工作更加具有管理性质，因为他们经常负责在特定领域或部门开展六西格玛工作；他们是六西格玛专家，通常具有工科或理科背景，或者具有管理方面的较高学位，是运用六西格玛管理工具的高手。六西格玛黑带大师的主要职责为：

（1）担任培训师，为黑带学员培训六西格玛管理及统计方面的知识；

（2）帮助倡导者、管理者选择合适的人员，协助筛选最能获得潜在利润的项目；

（3）为参加项目的黑带提供指导和咨询；

（4）作为指导者，保证黑带及其团队运行在正确的轨道上，能够顺利地完成他们的工作；

（5）具体指导和协助黑带及其团队在六西格玛改进过程中完成每个步骤的关键任务；

（6）为团队在收集数据、进行统计分析、设计试验及与关键管理人员沟通等方面提供意见和帮助。

4. 黑带

黑带是六西格玛管理中最为重要的一个角色，他们专职从事六西格玛改进项目，是成功完成六西格玛项目的技术骨干，是六西格玛组织的核心力量，他们的努力程度决定着六西格玛管理的成败。黑带的主要任务是：

（1）领导：在倡导者及黑带大师的指导下，界定六西格玛项目，带领团队运用六西格玛方法完成项目；

（2）策划：决定项目每一个步骤需要完成的任务，包括组织跨职能的工作；

（3）培训：具有培训技能，为项目团队成员提供新的战略和最有效的工具及技术应用的专门培训；

（4）辅导：为组员提供一对一的支持，带领绿带队友快速有效地达到改进目标；

（5）传递：在各种形式的培训、案例研究、工作座谈会和交流活动中将新的战略和新的工具方法传递给团队的其他成员；

（6）发现：在内部或外部（如供应商和顾客等）找出新战略和新工具方法运用的机会，与黑带大师一起确定有价值的项目，解决一些有关资源的问题；

（7）确认：通过与其他组织的合作，发现新的商业机会；

（8）影响：拥有良好的人际关系和组织技巧，令团队始终保持高昂的士气与稳定的情绪；

（9）沟通：项目完成后向最高管理层提供项目报告。

在六西格玛项目中，黑带组织、管理、激励、指导一支特定的六西格玛项目团队开展工作，负责团队运作的启动、管理团队的进展，并最终使项目获得成功。在推行六西格玛改进的企业里，如果没有一些具有实力且不怕辛苦的黑带，六西格玛项目通常不会取得最佳效果。作为一名黑带，必须拥有以下多项技能：

（1）管理和领导能力。黑带必须能够运用权力和职责来指导项目的执行，要能够综合运用自己的管理能力和领导才能并且能够熟练运用项目管理的方法和技巧。

（2）决策制定。在六西格玛项目中，黑带可能要做无数次的决策。为制定可靠的、及时的决策，黑带必须随时掌握和了解项目的每一个方面，能够平衡成本、时间和效果。

（3）沟通。就项目活动内容与结果及时与相关人员（团队成员、上层管理者、项目倡导者和组织的关键股东）沟通。

（4）团队建设和谈判。黑带必须能够与不同的人建立持久的联系，如管理层、顾客、团队成员、项目倡导者及供应商等，这是由上级认同的特权。一个优秀的黑带必须能够经常与上级领导沟通和谈判，使六西格玛项目的进行获得优先权。

（5）策划、调度和行动。与其他项目管理活动相同，六西格玛项目管理包括：目标建立、项目细化、绘制工作流程、任务调度、成本预算、协调团队、组员沟通等活动。黑带必须进行有效的策划和高效的行动，平衡项目规划和进度安排，这些是项目成功的关键。

（6）关注全局。一个成功的黑带要能够回顾和预见项目任务的所有方面；对项目细节的过分关注，可能会影响对项目整体上的判断。

（7）人际交往的能力。作为项目领导，黑带必须具有一定的人格魅力：诚实、有能力、可信赖、有包容心；与项目倡导者和组织的主要相关方建立良好的关系；将具有不同背景的人员组成一个统一的团队。

5. 绿带

绿带是非全职参加六西格玛管理的基层管理者或员工，他们接受六西格玛技术培训的项目与黑带类似，但内容所达层次略低。一些实施六西格玛的企业，很大比例的员工都接受过绿带培训，他们的作用是把六西格玛的新概念和工具带到企业的日常活动中去。

在六西格玛管理中，绿带的人数最多，也是最基本的力量。他们的职责是：

（1）提供相关过程的专业知识；

（2）建立绿带项目团队，并与非团队的同事进行沟通；

（3）促进团队观念转变；

（4）把时间集中在项目上；

（5）执行改进计划以降低成本；

（6）与黑带讨论项目的执行情况及今后的项目；

（7）保持高昂的士气。

6. 业务负责人

除了要选择和培养好项目负责人——黑带之外,成功的六西格玛项目还需要业务负责人(过程管理者)的支持和配合,没有他们的协调和帮助,六西格玛很难取得丰硕的成果。业务负责人不需独立完成项目,他们在六西格玛管理中的职责是:

(1) 达成对六西格玛的共识;

(2) 协助选择黑带、绿带;

(3) 为黑带、绿带提供资源支持;

(4) 关注黑带、绿带的项目实施过程;

(5) 协调所管辖范围内的黑带、绿带项目,保持其与业务方向的一致性;

(6) 确保过程改进能够落实,保持改进成果。

8.4.4.4 六西格玛管理方法论

1. 六西格玛改进的模式——DMAIC

六西格玛自 20 世纪 80 年代诞生于摩托罗拉以来,经过 30 多年的发展,现在已经演变为一套行之有效的解决问题和提高企业绩效的系统的方法论。其具体实施模式为 DMAIC。DMAIC 代表了六西格玛改进活动的 5 个阶段:

(1) 界定阶段(Define);

(2) 测量阶段(Measurement);

(3) 分析阶段(Analysis);

(4) 改进阶段(Improvement);

(5) 控制阶段(Control)。

在六西格玛项目选定之后,团队成员一起合作,依照这个过程的 5 个步骤,可以有效地实现六西格玛的突破性改进。团队的工作从问题的陈述到执行解决方案,中间包括了许多活动,通过 DMAIC 过程的活动方式,团队成员可最有效地发挥作用,完成项目使命。

DMAIC 是一个逻辑严密的过程循环,它是在总结了全面质量管理几十年来的发展及实践经验的基础上产生的。DMAIC 强调以顾客(外部和内部)为关注焦点,并将持续改进与顾客满意及企业经营目标紧密地联系起来;它强调以数据的语言来描述产品或过程业绩,依据数据进行管理,并充分运用定量分析和统计思想;它追求的是打破旧有习惯,有真正变化的结果和带有创新的问题解决方案,以适应持续改进的需要;它强调面向过程,并通过减小过程的变异或缺陷实现降低风险、成本与缩短周期等目的。

DMAIC 过程共分 5 个阶段实施,每个阶段的工作内容如下:

(1) 界定阶段。确认顾客的关键需求,并识别需要改进的产品或流程,决定要进行测量、分析、改进和控制的关键质量特性(Critical-To-Quality,CTQ),将改进项目界定在合理的范围内。

(2) 测量阶段。通过对现有过程的测量和评估,制定期望达到的目标及业绩衡量标准,识别影响过程输出 Y 的输入 X_s,并验证测量系统的有效性。

(3) 分析阶段。通过数据分析确定影响输出 Y 的关键 X_s,即确定过程的关键影响因素。

(4) 改进阶段。寻找最优改进方案,优化过程输出 Y 并消除或减小关键 X_s 的影响,使过程的缺陷或变异降至最低。

（5）控制阶段。将改进成果加以固化,通过修订文件等方法使成功经验制度化。通过有效的监测方法,维持过程改进的成果,并寻求进一步提高改进效果的持续改进方法。

DMAIC 过程活动要点及其工具如表 8.24 所示。

表 8.24　DMAIC 过程活动要点及其工具

阶　　段	活动要点	常用工具和技术	
D(界定阶段)	项目启动 寻找 $Y=f(x)$	头脑风暴法 亲和图 树图 流程图 SIPOC 图 平衡计分卡	力场图 SDCA 分析 因果图 顾客之声 劣质成本 项目管理
M(测量阶段)	确定基准 测量 Y,X_s	排列图 因果图 散布图 过程流程图 测量系统分析 失效模式与影响分析 过程能力指数	劣质成本 PDCA 分析 水平对比法 直方图 趋势图 检查表 抽样计划
A(分析阶段)	确定要因 确定 $Y=f(x)$	头脑风暴法 因果图 PDSA 分析 审核 水平对比法 方差分析	试验设计 抽样计划 假设检验 多变量图 回归分析 劣质成本分析
I(改进阶段)	消除要因 优化 $Y=f(x)$	试验设计 质量功能展开(QFD) 正交实验 响应曲面法	调优运算(EVOP) 测量系统分析 过程改进
C(控制阶段)	保持成果 更新 $Y=f(x)$	控制图 统计过程控制 防差错措施	过程能力指数 标准操作程序(SOP) 过程文件控制

2. 六西格玛设计的模式

企业通过实施六西格玛 DMAIC 流程所能取得的改进成果是有限度的,当过程的西格玛水平接近 5 时,进一步改进的空间就变得非常狭窄,仅靠六西格玛 DMAIC 改进流程本身的力量通常无法达到 6σ 水平的改进目标,有时通过大幅度增加投入确实能够提高绩效,甚至能够达到 5.5σ 水平,但是如此巨大的投入会使得成本增加、回报率大幅度降低,结果得不偿失,违背了六西格玛管理的"低成本、高质量"的理念。如果一个企业希望自己的绩效更上一层楼,就应该考虑放弃原来的流程,对原流程进行重新设计,这种重新设计过程的方法就是六西格玛设计。

六西格玛设计就是按照合理的流程、运用科学的方法(如质量功能展开)准确理解和把握顾客需求,对新产品或流程进行稳健设计(Robust Design,又称健壮设计),使产品或流程本身具有抵抗各种干扰的能力,从而在低成本下实现 6σ,甚至更高的质量水平。

六西格玛改进注重的是简化生产和业务流程,以消除错误、提高效率、节约资金。而六西格玛设计启动得更早,它提前一步对流程本身进行设计或重新设计,从而把问题消灭在初始阶段,以便从体制上防止后面各环节中可能出现的错误。如果说六西格玛改进是对流程的修补的话,六西格玛设计则是提供一个更加稳定可靠、效果更好、无懈可击的全新的流程。

六西格玛设计给企业带来的好处是多方面的:

(1) 六西格玛设计不仅可以使产品满足顾客的要求,而且使产品质量超出顾客的期望,从而提高顾客满意度,提高产品的市场占有率,带来利润的增加。

(2) 六西格玛设计中的稳健设计(参数设计、容差设计)能使产品真正地实现"低成本、高质量",使企业实现劣质成本的降低、直接经济效益的增加和产品可靠性的提高,给企业和顾客双方都带来好处。

(3) 六西格玛设计的内涵是创新,即创造新的、更好的流程方案及企业发展环境,而创新正是企业具有可持续的竞争优势的原因所在。不仅如此,利用其丰富的理论和稳健性设计的方法,六西格玛设计还可以加快创新的速度,缩短研发周期,使企业保持优势,得以持续发展。

六西格玛改进的 DMAIC 流程已经成为全球许多企业持续改善的标准流程。与 DMAIC 相似,六西格玛设计也有自己的流程,比如 DMADV 模式、IDDOV 模式、DMEDI 模式、DMADOV 模式等,但是到目前为止还没有形成统一的模式。下面简单介绍其中两个应用比较广泛的模式。

(1) DMADV 模式

该模式主要适用于流程的重新设计和对现有产品的突破性改进,其阶段为:定义阶段(Define)、测量阶段(Measure)、分析阶段(Analysis)、设计阶段(Design)、验证阶段(Verify)。各阶段的活动目标如表 8.25 所示。

表 8.25 DMADV 模式的阶段和目标

阶　段	目　标
定义阶段(D)	目标描述 流程范围界定 流程输出和需求修改
测量阶段(M)	描述流程 验证测量系统 测量过程绩效
分析阶段(A)	价值分析 流程实践分析
设计阶段(D)	确认/调整范围,绘制概要流程图 创造设计理念 建立详细的设计方案
验证阶段(V)	每个操作步骤的设计评价 改进设计 试验新的流程 全面推广

（2）IDDOV 模式

著名六西格玛管理专家乔杜里提出了六西格玛设计的一个称为 IDDOV 的流程，这是大家公认的适用于制造业的六西格玛设计流程，包括识别阶段（Identify）、定义阶段（Define）、研制阶段（Develop）、优化设计阶段（Optimize）及验证阶段（Verify）。各阶段的任务和目标见表 8.26。

表 8.26　IDDOV 模式的阶段和目标

阶　　段	目　　标
识别阶段（I）	通过项目团队章程 创建商业案例 完成项目计划 确定顾客要求（运用质量功能展开） 给顾客需求确定优先级别 说明产品要求和目标（运用质量功能展开） 确认关键质量特性（CTQ）的衡量方法
定义阶段（D）	确认采用何种方法获知顾客的需要和要求，并将它们列入顾客的声音清单中，将顾客的声音转化为实际的要求
研制阶段（D）	利用创造性的方法确定可行的概念 使用符合逻辑的、客观的方法来评估可选的方案 确认并消除产品或服务失效的潜在可能
优化设计阶段（O）	尽量减少产品或流程的差异性（稳健性优化），调整输出信息使其达到指标
验证阶段（V）	验证生产过程的能力 建立、测试并固化原型 进行试生产

3. 六西格玛设计常用工具和技术

六西格玛设计所用的工具和技术并不是全新的发明，它们大都是在 20 世纪 70 年代以后产生和发展起来的，主要包括质量功能展开（Quality Function Deployment，QFD）、系统设计、失效模式与影响分析（Failure Mode and Effects Analysis，FMEA）、参数设计与容差设计（田口方法）、DFX 设计（Design for X），以及新 QC 七大工具等，并且在此基础上广泛吸收现代科学和工程技术，形成了一种以顾客需求为导向，创造高质量、高可靠性、短周期、低成本产品的新的设计思想和方法体系——稳健性设计。稳健性设计已在工程实践中大规模推广应用，并带来了巨大的经济效益。

8.4.5　卓越绩效模式

8.4.5.1　卓越绩效模式概述

全面质量管理（Total Quality Management，TQM）是"一个组织以质量为中心，以全员参与为基础，目的在于通过让顾客满意和本组织所有成员及社会受益而达到长期成功的管理途径"，是一种卓越的经营哲学和方法。但如何构建组织的 TQM？如何评估 TQM 做到什么程度，成效如何？如何识别经营管理的强项和改进机会，并推动持续改进和创新，不断提高管理的成熟水平？卓越绩效（质量奖）模式就是为解决上述问题应运而生的。几乎所有经济发达与发展强劲的国家和地区均建立了各自的卓越绩效（质量奖）模式，以推动所在国家与地区的经营管理进步和核心竞争力提升。最经典的卓越绩效模式是三大质量奖，即美国鲍德里奇国家质量奖、欧洲质量奖和日本戴明奖。

为了适应我国市场经济发展的形势，应对"入世"后的激烈竞争的挑战，通过学习借鉴美国鲍德里奇国家质量奖和日本戴明奖的成功经验，中国质量协会于 2001 年正式启动了全国质量管理奖评审工作。

全国质量管理奖的目的是：引导企业关注市场竞争的焦点，重视产品质量、服务质量，进而重视经营质量；通过卓越绩效模式，引导和激励企业追求卓越的质量经营，加速培育我国具有国际竞争力的企业；树立获得卓越绩效的标杆企业，将其经验分享给广大企业，提高我国企业的整体水平。

为了引导组织追求卓越绩效，提高产品质量和经营质量，增强竞争优势，促进经济持续快速健康发展，2004 年 8 月 30 日我国正式发布《GB/T 19580－2004 卓越绩效评价准则》和《GB/Z 19579－2004 卓越绩效评价准则实施指南》，作为追求卓越组织自我评价的准则和各级质量奖评价的依据。2012 年 3 月 9 日，我国发布新版本的《GB/T 19580－2012 卓越绩效评价准则》和《GB/Z 19579－2012 卓越绩效评价准则实施指南》等同替代 2004 版，成为我国企业实施卓越绩效模式的有效标准。

8.4.5.2　卓越绩效模式基本理念

1. 远见卓识的领导

以前瞻性的视野、敏锐的洞察力，确立组织的使命、愿景和价值观，带领全体员工实现组织的发展战略和目标。

2. 战略导向

以战略统领组织的管理活动，获得持续发展和成功。

3. 顾客驱动

将顾客当前和未来的需求、期望和偏好作为改进产品和服务质量，提高管理水平及不断创新的动力，以提高顾客的满意和忠诚程度。

4. 社会责任

为组织的决策和经营活动对社会的影响承担责任，促进社会的全面协调可持续发展。

5. 以人为本

员工是组织之本，一切管理活动应当以激发和调动员工的主动性、积极性为中心，促进员工的发展，保障员工的权益，提高员工的满意程度。

6. 合作共赢

与顾客、关键的供方及其他相关方建立长期伙伴关系，互相为对方创造价值，实现共同发展。

7. 重视过程与关注结果

组织的绩效源于过程，体现于结果。因此，既要重视过程，更要关注结果；要通过有效的过程管理，实现卓越的结果。

8．学习、改进与创新

培育学习型组织和个人是组织追求卓越的基础，传承、改进和创新是组织持续发展的关键。

9．系统管理

将组织视为一个整体，以科学、有效的方法，实现组织经营管理的统筹规划、协调一致，提高组织管理的有效性和效率。

8.4.5.3　卓越绩效模式的术语

1．卓越绩效（Performance Excellence）

卓越绩效是指通过综合的组织绩效管理方法，为顾客、员工和其他相关方不断创造价值，提高组织整体的绩效和能力，促进组织获得持续发展和成功。

2．使命（Mission）

使命是指组织存在的价值，是组织所应承担并努力实现的责任。

3．愿景（Vision）

愿景是指组织对未来的展望，是组织实现整体发展方向和目的的理想状态。

4．价值观（Values）

价值观是指组织所崇尚文化的核心，是组织行为的基本准则。

5．组织治理（Governance）

组织治理是指在组织的监管中实行的管理和控制系统。包括批准战略方向、监视和评价高层领导绩效、财务审计、风险管理、信息披露等活动。

6．标杆（Benchmarks）

标杆是指针对相似的活动，其过程和结果代表组织所在行业的内部或外部最佳的经营实践和绩效。

7．关键过程（Key Processes）

关键过程是指为组织、顾客和其他相关方创造重要价值或做出重要贡献的过程。

8.4.5.4　卓越绩效评价准则的框架结构

卓越绩效评价准则框架图见图 8.18。

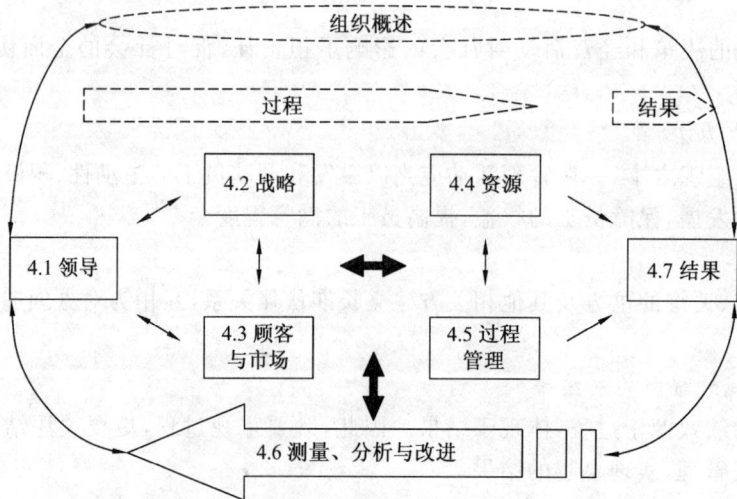

图 8.18　卓越绩效评价准则框架图

卓越绩效评价准则框架图中,反映了组织概述、4.1至4.7七个条款之间的关系:

（1）"组织概述"包括组织的环境、关系和挑战,显示了组织运营的关键因素和背景状况。

（2）有关过程的条款包括4.1,4.2,4.3,4.4,4.5,4.6,结果条款为4.7。组织通过过程运行获取结果,基于结果的测量、分析,推动过程的改进和创新。

（3）卓越绩效模式旨在通过卓越的过程获得卓越的结果,即应对评价准则的要求,确定、展开组织的方法,并定期评价、改进、创新和分享,使之达到一致、整合,从而不断提升组织的整体结果,赶超竞争对手和标杆,获得卓越的绩效,实现组织的持续发展和成功。

（4）"领导"掌控着组织前进的方向,并密切关注着"结果"。

（5）"领导""战略""顾客与市场"构成"领导作用"三角,是驱动性的,旨在强调领导对战略和顾客与市场的关注;"资源、过程和结果"三角,是从动性的,显示利用资源,通过过程管理取得结果;而"测量、分析和改进"是组织运作的基础,是链接两个三角的"链条",并推动组织的改进和创新。

《GB/T 19580－2012卓越绩效评价准则》共包含七大类目,23个评分项,共1 000分,其中领导（110分）、战略（90分）、顾客与市场（90分）、资源（130分）、过程管理（100分）、测量、分析与改进（80分）、结果（400分）。组织针对标准4.1—4.6中各评分条款的要求,所采用的方法及其展开和改进,用方法—展开—学习—整合的4个要素评价组织过程的成熟度。针对标准4.7中各评分条款的要求,所得到的输出和效果,用水平—趋势—对比—整合的4个要素评价组织结果的成熟度。

8.5 物流与供应链管理

8.5.1 物流管理基本原理

8.5.1.1 物流概念及理解

1. 物流定义

我国国家标准《物流术语》对物流（Logistics）的定义是:"物品从供应地向接收地的实体流动过程。根据实际需要,将运输、储存、装卸搬运、包装、流通加工、配送、信息处理等基本功能实施有机结合。"

2. 物流基本概念的理解

（1）物流与流通

流通是联结生产和消费的纽带,生产是流通的物质基础,流通对生产起反作用,流通是国民经济现代化的支柱（如图8.19所示）。

流通的内容包含商流、物流、资金流和信息流。其中资金流是在所有权更迭的交易过程中发生的,可以认为从属于商流;信息流则分别从属于商流和物流,属于物流的部分称为物流信息。流通实际上是由商流和物流组成的,它们分别解决两方面的问题:一个是产成品从生产者所有转变为用户所有,解决所有权的更迭问题;一个是对象物从生产地转移到使用地以解决其使用价值,也就是解决物的流转问题。

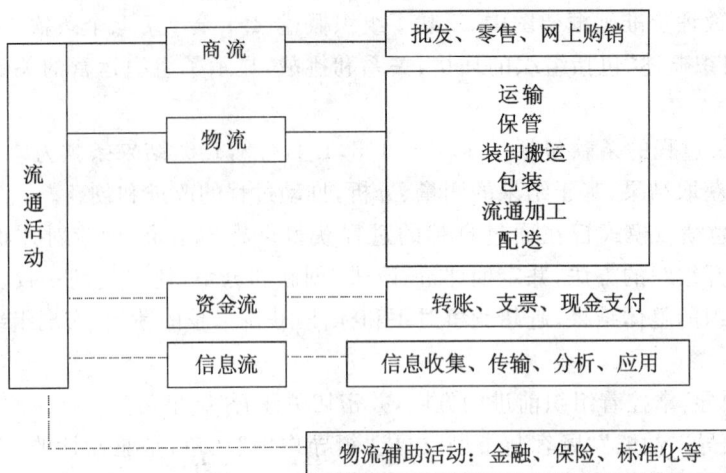

图 8.19　流通活动框架结构

① 商流。对象物所有权转移的活动称为商流。在商流中的物资也称为商品，商流活动一般称为贸易或交易。

② 物流。物流是指实物从供给方向需求方的转移，这种转移既要通过运输或搬运来解决空间位置的变化，又要通过储存保管来调节双方在时间节奏方面的差别。

物流系统中的"物"不改变其性质、尺寸、形状。也就是说，物流活动与加工活动不同，不直接创造价值，但它克服了供给方与需求方在空间维和时间维方面的距离，创造了空间价值和时间价值，在社会经济活动中起着不可缺少的作用。

③ 商流和物流的关系。商流和物流都是流通的组成部分，二者结合才能有效地实现商品由供方向需方的转移过程。一般在商流发生之后，即所有权的转移达成交易之后，货物必然要根据新货主的需要进行转移，这就导致相应的物流活动出现。物流是产生商流的物质基础，在交易实施的步骤上，商流是物流的先导。

（2）物流与生产

任何生产系统都是为了适应社会对某种产品的需求而形成的。也就是说，向社会提供一定的产品是生产系统存在的目的。而生产系统为了制造产品，必须占据一定的生产空间，拥有一定数量的加工设备，这样才能有条件按照制造工序逐步将原材料加工成半成品，直至成品。

加工活动和物流活动是生产系统的两个支柱。物流活动把原材料运进生产系统，并使其依次在加工点之间流动，逐步形成半成品、成品，直至出厂。没有加工，生产系统就失去存在的意义；没有物流，生产系统将会停顿，也就失去继续存在的必要条件。

（3）物流与市场营销

物流有时被称为市场营销的另一半，这是因为企业的物流系统承担着运输与存储的基本职能，与营销共同履行着满足用户需求的功能，因而对产品的销售起着重要的作用。在某些情况下，产品物流运作的好坏是销售成败的关键。

8.5.1.2　物流分类

按照物流系统的作用、属性及作用的空间范围，可以从不同角度对物流进行分类，分类的目的是便于研究。

1. 按照作用分类

按照作用分类,可分为供应物流、销售物流、生产物流、回收物流、废弃物物流。

2. 按照空间范围分类

按照空间范围分类,可分为地区物流、国内物流、国际物流。

3. 按照系统性质分类

按照系统性质分类,可分为社会物流、行业物流、企业物流。

8.5.1.3 物流作用

1. 地点效用(Place Utility)

物流活动通过把货物从供应地运送到接受地,使该地点的产品产生效用,拓展了市场的边界,因而增加了产品的经济价值,这就是地点效用。地点效用主要依赖于运输服务。

2. 时间效用(Time Utility)

货物要在消费者所需的时间内送达,这就是时间效用。时间效用是通过保持库存和快速运输来实现的。

3. 形态效用(Form Utility)

形态效用是指在物流过程中,在不改变货物的物理与化学性能前提下,按需要通过改变形状、改变包装等活动来实现。

8.5.1.4 物流服务的特性

物流服务是为满足客户需求所实施的一系列物流活动产生的结果,其具有以下特性:

1. 从属性

由于客户的物流需求是以商流为基础,伴随商流而发生的,因此,物流服务的实施必须从属于客户企业的物流系统或方案来实施,表现在流通货物的种类、流通时间、流通方式、提货配送方式都由客户选择决定,物流企业只是按照客户的需求,提供相应的物流服务。

2. 即时性

即时性也称不可储存性。物流服务是属于非物质形态的劳动,它生产的不是有形的产品,而是一种伴随销售和消费同时发生的即时服务。

3. 需求波动性

由于物流服务是以数量多而又不固定的顾客为对象,他们的需求在方式上和数量上是多变的,有较强的波动性,因此容易造成供需失衡,是在经营上导致劳动效率低、费用高的重要原因。

4. 可替代性

物流服务的可替代性主要表现在两个方面:一是从物流活动承担主体的角度看,产生于工商企业生产经营的物流需求,既可以由工商企业自身采用自营方式来满足,也可以委托给专业的物流服务供应商来满足。二是从物流企业提供的服务品种看,如运输存在着公路、铁路、船舶、航空等多种运输方式,客户可以在对服务的成本和质量等各种相关因素加以权衡之后,自主选择运输方式。

8.5.1.5 第三方物流与第四方物流

1. 第三方物流

(1) 第三方物流的定义

我国 2005 年底修订的国家标准《物流术语》中,将第三方物流(Third Party Logistics,简称 3PL)定义为"接受客户委托为其提供专项或全面的物流系统设计以及系统运营的物流服务模式"。

从上述对于 3PL 的理解中可以看出,第三方物流形态与目前我们所了解的物流形态是有区别的,而且这种区别的关键点不在于由谁去提供物流服务,而在于以什么样的方式提供物流服务,提供什么样的物流服务,否则就会把所有的专业物流企业(包括运输企业、仓储企业)全部等同于 3PL 企业。

3PL 企业与传统物流企业的业务模式的最大区别是:3PL 企业是站在货主企业的立场上,以货主企业的物流合理化来设计物流系统和系统运营管理的目标;3PL 企业的经营效益是直接同货主企业的物流效率、物流服务水平及物流系统效果紧密联系在一起的。

(2) 第三方物流的意义

从 3PL 服务的外包企业的角度观察,采用 3PL 服务模式,对于提高企业经营效益具有以下意义:

① 提高核心竞争力。

② 降低经营成本。

③ 提高物流服务水平。

④ 增强市场应变能力。

⑤ 加速产品和服务投放市场的进程。

(3) 第三方物流的运作模式

3PL 企业想要取得成功,最重要的因素在于整合物流过程以实现其对客户的增值服务。物流服务中的运输服务、仓储服务和其他功能的综合程度决定着服务的增值程度。因此,3PL 企业要想实现优质、高效的物流服务并取得丰厚的利润,必须具备物流目标系统化、物流组织网络化、物流信息电子化、物流作业规范化、物流业务市场化等基本条件。

第三方物流在我国的主要运作模式如下:

① 与制造业相结合的物流服务运作模式。

② 与商业零售业相结合的物流服务运作模式。

③ 一体化运作模式。

2. 第四方物流

(1) 第四方物流的定义

第四方物流(Fourth Party Logistics,简称 4PL)最初由美国埃森哲咨询公司于 1998 年提出,其定义是:"第四方物流供应商是一个供应链的集成商,它对公司内部和具有互补性的服务供应商所拥有的不同资源、能力和技术进行整合和管理,提供一整套供应链解决方案。"

（2）第四方物流的功能

① 再造：再造是对供应链过程协作和供应链过程的再设计。

② 变革：通过新技术实现各个供应链职能的加强。变革的努力主要集中在改善某一具体环节的供应链职能，包括销售和运作计划、分销管理、采购策略和客户支持。

③ 实施：实施包括流程一体化、系统集成和运作交接。

④ 执行：承担多个供应链职能和流程的运作。

3. 第四方物流与第三方物流的比较

第四方物流与第三方物流的比较见表 8.27。

表 8.27　第三方物流与第四方物流的物流伙伴关系主要特征比较

项　目	第三方物流（3PL）	第四方物流（4PL）
服务目的	降低单个企业的外部物流运作成本	降低整个供应链的物流运作成本，提高物流服务的能力
服务范围	主要是单个企业的采购物流或者销售物流的全部或者部分物流功能	提供基于供应链的物流规划方案，负责实施与监控
服务内容	单个企业的采购或销售物流系统的设计、运作，比如物流信息系统、运输管理、仓储管理及其他增值物流服务	企业的战略分析，业务流程重组，物流战略规划，衔接上下游企业的综合化物流方案，包含物流信息、系统模块的企业信息系统
与客户的合作关系	合同契约关系，一般在一年以上，长者达二至五年	长期战略合作关系，一般有长期的合作协议，第四方物流成功的关键之一
运作特点	单一功能的专业化程度高，多功能集成化程度低	多功能的高度集成化，物流单一功能运作专业化程度低
风险和机遇共担	每个企业独自分担风险和享受机会收益	合作企业长时间分担风险、分享机遇
方案设计角度	单个企业	企业供应链
服务对象	大、中、小型企业	大、中型企业
服务支撑	第三方物流运作技能，主要是运输、仓储、配送、加工、信息传递等增值服务技能	涉及管理咨询技能、企业信息系统搭建技能、物流业务运作技能、企业变革管理能力

4. 第四方物流的发展模式

（1）协同运作模式

该模式依赖第四方物流和第三方物流组织之间的协作关系，这种联盟提供了一个综合集成供应链的选择。第三方物流和第四方物流协作去经营供应链解决方案，利用双方的能力和市场范围从中获取利益。第四方物流为第三方物流提供包括技术、供应链决策技巧、市场推广能力和规划技术在内的广泛的支持，而第四方物流在第三方物流公司内部工作。两个组织之间的关系类似于市场联盟和契约伙伴的关系。

（2）方案集成模式

该模式被认为是成熟的第四方物流发展模式，因为第四方物流作为独立的策划者、组织者、执行者，为仅有的一个客户提供全面的供应链解决方案。这种发展模式整合第四方物流与多个服务供应商的技术和资源，来建立一个集成的、可以为客户在整个供应链上都创造价值的供应链解决方案。

方案整合者将充分发挥内部资源、能力和技术，并整合部分社会物流资源，从而为客户提供综合的、一体化的物流服务。此时第三方物流通过第四方物流的方案为客户提供服务，第四方物流成为联系所有第三方物流提供商和其他提供商的一个枢纽，负责集成多个服务供应商的能力。

（3）行业创新模式

这是一个复杂但回报丰厚的第四方物流发展模式。作为行业的创新者，第四方物流提供者为多个行业的参与者建立和管理供应链解决方案。第四方物流组织将重点放在参与者之间的同步和协作上，以便通过技术、运作策略和整个供应链的实践来提高效益。据预计，第四方物流服务提供商在掌握方案集成发展模式之后，通过不断成长可以达到行业创新者发展模式的层次。

8.5.1.6　物流标准化

1. 物流标准化的含义

（1）标准化的概念

国家标准 GB 3935 中关于标准的定义是："标准是对重复性事物和概念所作的统一规定，它以科学、技术和实践经验的综合成果为基础，经有关方面协商一致，由主管机构批准，以特定的形式发布，作为共同遵守的准则和依据。"标准化是指在经济、技术、科学及管理等社会实践中，对产品、工作、工程、服务等普遍的活动制定、发布和实施统一的标准的过程。

（2）物流标准化的含义

① 物流标准化是制定标准、贯彻标准并随着发展的需要而修订标准的活动过程，是一个不断循环、螺旋式上升的过程。

② 物流标准是物流标准化活动的产物。标准化的目的和作用都是通过制定和贯彻具体标准来实现的。

③ 物流标准化的效果只有通过在社会实践中实施标准才能表现出来。在物流标准化的全部活动中，贯彻实施标准是一个关键环节，是建立最佳秩序、取得最佳效益的落脚点。

④ 物流标准化是一个相对的概念。从深度上讲，无论是单个标准还是标准系统，随着客观情况的变化都要经过不断调整。从广度上看，一项孤立的标准即使很完整，水平很高，其标准化的目的也是不容易实现的，还必须把与之相关的一系列标准都建立起来，形成一个系统，以发挥系统的整体作用。这个系统再与其他系统相结合、配套，就可以形成更大的系统。

（3）物流标准化系统的特点

① 物流标准化涉及面广。

② 物流标准化属于后标准化系统。

③ 物流标准化更要求体现科学性、民主性和经济性。

④ 物流标准化有非常强的国际性。

2. 物流标准的种类

（1）基础标准

基础标准是制定其他物流标准应遵循的、全国统一的标准，是制定物流标准必须遵循的技术基础与方法指南。基础标准主要包括：专业计量单位标准，物流基础模数尺寸标准，物流专业名词标准，物流核算与统计的标准，标志、图示和识别标准。

（2）分系统技术标准

分系统技术标准包括：运输车船标准，作业车辆标准，传输机具标准，仓库技术标准，站台技术标准，包装、托盘、集装箱标准，货架、储罐标准（包括货架净空间、载重能力、储罐容积尺寸标准等）。

（3）工作标准及作业规范

工作标准是指对工作的内容、方法、程序和质量要求所制定的标准。物流工作标准是对各项物流工作制定的统一要求和规范化制度，主要包括：各岗位的职责及权限范围；完成各项任务的程序和方法及与相关岗位的协调、信息传递方式；工作人员的考核与奖罚方法；物流设施、建筑的检查验收规范；吊钩、索具使用、放置规定；货车和配送车辆运行时刻表、运行速度限制及异常情况的处理方法；等等。

3. 物流标准化的形式

标准化的形式是标准化内容的表现形态。标准化有多种形式，每种形式都表现不同的标准化内容。研究标准化形式及其特点，是为了便于在实际工作中根据不同的标准化任务，选用适宜的标准化形式，达到既定的目标。在标准化形式中运用较多的有简化、统一化、系列化、通用化和组合化。

8.5.2 供应链管理

供应链管理（Supply Chain Management，SCM）的概念是 1985 年由迈克尔·波特（Michael E. Porter）提出的。供应链管理的目标是在满足客户需要的前提下，对整个供应链（从供货商、制造商、分销商到消费者）的各个环节进行综合管理，把物流成本降到最低。在 21 世纪，企业与企业之间的竞争更多地表现为供应链与供应链之间的竞争。

8.5.2.1 供应链与供应链管理的概念

1. 供应链概念

生产企业依赖于供应商提供原材料、零部件，如果都要自己去制造加工，生产周期就太长了；同样，生产出来的产品也要通过流通领域的销售商供应给用户，如果整个流通渠道不畅通，产品就很难进入市场。所以供应商、制造商、销售商这三者之间的相互依存关系形成一个"供应链"（如图 8.20 所示）。

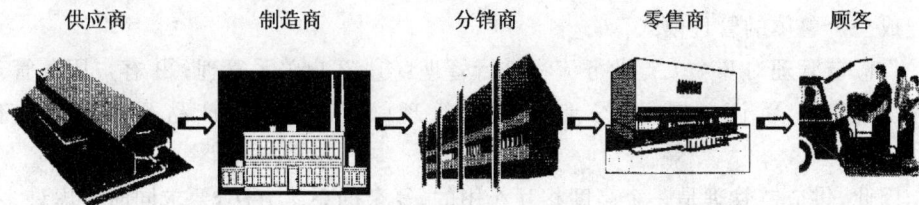

| 供应商 | 制造商 | 分销商 | 零售商 | 顾客 |

图 8.20　供应链示意图

供应链也有其他的称呼。例如，从商品的价值是在业务链中渐渐被增值的角度而言，供应链可称为价值链（Value Chain）；另外，从满足消费者需求的业务链角度而言，还可称为需求链（Demand Chain）。国家标准《物流术语》将供应链定义为"生产和流通过程中，涉及将产品或服务提供给最终用户活动的上游与下游企业所形成的网链结构"。供应链的网络结构模型如图 8.21 所示。

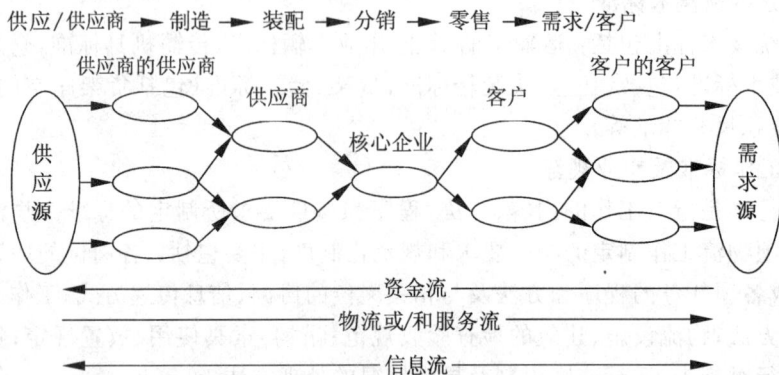

图 8.21　供应链的网络结构模型

2. 供应链的特点

（1）复杂性。供应链并非直线的链条，而是一个"网"，除了上下游企业间的纵向联系外，还有各类专业服务提供商的参与，所以供应链的管理比单个企业更为复杂。

（2）动态性。为适应市场需求的变化和企业战略的调整，节点企业也需要实时地调整与更新，这就使得供应链管理具有动态性。

（3）需求拉动性。供应链管理工作并非供方推动的，而是需方拉动的。供应链的形成、存在、重构都是基于一定的市场需求而发生的。

（4）交叉性。节点企业可以是这个供应链的成员，同时又是另一个供应链的成员，众多的供应链形成交叉结构，提高了协调管理的难度。

3. 供应链管理的概念

供应链管理则是对供应链涉及的全部活动进行计划、组织、协调与控制的全过程。供应链管理框架是 3 个相互紧密联系的要素的结合，即供应链的结构、供应链的业务流程、供应链管理的组成要素。

4. 供应链管理的原理

供应链管理是对从最终客户直到供应商的关键业务流程的集成，它为客户和所有合作伙伴提供增值的产品、服务和信息。伊文思（Evens）认为，"供应链管理是通过前馈的信息流和反馈的物料流及信息流，将供应商、制造商、分销商、零售商直到最终客户连成一个整体的管理模式"。

供应链管理对 8 个关键业务流程进行管理：① 客户关系管理；② 客户服务管理；③ 需求管理；④ 订单履行；⑤ 制造流程管理；⑥ 采购；⑦ 产品开发和商业化；⑧ 回收。

因此，供应链管理是一个高度相互作用的、复杂的系统方法，要求同时考虑许多权衡。如图 8.22 所示，供应链管理跨越了组织的界线，因为它要在组织内部和组织之间考虑应在何处设置库存,以及应在何处采取行动的种种权衡问题。

综上所述,供应链管理活动从顾客订购开始,并在顾客为其采购活动付款时结束。企业通过供应链管理会树立起产品或供给的形象,并沿着供应商→制造商→分销商→零售商→顾客这个链条传播。更重要的是,它直观地显示了供应链上信息、资金和产品的双向流动。

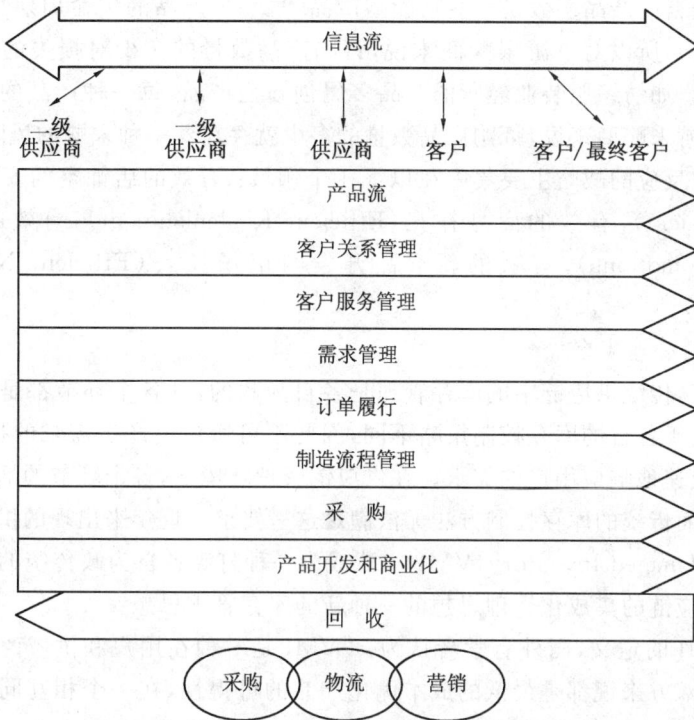

图 8.22　供应链管理:集成和管理跨越整个供应链的业务流程

8.5.2.2　供应链管理方法

1. 快速反应

快速反应(Quick Response,QR),是一个零售商和生产厂家建立(战略)伙伴关系,利用电子数据交换(Electronic Data Intercharge,EDI)等信息技术,进行销售时点的信息交换及订货补充等其他经营信息的交换,用多频度、小批量配送方式连续补充商品,以实现缩短交货周期、减少库存、提高顾客服务水平和企业竞争力目的的供应链管理。

QR 要求零售商和供应商一起工作,通过共享销售终端(Point of Sale,POS)信息来预测商品的未来补货需求,以及不断地预测未来发展趋势以探索新产品的机会,以便对消费者的需求更快地做出反应。在运作方面,双方利用 EDI 来加快信息流,并通过共同组织活动来使得前置时间和费用最小。

QR 的着重点是对消费者需求做出快速反应。QR 的具体策略有商品即时出售(Floor Ready Merchandise,FRM)、自动物料搬运(Automatic Material Handing,AMH)等。

2. 有效客户反应

有效客户反应(Efficient Customer Response, ECR)是在食品杂货业发展起来的一种供应链管理策略。ECR是指在商品的分销系统中，分销商和供应商为消除系统中不必要的成本和费用，为给客户带来更大效益而进行密切合作的一种供应链管理方法。ECR是价值链最短、效益最大的管理策略。

杂货业经营的产品多数是一些功能型产品，每一种产品的生命周期相对较长（生鲜食品等除外），所以对下游采购商来说，订购产品数量的多少对损失的影响相对较小。其他行业，如纺织服装业经营的产品多属创新型产品，每一种产品的寿命相对较短，所以对下游采购商来说，订购产品数量的多少就存在着一种采购的风险。

有效客户反应的战略主要集中在以下4个领域：有效的店铺空间安排(Efficient Store Assortment)，有效的商品补充(Efficient Replenishment)，有效的促销活动(Efficient Promotions)，有效的新商品开发与市场投入(Efficient New Product Introductions)。

3. 供应商管理库存

长期以来，传统供应链中的库存管理是各自为政的，其各个环节都是各自管理各自的库存。由于各自的库存控制策略不同，因此不可避免地产生需求的扭曲现象，无法使供应链快速地响应用户的需求。在供应链管理环境下，各个环节的活动都应该是同步进行的，而传统的库存控制方法无法满足这一要求。近年来出现的供应商管理库存(Vendor Managed Inventory, VMI)方法成为一种打破各自为政传统的库存管理模式，体现了供应链的集成化管理思想的一种新的库存管理思想。

关于VMI的定义，国外有学者认为："VMI是一种在用户和供应商之间的合作性策略，以对双方来说都是最低的成本优化产品的可得性，在一个相互同意的目标框架下由供应商管理库存，这样的目标框架被经常地监督和修正，以产生一种连续改进的环境。"

4. 联合库存管理

VMI是一种供应链集成化运作的决策代理模式，它把用户的库存决策权代理给供应商，由供应商代理分销商或批发商行使库存决策的权力。联合库存管理(Combined Inventory Management, CIM)则是一种风险分担的库存管理模式。

8.5.2.3 供应链管理内容

在供应链管理中主要涉及的领域包括供应、生产计划、物流、需求。如图8.23所示，供应链管理是以同步化、集成化的生产计划为指导，以各种技术为支持，尤其是以Internet/Intranet技术为依托，围绕供应、生产作业、物流、满足需求来实施的。供应链管理的主要目标在于缩短产品的完成时间，使生产可以与需求同步，提高客户服务水平，降低采购、库存运输等环节的总体交易成本，并且寻求成本和效益两个方面的平衡，从而达到企业利益的最大化。

在以上4个领域划分的基础上，我们可以将供应链管理细分为职能领域和辅助领域。职能领域主要包括产品工程、产品技术保证、采购、生产控制、库存控制、仓储管理、分销管理等。而辅助领域主要包括客户服务、制造、设计工程、会计核算、人力资源、市场营销等。

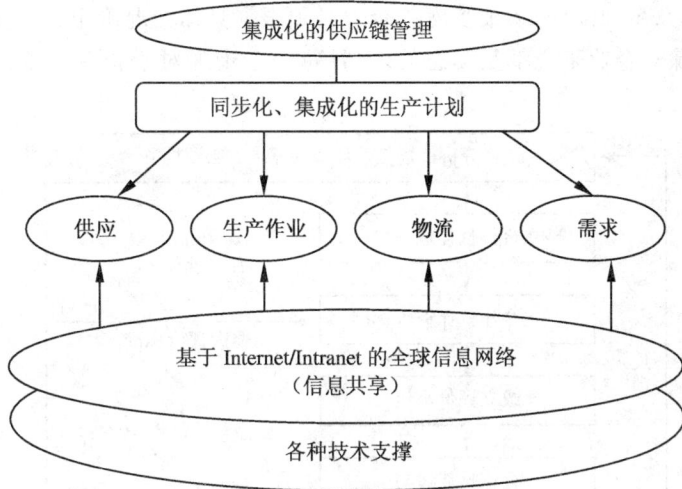

图 8.23 供应链管理涉及的领域

由此可见,供应链管理所关心的领域不仅仅是物料在供应链中的流动,还应包括:战略性供应商关系管理和客户关系管理;供应链产品需求预测与计划;供应链的设计;企业内与企业间的物料供应和需求管理;基于供应链的产品设计与制造管理、生产集成化计划、跟踪与控制;基于供应链的客户服务和物流管理;企业间资金流管理;基于Internet/Intranet 的供应链信息交互。

供应链管理的实质是以客户为中心,以市场需求拉动为动力,专注于核心业务,明确企业核心竞争力,将非核心业务外包,建立企业间的密切合作关系,风险共担、利益共享。供应链关注如何为市场提供最具竞争力的产品与服务,因此,在供应链上的不同企业、不同部门需要考虑如何将功能整合,创造供应链整体的最优绩效。

8.5.2.4 供应链管理的运营机制

供应链运作的对象是物流、信息流、资金流,供应链管理实际上是一种基于"竞争—合作—协调"机制的、以分布企业集成和分布作业协调为保证的新的企业运作模式。供应链管理通过合作机制(Cooperation Mechanism)、决策机制(Decision Mechanism)、激励机制(Encourage Mechanism)和自律机制(Benchmarking)等来实现目标。

8.5.2.5 供应链合作伙伴的选择

建立战略性合作伙伴关系是供应链战略管理的重点,也是集成化供应链管理的核心。供应链管理的关键在于供应链各节点企业之间的连接和合作,以及相互之间在设计、生产、竞争策略等方面良好的协调。

1. 供应链合作伙伴关系的定义

所谓供应链合作伙伴关系(Supply Chain Partnership,SCP),也就是卖主—供应商—买主(Vendor-Supplier-Buyer)关系、供应商关系(Supplier Partnership),是指供应商与制造商之间在一定时期内的共享信息、共担风险、共同获利的协议关系。

2. 合作伙伴选择的步骤

合作伙伴选择是建立在对节点企业科学的综合评价的基础之上的。选择过程可以归纳为如图 8.24 所示的 7 个步骤。企业必须根据具体情况确定各个步骤的开始时间，每一个步骤对企业来说都是动态的，并且每一个步骤对于企业来说都是一次改善业务的过程。

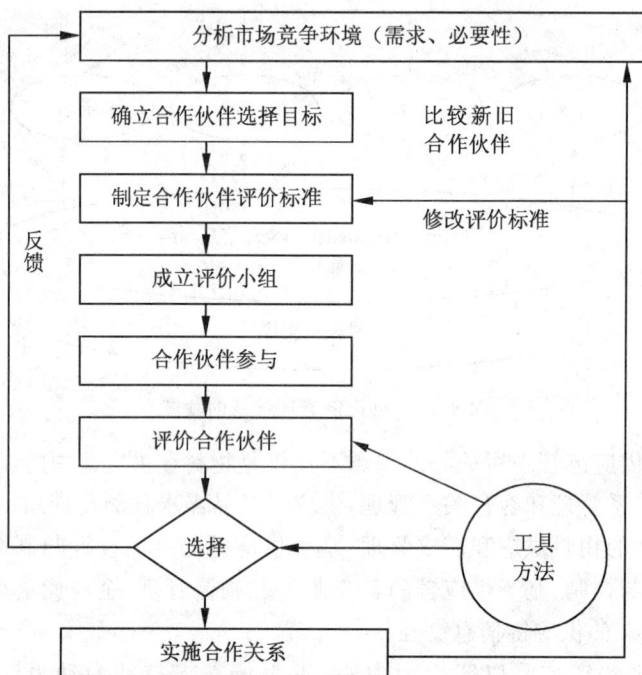

图 8.24　合作伙伴选择步骤

8.5.3　采购管理

8.5.3.1　采购的定义

在《中华人民共和国政府采购法》中，对采购给出了如下的定义：采购是指以合同方式有偿取得货物、工程和服务的行为，包括购买、租赁、委托、雇用等。人们通常把采购理解为"采购就是买方从外部目标市场（供应商）获得的使运营、维护、管理公司的所有活动处于最有利位置的所有货物、服务、能力和知识的过程"。在实践中人们对于采购概念的基本认识可分为以下几个方面：

（1）所有采购都是从资源市场获取资源的过程；

（2）采购既是一个商流过程，也是一个物流过程；

（3）采购是一种经济活动。

8.5.3.2　采购的方式

1. 集中采购与分散采购

（1）集中采购

集中采购是相对于分散采购而言的。集中采购是指企业在核心管理层建立专门的采购机构，统一组织企业所需物品的采购进货业务。跨国公司的全球采购部门的采购就是集中采购的典型应用。集中采购以组建内部采购部门的方式，统一管理其分布于世界各地分支机构的采购业务，减少采购渠道，通过批量采购获得价格优惠。

随着连锁经营、特许经营和外包制造（Origin Entrusted Manufacture，OEM）模式

的增加,集中采购更是体现了经营主体的权力、利益、意志、品质和制度,是经营主体赢得市场,保护产权、技术和商业秘密,提高效率,取得最大利益的战略和制度安排。

（2）分散采购

与集中采购相对应,分散采购是由企业下属各单位,如子公司、分厂、车间或分店实施的满足自身生产经营需要的采购。这是集团将权力分散的采购活动。

分散采购是集中采购的完善和补充,有利于采购环节与存货、供料等环节的协调配合,有利于增强基层工作责任心,使基层工作富有弹性和成效。

2. 联合采购

集中采购是指企业或集团企业内部的集中化采购管理,而联合采购是指多个企业之间的采购联盟行为。因此,可以认为联合采购是集中采购在外延上的进一步拓展。随着市场竞争的日益激烈,企业在采购过程中实施联合已成为企业降低成本、提高效益的重要途径之一。多个企业在采购环节上实施联合,可极大地减少采购及相关环节的成本,为企业创造可观的效益。

3. 询价采购

所谓询价采购,就是采购者向选定的若干个供应商发出询价函,让供应商报价,然后根据各个供应商的报价而选定供应商的方法。询价采购是国际上通用的一种采购方法。

（1）询价采购的优点

① 不是面向整个社会所有的供应商,而是在充分调查的基础上筛选出一些比较有实力的供应商;

② 采购过程比较简单,工作量小;

③ 属于邀请性采购。

（2）询价采购的局限性

询价采购的局限性表现为:所选供应商数量少、范围窄,可能选中的供应商不一定是最优的。

与其他采购方式相比较,询价采购较适用于数量少、价值低的商品或急需商品的采购。

4. 招标采购

招标采购是通过在一定范围内公开购买信息,说明拟采购物品或项目的交易条件,邀请供应商或承包商在规定的期限内提出报价,经过比较分析后,按既定标准选择条件最优惠的投标人并与其签订采购合同的一种采购方式。

招标采购是在众多的供应商中选择最佳供应商的有效方法。它体现了公平、公开和公正的原则。通过招标程序,招标企业可以最大限度地吸引和扩大投标方之间的竞争,从而使招标方有可能以更低的价格采购到所需要的物资或服务,更充分地获得市场利益。招标采购方式通常用于比较重大的建设工程项目、新企业寻找长期物资供应商、政府采购或采购批量比较大等场合。

总体来看,目前世界各国和国际组织的有关采购法律、规则都规定了公开招标、邀请招标、议标等 3 种招标、投标方式。

5. 政府采购

（1）政府采购的概念

政府采购（Government Procurement）是指各级国家机关和实行预算管理的党政组织、社会团体、事业单位，在政府的管理和监督下，使用财政性资金采购依法指定的集中采购目录以内的或者采购限额标准以上的货物、工程和服务的行为。政府采购不仅是指具体的采购过程，而且是采购政策、采购程序、采购过程及采购管理的总称，是一种公共采购管理的制度。

（2）政府采购的特点

政府采购的特点主要包括：资金来源的公共性；采购主体的特定性；采购活动的非营利性；采购活动的社会性；采购对象的广泛性；采购活动的规范性；影响力大。

政府采购是一个国家内最大的单一消费者，其购买力非常巨大。政府采购对社会经济有着非常大的影响力，采购规模的扩大或缩小、采购结构的变化对社会经济发展状况、产业结构，以及公众的生活环境有着十分明显的影响。

8.5.3.3 采购组织实施

采购实施是指采购工作的具体过程，主要包括采购认证、选择供应商、签订合同、合同跟踪、付款操作等方面。采购实施与采购计划的确定是相互交叉进行的。

1. 采购作业流程的基本步骤

采购作业流程会因采购的来源（如国内与国外采购）、采购的方式（如议价、比价、招标）、采购的对象（如物料、工程发包）等不同而在作业细节上有若干差异，但对于基本的流程，每个企业都大同小异。

这里先介绍美国采购学者威斯汀所主张的采购基本作业步骤。

（1）确认需求

确认需求即在采购之前，应先确定买哪些物料、买多少、何时买、由谁决定等。

（2）需求说明

确认需求之后，对需求的细节如品质、包装、售后服务、运输及检验方式等均加以明确说明，以使来源选择及价格谈判等作业顺利进行。

（3）选择可能的供应来源

根据需求说明，在原有供应商中选择成绩良好的厂商，通知其报价，或以登报公告等方式公开征求。

（4）适宜价格的决定

决定可能的供应商后，即可进行价格谈判。

（5）订单安排

价格谈妥后，应办理订货签约手续。订单和合约均属于具有法律效力的书面文件，对买卖双方的要求、权利及义务必须予以说明。

（6）订单追踪与稽核

签约订货之后，为求销售厂商的如期、如质、如量交货，应依据合约规定督促厂商按规定交运，并予以严格检验入库。

（7）核对发票

厂商交货验收合格后，随即开具发票。要求付清货款时，对于发票的内容，应先经采购部门核对,财务部门才能办理付款。

(8)不符与退货处理

凡厂商所交货物与合约规定不符而验收不合格者,应依据合约规定退货,并立即办理重购,予以结案。

(9)结案

验收合格付款,或验收不合格退货,均须办理结案手续,清查各项书面资料有无缺失,绩效好坏等,上报高级管理层或相关部门核阅批示。

(10)记录与档案维护

凡经结案批示后的采购事件,均应列入档案登记编号分类,予以保管,以备参阅或事后发生问题时查考。档案应具有一定保管期限的规定。

2. 采购时的注意事项

企业规模越大,采购金额越高,管理者对程序的设计就越为重视。这里介绍一般采购作业流程设计应该注意的要点。

(1)注意先后顺序及实效控制

应注意作业流程的流畅性与一致性,并考虑作业流程所需时限。例如,避免同一主管对同一采购事件做多次的签核;避免同一采购事件在不同部门有不同的作业方式;避免一个采购事件会签部门过多,影响作业实效。

(2)注意关键点的设置

为了便于控制,使各项正在处理中的采购作业在各阶段均能被追踪管制,就要在各阶段控制关键点,例如国外采购,从询价、报价、申请许可证、开信用证、装船、报关到提货等,均有管制要领或办理时限。

(3)注重划分权责或任务

各项作业手续及查核责任,应有明确权责规定及查核办法。例如请购、采购、验收、付款等权责应予以区分,并指定主办部门。

(4)避免作业过程发生摩擦、重复与混乱

注意变化性或弹性范围及偶发事件的因应法则。例如,在遇到"紧急采购"及"外部授权"时,应有权宜的办法或流程来特别处理。

(5)价值与程序相适应

程序繁简或被重视的程度应与所处理业务或采购项目的重要性或价值的大小相适应。凡涉及数量比较大、价值比较高或者容易发生舞弊的作业,应有比较严密的处理监督;反之则可略微予以放宽,以求提高工作效率。

(6)处理程序应适合现实环境

应当注意程序的及时改进。对于早期设计的处理程序或流程,经过若干时间执行后,应加以审视,不断改进,以适应组织变更或作业上的实际需要。

(7)配合作业方式的改善

应不断改善作业方式。例如,手工的作业方式改变为电脑作业方式,其流程与表单需要做适当程度的调整或重新设计。

8.5.3.4 供应商选择与评价

供应商选择与评价是采购实施过程之中非常重要的一项工作。在选择供应商时,企业主要从供应商的供应能力与完成供应任务的积极性两个方面来进行权衡。

1. 供应商供应能力评价

通常供应商供应能力评价的标准为现在的和未来的质量、价格、服务、可获得性指标，以及供应商供应的积极性等。

（1）质量

一般可供企业使用的供应商质量评价标准为：① 性能；② 废品率；③ 退货率；④ 保养间隔期；⑤ 可更换部件的消耗水平；⑥ 平均故障间隔时间；⑦ 耐用性；⑧ 保修的全面性。

对于非标准产品来讲，评价的指标还应包括：① 研究与开发投资；② 知识产权；③ 供应商企业的员工具备产品设计及生产管理方面的资质和经验；④ 合适的设计工具；⑤ 生产能力与技术；⑥ 供应商质量与环境保证体系；⑦ 提供类似产品或服务的经验等。

反映供应商未来质量水平的指标，主要是通过持续改进的质量保证体系或反映质量改善的指标来体现的。

体现供应商提供符合企业质量要求的产品或服务的积极性方面为：① 参与企业产品的设计；② 联合进行价值分析活动；③ 进行特别的质量控制与检验；④ 赋予企业转让技术及知识产权的权利等。

（2）价格

企业可从供应商方面获得价格指标的相关信息：① 价格或收费率标准；② 折扣水平；③ 货款支付时间；④ 赊销；⑤ 报价币种；⑥ 装卸与运输总费用；⑦ 设备类采购项目的寿命周期成本；⑧ 合并账单处理服务等。

评价供货商未来价格趋势的指标可以包括：① 供应商直接原材料成本；② 直接劳动力成本；③ 企业管理成本；④ 生产效率；⑤ 物流成本；⑥ 融资能力；⑦ 支付条件等。

表明供应商满足企业降低成本要求的积极性的指标为：① 参与联合成本评价和成本降低活动；② 给企业特殊的价格折扣、支付条件和其他优惠；③ 按优惠条件给企业提供供应商信用等。

（3）服务

企业可从以下因素中判断供应商的供应服务情况：① 供应商的服务陈述或业务目标中所承诺的服务；② 对用户的服务计划；③ 对用户所提问题的响应与处理速度；④ 是否拥有服务队伍；⑤ 是否提供技术培训与售后服务支持；⑥ 是否有能力为不同文化与语言背景的企业服务；⑦ 是否拥有有效的信息系统和诊断工具为用户服务；⑧ 是否有持续改进客户服务的策略和体系。

供应商的服务积极性表现为：① 企业需要紧急支持时能否提供优先安排；② 是否指派客户服务人员处理企业的业务等。

（4）可获得性

它是指供应商能够随时随地提供企业所需产品或服务的能力。可获得性的评价指标为：① 是否在供应商提供服务的细分市场；② 是否为企业竞争者提供服务；③ 综合服务能力；④ 接近性与物流；⑤ 库存水平；⑥ 企业所需产品在供应商标准产品范围中所占的百分比；⑦ 出口检验；⑧ 供应保障；⑨ 一般提前期；⑩ 交货可靠性；⑪ 订单跟踪系统；⑫ 劳资关系；⑬ 销售分包人的服务能力等。

供应商未来供应可获得性的表现为：① 供应商产品供应范围的趋势；② 供应产品是否在其核心范围内；③ 供应产品处于生命周期何阶段；④ 是否提高和改善生产能力；⑤ 交货率变化趋势等。

反映供应商满足企业采购要求积极性的方面为：① 根据企业要求投资开发产品线；② 与企业共享进行预测所需的信息；③ 努力采用提高供应效率和缩短提前期的措施；④ 提供长期供应保障等。

对供应商的评价应综合考虑其供应能力与供应积极性。

2. 供应商供应积极性评价

供应商的积极性对企业采购业务的最终成功是非常关键的，尤其是当企业的采购额小、技术要求高或所采购物料的市场供应紧张时，积极性就是评价供应商的一个关键因素。供应商积极性的评价是通过供应商感知模型来进行的，供应商感知模型可以帮助企业了解供应商怎样看待企业业务，会以何种程度的积极性与企业进行业务合作。

供应商感知模型是通过两个方面来进行的：一是企业的业务在供应商心目中的价值，它是通过采购额在供应商的营业额中所占的比例反映的，该比例越高，供应商可能被激发出的积极性就越高；二是企业的业务对供应商的吸引力，如企业记录良好，与企业业务往来较便利，建立了良好的私人关系的可能性及信任程度等。通过 ABC 分类方法，可以把供应商的积极性分成高、中、一般、低 4 个等级，便于企业做决策时参考。

3. 供应商选择评价

选择供应商与企业采购目标直接相关，而企业的采购目标又与采购项目的重要性、供应风险直接相关。通常企业的物料采购可根据计划期内的物料采购费用水平、供应市场风险、企业经营中的重要程度来进行分类，以此对采购项目进行不同的定位和选择供应商。

供应商选择的评价是基于供应能力、供应积极性、采购项目定位进行的，一般是对各种指标按采购目标与定位来确定权重，按照加权平均法来进行评分，最后对评分划分等级，确定供应商的供应等级。

8.5.3.5 采购控制

采购环节往往是企业经营管理中最薄弱的一环。一是容易滋生暗箱操作、以权谋私、弄虚作假、舍贱求贵、以次充好、收受回扣等；二是容易"跑、冒、滴、漏"。因此，必须做好采购控制工作。这里主要介绍企业采购的一些控制制度。

1. 实物与信息同步入库

采购控制的处理包括商品实际入库、库存管理、向供应商下订单等一系列作业。具体而言，其工作内容包括：入库作业处理、库存控制、采购管理系统、应付账款系统及信息流程等。在整个作业过程中，实物与信息是同步的。所谓实物，就是企业所采购的原材料或设备等，信息就是有关账款和动态的库存数据等。如果实物和信息两者不同步，就会有浪费、暗箱操作、数量与需求不符等问题发生。可以说，采购内控的关键是信息控制。

2. 财务、审计双管齐下

采购是实体转移和价值转移的统一过程,因此容易产生作弊问题。采购监管与控制要实现的目标为:① 保证采购业务合法有效;② 保证采购材料物美价廉;③ 保证采购成本核算准确;④ 保证采购记录真实完整。

（1）建立控制关键点

企业为了实现上述控制目标,应当建立以请购制度、经济合同、结算凭证和入库单据为载体的控制系统,并在该系统中设置下列控制点和关键控制点:① 审批;② 签约;③ 登记;④ 承付;⑤ 验收;⑥ 审核;⑦ 记账。其中"承付""验收""审核"为关键控制点。具体如表 8.28 所示。

表 8.28 采购控制系统流程图说明

控制点	控制目标	控制措施
审批	保证经济业务在授权下进行	供应部门提出采购计划,主管计划的负责人批准采购计划并签章
签约	保证供货在约定条件下执行	采购人员根据授权按计划签订合同,大额、大宗材料采购的重要合同要经内部审计部门审核
登记	保证及时正确地处理托收承付事项	财务部门收到供应商从银行转来的托收凭证后,立即进行登记,并及时转送采购部门,以备承付时核实
承付	保证货款支付正确、适当	供应部门检查托收凭证及有关合同是否承付
验收	保证材料的品种、数量、质量等符合约定的要求	仓储部门检验收到材料的品种、数量,填写入库单;质检部门检查材料质量,并在入库单上签署意见
审核	保证材料采购的有效性、合理性和完整性	财务部门审核托收凭证、承付意见书及入库单等凭证,如果无误即可作为结算、记账的依据
记账	保证会计核算资料真实、完整	会计人员根据原始凭证编制记账凭证,及时登记有关账簿

（2）实行职务分离

购买业务环节中所需处理的主要业务有:确定需求,寻求能满足供应商的适宜价格,向供应商发出订单,检验收到的货物,确定是接受货物还是向供应商退回货物,储存或使用货物,会计记录,核准付款等。在这些业务中,需要进行职务分离的有:① 需求与采购进行分离;② 付款审批人和付款执行人不能同时办理寻求供应商和索价业务;③ 检验与采购进行分离;④ 记录与采购分离;⑤ 接受各种劳务的部门或主管应适当地同账务录入分离;⑥ 审核与付款分离;⑦ 审核付款人应同付款人职务分离;⑧ 记录应付账款的人不能同时负责付款业务。

3. 防止暗箱操作的措施

暗箱操作一直存在,我们虽然不可能完全杜绝这种现象的发生,但可以采取措施减少此类现象的出现。这里就介绍几种方法。

（1）"三分一统"

"三分"是指三个分开,即市场采购权、价格控制权、质量验收权要做到三权分离,各自负责,互不越位;"一统",即合同的签约特别是结算付款一律统一管理。财务部依据合同规定的质量标准,对照化验单和数量测量结果,认真核算后付款。这样就可以形成一个以财务管理为核心，最终以降低成本为目的的制约机制。

（2）"三统一分"

材料和备品配件的采购要实行"三统一分"的管理机制："三统"是指所有外购材料要统一采购验收，统一审核结算，统一转账付款；"一分"则是指费用要分开控制。只有统一采购，统一管理，才能既保证需要，又避免漏洞；既保证质量，又降低价格；既维护企业信誉，又不至于上当受骗。各部门和分厂要对费用的超支负责并有权享受节约所带来的收益，有权决定采购计划和采购项目。这样，物料采购管理部门和使用单位自然形成了一种以减少支出为基础的相互制约的机制。

（3）"三公开两必须"

"三公开"是指采购品种、数量和质量指标公开，参与供货的客户和价格竞争程序公开，采购完成后的结果（在一定范围内）公开；"两必须"是指必须在货比三家后采购，必须按程序、按法规要求签订采购合同。

（4）"五到位一到底"

"五到位"是指所采购的每一笔物品都必须有五方的签字，即采购人、验收人、证明人、批准人、财务审查人都在凭证上签字，才被视为手续齐全，才能报销入账；"一到底"就是负责到底，谁采购谁负责并且要一包到底，包括价格、质量、使用效果等都要记录在案，什么时候发现问题就应在什么时候进行处罚。

（5）全过程、全方位的监督制度

全过程监督是指采购前、采购过程中和采购完成后都要有监督。从采购计划的制订开始，到采购物料使用的结束，其中共有9个需要进行监督的环节（计划、审批、询价、招标、签合同、验收、核算、付款、领用）。虽然每一个环节都有监督，但重点在于制订计划、签订合同、质量验收和结账付款4个环节。计划监督主要是保证计划的合理性和准确性，使其按正常渠道进行；合同监督主要是其合法性和公平程度，保证合同的有效性；质量监督是保证验收过程不降低标准；付款监督是确保资金安全。如果能够把监督贯穿于采购活动的全过程，就可以建立确保采购管理规范和保护企业利益的第二道防线。所谓全方位的监督，是指行政监察、财务审计、制度考核三管齐下，方方面面没有遗漏，形成严密的监督网。

最后需要注意的是，监督机制的生命在于责任追究。拥有严格完备的监督机制而没有相应的赏罚措施，所有的努力都将化为泡影。因此，监督的关键还在于及时进行赏与罚。科学规范的采购机制、严格完备的采购控制不仅可以降低企业的物料采购价格，提高物料采购质量，还可以保护采购人员不受外部利益的诱惑。

8.5.4 物流功能性活动管理

8.5.4.1 运输与配送

1. 运输的概念

运输是物体借助运力在空间上产生的位置移动。国家标准《物流术语》对运输的定义是："用设备和工具，将物品从一地点向另一地点运送的物流活动。其中包括集货、分配、搬运、中转、装入、卸下、分散等一系列操作。"运输活动相对来说时间长、距离远、能源和动力消耗多，其成本在物流总成本中占很大比重。

2．运输的功能

物流系统由物资包装、运输配送、装卸、存储保管、流通加工和物流信息等子系统组成。没有运输，整个物流网络就无法构成一张"网"，物资的价值和使用价值便失去了其实现的途径，从而使得社会再生产难以进一步持续下去。

因此，无论是企业采购原材料物流及产品销售物流，还是物流企业从生产企业采购产品进行仓储或将仓储的物资转移到消费者手中，都离不开运输。运输的功能主要体现在以下几个方面：

（1）运输是物流网络的构成基础；

（2）运输是物流系统功能的核心；

（3）运输是社会物质生产的必要条件之一；

（4）运输可以创造"场所效用"；

（5）运输是"第三利润源"的主要源泉；

（6）运输合理化是物流系统合理化的关键。

3．配送的基本概念

我国国家标准《物流术语》中对配送的定义是："在经济合理区域范围内，根据用户要求，对物品进行拣选、加工、包装、分割、组配等作业，并按时送达指定地点的物流活动。"这一定义比较全面地描述了配送的内容和功能。但并不是所有的配送都一定需要这些作业，用户的要求不同，配送的客体不同，作业的内容也就会有所取舍，如包裹快递业务就不需要加工、分割等作业。此外，配送作业一般都会有一个集货的过程，即把分散的货物集中起来，以便进行其他的配送作业流程。

根据以上定义，配送的内涵包括以下几个方面：

（1）以用户的具体需求为出发点；

（2）"配"与"送"有机结合；

（3）在经济合理的范围内进行；

（4）位于物流活动的末端。

配送活动一般发生在物流链的末端，与最终的消费者发生直接的联系。

4．运输与配送的关系

运输的任务是对物资进行较远距离的空间移动，而配送与运输不同，两者既有联系，又有区别。

（1）运输与配送的联系

物流活动根据物品是否产生位置移动分为线路活动和节点活动。线路活动通常可以理解为物品的外部活动，指物品发生了位移。线路活动在创造物品空间效用方面作用较大，运输和配送在这一方面相同，均是通过运输工具对货物的承载，在相应的运输线路上移动，将货物送往异地，因而同属于线路活动。

（2）运输与配送的区别

虽然两者同属于线路活动，但是两者之间也存在区别，主要表现在以下几方面：

① 活动的范围和空间不同；

② 运送对象与功能不同；

③ 承载主体的责任与主动程度不同；

④ 运输工具和运输方式不同；

⑤ 对承载主体的技术要求不同。

（3）运输与配送的互补

运输与配送虽然同属于线路活动，但是由于功能不同，它们不能相互代替，而只能是一种相辅相成、互相补充、相互依存的关系。物流系统创造物品的空间效用的功能主要是使生产企业制造出来的产品最后到达用户手中或进入消费，否则产品生产的目的就无法实现。从运输和配送的概念及它们的区别可以看出，仅有运输或者仅有配送是无法单独实现上述要求的，因为根据运输的规模和距离原理，大批量、远距离的运输才是合理的，但是不能满足分散消费的要求；配送虽有小批量、多批次的特点，但是不适合远距离运送。因此，两者必须互相配合，取长补短，方能达到理想的目的。

从以上的分析可以看出，运输与配送要根据产品特点和用户的需求状况来选择。在一个物流系统中，运输与配送至少有一种形式存在，当两种形式同时存在时，配送处于末端的位置。这正如商品的批发环节和零售环节。在实际生活中，配送正是为商流中的零售交易提供的一种配套的物流作业方式。

5. 运输方式

（1）运输原理

运输原理是指一次运输或配送活动中如何降低成本、提高经济效益的途径和方法，是指导运输管理和营运的最基本的原理。它主要包括规模原理、距离原理、速度原理。

① 规模原理

规模原理是指随着一次装运量的增大，产品每单位重量的运输成本下降。

② 距离原理

距离原理是指运输成本与一次运输的距离有关，随着一次运输距离的增加，运输费用的增加会变得越来越缓慢，或者说单位运输距离的费用在减少。

③ 速度原理

速度原理是指完成特定的运输所需的时间越短，其效用价值就越高。首先，快速运输使运输时间缩短，单位时间里的运输量增加，与时间有关的固定费用分摊到单位运量上的费用减少；其次，物品在运输工具中停滞的时间缩短，而且使到货提前期变短，有利于减少库存，降低存储费用。因此，对于易变质或高价值的产品采用快速运输的方式是合理和经济的。

（2）现代运输方式

按使用的运输工具不同，现代运输方式可以分为铁路运输、公路运输、水路运输、航空运输与管道运输等5种形式。不同的运输方式适合于不同的运输情况，合理地选择运输方式不仅可以提高运输效率、降低运输成本，还会对整个物流系统的优化产生有利的影响。因此，了解各种运输方式及其特点，掌握运输方式选择的原则，对优化物流系统和合理组织物流活动是十分重要的。

（3）集装箱运输

1）集装箱的定义

集装箱（Container）是指具有一定强度、刚度和规格的专供周转使用的大型装货容器。我国香港地区称之为"货箱"，台湾地区称之为"货柜"。关于集装箱的定义，国际上不同国家、地区和组织的表述有所不同。

国际标准化组织（International Qrganization for Standardization，ISO）及我国《集装箱名词术语》规定，集装箱应具有以下条件：

① 具有足够的强度，可长期反复使用，是为便于商品运送而专门设计的；

② 在一种或多种运输方式下运输时，无须中途换装；

③ 具有快速装卸和搬运的装置，特别是从一种运输方式转移到另一种运输方式时；

④ 设计时注意到便于货物装满或卸空；

⑤ 内容积为 $1m^3$ 或 $1m^3$ 以上。

2）集装箱运输的概念及特点

集装箱运输是指利用集装箱运输货物的方式，是一种既方便又灵活的运输方法，现在已经被众多的货主所采用。它可以最大限度减少运输过程中造成的货损，例如可以抵御风雨、外力等一些不可控因素对货物造成的损害。一直以来集装箱运输业务以其保障性强、运输费用低廉而深受广大货主的欢迎。

集装箱运输作为一种现代的运输方式，与传统的货物运输方式相比，有许多的不同之处，其特点主要表现为以下几个方面：

① 集装箱具有抵抗风雨、避光、抗震等作用，因此用集装箱运输货物能够最大限度地减少货损。

② 集装箱以整箱搬运，极大地方便了运输、装船和卸港。

③ 集装箱的铅封号码唯一，足以保证货物所有人的货物不会发生丢失、被窃的现象。

④ 集装箱中的保温冷藏箱能够对许多鲜活物品进行长时间的保鲜。

⑤ 集装箱运输可以由一个承运人负责全程运输，因而简化货运手续，方便了货主，提高了工作效率。

⑥ 货物从内陆发货人的工厂或仓库装箱经由陆、海、空不同的运输方式，可以一直运到内陆收货人的工厂或仓库，实现"门到门"运输。

3）集装箱标准

初期集装箱的结构、规格、尺码及大小都不相同，这直接影响到集装箱在国际上的流通。为此，国际标准化组织根据国际集装箱的各种技术参数和规格，研究制定了通用集装箱从 A 型到 C 型共 3 个系列 14 种标准规格。第一系列主要是大型集装箱，包括 7 种型号。各国在制定有关集装箱运输的安全、结关、检验等规格方面都以 ISO 规定的标准为参考。

集装箱计算单位（Twenty-feet Equivalent Units，TEU）又称 20 英尺换算单位，是计算集装箱箱数的换算单位。目前各国大部分集装箱运输都采用 20 英尺和 40 英尺长的两种集装箱。为统一集装箱箱数计算，一般都把 20 英尺集装箱作为一个计算单位，40 英尺集装箱作为两个计算单位，以便统一计算集装箱的营运量。

我国目前使用的集装箱可分为两类：一类是国际标准箱，主要有 40 英尺、20 英尺和 10 英尺 3 种箱型；另一类是铁路集装箱，主要有 10 吨、5 吨、1 吨 3 种箱型，不过这几种已经被逐步淘汰。

4）多式联运

① 多式联运的概念

多式联运即根据实际需要,将不同的运输方式组合在一起,形成连续性的、综合性的一体化运输。通过一次托运、一次计费、一份单证、一次保险,由各运输区段的承运人共同完成货物的全程运输,即将全程运输作为一个完整的单一运输过程来安排。

多式联运广泛应用于国际货物运输中,故称国际多式联运(International Multimodal Transportation,IMT)。

② 多式联运的优越性

多式联运具有以下优越性:手续简便;加快运输;安全可靠;合理运输;简化包装;提前结汇。

6.配送模式与作业

配送系统是物流系统的一个子系统,而且是直接面对用户提供物流服务的子系统。由于服务的对象不同,配送物品的性质不同,加上用户要求的多样化,特别是定制化服务的需求,因此配送系统的网络结构、配送模式和服务方式也应该是多样化的。

正确地选择配送系统模式和服务方式,对提高物流效率和经济效益会产生重要影响。

(1)配送的功能及要素

配送本质上是运输,创造空间效用自然是它的主要功能。配送除创造空间效用这一主要功能之外,其延伸功能可归纳为以下几个方面:

① 完善运输系统

现代大载重量的运输工具固然可以提高效率,降低运输成本,但只适合于干线运输。配送与运输结合可把干线运输与支线运输统一起来,使运输系统更加完善。

② 消除交叉输送

交叉输送线路图如图 8.25 所示,缓解交叉输送线路图如图 8.26 所示。

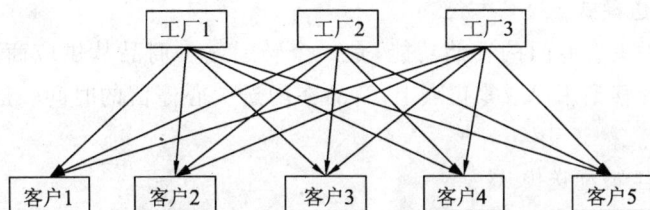

图 8.25 交叉输送

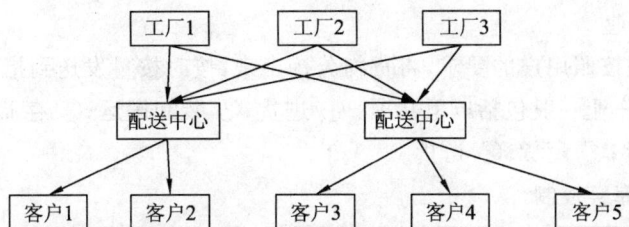

图 8.26 缓解交叉输送

③ 提高末端物流的经济效益

采取配送方式,通过配货和集中送货,或者与其他企业协商实施共同配送,可以提高物流系统末端的经济效益。

④ 实现低库存或零库存

配送通过集中库存，在同样的满足水平上可使系统总库存水平降低，既降低了存储成本，也节约了运力和其他物流费用。尤其是采用准时制配送方式后，生产企业可以依靠配送中心准时送货而无须保持自己的库存，或者只需保持少量的保险储备，这样就可以实现生产企业的零库存或低库存，减少资金占用，改善企业的财务状况。

⑤ 简化手续，方便用户

由于配送可提供全方位的物流服务，采用配送方式后，用户只需向配送服务提供商进行一次委托，就可以得到全过程、多功能的物流服务，从而简化了委托手续和工作量，也节省了开支。

⑥ 提高供应保证程度

采用配送方式，配送中心比任何单独供货企业有更强的物流能力，可使用户减少缺货风险。如巴塞罗那大众物流中心承担着为大众、奥迪、斯柯达、斯亚特等大众系统4个品牌的汽车配送零部件的任务。4个品牌的汽车在整车下线前两个星期，有关这些车辆88 000种零配件在这里已经可以全部找到。假如用户新买的车坏了，只要在欧洲，24小时内就会由专门的配送公司把所需要的零部件送到用户手中。

（2）配送模式

① 直接配送模式

这种模式下不设配送中心，用户或零售商需要的商品直接从供应商配送到指定的地点。这其实不是真正概念上的配送，但这种模式往往受某些大用户的要求而被采用。

② 储存配送模式

储存配送模式是指在配送中心储存货物，然后根据用户需要对储存货物进行配送。这是最典型的配送模式。

③ 直通配送模式

配送中心不具有专门的存储功能，是一个转运站。商品从供应商到达配送中心后，迅速分拣、转移到用户或零售点上，商品在配送中心停留的时间一般不超过12个小时。

④ 流通加工型配送模式

流通加工型配送是为了促进销售、方便用户、提高物流效率，在配送中心对物品进行生产辅助性加工后再进行配送的配送模式。

（3）配送作业

配送作业是按照用户的要求，将货物分拣出来，按时按量发送到指定地点的过程。具体来说，配送作业一般包括以下几项：① 进货；② 装卸搬运；③ 存储；④ 订单处理；⑤ 分拣；⑥ 补货；⑦ 配货；⑧ 送货。

8.5.4.2　库存控制

仓储和运输是整个物流过程中的两个关键功能，被人们称为"物流的支柱"。这里将系统介绍现代库存的基本知识和理论、库存管理的基本方法、仓储规划与物资储存计划及仓储业务管理，分析库存在生产、流通领域中的作用和由此带来的成本，主要讨论库存控制管理的基本方法——ABC分类管理法与订货点采购法、物资储存的规划与计划、仓库储存业务等。

1. 库存的基本概念

库存有狭义与广义之分。狭义的库存是指作为今后按预定的目的使用而处于闲置或非生产状态的物品;广义的库存还包括处于制造加工状态和运输状态的物品。

2. 库存的分类

库存的分类方式很多,从不同的角度可以进行不同的分类,从而进行不同目的的研究。

(1) 按库存在再生产过程中所处的领域分类

按库存在再生产过程中所处的领域不同,库存可分为生产库存、流通库存和国家储备。

(2) 按库存在企业中的用途分类

按库存在企业中的用途不同,库存可分为原材料库存、在制品库存、维护/维修/作业用品库存、包装物和低值易耗品库存、产成品库存。

(3) 按库存性质分类

① 安全库存。这是指企业除了基本库存之外而设立的缓冲库存,其目的是防止与减少因突发事件而造成的负面影响。

② 周转库存。这是指生产企业或者流通企业为进行生产或流通周转而进行的不断流转的储备。周转库存主要是用来缓冲采购和生产批量不一、采购与投产时间不一、上下加工环节效率不一而形成的矛盾,它是生产和流通的前提。

3. 库存分类管理——ABC 分类法

ABC 分类法是对 80/20 法则的一种修改,它不是将对象分为两类,而是按价值或支出的重要性进行分类排队,分清重点和一般,从而有区别地确定管理方式的一种分析方法。除了可以分成常见的 3 种类别以外,在实际运用中也常根据对象事物的特点采用多种分类的方式。由于它把被分析的对象通常分成 A,B,C 3 类,所以又称为 ABC 分类法。ABC 分类法应用非常广泛,目前经常应用于仓储管理、质量管理、成本管理和营销管理等多个方面。这里着重介绍 ABC 分类法在库存管理中的应用。

ABC 分类法就是将库存物资按重要程度分为特别重要库存(A 类库存)、一般重要库存(B 类库存)和不重要库存(C 类库存)3 个等级,然后针对不同的级别分别进行管理和控制。ABC 分类法包括两个步骤:一是进行分类,二是进行管理。

按 ABC 分类法的分析结果,对 3 类库存物品进行有区别的管理,如表 8.29 所示。

表 8.29 库存 ABC 管理表

	A	B	C
管理要点	投入较大力量精心管理,将库存压缩到最低水平	按经营方针调节库存水平	集中大量订货,以较高的库存来减少订货费用
订货方式	计算每种商品的订货量,按最优订货批量,采用定期订货的方式	采用定量订货方式,当库存降到最低点时发出订货,订货量为经济批量	采用双箱或三箱法,用两个库位储存,一个库位货发完了,用另一个库位发,并补充第一个库位的存货
定额水平	按品种甚至规格控制	按品种大类控制	按总金额控制

	A	B	C
检查方式	经常检查	一般检查	按年度或季度检查
统计方法	详细统计,按品种、规格规定统计项目	一般统计,按大类规定统计项目	按金额统计

4. 库存控制方法

(1) 定量订货法

定量订货法就是预先确定一个订货点和订货批量,随时检查库存,当库存下降到订货点时就发出订货。在整个系统运作过程中订货点和订货批量都是固定的。

1) 定量订货法的原理

订货点 Q_K(Q_K 是发出订货时的实际库存量)和订货批量 Q_0 的确定,取决于库存物资的成本和需求特性,以及相关的存货持有成本和再订购成本。订货批量一般取经济订货批量 Q^*。其原理如图 8.27 所示。

从图 8.27 可以看出:假设实施订货点控制技术之前,已确定好了订货点为 Q_K、订货量为 Q^*。其中 Q_K 由两部分构成,一部分是安全库存

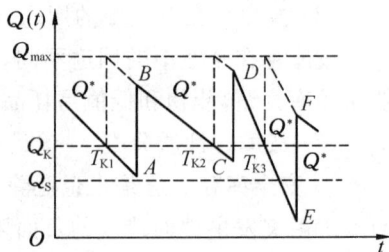

图 8.27 定量订货法的运行模型

Q_S,另一部分是订货提前期平均需求量 $\overline{D_L}$,$Q_S = Q_K - \overline{D_L}$,或 $Q_K = Q_S + \overline{D_L}$。每天检查库存,假设在第一个周期,库存量以 R_1(R 为单位时间需求量,即库存消耗速率)的速度下降,当库存下降到 Q_K 时,就发出订货,订货批量为 Q^*,使名义库存量上升到名义最高库存量 $Q_{max} = Q_K + Q^*$。随后进入订货进货提前期 T_{K1},提前期 T_{K1} 结束时,消耗掉的库存物资数量为 D_{L1},使库存水平下降到最低(A 点)。这时所订货物批量 Q^* 到达,实际库存量一下子上升一个 Q^*,达到高库存(B 点),然后进入第二个周期。假设第二个周期的需求速率为 R_2,当库存又降到 Q_K 时,就发出订货,订货批量为 Q^*。名义库存又上升到 Q_{max},进入订货提前期 T_{K2},库存下降到 C 点,第二批订货 Q^* 到达,实际库存又上升了 Q^*,到达 D 点。之后又进入第三个周期,由于 R_3 大于 R_1 和 R_2,T_{K3} 大于 T_{K1} 和 T_{K2},所以 T_{K3} 的库存消耗动用了 Q_S,所订货物批量 Q^* 到达后,库存升高至 F 点。库存就是以这样的周期不断变化的。

由此可见,定量订货法最主要控制的订货参数有两个,一是订货点 Q_K,二是订货数量 Q^*。

2) 确定订货点 Q_K

由于需求速率 R 和订货提前期 T_K 取值经常是随时间而随机变化的,没有一个固定的值,是随机变量,其分布属随机型分布。正态分布如图 8.28 所示。

正态分布有两个特征参数,一个是平均订货提前期需求量 $\overline{D_L}$,一个是订货提前期需求量的标准偏差 σ_D。如果 "D_L"(这里我们用引号表示一个随机变量,下同)服从正态分布,则可以如下表示成:

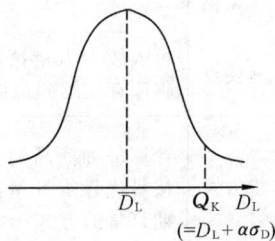

图 8.28 分布概率密度曲线

$$\text{“}D_{\mathrm{L}}\text{”} \sim N(\overline{D_{\mathrm{L}}}, \sigma_{\mathrm{D}}^2)$$

并且有：

① 基于订货提前期需求量 D_{L} 的公式

$$Q_{\mathrm{K}} = \overline{D_{\mathrm{L}}} + Q_{\mathrm{S}}$$
$$= \overline{D_{\mathrm{L}}} + \alpha \sigma_{\mathrm{D}}$$

其中，$\overline{D_{\mathrm{L}}} = \dfrac{\sum\limits_{i=1}^{n} D_{L_i}}{n}$。

② 基于需求速率 R 和提前期 T_{K} 的公式

$$Q_{\mathrm{K}} = \overline{T}_{\mathrm{K}} \overline{R} + \sigma \sqrt{\overline{T}_{\mathrm{K}} \alpha_{\mathrm{R}}^2 + \overline{R}^2 \sigma_{\mathrm{T}}^2}$$

$$\sigma_{\mathrm{D}} = \sqrt{\overline{T}_{\mathrm{K}} \cdot \sigma_{\mathrm{R}}^2 + \overline{R}^2 \sigma_{\mathrm{T}}^2}$$

其中 $Q_{\mathrm{S}} = \alpha \sqrt{\overline{T}_{\mathrm{K}} \sigma_{\mathrm{R}}^2 + \overline{R}^2 \sigma_{\mathrm{T}}^2}$。

说明：当 R 为确定量、T_{K} 为随机变量时，$\overline{R} = R$，而 $\sigma_{\mathrm{R}} = 0$。

$$Q_{\mathrm{K}} = R \overline{T}_{\mathrm{K}} + \alpha R \sigma_{\mathrm{T}} = R(\overline{T}_{\mathrm{K}} + \alpha \sigma_{\mathrm{T}})$$

当 T_{K} 为确定量、R 为随机变量时，$\overline{T}_{\mathrm{K}} = T_{\mathrm{K}}$，而 $\sigma_{\mathrm{T}} = 0$。

$$Q_{\mathrm{K}} = \overline{R} T_{\mathrm{K}} + \alpha \sqrt{T_{\mathrm{K}}} \sigma_{\mathrm{R}}$$

当 R，T_{K} 均为确定量时，$\overline{T}_{\mathrm{K}}$，而 $\sigma_{\mathrm{T}} = 0$，$\overline{R} = R$，而 $\sigma_{\mathrm{R}} = 0$。

$$Q_{\mathrm{K}} = R T_{\mathrm{K}}（变成确定型）$$

式中，α 是安全系数，安全系数由缺货率 q 或者库存满足率 p 来确定。Q_{S} 是安全库存量，它等于安全系数与标准偏差的乘积。

所谓库存满足率 p，就是库存物资满足用户需求的程度，在这里，特指由订货点库存量对于订货提前期需求量的满足程度。因为库存满足率与缺货率是互补的（$p + q = 1$），所以有些时候，不是直接知道库存满足率，而是已知缺货率，这些条件都是等价的。安全系数 α、库存满足率 p、缺货率 q 和安全库存量 Q_{S} 都是一一对应的关系，已知 α，p 或 q 都可以求得 Q_{S}。如当 $\alpha = 0$ 时，$p = 0.5$，$q = 0.5$，$Q_{\mathrm{S}} = 0$；当 $\alpha = 1$ 时，$p = 0.84$，$q = 0.16$，$Q_{\mathrm{S}} = \sigma_{\mathrm{D}}$；当 $\alpha = 2$ 时，$p = 0.977$，$q = 0.023$，$Q_{\mathrm{S}} = 2\sigma_{\mathrm{D}}$；等等。$\alpha$ 的计算可根据既定的服务水平（库存满足率），查正态分布表得出。表 8.30 列出了一些常用的服务水平所对应的安全系数。

表 8.30　几个典型的安全系数特性对照表

p	q	α	Q_{S}	Q_{K}
0.5	0.5	0	0	$\overline{D_{\mathrm{L}}}$
0.84	0.16	1.00	$Q_{\mathrm{S}} = \sigma_{\mathrm{D}}$	$Q_{\mathrm{K}} = D_{\mathrm{L}} + \sigma_{\mathrm{D}}$
0.85	0.15	1.04	$Q_{\mathrm{S}} = 1.04\sigma_{\mathrm{D}}$	$Q_{\mathrm{K}} = \overline{D_{\mathrm{L}}} + 1.04\sigma_{\mathrm{D}}$
0.90	0.10	1.28	$Q_{\mathrm{S}} = 1.28\sigma_{\mathrm{D}}$	$Q_{\mathrm{K}} = \overline{D_{\mathrm{L}}} + 1.28\sigma_{\mathrm{D}}$
0.95	0.05	1.65	$Q_{\mathrm{S}} = 1.65\sigma_{\mathrm{D}}$	$Q_{\mathrm{K}} = \overline{D_{\mathrm{L}}} + 1.65\sigma_{\mathrm{D}}$
0.977	0.003	2.00	$Q_{\mathrm{S}} = 2.00\sigma_{\mathrm{D}}$	$Q_{\mathrm{K}} = \overline{D_{\mathrm{L}}} + 2.00\sigma_{\mathrm{D}}$
0.998 7	0.001 3	3.00	$Q_{\mathrm{S}} = 3.00\sigma_{\mathrm{D}}$	$Q_{\mathrm{K}} = \overline{D_{\mathrm{L}}} + 3.00\sigma_{\mathrm{D}}$

安全系数实际上就是正态分布系数，可以由正态分布表给出。主要的安全系数见表 8.31。

表 8.31 安全系数表

α	0.0	0.13	0.26	0.39	0.54
p	0.5	0.55	0.6	0.65	0.70
q	0.5	0.45	0.4	0.35	0.30
α	0.68	0.84	1.00	1.04	1.28
p	0.75	0.80	0.84	0.85	0.90
q	0.25	0.20	0.16	0.15	0.10
α	1.65	1.75	1.88	2.00	2.05
p	0.95	0.96	0.97	0.977	0.98
q	0.05	0.04	0.03	0.023	0.02
α	2.33	2.40	3.00	3.08	3.09
p	0.99	0.992	0.998 7	0.999 9	1.000 0
q	0.01	0.008	0.001 3	0.000 1	0.000 0

以上是在随机型正态分布及确定型情况下订货点的计算方法。

随机型非正态分布（包括泊松分布、负指数分布等）情况下可以用下面的办法来求订货点：

$$Q_K = D_L \mid p = p_0$$

或

$$Q_K = D_L \mid q = q_0$$

即订货点等于其中某个 D_L 值，其条件是，这个值对应的满足率 p 等于给定的满足率值 p_0，或者其缺货率 q 等于给定的缺货率值 q_0。

3）确定订货批量

在定量订货法中，对一个具体的品种而言，每次的订货批量都是相同的。所以对每个品种都要制定一个确定的订货批量。

为使存货总成本最小，订购批量必须适中。在不允许缺货、瞬间到货情况下的存货总成本为：$T_{AC} = Qc_1/2 + c_0 Q/Q_0$

对 Q_0 求导，得经济订货批量（EOQ）

$$Q^* = \sqrt{\frac{2c_0 R}{c_1}}$$

Q 为一定时期的需求量；Q_0 为订货批量；c_0 为一次订货费用；c_1 为单位物资一定时期内保管费；$c_1 = Kc_i$；c_i 为一定期间内的保管费率；K 为单位存货的价值；T_{AC} 为一定时期的总成本。

使用公式时需要对每次的订货费用 c_0 和单位物资单位时间的保管费用 c_1 或保管费率 c_i 进行计算，这需要健全的基础数据。另一方面，由此式算出来的订货批量可能不一定符合现实的包装单元、运输单元或者时间单元的额定，有的甚至是小数，所以，这样计算出来的经济订货批量一般不完全符合实际情况，还要根据具体的情况做适当的调整。

（2）定期订货法

1）定期订货法的原理

预先确定一个订货周期 T 和一个最高库存量 Q_{max}，周期性地检查库存，求出当时的实际库存量 Q_{ki}、已订货还没有到达的物资量 I_i 以及已经售出但还没有发货的物资数量 B_i，然后发出一个订货批量 Q_i。第 i 次的订货量 Q_i 的大小，应使得订货后的"名义库存"达到 Q_{max}。

定期订货法的运行模型如图 8.29 所示。图中表示的是一般情况：$R_1 \neq R_2 \neq R_3 \neq \cdots$，$T_{K1} \neq T_{K2} \neq T_{K3} \neq \cdots$。在系统运行以前，先确定订货周期，假设为 T，定好库存控制的最高量 Q_{max}。若库存销售按正常规律进行，从时间轴的 O 点开始运行定期订货，定期检查库存存量。第一个周期，库存以 R_1 的速率下降。因为预先已经确定了订货周期 T，也就是规定了订货时

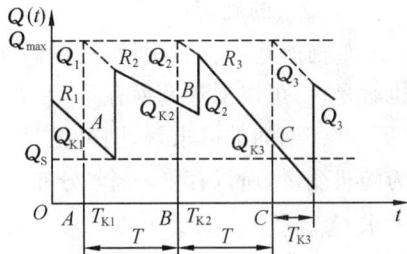

图 8.29　定期订货法运行模型

间，故到了订货时间，不论库存量还有多少，都要发出订货。当到了第一次订货时间（A 点）时，就检查库存，求出当时的库存量 Q_{K1}，并发出一个订货批量 Q_1，使名义库存上升到 Q_{max}。随后进入第一个订货提前期，提前期结束，所订 Q_1 的货物到达，实际库存升高 Q_1 到达高库存。然后进入第二个周期的销售，销售仍然按正常销售过程进行。待到经过一个订货周期 T，到了按周期该订货的日子，进入第二个周期，又检查库存，得到此时的库存量 Q_{K2}，并发出一个订货批量 Q_2，使库存又上升到 Q_{max}。如此重复。

2）订货周期 T 的确定

所谓订货周期，是相邻两次订货之间的时间间隔。在定期订货法中，这个时间间隔是一个固定不变的常数。每隔一个周期 T 就发出订货。所以，一旦 T 确定，则每次订货的时机也就确定了，因此也可把它看成是订货点。

订货间隔的长短直接决定着最高库存量，即库存水平的高低，因而决定了库存费用的大小。所以订货周期不能过长，也不能过短。

定期订货法的订货周期 T 有多种确定方法。

① 订货周期取经济订货周期 T^*。严格说来，定期订货法订货周期的制定原则，应该使得在采用该订货周期订货过程中发生的总费用最省，故可以在计算出运行过程总费用的基础上，使其一阶微分等于 0 而求出订货周期 T。在一般情况下，用经济订货周期公式来计算，经济订货周期与经济订货批量一样。如果经济订货周期（Economic Order Interval，EOI）记为 T^*，则 T^* 可以表示为

$$T^* = \sqrt{\frac{2c_0}{c_1 R}}$$

② 订货周期也可取人们习惯的日历时间单元，例如，周、旬、月、季、年等。人们通常按这些时间单元安排生产计划、工作计划。取这样的时间单元可以跟生产计划、工作计划相吻合，比较方便。

出于与前面制定订货批量时选择最合适的时间单元同样的考虑，我们也应该有一

个最合适的时间单元，其表达式为

$$T = \frac{C_0}{Rc_1}$$

③ 订货周期取为供应商的生产周期或供应周期。有些供应商是多品种轮番批量生产，或是季节性生产，都有一个生产周期或供应周期。取订货周期与生产周期、供应周期一致，才能够订到货物。

3）Q_{max} 的确定

如前所述，定期订货法的最高库存量应该以满足"$T + T_K$"期间的需求量为依据。也就是说，可以取最高库存量为"$T + T_K$"期间的总需求量。如果用"$D_T + T_K$"来描述"$T + T_K$"期间的需求量，则可把"$D_T + T_K$"作为制定 Q_{max} 的依据。因为"$D_T + T_K$"一般为随机变量，所以存在一个"分布"问题。如果"$D_T + T_K$"服从正态分布，则可以用下式求 Q_{max}："$D_T + T_K$"$\sim N(\overline{D}_T + T_K, \sigma_{D_T} + T_K)$

$$Q_{max} = \overline{D}_T + T_K + \alpha\sigma_{D_T} + T_K + Q_S$$

也可以写成 R 和 T_K 的表达式：

$$Q_{max} = (T + \overline{T}_K)\overline{R} + \alpha\sqrt{(T + \overline{T_K}\sigma_R^2 + \overline{R}^2\sigma_T^2)}$$

式中，$\overline{D}_T + T_K$ 和 $\sigma_{D_T} + T_K$ 分别是订货周期与提前期的总需求量的平均值和标准差。上式也有 3 种特殊情况：① 当 T_K 为确定值时，$\sigma_T = 0$；② 当 R 为确定值时，$\sigma_R = 0$；③ 当 T_K，R 都不变，为确定值时，$\sigma_R = 0$，$\sigma_T = 0$。

对非正态分布，Q_{max} 的求法也类似于定量订货法的 Q_K 的求法。

4）第 i 次订货量 Q_i 的确定

在定期订货法中，定期订货技术没有固定不变的订货批量，每个周期订货量的大小都是按照当时实际的库存量的大小确定的，等于当时的实际库存量与最高库存量的差值。严格地说，实际库存量是指检查库存时仓库所实际具有的能够用于销售的全部货物的数量。虽然 Q_{max} 都一样，由于当时的实际库存量、已订未到量、已售出而未发货量不同，因此每次的订货数量都是不同的。第 i 次的订货量由下式确定：

$$Q_i = Q_{max} - Q_{Ki} - I_i + B_i$$

式中，Q_{Ki}，I_i，B_i 分别是第 i 次盘点时求出的实际库存量、已订未到量和已售出尚未发货量。

8.5.4.3　仓储规划与业务

仓库在物流系统中是主要承担保管功能的场所，是物流网络中以储存为主要功能的节点。从现代物流观点看，大型的、多功能的仓库往往作为区域分拨的基地，是区域内物流运作的中心。

1. 仓库的功能

根据我国国家标准《物流术语》中的定义，仓库是保管、储存物品的建筑物和场所的总称。

概括起来，仓库的功能可以分为以下几个方面：

（1）保管和储存功能。

（2）流通和配送功能。

（3）调节功能。

2. 仓储规划与保管场所的布置

(1) 仓储规划

仓储规划就是根据库区场地条件、仓库的业务性质和规模、商品储存要求及技术设备的性能特点等,对仓库的主要和辅助建筑物、货场、站台等固定设施和库内运输路线进行合理安排和配置,以最大限度地提高仓库的储存和作业能力,并降低各项仓储作业费用。仓储规划是实现物资合理储存的必要步骤,有利于提高物资保管质量、有效利用仓库设施和提高收发存取效率。仓储规划主要包括保管场所的分配和布置、物资堆垛设计等。

物资保管场所的分配,是指在仓库生产作业区内,合理安排每一项库存物资的存放地点和位置,一般包括保管区的划分,库房、料棚、料场的分配,楼库各层的分配,确定存入同一库房的物资品种等。

(2) 保管场所的布置

保管场所的布置是将各种物资合理地布置到库房、货棚或货场的某个具体位置。保管场所布置是否合理在很大程度上影响着仓库的作业效率、储运质量、储运成本及盈利水平,对保证仓库生产的顺利运行有重要的意义。因此,要合理布置保管场所。

保管场所合理布置要达到以下要求:

① 仓库布局要根据仓库作业的程序,方便仓库作业,有利于提高作业效率。

② 尽可能减少储存物资及仓储人员的运动距离,以提高仓储劳动效率。

③ 仓库内部的合理布局要有利于仓库作业时间的有效利用,避免各种工作的无效重复,避免各种时间上的延误,各个作业环节要有机衔接,尽量减少人员、设备的窝工,防止物资堵塞。

④ 最大限度地利用仓库面积和空间,提高仓库的利用率。

⑤ 使仓库的各种设施、机械能够充分发挥效用,提高设备效率。

⑥ 有利于人员、物资、设施、机械等在内的整个仓库的安全。

保管场所的布置分为平面布置和空间布置。

3. 仓储业务管理

仓储业务管理按仓库作业阶段可分为 3 项内容,即货物入库验收、货物保管养护、货物出库配送。具体包括货物从入库到出库之间的装卸、搬运、仓库内部布局、储存养护和流通加工等一切与货物实务操作、设备、人力资源相关的作业。其中入库作业要考虑入库商品的数据输入,入库厂商,车次调度(即月台的使用调度),入库商品装卸计划,入库商品检验,商品搬移上架所使用的搬运工具及人力规划、货位批示与管理等。商品在储存状态中的作业内容包括货位调整、搬运、库存数量清点、库存跟踪和货物维护等功能。出库包括核对出库凭证、备料、复核和点交货物。确定出库排定日期后,商品必须提领出存储区,并按照客户要求加以分类、包装和进行流通加工。这就要求进行拣货批次的规划、流通加工及包装批次规划,并打印拣货单、包装单和流通加工单等。图 8.30 为储存型仓库作业的具体流程。

办理入库手续主要是指交货单位与库管员之间所办理的交接工作,其中包括商品的检查核对,事故的分析、判定,双方认定,在交库单上签字等。仓库一面给交货单位签发接收入库凭证,并将凭证交给会计进行登记入账和统计,一面安排仓位,提出保管要求。

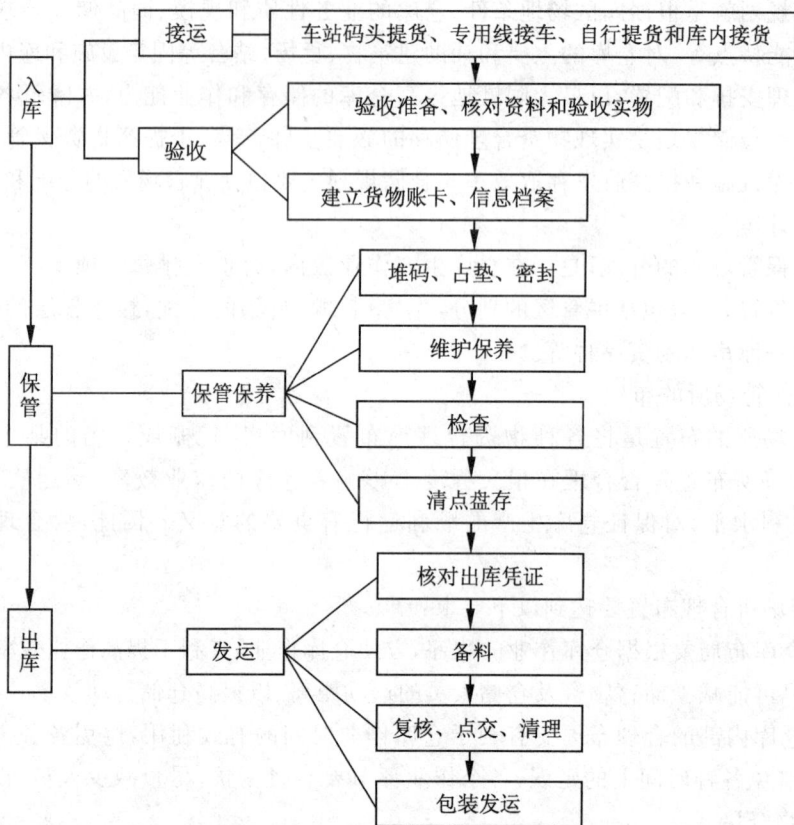

图 8.30　储存型仓库作业的具体流程

8.5.4.4　物流信息技术

现代信息技术在物流领域的广泛应用,不仅提高了物流运作的效率和精确性,更重要的是对物流产业的发展有着直接的推动作用,使得现代物流产业在观念、运行模式、组织形式、系统结构和管理手段等方面产生了一系列深刻的变化。本部分在论述物流信息基本的概念、基本功能和特征的基础上,对自动识别技术(AIT)、电子数据交换技术(EDI)、电子自动订货系统(EOS)、销售时点信息系统(POS)、地理信息系统(GIS)、全球卫星定位系统(GPS)等物流信息技术及其在现代物流中的应用进行深入介绍。

1. 物流信息

(1)物流信息的概念

物流信息指的是在物流活动中产生及使用的必要信息,是由物流活动引起并能反映物流活动实际状况、特征及发展变化,并被人们处理了的对物流有用的数据、情报、指令、消息的统称。但数据、情报、指令、消息等不能简单地等同于物流的信息。

数据是记录下来的可以鉴别的符号,是以数字、符号、图表、文字等对物流运动中的数量关系的客观描述。信息是对数据的解释,数据被处理后仍是数据。物流数据只有经过处理和解释,能够被人们接受和理解,才能成为物流信息。所以可以说,数据是构成信息的"原材料",物流信息是经过处理后得到的"产品"。

（2）物流信息的作用

对物流活动来说，物流信息承担着类似神经细胞的作用，具体如下：

① 物流信息是物流活动的基础。

② 物流信息是进行物流控制的手段。

③ 物流信息是进行物流战略决策的重要依据。

④ 物流信息是整合供应链、实现有效管理的保证。

（3）物流信息的特征

物流活动中的信息流是物流的共生物，它具有以下几个特征：

① 信息量大。

② 变化快。

③ 多样化。

④ 信息不一致。

2. 条码技术和射频识别技术

自动识别技术是将信息数据自动识读、自动输入计算机的重要方法和手段，它是以计算机技术和通信技术为基础的综合性科学技术。近几十年来，自动识别技术在全球范围内得到了迅猛发展，初步形成了一个包括条码、磁识别、光学字符识别、射频、生物识别及图像识别等集计算机、光、机电、通信技术于一体的高技术学科。

（1）条码的概念与分类

条码（Barcode）是由一组规则排列的条、空及对应字符组成的标记，"条"是指对光线反射率较低的部分，"空"是指对光线反射率较高的部分，这些条和空组成的数据表达一定的信息，并能够用特定的设备识读，转换成与计算机兼容的二进制和十进制信息，如图 8.31 所示。用条、空图案对数据进行编码的目的在于方便机器识读。这些条、空图案对数据不同的编码方法构成了不同形式的条码符号，即码制。一种条码因其固有的特点，可能适用于一种或若干种应用场合。

图 8.31 条码扫描器与商品条码图

条码可分为一维条码和二维条码。一维条码是通常我们所说的传统条码，它只在水平方向表示信息，垂直方向不表示信息。一维条码按照应用可分为商品条码和物流条码。商品条码包括 EAN 码（European Article Number）和 UPC 码（Universal Product Code）。物流条码包括 128 码、ITF 码、39 码、库德巴（Coda-bar）码等，而国际上公认的物流条码只有 3 种，即 EAN-13 码、交插二五码和 EAN/UCC-128 条码。二维条码根据构成原理、结构形状的差异，可分为两大类型：一类是行排式二维条码（2D Stacked Bar Code）；另一类是矩阵式二维条码（2D Matrix Bar Code）。

条码技术主要研究如何将信息用条码来表示,以及如何将条码所表示的数据转换为计算机可识别的数据,主要包括符号技术、识别技术和条码应用系统设计技术等。它是迄今为止最为经济、实用的一种自动识别技术。在自动识别技术中,条码技术具有以下特点:简单;信息采集速度快;采集信息大;可靠性高;灵活方便;成本低。

(2) 射频识别技术

1) 射频识别技术概述

射频识别(Radio Frequency Identification,RFID)是 20 世纪 90 年代开始兴起的一种自动识别技术,其基本原理是电磁理论。与其他自动识别系统一样,射频识别系统也是由信息载体、信息获取装置组成的。其中装载识别信息的载体是射频标签(在部分识别系统中也称作应答器、射频卡等),获取信息的装置称为射频读写器(也称为问询器、收发器等)。射频标签与射频读写器之间利用感应、无线电波或微波能量进行非接触双向通信,实现数据交换,从而达到识别的目的。

2) RFID 系统的特点

① 无源远距离读写:最大可达 10 米。

② 防冲撞技术:与条形码相比,无须直线对准扫描,读写速度快,可多目标识别,可运动中识别,每秒最多同时识别 50 个。

③ 国际通用的频率:13.56 MHz±7 kHz。

④ 灵活的内部存储空间:厂家可以根据各自的需要定义各型号产品的存储容量和每个扇区的字节数,而且读写设备可以读取内存配置信息,便于在一个综合应用中操作不同的标签产品。

⑤ 国际统一且不重复的 8 字节(64 bit)唯一识别内码(Unique Identifier,UID),其中第 1—48 bit 共 6 字节,为生产厂商的产品编码,第 49—56 bit 的 1 个字节为厂商代码(ISO/IEC7816-6/AM1),最高字节固定为"EO"。

⑥ 可反复读写且扇区可以独立一次锁定,并能根据用户需要锁定重要信息;现有的产品一般采用 4 字节扇区,内存从 512 bit 至 2 048 bit 不等。

⑦ 使用寿命长(大于等于 10 年或读写 10 万次),无机械磨损,无机械故障,可在恶劣环境下使用(工作温度:－25 ℃～＋70 ℃)。

⑧ 柔性封装,封装多样化:它的超薄和多种大小不一的外形,使它能封装在纸张、塑胶制品(PVC 和 PET),可应用于不同场合,也可再层压制卡。

3) RFID 的优势

RFID 具有以下优势:快速扫描;体积小型化、形状多样化;抗污染能力和耐久性强;可重复使用;穿透性强,无屏障阅读;数据的记忆容量大;安全性好。

RFID 承载的是电子式信息,其数据内容可经由密码保护,使其内容不易被伪造及变造。

4) 射频识别技术的应用

由于射频识别技术的自身优势及特点,其应用越来越广泛。目前,国内外将射频识别技术广泛应用于对访问者控制、店铺防盗系统、物品和库存跟踪、自动收费、动物追踪、制造流程管理、联运集装箱和空运货物跟踪等方面,尤其是在现代物流管理和军事后勤保障中应用更为广泛。

3．物流信息传递与处理技术

（1）电子数据交换（EDI）技术

1）EDI 技术含义

国际标准化组织于 1994 年确认了电子数据交换（Electronic Data Interchange，EDI）的技术定义：根据商定的交易或电文数据的结构标准实施商业或行政交易从计算机到计算机的电子传输。使用 EDI 能有效减少甚至消除贸易过程中的纸面文件，因而 EDI 也被俗称为"无纸贸易"，这种无纸化的贸易被誉为一场"结构性的商业革命"。

2）EDI 的特点与功能

EDI 的特点主要有：

① EDI 的使用对象是具有固定格式的业务信息和具有经常性业务联系的单位。

② EDI 所传送的资料是一般业务资料，如发票、订单等，而不是一般性的通知。

③ EDI 采用共同标准化的格式，这也是其与一般 E-mail 的区别，例如联合国 EDIFACT 标准。

④ 尽量避免人工的介入操作，由收送双方的计算机系统直接传送、交换资料。

⑤ 与传真或电子邮件 E-mail 的区别是：传真与电子邮件需要人工的阅读判断处理才能进入计算机系统；传真与电子邮件需要人工将资料重复输入计算机系统中，这不仅浪费人力资源，也容易发生错误。

EDI 的主要功能表现为电子数据传输和交换、传输数据的存证、文书数据标准格式的转换、安全保密、提供信息查询、提供技术咨询服务、提供信息增值服务等。

EDI 系统的结构如图 8.32 所示，主要由 3 个部分组成，即 EDI 标准、EDI 软件及硬件、通信网络。

图 8.32　EDI 系统结构

（2）电子订货系统（EOS）

电子订货系统（Electronic Order System，EOS）是指企业间利用通信网络（VAN 或互联网）和终端设备以在线联结（OnLine）方式进行订货作业和订货信息交换的系统。EOS 可将批发、零售商场所发生的订货数据输入计算机，即刻通过计算机通信网络连接的方式将资料传送至总公司、批发商、商品供货商或制造商处。因此，EOS 能处理从新商品资料的说明到会计结算等所有商品交易过程中的作业，可以说 EOS 涵盖了整个商流。

EOS 按应用范围可分为 3 类：企业内的 EOS（如连锁店经营中各个连锁分店与总部之间建立的 EOS 系统）；零售商与批发商之间的 EOS 系统；零售商、批发商和生产商之间的 EOS 系统。

在当前竞争的时代，零售业已没有许多空间用于存放货物，如何有效管理企业的供货、库存等经营管理活动？在要求供货商及时补足售出商品的数量且不能有缺货的前提下，就必须采用 EOS 系统。EOS 内含了许多先进的管理手段，因此在国际上使用非常广泛，随着普及面的不断扩大，我们更有必要对其进行全面的分析与掌握。

（3）销售时点信息系统（POS）

销售时点信息系统（Point of Sales，POS）包含前台 POS 系统和后台 MIS 系统两大基本部分。它最早应用于零售业，以后逐渐扩展至金融、旅馆等服务性行业，利用 POS 信息的范围也从企业内部扩展到整个供应链。现代 POS 系统已不仅仅局限于电子收款技术，它要考虑将计算机网络、电子数据交换技术、条码技术、电子监控技术、电子收款技术、电子信息处理技术、远程通信、电子广告、自动仓储配送技术、自动售货、备货技术等一系列科技手段融为一体，从而形成一个综合性的信息资源管理系统。同时，它必须符合和服从商场管理模式，按照对商品流通管理及资金管理的各种规定进行设计和运行。

（4）地理信息系统（GIS）

地理信息系统（Geographical Information System，GIS）是 20 世纪 60 年代开始迅速发展起来的以计算机为基础的地理学研究技术，是多种学科交叉的产物。地理信息系统是以地理空间数据库为基础，采用地理摸索分析方法，集遥感应用、数据统计分析、地理学专家分析和计算机制图为一体，适时提供多种空间的和动态的地理信息，为相关地理研究和地理决策服务的计算机技术系统。地理信息系统可以对空间数据按地理坐标或空间位置进行各种处理，对数据进行有效管理，研究各种空间实体及其相互关系。通过对多因素的综合分析，它可以迅速地获取满足应用需要的信息，并能以地图、图形或数据的形式表示处理的结果。

过去，GIS 往往被认为是一项专门技术，其应用主要限于测绘、制图、资源和环境管理等领域。随着技术的发展和社会需求的增大，GIS 技术已经进入了一个新的发展时期，在技术和应用上都已经达到了一个新阶段，它的社会作用和影响，以及所涉及的法律规章范围都在不断扩大。它不但在资源和环境管理与规划中成功应用，而且是设施管理和工程建设的重要工具，同时还进入了军事战略分析、商业策划和文化教育，乃至人们的日常生活领域。GIS 的社会地位也发生了明显的变化，它和数据库、信息处理、通信等技术一样，已经成为信息技术（Information Technology，IT）的重要组成部分。GIS 的应用和集成需要其他技术，同时其他信息技术的应用也需要 GIS。

（5）全球卫星定位系统（GPS）

全球卫星定位系统（Global Positioning System，GPS）原是美国国防部为其"星球大战"计划投资 100 多亿美元而建立的。其作用是具有在海、陆、空进行全方位实时三维导航与定位能力的新一代卫星导航与定位系统。GPS 全球定位系统是一项工程浩繁、耗资巨大的工程，被称为继"阿波罗"号飞船登月、航天飞机之后的第三大空间工程。海湾战争期间，美军使用了大量高科技装备，GPS 系统尚未完全建成，初步使用已显神威。随着 1993 年 GPS 太空卫星网的完全建成，其应用领域不断扩大。具体来说，整个 GPS 系统由 24 颗人造卫星构成，其中包括 3 颗备用卫星。GPS 接收器可以同时接收 4～12 颗卫星的信号，从而判断地面上或接近地面的物体的位置，还可以计算出它们的移动速度和方向等。全球卫星定位系统整体运作上可分成 3 个部分，即太空部分、讯号部分及地面部分。其中，地面部分主要包括 GPS 接收机。

（6）区块链技术

区块链（Blockchain）是比特币的底层技术，像一个数据库账本，记载所有的交易记录。这项技术也因其安全、便捷的特性逐渐得到了银行与金融业及信用与安全方面的关注。

区块链并非单一创新技术，而是将许多跨领域技术凑在一起，包括密码学、数学、演算法与经济模型，并结合点对点网络关系，利用数学基础就能建立信任效果，成为一个不需基于彼此信任基础、也不需仰赖单一中心化机构就能够运作的分散式系统。

8.5.4.5　装卸搬运、包装与流通加工

在物流系统的构成中，装卸搬运、包装及流通加工是 3 项不可或缺的要素。特别是在现代物流系统中，它们对于物流作业完成的质量起到了非常重要的作用，同时也是物流增值服务的主要体现。这里就这 3 项物流功能要素逐一进行讨论。

1. 装卸搬运

（1）装卸搬运的性质

装卸是指在指定地点以人力或机械将物品装入运输设备或者从运输设备卸下物品的活动；搬运是指在同一场所内将物品进行以水平移动为主的物流作业。装卸搬运的目的总是与物流的其他环节密不可分，在加工作业中甚至被视为其他环节的组成部分，并不是为了装卸而装卸，因此与其他环节相比，它具有伴生性的特点。又如运输、存储、包装等环节，一般都以装卸搬运为起点和终点，因此它又有起迄性的特点。装卸搬运保障了生产中其他环节活动的顺利进行，具有保障性质，装卸搬运过程不消耗原材料，不排放废弃物，不大量占用流动资金，不产生有形产品，因此具有劳务的性质。装卸搬运制约着生产与流通领域其他环节的业务活动，这个环节处理不好，整个物流系统就将处于瘫痪状态。

（2）装卸搬运系统

① 机械化装卸搬运系统

机械化装卸搬运系统所利用的装卸搬运设备范围很广，最常用的设备有叉车、步行码垛车、拖缆、牵引车挂车、输送机，以及回转货架等。

② 半自动化装卸搬运系统

半自动化装卸搬运系统是使用一些专门的自动化搬运设备对机械化系统进行补充的装卸搬运系统。因此，半自动化系统既有机械化搬运设备，也有自动化搬运设备。半自动化系统的典型设备有自动化引导搬运小车、计算机分拣设备、机器人，以及不同形式的活动货架等。

③ 自动化装卸搬运系统

自动化装卸搬运系统的概念出现在几十年前，但其实施的时间并不长。自动化装卸搬运系统开始实施时，主要用在货物的拣选上。目前自动化装卸搬运系统已经转向高层仓库自动化存取技术（Automated High-rise Storage/Retrieval System，AS/RS）。

（3）集成装载

集成装载有若干种典型的方式，在各类典型方式的交叉领域还有许多非此非彼的集装方式，因而集装的种类方式很多。但是，一般不做特殊解释所称之集装，主要是指集装箱和托盘。

各种典型的集装方式和它们之间的变形方式如下：

① 托盘。最典型的是平托盘，其变形体有柱式托盘、架式托盘（集装架）、笼式托盘（集装笼）、箱式托盘、折叠式托盘、轮式托盘（台车式托盘）、薄板托盘（滑板）等。

② 集装箱。最典型的是普通集装箱，其变形体有笼式集装箱、罐式集装箱、台架式集装箱、平台集装箱、折叠式集装箱等，许多类集装箱和相应的托盘在形态上区别并不大，但规模相差较大。

③ 集装容器。典型集装容器是集装袋，其变形体有集装网络、集装罐、集装筒等。

④ 集装货捆。集装网络也是货捆的一种变形体。

（4）装卸搬运活性

由于货物存放的状态不同，货物的装卸搬运难易程度也不一样。人们把货物从静止状态转变为装卸搬运运动状态的难易程度称之为装卸搬运活性。如果很容易转变为下一步的装卸搬运而不需做过多装卸搬运前的准备工作，则活性就高；如果难以转变为下一步的装卸搬运，则活性就低。

在整个装卸搬运过程中，往往需要几次装卸搬运作业，为了使每一步装卸搬运都能按一定活性要求操作，对不同放置状态的货物做了不同的活性规定，这就是活性指数。通常活性指数分为 0～4 共 5 个等级，如表 8.32 所示。

表 8.32　处于不同状态货物需要作业的环节

货物状态	需要进行的作业					不需要进行的作业数目
	集中	搬起	升起	运走	数目	
散放于地	√	√	√	√	4	0
存放在普通容器中的货物		√	√	√	3	1
存放在托盘和集装箱中的货物			√	√	2	2
放置在车辆上的货物				√	1	3
放置在输送机上的货物					0	4
运动中的货物					0	4

2. 包装

包装是指在物流过程中为保护产品、方便储运、促进销售，按一定的技术方法采用容器、材料及辅助物等将物品包封并予以适当的包装标志的工作总称，也指为了达到上述目的而采用容器、材料和辅助物的过程中施加一定技术方法等的操作活动。简而言之，包装是包装物及包装操作的总称。

（1）包装的功能

一个好的包装必须具备以下功能：

① 保护功能

商品包装的保护功能是最重要和最基本的功能，主要指保护商品在流通过程中使其价值和使用价值不受外界因素影响。

② 销售功能

包装的销售功能是商品经济高度发展、市场竞争日益激烈的必然产物。在商品质量相同的条件下,精致、美观、大方的包装可以增强商品的美感,引起消费者的注意,进而激发购买的欲望,最终产生购买行为。

③ 方便功能

产品自生产出来就需要经过流通环节才可以到达消费者手中,需要经过多次的装卸搬运环节,这就要求包装应该方便搬运,利于运输,在仓储时可以牢固地存放。

（2）包装设计

包装设计需要运用专门的设计技术,将物流需要、加工制造、市场营销与产品设计等要求结合起来综合考虑,尽可能满足多方面的需要,当然难度较大。由于我们研究的主要是物流包装,因此设计中首要考虑的问题是货物的保护功能。包装设计基本上决定了货物的保护程度。包装设计不能忽视费用问题,过度包装会增加包装费用,包装设计应正好符合保护货物的要求;包装的尺寸大小会影响运输工具和仓库容积的使用率,这也是一个重要的影响费用的因素。货物的流动范围很广,可达全国各地乃至全世界,为了便于操作、统一标准,各国都相应地制定了国家标准。我国制定的包装基础标准包括包装术语标准、包装标志标准、包装技术方法标准、包装尺寸系列标准和包装试验方法标准 5 类。

为货物设计包装时,必须了解货物本身的特性,以及运输和存储环境条件,然后考虑以下的 POLICE 原则:

① 保护性（Protection）,即包装是否能够达到保护货物的要求。

② 作业性（Operation）,即对货物的包装作业是否简单、容易操作。

③ 装卸性（Load/Unload）,即货物在运输工具上装卸及仓库中存取是否方便、高效。

④ 标志性（Indication）,即包装物内物品的有关信息（如品名、数量、重量、装运方法、保管条件等）是否清楚。

⑤ 便利性（Convenience）,即货物开包是否方便,包装物处理是否容易。

⑥ 经济性（Economy）,即包装费用是否恰当。

（3）包装技术

包装技术可分为销售包装技术和物流包装技术,此处仅讨论后者。物流包装技术又分为包含容器设计和标记技术的外包装技术,以及包括防震、防潮（水）、防锈、防虫等技术的内包装技术。

容器设计主要是容器尺寸和强度设计,标记技术指把必要的注意事项标注在容器上的技术。包装技术分为防震包装技术、防潮（水）包装技术、防锈包装技术、防虫及防鼠包装技术。

3. 流通加工

（1）流通加工的概念

流通加工是商品在流通中的一种特殊加工形式。它是指在商品从生产领域到销售领域的过程中,为了促进销售、维护产品质量和提高物流效率而对商品进行加工,使商品发生物理、化学上的变化,以满足消费者的多样化需求和提高商品的附加值。

由上述定义可以得出，流通加工的目的包括：① 满足多样化需求，促进商品销售；② 保证食品新鲜；③ 美化商品，提高商品的附加值；④ 规避风险；⑤ 推进物流系统化，提高物流效率，降低物流成本；⑥ 开展专业化加工，降低生产成本。

（2）流通加工的地位及作用

① 流通加工的地位：流通加工有效地完善了流通，是物流中的重要利润源，在国民经济中也是重要的加工形式。

② 流通加工的作用：提高原材料利用率，进行初级加工，方便用户，提高加工效率及设备利用率。

（3）流通加工的合理化

流通加工合理化的含义是指实现流通加工的最优配置，不仅做到避免各种不合理现象，使流通加工有存在的价值，而且做到最优选择。

为避免各种不合理现象，需要对是否设置流通加工环节、在什么地点设置、选择什么类型的加工、采用什么样的技术装备等做出正确抉择。

实现流通加工合理化主要考虑以下几方面：

① 加工和配送相结合；

② 加工和配套相结合；

③ 加工和合理运输相结合；

④ 加工和合理商流相结合；

⑤ 加工和节约相结合。

9 公司理财

9.1 财务管理的基本理念

9.1.1 财务管理的概念

任何组织都需要财务管理,但是营利性组织和非营利性组织的财务管理有较大区别。本书讨论的是营利性组织的财务管理,即企业财务管理。财务管理是企业管理(包括公司管理)的一个组成部分,它是根据财经法规制度,按照财务管理的原则,组织企业(公司)财务活动,处理财务关系的一项经济管理工作。

典型的企业组织形式有 3 种:个人独资企业、合伙企业及公司制企业。3 种形式的企业组织中,绝大部分的商业资金是由公司制企业控制的,因此,财务管理通常把公司理财作为讨论的重点。

9.1.1.1 财务活动

财务活动是指企业在生产经营过程中客观存在的资金运动。财务活动的内容一般包括以下 4 个方面:

(1) 企业筹资引起的财务活动(筹资活动);

(2) 企业投资引起的财务活动(投资活动);

(3) 企业经营引起的财务活动(资金营运活动);

(4) 企业收益分配引起的财务活动(分配活动)。

9.1.1.2 财务关系

财务关系指企业在组织财务活动过程中与各种相关利益主体所发生的经济关系。包括:

(1) 企业与其所有者之间的财务关系:体现所有权性质,反映经营权与所有权关系;

(2) 企业与其债权人之间的财务关系:体现债务与债权关系;

(3) 企业与其被投资单位之间的财务关系:体现所有权性质的投资与受资的关系;

(4) 企业与其债务人之间的财务关系:体现债权与债务关系;

(5) 企业内部各单位之间的财务关系:体现各单位之间的利益关系;

(6) 企业与员工之间的财务关系:体现企业与员工在劳动成果上的分配关系;

(7) 企业与税务机关之间的财务关系:体现依法纳税和依法征税的权利义务关系。

9.1.2　财务管理的内容

公司的基本活动是从资本市场上筹集资金,投资于生产性经营资产,运用这些资产进行生产经营活动,并将多余的现金投资于金融性资产,取得利润后用于补充股权资本或者分配给股东,而股利分配后的留存收益是资本结构的重要组成部分。人们通常将资本筹集(外部长期筹资)和股利分配(内源长期筹资)统称为长期筹资。因此,公司的基本活动可以分为投资、筹资和营业活动3个方面。

从财务管理角度看,投资可以分为长期投资和短期投资,筹资也可以分为长期筹资和短期筹资,这样,财务管理的内容可以分为5个部分:长期投资、短期投资、长期筹资、短期筹资和营业现金流管理。由于短期投资、短期筹资和营业现金流管理有密切关系,通常合并在一起讨论,称为营运资本管理(或短期财务管理)。因此,为便于表述,本书把财务管理的内容分为3个部分:长期投资、长期筹资和营运资本管理。

9.1.2.1　长期投资

长期投资是指公司对经营性长期资产的直接投资。它具有以下特征:

(1)投资的主体是公司;

(2)投资的对象是经营性资产;

(3)长期投资的直接目的是获取经营活动所需的实物资源。

长期投资涉及的问题非常广泛,财务经理主要关注其财务问题,即现金流量的规模(期望回收多少现金)、时间(何时收回现金)和风险(回收现金的可能性如何)。长期投资现金流量的计划和管理过程,称为资本预算。

9.1.2.2　长期筹资

长期筹资是指公司筹集生产经营所需的长期资本。它具有以下特征:

(1)筹资的主体是公司;

(2)筹资的对象是长期资金;

(3)筹资的目的是满足公司长期资金需要。

长期筹资决策的主要问题是资本结构决策、债务结构决策和股利分配决策。

9.1.2.3　营运资本管理

营运资本管理分为营运资本投资和营运资本筹资两部分。营运资本投资管理主要是制定营运资本投资政策,决定分配多少资金用于应收账款和存货、决定保留多少现金以备支付,以及对这些资金进行日常管理。营运资本筹资管理主要是制定营运资本筹资政策,决定向谁借入短期资金,借入多少短期资金,是否需要采用赊购融资等。

财务管理的上述3个部分内容是相互联系、相互制约的。筹资和投资相关,一方面,投资决定需要筹资的规模和时间,另一方面,公司已经筹集到的资金制约了公司投资的规模。投资和经营相关,一方面,生产经营活动的内容决定了需要投资的长期资产类型,另一方面,已经取得的长期资产决定了公司日常经营活动的特点和方式。投资、筹资和营运资本管理的最终目的,都是增加企业价值。

9.1.3　财务管理的目标

财务管理的目标取决于企业的目标,企业的目标是生存、发展和获利。企业的这些目标要求财务管理完成筹措资金并有效投放和使用资金的任务。

9.1.3.1 利润最大化

利润最大化的观点认为：利润代表了企业新创造的财富,利润越多则说明企业的财富增加得越多,就越接近企业的目标。但是,利润最大化观点的缺陷也是明显的:(1)没考虑利润的取得时间。(2)没考虑所获利润和投入资本额的关系。(3)没考虑获取利润和所承担风险的关系。

如果假设投入资本相同、利润取得的时间相同、相关的风险也相同,利润最大化是一个可以接受的观点。事实上,许多经理人员都把提高利润作为公司的短期目标。

9.1.3.2 企业价值最大化

企业价值最大化的观点认为:投资者建立企业的主要目的是创造尽可能多的财富,这种财富首先表现为企业的价值。企业的价值不是账面资产的总价值,而是企业全部资产的市场价值,它反映了企业潜在的和预期的获利能力,以及它能给所有者带来的未来报酬的大小。这如同商品一样,企业的价值只有投入市场才能通过价格表现出来。也就是说,企业的价值就是其出售的价格;而个别股东的财富是其拥有股份转让时所得的现金。因此,一般而言,企业价值最大化也就是股东财富最大化。

企业价值最大化观点克服了利润最大化观点的缺陷,但其主要缺点则是企业价值的确定比较困难,特别是对于非上市公司。本书以企业价值最大化作为财务管理的目标。

9.1.3.3 财务管理目标的协调

企业是所有者即股东的企业,因此财务管理的目标是指股东的目标。股东委托管理者代表他们管理企业,但管理者和股东的目标并不完全一致。债权人把资金借给企业,其目标是到期收回本金,并获得利息收入。企业必须协调这三方面的冲突,才能实现企业价值最大化。

(1)股东与管理者的矛盾与协调

1)管理者目标

① 增加报酬。如增加工资、奖金,提高荣誉和社会地位等。

② 增加闲暇时间。如在工作时间里有较多的空闲,在有效工作时间中劳动强度较小等。

③ 避免风险。管理者总是力图避免为股东承担风险,希望付出一分劳动便得到一分报酬。

2)管理者对股东目标的背离

① 道德风险。管理者不会为增加企业价值去冒险。企业价值上升的好处归股东;若失败,他们的"身价"将下跌。因此他们不做什么错事,只是不十分卖力。这样做,不构成法律和行政责任,只是道德问题,股东很难追究他们的责任。

② 逆向选择。管理者为了自己的目标而背离股东的目标。借口工作需要乱花股东的钱,例如,装修豪华的办公室、买高档汽车等。

3)防止管理者背离股东目标的方法

① 监督。管理者背离股东的目标,其条件是双方的信息不一致,主要是管理者了解的信息比股东多。避免"道德风险"和"逆向选择"的出路是股东获取更多的信息,对

管理者进行监督。

② 解聘。这是一种股东约束管理者的办法。股东对管理者不可能时时、事事都监督。如果监督的代价超过它所带来的收益，股东可以解聘管理者，管理者害怕被解聘只能被迫实现财务管理目标。

③ 接收。这是一种通过市场约束管理者的办法。如果企业经营不力，就可能被其他公司接收或吞并，相应的管理者也会被解聘。为此，管理者为了避免这种情况，必须采取一切措施提高企业的价值。

④ 激励。防止管理者背离股东利益的另一个出路是采用激励报酬措施，使管理者分享企业增加的财富，鼓励他们采取符合企业最大利益的行动。

（2）股东与债权人的矛盾与协调

1）股东通过管理者伤害债权人利益的常用方式

① 股东不经债权人的同意，投资于比债权人预期风险要高的新项目。如果高风险的计划侥幸成功，超额的利润归股东独吞。如果计划不幸失败，公司无力偿债，债权人与股东将共同承担由此造成的损失。

② 股东不经债权人的同意而借新债，使旧债权人蒙受损失。新债使企业负债比率加大，企业破产的可能性增加。如果企业破产，旧债权人和新债权人要共同分配破产后的财产。

2）债权人防止其利益受损的措施

① 限制性借款。即在借款合同中加入限制性条款，如规定资金的用途、规定不得借新债或限制新债的数额等。

② 收回借款或不再借款，即当发现企业有侵蚀其财产的意图时，拒绝进一步合作，不再提供新的借款或提前收回借款。

9.1.4　财务估价的基础概念

9.1.4.1　货币的时间价值

1. 货币的时间价值（Time Value of Money）的概念

我国对货币的时间价值的一般表述为：指在不考虑风险和通货膨胀的条件下，将货币进行有目的的投资后，随着时间的推移而发生的增值。

由于货币随时间的推移而增值，现在的 1 元钱与将来的 1 元多钱甚至是几元钱在经济上是等效的。换一种说法，即现在的 1 元钱和将来的 1 元钱经济价值不相等。由于不同时间单位货币的价值不相等，因此，不同时间的货币收入不宜直接进行比较，需要把它们折算到相同的时间基础上，然后才能进行大小的比较和比率的计算。因为货币随时间的增长过程与复利的计算过程在数学上相似，所以，在折算时广泛使用复利计算的各种方法。

2. 复利终值和现值

复利是计算利息的一种方法。按照这种方法，每经过一个计息期，要将所生利息加入本金再计利息，逐期滚算，俗称"利滚利"。这里所说的计息期，是指相邻两次计息的时间间隔，如年、月、日等。除非特别指明，计息期为 1 年。复利的对称是单利。单利是指只对本金计算利息，而不将以前计息期产生的利息累加到本金中去计算利息的一种计息方法,即利息不再计息。

（1）复利终值

复利终值是指现在特定资金按复利计算的将来一定时间的价值,或者说是现在的一定本金在将来一定时间按复利计算的本金与利息之和。复利终值的计算公式为:

$$FV = PV \times (1+i)^n = PV \times (F/P, i, n)$$

式中:FV（Future Value）表示终值,即本利和;PV（Present Value）表示现值,即本金;i（interest）表示利率;n（number）表示计息期。

（2）复利现值

复利现值是复利终值的对称概念,指未来一定时间的特定资金按复利计算的现在价值,或者说是为取得将来一定本利和现在所需要的本金。复利现值的计算公式为:

$$PV = FV \times \frac{1}{(1+i)^n} = FV \times (P/F, i, n)$$

3. 年金终值和现值

年金是指等额、定期的系列收支。按照收付时点和方式不同,可以将年金分为普通年金、预付年金、递延年金和永续年金 4 种。

（1）普通年金终值和现值

① 普通年金终值

普通年金终值是指最后一次支付时的本利和,它是每次支付的复利终值之和。普通年金终值的计算公式为:

$$FV = A \times \frac{(1+i)^n - 1}{i} = A \times (F/A, i, n)$$

式中:A（Annuity）表示年金。

② 偿债基金

偿债基金是指使年金终值达到既定金额每年应支付的年金数额。偿债基金的计算公式为:

$$A = FV \times \frac{i}{(1+i)^n - 1}$$

③ 普通年金现值

普通年金现值是指为在每期期末取得相等金额的款项,现在需要投入的金额。普通年金现值的计算公式为:

$$PV = A \times \frac{1-(1+i)^{-n}}{i} = A \times (P/A, i, n)$$

（2）预付年金终值和现值

预付年金是指在每期期初支付的年金,又称即付年金或期初年金。

① 预付年金终值

预付年金终值的计算公式为:

$$FV = A \times (F/A, i, n) \times (1+i) \text{ 或 } FV = A \times [(F/A, i, n+1) - 1]$$

② 预付年金现值

预付年金现值的计算公式为:

$$PV = A \times (P/A, i, n) \times (1+n) \text{ 或 } PV = A \times [(P/A, i, n-1) + 1]$$

（3）递延年金终值和现值

递延年金是指第一次支付发生在第二期或第二期以后的年金。

① 递延年金终值

递延年金的终值与递延期无关，其计算方法同普通年金终值类似。

② 递延年金现值

递延年金现值的计算公式为：

$$PV = A \times (P/A, i, n) \times (P/F, i, m) \text{ 或 } PV = A \times (P/A, i, m+n) - (P/A, i, m)$$

式中：m 表示递延期；n 表示支付期。

（4）永续年金

永续年金是指无限期定额支付的年金。永续年金没有终值。永续年金的现值可从普通年金现值的计算公式中推导出来：

$$PV = A \times \frac{1 - (1+i)^{-n}}{i} = \frac{A}{i} \quad (n \to \infty)$$

货币的时间价值揭示了不同时点上货币之间的换算关系，因而它是进行筹资决策、投资决策等必不可少的计量手段。例如，已探明一个有工业价值的油田，目前有两个方案可供选择：

A 方案：现在就开发，现在就可获利 200 亿元。

B 方案：3 年后开发，由于价格上涨等原因，到时可获利 250 亿元。

如果不考虑货币的时间价值，250 亿元＞200 亿元，应选择 B 方案。

如果考虑货币的时间价值，现在开发，现在就获得的 200 亿元，可再投资于其他项目，假定平均每年获利 18％，则 3 年后共获利约 328.6 亿元[200×(1+18％)³]。

因此，可以认为选择 A 方案更有利。

9.1.4.2 风险和报酬

1. 风险的概念

风险是指预期结果的不确定性。财务管理创造"风险"这一专业概念的目的是明确风险和收益之间的权衡关系，并在此基础上给风险定价。因此，与收益相关的风险才是财务管理中所说的风险。

2. 风险的类别

（1）从理财主体角度按风险能否分散划分

① 市场风险，是指那些影响所有企业的风险，如战争、自然灾害、经济衰退、通货膨胀等。这类风险涉及所有企业，不能通过多元化投资来分散，因此，又称为不可分散风险或系统风险。

② 企业特别风险，是发生于个别企业的特有事项造成的风险，如罢工、诉讼失败、失去销售市场等。这类事件是随机发生的，可以通过多元化投资来分散。这类风险也称可分散风险或非系统风险。

（2）从企业角度按风险形成的原因划分

① 经营风险，是指因生产经营方面的原因给企业盈利带来的不确定性。如原材料价格变动、产品质量不合格、销售决策失误等。

② 财务风险，是指由于举债而给企业财务成果带来的不确定性。当企业发生财务状况恶化，就会出现无法还本付息，甚至招致破产的危险。

3. 风险报酬

对任何一个投资者来说,都宁愿要肯定的某一报酬率,而不愿意要不肯定的同一报酬率。在商品经济中,这种现象被称为风险反感。在风险反感普遍存在的情况下,即投资者讨厌风险,不愿遭受损失,为什么有人又愿意冒风险去投资呢? 这是因为有可能获得额外的收益——风险报酬。人们总想冒较小的风险获得较多的收益,至少要使所得的收益与所冒的风险相当。因此,风险报酬是指投资者由于冒风险进行投资而获得的超过货币时间价值的额外报酬。

假定没有通货膨胀的影响,期望投资报酬率的计算如下:

期望投资报酬率＝货币时间价值率(无风险报酬率)＋风险报酬率

9.2 项目投资决策

9.2.1 项目投资的内容

投资指为了将来获得更多现金流入而现在付出现金的行为。按其对象不同可以分为直接投资和间接投资。直接投资是指把资金投放于生产经营资产,也称为项目投资。间接投资是指把资金投放于证券等金融资产,也称为证券投资。本章阐述项目投资。

从项目投资的角度看,原始投资(又称初始投资)是企业为使项目完全达到设计生产能力、开展正常经营而投入的全部现实资金,包括建设投资和流动资金投资两项内容。

9.2.1.1 建设投资

建设投资是指在建设期内按一定生产经营规模和建设内容进行的投资,包括:

(1) 固定资产投资

固定资产投资是指项目用于购置或安装固定资产应当发生的投资。

(2) 无形资产投资

无形资产投资是指项目用于取得无形资产而发生的投资。

(3) 其他资产投资

其他资产投资是指建设投资中除固定资产投资和无形资产投资以外的投资,包括生产准备和开办费投资。

9.2.1.2 流动资金投资

流动资金投资是指项目投产前后分次或一次投放于流动资产项目的投资增加额,又称垫支流动资金或营运资金投资。

项目总投资是一个反映项目投资总体规模的价值指标,它等于原始投资与建设期资本化利息之和。其中,建设期资本化利息是指在建设期发生的与购建项目所需的固定资产、无形资产等长期资产有关的借款利息。

9.2.2 评价投资项目的程序

对任何投资机会的评价都包括以下几个基本步骤:

(1) 提出各种投资方案;

（2）估计各方案的相关现金流量；

（3）计算投资方案的评价指标；

（4）价值指标与可接受标准比较；

（5）对已接受的方案再评价。

9.2.3 投资项目现金流量的估计

9.2.3.1 现金流量的概念

所谓现金流量,在投资决策中是指一个项目引起的企业现金支出和现金收入增加的数量。这时的"现金"是广义的现金,它不仅包括各种货币资金,而且包括项目需要投入的企业现有的非货币资源的变现价值。

新建项目的现金流量包括现金流出量、现金流入量和现金净流量3个具体概念。

1. 现金流出量

一个方案的现金流出量,是指该方案引起的企业现金支出的增加额。

例如,企业增加一条生产线,通常会引起以下现金流出：① 增加生产线的价款。② 垫支营运资本。

2. 现金流入量

一个方案的现金流入量,是指该方案所引起的企业现金收入的增加额。

例如,企业增加一条生产线,通常会引起下列现金流入：

（1）营业现金流入

$$营业现金流入＝销售收入－付现成本$$

付现成本在这里是指需要每年支付现金的成本。成本中不需要每年支付现金的部分称为非付现成本,其中主要是折旧费。所以,付现成本可以用成本减折旧来估计。

$$付现成本＝成本－折旧$$
$$营业现金流入＝销售收入－付现成本$$
$$＝销售收入－（成本－折旧）$$
$$＝利润＋折旧$$

（2）该生产线出售（报废）时的残值收入。资产出售或报废时的残值收入,应当作为投资方案的一项现金流入。

（3）收回的营运资本。该生产线出售（报废）时,企业可以相应收回营运资本,收回的资金可以用于别处。因此,应将其作为该方案的一项现金流入。

3. 现金净流量

现金净流量是指项目引起的、一定期间现金流入量和现金流出量的差额。这里所说的"一定期间",有时是指1年内,有时是指投资项目持续的整个年限内。流入量大于流出量时,净流量为正值;反之,净流量为负值。

9.2.3.2 现金流量的估计

在确定投资方案相关的现金流量时,应遵循的最基本的原则是：只有增量现金流量才是与项目相关的现金流量。所谓增量现金流量,是指接受或拒绝某个投资方案后,企业总现金流量因此发生的变动。为了正确计算投资方案的增量现金流量,需要正确判断哪些支出会引起企业总现金流量的变动,哪些支出不会引起企业总现金流量

的变动。在进行这种判断时,要注意以下 4 个问题:

(1) 区分相关成本和非相关成本;

(2) 不要忽视机会成本;

(3) 要考虑投资方案对公司其他项目的影响;

(4) 对净营运资本的影响。

9.2.4 评价投资项目的方法

评价投资项目使用的基本方法是现金流量折现法,包括净现值法和内含报酬率法两种。此外还包括投资回收期法、会计收益率法等辅助方法。

9.2.4.1 净现值法

1. 含义

净现值(Net Present Value,NPV)是指特定项目未来现金流入的现值与现金流出的现值之间的差额。决策时,对于某一个备选方案,当净现值为正时,则可接受此方案。对于多个互斥选择决策的备选方案,则以净现值大于等于零的方案中净现值最大的方案为最优。

2. 净现值的计算

$$NPV = \sum 现金流入现值 - \sum 现金流出现值 = \sum CI \times (P/F, i, t) - \sum CO \times (P/F, i, t)$$

净现值反映一个项目按现金流量计量的净收益现值,它是个金额的绝对值,在比较投资额不同的项目时有一定的局限性。为了比较投资额不同的项目的盈利性,人们提出了现值指数法。

3. 与现值指数法比较

现值指数是指未来现金流入的现值与现金流出的现值之间的比率,也称现值比率或获利指数。决策时,对于某一个备选方案,当现值指数大于等于 1 时,则可考虑接受该方案,否则就拒绝;对于有多个方案的互斥决策,应选择现值指数超过 1 最多的投资项目为最优。

现值指数的计算公式为:

$$PI = \sum 现金流入现值 \div \sum 现金流出现值 = \sum CI \times (P/F, i, t) \div \sum CO \times (P/F, i, t)$$

现值指数是相对数,反映投资的效率;净现值是绝对数,反映投资效益。两者各有自己的用途,但净现值法具有广泛的适用性。

9.2.4.2 内含报酬率法

1. 含义

内含报酬率(Internal Rate of Return,IRR)又称内部收益率,指项目投资实际可望达到的报酬率,亦可将其定义为能使投资项目的净现值等于零时的折现率。

2. 内含报酬率的计算

内含报酬率的计算公式如下:

$$\sum_{t=0}^{n} NCF_t \cdot (P/F, IRR, t = 0)$$

3. 评价

内含报酬率是个折现的相应量正指标,采用这一指标的决策标准是将所测算的各投资项目的内含报酬率与其资本成本加以对比，如果投资项目的内含报酬率大于其资本成本，该投资项目为可行方案；如果投资项目的内含报酬率小于其资本成本，为不可行方案。如果几个投资项目的内含报酬率都大于其资本成本，且各投资项目的投资相同，那么内含报酬率与资本成本之间差异最大的方案最好；如果几个投资项目的内含报酬率均大于其资本成本，但各方案的原始投资额不等，其决策标准应是"投资额×（内含报酬率－资金成本）"最大的项目为最优投资项目。

9.2.4.3 投资回收期法

1. 含义

投资回收期（Payback Period，PP），是指收回初始投资所需要的时间。

2. 投资回收期的计算

（1）如果每年的营业净现金流量相等，则投资回收期可按下式计算：

$$投资回收期 = \frac{原始投资额}{每年的营业净现金流量}$$

（2）如果每年的营业净现金流量不相等，计算回收期则要根据每年尚未回收的投资额加以确定，通常列表计算。

$$投资回收期 = 累计净现金流量出现正值的年份 - 1 + \frac{上年累计现金净流量}{当年现金净流量}$$

投资回收期决策的标准是：投资回收期最短的方案为最佳方案。

3. 评价

投资回收期法的优点：计算简便，容易为决策人所正确理解；缺点：不仅忽视时间价值，而且没有考虑回收期以后的收益，可能导致放弃长期成功的方案；适用范围：过去是评价投资方案优劣的最常用的方法，目前仅作为辅助方法使用。

9.2.4.4 会计收益率法

1. 含义

会计收益率法（Average Rate of Return，ARR），是指投资项目寿命周期内平均的年投资报酬率。

2. 会计收益率的计算公式

$$ARR = 年均收益额 \div 年均投资额$$

会计收益率的决策标准是：投资项目的会计利润率越高越好，低于无风险投资利润率的方案为不可行方案。

3. 评价

会计收益率指标的优点是：简单、明了、易于掌握，且该指标不受建设期的长短、投资的方式、回收额的有无，以及净现金流量的大小等条件的影响，能够说明各投资方案的收益水平。该指标的缺点是：第一，没有考虑资金时间价值因素，不能正确反映建设期长短及投资方式不同对项目的影响；第二，该指标的分子分母其时间特征不一致（分子是时期指标，分母是时点指标），因而在计算口径上可比基础较差；第三，该指标的计算无法直接利用净现金流量信息。

9.3 长期筹资决策

9.3.1 筹资的内涵

筹资是指企业筹措资金的财务行为,它包括以下基本问题:

9.3.1.1 筹资的类型

企业筹资可按不同标准进行分类,主要有以下 3 种:

1. 按资金的使用期限划分

按资金使用的期限长短,可将筹资分为短期筹资和长期筹资。短期筹资是指每次所筹资金的使用期限不超过 1 年的筹资,如短期银行借款、商业信用等;长期筹资是指每次所筹资金的使用期限在 1 年以上的筹资,如长期银行借款、发行长期债券、发行股票等。

2. 按资金的权益特征划分

按资金的不同权益特征,可将筹资分为权益筹资和负债筹资。权益是所有者或股东在企业净资产中所享有的经济利益,即所有者权益或股东权益,在数量上为资产减去负债后的余额,包括投资者投入企业的资本及在持续经营中形成的积累等,此外,还包括通过吸收直接投资、发行股票等形成的资金。所有者权益一般不用归还,因而又称为自有资本、主权资本或权益资本。负债筹资是企业向企业内部或企业外部有关个人或组织借入的资金,又称债务资本,负债筹资需要到期还本付息。

3. 按资金的来源范围划分

按资金的来源范围不同,可将筹资分为内部筹资和外部筹资。内部筹资来自于企业内部,是利用企业内部积累而形成的,是一种自动化的资本来源;外部筹资主要来自于企业外部的有关个人或组织。

9.3.1.2 筹资渠道

筹资渠道是指客观存在的融通资金的来源方向与通道。目前我国企业的筹资渠道主要包括:

(1) 国家财政资金;

(2) 银行信贷资金;

(3) 非银行金融机构资金;

(4) 其他企业资金;

(5) 社会公众和个人资金;

(6) 企业内部积累;

(7) 境外资金。

9.3.1.3 筹资方式

筹资方式指资金筹措的具体形式与方法。目前我国企业的筹资方式主要包括:

(1) 吸收直接投资;

(2) 发行股票;

(3) 银行借款;

(4) 发行债券;

（5）租赁筹资；

（6）留存收益；

（7）商业信用。

9.3.2 筹资成本决策

筹资成本，即资本成本，是财务管理中一个十分重要的概念。树立资本成本观念，正确进行资本成本决策分析，不仅可以避免不必要的筹资损失，提高筹资效益，而且也有利于资本结构优化。

资本成本，是指企业为筹措资本和使用资本而付出的代价。其计量形式有个别资本成本、综合资本成本和边际资本成本。

9.3.2.1 个别资本成本决策分析

个别资本成本，即单个筹资方式的资本成本。筹资方式不同，个别资本成本亦有很大差别，一般来讲，长期筹资方式的资本成本高于短期筹资方式的资本成本，权益筹资方式的资本成本高于债务筹资方式的资本成本。个别资本成本的决策分析，是通过估计和测算单个筹资方式资本成本的高低，以资本成本最低者为最优融资方式。个别资本成本的决策分析主要适用于多种（两种以上）筹资方式并存条件下的择一选择。

不考虑其他因素，个别资本成本由低到高的排序一般为：长期借款资本成本、债券资本成本、优先股资本成本、留存收益资本成本和普通股资本成本。

9.3.2.2 综合资本成本决策分析

综合资本成本，亦称加权平均资本成本，综合资本成本的高低取决于两个因素，一是个别资本成本，二是权数。在既定的筹资总额范围内，在个别资本成本一定的条件下，综合资本成本主要是由权数决定的。个别资本成本越高，筹资方式的权数越大，综合资本成本越高，反之，则相反。

综合资本成本的决策分析主要适用于组合筹资的选择。组合筹资是指在既定的筹资数额下，有多种筹资方案，且每种筹资方案至少包含两种以上的筹资方式。在这种情况下，通过估计和测算各个融资方案的综合资本成本，并以综合资本成本最低者作为最优筹资方案或最优筹资组合。

9.3.2.3 边际资本成本决策分析

由于风险的存在，任何个人或组织都不可能永远以一个固定不变的资本成本筹措无限的资金，随着筹资环境的变化，特别是筹资规模的扩大，资本成本也会随之发生变动。边际资本成本是指在筹资规模扩大的前提下，资本每增加一个单位而增加的成本。在这里，"一个单位"不是指一个特定的资本量，而是指一定范围的资本总额。

边际资本成本的决策分析，是在既定的目标资本结构下，通过计算筹资总额的分界点，进而确定多个不同的筹资总额范围，然后测算不同筹资总额范围的综合资本成本，并依次进行前后比较，反映资本成本随筹资总额范围的变化到底发生了多大的变动。边际资本成本的决策分析主要适用于追加融资的决策选择，若利用追加的筹资所带来的额外收益即增量收益超过追加筹资而引起的资本成本增加，则追加筹资是可行的，反之，则不可行。

9.3.2.4 资本成本的其他决策分析

除上述外,资本成本的决策分析还表现在其他方面,诸如,以资本成本为基础的投资项目决策分析,以资本成本为基础的现金持有量的决策分析,以及与信用政策有关的信用成本决策分析等。只要投资项目的收益率超过资本成本,项目可行,反之,则不可行。

9.3.3 筹资风险决策

企业的风险有经营风险和财务风险之分,经营风险主要与企业的经营活动有关,财务风险主要与企业的融资活动有关,是指企业在融资过程中因不同程度地使用了债务而导致企业未来支付能力和普通股收益所具有的不确定性,因此,财务风险又称筹资风险。负债是形成筹资风险的直接原因,具体来说,它又来自于两个方面:一是负债资本与权益资本的比例安排及变化;二是息税前资本收益率和负债利率差额的变化。筹资风险决策就是通过对上述两个方面的分析和选择,来衡量企业的风险程度,进而达到控制风险和提高普通股收益的目的。在财务实践中,除了依据财务报表利用资产负债率、权益乘数、权益净利率、资金安全率等财务指标进行筹资风险分析之外,人们更多地倾向于利用财务杠杆进行筹资风险的决策分析。

9.3.3.1 财务杠杆

现代企业的资本是由权益资本和债务资本构成的,在资本结构一定的条件下财务成本中的负债利息和优先股息是相对固定的,属于固定资本成本。因此,当企业的息税前利润变化时,每1元息税前利润所负担的固定资本成本就会相应变化,从而使普通股每股收益指标发生更大的变化。这种由于固定资本成本的存在而引走的普通股每股收益的变动幅度大于息税前利润变动的幅度(或者说息税前利润的变动引起每股收益更大幅度的变动)的现象称为财务杠杆。财务杠杆现象形成于企业的融资活动,它具有双重效应,既有存在利益的一面,也有存在风险的一面。在其他条件不变的情况下,固定的资本成本所占比重越大,财务杠杆效应越明显。

9.3.3.2 财务杠杆系数

1. 财务杠杆系数的含义

财务杠杆系数是指普通股每股收益变动率相当于息税前利润变动率的倍数,它可以用来衡量财务杠杆作用的大小,财务杠杆系数的计算公式为:

$$DFL = \frac{\Delta EPS/EPS}{\Delta EBIT/EBIT}$$

式中:DFL 表示财务杠杆系数;ΔEPS 表示每股税后利润变动额;EPS 表示每股税后利润额。

2. 财务杠杆系数分析

财务杠杆系数分析不仅可以反映影响财务杠杆系数变动的因素,而且也可以利用财务杠杆系数揭示企业的财务风险程度。财务杠杆系数揭示了以下问题:

(1)财务杠杆系数反映了息税前利润变动与普通股每股收益变动之间的关系,息税前利润增长会引起普通股每股收益更大幅度地增长,息税前利润降低也会引起普通股每股收益更大幅度地下降。

(2)财务杠杆系数反映了财务杠杆作用程度的大小,财务杠杆系数越大,财务杠杆发挥作用的程度越大;反之,则越小。

(3) 财务杠杆系数反映了企业财务风险的大小,财务杠杆系数越大,财务风险越大,反之,则越小。

(4) 财务杠杆系数反映了与企业负债规模之间的关系。在息税前利润一定的条件下,若企业无负债,财务杠杆系数通常为1;若有负债,负债规模越大,财务杠杆系数也越大。

(5) 财务杠杆系数为企业控制财务风险指明了方向。企业若想控制并降低财务风险,应合理安排负债比例,控制负债规模,并保证息税前资本收益率大于负债利率。

(6) 财务杠杆系数为规划未来每股收益提供了依据。在已知财务杠杆系数和息税前利润变动幅度的条件下,预期每股收益可按下式计算:

预期每股收益=基期每股收益×(1±财务杠杆系数×息税前利润变动幅度)

9.3.3.3 经营杠杆、财务杠杆、总杠杆的关系

在筹资决策过程中,人们总是想到杠杆效应问题,并常常把经营杠杆、财务杠杆和总杠杆一并加以说明,但真正与筹资风险决策有关的只有财务杠杆。

首先,筹资风险的定义描述已经非常明确地告诉我们,筹资风险是因为企业使用负债筹资而产生的财务风险,负债是形成财务风险的根本原因。正是因为企业使用了负债产生了固定的资本成本,才产生了财务杠杆效应,并可根据财务杠杆系数的大小衡量企业的财务风险。同时,通过合理安排负债规模,有效地进行融资风险决策来达到控制并降低财务风险的目的。如果一个企业的资本完全来自权益资本,负债为零,则可视为无财务风险。无财务风险的企业不一定没有经营风险。

其次,经营杠杆是因为成本中存在一定比重的固定成本而引起的,它是以成本按性态分类为唯一前提条件的,如果企业未能对成本做出这种明确的划分,则经营杠杆无法体现,即使企业做了这种划分,能够体现经营杠杆,经营杠杆也只是用来衡量企业经营风险的,经营风险是指企业没有使用负债的情况下因经营上的原因而导致的息税前利润所具有的不确定性。无论从影响经营风险的内部因素来考察,还是从外部因素来考察,都与企业的筹资活动无关。将经营风险和经营杠杆体现在筹资决策范畴,似乎显得牵强。对于一个企业来讲,由于它的经营活动是面向市场的,因此经营风险总是存在的,但有经营风险的企业不一定有财务风险(无负债)。客观地讲,企业一旦使用了负债资本,它会加大企业的经营难度,从而加大企业的经营风险。

最后,总杠杆亦称联合杠杆,它是财务杠杆与经营杠杆的复合,它可以用来衡量企业的总风险程度,在数量上它是经营杠杆系数与财务杠杆系数的乘积。若某企业的经营杠杆系数为2,财务杠杆系数为1,则企业的总杠杆系数和总风险程度也为2,此时恰恰说明企业的总风险就是企业的经营风险,因为财务杠杆系数为1时,企业是不存在财务风险的。

9.3.4 筹资结构决策

筹资结构即资本结构,它是企业融资决策的核心问题。企业应综合考虑有关影响因素,运用适当的方法,通过合理的决策以保证资本结构的合理,甚至达到最优。

9.3.4.1　资本结构的内涵

资本结构是指企业各种资金的构成及比例关系，是企业一定时期筹资组合的结果。

在实务中，资本结构有广义和狭义之分。广义的资本结构是指企业全部资本的构成及比例关系，包括债务资本与权益资本的结构、长期资本与短期资本的结构，以及债务资本内部结构、权益资本内部结构、长短期资本内部结构等。狭义的资本结构特指企业长期资本的构成及其比例关系，尤其是指长期债务资本与权益资本之间的构成及其比例关系。筹资结构决策主要是针对狭义资本结构而言的，即如何合理安排负债比例问题。

在理论上，最优资本结构是存在的。最优资本结构是指在一定条件下，能使企业综合资本成本最低、企业价值最大的资本结构。任何一个企业都应该权衡资本成本和财务风险的关系，确定最优资本结构。这个最优资本结构不一定是在确切的某一点上，但总会有一个最优的资本结构区间。

在企业的资本结构决策中，合理地利用债务融资，科学地安排债务资本的比例，不仅可以降低企业的综合资本成本，获取财务杠杆利益，而且还可以增加企业的价值。

9.3.4.2　资本结构决策的定性分析

资本结构决策的影响因素很多，主要有企业财务目标、企业发展阶段、企业财务状况、投资者动机、债权人态度、经营者行为、税收政策、行业差别等。

在以利润最大化作为财务目标的情况下，要求企业在进行资本结构决策时，在财务风险适当的情况下合理安排债务资本比例，尽可能降低企业的资本成本，以提高企业的净利润水平；在以企业价值最大化为目标的情况下，应以提高公司的总价值为核心来适当安排债务资本的比例。

企业在不同的发展阶段也往往表现出不同的资本结构状况。企业在初创期、成长期、成熟期、衰退期等不同发展阶段，其资本结构状况相应地表现为债务资本比例较低、债务资本比例开始上升、债务资本比例相对稳定、债务资本比例有所下降等。

企业财务状况的好坏也会对资本结构的安排产生重要影响。财务状况较差时，企业可能主要通过留用利润来补充资本；财务状况良好时，企业可能更多地进行外部融资，并倾向于更多地使用债务资本。

企业的股权投资者和债权投资者的投资动机是不同的，在决定资本结构时必须充分考虑投资者的动机，合理安排股权资本与债务资本的比例关系。

企业在决定资本结构并付诸实施之前，对贷款银行和信用评估机构提出的意见应给予高度的重视，如果企业过高地安排债务融资，债权人出于对风险的考虑未必会接受企业大额贷款的要求，既使接受也可能会附加一些限制条件等。

经营者的经营行为也是决定资本结构的重要因素之一。如果企业的经营者不愿意让企业的控制权旁落，会尽可能采用债务融资而不发行新股增资。如果经营者不愿承担财务风险，则可能较少地利用财务杠杆，尽量降低债务资本的比例。

税收政策会对企业债务资本的安排产生刺激作用。按税法规定，债务利息可以抵税，而股票股利不能抵税。在所得税税率一定的条件下，举债越多抵税作用越大。

在进行资本结构决策时，应充分考虑行业特点和差别，并结合本企业所处行业及现状，以便合理有效地安排本企业的资本结构。

9.3.4.3　资本结构决策的定量分析

资本结构决策的定量分析方法主要有资本成本比较法、每股收益无差别点分析法和企业价值分析法等。

1. 资本成本比较法

资本成本比较法是指在适度的财务风险条件下，通过测算可供选择的不同资本结构或筹资组合方案的综合资本成本，进而确定最优资本结构的一种方法。

该种方法确定最优资本结构的适用条件是：在筹集某一固定数额的资本时，至少存在两个或两个以上的筹资方案，但在每一筹资方案下至少存在两种或两种以上的筹资方式，也就是说企业在采用多方案组合筹资时才可以使用该种方法。

2. 每股收益无差别点分析法

每股收益无差别点分析法是利用每股收益无差别点来进行资本结构决策的方法。每股收益无差别点亦称筹资无差别点，是指在两种筹资方案下能够使普通股每股收益相等时的点，这个"点"可以用销售收入来表示，也可以用息税前利润来表示，即无差别点销售收入或无差别点息税前利润。实务中，采用无差别点息税前利润分析比较普遍。

该种方法确定最优资本结构是以每股收益是否最大作为判断标准，凡是能够提高每股收益的资本结构就是最优的，不能提高甚至导致每股收益下降的资本结构则不是最优的。但在每股收益最大时，综合资本成本不一定最低。

运用该种方法确定最优资本结构，一般适用于互斥融资方案的选择，即在筹集某一固定数额的资本时，只可进行两个方案之间的比较，或者全部利用债务融资，或者全部利用权益融资，即使存在第三种方案，也只能进行两两方案之间的比较。

3. 企业价值分析法

企业价值分析法是在充分考虑财务风险的前提下，以企业价值的大小为标准，经过测算确定企业最优资本结构的方法。它与资本成本比较法和无差别点分析法相比，充分体现了财务风险和资本成本等因素的影响。进行资本结构决策以企业价值最大为标准，符合财务目标的要求。但其决策过程比较复杂，通常适合于资本规模较大的上市公司。

以上资本结构的决策方法各有其适用条件和选择标准，在财务实践中，人们常常使用每股收益无差别点分析法来衡量筹资方式的优劣，并对资本结构进行决策。但这种方法的缺陷在于没有考虑风险因素。从根本上讲，财务管理的目标是追求企业价值最大化，然而，只有在风险不变的情况下，每股收益的增长才会导致股价的上升，实际上经常是随着每股收益的增长，风险也随之加大。如果每股收益的增长不足以补偿风险增加所需要的报酬，尽管每股收益增加，股价仍然会下降。所以，从理论上讲，企业的最佳资本结构应当是使企业价值最高，而不一定是每股收益最大的资本结构。同时，有关实证研究也表明，在企业价值最大的资本结构下，综合资本成本也是最低的。

9.3.5　调整筹资结构的常用方法

实务中，当企业现有资本的资本结构与目标资本的资本结构存在较大差异时，一般可采取以下方法进行调整：

9.3.5.1　存量调整法

存量调整法是在不改变现有资本规模的基础上对资本结构进行调整，如债转股或股转债、增发新股偿还债务、短期负债转为长期负债或相反、优先股转为普通股、资本公称转增股本等。

9.3.5.2　增量调整法

增量调整法是指通过追加筹资，用增加总资产的方式调整资本结构，如发行新股、发行新债、举借贷款、融资租赁等。

9.3.5.3　减量调整法

减量调整法是指通过减少资产总额的方式调整资本结构，如提前归还借款、收回发行在外的可提前收回债券、股票回购、企业分立等。

9.4　营运资本管理

9.4.1　营运资本投资

9.4.1.1　营运资本投资政策

财务管理可以划分为投资和筹资两个主要方面。前面章节讨论的投资和筹资是作为长期财务问题讨论的。本部分的营运资本管理是短期财务问题，也包括投资和筹资两个方面。短期财务和长期财务的划分，通常以 1 年作为分界。短期财务通常涉及 1 年或 1 年以内的现金流入和流出。

营运资本管理是一个越来越受重视的领域。由于竞争加剧和环境动荡，营运资本管理对于企业盈利能力及生存能力的影响越来越大。财务经理的大部分时间被用于营运资本管理，而不是长期决策。营运资本管理比较复杂，涉及企业的所有部门，尤其需要采购、生产、销售和信息处理等部门的配合与努力。

1. 营运资本的有关概念

（1）营运资本的概念

营运资本是指投入日常经营活动（营业活动）的资本。

$$营运资本＝流动资产－流动负债$$

当流动资产大于流动负债时，营运资本是正值，表示流动负债提供了部分流动资产的资金来源，另外的部分是由长期资金来源支持的，这部分金额就是营运资本。营运资本也可以理解为长期筹资来源用于流动资产的部分，即长期筹资净值：

因为：

$$流动资产＋长期资产＝权益＋长期负债＋流动负债$$

所以：

$$流动资产－流动负债＝（权益＋长期负债）－长期资产$$
$$营运资本＝长期筹资－长期资产＝长期筹资净值$$
$$流动资产＝流动负债＋长期筹资净值$$

这个公式说明，流动资产投资所需资金的一部分由流动负债支持，另一部分由长期筹资支持。尽管流动资产和流动负债都是短期项目，但是绝大多数健康运转企业的营运资本是正值。所以,长期财务和短期财务有内在联系。

（2）营运资本的内容

根据管理的需要,营运资本可分为经营营运资本和短期净负债。

① 经营营运资本

经营营运资本是指经营性流动资产与经营性流动负债的差额。

$$营运资本＝经营性流动资产－经营性流动负债$$

经营性流动资产包括经营现金和其他经营流动资产。经营现金是指经营周转所必需的现金,不包括超过经营需要的金融资产(有价证券等)。其他经营流动资产包括存货和应收账款等经营活动中占用的非金融流动资产。

经营性流动负债是指应付职工薪酬、应付税费、应付账款等依据法规和惯例形成的负债。它们是在经营活动中自发形成的,不需要支付利息,也被称为自发性负债。经营性负债虽然需要偿还,但是新的经营性负债同时不断出现,具有不断继起、滚动存在的长期性,因此被视为一项长期资金来源。经营性负债可以抵减公司对于经营性流动资产的投资额。

② 短期净负债

短期净负债是指短期金融负债与短期金融资产的差额,也称短期净金融负债。

$$短期净负债＝短期金融负债－短期金融资产$$

短期金融负债是指以市场利率计息的短期应付票据、应付利息、应付优先股利和短期期借款等1年内需要偿还的金融负债。

短期金融资产是指超额现金、以市场利率计息的短期应收票据、短期权益性投资、短期债权投资等1年内可以变现的金融资产。

通常,非金融企业的短期金融负债大于短期金融资产。少数非金融企业的短期金融资产大于短期金融负债,有"负的短期金融负债"即短期净金融资产。

（3）营运资本投资管理

营运资本投资管理也就是流动资产投资管理,它分为流动资产投资政策和流动资产投资的日常管理两部分。

① 流动资产投资政策

流动投资政策,是指如何确定流动资产投资的相对规模。流动资产的相对规模,通常用流动资产/收入比率来衡量。它是流动资产周转率的倒数,也称1元销售占用流动资产。

宽松的流动资产投资政策,要求保持较高的流动资产/收入比率;严紧的流动资产投资政策,要求保持较低的流动资产/收入比率。该比率的变化,也可以反映流动资金投资政策的变化。

② 流动资产投资的日常管理

流动资产投资的日常管理,是流动资产投资政策的执行过程。流动资产的日常管理的主要内容包括现金管理、存货管理和应收账款管理。

流动资产的日常管理活动是频繁发生、重复进行的,例如向顾客收款每天要发生许多次。经常重复的例行活动的决策过程的程序化,即是通过建立控制系统来完成的。例如,企业需要建立现金控制系统、存货控制系统和应收账款控制系统等。财务主管的职责是根据既定流动资产投资政策制定控制标准和控制程序,并监控系统运行的有效性。

2. 流动资产投资政策

(1)适中的流动资产投资政策

在销售额不变的情况下,企业安排较少的流动资产投资,可以缩短流动资产周转天数,节约投资成本。但是,投资不足可能会引发经营中断,增加短缺成本,给企业带来损失。企业为了减少经营中断的风险,在销售不变的情况下安排较多的营运资本投资,会延长流动资产周转天数。但是,投资过量会出现闲置的流动资产,白白浪费了投资,增加持有成本。因此,需要权衡得失,确定其最佳投资需要量,也就是短缺成本和持有成本之和最小的投资额。

适中的流动资产投资政策,就是按照预期的流动资产周转天数、销售额及其增长,成本水平和通货膨胀等因素确定的最优投资规模,安排流动资产投资。而流动资产最优的投资规模,取决于持有成本和短缺成本总计的最小化。企业持有成本随投资规模而增加,短缺成本随投资规模而减少,在两者相等时达到最佳的投资规模。

(2)宽松的流动资产投资政策

宽松的流动资产投资政策,就是企业持有较多的现金和有价证券,存货充足,提供给客户宽松的付款条件,并保持较高的应收账款水平。宽松的流动资产投资政策,表现为安排较高的流动资产/收入比率。

这种政策需要较多的流动资产投资,承担较大的流动资产持有成本,主要是资金的机会成本,有时还包括其他的持有成本。但是,充足的现金、存货和宽松的信用条件使企业中断经营的风险很小,其短缺成本较小。

(3)紧缩的流动资产投资政策

紧缩的流动资产投资政策,就是公司持有尽可能少的现金和小额的有价证券投资;在存货上进行少量投资;采用严格的销售信用政策或禁止赊销。紧缩的流动资产投资政策,表现为较低的流动资产/收入比率。

该政策可以节约流动资产的持有成本,例如节约资金的机会成本,与此同时,公司要承担较大的风险,例如经营中断和丢失销售收入等短缺成本。

9.4.1.2 现金的管理

现金是可以立即投入流动的交换媒介。它的首要特点是普遍的可接受性,即可以有效地立即用来购买商品、货物、劳务,或用于偿还债务。因此,现金是企业中流动性最强的资产。属于现金内容的项目,包括企业的库存现金、各种形式的银行存款和银行本票、银行汇票等。

有价证券是企业现金的一种转换形式。有价证券变现能力强,可以随时兑换成现金。企业有多余现金时,常将现金兑换成有价证券;现金流出量大于流入量需要补充现金时,再出让有价证券换回现金。在这种情况下,有价证券就成了现金的替代品。获取收益是持有有价证券的原因。这里讨论有价证券是将其视为现金的替代品,是"现金"的一部分。

1. 企业持有现金的动机

(1) 支付动机

支付动机又称为交易动机,是指企业为满足日常生产经营活动中的各种支付需要(如购买原材料、支付工资、偿还利息、支付现金股利等)而持有的现金。由于企业在生产经营活动中不可能始终保持现金收入与现金支出的同步与相等,因此,企业必须保持一定的现金余额以应付各种日常开支。一般来讲,企业的销售量越大,所要保持的现金余额也越大。

(2) 预防动机

预防动机是指企业保持一定的现金余额以应付意外的现金需求,企业生产经营活动中正常现金需要可通过资金预测和计划来估算,但由于市场行情瞬息万变,许多意外事件的发生将会影响和改变企业的正常现金需要量。比如,自然灾害,生产事故,客户款项不能如期支付,以及国家政策的某些突然变化等,这些都会打破企业原先预计的现金收支平衡。因此,企业需要保持一定的额外现金余额来应付可能发生的意外情况。一般来讲,企业保持的用于预防动机的现金余额的多少取决于以下几个因素:① 现金收支预测的可靠程度;② 企业的临时借款能力;③ 企业其他流动资产(如有价证券等)的变现能力;④ 企业对意外事件发生的可能性大小的判断和风险承受能力。

(3) 投机动机

企业持有现金的另一个可能的动机是投机,即通过在证券市场上的炒作或原材料市场上的投机买卖来获取投机收益。当证券市场跌入低谷,预期价格将会反弹时,以一定数量的货币资金购入有价证券,即可获取高额收益,为此,企业应该持有一定量的现金并保留必要的现金余额。但投机动机只是企业确定现金持有量时应考虑的较为次要的因素。其持有量的大小与金融市场的投资机会及企业对待风险的态度有关。

2. 现金管理的目的

现金管理的目的在于如何在现金的流动性和收益性之间进行合理选择,即在保证正常业务经营需要的同时,尽可能降低现金的占用量,并从暂时闲置的现金中获得最大的投资收益。

3. 现金管理的内容

(1) 编制现金预算;

(2) 确定最佳现金持有量;

(3) 现金的日常管理。

4. 最佳现金持有量的确定

(1) 成本分析模式

成本分析模式是通过分析持有现金的成本,确定其目标量。企业持有现金存在持有成本,主要包括:

① 投资成本:企业持有现金而放弃的将这些现金用于其他投资所获得的收益,即持有现金的代价。

② 管理成本:企业持有现金发生的管理费用。如安全设施的建造、管理人员工资支出等。

③ 短缺成本:指因缺乏必要的现金,不能应付业务开支所需而使企业蒙受的损

失或为此付出的代价。

最佳现金持有量的具体计算,可以分别算出各种方案的投资成本、管理成本、短缺成本之和,再从中选出成本之和最低的方案,该方案的现金持有量就是最佳现金持有量。

（2）存货决策模式

这个模式用来解决企业库存现金与银行存款（指活期存款）的最佳存量和一时期内有价证券的最佳变现次数问题。按存货决策模式确定最佳现金余额,要建立在以下假设条件上：

① 企业一定时期内收入与耗用的现金均匀、稳定,而且可预测;

② 短期有价证券的利率或报酬率可知;

③ 每次将有价证券变现为可支付现金的交易成本可知。

在满足以上假设的前提下最佳现金余额 C^* 可运用下面公式求出：

$$C^* = \sqrt{2bT/r}$$

式中：b 表示有价证券每次交易的成本;T 表示企业交易所需的现金总量;r 表示有价证券的利率。

（3）随机模式

随机模式又称为米勒—奥尔（Miller-Orr）模型,随机模型假设企业无法确切地预知每日的实际现金收支状况,只是规定了现金余额的上下限,每日的净现金流量是随机变量。当企业的现金存量在上下限之间变动时,表明企业的现金储备处于一个合理的范围内,不必进行调整。

利用随机模型确定企业现金持有量要经过以下几个步骤：第一,确定现金余额的下限。下限可以是零,大于零的某一安全储备额,或银行及有关管理部门要求的最低限额。第二,估算每日现金余额的方差。估算时可参考企业过去一段时间内的现金余额变化状况,或企业经营活动的季节性因素的影响。第三,确定投资收益率和转换成本。第四,根据上述资料计算现金余额均衡点和下限。

5. 现金的日常管理

（1）加速现金回收：银行存款箱制度,设多个收款中心。

（2）延迟现金支付：集中应付款项,承付汇票,利用现金浮存量,设置支付账户。

（3）力争现金流入与现金流出同步。

9.4.1.3 应收账款

这里所说的应收账款是指因对外销售产品、材料、供应劳务及其他原因,应向购货单位或接受劳务的单位及其他单位收取的款项,包括应收销售款、其他应收款、应收票据等。

1. 应收账款管理的功能

（1）促进销售

在市场竞争比较激烈的情况下,赊销是企业通常采用的促销手段之一,进行赊销的企业,一方面向客户销售产品,另一方面也在有限的时间内向客户提供了资金,有利于客户提高其资金利用效率。特别是在企业开拓新市场时,可以利用赊销来吸引购买者,从而扩大销售,提高市场占有份额,加强企业竞争力。

（2）减少存货

存货作为企业的一项资产，其价值在销售时得以实现，而且，存货在保管的过程中，还会发生诸如管理费、仓储费等费用。当企业的存货较多时，如采用赊销的形式将存货转为应收账款，则有助于减少企业的存货，降低其存货成本。

2. 应收账款管理的成本

（1）机会成本

应收账款是销货企业向购货企业提供的一种商业信用，其实质是让购货企业占用销货企业的资金，从而使销货企业无法利用这笔资金从事其他生产经营和投资活动，创造收益。这种资金利用机会的损失，构成了应收账款的机会成本。

（2）管理成本

建立应收账款就要对它进行管理，要制定和实施应收账款政策，所有这些活动（如进行客户的信用调查、进行账龄分析、采取催款行动等）都要付出一定的人力、物力和财力，这些构成了应收账款的管理成本。

（3）坏账成本

由于客户的信用程度不同，支付能力各异，企业的部分应收账款会因少数客户无力支付而最终不能收回，成为坏账。这种坏账损失是应收账款产生的成本之一。

（4）短缺成本

企业如不能向某些信誉好的客户提供信用，从而使这些客户转向其他企业，导致本企业的销售收入下降。这种潜在的销售收入下降损失构成应收账款的短缺成本。

企业的最佳应收账款水平，是指应收账款的投资成本、管理成本和短缺成本之和最低时的应收账款。因此，最佳应收账款水平就是指总成本最低时的应收账款占用水平。

3. 应收账款政策（信用政策）的制定

（1）信用标准

信用标准指顾客获得企业的商业信用所应具备的条件。企业在设定某一顾客的信用标准时，首先要评估它赖账的可能性，即顾客的信用品质。这可以通过"五 C"评估法来进行。所谓"五 C"评估法，是指评价顾客信用品质的 5 个方面，即特点（Character）、能力（Capacity）、资本（Capital）、抵押品（Collateral）和条件（Conditions）。

（2）信用条件

信用条件是指企业要求顾客支付赊销款项的条件，包括信用期限、折扣期限和现金折扣。如账单中"3/20，n/45"就是一项信用条件，它表示买方必须在发票开出后 45 天内付款，如果 20 天内付款，可享受 3％的现金折扣。

（3）收账政策

收账政策指信用条件被违反时，企业采取的收账策略。通常，当采用积极的收账政策时，投入的收账费用越多，坏账损失就应越少，但是，当收账费用达到某一限度后，坏账损失不随收账费用的增加而减少，这个限度称为饱和点。

4. 应收收款的管理

（1）编制账龄分析表，监督应收账款的收回；

（2）估计可能发生的坏账损失，正确提取坏账准备金；

（3）制定合理的收账政策。分析客户拖欠货款的原因，采取相应讨债方式。

9.4.1.4 存货

1. 存货管理的目标

存货是指企业在生产经营过程中为销售或者耗用而储备的物资，包括材料、燃料、低值易耗品、在产品、半成品、产成品、协作件、商品等。企业储存存货占用或多或少的资金，但企业出自保证生产或销售的经营需要、出自价格的考虑等原因需要储存存货。

存货占用资金是有成本的，占用过多会使利息支出增加并导致利润的损失；各项开支的增加更直接使成本上升。存货管理的目标是就要尽力在各种存货成本与存货效益之间做出权衡，达到两者的最佳结合。

2. 储备存货的有关成本

与储备存货有关的成本，包括以下 3 种：

（1）取得成本

取得成本是指为取得某种存货而发生的支出，包括订货成本和购置成本。

① 订货成本是指取得订单的成本，包括差旅费、邮资费、电话电报费、办公费等。订货成本中的一部分与订货次数无关，如常设采购部门的基本开支等，称为订货的固定成本（F_1）；另一部分与订购次数呈正比，如差旅费、邮资费、电话电报费等，称为订货的变动成本，在数量上等于每次订货的变动成本（K）与订货次数的乘积。企业要降低订货成本，只有大批量采购，减少订货次数。订货成本的计算公式为：

$$订货成本 = F_1 + K \times D/Q$$

其中：K 表示每次订货的变动成本；D 表示年存货需要量；Q 表示每次进货量。

② 购置成本

购置成本是指存货的买价，是存货数量和价格的乘积。购置成本的计算公式为：

$$购置成本 = D \times U$$

其中：D 表示年存货需要量；U 表示存货的单价；

订货成本与购置成本之和就等于存货的取得成本。即为：

$$取得成本 = 订货成本 + 购置成本$$

$$= 订货固定成本 + 订货变动成本 + 购置成本$$

$$TC_a = F_1 + K \times D/Q + D \times U$$

（2）储存成本

储存成本是指企业为保存存货而发生的成本，包括在物资储存过程中发生的仓储费、搬运费、保险费，以及存货占用资金的利息等。若企业用现有现金购买存货，便失去了存放银行或投资于证券可能取得的利息，视为"放弃利息"；若企业借款购买存货，便要支付利息费用，视为"付出利息"。

储存成本也分为固定成本和变动成本。固定成本（F_2）与存货数量的多少无关，如仓库折旧、仓库职工的固定月工资等；变动成本与存货的数量有关，如存货资金的应计利息、存货的破损和变质损失、存货的保险费用等，单位成本用 K_c 表示。储存成本的计算公式为：

$$储存成本 = 储存固定成本 + 储存变动成本$$

$$TC_c = F_2 + K_C \times Q/2$$

（3）缺货成本

缺货成本是指由于存货供应中断而造成的损失,包括材料供应中断造成的停工损失,产成品库存缺货造成的拖欠发货损失和丧失销售机会的损失(还应包括需要主观估计的商誉损失);如果生产企业以紧急采购代用材料解决库存材料中断之急。那么缺货成本表现为紧急额外购入成本(紧急额外购入的开支会大于正常采购的开支)。

综上所述,储备存货的总成本(TC)的计算公式为:

$$TC = TC_a + TC_c + TC_S = F_1 + K \times D/Q + D \times U + F_2 + K_c \times Q/2 + TC_S$$

企业存货的最优化,即使上式 TC 值最小。

3. 存货控制

（1）分级归口控制

① 在厂长、经理的领导下,财务部门对存货资金实行统一管理。

② 实行资金的归口管理。根据使用资金和管理资金相结合、物资管理和资金管理相结合的原则,每项资金由哪个部门使用,就归哪个部门管理。

③ 实行资金的分级管理。各归口管理部门要根据具体情况将资金计划指标进行分解,分配给所属单位或个人,层层落实,实行分级管理。

（2）经济批量控制

经济批量是指一定时期储存成本和订货成本总和最低的采购批量。

（3）ABC 控制法

ABC 控制法是根据存货的重要程度,把存货分成 A,B,C 3 类,分别不同情况进行控制的一种方法。通常存货价值和存货数量可按表 9.1 的规律分类:

表 9.1　存货的 ABC 控制法

类别	划分标准		存货特征	管理方法
	占存货资金比重	实物量比重		
A	70%	不超过 20%	品种少、单位价值高	重点管理
B	20%	不超过 30%	品种、价值介于 A 与 C 之间	一般管理
C	10%	不低于 50%	品种多、单位价值低	简单管理

9.4.2　营运资本筹资

9.4.2.1　营运资本筹资政策

营运资本筹资政策,是指在总体上如何为流动资产筹资,采用短期资金来源还是长期资金来源,或者兼而有之。制定营运资本筹资政策,就是确定流动资产所需资金中短期来源和长期来源的比例。流动资产的投资政策,决定了投资的总量,也就是需要筹资的总量。营运资本的筹资政策,主要是决定筹资的来源结构。

流动资产的资金来源,一部分是短期来源,另一部分是长期来源,后者是长期资金来源购买长期资产后的剩余部分。流动资产的筹资结构,可以用经营流动资产中长期筹资来源的比重来衡量,该比率称为易变现率。

$$易变现率 = \frac{(权益+长期债务+经营性流动负债)-长期资产}{经营流动资产}$$

易变现率高,资金来源的持续性强,偿债压力小,管理起来比较容易,称为宽松的筹资政策。易变现率低,资金来源的持续性弱,偿债压力大,称为严格的筹资政策。从最宽松的筹资政策到最严格的筹资政策之间,分布着一系列宽严程度不同的筹资政策。它们大体上分为3类:配合型筹资政策、激进型筹资政策和保守型筹资政策。

1. 配合型筹资政策

配合型营运资本筹资政策的特点是:尽可能贯彻筹资的匹配原则,即长期投资由长期资金支持,短期投资由短期资金支持。遵循匹配原则,按照投资持续时间结构去安排筹资的时间结构,有利于降低利率风险和偿债风险。筹资的匹配原则,不仅适用于流动资金筹集,也适用于长期资本筹资,具有普遍适用性。

流动资产按照投资需求的时间长短分为两部分:长期性流动资产和临时性流动资产。长期性流动资产是指那些即使企业处于经营淡季也仍然需要保留的,用于满足企业长期、稳定运行的流动资产所需的资金,也被称为永久性流动资产。临时性流动资产是那些受季节性、周期性影响的流动资产需要的资金,如季节性存货、销售旺季的应收账款等。从投资需求上看,长期性流动资产是长期需求,甚至可以说是永久需求,应当用长期资金支持。只有季节性变化引起的资金需求才是真正的短期需求,可以用短期资金来源支持。现实中的筹资匹配原则是长期占用的资金(包括长期性流动资产投资)应由长期资金来源支持,短期占用的资金(只是临时性流动资产需求,不是全部流动资产)应由短期资金支持。

配合型筹资政策对于临时性流动资产,用临时性负债筹集资金,也就是利用短期银行借款等短期金融负债工具取得资金;对于长期性流动资产需求和长期资产,用长期负债和权益资本筹集。

配合型筹资政策要求企业的短期金融负债筹资计划严密,实现现金流动与预期安排相一致。企业应根据临时性流动资产需求时间和数量与之配合的短期金融负债。

2. 激进型筹资政策

激进型筹资政策的特点是:短期金融负债不但融通临时性流动资产的资金需要,还解决部分长期性资产的资金需要。极端激进的筹资政策是全部长期性流动资产都采用短期借款,甚至部分长期资产也采用短期借款。

由于短期金融负债的资本成本一般低于长期负债和权益资本的资本成本,而激进型筹资政策下短期金融负债所占比重较大,所以该政策下企业的资本成本较低。但是另一方面,为了满足长期性资产的长期资金需要,企业必然要在短期金融负债到期后重新举债或申请债务展期,这样企业便会更为经常地举债和还债,从而加大筹资困难和风险;还可能面临由于短期负债利率的变动而增加企业资本成本的风险,所以激进型筹资政策是一种收益性和风险性均较高的营运资本筹资政策。

3. 保守型筹资政策

保守型筹资政策的特点是:短期金融负债只融通部分临时性流动资产的资金需要,另一部分临时性流动资产和长期性资产,则由长期资金来源支持。极端保守的筹资政策完全不使用短期借款,全部资金都来自于长期资金来源。

由于短期金融负债所占比重较小,所以企业无法偿还到期债务的风险较低,同时蒙受短期利率变动损失的风险也较低。然而,另一方面,企业却会因长期负债资本成本高于短期金融负债的资本成本，以及经营淡季时资金有剩余但仍需负担长期负债利息，从而降低企业的收益。所以，保守型筹资政策是一种风险和收益均较低的营运资本筹资政策。

9.4.2.2 短期筹资

1. 短期负债筹资的特点

短期负债筹资所筹资金的可使用时间较短，一般不超过 1 年。短期负债筹资具有以下特点：

（1）筹资速度快，容易取得；

（2）筹资富有弹性；

（3）筹资成李较低；

（4）筹资风险高。

2. 商业信用

商业信用是指在商品交易中由于延期付款或预收货款所形成的企业间的借贷关系。

商业信用筹资最大的优越性在于容易取得。首先，对于多数企业来说，商业信用是一种持续性的信贷形式，且无须正式办理筹资手续。其次，如果没有现金折扣或使用不带息票据，商业信用筹资不负担成本。其缺点在于放弃现金折扣时所付出的成本较高。

商业信用的具体形式有应付账款、应付票据、预收账款等。

此外，企业往往还存在一些在非商品交易中产生、但亦为自发性筹资的应付费用，如应付职工薪酬、应交税费、其他应付款等。应付费用使企业受益在前、费用支付在后，相当于享用了受款方的借款，一定程度上缓解了企业的资金需要。应付费用的期限具有强制性，不能由企业自由斟酌使用，但通常不需花费代价。

3. 短期借款

短期借款是指企业向银行和其他非银行金融机构借入的期限在 1 年以内的借款。在短期负债筹资中，短期借款的重要性仅次于商业信用。短期借款可以随企业的需要安排，便于灵活使用，且取得亦较简便。但其突出的缺点是短期内要归还，特别是在带有诸多附加条件的情况下更使风险加剧。

10 国际贸易

10.1 国际贸易基本概念和内容

10.1.1 国际贸易的含义

不同国家之间的贸易之所以有别于通常的国内贸易,是因为每个国家都有自己一套独立的关税制度和贸易措施,并通过这种关税制度和贸易措施来保护本国的利益。而通常的国内贸易是指在同一个关税制度下的一国国内的贸易,贸易伙伴之间的交易活动并不涉及关税等措施。从国家行政管理的角度看,并不使用关税等措施对交易的一方给予特别的限制或优惠。我们正是从这样的角度去区分国际贸易与国内贸易的。如果由于某种原因,一个国家内部存在着不同的关税区,从而这些不同的关税区有着自己独特的贸易利益的时候,尽管它们是属于同一个国家,但这些不同的独立关税区之间的贸易行为和一般意义上不同国家之间的贸易是相同的,则从理论上或政策上研究这种不同关税区之间的贸易就与我们研究一般的国际贸易无异。正因为如此,现在从经济学意义上来说,将国际贸易理解为具有独立关税制度的国家或地区之间的商品或服务的交换活动。

如果研究角度不同,对这种具有独立关税制度的国家或地区之间的贸易活动的称谓也会有所不同。比如,从某一特定国家或地区的角度,该国家或地区对其他国家或地区的贸易就叫作对外贸易(Foreign Trade);从全球或世界的角度,则把所有独立关税区之间的贸易称为国际贸易或世界贸易。

10.1.2 国际贸易的分类

10.1.2.1 按照交易标的物特征划分

1. 有形贸易(Visible Trade)或物品贸易(Goods Trade)

这种贸易的标的物是物质产品,如粮食、原材料、机器、车辆、船舶、飞机等。它们具有可触摸的、可看见的、外在的物理特性。传统意义上的国际贸易就是指这类贸易,海关对进出口的监管和征税措施也是针对这类贸易的。现在报刊上发布某国对外贸易增长多少或下降多少,如果没有其他特别的说明,通常就是指这类有形贸易。

2. 无形贸易(Invisible Trade 或 Intangible Trade)

无形贸易又称服务贸易。这种贸易标的物不是物质产品,而是服务,如运输、保险、银行服务、旅游、租赁、技术等。它们不具有可看见和可触摸的外在物理特性。各国海关统计通常不包括服务贸易,并且对这类贸易的统计数据不那么精确。现在服务贸易要占到国际物品贸易额的 1/4 以上。因此，1995 年世界贸易组织正式成立之后，把国际服务贸易也纳入其管辖范围。

10.1.2.2 按照货物移动方向划分

1. 出口贸易（Export Trade）

它是指把本国或本地区生产的商品销往其他国家或地区。运出境外供驻外领馆使用的物品、旅客个人携带的自用物品不列入出口贸易统计。

2. 进口贸易（Import Trade）

它是指购入外国或其他地区生产的商品。外国使领馆运进供自用的物品、旅客个人携带的自用物品一般不列入进口贸易。

3. 复出口（Re-export Trade）

它是指输入本国或本地区的商品未经加工就出口的情况。这是和转口贸易密切相关的一种现象。

4. 复进口（Re-import Trade）

它是指输出国外或其他地区的本国产品未经加工又进口的情况。例如，出口后的退货、未售掉的寄售商品的退回等情况。

5. 过境贸易（Transit Trade）

它是指贸易国之间的商品交易需通过第三国国境的情况。例如，内陆国与不相邻的国家之间的商品交易，就必须通过第三国国境，对第三国海关来说，它就会把这类贸易归入过境贸易。不过如果这类贸易是通过航空运输飞越第三国领空的话，第三国海关不会把它列入过境贸易。

10.1.2.3 按照结算方式划分

1. 现汇贸易（Cash Trade）

如果国际贸易中采用可自由兑换货币来结算的话，就称为现汇贸易。现在国际贸易中主要采用这种结算方法。

2. 易货贸易（Barter Trade）

有时候，贸易双方缺少可自由兑换货币，可以采用以货易货的方式来结算，即双方交换的商品经过计价以后，用等值的不同商品互相交换。

3. 协定贸易（Agreement Trade）

政府间的易货贸易需要签订贸易协定和支付协定，故又称为协定贸易。补偿贸易则是民间的易货贸易。

10.1.2.4 按照有无第三国参与划分

1. 双边贸易（Bilateral Trade）

双边贸易又称直接贸易（Direct Trade）。两国（或地区）交易之间的直接贸易称为双边贸易。在这种贸易中，不需要第三国（或地区）的交易者插手其间。

2. 转口贸易（Entrepot Trade）

商品的生产国和商品消费国之间的交易若要通过第三国（或地区）的交易者来完成，就叫作转口贸易。商品的生产国把商品卖给第三国（或地区）的商人，然后第三国（或地区）的商人再把商品卖给真正的商品消费国。这种贸易对商品生产国和消费国来说是间接贸易（Indirect Trade），对第三国（或地区）来说则是转口贸易。

转口贸易和过境贸易的区别在于,商品的所有权在转口贸易中先从生产国出口者那里转到第三国(或地区)商人手中,再转到最终消费该商品的进口国商人手中。而在过境贸易中,商品所有权无须向第三国(或地区)商人转移。转口贸易的货物可以直接运输,即从生产国直接运往消费国,也可以经过转口国(或地区)再运往消费国,即间接运输。

10.1.2.5　按照统计边界不同划分

1. 总贸易(General Trade)

在对外贸易统计时,若以国境为界,凡进入国境的商品均算作进口,离开国境的商品均算做出口,则一定时期内的进出口额之和便为该国的总贸易。

2. 专门贸易(Special Trade)

若以关境为界,凡运入关境的商品均算作进口,运出关境的商品均算做出口,则一定时期内的进出口额称为专门贸易。

有的国家采用总贸易概念统计对外贸易,有的国家采用专门贸易概念统计对外贸易。美国采用专门贸易与总贸易两种概念分别统计其对外贸易,我国则采用总贸易概念统计对外贸易。

10.1.2.6　按照贸易方式划分

1. 包销或独家经销(Exclusive Sale)

出口企业为了在别国推销自己的产品,不一定通过自己办销售店的办法来实现,可以和国外的某家企业达成包销或独家经销协议,把某一种或某一类商品在某一地区的独家经营权利在一定期限内给予对方,即包销商。至于具体的买卖合同需要另行签订,但要受包销协议条款的约束。如果出口企业通过协议只是把某一种或某一类商品在某一地区的经营权在一定期限内给予一家企业,并无排他性,则这家出口企业还可以把该经营权给予其他企业,这些企业就是一般经销商。

2. 代理(Agency)

出口企业也可以通过和国外企业达成代理协议,委托代理商在市场上招揽生意,或从事其他委托的事务。委托商对由此产生的权利与义务负责,代理商只收取约定的佣金。根据代理商职权范围的大小,可分为独家代理和一般代理。独家代理(Sole Agency)是指代理商在约定的地区和时期内拥有独家经营权,即委托商不得将该商品直接或间接地销售给代理区内的其他买主;而一般代理不享有这种独家经营权。

3. 寄售(Consignment)

它是指这样一种销售方式,出口企业和国外的代销商订立寄售协议,把货物运交代销商。代销商出售货物后,扣除协议规定的销售费及佣金后把钱交付给寄售商。

4. 招标(Invitation to Tender)

它是指招标单位需要采购商品或兴办某工程时说明有关条件,邀请有兴趣的企业在指定期限内按照一定程序报价,即投标。然后由招标人开标与评标,选择最满意的投标人进行交易。这种方式在国际贸易中经常采用。

5. 拍卖(Auction)

它是指拍卖行接受货主的委托,按照一定的规则和程序在拍卖场以公开叫价的方法,把货物卖给出价最高的买主的一种交易方式。不易标准化的鲜活产品或艺术品、古董等的国际贸易是通过拍卖来完成的。

6. 商品交易所(Commodity Exchange)

它是指按一定规章程序买卖特定商品的有组织的市场。只有正式会员可以进入商品交易所交易,其他人或企业通过正式会员或经纪人交易。商品交易所经营的商品一般是标准化的原材料,且按照标准化的合同交易。商品交易所里有现货交易和期货交易,以期货交易为主。许多农产品、有色金属原料等主要在商品交易所里交易。

7. 加工贸易(Processing Trade)

加工贸易分来料加工和进料加工两种。来料加工是指国内生产企业接受外商提供的原材料或零部件,按照外商的要求进行加工装配成产品,并把生产的产品交给外商,以收取加工费。进料加工则是国内企业自主从国际市场上进口原材料或零配件,自行加工成产品,并自营出口、自负盈亏。

8. 对等贸易(Counter Trade)

它是指贸易双方用某种协议使进出口平衡的一种贸易方式。个体有多种形式,如易货贸易、互购(Counter Purchase)、补偿贸易(Compensation Trade)等。易货贸易双方交易值相等,通常不涉及现汇支付。互购则通常使用现汇结算,并不要求互购价值相等。补偿贸易通常是由设备出口方先提供设备给进口方,然后由进口方用该设备生产的产品或其他产品交付给设备出口方,补偿设备的价款。

9. 租赁贸易(Lease Trade)

它是指设备拥有者与承租人订立租约,把设备交付给承租人使用一段时间,同时收取一定的租金的交易方式,可分融资租赁和经营租赁。融资租赁租期较长,通常租期结束、租金全部付清后,设备所有权就转移给承租人,这相当于承租人分期付款买到了设备;经营性租赁期较短,设备拥有者须通过多次出租,才能收回设备投资及其他费用。

10.1.3 国际贸易的几个重要概念

10.1.3.1 国际贸易值和贸易量

当我们用某种货币,通常以美元表示贸易规模时称贸易值或贸易额。当我们用某种物理量,比如数量、重量、容积、面积、体积等计量单位表示贸易规模时称贸易量。商品的计量单位各不相同,难以得出一个总的贸易量,于是人们使用一个替代办法,即以某年的价格为不变价格,计算出各年的进出口商品价格指数,用各年的进出口贸易值除以该年的进出口商品价格指数,就得到以不变价格计算的贸易值,它可以近似地代替贸易量。这样就可以把价格因素造成的贸易值变化消除掉,从而知道实际进出口商品量是增加还是减少了。

一国的对外贸易总值是指一定时期内(通常是一年)该国出口贸易值和进口贸易值之和,通常用本国货币或国际货币美元来计量。但世界贸易总值却不是全世界在一定时期内的出口贸易值和进口贸易值之和,因为从世界角度看,一国的出口必定是另一国的进口,如果把世界的进口总值和出口总值相加,就会重复计算。因此,世界贸易总值是一定时期内(通常是一年)世界各国出口商品用 FOB(Free On Board),也称离岸价)价计算之和。

10.1.3.2 国际收支和贸易收支

国际收支是指在一定时期内(通常为一年),一国(或地区)与其他国家(或地区)之间所有经济交易的收入和支出的系统记录。若收入大于支出,就是国际收支顺差(又称黑字);若收入小于支出,就是国际收支逆差(又称赤字);收支相等,则称国际收支平衡。贸易收支是国际收支中的重要组成部分。一定时期内出口值与进口值之间的差额叫贸易差额,若出口值大于进口值叫贸易顺差或出超,反之称为贸易逆差或入超。在贸易顺差情况下的差额叫净出口,在贸易逆差情况的差额叫净进口。

一国贸易收支情况会受到该国贸易条件的影响。贸易条件又称交换比价,通常用某一时期内的出口商品价格指数与进口商品价格指数之比来表示。如果该指数大于1,表明该国贸易条件好转,出口一单位商品可以换回更多的进口商品,如果该指数小于1,表明该国贸易条件恶化,出口一单位商品只能换回较少的进口商品。在其后条件不变情况下,贸易条件恶化通常会使贸易逆差扩大或贸易顺差减少。

10.1.3.3 对外贸易依存度

对外贸易依存度(Foreign Trade Dependence)是指一国进出口总值在其国内生产总值中的比重。一国的外贸依存度越高,表明该国经济对国际贸易的依赖程度越大。

10.1.3.4 国际贸易水平结构和国际贸易地理方向

根据商品的加工程度,国际贸易可以分为初级产品和工业制成品两大类。初级产品主要是指加工程度较浅的农、林、牧、渔、矿产品,而经过较深程度加工的产品称为制成品。各类商品在各国进出口贸易或在世界贸易中所占的比例,称为外贸商品结构或国际贸易商品结构(International Trade Level Structure)。

在研究国际贸易时会用到“国际贸易地理方向”(International Trade Geography Direction)这个概念。对世界来说,它表示各国在世界贸易总值中所占的比重大小,显然,在世界贸易总值中所占比重大的国家对世界经济的影响也比较大,对一个国家来说,它表示该国的出口值与进口值的国别和地区分布情况。一国对外贸易值如果只是集中在个别国家或地区,表示该国经济对个别国家和地区的依赖程度比较大。如果一国的对外贸易值比较均匀地分散在各国或地区,则表明该国对外贸易的市场风险相对较小。

10.2 国际贸易政策

10.2.1 贸易政策概述

10.2.1.1 贸易政策的含义及其分类

1. 贸易政策的含义

贸易政策(Trade Policy)从世界范围考察即国际贸易政策,是世界各国贸易政策措施的总和,体现了世界贸易体制和贸易政策系统。贸易政策从特定的国家出发即对外贸易政策,是指一个国家一定时期内影响其进出口贸易的政策措施的总和,是一国政府在其经济发展战略的指导下,运用经济、法律和行政手段,对外贸活动的方向、数量、规模、结构和效益所进行的一系列有组织的干预和调节行为。

广义的对外贸易政策是指涉及外贸活动的国家干预和调节行为,是一国根据一定时期内政治经济的基本发展态势和国民经济的总体发展目标,结合本国的资源赋予、产业结构、经济发展水平,所制定的在较长时期内普遍适用的对外贸易原则、方针、策略。体现对外贸易总政策的各种政策措施包括进出口商品政策、国别政策或地区政策等方面,涉及国家对外贸活动的经营管理体制、法律制度和行政干预3个方面的内容。狭义的贸易政策则是指关税和非关税措施的政策体系。

2. 贸易政策的分类

自由贸易政策(Free Trade Policy)是指国家对贸易行为不加任何干预,既不鼓励出口,也不限制进口,使商品自由进出口,在国际市场上自由竞争。自由贸易政策产生于18世纪初,是18世纪新生资产阶级"自由放任"思想在对外经济关系上的延伸。国际贸易几百年的历史表明,完全意义上的自由贸易政策是不存在的,当今的自由贸易政策表现为国家取消对进出口贸易的限制和障碍,取消对本国进出口商品的各种特权和优惠的自由化过程。

保护贸易政策(Protection of Trade Policy)是指政府广泛利用各种限制进口的措施保护本国市场免受外国商品的竞争,并对本国出口商品给予优待和补贴以鼓励商品出口的政策。保护贸易政策是一系列干预贸易行为的各种政策措施的组合。

超保护贸易政策(Super Protection Trade Policy)是垄断竞争时期资本主义的贸易政策特征。20世纪30年代资本主义大萧条使贸易政策向垄断资本利益倾斜。保护的对象是高度发达的工业或出现衰落的夕阳工业;在垄断国内市场的基础上对国外市场实施进攻性扩张;保护的不是一般的工业资产阶级,而是垄断资本的利益。超保护贸易也称侵略性保护贸易政策,是国际贸易中垄断竞争日益激烈的产物,成为二战后国家垄断干预贸易、争夺世界市场和霸权的手段。

中性贸易政策(Neutral Trade Policy)是指对于一切可贸易产品和非贸易产品,可出口产品和可进口产品,国内市场和出口市场,政府均采取不偏不倚的干预措施。

偏向性贸易政策(Biased Trade Policy)则有内向性和外向性贸易政策之分。外向性的贸易政策倾向于鼓励出口和促进出口加工业生产,属于较为开放的政策。内向性政策重视内销生产,轻视供出口的生产。内向型政策一般采用如进口许可证、数量限制等直接控制办法,对制造业实行高度保护,对进口和投资实行直接控制、币值高估等方法。这种政策促使需求转向本国制造的产品,出口则由于进口投入成本的上涨而受到制约。

10.2.1.2 贸易政策与经济发展战略

二战后,随着世界殖民体系的瓦解,纷纷独立的民族主义国家和地区在选择如何利用对外经济关系、运用对外贸易战略,实现工业发展的道路时,形成3种不同的模式。

1. 初级产品出口工业化战略

这是指通过扩大初级产品出口促进经济发展的一种工业化战略,也称为初级外向战略,这是20世纪50年代初一些后起的民族主义国家不得不采取的策略。其对工业的意义主要表现在利用资源优势获取工业化所需的资金和技术,促进辅助工业的发展等方面。但其不足之处也很明显,初级产品的市场和价格极不稳定导致经济发展的不稳定,经济单一性和对发达市场的依附性使工业化战略难以贯彻。

2．进口替代工业化战略

这是指在限制一些产品进口的同时，发展这些产品的国内生产，用本国产品满足本国市场需求，逐步扩大本国的工业基础。它是用本国产品替代进口品的工业化过程，其特征是鼓励外商投资、高关税、数量限制与本币币值高估相配合的保护贸易政策，该项战略也被称为内向型战略。

3．出口导向工业化战略

这是指通过建立面向国外市场为主的加工工业，增强本国产品在国际市场的竞争能力，以出口带动整个国民经济的繁荣，即以发展制成品出口带动工业化的发展。出口导向工业化采取较为开放的鼓励出口的贸易政策体制，吸引外商投资、本币贬值以增强出口竞争优势等。其对工业化的意义表现在：生产规模不受国内市场约束而能获得规模经济优势；促进生产力发展的经济成长优势；扩大就业和收入增加的经济增长优势；开辟外汇收入渠道的资金积累优势。但由于其开放的特征，世界经济中的不利因素通过贸易传导会带来相应的市场、金融和政策等风险。

10.2.1.3 贸易政策的国际协调

1．贸易纷争与贸易政策国际协调

由于贸易利益的差异和冲突及各国经济目标的要求，运用政策调节经济贸易行为成为政府的主要职能。这种各自以本国经济利益为出发点的贸易政策必然产生国与国之间的利益冲突和政策的不协调，从而影响贸易的正常发展，各国的贸易利益也将因此而减少甚至消失。因此，国际贸易要真正实现互惠互利，促进世界经济的发展，就必须达成贸易政策的国与国之间的协调。

2．贸易政策国际协调的形式

贸易条约和协定是指有关主权国家为确定彼此间的贸易关系，规定各自的权利和义务，协调各自对外的贸易政策，经过协商或谈判缔结的书面协议。这是贸易政策国际协调的最初形式。贸易条约和协定有许多不同的类型。

（1）贸易条约（（Trade Treaty））是全面规定缔约国间经济和贸易关系的书面协议，其内容广泛，涉及缔约国间在经济和贸易关系方面的权利和义务。贸易条约通常以国家或国家首脑的名义签订，并经缔约方各自的立法机关讨论通过，报请国家最高权力机关批准后才能正式生效。贸易条约通常以通商航海条约（Treaty of Commerce and Navigation）形式表现，或称通商条约、友好通商条约等。贸易条约的内容几乎包括经济贸易关系的全部领域。

（2）贸易协定（Trade Agreement）是缔约方为调整和发展相互间的贸易关系而签订的书面协议。贸易协定的签订程序比贸易条约简单，有效期也较短，一般只需经签字国的行政首脑或其代表签署即可生效。贸易协定的内容不如贸易条约那么广泛，但更具体，它通常包括：最惠国待遇条款；进出口商品签单和进出口贸易额；作价原则和使用货币的规定；支付和清偿的方式；关税优惠及其他事项。贸易议定书（Trade Protocol）是就缔约国发展贸易关系中具体项目达成的书面协议。贸易议定书通常是作为贸易协定的补充。如签订长期贸易协定时，以议定书方式规定年度贸易具体事宜。贸易议定书签订程序简单，内容具体，一般由签字国的有关行政部门的代表签署即可生效。

（3）支付协定（Payment Agreement）是指规定各缔约方之间在贸易和其他方面的

债权债务结算的书面协议。这种相互抵账结算彼此债权债务关系的方式,有助于克服外汇短缺的困难,从而有利于双方贸易的发展。

(4) 国际商品协定(International Commodity Agreement)是指商品的主要出口国(生产国)与消费国(进口国)就该项商品的购销、价格等问题,通过协商而达成的政府间的多边协定。国际商品协定的主要对象是发展中国家所生产的初级产品。发展中国家希望通过维持合理的价格,保证这些产品的生产和销售。而作为初级产品主要消费国的发达国家则希望通过商品协定,在维持正常供给的条件下,保证价格水平不至于过高。因此,在谈判和签订协定过程中,发展中国家和发达国家存在着利益矛盾。经过长期斗争,先后签订了小麦、糖、锡、橄榄油、可可、牛肉、天然橡胶、乳制品、热带木材、黄麻及其制品等商品协定。

(5) 经济条款是国际商品协定中最主要的条款。经济条款确立各成员国的权利和义务,关系到各成员国的具体利益。经济条款一般有 4 种规定办法:

① 建立缓冲存货(Buffer Stock)

它协定规定执行机构设立缓冲存货以干预市场。缓冲存货由成员国提供的实物和资金两种形式构成,执行机构按最高限价和最低限价的规定,当市场价格到最高限价时,就抛出缓冲存货的实物,当市场价格落到最低限价时,就以缓冲存货的现金收购商品,以达到稳定价格的目的。

② 规定出口限额(Export Quota)

它规定一个最基本的年度出口配额,并根据每年的市场需求和价格状况确定当年的具体出口限额。如当年市场价格过高,配额自动增加,反之则自动减少。

③ 签订多边合同(Multilateral Contract)

多边合同实际上是一种多边性的商品合同,它规定进口国在协定商定的价格幅度内,向出口国购买一定数量的一种商品;同时要求出口国保证,在规定的价格幅度内,向进口国出售一定数量的协定商品。

它也可以包括出口限额与缓冲存货相结合的规定。如国际可协定规定最高、最低限价,同时运用缓冲存货和出口配额控制商品的供求和价格。

④ 双边协调(Bilateral Coordination)与多边协调(Multilateral Coordination)

贸易政策的国际协调是指国与国之间的政策协调。它表现为 3 个不同层次:双边(国与国之间)的协调;集团性、区域性贸易政策的诸边协调;致力于全球贸易体制的多边贸易政策协调。双边的贸易政策协调旨在协调贸易伙伴间的关系,通过双方签订贸易条约或协定等形式进行。

经济区域化、集团化与贸易政策协调是贸易政策在国与国之间协调的重要形式,体现了经济集团或区域经济一体化为了共同利益而实施的共同对外贸易政策措施,如贸易集团、共同市场、关税同盟、自由贸易区等。目前世界上各种区域性的国际经济合作组织参加的国家或地区达 140 多个。这些规模不等的组织或特殊优惠的安排,将歧视性的贸易壁垒变成一组国家共同的对外贸易壁垒,成为各国贸易政策的主要内容。

全球贸易体制和贸易政策多边协调是指从符合世界贸易总体利益的角度,协调和约束各国的对外贸易政策,促进世界贸易的规范化、有序化。1947 年以来的关税及贸易总协定(General Agreement on Tariff and Trade,GATT)引导的多边贸易规则,是第一个全球性的多边贸易体系,1995 年它结束了历史使命,由世界贸易组织(World Trade Organization,WTO)替而代之。关贸总协定曾富有成效地调节了国与国之间的经济贸易关系,通过制定原则和规则,以期贸易政策趋于统一,成为贸易政策的国际协调的典范。

10.2.2 关税

10.2.2.1 关税概述

关税是传统的贸易政策工具。二战以后,关税在政策工具中的地位有所下降,但它仍然是市场经济条件下政府调节对外经济关系的有效手段。

1. 关税的含义及其起源

关税(Customs Duties 或 Tariff)是进出口货物经过一国关境(Customs Frontier)时,由政府所设置的海关(Customs House)向其进出口商所征收的一种税。关税与国家凭借政治权力规定的其他税负一样,具有强制性、无偿性和固定性特征。关税的纳税人即税收主体,是本国进出口商,但最终是由国内外的消费者负担,它属于间接税。进出口货物则是税收客体,即依法被征税的标的物。

关境是海关设置的征收关税的领域。一般说来,一国的关境是与其国境相一致的,但是也有两者不一致的情况。一些国家在国境以内设置自由港或自由贸易区等免税区域,这时关境范围小于国境;有些国家相互之间结成关税同盟,参加同盟的国家在领土基础上合成统一的关税,即对内免除相互间的关税,对外则统一关税,这时对某一个国家而言,关境范围就大于国境。随着国家的对外开放程度的提高和经济区域化的发展,关境与国境背离已成为较普遍的现象。

2. 关税的作用

关税通过提高进出口的成本发挥作用,以进口税为例,其作用表现如下:

(1) 消费效果

它指消费者因进口品价格上涨而减少购买,降低消费者的满足程度。其效果大小与国内需求弹性相关,需求价格弹性大,消费效果也大,反之效果则小。

(2) 保护效果或生产效应

它指关税促进国内生产扩张和产量增加。关税导致价格上涨,能弥补国内生产者扩大生产而上升的边际成本,所以国内生产增加。关税保护效果的大小取决于国内的供给弹性。供给弹性越小,关税的保护效果也越小。

(3) 贸易效果

它指由关税提高进口成本使进口量减少的效应,也包括对贸易条件产生的影响。

(4) 收入效果,即财政效果

它指政府通过关税,对进口商品征税所获得的货币收入。收入大小取决于关税税率和进口数量。

10.2.2.2 关税的种类

1. 按商品流向分类

(1) 进口税(Import Duties)

进口税即进口国海关在外国商品输入时,对本国进口商所征收的关税。进口税是关税中最主要的税种,它一般是在外国商品(包括从自由港、自由贸易区或海关保税仓库等地提出,运往进口国国内市场的外国商品)进入关境、办理海关手续时征收。进口税可以是常规性的按海关税则征收的关税,也可以是临时加征的附加税。

（2）出口税（Export Duties）

出口税即出口国海关在本国商品输出时对本国出口商所征收的关税。由于世界各国为了鼓励出口追求贸易顺差和获取最大限度的外汇收入,许多国家特别是西方发达国家已不再征收出口税。征收出口税的主要目的有:增加财政收入;保护国内生产;保障国内市场;转嫁开发费用。

（3）过境税（Transit Duties）

过境税也称通过税,它是一国对于通过其领土(或关境)运往另一国的外国货物所征收的关税。从19世纪后半期开始,各国相继废止了过境税,代之以签证费、准许费、登记费、统计费、印花税等形式,鼓励增加过境货物,增加运费收入、保税仓库内加工费和仓储收入等。

2. 按征税目的分类

（1）财政关税（Revenue Tariff）

从关税设置的目的看,最初关税只是作为政府增加财政收入的渠道,所以也称为财政关税（Revenue Tariff 或 Revenue Customs Duties）。财政关税达到增加收入目的的条件是:关税负担全部转嫁于外国,进口商品价格不因此而提高;进口量及进口消费不减少;国内没有与进口品相同的产品。

（2）保护关税（Protective Customs Duties）

以保护国内产业为目的的设置的关税称为保护关税。关税达到保护目的的条件是:进口税必须高于国内的消费税,以提高进口品价格,从而保护国内工业;进口量及进口消费下降,减少外国商品对本国生产的压力;国内存在进口竞争产业。

（3）报复性关税（Reliabiliatory Duties）

它是指对特定国家的不公平贸易行为采取行动而临时加征的进口附加税。加征报复性关税大致有以下几种情况:对本国输出的物品课以不合理的高关税或差别税率;对本国物品输出设置障碍;对贸易伙伴违反某种协定等采取措施。

（4）科技关税（Scientific Tariff）

它是指对技术先进、竞争能力特别强劲的产品所征收的进口附加费用。

3. 按征税待遇分类

（1）普通税（Ordinary Tariff）

由于国与国之间政治、经济关系存在差异,一个国家对来自不同国家的同样产品会采取不同的税率,以示区别对待。普通税率是最高的税率,现在仅个别国家的商品实行这种歧视性税率。

（2）优惠关税（Preferential Tariff）

优惠关税适用于有经济贸易关系的国家的进口商品。不同的经济贸易关系则适用不同程度优惠的税率。优惠税率有最惠国税率、协定税率、普惠制税率、特惠税率等多种形式,这些都在一国的海关税则中列明。普通税率一般要比优惠税率高1～5倍,个别甚至达到10倍。有的最惠国税率也称为协定税率,是根据所签订的贸易条约或协定的最惠国待遇条款所给予的优惠税率。如世界贸易组织缔约方之间相互适用最惠国税率。

（3）特惠关税（Preferential Duties）

特惠关税是一种特别优惠的关税，它是指对特定的某一国家或地区进口的全部或部分商品，给予特别优惠的低关税或免税待遇。特惠关税最早实行于宗主国与殖民地之间，其目的是为了保持宗主国在殖民地市场上占据的优势。现在实行特惠制的主要是欧盟向非洲、加勒比海和太平洋地区的发展中国家单方提供特惠的"洛美协定"（Lome Agreement）。第一个"洛美协定"于1975年2月签订，第五个"洛美协定"于2000年5月31日正式签字，其有效期首次达20年。受惠的国家或地区已从最初的46个增加到86个。

"洛美协定"在关税方面的优惠主要有3点：欧洲共同市场对来自受惠国家或地区的工业品全部给予免税优惠；96％的农产品免税；这些发展中国家无须给予反向优惠。"洛美协定"的特惠关税是目前世界上免税程度最大的一种特别优惠的关税，还包括放宽部分非关税壁垒。

（4）普遍优惠制度关税（Generalized System of Preference, GSP）

普遍优惠制度关税又称普惠制，它是工业发达国家承诺对来自发展中国家的某些商品，特别是制成品或半制成品给予普遍的关税减免优惠的制度。普遍性、非歧视性和非互惠性是普惠制的3项主要原则。普遍性是指所有发达国家对发展中国家出口的制成品和半制成品给予普遍的优惠；非歧视性是指所有发展中国家无例外地享受普遍优惠待遇；非互惠性是指发达国家单方面给予发展中国家关税优惠，而不要求发展中国家或地区提供反向优惠。

实施普惠制的国家都各自制订方案，在提供关税优惠待遇的同时规定了种种限制措施。各国的方案不尽相同，主要内容大致包括以下几个方面：

① 受惠国或地区（Beneficiary Country or Region）

普惠制原则上是无歧视的，但各给惠国从各自政治经济利益出发，对受惠国或地区进行限制。如美国公布的受惠国名单中，不包括石油输出国、非市场经济的社会主义国家、贸易中与美国有歧视或敌对的国家等。

② 受惠商品范围（Benefit the Range of Goods）

一般将发展中国家或地区工业制成品和半制成品都列入受惠范围，但一些敏感性商品，如纺织品、服装、鞋类及皮革制品和石油制品常被排除在外，农产品受惠较少。

③ 减税幅度（Tax Cuts）

受惠商品的减税幅度取决于最惠国税率和普惠制税率的差额，即普惠制的差幅。假设某一商品最惠国税率为10％，普惠制税率为免税，其普惠制差幅为10％。通常工业品的差幅较大，农产品的差幅较小。普惠制成为最惠国待遇的特例。

④ 保护措施（Safeguard）

由于普惠制是一种单向的优惠，为了保护本国某些产品的生产和销售，给惠国一般都规定保护措施，内容包括：免责条款，即当受惠商品进口量增加对本国生产者造成或即将造成重大损害时，给惠国保留完全或部分取消关税优惠待遇的权利；预定限额，对给惠商品预先规定限额，超过限额的进口不予享受；竞争需要标准，即对来自受惠国的某种进口商品如超过当年所规定的限额,则取消下年度的该种商品的关税优惠待遇。

(5) 原产地规则(Rule of Origin)

它是普惠制的主要组成部分和核心。为了确保普惠制优惠的好处仅仅给予发展中国家生产和制造的产品,各给惠国都制定了详细的原产地规则。原产地规则一般包括原产地标准、直接运输规则和证明文件等3个部分。

原产地标准是普惠制产地证表格A第8栏的标题及其要求填写的内容。这是产地证书的核心部分。受惠国的签证机构必须按给惠国的原产地标准审核签发原产地证明书,作为享受优惠的凭证。

原产地标准通常采用整件生产标准和实质性改变标准两种形式。整件生产标准也称完全原产品,即产品完全在受惠国生产和制造,不含进口原料和部件。实质性改变生产标准针对含有进口成分的产品,对有两个或两个以上国家参与生产的产品确定其原产国的标准。其基本概念是货物必须在出口国经过最后一道的实质性加工或生产,使该产品得到其特有的性质或特征,该出口国才被认为是货物的原产地。

实质性改变标准又可分为3种具体的规定:① 最后改变标准。就是在原产地完成了成品的最后一道加工程序。这种加工实质上改变了原产品性质,使其具备了新产品的特征,但这种加工不仅仅是为了改变原产地以谋取关税的优惠。② 加工标准。就是货物在原产地必须经过给该产品以基本特征的加工程序。这里包括以下含义:税则项目的改变,即如果原料(配件)经加工制造(装配)为成品后,税目发生了变化,即成品的税目已非所用原料的税目时,就可以认为进口的原料已经过了实质性的改变。但并不是所有的原料和部件到成品的税目变化,都会引起商品的性能和特征的变化。因此,一些给惠国把此种情况作为例外,并把这些例外分别列入加工清单A和清单B内。清单A(List A)规定,虽然商品税目改变,但进口商品没有经过充分的加工,仍然不能享受普惠制待遇。给惠国制定合格加工清单,规定某些商品在原产地生产时必需的加工要求。清单B(List B)则规定,虽然税目没有发生变化但仍有资格享受优惠待遇,如用进口玻璃纤维加工成纤维织品,虽然税目没有变化,但经过了复杂的加工过程,可以认为经过加工有了实质性改变。③ 百分比标准。它也称增值标准,即出口产品在生产中所使用的非生产国原料或部件的价值,在该产品的出厂价格中所占的比例不得超过一定的百分比,或规定该产品中生产国的本国原料和生产费用总和所占的比例必须等于或超过一定的比例,该产品才被认为有了实质性的改变。通常产品中的进口国成分被视作原产国成分。

(6) 直接运输规则(Direct Shipping Rules)

这是指原产品必须从出口受惠国直接运至进口给惠国。这是一种必要的技术手段,以确保运至给惠国的产品就是出口受惠国发运的原产品。

有的普惠制方案还订有"毕业"条款,指发展中国家中的一些新兴工业国家和地区随着其经济状况的改善,不能再享受特别的优惠待遇,而逐步从普惠制受益者身份"毕业"。有的方案实行受惠国整体"毕业",有的则采用部分"毕业",即哪些行业或产业已经发展起来了,那么就取消该行业或产业产品的普惠制待遇。

（7）进口附加税(Import Surtax)

进口附加税是指对进口商品除了征收正常的进口关税以外,根据某种目的再加征的额外进口税。这类关税在海关税则中并不载明,并且是为特殊目的而设置的,因此,进口附加税也称特别关税。设置进口附加税的主要目的包括:应付国际收支危机,维持进出口平衡;抵制不公平贸易行为;对实行歧视或报复的国家实施报复等。

根据不同的目的,进口附加税主要有反贴补税、反倾销税等。

① 反贴补税(Counter-Vailing Duty)又称抵消税或补偿税。它是对于直接或间接接受任何奖金或贴补的外国商品进口所征收的一种附加税。凡进口商品在生产、制造、加工、买卖、输出过程中所接受的直接或间接的奖金或贴补都构成征收反贴补税的条件,不论奖金或贴补来自政府或同业分会等。反贴补税的税额一般按奖金或贴补数额征收。

② 反倾销税(Anti-Dumping Duty)是对于实行商品倾销的进口货物所征收的一种进口附加税,其目的在于抵制商品倾销,保护本国的市场与工业。所谓倾销,是指以低于本国国内市场价格或低于正常价格在其他国家进行商品销售的行为。它使进口国厂商处于不平等竞争地位,造成冲击。进口国政府为了保护本国产业免受外国商品倾销的冲击,就有可能考虑对实施倾销的产品征收反倾销税。

10.2.2.3 关税的征收

1. 海关税则(Customs Tariff)

（1）海关税则的含义及其内容

海关税则也称关税税则(Tariff Schedule),是国家根据其关税政策和总体经济政策,以一定的立法程序制定和颁布实施的应税商品和免税商品的种类划分及按商品类别排列的关税税率表,是海关凭以征收关税的依据,并具体表现为一国的关税政策。

关税税则一般包括两个部分:一部分是海关课征关税的规章条例;一部分是商品分类及关税税率一览表。关税税率表包括税则序列(Tariff No. 或 Heading No. 或 Tariff Item,简称税号)、货物分类目录(Description of Goods)和税率(Rate of Duty) 3 类。

（2）海关税则的货物分类

关税税则的货物分类主要是根据进出口货物的构成情况,对不同商品使用不同的税率及便于贸易统计而进行系统的分类。各国关税税则分类不尽相同,主要有以下几种: ① 按货物的自然属性分类,例如动物、植物、矿物等;② 按货物的加工程度或制造阶段分类,例如原料、半制成品和制成品等;③ 按货物的成分分类或按同一工业部门的产品分类,例如钢铁制品、塑料制品、化工产品等;④ 按货物的用途分类,例如食品、药品、染料、仪器、乐器等。

为了统一各国的商品分类,减少税则分类的矛盾,曾先后形成 3 种商品分类目录:《关税合作理事会税则目录》(Customs Co-operation Council Nomenclature,CCCN),由欧洲关税同盟研究小组于 1952 年 12 月制定。它的商品分类划分原则是以商品的自然属性为主,结合加工程度等,将全部商品分成 21 类(Section)、99 章(Chapter)、101 项税目号(Headings No.);《国际贸易标准分类》(Standard International Trade Classification,SITC),简称《标准分类》,1950 年由联合国经社理事会下设的统计委员会编制并公布。它主要用于贸易统计,其商品分类是按照商品的加工程度由低级到高级进行编排,同时也适当考虑商品的自然属性。许多国家的政府按《标准分类》编制国际贸易统计资料。《国际贸易统计年鉴》《商品贸易统计》《统计日报》《世界贸易年报》等都以《标准分类》为依据发表统计资料。《协调商品名称和编码制度》(The Harmonized Commodity Description and Coding System,HS),简称《协调制度》,它是在"海关合作理事会分类目录"和联合国"国际贸易标准分类"基础上编制的,是一种新型的、系统的、多用途的商品分类制度,于 1988 年 1 月 1 日正式生效。大多数国家,包括原来单独使用分类的加拿大、美国等都广泛运用《协调制度》(HS)。中国也于 1992 年 1 月 1 日起按此制度进行关税税则分类。

2. 计税标准(Taxable Standards)

(1) 从量税(Specific Duties)

从量税即以商品的重量、数量、长度、容积、面积等计量单位为标准计征的关税。从量税的税额是商品数量与单位从量税的乘积。征收从量税大都以商品的重量为单位,重量则有毛重、净重和公量 3 种计算方法。从量税的优点:① 手续简便,无须审查货物的规格、价格和品质,费用成本低;② 进口品价格跌落时,仍有适度保护;③ 可以防止进口商谎报价格。从量税的缺点:① 不能区别等级、品质及价格差异的货物,税负不合理;② 税率固定,没有弹性,税额不能随物价涨落而增减,失去市场的价格机能;③ 对部分不能以数量计算的商品不能适用,如古董、字画、钟表、钻石等。从量税通常用于应对国外质量低次的廉价商品进口。发达国家使用从量税主要针对食品、饮料、动植物油等的进口。由于发展中国家出口以初级产品为主,从量税就使这类产品的税负相对较重。

(2) 从价税(Ad Valorem Duties)

从价税是以进口商品的价格为标准计征的关税,其税率表现为货物价格的百分率。从价税的优点:① 税负合理。按货物的品质、价值等级比率课税,品质佳、价值高者,纳税较多,反之则较少。② 税负明确,且便于各国关税率比较。③ 税负公平。税额随物价的涨落而增减,纳税人的负担可以按比例增减,可抑制过分利得,减轻过分损失。④ 进口物价上涨,数量不变时,财政收入增加。从价税的缺点:① 估价繁难。必须有专门人才才能胜任,因此费用成本高。② 通关不易。在估定货物价格时,海关与业者容易引起争议。③ 调节作用弱,保护性不强。税额随物价涨落而增减,对物价不能产生调节作用。另一方面保护作用明显不足。当国外市场价格上涨时,国内产业所需的保护要求降低,但实际上进口税额随物价上涨而增加;反之,国外市场价格跌落时,国内生产所需的保护增强,但关税却随之减少。

从价税的关键问题是如何核定完税价格。完税价格的认定也即海关估价(Customs Value),是指出口货物的价格经货主(或申报人)向海关申报后,海关按本国关税法令规定的内容审查,估定其完税价格。

(3) 混合税(Mixed or Compound Duties)

混合税又称复合税,它是对同一种商品同时采用从量、从价两种标准征收关税的一种方法。按从量税和从价税在混合税中的主次关系不同,混合税有的是以从价税为主,另加征从量税;有的是以从量税为主,加征从价税。混合税率大多应用于耗用原材料较多的工业制成品。美国较多采用混合税,例如它对提琴除征收每把 21 美元的从量税外,还加征 6.7％的从价税。混合税兼有从价税和从量税的优点,增强了对关税的保护程度。

(4) 选择税(Alternative Duties)

它是指对同一物品同时定有从价税、从量税和混合税税率,征税时由海关选择,通常是按税额较高的一种征收。选择税具有灵活性的特点,可以根据不同时期经济条件的变化、政府征税目的和国别政策进行选择。选择税的缺点是征税标准经常变化,令出口国难以预知,容易引起争议。

10.2.3　非关税壁垒措施

10.2.3.1　进口非关税壁垒措施概述

1. 进口非关税壁垒措施的含义

进口非关税壁垒是指各国政府与关税以外所有用以限制进口的措施,它是当今各国保护国内市场的主要手段。据统计,目前非关税壁垒措施可分为 8 类 75 种,具体措施可达 3 000 多种。

2. 非关税壁垒措施的发展

非关税措施的实施范围日益扩大。随着非关税措施种类的增加,其用于限制商品进口的范围也日益扩大,其中包括从手套到制衣,从钢铁到汽车等一系列商品。非关税措施是不公正的,歧视性越来越明显,它不是一视同仁,而是根据与不同国家的政治经济关系采取不同的或不同程度的措施。如欧盟明确主张"有选择的限制",对中国的限制的歧视性尤为明显。欧盟委员会也不得不承认,对中国的限额有 1/3 是歧视性的。

10.2.3.2　直接限制进口的措施

非关税限制贸易的政策工具中,直接限制进口的"数量限制"的保护效果最大且直接,尤其是对缺乏需求弹性的商品如农产品等,其效果更为显著。

1. 进口配额制

(1) 进口配额的含义及其作用

进口配额(Import Quota)又称进口限额,是指一国政府在一定时期(如一季度、半年或一年)内,对于某些商品的进口数量或金额加以直接限制。在规定的期限内,配额以内的货物准予进口,超过配额的货物则不准进口,或加征较高的关税甚至罚款以后才准许进口。

(2) 进口配额的分类

① 绝对配额和关税配额

绝对配额(Absolute Quotas)是指在一定时期内,对某些商品的进口数量或金额规定一个最高额度,达到了这个额度后便不准进口。

关税配额(Tariff Quotas)是一种进口配额与关税相结合的形式。它是指在配额额度内进口,可以享受优惠关税或免税,超过额度则要按一般正常的税率计征关税。有的国家则对超额进口加征附加税甚至罚款。关税配额与绝对配额的主要区别在于:绝对配额规定一个最高进口数额,不能超过;关税配额则表现为,超过额度仍可进口,只是成本将增加。

② 全球配额和国别配额

全球配额（Global Quotas）是一种世界范围内的绝对配额。它是指进口的数量限额不区分国别地区，谁先申请谁先获得。它在实施贸易限制过程中基本贯彻了非歧视原则。

国别配额（Country Quotas）即将总配额按国家或地区分别给定的额度。为了区分来自不同国家或地区的商品，在进口时必须提交原产地证明书。国别配额的最初分配通常是以各主要出口国在本国市场的份额为基础进行分配，往往也会根据国家关系的不同而给予差别待遇。

2. 自动出口限制

（1）自动出口限制的含义

自动出口限制（Voluntary Restriction of Export）又称"自动出口配额制"（Voluntary Export Quotas），也是一种限制进口的手段。它是指出口国家或地区在进口国的要求或压力下，自动规定某一时期内（一般为 5 年），对该国出口某些商品的数量或金额的限制，在限定的配额内自行控制出口，超过配额即禁止出口。其目的在于避免因这些商品出口过多而严重损害进口国生产者的利益，招致进口国采取严厉措施限制从该国的进口。自动出口限制最早出现于 20 世纪 30 年代的美日纺织品贸易中。到了 60 年代以后，自动出口限制被广泛采用，范围已从纺织、钢铁、小汽车扩大到彩电、电子元件和船舶等，甚至涉及一些农产品如奶酪、苹果、肉类等。自动出口限制属于关贸总协定的"灰色区域措施"。所谓"灰色区域措施"（Gray Area Measures），是指关贸总协定中无明确适用条款，其法律地位不清楚，既不是合法的，也不是非法的贸易限制措施。自动出口限制就是利用关贸总协定不明确、不全面性的特点，采取双边的和不透明的隐蔽形式实行贸易限制，以避免关贸总协定的监督。它是一种求助于量的限制措施，具有选择性、双向性和隐蔽性的特点。

（2）自动出口限制的种类

① 单方自动出口限制

它由出口国单方面自行规定出口到某国的限额，以限制商品的出口。单方自动出口限制包括：政府规定配额并予以公布，出口商必须向有关机构申请配额，领取出口授权或出口许可证才能输出；出口国的出口厂商和同业公会根据政府的意图规定额度控制出口。单方自动出口限制形式上是出口国单方的自愿行为，但事实上总是受到进口国警告，或受到进口国的压力，才由出口国做出的。

② 协议自动出口限制

它由出口国与进口国通过谈判的方式签订"自限协定"（Self-restriction Agreement）或"有秩序的销售协定"（Orderly Marketing Agreement）。在协定的有效期内规定某些商品出口配额，出口国则根据此配额实行出口许可证制或出口配额签证制（Export Visa），自行限制出口，进口国则根据海关统计进行监督检查。协议自动限制是自动出口限制的主要形式。协议达成的谈判形式有：政府间的双边谈判；政府间的多边谈判；进口国政府与出口企业间的谈判；进出口国家的双边企业谈判。

（3）自动出口限制协定的内容

自动出口限制协定的内容日趋复杂，各种协定内容不尽相同，一般包括以下几个方面。

① 配额水平（Quota Level）

它规定有效期内各年度自动出口的限额。通常是以签约前一年的实际出口量为基础，商定协定第一年限额，并确定其他各年度的增长率。

② 自动限制出口（Automatically Limit Exports）出口的商品分类和细目

早期自动限制商品的品种较少，分类较笼统。20 世纪 70 年代以来，其品种增多，分类也日趋复杂。

③ 限额的融通（Intermediation of Quotas）

它是各种受限商品的限额相互之间适用的权限与数额问题，主要有两种融通做法：一是水平融通。它是指同一年度内组与组、项与项之间在一定百分率内的融通使用。这种替换率一般在 $1\%\sim15\%$，有些品种禁止移用。二是垂直融通。它是指同组同项水平在上下年度间的融通，即在协定中规定留用额（Carry-over）和预用额（Carry-in）。留用额是指当年未用完的配额拨入下年度使用的额度和权限，预用额是指当年配额不足而预先使用下年度的额度的权限。留用额和预用额的规定一般都有一些限制条件。例如，留用额不得超过实际余额，某些项目的留用额只限于同类项目使用，某些特定商品规定较低的留用额，甚至禁止使用留用额；预用额必须在下年度配额中扣除。预用额不得超过 5%。

④ 保护条款（Protection Clause）

它是指协定规定进口国方面有权通过一定的程序，限制或停止进口某些造成"市场混乱"或使进口国市场厂商受损害的商品。这实际上扩大了进口国限制进口的权限，发达国家在对外签订"自动"限制协定时，都力求订入这项条款。

（4）多边纤维协定（Multi-Fabric Agreement，MFA）

多边纤维协定也称国际纺织品贸易协议，它是关贸总协定下的一项多边纺织品和服装贸易协定，是世界主要的纺织品出口国与进口国就纺织品的贸易所达成的协议。通过协议由纺织品出口国自动地约束其纺织品的出口，以达到进口国的数量限制。因此，它是一种数量控制措施的体现，却又以出口国自动限制的形式出现，它是多边协定配额的典型表现。MFA 的宗旨是，通过发达国家暂时地限制纺织品进口，或由发展中国家自动地限制其纺织品出口，为发达国家对其国内竞争力遭到削弱的纺织品进行调整提供机会，而做所谓有秩序的销售安排，以免"市场扰乱"，其实质是发达国家限制来自发展中国家的纺织品进口。

3. 进口许可证制

（1）进口许可证制的含义及其作用

进口许可证制（Import Licence System）是一种凭证进口的制度。为了限制商品进口，国家规定某些商品进口必须领取许可证，没有许可证一律不准进口。许可证制与进口配额制一样，也是一种进口数量限制，是运用行政管理措施直接干预贸易行为的手段。大多数国家将配额制和进口许可证制结合起来使用，即受配额限制进口的商品，进口商必须向有关部门申请进口许可证，政府发放进口配额许可证，进口商凭证进口。实行进口许可证制，不仅可以在数量、金额及商品性质上进行限制，而且可以控制来源国国别和地区，也可以对国内企业实施区别对待。有些国家在发放许可证时往往对垄断大公司予以照顾。有的国家将进口许可证的发放与出口联系起来，以达到促进出口的目的。例如在法国，那些经营出口业务的商人或企业家就较容易获得进口绸缎及绸缎服装的许可证。获得进口许可证的商人可以将其转移给服装的专业进口商，而获取 5%～15% 的佣金。

（2）进口许可证的分类

① 有定额与无定额进口许可证

有定额的进口许可证（Fixed Import License）。管理当局预先规定有关商品的进口配额，然后在配额的限度内，根据进口商申请逐笔发放具有一定数量或金额的许可证，配额用完即停止发放。此类进口许可证一般由进口国当局颁发给本国提出申请的进口商，也有将此权限交给出口国方使其自行分配使用（通常是国别配额情况），又转化为出口国依据配额发放的出口许可证。有的国家则要求进口商用出口国签发的出口许可证来换取进口许可证，即所谓的"双重管理"。

无定额的进口许可证（No Fixed Import License）。政府管理当局发放有关商品的进口许可证只是在个别考虑的基础上进行，而没有公开的配额数量依据。由于此种许可证没有公开的标准，故它在执行上具有很大的灵活性，起到的限制作用更大。

② 公开一般许可证与特种许可证

公开一般进口许可证（Open General License，OGL），又称公开进口许可证、一般进口许可证或自动进口许可证，是指对国别或地区没有限制的许可证。凡属公开一般许可证项下所列商品，进口商只要填写此许可证即可获准进口。此类商品实际上是"自由进口"的商品，填写许可证只是履行报关手续，供海关统计和监督需要。

特种许可证（Special License，SL）又称非自动进口许可证，即进口商必须向有关当局提出申请，获准后才能进口。这种许可证适用于特殊商品及特定目的的申请，如烟、酒、麻醉物品、军火武器或某些禁止进口物品。进口许可证直接受管理当局控制，并用以贯彻国别地区政策。进口国定期公布需领取不同性质进口许可证的商品项目，并根据需要加以调整。

10.2.3.3 间接限制进口措施

除了传统的直接限制进口的数量限制措施以外，形形色色的间接限制进口措施也被广泛运用，并且不断创新，主要有以下几种。

1. 对外贸易的国家垄断（National Monopoly）

对外贸易的国家垄断是指国家指定的机构和组织集中管理、集中经营对外贸易。在以私营经济为主体的西方国家，平时仅对少数商品如军火、烟酒和粮食等商品实施国家垄断，在战争或经济大萧条时期，范围有可能扩大。其目的在于：保证国内的供应和生产，防止国内市场的混乱；通过国家垄断，可以贯彻政府的意图，限制部分商品的进口。

2. 外汇管制（Foreign Exchange Control）

外汇管制是各国政府通过政府法令对国际结算和外国买卖加以管制以平衡国际收支，控制外汇的供给与需求，防止套汇、逃汇，维持本国货币本币币值稳定的一种管理措施。

3. 歧视性的政府采购政策(Government Procurement)

政府采购政策是指政府制定政策或通过制定购买本国货法(Buy National Act)规定,国家行政部门在采购时必须优先购买本国产品,从而形成了对外国产品的歧视,限制外国货的进口。

4. 最低限价(Minimum Price)和禁止进口(Prohibited to Import)

最低限价是指进口国就某一商品进口时规定一个最低价格,进口时低于该价格就不准进口或征收附加税。附加税税额是进口价格和最低价格之间的差额。进口国有时把最低限价定得很高,进口商若以最低限价进口,则无利可图。当数量限制或最低限价仍然不能达到目标时,一些国家往往颁布法令禁止某些商品的进口。

5. 国内税收(Internal Taxes)和商业限制(Commercial Restrictions)

某些国家特别是西欧国家广泛采用国内税收制度来限制进口,即通过对进口货物和国内生产货物实行差别税收,使进口商品的国内税收负担增加,包括消费税、增值税、临时附加税等。这种方法比关税更灵活,易于伪装,不受贸易条约或多边协定的约束。国内税收政策的制定和执行是属于本国政府机构有时甚至是地方政权机构的权限。有的国家则通过复杂的国外商品难以适应的商业限制以达到对进口产品形成障碍的目标。

6. 进口押金制度(Advanced Deposit)

进口押金制度又称进口存款制,是一种通过支付制度限制进口的措施。进口商在进口货物运达以前,必须预先按进口金额的一定比率和规定的时间,在指定的银行无息存放一笔现金,方能获准报关进口,存款须一定时期后才发还给进口商。其作用是政府可以从进口商处获得一笔无息贷款,进口商则因周转资金减少并损失利息收入而减少进口,从而起到了限制进口的作用。

7. 反倾销(Anti-dumping)和反贴补措施(Anti-subsidy Measures)

倾销和补贴在国际贸易中一般被视作不公平的竞争手段,为了避免外国商品倾销与受补贴商品进口对本国市场和生产造成重大伤害,进口国可对实施倾销与补贴的进口商品采取反倾销税和反贴补税等附加税,实行正当的保护措施。但是,反倾销和反贴补措施被进口国特别是欧美等发达国家滥用的现象日益严重。有时,即使最终裁决倾销或补贴不成立,但仅反倾销和反贴补的立案和一系列法律程序就足以对进口商品形成障碍。为此,关贸总协定及世界贸易组织就有关反倾销和反贴补达成协定,试图制止这种变相的保护主义措施,但是这些协定的约束力是有限的,并且协定本身也仍然存在某些概念界定不明确的缺陷。

10.2.3.4 技术性贸易壁垒

1. 技术性贸易壁垒概述

技术性贸易壁垒(Technical Barriers to Trade,TBT)是非关税壁垒中发展得最为广泛的一种形式,是指一国以维护国家安全、保护人类、保护动植物生命及健康、阻止欺诈、保护环境、保证质量为目的,或以贸易保护为目的所采取的技术性措施。这些措施在主观或客观上成为自由贸易的障碍。

技术性贸易壁垒标准既包括决定一种商品特性的规格,如质地、纯度、营养价值、尺寸、用途等,也包括设计和说明、证书、标记、商标及检验程序等。这些标准不仅日益复杂,而且经常变化,手续繁杂,标准也不透明,外国商品难以适应。这些规则的制定有保护人民健康和安全,保护环境和维护消费者利益等完全合法的理由,其本身可能不是有意设置贸易壁垒,但是这些规则往往可以产生贸易壁垒的作用,形成非关税壁垒。有些国家为了维护本国工业的利益,对进口品规定特殊的严格要求,实行双重标准。

2. 技术性贸易壁垒的主要措施

(1) 技术标准(Technical Standards)

技术标准即工业产品的技术标准,由于各国工业化程度、科技发展水平的不同,各国技术法规和技术标准的差异很大,有些国家的厂商则有意识地、有针对性地制定某些技术标准,并通过法律的形式确定下来形成技术法规,把这些标准作为进口入门的通行证,成为贸易保护的工具,使得出口国特别是发展中国家难以适应而形成贸易障碍。例如欧盟的 EU9002 成为欧盟的工业品的进口通行证。

(2) 卫生检疫措施(Health and Sanitary Regulation)

它是指为保护人类、动植物的生命或健康而采取的措施,包括保护人类和动物的生命免受食品和饮料的添加剂、污染物、毒素及外来病虫害传入的危害,保护植物的生命免受外来病虫传入的危害。

(3) 商品包装和标签(Packaging and Labeling Regulation)

如对包装物料要求,填充物不能用稻草、废棉絮等。美国对木质包装要求经过高温处理、熏蒸或防腐剂处理,这就大大增加了进口成本。

(4) 绿色壁垒措施(Green Barrier Measures)

1) 绿色壁垒措施的含义和形成

绿色贸易壁垒是近年来出现的贸易保护措施,指各国为了保护本国市场,以保护环境和国民健康为由,对进口商品提出带有歧视性、针对性的技术、安全和卫生标准。如不达标准,进口国有权扣留、退回、销毁和索赔等。

2) 绿色壁垒的主要形式

① 环境许可证制度(Environmental Permit System)

要求在取得许可证的基础上才能进口或出口,即需取得"预先通知同意"。这种做法源于《濒危野生动植物物种国际公约》等国际绿色规范。

② 禁止进口(Prohibited to Import)与环境贸易制裁(Environmental Trade Sanctions)

这是绿色壁垒中最为严厉的措施。如 1991 年,美国宣布禁止从墨西哥进口金枪鱼,理由是墨西哥使用超过美国标准的大型渔网,在捕获金枪鱼时也捕杀了应受保护的海豚。

③ 绿色补贴制度(Green Subsidy System)

这主要是在治理污染费用高昂,一些企业没有实力投资于新的环保技术、设备或无力开发清洁技术产品时,政府采用环境补贴方式予以帮助。

(5) 社会责任标准(Social Responsibility Standards)

20 世纪 90 年代以来,欧美等发达国家又实行所谓社会责任标准,如美国经济优先准入权认证机构理事会制定的社会责任认证标准,简称 SA8000(Social Accountability 8000),用于向各国消费者标明生产商与经销商的生产和销售行为符合国际社会对其的社会责任要求,其所提供的相关产品需符合国际公认的最低劳工权利标准。其标准包括:不使用或支持使用童工;为劳工提供安全、健康的工作环境;尊重劳工的集体谈判权;遵守工作时间的规定;保证达到最低工资标准;等等。这项标准的实施无疑会增加广大发展中国家出口产品的成本。

SA8000 是继 ISO9000、ISO14000 之后出现的又一个重要的国际性标准。虽然目前它只涉及人身权益及与健康、安全、机会平等与核心要素有关的初始审核,但随着对其不断修订和完善,该标准最终可能发展成为一个覆盖道德、社会和环境等范围的国际性标准。

10.2.4 鼓励和管理出口措施

10.2.4.1 鼓励出口的措施

鼓励出口的政策一般也被视作保护贸易政策的一种表现,也是干预主义的一种,只是在干预形式上与进口限制有所不同,隐蔽性较强。在当今国际贸易中,各国鼓励出口的做法很多,涉及经济、政治、法律等许多方面,运用财政、金融、汇率等经济手段和政策工具较为普遍。

1. 出口补贴和出口退税

(1)出口补贴(Export Subsidies)

出口补贴又称出口津贴,它是一国政府在商品出口时给予出口厂商的现金补贴或财政上的优惠,目的在于降低出口商品的价格,加强其在国外市场的竞争力。补贴是当今国际贸易中运用最广泛的干预形式。鼓励出口的补贴的基本形式有两种,即生产补贴和出口补贴。实施出口补贴,就使产品具有"双重价格"——国内市场的销售价格(内销价)和销往国外市场的价格(外销价),外销价低于内销价。

出口补贴包括直接补贴和间接补贴两种。直接补贴是直接付给出口商的现金补贴。战后,美国和欧洲一些发达的工业国家对某些农产品的出口就采用这种形式。这些国家农产品的国内价格一般要比国际市场价格高,向国外销售的价格损失由政府补贴来补偿,有时补贴金额甚至超过实际差价。另一种是间接补贴,也称隐蔽性补贴,即政府对某些出口商品所给予的种种财政上的优惠。

出口补贴的具体形式很多,有的很明显,容易招致报复,有的则较为隐蔽不易觉察。常见的方式有几种:① 亏损补贴。政府对出口商的亏损实行全额补贴,甚至再加适当的利润,以鼓励出口。② 优惠收购。政府以对生产者有利的固定价格收购产品,然后以低于国内市价或低于收购价格水平向国际市场销售。③ 减免税收。通过税收政策达到鼓励国内扩大出口的目的,即政府选择一些具有外销潜力的产业,予以租税方面的减免优惠,鼓励其投资,培养未来的国际竞争力,或对外销产品准许退税甚至免税。④ 提供廉价资源。政府以优惠费用提供国内公营的运输交通工具,以低廉价格由国有企业承运外销,甚至包括提供廉价的原料投入物等。

(2)出口退税(Export Tax Rebates)

它是指政府对国产品所征的货物税或加工出口前所缴纳的原料进口税,在制成品出口时予以退还。这是间接补贴的一种形式。出口退税的主要目的是增强出口产品的国际竞争能力，降低外销成本，鼓励出口以带动国内工业。发展中国家在采取高关税保护国内产业时以此为配套措施。高关税使出口产业的投入物进口成本上升，不利于出口业的发展。而退税虽然对一国的出口业发展具有积极作用，但是同样也会对国内经济产生负面影响，如税收的征、纳双方工作繁重，给出口厂商造成资金积压负担，产生骗税现象，不良厂商利用假出口真退税冒领进口税款，或者以国内次级原料加工出口，冒领进口原料退税，不利于产业结构均衡。由于工业发展中上下游之间的不协调，厂商急功近利，偏向于加工工业，而不愿投资于基础工业，以致基础工业发展缓慢，利益平均分配的难度极大。同一制造品的相关产业之间（上下游间）很难在退税问题上达成妥协。

2. 出口信贷和出口信贷国家担保制

建立资助性的出口信贷体系，运用优惠信贷支持和扶植出口业的发展，是当今世界贸易中常用的方式。各国政府建立专门的归政府所有的出口和对外贸易的商业银行，办理出口信贷和保险业务，商业银行以国家信用担保。

（1）出口信贷（Export Credit）

出口信贷即国家通过银行对本国商品所提供的一种信贷资助，对银行而言，就是出口信贷业务，用以促进和扩大出口。

出口信贷按时间长短分为：短期信贷（Short-term Credit），一般指 180 天以内，主要适用于原料、消费品及小型机器设备的出口；中期信贷（Medium-term Credit），为期 1～5 年，常用于中型机器设备出口；长期信贷（Long-term Credit），通常是 5～10 年，甚至更长时期，用于重型机器、成套设备等。

按借贷关系划分，出口信贷可分为卖方信贷和买方信贷。① 卖方信贷（Supplier's Credit）。它是指出口国银行向本国出口厂商即卖方提供的信贷。由出口厂商与银行签订贷款合同，一次成交金额大、交货期长的成套设备和船舶等运输工具的出口，进口方通常以延期付款的方式，一般要四五年，甚至达七八年时间才能全部收回货款。卖方信贷就是银行直接资助出口厂商向外国进口商提供延期付款，以利商品出口。② 买方信贷（Buyer's Credit）。它是指出口国银行直接向进口国银行或进口厂商（即买方）提供的贷款，帮助解决进口厂商资金不足、不能立即付款的困难，以刺激国外消费者购买大型机器设备或成套设备。买方信贷是一种约束性贷款（Tied Credit），即所贷款项必须用于购买债权国的商品。

（2）出口信贷国家担保制（Export Credit Guarantee System）

它是政府设置专门的机构或专业银行为本国提供出口信贷的商业银行进行保险的一种方式。如英国的出口担保局、美国的进出口银行、日本的输出入银行、法国的对外贸易银行等以不同形式在不同程度上为本国供款银行承担保险责任。当外国进口商不能按时付款或拒付货款时，由出口国政府担保支付一部分或全部货款，减少贷款银行的风险。国家担保制保险的范围不仅包括一般商品性风险，还包括由政治因素、外汇管制、货币贬值等所引起的不能按时付款或拒绝付款的风险。

3. 商品倾销和外汇倾销

（1）商品倾销（Dumping）

它是指以远低于国际市场价格、国内批发价格，甚至低于生产成本的价格，向国外抛售商品，从而打击竞争者，占领市场的一种手段。从表面上看，低于成本销售会使出口厂商蒙受经济损失。但实际上倾销的这种损失不仅可以通过各种途径得到补偿，而且可以获得更高的利润：以国内垄断高价补偿国外低价销售损失的"空间倾销"；通过倾销击败竞争者、占领市场后，以垄断高价补偿倾销时期的损失的"时间倾销"；接受国家组织的出口补贴来补偿倾销亏损。倾销必须以高筑关税为前提，否则难以获得国内垄断高价的超额利润。

（2）外汇倾销（Exchange Dumping）

它是指政府利用本国货币对外贬值的机会争夺国外市场的一种手段。由于货币贬值后，出口商品以外国货币表示的价格降低，从而提高了竞争能力，达到了扩大出口的目的。实施货币贬值以扩大出口并不是任何时候都可以奏效的：一方面，货币贬值会引发国内通货膨胀，若货币贬值幅度被国内通货膨胀赶上，外汇倾销就可能只是在一段时间内起作用，甚至不能起作用；另一方面，外汇倾销对实行同样幅度货币贬值的贸易伙伴也是无效的。另外，外汇倾销也是以贸易伙伴不实施报复为条件的。

4. 经济特区

（1）经济特区的含义及其发展

所谓经济特区（Special Economic Zone），指的是一个国家或地区在其关境以外划出一定的区域，在这区域内实行各种特殊的优惠政策，发展出口加工贸易、转口贸易，推动该地区和邻近地区经济贸易的发展。建立经济特区作为促进贸易发展的政策措施由来已久，在当代国际贸易中占据相当重要的地位。

20世纪40年代，特别是二次大战以后，自由港或自由贸易区在世界范围内获得了较大的发展，在国际贸易中担当起越来越重要的角色。20世纪50年代末60年代初，出现了新型的自由贸易区——出口加工区。爱尔兰于1959年在香农国际机场兴建的自由贸易区，是世界上第一个出口加工区。以工业—贸易型为特征的出口加工区，是20世纪60年代至70年代全球经济特区的主导，其中发展中国家和地区起到了决定性的作用。目前发展中国家参与设立的经济特区占世界经济特区总数的2/3以上。经济特区向多行业多功能综合型发展，是20世纪80年代以来经济特区发展的主要特点。

（2）经济特区的种类

世界经济特区一般有自由港和自由贸易区、出口加工区、保税区、自由边境区、科学工业园区及综合经济特区等多种类型。

1）自由港（Free Port），又称自由口岸，一般设置在港口城市或地区，例如，香港就是典型的自由港。它的特征是：对商品的输出输入不征关税或仅对少数商品征税（如烟、酒等），不必办理海关手续；一般准予在港内自由进行改装、加工、装卸、整理、买卖、展览、销毁和长期储存等。自由港的设立主要是为了发展过境贸易，吸引外国船只或货物过境，从中获取运费、堆栈费、加工费等收入。

2）自由贸易区（Free Trade Zone），又称免税贸易区（Tax-Free Trade Zone）和自

由区(Free Zone)，也有的称为对外贸易区(Foreign Trade Zone)等，是在关境以外，准许外国商品自由免税进出的地区。自由贸易区一般依靠河、山等天然屏障或藩篱等其他障碍将它与其他受海关管辖的部分隔离开来，规定允许在区内经营活动的种类，如贸易、工业及劳务等。自由贸易区一般有以下几个特点：① 关税减免。除少数特殊商品外，一般都允许商品自由进出，不必办理海关手续且免征关税。② 活动自由。进入自由贸易区的商品，一般允许在区内自由地拆散、分类、改装、储存、展览、重新包装、重整贴标签、清洗、整理、加工、制造、销毁，以及与外国或国内的原料混合再出口，海关不予监督或控制。③ 特殊商品受限制。各国一般都禁止武器、弹药、毒品等进入自由贸易区，国家专卖的烟草、酒等特殊商品进入则规定必须凭特种进口许可证。

传统的自由港和自由贸易区基本上是一种商业型或贸易型的经济特区，是经济特区最常见的形式。自由港与自由贸易区对出口贸易提供的优惠和便利主要是：关税优惠和免除海关手续，也不受配额限制和外汇管制，免除大多数统计申报；节省费用，自由贸易区一般都设在近海港的城市区，为外商提供接近最终市场的商品储存和加工地；商品展销的窗口便于外商以自由贸易区作为展示市场，以便进一步进入当地市场；允许从事加工装配，既可省去捐税，又能降低成本、运费、厂房租金、工资及保险费等。

3) 出口加工区(Export Processing Zone)。出口加工区源于自由贸易区，是专门为加工、制造和装配出口产品而开辟的特定区域，是自由贸易区转口贸易功能弱化、出口加工功能强化的产物。出口加工区一般设置在港口或邻近港口、国际机场的地方，提供基础设施及免税等优惠待遇，主要目的是引进国外资金、技术和经营管理方法，利用本国的劳动力资源与国际市场，发展出口加工工业，以扩大设区国的出口贸易，增加劳动就业和外汇收入，取得工业方面的收益，促进本国经济的发展。出口加工区有两种类型：一是综合性出口加工区，即在区内可以经营各种产品的出口加工；二是专业性出口加工区，即区内只能经营某种特定产品的加工。

出口加工区的优惠政策措施主要包括两方面：一是提供工业化所必需的一般先决条件，如提供训练有素、工资水平与生产效率和技术熟练程度相适应的劳动力；提供良好的环境，如码头、水电供给、交通设施、国际机场及通讯等基础设施；有精简高效的行政机构和规章制度；政策稳定及对外投资享受法律保护。二是提供财政上的优惠和补贴，鼓励出口加工业务发展及吸引外国投资，包括：区内加工出口所需的各种进口设备、原材料一律免征进口税；加工产品出口一律免征出口税；区内外商投资企业可以减免部分国内税；按补贴性的收费率提供公用事业和基础设施服务，以及工厂用地等；外商企业的经营所得各种收入不受外汇管制的限制等。

出口加工区与自由港、自由贸易区的重要区别是：其功能主要是开发外向型的加工或精加工的业务，发展具有国际竞争能力的工业；其政策优惠主要是对经过加工后增值并最终产品销往国外的厂商给予减免优惠。

4) 综合型经济特区(Comprehensive Economic Zones)与科技型经济特区(Tech Special Economic Zones)。综合型和科技型经济特区是在出口加工区基础上形成和发展起来的，是世界经济特区发展的新阶段和新趋势。它们除了具有一般出口加工区和自由贸易区的特点外，还有各自的特点。

综合型经济特区的特点是：规模大，经营范围广，是一种多行业、多功能的特殊经济区域。它比小型的出口加工区具有更大的优势,经济效益显著。除了出口加工业和进出口贸易外,还经营农牧种植业、旅游业、金融服务业、交通电讯,以及其他行业。例如巴西的马瑙斯自由贸易区就是此类型的综合型经济特区。

科技型经济特区的特点是:一般以大学和科研机构为依托,以科学研究为先导,拥有较雄厚的技术力量,能够创立技术密集型与知识密集型的新兴产业,发展高精尖产品,具有较强的国际竞争力。这种类型的经济特区对于东道国的科技进步和工业化能起到巨大的促进作用。

5) 保税区(Bonded Area)。保税区也称保税仓库(Bonded Warehouse),它是由国家海关所设置的或经海关批准设置的特定地区或仓库。它的功能基本类似于自由贸易区。进入保税区的外国商品可以暂不缴纳进口税,如再出口也不必缴纳出口税。进入区内的商品也可以进行储存、改装、分类、混合、展览、加工与制造等。保税区(仓库)的设立有利于货主选择有利的时机交易,有利于贸易业务的顺利开展和促进转口贸易。各个国家保税区的具体规定各有不同,做法上也有差异。日本根据职能的不同将保税区分为:① 指定保税区(Designated Bonded Area)与保税棚(Bonded Shed),是为方便报关的短期储存场所;② 保税仓库,储存期较长,便于贸易业务特别是转口贸易的发展;③ 保税工厂(Bonded Factory),在海关监管下进行加工、制造分类等保税业务的专门工厂;④ 保税陈列场(Bonded Exhibition),便于展览和广告宣传的场所,促进交易的开展。

6) 自由边境区(Free Perimeter)与过境区。自由边境区设置主要是少数美洲国家(如墨西哥)的鼓励措施,一般设在本国的一省或几个省的边境地区,其特征与自由贸易区基本一致,目的是利用外资开发边区的经济。与出口加工区相比,其进口商品在加工后只有少数用于再出口。过境区则是沿海国家为了便利近邻国家的贸易进出口,在某些海港、河港或国境城市所开辟的特殊区域,对过境的货物简化海关手续,负征关税或只征小额的过境费用。过境货物可以在过境区做短期储存、重新包装,但不得加工。

10.2.4.2 管理出口的措施

世界经济发展的一般趋势与各国对贸易实行干预政策的基本点是鼓励出口和限制进口,并且越来越偏重于鼓励出口。但是,许多国家为了达到一定的政治、军事和经济目的,往往对某些产品特别是战略物资和高技术产品等的出口实行管制,以限制或禁止这类商品的出口。出口管制是一国对外贸易政策的组成部分,尤其是发达的资本主义国家往往运用出口管制作为其实行贸易歧视的重要手段。

1. 出口管制的目的

出口管制又称出口控制(Export Control),是指出口国政府通过各种经济和行政的办法与措施对本国出口贸易实行管制行为的总称。管制的目的一般有政治军事和经济两个方面。

2. 出口管制的对象

从管制的对象来看,出口管制国家一般对以下几类商品实行管制:① 战略物资和先进技术。② 国内生产所需的各种原材料、半成品及国内市场供应不足的某些商品。例如,大多数发达国家对化学品、石油和天然气、药品、活的牲畜等实行出口许可管理。③ 实行自动出口限制的商品。④ 历史文物、艺术珍品、贵金属等特殊商品。⑤ 被列入对进口国或地区进行经济制裁范围的商品。⑥ 出口国垄断的部分商品。

3. 出口管制的形式

（1）单边出口管制

单边出口管制即一国根据本国的需要和外交关系的考虑，制定本国的出口管制方案，设立专门的执行机构实行出口管制。

（2）多边出口管制

多边出口管制即两个以上国家的政府，通过一定的方式建立多边出口管制机构，商定和编制多边出口管制清单，规定管制办法，以协调彼此的出口管制政策和措施，达到共同的政治目的和经济目的。

4. 出口管制的主要措施

单边出口管制的国家通常采取以下一些措施来实现其控制目标：国家专营；征收出口税；实行出口许可证制；实行出口配额制；出口禁运。出口管制有时是针对商品，有时是针对国家或地区。

10.3　跨国公司与国际直接投资政策

10.3.1　跨国公司概述

10.3.1.1　跨国公司的名称与定义

跨国公司（MNES）作为一种复杂的经济形态，由于对其界定标准不同，其定义也多种多样。为了进一步澄清跨国公司的基本内涵，联合国跨国公司中心在1983年的研究报告中明确指出跨国公司应包括3个基本要素：第一，包括设在两个或两个以上国家的实体，不管这些实体的法律形式和领域如何；第二，在一个决策体系内经营，能通过一个或几个决策中心采取一致对策和共同战略；第三，各个实体通过股权或其他方式联系起来，其中一个或多个实体有可能对别的实体施加重大影响，特别是同其他实体分享知识资源和分担责任。20世纪80年代后，国际社会对于联合国提出的跨国公司定义的三大要素已基本达成共识。

10.3.1.2　跨国公司的类型和特征

1. 跨国公司的类型

（1）按经营项目分类

资源开发型跨国公司以获得母国所短缺的各种资源和原材料为目的，对外直接投资主要涉及种植业、采矿业、石油业和铁路等领域。这类公司是跨国公司早期积累时经常采用的形式，资本原始积累时期英、法、荷等老牌殖民国家的特许公司在19世纪时向美国、加拿大、澳大利亚和新西兰等经济落后而资源丰富的国家进行的直接投资就主要集中在种植业、采矿业和铁路。目前，资源开发型跨国公司仍集中于采矿业和石油开采业，如著名的埃克森-美孚公司（Exxon-Mobil）、英荷壳牌公司（Royal Dutch Shell）。

加工制造型跨国公司主要从事机器设备制造和零配件中间产品的加工业务，以巩固和扩大市场份额为主要目的。这类公司以生产加工为主，进口大量投入品生产各种消费品供应东道国或附近市场或者对原材料进行加工后再出口。这类公司主要生产和经营诸如金属制品、钢材、机械及运输设备等产品，随着当地工业化程度的提高，公司经营逐步进入资本货物部门和中间产品部门。加工制造型跨国公司是当代一种重要的公司形式，为大多数东道国所欢迎。美国通用汽车公司(General Motors)作为世界上最大的汽车制造公司，是制造业跨国公司的典型代表。

服务提供型跨国公司主要是指向国际市场提供技术、管理、信息、咨询、法律服务与营销技能等无形产品的公司。这类公司包括跨国银行、保险公司、咨询公司、律师事务所和注册会计师事务所等。20 世纪 80 年代以来，服务业迅猛发展，已逐渐成为当今最大的产业部门，服务提供型跨国公司也成为跨国公司的一种重要形式。

(2) 按经营结构分类

① 横向型跨国公司是指母公司和各分支机构从事同一种产品的生产和经营活动的公司。在公司内部，母公司和各分支机构之间在生产经营上专业化分工程度很低，生产制造工艺、过程和产品基本相同。这类跨国公司的特点是母子公司之间在公司内部相互转移生产技术、营销诀窍和商标专利等无形资产，有利于增强各自的竞争优势与公司的整体优势，减少交易成本，从而形成强大的规模经济。横向型跨国公司的特点是地理分布区域广泛，通过在不同的国家和地区设立子公司与分支机构就地生产和销售，以克服东道国的贸易壁垒，巩固和拓展市场。

② 垂直型跨国公司是指母公司和各分支机构之间实行纵向一体化专业分工的公司。纵向一体化专业分工又有两种具体形式：一是指母子公司生产和经营不同行业的相互关联产品，如自然资源的勘探、开发、提炼、加工制造与市场销售等；二是指母子公司生产和经营同行业不同加工程序和工艺阶段的产品，如专业化分工程度较高的汽车行业与电子行业等的关联产品。垂直型跨国公司把具有前后衔接关系的社会生产活动国际化，母子公司之间的生产经营活动具有显著的投入产出关系。这类公司的特点是全球生产的专业化分工与协作程度高，各个生产经营环节紧密相扣，便于公司按照全球战略发挥各子公司的优势；而且由于专业化分工，每个子公司只负责生产一种或少数几种零部件，有利于实现标准化、大规模生产，获得规模经济效益。

③ 混合型跨国公司是指母公司和各分支机构生产与经营互不关联产品的公司。混合型跨国公司是企业在世界范围内实行多样化经营的结果，它将没有联系的各种产品及其相关行业组合起来，加强了生产与资本的集中，规模经济效果明显；同时，跨行业非相关产品的多样化经营能有效地分散经营风险。但是由于经营多种业务，业务的复杂性会给企业管理带来不利影响，因此具有竞争优势的跨国公司并不是向不同行业盲目扩展业务，而是倾向于围绕加强核心业务或产品的竞争优势开展国际多样化经营活动。

(3) 按决策行为分类

① 民族中心型公司的决策哲学是以本民族为中心，其决策行为主要体现母国与母公司的利益。公司的管理决策高度集中于母公司，对海外子公司采取集权式管理体制。这种管理体制强调公司整体目标的一致性，优点是能充分发挥母公司的中心调整功能，更优化地使用资源，但缺点是不利于发挥子公司的自主性与积极性，且东道国往往不太欢迎此模式。跨国公司发展初期一般采用这种传统的管理体制。

② 多元中心型公司的决策哲学是多元与多中心，其决策行为倾向于体现众多东道国与海外子公司的利益，母公司允许子公司根据自己所在国的具体情况独立地确定经营目标与长期发展战略。公司的管理权力较为分散，母公司对子公司采取分权式管理体制。这种管理体制强调的是管理的灵活性与适应性，有利于充分发挥各子公司的积极性和责任感，且受到东道国的欢迎。但这种管理体制的不足在于母公司难以统一调配资源，而且各子公司除了自谋发展外，完全失去了利用公司内部网络发展的机会，局限性很大。在跨国公司迅速发展的过程中，东道国在接受外来投资的同时逐渐培养起民族意识，经过多年的积累和发展，大多数跨国公司的管理体制从集权和以本民族为中心转变为多元中心型。

③ 全球中心型公司既不以母公司为中心，也不以分公司为中心，其决策哲学是公司的全球利益最大化。相应地，公司采取集权与分权相结合的管理体制，这种管理体制吸取了集权与分权两种管理体制的优点，事关全局的重大决策权和管理权集中在母公司的管理机构，但海外子公司可以在母公司的总体经营战略范围内自行制订具体的实施计划，调配和使用资源，有较大的经营自主权。这种管理体制的优点是在维护公司全球经营目标的前提下，各子公司在限定范围内有一定的自主权，有利于调动子公司的经营主动性和积极性。

2. 跨国公司的特征

与其他企业相比，跨国公司有其显著的特征：

（1）全球战略目标

在国际分工不断深化的条件下，跨国公司凭借其雄厚的资金、技术、组织与管理等方面的力量，通过对外直接投资在海外设立子公司与分支机构，形成研究、生产与销售一体化的国际网络，并在母公司控制下从事跨国经营活动。跨国公司总部根据自己的全球战略目标，在全球范围内进行合理的分工，组织生产和销售，而遍及全球的各个子公司与分支机构都围绕着全球战略目标从事生产和经营。跨国公司的重大经营决策都以实现全球战略目标为出发点，着眼于全球利益的最大化。

（2）全球一体化经营

为实现全球战略目标，跨国公司实行全球一体化经营，对全球范围内各子公司与分支机构的生产安排、投资活动、资金调遣和人事管理等重大活动拥有绝对的控制权，按照全球利益最大化的原则进行统一安排。跨国公司强有力的管理体制和控制手段是实现全球一体化经营必需的组织保证，当代通信技术的巨大进步和现代化的交通运输则为跨国公司的全球一体化经营提供了必要的物质基础。跨国公司采取集中与分散相结合的管理方式和全球战略，在国际范围内从事生产经营活动。

（3）灵活多样的经营策略

在实行全球一体化经营的同时，跨国公司也会根据国际政治经济形势、东道国的具体情况及其对跨国公司的政策法规、自身的实力和在竞争中的地位，采取灵活多样的经营策略安排，以更好地满足东道国当地的实际情况，获得良好的经营效益，也有利于与东道国政府建立融洽的关系。在组织机构上，跨国公司往往会相应地改变原来的集权管理，将原先集中在总部的权力适当下放给下属各子公司与分支机构，实行分权管理。

（4）强大的技术创新能力

在科学技术迅猛发展的今天，技术进步已成为垄断资本获取高额利润、争夺市场、增强自身在国内及国际市场竞争力的重要途径。大型跨国公司是当代技术创新与技术进步的主导力量，其实力主要体现在它们拥有雄厚的技术优势和强大的开发能力。跨国公司要在国际分工和国际竞争中保持领先，就必须不断地投入巨额资金，加强技术研究与开发，保持自己的技术优势。技术领先地位带来的丰厚市场回报，又激励着跨国公司不断进行技术创新，推动技术进步。

（5）较大的经营风险

跨国公司与国内企业最大的区别在于面临着更为错综复杂的国际经营环境，复杂的经营环境在给跨国公司创造出更多的发展机会和空间的同时，也使它具有较大的经营风险。除了正常的商业风险外，跨国公司还面临着国际经营所特有的政治风险和财务风险等。前者指国际经济往来活动中由于政治因素而造成经济损失的风险，包括东道国对外国资产没收、征用和国有化的风险，以及东道国革命、政变等风险；后者指东道国汇率变化和通货膨胀而带来的经济损失等。

10.3.2　对外直接投资与国际直接投资政策

10.3.2.1　对外直接投资的类型

直接投资（Foreign Direct Investment）是指投资者为获得持久的利益，到国外经营所进行的企业投资。投资者不在证券市场进行投资的目的是，要在企业管理中具有有效的发言权。当一个投资者或一伙同行集中拥有国外企业资产产权时，作为判断是否直接投资所选用的资产拥有权的比例一般都很低，常常在 10%～25%。

1. 合资经营与独资经营

按跨国公司对海外子公司拥有股权份额的程度，对外直接投资可分为合资经营及独资经营两种类型。

（1）合资经营（Joint Venture）

合资经营是指由外国投资者及东道国投资者依照东道国法律在东道国境内共同投资设立一家新的企业，投资各方依据各自出资额的多少共同行使经营管理权，共负盈亏、共担风险的经营形式，由此设立的企业称为合资经营企业。在合营比例上，投资各方出资多寡及在总股本中各占多少比重由各方协商确定。但从国际上合资经营实践来看，大体上有 3 种做法：外国合营者占半数以上；东道国合营者占半数以上；外国合营者与东道国合营者对等股权。

合资经营企业从法律上讲是独立法人，它具有起诉和应诉的能力；从公司责任上讲是有限责任公司，投资者对公司所负的责任以其注册资本为限，相互间不负连带责任。外国投资者采用合资经营形式进入海外市场往往是出于政治或经济方面的考虑。在政治方面，东道国政府有时禁止或不欢迎外资以独资方式进入，因此合资是唯一可行的股权进入形式。在经济方面，首先，由于有东道国合营方，合资经营企业常被东道国政府及社会公众视为当地企业看待，更容易得到当地政府与公众的理解和合作，可以更好地利用当地合营方现有的分销渠道及当地商业和市场方面的信息，并获得资源采购上的便利；其次，合资经营企业可以享受东道国政府提供的各种优惠政策，如允许产品在当地市场销售及在贷款和税收上的优惠等；再次，与独资经营相比，合资经营可以用较少的资金形成较大的经营规模，外国投资者只要在合资经营企业中占有足够的股份，例如51％以上的多数股份，就等于控制了这家企业，有利于实现投资战略目标与降低投资风险；最后，如果东道国合营方在技术、管理与产品等方面具有优势的话，外国投资者通过合资经营可以学习和掌握先进的技术与管理技能。

尽管合资经营有其特殊的优势，但是也应该看到它也有某些先天性的弊端，这些弊端正是一些合资经营企业失败或解体的根源。这些弊端通常表现为：第一，合营各方在建立合资经营企业的目标上并不完全一致，从而可能导致合营各方在投资利润分配、外销比例及技术使用等方面存在冲突。例如，在投资利润分配上，合营一方希望将经营利润用于再投资，另一方则希望以分红形式取走；在外销比例上，外国投资方往往希望尽可能在东道国当地市场上销售，而东道国投资方则希望尽量出口，合资经营企业的外销比例因此常常是双方争论的焦点；在技术方面，外国投资方倾向于采用成熟技术甚至即将衰落的技术，以达到延长使用与获取更多利益的目的，而东道国投资方则希望通过合资取得国外先进技术，以提高自己的技术水平。这些冲突不可避免地将影响到合资经营企业的生产经营。第二，合营各方对企业控制权和管理权的争夺将影响企业的决策效率。虽然合资经营企业以股权比例作为分配依据，但拥有多数股权并不意味着对企业拥有完全的管理权，现代企业由于在某种程度上实行了所有权与经营权的分离，因此经营管理权的分配就成了一个至关重要的问题。目前在合资经营企业中普遍实行董事长与总经理分别由合营双方派人担任的做法，以使双方在心理上得到某种平衡，但这种做法实际上容易引发双方的互相牵制现象，从而影响合资经营企业的管理效率。第三，合营各方在管理思想、方法与作风等方面不尽一致，容易在企业管理上产生矛盾，从而影响企业经营管理的效率，而且会影响合营各方的关系，严重的甚至可能导致合营关系的破裂。合营各方的关系对合资经营企业的成败至关重要，而各方由于社会文化和价值观的不同，在企业内部形成融洽、信任与协调的关系需要较长时期的"磨合"，这不可避免地要影响企业的经营效率。

（2）独资经营（Sole Proprietorship）

独资经营是指由外国投资者按照东道国法律，经批准在东道国建立全部资本为外国投资者所有的企业的经营形式。独资经营企业的投资者拥有企业的全部股权，因此享有企业的全部所有权，并独立承担企业经营的全部责任和风险。

与合资经营企业不同，独资经营企业由外国投资者独立投资与经营，因此母公司对海外子公司的经营管理拥有充分的决策权，从而保证子公司的所有经营活动符合母公司战略利益的要求，保证子公司在经营目标、经营手段、管理思想和管理方法上与母公司协调统一，避免内部矛盾和摩擦，还保证母公司转移给子公司的资产，特别是专利技术、专有技术、管理技巧，以及商标等无形资产不会流失，因此可以放心地组织各种管理技能与技术资源在内部转移，并维持企业对上述资源的垄断。由于独资经营能够更加灵活、有效地对海外业务进行协调，并且避免了合资经营存在的种种问题，尤其是关于决策和文化冲突上的问题，因此是国际上广泛采用的对外直接投资形式。

尽管独资经营有上述优点，但也应看到它与合资经营相比有以下不利之处：独资子公司的投资费用由投资企业独家承担，财务压力比较大；独资经营企业常被东道国政府及当地社会视为外国企业,容易遭到排斥,面临的政治风险比较大,一旦东道国对外资实施国有化,独资经营企业将难以独善其身;由于对东道国的社会环境不够熟悉,在争取东道国各方面的理解与合作及处理与东道国各方面的纠纷时面临一定的困难;某些东道国对独资经营企业与合资经营企业实行差别待遇,通常对独资经营企业只给予较少的优惠,而限制却比较多。

除了合资经营和独资经营外,还有一种契约式合营即通常说的合作经营,它是指外国投资者与东道国当地合伙企业共同出资,开展经营活动。它与前述严格意义上的股权式合资经营的主要区别在于:一是合营双方的权利和义务建立在合同基础上,双方对利润的分享和风险的分担不一定以各自的出资比例为依据;二是不一定设立法人企业。

2. 新建与收购

按直接投资进入海外市场的方式,对外直接投资可分为新建与收购两种类型。新建是指在投资目标国建立新企业或新工厂,形成新的生产能力或经营单位。如果是第一次进入目标国投资设厂,则称为"草根式进入"(Grass-Root Entry)或"绿地策略"(Greenfield Strategy)。收购进入是指企业按照东道国的法律,通过一定的程序和渠道购买另一个企业的股权而取得其部分或全部所有权来参与或控制该企业经营的行为。与新建相比,收购进入有以下优势:

(1) 能节省投资时间,迅速进入东道国市场。对于制造业企业来说,收购方式最大的优点就是可以省掉建设新厂的时间,从而以最快的速度进入目标国市场。收购企业可以利用被收购企业现成的生产组织体系和管理体系,迅速建立在东道国市场的产销网络,有利于抓住稍纵即逝的市场机会。如果被收购企业本来就是一个盈利企业的话,收购企业还可以迅速获得收益,从而可缩短投资回收年限。

(2) 有利于获得更多的市场份额,减轻竞争压力。收购企业能够利用被收购企业现成的供销渠道、商标品牌和营销管理经验,还可以直接获得被收购企业的市场份额,从而节省巨额的市场开发费用,尤其是对名牌企业的收购更能充分显现出这一优势。另外,收购企业常常对竞争企业进行收购,以获得对方的市场份额,从而减轻竞争压力。

(3) 有利于扩大业务经营范围。如果被收购企业的经营范围、产品种类与本企业有较大差异,收购方式必然可以迅速扩大本企业的业务范围,有利于开展多样化经营。尤其是当收购企业在跨越原有的产品组合范围,实现多样化经营时,如果其本身缺乏有关新产品的生产和市场开发方面的技术和经验,收购方式就更为有利了。20世纪70年代以来,许多跨国公司通过收购方式实现多样化经营,由传统经营领域顺利进入了新领域。例如美国电报电话公司通过收购方式由传统的电报电话业务进入了电子计算机行业。

(4) 能有效地利用被收购企业原有的管理制度和管理人员。通过收购,收购企业可以直接利用被收购企业中有效的管理组织和制度,还可以保留其管理人员。这样不仅可以避免制定新的管理制度和派遣母公司的管理人员不为收购企业接受的情况,而且还可以缓解母公司管理人员相对缺乏的矛盾,有利于保持被收购企业的经营特色。

(5) 有时可低价购买到优质企业资产。利用收购方式,常常可以低价收购到外国企业的优质资产，这通常是在以下3种情况中实现的：一是目标企业低估了资产的现值，而收购企业有时比目标企业自身更了解其资产的真正价值；二是在东道国股市暴跌，尤其当目标企业的股票价格低于企业的资产净值时，可以乘机收购；三是目标企业处于市场或财务困境，例如面临流动资金不足、市场不景气、产品滞销或原材料供应短缺等情况时，可以压低价格收购。

由于收购方式具有上述种种优点，20世纪80年代以来，对外直接投资开始大量转向通过收购方式进入东道国。但国际竞争实践表明，收购的成功率不是很高，这是因为收购也有其内在的缺点，具体表现在以下几个方面：

（1）难以准确评估被收购企业的资产价格。这是收购过程中遇到的最为复杂的问题，直接影响到收购决策。影响对被收购企业资产进行准确评估的不利因素主要有以下3个：一是难以对无形资产准确估价，尤其像品牌、商誉等无形资产极难用准确的货币数值来估价，或者说估价往往缺乏严格的量化依据；二是对被收购企业的价值评估不仅包括对当前市场价值的评估，还包括对未来市场经营价值的评估，但由于市场前景的不确定性，对后者的评估通常很困难；三是由于不同国家有不同的会计准则，且不统一，加之被收购企业提供的会计资料的真实性、可靠性可能存在问题，这更加大了资产评估中的误差。

（2）企业规模和地理位置上的限制。采用收购方式往往很难找到一个规模和地理位置上完全符合收购者意愿的目标企业，收购不可避免地要受到原有企业条件的限制，在企业选址、规模、业务范围，以及管理组织与制度上无法根据自己的发展战略规划做出安排。即使收购过来后再按照自己的意愿进行改造，也难以完全符合收购者的要求，而且必然会导致总投资增加。

（3）对被收购企业管理上的问题。完成企业收购后，对被收购企业的管理需要按照跨国经营的需要进行调整，但被收购企业中留用的管理人员和员工不见得认同新的管理方式，甚至可能会抵制，因此不可避免地会产生管理方式与风格上的冲突。而且，尽管收购企业可以通过收购取得市场份额和生产技术，但是由于对被收购企业缺乏经验，可能无法对其进行有效的管理。因此，管理上的问题导致收购的失败率远远大于新建公司。

（4）受原有契约关系的制约。一般来说，被收购的现成企业往往同它的客户、供应商和员工具有一定的契约关系。收购完成后，收购企业很难根据自身发展战略的要求对这些关系进行彻底的调整以达到最佳安排，因为结束这些关系必然会面临种种阻力，这就在一定程度上限制了收购企业经营管理的能力。而且，收购之后，新企业会由于结构调整产生大量闲置人员，对这些人员的安置也是一个不小的问题。

可见，尽管通过收购能快速进入目标市场，但能否很好地实现投资者的目标却存在很大的不确定性。因此，很多跨国公司宁可选择投资新建企业，虽然在创建企业过程中需要进行各种复杂的组织工作，涉及可行性研究、厂址选择、建设厂房、安装调试生产设备、招聘与培训人员、制订生产计划、制定管理制度以及建立供销网络等一系列工作，需要投入大量精力和时间，但在实际投资开始之前就将海外子公司纳入了母公司的战略体系，而且母公司对海外子公司拥有完全的经营管理权，有利于实现母公司的全球战略目标。

总之,收购与新建这两种方式各有所长又相互对立,收购的优点恰恰就是新建的缺点,而收购的缺点又是新建的优点。跨国公司进行对外直接投资时,必须根据这两种方式的特点及跨国公司自身的实力和东道国的投资环境、政策法规等因素进行权衡,做出适当的选择。

10.3.2.2 东道国利用海外直接投资的政策

1. 东道国利用海外直接投资的激励政策

世界各国普遍认识到,跨国公司的直接投资促进了东道国的资本积累、技术进步和人力资本形成,推动了东道国的经济与社会发展,因此无论是发达东道国还是发展中东道国,大多对利用海外直接投资持积极的态度和较开明的政策。概括来说,东道国为吸引和利用海外直接投资所采取的投资激励政策包括以下几方面。

(1)财政激励

财政激励是为世界各国所普遍采用的吸引和利用海外直接投资的优惠政策,主要表现在各种税收规定上,例如降低所得税率、提供免税期、加速折旧、投资与再投资补贴,以及进口税减免等,总体目标是降低外国投资者的税收负担。财政激励政策中最为常用的是公司所得税减免及加速折旧。

(2)金融激励

金融激励涉及优惠信贷和金融市场,主要包括东道国政府对外国投资项目提供货币赠与、以低于竞争性市场利率提供贷款、提供贷款担保,以及股权参与等政策。

(3)其他激励

其他激励主要是指通过非财政及金融手段给予的实物、价格或其他优惠政策,以保证外国投资在东道国当地的经营活动顺利开展,具体包括以下内容:第一,以低于市场价格向企业提供某些投资便利或由政府出资改善基础设施,包括交通运输、通讯和商业设施,以及能源供应等内容;第二,以补贴价格向外国投资者提供国内生产要素;第三,外汇优惠待遇,实行外汇管制的国家允许外国投资者在一定的汇率水平上购买外汇;第四,建立科学园区,加强公共研究机构与企业之间的联系,促进东道国当地企业与外国分支机构间的技术合作,例如美国硅谷。

2. 东道国利用海外直接投资的限制政策

(1)审批管理

大多数国家设立了专门机构负责外国投资项目的审批管理,依据相关规定对投资项目进行事先逐项审查和批准,例如澳大利亚曾建立的外国投资委员会、加拿大曾建立的外资审查局等。一些国家如加拿大、芬兰、新西兰和挪威等除要求对新的外国投资项目进行审批外,还规定原有外商投资企业涉及外资流入的增资扩建也需经过事先审批。随着国际直接投资流动的日益频繁,这种审批管理也逐步趋于宽松,许多国家开始将一直实行的事先审批制改为事先登记制。

(2)外资进入部门和参股比例限制

世界上大多数国家为了维护本国利益,均对外资进入部门有一定限制,限制或禁止外资进入某些战略性和敏感性部门,包括:公用事业和国防工业部门,如邮电通讯、广播电视业及国防工业;铁路、航空等交通运输部门;少数基础工业和重要工业部门;自然资源开采业;国内批发和零售;易于形成垄断的部门。此外,一些东道国尤其是发展中东道国政府还限制外资参股比例,规定外资可以持有多数股权或独资经营的部门,包括核能、航天、电子与新材料等高新技术部门及出口导向部门。有的发展中国家还规定,在合资经营企业中除了特许外,外国资本最高只能占49%,以此保证当地资本对企业有较大的控制权和决策权。

(3)对外国资本和利润汇回的限制

投资于发达国家的外国投资者普遍享有国民待遇,有权将公司资金和利润等自由汇出国境,但金额超出一定数额时要向东道国银行部门申报。许多发展中国家则对外资股金、利润、技术使用费,以及管理服务费的汇出都有一定限制。例如1970年12月,安第斯条约组织国家通过了世界上第一个限制外资的区域经济贸易法令,其中明确规定外资企业每年汇回的利润不能超出其投资额的14%,后来又放宽到20%。

(4)其他限制

一般来说,东道国鼓励外资到本国进行新建投资,但对于外资的购并行为则予以限制,由政府成立的专门机构对外资购并项目进行审批,尤其是对涉及本国大企业的购并项目进行严格审批。发展中东道国还对外资的技术转让进行严格管理,包括:严格审查引进技术的先进性和适用性;防止引进技术时只引进硬件,不提供软件;仔细核算技术转让的条件和费用,争取有利的转让条件等。此外,大多数东道国还利用税收杠杆进行财务监督和管理。

10.4 国际服务贸易

10.4.1 国际服务贸易的发展

国际服务贸易(International Service Trade)是指跨国界的服务交换活动。《服务贸易总协定》从贸易方式的角度,确定国际服务贸易具体是指涉及下列范围的交易活动:跨境提供、境外消费、商业存在、自然人流动。

10.4.1.1 跨境提供

跨境提供(Cross-Border Supply)指从一成员方境内向另一成员方境内提供服务,其中的"跨境"是指"服务"过境,通过电讯、邮电、计算机联网等实现,至于人员和物资在现代科技环境下则一般无须过境,例如,国际金融中的电子清算与支付、国际电信服务、信息咨询服务、卫星影视服务等。

10.4.1.2 境外消费

境外消费(Consumption Abroad)指在一成员方境内向另一成员方的服务消费者提供服务。例如,本国病人到外国就医、外国人到本国旅游、本国学生到外国留学等。

10.4.1.3 商业存在

商业存在(Commercial Presence)指一成员方的服务提供者通过在另一成员方境内的商业实体提供服务,它是4种服务提供方式中最主要的方式,也是服务贸易活动中最主要的形式。它主要涉及市场准入和直接投资,即允许一成员方的服务提供商在另一成员方境内投资设立机构并提供服务,包括投资设立合资、合作和独资企业。该机构的服务人员既可以从提供商母国带来,也可以从东道国雇佣,例如,外国公司到中国来开酒店、建零售商店和开办律师事务所等。

10.4.1.4　自然人流动

自然人流动(Movement of Natural Persons)指一成员方的服务提供者通过自然人的实体在另一成员方境内的商业现场提供服务,进口方允许个人入境来本国提供服务。例如,外国教授、工程师或医生来本国从事个体服务。

《服务贸易总协定》也明确规定,"政府当局为履行职能所提供的服务"不属于国际服务贸易的对象。"政府当局为履行职能所提供的服务"是指既非基于商业基础也不与一个或多个服务提供者相竞争的任何服务,例如中央银行的服务和社会保障服务。

10.4.2　国际服务贸易的主要领域

10.4.2.1　国际运输业

国际运输业是在国际货物贸易发展过程中形成并不断发展的行业,它是物品从生产部门流向国外消费部门不可缺少的中间环节。运输业的发展水平对国际贸易有促进或制约作用。

1. 国际运输的主要方式

国际海运一直在国际运输业中占据较高比重,它是主要的国际运输方式之一,具有如下特点:可利用天然航道,不受道路、轨道的限制,通过能力较大;所需动力与燃料消耗较其他运输方式少,运费比较低廉,运距越远越有成本优势;易受天气变化(如台风、暴风雨)的影响,连续性较差。

国际铁路运输在国际贸易运输中占有重要地位,运量仅次于海运,速度仅次于空运,而且具有风险小、连续性强、不受气候条件影响等特点。这种运输方式特别适合运送内陆国家之间的货物。

国际航空运输作为一种国际贸易货物运输方式,是二战后才开始出现的。由于航空运输速度快,航线不受地形条件限制,货损率低,交货及时和手续简便,在开辟新市场、适应市场变化方面较其他运输方式优越,因此发展迅速,运量显著增加。国际航空运输在整个国际贸易运输中发展最快,地位日益重要。

2. 国际运输服务(Transportation Service)的范围

《服务贸易总协定》减让表中关于国际运输服务主要包括:货物运输服务,如航空运输、海洋运输、铁路运输、管道运输、内河和沿海运输、公路运输服务;航空发射及运输服务,如卫星发射等;客运服务;船舶服务,包括船员雇用;附属于交通运输的服务,主要指报关行、货物装卸、仓储、港口服务、起航前查验服务等。

10.4.2.2　国际旅游业

国际旅游业由旅游设施和旅游服务两部分组成。前者是指从事旅游业所需的旅馆、饭店、名胜古迹、娱乐场所、生产旅游所需商品的企业、旅游交通运输和通讯等;旅游服务是指在旅游过程中对旅游者提供所需的各种服务。

1. 国际旅游业的发展

世界上大多数国家都把发展国际旅游业作为创汇的重要途径。20世纪90年代以来,世界旅游业持续高速增长,已超过石油、汽车工业。据世界旅游组织的统计,从2000年到2020年,全球旅游人数的年平均增长速度将达4.3%,预计到2020年全球国际旅游人数将增加到16亿人次,旅游收入的年均增长速度将达6.7%,超过世界经济的平均增长速度。

2．国际旅游的分类

按不同的旅游资源设施可分为自然资源旅游和人文资源旅游两类；按旅游者的目的可分为观光旅游、文化旅游、保健旅游、体育旅游、探险旅游、公务旅游等；按旅游者的消费水平、年龄层次、旅游地理方向等，还可分为其他多种类型。

3．国际旅游的组织者

旅游公司又称旅游批发商，主要从事组织、宣传、推销有关旅游和旅游商品的业务。他们与旅游目的地、航空公司、旅馆、餐馆等旅游服务部门签订合同，组织若干不同日程和价格等级的旅游线路进行推销，直接出售给旅游零售商，是旅游企业和旅游代理商之间的中介人。

旅游代理商又称旅游零售商，直接负责招徕游客，是批发商和旅游团的中间人，其收入完全来自代理业务获得的佣金和回扣。其中有一种称为旅游经纪人，他们无固定的组织，利用社会关系与旅行社或批发商取得联系，收取佣金。有时他们也享受优惠，亲自带团参加旅行并担任导游。

旅游垄断公司是由大的垄断组织通过参与制组成的大型旅游垄断企业。它们一般在国内外拥有许多旅馆、酒店、运输公司和旅游代理网点，经营各项旅游服务，形成跨国旅游公司。

4．国际旅游服务的范围

《服务贸易总协定》减让表中与旅游有关的服务包括 4 项：宾馆与饭店，包括供应饭菜服务；旅行社及旅游经纪人服务社；导游服务；其他服务。

10.4.2.3　国际金融服务业

国际金融业务包括资金借贷、外汇与黄金买卖及各类投资银行业务。这些业务分别形成了货币市场(Money Market)、资本市场(Capital Market)、外汇市场(Foreign Exchange Market)和黄金市场(Gold Market)。需要指出的是，这些市场相互联系，相互制约。例如，不论哪种国际金融业务，都牵扯到外汇买卖。因此可以说，外汇业务渗透到一切国际金融市场的业务中。

1．货币市场

货币市场可分为银行短期信贷市场、贴现市场和短期票据市场。

银行短期信贷市场主要包括对外国工商企业的信贷和银行同业间拆放市场。前者主要解决企业流动资金的需要，后者主要解决银行平衡一定时间内的资金头寸。

贴现市场是经营贴现业务的短期资金市场。贴现市场由贴现行(Discount House)、商业票据行(Commercial Paper House)、商业银行和作为"最后贷款者"(Lender of Last Resort)的中央银行组成。贴现交易的对象，除政府短期债券外，主要是商业承兑汇票、银行承兑汇票和其他商业票据。

短期票据市场是进行短期信用票据交易的市场，在这个市场进行交易的短期信用票据主要有国库券、商业票据、银行承兑汇票、定期存单等。

2．资本市场

资本市场是经营期限在一年以上的借贷资本市场。按照借贷方式的不同，资本市场可分为银行中长期贷款市场和证券市场两类，而证券市场又可进一步划分成股票市场、企业债券市场与政府债券市场。在现代经济中,货币和汇率是与银行体系密切结合在一起的,货币大部分由银行体系所创造,而外汇市场是为银行体系跨国运作服务的市场。

3. 国际金融服务的范围

《服务贸易总协定》减让表中银行及相关服务包括:银行存款服务;与金融市场运行管理有关的服务;贷款服务;其他贷贷服务;与债券市场有关的服务,主要涉及经纪业、股票发行和注册管理、有价证券管理等;附属于金融中介的其他服务,包括贷款经纪、金融咨询、外汇兑换服务等。

10.4.2.4 国际电信服务业

1. 国际电信服务业的定义

根据《服务贸易总协定》的解释,电信服务是指传送和接收任何电磁信号的服务,可以分为基础电信和增值电信两部分。基础电信的内容包括电话、电报、电传、传真等,它在电信服务领域中处于基础地位,为其他电信服务提供完备的电信网络设施。增值电信是近年来发展起来的新型电信服务,它同计算机技术的突飞猛进和 Internet 的全球普及密切相关,主要包括电子信箱、语音信箱、电子数据交换(EDI)、在线数据的加工与处理、在线数据库的存储与检索等。总的来说,基础电信是增值电信的基础,但两者又相互促进,共同发展。从服务的地域范围看,基础电信可分为本地、国内长途和国际长途 3 类;从服务所依靠的物质载体看,可分为有线和无线两类。

2. 国际电信业的发展及表现

国际电信业在战后的信息革命中异军突起,成为服务行业中的一个重要行业。20世纪 90 年代以来,国际电信业发生了日新月异的变化,主要表现在以下几个方面:

(1)市场规模不断扩大

全球电信业务收入总额从 1990 年的 3 772 亿美元增至 2002 年的 1 万亿美元。

电信业务市场收入与电信设备市场收入的比例,1991 年为 76∶24,2002 年调整为 85∶15。全球电信市场规模已超过计算机市场规模 1 倍以上。北美以 5% 的全球人口占了全球 40% 以上的电信收入。

(2)电信业务向多元化演变

现代化的电信网,除了信息的交换、传输功能外,兼具信息的储存和处理功能,从而开发出各种新型增值业务。全世界研究开发的电信业务近 1 000 种,有 300 余种已投入商用,显示出极大的商业潜力。"网络一元化,服务多样化"成为全球电信业共同的发展趋势。

(3)地域之间发展不平衡的矛盾更加突出

占世界人口 84% 的国家和地区(主要是发展中国家)仅拥有电话主线总量的20%,而占世界人口 16% 的国家和地区(主要是发达国家)拥有电话主线总量的 80%。发达国家在 20 世纪 70 年代末已实现了基本电信业务的普及目标,从 80 年代起先后进入了"通信多元化时期"(也称"后电话时期");而许多发展中国家目前尚在致力于基础电信网建设和基本电信服务的普及。据国际电信联盟的调查,地球上还有 2/3 的人口没有电话,许多国家的电话普及率不到 1%。现代信息技术的快速发展使发达国家与发展中国家之间出现了新的"数字鸿沟",但这种发展不平衡的情况也意味着"数字机会",说明电信业在发展中国家有着巨大的发展潜力。

(4) 电信市场的运营机制发生变化

传统的电信业务属于社会基础设施和公用事业,并具有规模经济的特性,因此一般均以独占方式由政府经营,向社会提供服务。而在电信多元化时期,除了基础电信网以外,增值业务和用户终端的开发已不再具备规模经济的特征,适度竞争有利于促进技术进步和改善服务。同时,电信承担为社会提供服务的义务,在有些国家中逐渐被商业利益所取代,说明当代的电信业在处理公平与效率的关系上,天平开始向效率倾斜。在这种环境下,电信业务市场从垄断走向开放成为一种国际性的趋势。

(5) 各国原先封闭的国内电信市场成为国际电信业巨头的争夺对象

各发达国家依靠其技术、资金的优势,在扩大电信设备销售份额的同时,也竭力谋求占领海外的电信业务市场。由少数发达国家领头的电信自由化、民营化、国际化的浪潮,近年来愈演愈烈。各大电信公司通过联合、兼并,组成跨国电信经营集团。目前规模和影响较大的有 Concert、World Partners、Cable & Wireless 等,它们提供全球性电信业务,全力争夺世界电信市场份额,广大发展中国家的电信市场显然是这场全球争夺战的重要目标。

10.4.2.5 国际保险业

1. 保险的基本概念与分类

保险是以合同的形式,在结合众多受同样危险威胁的被保险人的基础上,由保险人按损失分摊的原则,以预收保险费、组织保险基金、用货币形式补偿被保险人损失的经济行为。保险可按不同标准进行分类:按保险标的不同可分为财产保险和人身保险两类;按保险范围可分为财产保险、责任保险、保证保险和人身保险4类;按保险实行方法可分为强制性保险和自愿保险两类;按承保数量可分为单一保险和综合保险两类;按风险转移形式可分为原保险、再保险和共同保险等类型;按保险人性质可分为商业保险和政策性保险两类。

2. 保险市场

随着各国经济的发展,保险已成为专业化很强的独立市场,越来越多的保险业务走出国门,迈向世界。保险业的竞争是十分激烈的,按照竞争格局,保险市场可划分成完全竞争型、垄断型、垄断与竞争并存型3类。按照区域,保险市场可分为北美保险市场、欧盟保险市场、日本保险市场和发展中国家保险市场。

为了增强自身的竞争能力,美国许多保险公司采用了集团的形式进行承保。欧盟的保险公司实力强大,最突出的是英国、德国和法国。1992年12月31日后,作为欧盟一体化进程的一部分,成员国的保险市场实现了内部市场一体化。在亚洲,日本的保险市场是具有相当实力的。日本保险业发展迅速的主要原因是,日本保险业与政府管理部门始终保持着协调关系,无论日本国内外经济发生怎样变化,日本保险业都很少有倒闭现象,这在市场经济国家十分罕见。

发展中国家保险市场在世界保险市场上所处的地位相对低下,收入大约只占世界保费收入的5%。这种情况是由发展中国家经济、社会发展水平相对较低造成的。发展中国家保险市场的监督与管理是相当严格的,国家往往以保险立法及保险监督的形式强化对保险市场的干预,希望利用立法及保险监督等行政管理手段,促进本国民族保险业的发展,同时对外国保险公司的进入及其经营范围实行严格的限制,一部分发展中国家还对保险业实行国有化。但是,随着服务贸易总协定的生效,这种局面已经出现变化。

3. 保险市场的发展趋势

(1) 保险市场自由化

保险市场自由化是为了适应市场经济的发展、满足投保人或被保险人的客观要求而采取的必要政策。保险市场自由化主要体现在以下 3 方面:放宽费率管制;保险服务自由化;放宽保险公司设立的限制。

(2) 保险市场国际化

经济和科技的发展为保险业创造了许多走向世界的机会。国际贸易快速发展,为确保货物运输途中的安全必须投保,这涉及大量跨国保险和国际协作;国际市场上保险业竞争激烈,通过再保险业务及业务交换的结果,保险业务逐渐趋向世界性;随着高科技的发展,保险标的价值提高很快,如核电站、卫星和飞船发射、超级油轮等,有些保险是国内保险公司难以独自承担的,必须在国际市场上寻求保险合作。

(3) 保险市场专业化

保险业是涉及高度专业性和技术性的行业。为了在激烈竞争的保险市场上扩大业务,增加市场份额,除了降低费率外,最关键的是要在承保技术上进行创新。所以,保险组织的业务人员必须具有较高的专业技术知识。同时,对于保险经纪人和保险代理人的资格管理也有所加强,以保证其专业知识与技术水平,为投保人更好地服务。

4. 国际保险服务贸易的范围

《服务贸易总协定》中确定的保险服务范围包括:生命、事故与健康保险服务,具体包括人寿保险、养老金或年金保险、伤残及医疗费用保险、财产保险服务、债务保险服务等;非生命保险服务,即货物运输保险,其中含海运、航空运输及陆路运输中的货物运输保险等;再保险服务;与保险有关的辅助服务,例如保险经纪业、保险代理业、保险类别咨询、保险统计和数据服务等。

10.4.2.6 国际咨询服务业

1. 咨询服务的含义

咨询(Consultation)的传统含义是指询问别人的意见,请人出主意、当参谋、提建议。现代咨询服务是指精通某一专业知识的专家或由各单科专家组成的专门机构(咨询方),利用自己的知识、技术、信息和经验,运用科学方法和先进手段进行调查、分析、预测,客观地为客户(委托方)提供一种或多种可供选择的优化方案,是有偿的智力服务。同时,现代咨询业也是一门应用性的软科学。

咨询不要求像发明创造般具有新颖性,而是要用现有知识解答新问题、解决新问题。咨询给予服务对象的是咨询结论,而不是这一结论的实施。这个结论可以物化,也可以阻止不合理的物化。咨询最重要的是取得服务对象的信任,而信任的取得除了取决于咨询者的知识水准、信息拥有量、服务质量和速度,还取决于咨询者的道德素养。

2. 咨询服务的业务范围

咨询服务在现实生活中往往是与信息服务、策划服务、设计服务等交叉在一起的。

仅就咨询服务而言,其业务范围大致包括以下几方面:解答疑难问题,向服务对象传播有关方面的知识;根据委托方的要求提供某个问题的专题报告;可行性研究;为委托方提供决策方案;为委托方解决某一技术难题;企业诊断(或称管理咨询);为委托方充当一个时期或常年顾问;帮助委托方进行人员培训;有的咨询公司还出版刊物及书籍,发表自己的研究成果。

为委托方提供决策方案是指在广泛深入的调查研究基础上,运用科学知识和现代科学手段为决策者提供解决某个问题的计划、方案,是咨询的一项重要业务。这些决策中既有国家宏观决策,又有企业的微观决策,既有战略决策,又有战术决策,应用最多的是对某一具体问题的决策,如投资决策、经营决策、销售决策等。

3. 咨询服务的收费

在国外,不同的咨询服务有不同的收费标准,各国咨询费标准也高低悬殊,有些咨询为免费服务(实际上由政府补偿),有些咨询收费高得惊人。咨询收费和技术成果转让价格有相同之处,也有不同之处。相同之处是都以带来经济效益为出发点,不同之处在于咨询的经济效益更为间接,因而收费标准更有不确定性。

10.4.2.7 国际教育、体育、文化、艺术交流服务

1. 国际教育、体育、文化、艺术交流服务的范围

教育服务(Education Service)指各国间在高等教育、中等教育、初等教育、学前教育、继续教育、特殊教育和其他教育中的服务交往,如留学生、访问学者等。文化、艺术及体育服务(Culture,Entertainment and Sports Service)指不包括广播、电影、电视在内的一切文化、娱乐、新闻、图书馆、档案馆、博物馆、体育服务,如文化交流、文艺演出、体育比赛等。

2. 国际教育服务

国际教育服务贸易的方式包括提供远程教育服务、出国留学、海外办学和专业人才流动。

《服务贸易总协定》第 13 条规定:除了由各国政府完全资助的教学活动(如军事院校)以外,凡收取学费、带有商业性质的教学活动均属教育服务贸易范畴,包括基础教育、高等教育、成人教育和技术培训,所有 WTO 成员均有权参与教育服务竞争。教育服务属 12 类服务贸易中的第 5 类,在 146 个 WTO 成员中,有 47 个国家(地区)在开放教育市场协议上签了字,其中 30 多个国家是有限开放本国市场,如以对等方式互认学历、学位,放开成人教育、技术培训领域的外资办学,取消某些领域教育活动的营利限制等。

WTO 成员虽然承认开放教育市场的重要性,世界银行业也为此发表了"促进世界教育市场投资"的报告,呼吁世界银行成员国为推动世界教育市场自由化多做贡献,但因教育关系到国家主权、社会道德和民族文化继承等重大问题,各国政府在开放教育市场时态度都十分慎重,与开放金融、民航等服务类相比,其步伐相对缓慢,开放程度较低。目前,除墨西哥、瑞典、新西兰、莱索托及东南亚国家的教育市场开放程度较高外,西欧、加拿大、日本、美国等国家和地区仅开放了有限的教育市场,主要局限于成人教育与技术培训等领域。欧盟明确表示,它更愿成为教育服务出口国,而不是进口国,并认为教育出口前景相当乐观,尤其是高等教育市场。据统计,到 2000 年,全世界

共有 5 000 多万名教师,10 亿多名学生和数万个教育机构,公共教育经费逾 1 万亿美元。随着科学技术的发展及经济全球化步伐的加快,西方发达国家凭借其教育科技优势,对发展中国家的教育市场形成较大竞争压力。

3. 国际体育、文化、艺术交流服务

随着各国社会经济的发展及对外开放政策的普及深入,国际体育、文化及艺术交流不断发展,规模越来越大,内容越来越丰富,交流日益频繁。比如,美国的 NBA 比赛正吸纳越来越多的国际球星参与,成为全球数亿人关注的赛事,中国球星姚明的加盟则大大提高了 NBA 在中国的影响力和商业价值。每年应邀来华进行商业演出的文艺团体有上百个,各种歌星演唱会更是数以千计,境内外举办的各种国际文化节、艺术节等接连不断,各国历史文化艺术珍品的国际巡展使世界人民可以共同分享人类文明的成果,更不用说举世瞩目的奥运会、世界杯足球赛为全球民众带来的欢乐和兴奋。这些丰富多彩的国际体育、文化、艺术交流服务不仅大大丰富了各国人民的文化娱乐生活,而且加深了不同文化之间的理解和融合,有力地推动了世界经济的发展。

10.5 国际经济技术合作

10.5.1 国际技术贸易概述

10.5.1.1 国际服务贸易的含义和特点

1. 国际技术贸易的含义

技术作为独立的生产要素在国与国之间流动和转移,也就是国际技术转让或转移(International Technology Transfer),有两种形式。一种是无偿的、非商业性的技术转移,主要与学术交流、技术信息传递和技术人员交往相关。通过国际无偿转让形式取得的技术一般是不完整的,往往不能达到经济目的。因此,现代技术转移绝大部分采用的是另一种形式,即有偿的、商业性的技术转让。

国际技术贸易即指有偿的、商业性的国际技术转移,是指在不同国家的经济组织、企业或个人之间,按一般商业条件授予、出售或购买技术使用权的行为。一般情况是,一国的技术供给方向另一国的技术需求方提供所需的技术,承担某些义务,并从需求方取得一定的报酬。

2. 国际技术贸易的特点

国际技术贸易是以技术作为交易内容在国际发生的交换行为,必然遵循商品交换一般规律。但是,由于技术这类商品有自己的特点,在某些方面不同于物质商品,因此,技术贸易也不同于一般的商品贸易,形成了相对独立的世界技术市场。技术贸易与一般商品贸易有以下区别:

(1)标的物不同。一般商品贸易的标的物是各种具体的物质产品。技术贸易的标的物是知识产品,是人们在科学实验和生产过程中创造的各种科技成果。

(2)形态不同。一般商品贸易是有形贸易,是看得见摸得着的物质产品,而技术贸易则是无形贸易,无法称量也难以检验其质量,不能以大小轻重来衡量。因为技术革新、创造发明可能是一个数学公式、一项原理、一项设计,可以写在纸上,也可以记录在录音带上,但文字和录音只是技术的载体,可以表示技术的内容,并不是技术本身。

（3）所有权转移不同。商品所有权是指对商品的占有、使用、收益处分的权利。一般商品的所有权随贸易过程发生转移，原所有者不能再使用、再出卖，而技术贸易过程一般不转移所有权，只转移使用权，技术转让后，绝大多数情况下技术所有权仍属技术所有人，因而一项技术不需要经过再生产就可以多次转让。这与技术商品的特点有关，因为技术商品的所有权与使用权可以完全分开，技术转让只是扩散技术知识，转让的只是使用权、制造权、销售权，并非所有权。

（4）贸易关系不同。一般商品贸易只是简单的买卖关系，钱货两清，贸易关系终结。技术贸易是一种长期合作关系：一项技术从一方转移到另一方，往往须经过提供资料、吸收技术、消化投产等阶段，最后才完成技术贸易行为。因此，技术交付不是双方关系的终结，而是双方关系的开始，技术贸易双方通常是"同行"，所以能合作，但也会存在潜在利益冲突和竞争关系。

（5）贸易条件不同。一般商品贸易条件比较简单，而技术贸易的条件非常复杂，包括转移技术的类型、专利使用范围、承担义务和责任的范围等。由于技术市场本质上是卖方市场，一般来说，技术引进方总是处于较被动的地位，特别是当今各国都重视科学技术进步对经济发展的作用，采用新技术速度快，需求量大，使世界技术贸易的卖方市场特征更加明显，技术供给方常常利用提供新技术附带一些限制性条款。

（6）作价和价格构成不同。一般物质商品的价值量是由生产该商品的社会必要劳动时间决定的，而技术商品的价值量由该技术发明所需的个别劳动时间直接构成。因为新技术具有先进性，其新颖性是社会唯一的，不可能形成社会平均必要劳动时间，同时新技术又具有垄断性、独占性的特点，这就决定了技术商品作价原则的特殊性，技术商品价格构成也复杂得多。

此外，国际技术贸易还具有先进性、垄断性、保护性等特点。

10.5.1.2 国际技术贸易的内容和形式

1. 国际技术贸易的主要内容

工业产权和专有技术是国际技术贸易的主要内容，其中工业产权又包括专利和商标。

（1）专利（Patent）

专利是由一国政府主管部门根据发明人的申请，认为其发明符合法律规定的条件，而在一定时期内授予发明人并予以法律保护的一种专利权。

各国专利法中所指的专利包括：发明专利、实用新型专利、外观设计发明。发明专利是开辟一个新领域的发明或具有较高创造性的发明所取得的专利。实用新型专利是指对产品的形状、构造或两者结合所给出的革新方案。这种类型的发明创造性较低，审批手续简单、快捷，保护期也较短，一般在10年以内。此类发明虽小，但实用价值大，经济效益也较高，有的国家称为"二级专利"。外观设计发明是指对物的形状、图案、色彩或其相结合所做出的富有美感并能应用于工业的新设计，只涉及商品外表或形态，通常不涉及产品制造和设计要求。

专利是一种无形的财产权，具有与其他财产权不同的特征，即专利具有独占性、无形性、地域性、时间性和实施性。

① 独占性也称专有性或排他性，专利权人在专利的有效期内享有专有权，即独家

占有权。同一发明在一定的地域范围内，其专利权只能授予一个发明者，做出同一发明的其他人不能获得同一发明内容的专利权。发明人被授予专利权后，其在一定时期内享有独立制造、使用和销售的权利，其他人如欲使用，必须征得专利人的同意，否则属于侵权行为。

② 无形性是指专利权是一种无形资产权。专利权是无形的，因而是不可计量的。

③ 地域性是指专利只有在法律管辖区域内有效，受法律保护。但同一发明可以在两个或两个以上的国家申请专利，获得批准后便可以在有关国家受到法律的保护。

④ 时间性是指专利只有在法律规定的有效期限内才有效、才存在。专利有效期结束后，发明人所享有的专利权便自动丧失，一般不能续展，发明便成为社会公共的财富，其他人可以自由地使用该发明制造产品。

⑤ 实施性是指对发明者所得到的专利权，除美国等少数几个国家以外，大多数国家都要求专利人在给予保护的国家内实施某专利权，即利用专利技术制造产品或转让其专利。

（2）商标（Trademark）

商标是工商企业为使本企业生产或经营的商品受到法律保护，用有色泽的文字、图形、记号或其相结合而构成的标明在商品上面的一种特定标志。商标权是商标的使用者向主管部门依法申请、经主管部门核准所授予的商标专用权，也称商标专利权，受法律保护。

商标权也是一种工业产权，他人未经许可不得在同种或同类商品上使用与注册商标相同或近似的商标，否则就是侵权行为。商标权具有独占性、时间性、地域性的特点：

① 独占性是指商标是其所有人的财产，所有人对其享有排他的使用权，并受到法律保护，其他人不得使用。

② 时间性是指商标的保护是有时间限制的，一般为 7 年，中国为 10 年。但与专利不同的是，在商标保护期满以后，可以申请续展，而且续展次数不限。商标权所有人在按期交纳费用并按期办理续展手续的前提下，可以永远保持商标的所有权。

③ 地域性是指商标权的所有人，只有在授予该商标的国家境内受到保护。如果想在其他国家得到同样的保护，商标所有人必须依法在其他国家申请注册，才能得到当地法律的保护。

各国商标法的规定，必须由商标使用人提出书面申请，并交纳申请费。商标申请经主管部门批准后，才予以登记注册，授予商标权。各国对商标权的规定大致有以下 3 种原则：

① 使用在先原则是指商标的所有权归属于首先使用的申请人，而不管其是否办理了商标注册手续，只要存在着首先使用的事实，法律就予以承认和保护。

② 注册在先原则是商标权属于先注册的申请人。注册后取得的权利压倒其他人的权利，包括商标的最先使用人。

③ 混合原则又称在法定期限内对已注册无人提出异议的原则。这一原则实际上是上述两种原则的折中。按照这一原则，商标权原则上授予先注册人，但先使用的人可以在规定的期限内提出异议，请求撤销。超过规定的期限无人提出异议，则商标权

属于先注册人。如在规定的期限内，先使用人提出异议，并且异议成立，已经授予先注册人的商标权即被撤销，而授予先使用人。

目前大多数国家采用的是注册在先原则，我国的商标法也采用这一原则。

（3）专有技术（Know-How）

专有技术（Know-How）即 Know how to do something 的简称，有的译为技术秘密、技术诀窍、专有技术等，现在统称为专有技术。专有技术是指从事生产活动所必需的未向社会公开的秘密技术知识、工艺流程、设计方案和实践经验等。

专有技术不像专利技术那样经过法律的认可而得到保护，它是一种非法定的权利。其特征如下：

① 实用性。由于专有技术具有商品的属性——价值和使用价值，因而专有技术具有实用性。人们可以把专有技术用于实践中，并获得经济效益。专有技术可以在国际市场上有偿转让和许可使用。

② 秘密性。专有技术是不公开的、未经法律授权的秘密技术。专有技术的所有者只能依靠自身的保护措施来维持其技术的专有权，专有技术一旦为公众所知，便成为公开的技术，从而丧失其商业价值。

③ 可传授性。专有技术作为一种技术必须能以言传身教或以图纸、配方、数据等形式传授给他人。不可传授的生理性技能等不属于专有技术。

④ 非专有性。在特定的时期、国家或地区内，同一专有技术的所有人可能不止一个，因为法律并不排斥他人对自己开发出来的相同技术的所有权。也就是说，只要是自己的智力成果，并以合理的措施予以保密，同一项专有技术可能有两个或两个以上的所有人。

⑤ 无时效性。专有技术无法律限定的有效期限，只要其所有人愿意并实施保密，他便可长期拥有该项专有技术。典型的例子是可口可乐的配方已历时百年。

⑥ 无地域性。专有技术无法定的地域限制。

2. 国际技术贸易的方式

国际技术贸易的标的物是知识产权，一般只涉及使用权的转让，技术所有权并不随着使用权的转让而转移。目前，最常见的国际技术贸易方式有许可证贸易、技术服务、国际合作生产、国际工程承包等。

（1）许可证贸易（Licensing Trade）

许可证贸易是国际技术贸易中最常见、使用最广的交易方式。许可证贸易是技术许可方与技术接受方签订许可证合同或协议，许可方允许被许可人取得许可人所拥有的专利、商标或专有技术的使用权并得到相应的技术，被许可方则需支付技术使用费及其他报酬并承担保守技术秘密等义务。

按授权的范围可以分为独占许可、普通许可、排他性许可、从属许可和互换许可。

（2）技术服务（Technical Services）

技术服务也称技术协助，是国际上广泛采用的一种技术贸易方式，由服务方以自己的技术知识为另一方提供有偿服务，以解决生产中的某个技术问题，如提供工厂的设计、布局、设备清单和说明、产品或生产工艺的资料及销售指南等。

技术服务的内容包括咨询服务和工程服务两个部分。咨询服务的主要项目有市场估计、产品诊断、产品设计、投资分析、原料供应、建议厂址、选择技术等。工程服务主要是工厂项目设计、设备器材的供应及提供工程建设和生产指导。

（3）国际合作生产（International Cooperation in Production）

国际合作生产是指两国企业根据签订的合作生产合同，合作完成制造某些产品。这种方式多用于机器制造业，特别是在制造某些复杂的机器时，引进方为了逐步掌握所引进的技术，且能尽快地生产出产品，需要和许可方在一个时期内建立合作生产关系，按照许可方提供的统一技术标准和设计进行生产，引进方在合作过程中达到掌握先进技术的目的。这种合作生产的方式常常和许可证贸易结合进行。有时合作双方可以共同研究、共同设计、共同确定零部件的规格型号，双方互相提供技术，取长补短。利用国际合作生产来引进国外的先进技术，已成为各国的普遍做法。

（4）国际工程承包（International Engineering Contracting）

国际工程承包也是国际技术贸易的一种方式。国际工程承包是通过国际的招标、投标、议标、评标、定标等程序，由具有法人地位的承包人与发包人按一定的条件签订承包合同，承包人提供技术、管理、材料、组织工程项目的实施，并按时、按质、按量完成工程项目的建设，经验收合格后交付发包人的一项系统工程。

10.5.2　国际工程承包

10.5.2.1　国际工程承包的含义和特点

1. 国际工程承包的含义

国际工程承包是指个人或企业在国际承包市场上通过投标、接受委托或其他途径承揽国际组织、外国政府或私人业主的工程建设项目、物资采购及其他方面的承包业务，是一种涉及资金、技术、设备、劳务等多方面内容的综合性国际经济合作形式。国际工程承包的主要业务包括：建筑项目的咨询、可行性研究、项目地址选择、勘测和动力的提供；工程施工、设备安装和调试；人员培训；项目建成后的生产组织和指导；专项物资采购和各类经营管理等活动。

2. 国际工程承包的特点

国际工程承包是一种综合性的国际交易活动，是国际经济合作的一个重要组成部分，其主要特点有以下几方面：

（1）交易内容和程序复杂

由于国际工程承包和劳务合作涉及面比较广，程序复杂，从经济和法律等方面来看，比一般商品贸易和一般经济合作的要求高得多。在技术上，它包括勘探、设计、建筑、施工、设备制造和安装、操作使用、产品生产等；在经济上，它包括商品贸易、资金信贷、技术转让、招标与投标、项目管理等；在法律上，它既要遵循国际惯例，又要熟悉东道国法律、法规、税收等；此外，派出人员还必须了解东道国的风俗习惯，才能签订一个平等互利并能顺利实施的工程承包项目。

（2）工程营建时间长、风险大

一项承包工程劳务合作项目，从投标及接受委托到工程完成，一般要经过很长的时间，项目金额一般在几百万美元以上，有的甚至高达几十亿美元。在国际政治经济形势多变，有些国家又经常发生政府更迭或政策变动的情况下，承包人承担的风险很大。此外，投标承包项目，投标人的报价必须是实盘，一经报出不得撤回。如果要撤回，不但投入的费用无法收回，而且投标保证金也将被没收。因此，承包人必须量力而行，认真研究，慎之又慎。

（3）政府加以支持和影响

国际工程承包是一种综合性的交易，许多国家政府都直接开设公司或支持本国的工程承包公司开展这方面的业务，并采取措施使本国的承包公司从单纯的劳务输出向承包工程发展，从小型项目向大型项目发展，从劳动密集型项目向技术密集型项目发展。许多外国公司利用自身先进技术和高水平管理的有利条件，与东道国的承包公司进行联合，以期在该国项目竞标中获取优势。

（4）涉及面广

虽然国际工程承包的当事人是业主和承包人，但在项目实施过程中要涉及多方面的关系。例如，业主方面涉及聘用的咨询公司、建筑工程师，承包人方面涉及合伙人或分包商、各类设备和材料供应商等。此外，工程承包还涉及银行、保险公司一类的担保人或关系人。规模大、技术复杂的大型工程项目可能有多个国家的承包商共同承包，所涉及的关系更为复杂。因此，对业主和承包人来说，要使工程项目顺利完成，必须具备处理好各种复杂关系的能力。

（5）履约具有渐进性和连续性

国际工程承包履约具有渐进性和连续性。在工程承包中，施工过程就是履约过程。在整个施工期间，承包人始终承担工程质量责任，并根据合同不断接受业主的检查直至最后确认。

10.5.2.2 国际工程承包的基本形式

在国际工程承包项目中，工程承包公司由于某些条件的限制通常需要与其他承包公司合作，发挥横向联合的优势，因此形成多种承包合作方式，常见的有以下几种。

1. 总包与分包（Main Contract/Sub-Contract）

总包是指由一个承包人将业主的某项工程单独全部承包下来，既包工又包料，保证质量，按期完工，对业主完全负责。这种一揽子的承包工程，在国际上也叫"交钥匙"工程。分包又称二包，是指总承包人将自己所承包工程项目的一部分施工、设备供应、安装或其他工作转包给其他的承包商。分包人同业主之间不存在直接的权利义务关系，而是对总承包人负责。

2. 转包（Assignment Contract）

转包是中标公司将承包权转让给另一家公司的行为，中标公司向其转包公司收取转包费，双方根据需要可以另订其他合作条件。

3. 联合承包（United Contract）

联合承包是指同一国籍或不同国籍的两家以上的公司以合同方式组成联营或合营公司，共同参加某项工程项目的承包人资格审查、投标，中标后共同签约承建工程项目。联合承包时，几个公司共同向业主承担责任，但就联合承包人的内部而言，在履约过程中各自负责内部协议所规定的责任范围，有比较独立的分工。联合承包人在工程结束后一般即解散。近年来，由于国际工程承包项目向高技术领域的发展，有的规模十分巨大，单独一家公司难以完成，因此，联合承包方式逐渐盛行起来。

10.5.2.3　我国的对外工程承包

1. 我国对外工程承包的现状及特点

（1）起步晚但发展速度快

我国的对外工程承包始于 1976 年 3 月，当时与尼日利亚签订了承包农业项目的协议，这是我国按国际通常做法签订的第一份承包国外工程的协议，从而打破了过去单纯的对外经济援助的状况。实行改革开放政策以来，我国的对外工程承包得到迅速发展，我国公司在国际工程承包市场的激烈竞争中，合同额一直保持着较快增长速度。2016 年我国对外承包工程完成营业额 1 594.2 亿美元。截至 2016 年底，我国对外承包工程已累计完成营业额 1.2 万亿美元，新签合同额 1.7 万亿美元。中国公司正成为国际工程承包市场上一支不可忽视的力量。

（2）从事的业务范围十分广泛

我国公司从事的业务范围涉及公路、桥梁、港口、水电站、水坝、房屋建筑、园林建筑、天然气管道、地质勘探、航天工程等。中国工程公司广泛开展对外工程承包业务，不仅扩大了我国在国际上的影响，带动了产品、原料和技术的出口，还锻炼了一大批技术和管理人员，并为国家和劳动者个人增加了外汇收入。

（3）市场集中、资金短缺和规模较小

我国对外工程承包的市场仍较为狭窄，管理水平低、资金短缺、规模小是困扰中国工程承包公司发展的主要障碍。我国的对外工程承包相对集中，2/3 以上在亚洲，其次为非洲、美洲。市场范围的狭小限制了中国对外工程承包的开展。2001 年，全球经济下滑和美国"9·11"事件爆发及 2002 年国际恐怖事件频仍，我国的对外承包市场也大受冲击。我国公司应积极拓宽融资渠道，多方位开拓海外市场，在竞争中求得发展壮大。

2. 中国对外工程承包合作发展的战略

（1）培育国际性承包商战略

中国公司应打破传统经营方式，由窗口型向经营管理型转变。首先，要建立一支强有力的经营管理和技术服务队伍，特别要有一批能独自承揽项目的项目经理人，培养一批精通技术、懂管理、懂承包工程业务、熟悉国际财务会计和国际贸易专业知识、熟悉国际法律及外国法律的高级专家，能在战略上和具体业务上如投标、报价、融资、索赔、采购、验收以及市场营销等方面独当一面。其次，组建一批跨地区、跨行业的大型综合性集团公司，整合包括设计、生产、安装、建筑、物料供应、银行服务在内的多项功能，形成综合性并具有多种专业能力的集团性公司，以增强竞争实力，更广泛地拓展业务。

（2）实施市场多元化战略

加快实施国际工程承包市场多元化的战略，一是要深度开发美、日、东盟等现有市场；二是要努力开拓俄罗斯、拉美、非洲等新市场。中国的公司近些年成长比较快，但与西方发达国家相比，资金、实力、技术、设备、经营管理水平都存在着较大的差距。因此，我国公司在实施多元化战略时，少数有实力的大公司可以在大型项目上与国外大公司竞标抗衡，多数公司则应瞄准发展中国家的中小型项目建设，我国的工业技术水平能够满足这些国家的需要，价格合理，有较强的市场竞争力。

（3）扩大融资筹资渠道的战略

一般而言，工程承包项目大，所需资金量大。目前，中国公司普遍存在资金困难的问题。公司经过正确的评估和规划，应采取国际上通用的负债经营策略，通过国际融资方式，利用金融市场筹资融资，弥补自身资金的不足。同时，中国承包公司也可主动帮助业主做可行性研究，帮助业主向国际金融组织贷款筹资，这样不仅解决了业主的投资问题，也解决了承包工程的资金周转问题。

（4）以投资方式进入国际市场战略

我国开展国际工程承包业务可采取合作、合资、独资等多种投资方式进入国际市场。通过投资方式进入国际市场，可以实行"本土化"战略，即"人才当地化"，使用当地有经验的专家，利用当地人熟悉本地法律、掌握信息和业务渠道的优势以进入市场。

⑪

国际金融

11.1 国际商务金融基础

11.1.1 汇率

汇率是指一国货币对外国货币的兑换比例。本质上是一国货币对外的"价格",相应地说,一国货币的对内"价格"就是利率。这个货币之间兑换的比例(交换价值),仅仅是一国货币的价值的外在表现。

汇率影响着我国的经济,事关我们每个人,因为:

(1) 当人民币升值(强势货币)时,人民币变得对其他货币相对更具价值。

① 外国产品相对我国的产品变得比以前更便宜。

② 中国产品在国际市场变得比以前更贵。

(2) 当人民币贬值(弱势),人民币对其他货币的价值下降。

① 外国产品变得更贵。

② 中国产品在海外变得更便宜。

11.1.2 即期汇率及其两种标价

£/\$＝0.616 2(0.616 2英镑兑换1美元);

\$/£＝1.622 9(\$1.622 9 to＝1 pound);

¥/\$＝115.97(115.97 yen to＝\$1);

\$/¥＝0.008 62(\$0.00862 to＝1 yen)。

(注:直接标价与间接变价是等效的。)

11.1.3 汇率的决定

11.1.3.1 浮动汇率下的国际货币体制

1973年以来,国际范围开始允许汇率按照市场的作用每日变化。

11.1.3.2 汇率的影响因素

一国货币的汇率主要受以下因素影响:

(1) 来自国外的实业投资或金融投资;

(2) 国际投机者;

(3) 国内与国际的政治条件与局势;

(4) 通货膨胀;

（5）贸易政策（关税及配额）；

（6）货币的供给与需求。

11.1.3.3　外汇市场的形成

假如英国增加对美国产品的需求。英国进口商将买入美国产品并在英国出售。他们就会用英镑买（兑换）美元，这样他们才可以用美元支付美国公司。

对美元的市场需求，迫使£/$汇率增加，这同时也迫使美国产品在英国变得更贵。

另外一个例子：考察￥/$市场。

假如美国对日本小汽车的需求快速增加。美国进口商将买入日本产品并在美国出售。他们将用美元买入日元，这样他们才能用日元支付日本公司。

这时，美元的供给增加了，迫使￥/$汇率下降，同时也使日本产品在美国变得更贵。

11.1.4　外汇市场结构

不同的汇率用于不同的交易类型：

（1）即期汇率市场：及时进行货币交易

① 用于即期交易的汇率叫作即期汇率。

② 假如你需要 500 000 欧元，并且即期汇率为 1 欧元＝1.145 7 美元，你将支付给你的往来银行 572 850 美元。

（2）远期汇率市场：进行远期外汇交易

① 你可以在此进行远期货币买卖，通常是 1 个月、3 个月、6 个月的远期期间。

② 用于远期交易的汇率叫作远期汇率。

③ 远期交易合约允许对冲外汇风险。例如某人想从法国进口葡萄酒，与出口商谈判，于 6 个月后交货并支付货币。双方同意的交易额为 500 000 欧元。参照当时的即期汇率：1 欧元＝1.145 7 美元，因此，他当时只需要用 572 850 美元即可解决这笔进口支付。可是，实际支付是在 6 个月后。这期间假如美元 6 个月之后变弱，变为 1 欧元＝1.2 美元，那么，实际他将花在这批葡萄酒进口上的钱是 600 000 美元，比当时的货款多出 27 150 美元，这就是外汇风险的例子。

11.1.5　外汇市场保值交易策略——远期对冲（抵补）

11.1.5.1　可以使用远期合约对冲（抵补）风险

如 6 个月远期合约的汇率是 1 欧元＝1.147 6 美元，则可以与银行签订这个合约，这样就当即锁定这批葡萄酒 6 个月后进口的美元价款 573 800 美元（500 000 欧元）。自签订远期合约后，不管今后汇率如何变化，这批葡萄酒进口的成本维持不变。这就锁定了成本。

这就是个对冲过程：按银行远期汇率报价，买入欧元远期合约（50 万），锁定购汇成本，形成远期外汇流入，6 个月后，起到对冲（抵补）进口所需的外汇流出的作用。由于这一过程是跨期决策，又称套期保值。

11.1.5.2　货币市场套头交易

针对前例，另一种可能的解决方案是在货币市场进行套期交易。

（1）向你的往来银行借 572 850 美元。

（2）当即买入 500 000 欧元（以当时的即期汇率 1 欧元＝1.145 7 美元），支付 72 850 美元。

（3）将买入的 500 000 欧元投资欧元附息债券。

（4）6 个月后完成所有交易（贸易和金融）。

这里，借款利率和投资收益率的对比构成实施套头交易的成本。如果投资收益高于借款成本，这个方案可取，且无风险套利。

11.1.6　远期汇率与即期汇率差

如果远期合约汇率＞即期合约汇率，则远期交易升水。

如果远期合约汇率＜即期合约汇率，则远期交易贴水。

将远期外汇市场与即期外汇市场联系起来考虑，利率平价是指远期汇率与即期汇率差（折换成一年内的百分比）近似等于两国之间不同的年利率差。

在两个市场中进行跨市场套利的结果将导致利率平价。

11.1.7　汇率决定的购买力平价理论

汇率的变化与两国间的通货膨胀和每种货币的购买力对比发生关联。

（1）长期趋势中，汇率调整的结果将导致两种货币的购买力趋向一致。

（2）汇率变化趋向于反映两国通货膨胀率之差。

（3）只有高通货膨胀的国家趋向于其货币的贬值。

一价定律是指在一个竞争性市场中，假如没有交易成本和贸易壁垒，商品以同种货币标价，那么同种商品将以同样的价格在不同国家出售。

（1）它是依赖购买力平价理论推导出来的。

（2）商品的国际套购（运到国外再出售），将实现一价定律。

11.1.8　汇率风险

11.1.8.1　风险表现形式

1. 转换风险

外币资产和负债出于会计的目的被转换成本国本币时，需要使用汇率，其结果可能出现会计账面价值随汇率变动而变动的风险。然而，如果市场是有效的，那么投资者知道任何转换带来的风险仅是"账面"损失，是不真实的。

2. 交易风险

国际经济交易的价格通常由外币表示，因而，交易额在实际支付之前一直随汇率变动而变动。例如，通常公司进口外国商品，将在一段时间之后收到货物并支付货款，这期间汇率发生变动，其结果是实际汇率的变动风险影响相当于实际支付的进口品的价格的变动。

3. 经济风险

汇率波动使公司生产经营活动的条件呈现各类难以预料的变化，进而导致公司经济竞争力、未来现金流水平的下降，最终使得公司多国公司营运资本的外汇风险按以下两种方式简单处置：

（1）提前处置：变现以弱势货币计量的净资产；支付以弱势货币计量的净负债。

（2）推延处置：延迟收回以强势货币计量的净资产；推延支付强势货币计量的净负债。

11.1.8.2 海外直接投资风险

1. 商务风险

公司必须清楚自身业务将在国内与海外开展时，可能存在不同的商务气候（税务环境、自然资源、人力资源、技术资源等）和产业周期。

2. 金融与财务风险

从公司在国内经营与在海外经营的对比看，财务风险方面的差异不大，但是在金融方面需要引起注意。

3. 政治风险

公司需要充分认识到海外投资时将受到当地政府行政力的影响，政府的稳定性需要注意。

4. 汇率风险

汇率对销售额、商品销售成本及公司以本国货币计量的利润所产生的影响。

11.2 国际商务风险——中国船舶公司怎样应对

11.2.1 商务风险再认识：40年中国"市场化取向"改革的再思考

市场化取向——资源的价格配置功能的强化——"一只看不见的手"；

改革（探索："摸着石头过河"）——不确定性——风险；

改革的进程：农村（农业）——城市（工业）——大中城市为中心（流通、商贸、服务等第三产业）。

11.2.1.1 农村（农业）改革

40年来，市场均衡价格形成机制导致农产品价格的偏低、土地的工业化使用和农田流失（"谁来养活中国人"）等问题，农业不得不从"支持价格"开始，着手解决"二农"问题。"农田使用权"的改革导致农户个人定价，"靠天吃饭"的"自然"风险落在分散的农户身上，"恩格尔定律"导致的食品市场需求不足风险（"增产不增收"）也落在农业产业上。

农产品期货交易所（如郑州、大连等地）推出的农产品期货品种的交易，在金融资本作用下，"发现价格"和"套期保值"两功能的发挥，最终才使得如今的粮、棉、油价得以提升，从而避免了农业经济的整体大衰退（加入WTO后的冲击），而不是靠取消农业税（仅占农产品销售收入的很小的比重）的效应。这就是中国农村改革进程中依靠金融手段巧妙地解决了"三农"风险的案例。

11.2.1.2 城市（工业）改革

"经济责任承包制"（"首钢"、"南方"）——高负债经营的风险——公司"产权"改革的"多元化"和"社会化"（股票上市）——公司风险社会化——信用委托代理（"企业家市场"，职业经理人）——"MBO"（管理者认购股份期权——金融手段）解决公司利润、价值风险问题。

但是,市场取向改革(优先追求资源配置效率)的同时,"公共产品"的提供似乎问题丛生,日益严重。如"公共医疗""教育收费""社会基本保障""社会公共安全""环保"等在崇尚"小政府、大社会"的市场经济环境中"回天无术"。全世界主流的"混合经济体制"下,毕竟政府是"公共产品"的最佳提供者。

发生在"有限土地资源"配置上的"房地产"业该如何发展的辩论空前激烈。起源于"凯恩斯"宏观经济理论的"国家干预"的宏观调控的声音日益高昂,"一种社会转轨时期"中的一代"愤青"于互联网上所反映出的社会"新思潮",附和了社会弱势群体(从产业中游离出来的人们)对"公平"的诉求,经济意识上的差异、对立与冲突,宏观经济政策("公共产品")对房地产业及其他产业的压制。与以往一样,其社会结果是表明政治家"选择偏好"上的差异。

中国工业改革的短暂历史中,曾有过3次宏观调控引发的"大起大落",许多风流人物、"先富的弄潮者"在财富增长的竞赛中落马,"政策风险"的意识深深地烙入"创业"者的脑海。《物权法》的诞生,正是基于这一历史背景,那些参与工业财富竞赛者似乎突然察觉——"公司产权"实际上都依系着"土地的公有"。

总之,工业领域的风险始终未引起社会的高度重视,经理阶层中有谁愿意冒政策风险为"不确定"身份的股东承担责任?这本身就是市场自身的选择。但同时我们也有理由相信,伴随着中央政府对大中型国有股份(参股或控股)企业经营的严格的风险管理制度的推行,企业家风险意识将日益增强。

11.2.1.3 "以大中型城市为中心"的流通体制改革

这一改革的结果是什么?上海经济圈("长三角经济带")、广州经济圈("珠三角经济带")、大连经济圈("东北经济带")、京津经济圈等已经形成或正在形成。大城市的"CBD"(商务中心区)成为地方政府的热衷选择,铁路、公路、港口等的超前建设,无一不加剧了地方政府财政预算外资金的循环和地方财政风险的危机。银行系统的风险控制建筑于地方财政信用的运作模式,一次次遇到了现实经济活动的挑战(曾经的"三角债""不良贷款比例"),金融公共安全也引起中国社科院的高度重视。

"无商不富""大流通"创造了世界奇迹的中国经济高速增长的背景,一方面是社会财富(价值)的巨大增加,另一方面是取得这些价值所承担的风险也伴随而来——其本质是整个社会分担了这些风险,是人民币(作为价值度量物)承载着这些风险,在这里消费者承担物价波动风险,存款者承担银行可能倒闭的风险,实业投资者承担着政策变动风险,证券投资者承担着银行系统转移到证券市场的风险,政府承担着雇员腐败、渎职的风险……

40年来,风险作为一种不确定性,与中国市场取向的改革相伴随,无处不在,充满了社会经济活动的所有领域,时刻影响着社会经济各种主体的经济利益。政治家选择"和谐社会"的发展目标,正是对各类风险积聚现状诊断后做出的理性选择。如今,以金融为核心的经济运行进程中,中央政府高度重视系统性金融风险的控制与管理。在经济增长方式转变的新征途中,强调以需求为导向,努力推进"供给侧改革",同时强化党对国企的领导,用好一把手,这对巩固党的领导无疑会起到积极作用,也是社会经济稳定的基础性保障(央企或地方国企通过直接控股、参股、公私合伙机制等手段保持着那些关系到国民经济命脉的行业稳定,保护着中央财政的安全,进而维护着政权的稳定)。

11.2.2 清醒认识中国船舶产业公司商务风险

40年前,中国船舶产业几乎无商务风险可言,基本上是指令性生产、"统购包销"、资金计划划拨、产业布局服从政治及军事需要等;造船事业偏向军工(公共产品——受制于辽阔的海岸线的海防需求),"船舶经济"(目前国际学术界的专业杂志还找不到这一"术语",只能看作一种经济现象)作为产业经济学研究的一个产业,或许在技术经济上将与工业经济学靠近,在产业结构上将与国民经济学交叉,但应当承认,我们大家所从事的事业,在经济学意义上一定有巨大应用性研究前景,比如"比尔·盖茨的投资组合"。根据现有资料,我们有理由相信:随着资源开发与经济发展的良性互动,未来以船舶制造为基础的海洋经济将大有作为。目前,中国船舶产业公司的商务风险有哪些? 在此做一分析。

11.2.2.1 中国船舶行业商务风险的表现

中国船舶产业开放得最早,直接面向国际市场竞争,国际化进程很高,国际工商活动面临商务风险。中国船舶制造产业中的企业可能与国际上多数以出口为主的企业有相同之处,它们面对国际商务中的不确定性这一风险,主要体现在:

(1) 国际商务管理中,管理者遇到了国际交易成本过高问题。

(2) 在国内生产活动中,他们还面临着各种来自生产方面的不确定性问题。

11.2.2.2 影响中国船舶行业商务风险的因素

(1) 对国际商务人员的专门教育和培训(其内容包括外语技能和国际商务伙伴的知识——智力、心理及文化状况);

(2) 公平交易活动状况(贸易结构、市场竞争与垄断状况);

(3) 特殊产品的供应链及其市场问题(企业供应链);

(4) 贸易条款、出口单证、结算工具及汇率风险管理(企业外汇风险管理);

(5) 预先对国际商品市场和金融市场的信息获取与加工(市场信息系统开发);

(6) 政府的支持(产业政策和国际贸易政策)。

11.2.2.3 造船行业国际商务风险的研判

中国船舶制造业在宏观政策上已经赢得了应有的战略地位,中国海运、水运的船舶需求得到保障。造船总量占据世界第一,规模生产能力较强,技术升级带来了高附加值船舶建造的现代新型造船(智能制造、数字化)局面。航母、大型舰船、潜艇等各类军品的制造,为海防安全及海军的现代化建设奠定了战略性的造船技术和军事储备。中国政府对该产业始终保持着应有的支持力度。

然而,民品船舶的海外订单随着国际海运态势而变,与汇率密切相关。国际经济周期、国际政治形势的变化、船舶行业自身的发展周期等,均影响着我国造船行业的进一步发展。

造船业是一个资金密集的重工业,不仅具有一定的行业资金门槛,还因大型船舶本身具有一定的"公共安全"属性而不得不始终保持国有控股所有制的行业总体格局。历经2008年爆发的世界性经济危机,开放并走向世界的中国造船业受到严重打击,如今的船舶行业出现全面性亏损,一些民船制造公司纷纷倒闭。这种局面的形成,虽有多因素的作用,但主要还是船舶出口市场萎缩起主要作用。

美国次债危机过后,美、欧、日均采用量化宽松货币政策应对金融危机,这同时导致了国际货币体系的动荡和汇率的持续性变化。人民币数年的升值态势,使得中国造船的出口成本变相被抬高,国际价格竞争力减弱,海外市场难免丢失。

经济危机导致经济萧条,世界船舶需求急剧下降,与此同时,中国造船的海外市场份额减少甚至急剧减少,自然就凸显了中国造船业的产能过剩。正视这个前因,对目前及今后中国造船业的发展路径选择,至关重要。

如今次债危机已过去 9 年,西方经济大国开始了新一轮货币政策的转向:从量化宽松到央行收缩资产负债表(随经济复苏步伐"紧货币"取向的货币政策),这对以出口为导向的中国造船业复苏是有利的。过去数年的亏损经营,得到了军品订单的缓冲和业务延伸"海装"的周济,甚至"跨界"经营、系列产业资本向金融资本的融合(船舶租赁、典当、产业基金等)动作,以避免行业性的崩溃。从长远发展看,维护行业龙头的稳定具有战略意义,从中短期看,却不见得符合公司发展的自然规律,因为国际经济的复苏步伐虽不强劲,却有条不紊,中国造船行业内的公司竞争洗牌也接近完成,能够生存下来的公司,必将是下一轮经济复苏与繁荣中的巨大受益者。

抛开其他因素,仅从国际竞争角度看,正是外汇市场那只"看不见的手"调控着汇率,而人民币汇率牵动着中国造船业,金融业的对外开放和人民币国际化进程的不可逆转,依旧将持续地影响着中国造船。如果忽视了这条主线,就很难看清中国船舶行业今后的发展前景。

如果中国造船业依旧保持造船主业,兼顾辅业,那么,国际商务风险中的汇率风险是首要关注的问题。这不仅是涉及造船利润和市场份额,还涉及对国际经济运行的判断。

今后,人民币汇率的改革进程将日益加大了外汇市场的波动,出口企业面临着以往不曾有的汇率大幅波动的风险。从国际货币市场历史数据来看,实行浮动汇率制度国家的货币对外汇率一年内的上下最大波动值达到 20% 也是常见的。人民币选择了有管理的浮动汇率制,并且浮动的范围有扩大趋势,因而,中国的企业也面临日益扩大的汇率风险,不论是出口型企业还是进口型企业,如果一年内的汇率上下波动幅度达10%,那么中国多数企业的利润将被汇率风险"吃掉"。根据中国上市公司的群体样本估计,中国企业平均的税后利润大致在 10%,如果人民币币值上浮 10%,则出口企业利润将被吞噬,如果人民币币值下浮 10%,则进口企业的利润也将消失,但随着改革的推进,企业适应汇率改革能力提高,扩大汇率浮动的范围在所难免。即使如此,中国企业目前已经面临汇率一年内 3% 左右的波动,许多企业的"出口换汇"的成本上升,许多没有采取风险管理措施的企业也已经初尝了风险的结果。

中国政府财经官员多次在公开场合指责国内企业普遍缺乏外汇风险管理意识,积极倡导加强专门培训,由此可见,中国企业外汇风险的防范与管理构成了其参与国际市场竞争的影响力影响因素中越来越主要的因素。

对此,加强中国船舶产业公司的外汇风险防范和管理,提升企业国际竞争的效果,已经成为船舶企业管理者不得不重视的紧迫问题。

11.2.3　中国船舶产业公司如何应对国际商务风险（主要是外汇风险）

（1）财务上，需要解决企业净出口出现外汇风险暴露，进而导致出口收益、利润的不确定。也就是说，应通过各种风险防范手段和工具的使用来锁定利润，确保本币现金流的稳定。这是企业财务经理面临的新问题。

（2）国际经营上，本币维持持续升值（这是目前多数学者和企业家预期的结果），将对企业出口商品价格的国际竞争力产生越来越不利的影响，企业原有的外海市场份额受到冲击，存在被"挤出"或竞争力下降的风险。在这种国际化经营活动中，企业如何克服汇率变动对企业经营和持续竞争力所产生的不利影响，这是企业生产与经营经理需要面对的新问题。

（3）企业国际化发展战略上，短期、中期、长期结合的生产决策、销售决策与财务决策，均需要结合浮动汇率状况来有效配置国内与国际市场资源，实现企业长期价值的最大化。在企业国际化的组织框架中，汇率的变动就不仅是影响子公司销售收入、影响子公司国际竞争力的问题，同时还是因汇率变动影响合并报表结果的问题，也就是如何衡量母公司价值的问题。理论上，公司"高管"的一切努力，应是追求企业价值的增值，他们的目标应是企业价值的最大化（考虑持续竞争力的话，就是长期价值的最大化）。因此，在国际化的战略发展进程中，需要从母公司的整体利益上考虑自身的价值增值和结合子公司的外汇风险状况来选择综合性的防范风险措施，这也是母公司决策层面临的新问题。

（4）企业自主开发，"量身定做"适合本身状况的外汇风险管理技术。目前，国内企业外汇风险管理技术的开发处于不同技术层面。由于中国外汇体制和汇率制度的改革出现实质性变化——政府不再人为地维持人民币盯住美元的汇率制度，实行人民币与一篮子货币挂钩的办法，同时逐步放开外汇资金的管制，加快人民币自由兑换的步伐，因此，金融业与涉外企业的管理层开始逐步意识到外汇风险的严重性。根据媒体的公开报道，目前国内的多数涉外企业还没有进入外汇风险的研究与开发阶段，只是处于外汇风险管理基础知识的培训阶段，只有广东和浙江的一部分企业开始制定外汇风险的防范措施，从事外汇风险管理。但是，这也仅仅是针对企业海外销售产生的外汇收入暴露风险的管理，从企业外汇风险技术层面看，还处于最低层次。

国内极少数大型企业委托金融机构（银行）从事"企业外汇资金池"的管理，如TCL集团，这种做法比较适合跨国公司（或多国公司）的母公司从事外汇营运资金管理，从企业外汇风险技术层面看，其层次较高，从销售收入的外汇风险管理提升到营运资金的外汇风险管理。

可是，委托金融机构从事企业外汇风险管理有三大不利：一是金融机构通常并不完全了解企业的生产和销售，不能站在企业发展的战略高度来对待企业外汇风险管理这个具体的问题，往往是头痛医头，脚痛医脚；二是金融机构即使做到足够了解企业，但企业所承担的相应成本较大；三是金融机构（银行）通常要求该企业在该行开户，从事外汇交易，这又难免产生交易信息的不对称（因为银行自身也从事外汇交易，同时又代理客户交易，银行存在信息上的优势，而企业在不能直接参与"中国外汇交易中心"

交易的条件下又必须与银行做对手交易),虽然目前还没有见到相关不利的报道,但理论上说,这肯定是不利于企业利益的,所以,我们主张企业自主开发、"量身定做"外汇风险管理技术及其制度建设。

(5)结合企业发展战略,变被动的外汇风险管理为主动的风险管理。将以公司董事会的长期决策目标为出发点,既顾及企业外汇销售收入的风险,又充分考虑企业短期的营运资金(含外汇资金)的管理,以外汇风险条件下的公司长期价值的最大化为最终目标,建立分析模型,模拟公司未来价值的汇率风险。这种做法的优点在于:一是企业可以在条件有利的情况下,为眼前的外汇收入进行保值或无风险套利。二是企业还可以在不偏离公司长期发展战略的方向上,以公司长期价值的最大化为目标,在国际化生产、销售与国际财务管理三方面进行协调,进行企业"外汇留成"的管理。目前国内企业的总体"外汇留成"较大,如果不具备有效的外汇风险管理技术,那必定导致企业价值受损的风险,尤其是大型企业的外汇留成管理将十分被动。四川长虹、南京熊猫等上市公司就是如此,大量外汇应收账款的存在不仅使外汇风险暴露,同时也与公司价值最大化背道而驰。

(6)外汇风险管理技术上,紧跟国际非金融公司(产业公司)的外汇风险管理领域的最新研究,结合本国公司具体状况,建立外汇风险管理技术模型,并进行模拟实验基础上的技术开发。

目前,国际上对外汇风险管理研究的进展已经明显地出现微观化趋势,即更多地偏向公司或企业层面的研究。宏观上的外汇风险研究多集中于国家外汇储备管理、汇率政策调节及国际贸易总量与结构的调控上。这部分研究相对缺乏学者的关注力,或许学者们已经充分意识到只有微观搞清楚,宏观上的研究才有实践指导性。为此,我们也应着重于微观研究,借鉴国际最新的研究成果来为自己的公司服务。

11.2.4　一家民企造船公司业务跨界的实例

中海重工集团有限公司经营智慧停车及汽车电子业务、造船业务、贸易业务、金融服务业务。面对持续低迷的全球造船市场,该集团从3个方向寻求战略转型:转移制造能力、激活调整优化存量资源、新型服务增值。2015年该集团通过并购进入智慧停车场设备制造与汽车电子业务,将成熟的造船制造能力转移到停车场设备的研发与制造,而停车场行业正是国内市场需求的新热点。同时,依托停车场设备与汽车电子设备的生产,将产业链条向下延伸,开展智慧停车场投资与运营业务,提供国内停车场市场从设备制造、升级改造、投资运营、金融服务、车主增值服务等完整价值链的整体解决方案。2016年该集团战略转型经营策略显现成效,智慧停车及汽车电子业务取得重大突破,该业务收益首次超过造船业务收益,成为该集团主要收益来源。智慧停车设备、汽车电子的生产和销售基本达到预期效果,同时与大型国有企业、国内上市公司合作,在智慧停车场投资、停车场互联网运营等方面取得积极进展。在开拓新业务的同时,该集团积极调整和重组造船业务,利用现有造船富裕产能向桥梁钢结构、特种设备等方向转移,并通过与其他优势企业合作,将造船产能与船东资源向沿海的江苏南通地区转移。与此同时,通过整合江州船厂长江岸线、码头、土地等资源,发展沿长江物流产业,扩展该集团新的盈利能力。截至2016年12月31日,该集团录得收益

417.31 百万港元（2015 年：157.64 百万港元），较 2015 年增加约 164.72％。此增加主要获益于智慧停车及汽车电子业务收益 210.55 百万港元（2015 年：11.01 百万港元）之贡献。造船业务录得外部收益 154.22 百万港元（2015 年：143.19 百万港元），同上年相比基本持平。贸易业务 2016 年度录得外部收益 51.12 百万港元（2015 年：无）。金融服务业务 2016 年度录得外部收益 1.42 百万港元（2015 年：3.44 百万港元），较上年略有减少。于回顾期间，该集团之毛亏为 30.48 百万港元（2015 年：毛亏 157.86 百万港元），较 2015 年大幅减少 80.69％。毛亏大幅减小亦受益于智慧停车及汽车电子业务之贡献。截至 2016 年 12 月 31 日，该集团之销售及分销开支大幅上升至 299.92 百万港元（2015 年：88.92 百万港元），主要是受造船业务产生之影响，产生额外拨备 94.77 百万港元（2015 年：无），以及智慧停车及汽车电子业务产生无形资产摊销及商誉减值 104.32 百万港元（2015 年：3.3 百万港元）。2016 年度该集团之融资成本大幅减少 32.46％，至 136.32 百万港元（2015 年：201.85 百万港元），受益于该集团于 2015 年大力调整融资手段，与可换股认购方及债权人协商，将可换股债券及债务基本转换为股份，大幅减少融资成本。总体而言，截至 2016 年 12 月 31 日，该集团录得股东应占亏损 353.16 百万港元（2015 年：亏损 500.80 百万港元），较上年减少约 29.48％。造船业务受金融危机的影响，截至 2016 年 12 月 31 日，该集团有 10 条船只正在建造，18 条船只处于设计中。其中 7 条在建船只已达到弃船期，该集团已采取措施，与现有船东商讨但尚未达成正式协议。该集团已通过与大型国有企业设立合资企业、转移造船产能等方式，继续去除过剩产能、加快结构升级，尽快实现造船业务的整体脱困。截至 2016 年 12 月 31 日，造船分部所得外部收益为 154.22 百万港元（2015 年：143.19 百万港元），较上年增加 7.70％，毛亏为 321.28 百万港元（2015 年：350.65 百万港元），较上年减少 8.38％。贸易业务买卖业务于 2016 年录得轻微亏损（2015：无）。金融服务业务于回顾期间主要通过融资为集团内部的造船业务及智慧停车场业务提供资金支持。截至 2016 年 12 月 31 日，融资服务外部销售分部贡献 1.42 百万港元（2015 年：3.44 百万港元）之收益，录得亏损 14.55 百万港元（2015 年：溢利 3.11 百万港元）。此外，该集团于占有 20％股权的浙江海洋租赁股份有限公司溢利增加 58.02％，至 13.89 百万港元（2015 年：8.79百万港元）。智慧停车及汽车电子业务于回顾期间，该集团的智慧停车及汽车电子业务取得重大突破。截至 2016 年 12 月 31 日，智慧停车及汽车电子业务贡献外部收益 210.55 百万港元（2015 年：11.01 百万港元），占集团总收益的 50.45％（2015 年：6.98％）。继 2015 年末完成收购 Success Capture Limited"目标公司"全部股本后，该集团成功挺进停车场相关业务。该集团相继成立了一系列独资及合资企业，通过与大型国有企业、国内上市公司等其他合作伙伴合作，利用各方的资源和优势，全面展开停车板块所有相关业务。2016 年度共完成 13 个停车场项目合共 6 520 个车位的生产和销售。目标公司于 2016 年度获得溢利人民币 63.25 百万元（收购协议中规定目标公司溢利保证人民币 60 百万元），但由于停车场投资、运营业务尚且处于拓展阶段，前期投资支出较大，与停车场设备生产的协同效应尚未得到充分体现，智慧停车及汽车电子整体业务 2016 年度录得亏损 49.96 百万港元（2015 年：亏损 4.94 百万港元）。该集团相信，随着业务的逐步开展，该分部的效益将逐渐显现（资料来自香港交易所，因此数据单位为百万港元）。

如何看待这种跨界业务转型？留待学员讨论。

笔者观点供参考：跨界经营、转型主业对船企而言是十分"危险的游戏"，这家公司 2008 年遇到金融危机，2012 年在香港上市，可谓转得早，有超前眼光，至今近 10 年的主业转型史，也可谓"双主业"（双翼发展战略），既坚持了造船，又涉足智慧停车（适应越来越多的停车需求），战略选择上可谓相当理性。然而，转型中的新投入需要足够的现金流支撑，而造船业务的现金流却不断恶化，如果没有资本市场的支撑，则更难应对。同时期的国内地方造船民企却纷纷倒闭，没能度过国际经济的萧条期。同时期的央企，虽然获得政府金融支持和军品订单的支撑，也是经营亏损。"两害相权取其轻"，该公司选择香港发行股票上市的战略决策，属于明智之举。

然而，跨入一个与原有造船主业的关联并不密切的新行业，价值链上无法上下游支撑，这是该公司跨界经营中的软肋。如果选择的新型业务与造船业务有某种业务"现金流"上的对冲性质，就不会产生"现金流"紧张甚至危机的局面。公司依赖香港资本市场，摆脱了国内银行对产能过剩行业信贷限制的约束，奋力开展"船舶金融"来支撑公司现金流，实属无奈之举。如今遇到国内金融去杠杆、金融行业全面整顿的宏观调控，外加美国实现货币紧缩政策，公司经营在国际、国内均遇到现金流困境，一旦香港市场投资者抛售股票撤离香港，公司会很自然地遇到巨大的资本危机，如果遭遇到做空机构的打压，极可能出现崩盘。这就是当前公司正面临的局面。

未来公司发展如何，取决于国家造船周期的萧条何时结束，取决于公司金融活动的开展顺利程度，取决于国内智慧城市发展的进程等。

12

项目管理

12.1　项目及项目管理

12.1.1　项目

12.1.1.1　项目的概念

项目是指为创造独特的产品、服务或成果而进行的临时性工作。

12.1.1.2　项目的特征

项目具有以下特征：

（1）临时性；

（2）独特性；

（3）整体性；

（4）生命周期性；

（5）资源约束性；

（6）不确定性；

思考题：下列哪些活动属于项目？

（1）安排一次演出活动；

（2）开发和介绍一种新产品；

（3）策划一场婚礼；

（4）设计和实施一个管理信息系统；

（5）进行工厂的现代化改造；

（6）主持一次会议；

（7）组织一次大学同学聚会；

（8）给事故的受害者实施一系列外科手术；

（9）灾后重建一座城市；

（10）为大学生设计一次企业实习活动；

（11）打电话。

12.1.1.3　项目干系人（项目利益相关者）

项目干系人主要有：

（1）客户或委托人；

（2）项目发起人；

（3）被委托人或承约商；

（4）项目经理；

（5）供应商；

（6）分包商；

（7）其他干系人。

12.1.1.4 项目生命周期

1. 项目生命周期的阶段

项目从启动到结束的过程，分为 4 个阶段。

（1）项目启动阶段：识别需求，进行可行性分析；

（2）项目计划阶段：确定满足目标需要的方案；

（3）项目实施阶段：实施计划阶段所制订的各种方案和计划；

（4）项目收尾阶段：确认项目满足客户需求，评估项目绩效。

2. 项目生命周期的里程碑

每当一个项目阶段结束时，通常都要审查关键应交付成果和项目迄今为止的实施情况。其目的是判断项目是否可继续，及时发现错误、偏差和潜在问题并立即纠正。

（1）启动阶段结束时，批准可行性研究报告，这是第一个里程碑；

（2）计划阶段结束时，批准项目计划，这是第二个里程碑；

（3）执行阶段结束时，项目完工，这是第三个里程碑；

（4）收尾阶段结束，项目交接，这是最后一个里程碑。

项目生命周期模型如图 12.1 所示。

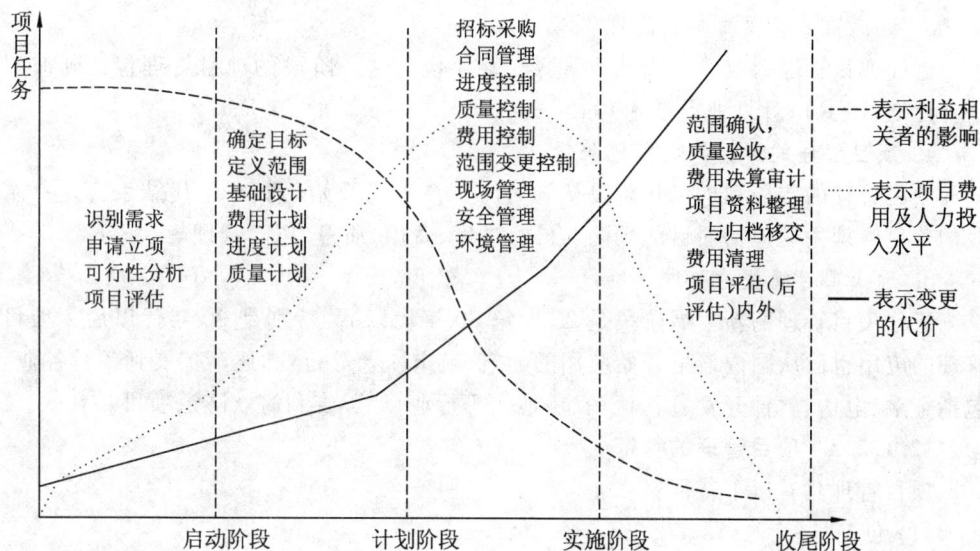

图 12.1　项目生命周期模型

12.1.2　项目管理

12.1.2.1　项目管理的概念

项目管理是指使用各种管理方法、技术和知识，为实现项目目标而对项目各项活动所开展的管理工作。项目管理系统如图 12.2 所示。

(1) 识别干系人对项目的需求与期望;

(2) 项目管理的目的是满足甚至超越干系人的要求与期望;

(3) 项目管理的根本手段是运用各种知识、技能、方法和工具去开展各种各样的管理活动。

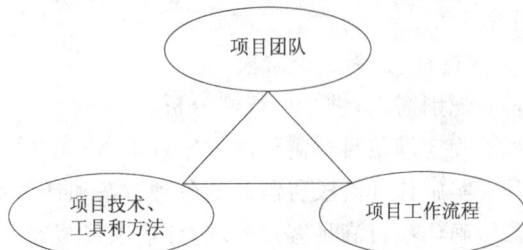

图 12.2　项目管理系统

12.1.2.2　项目管理的发展历程

1. 项目管理的产生阶段

项目管理的产生指从远古到 20 世纪 30 年代以前,这一阶段的项目管理如长城、金字塔、都江堰等。

2. 近代项目管理的萌芽阶段

近代项目管理的萌芽阶段从 20 世纪 30 年代初期开始,到 50 年代初期结束。本阶段的主要特征是用横道图进行项目的规划和控制,如曼哈顿工程、CPM(关键路径法)等。

3. 近代项目管理的成熟阶段

近代项目管理的成熟阶段是 20 世纪 60 年代。这一阶段的项目管理包括阿波罗登月计划、PERT(计划评审技术)等。

4. 项目管理的传播和现代化阶段

项目管理的传播和现代化阶段从 20 世纪 70 年代开始,到 80 年代结束。这一阶段的项目管理主要包括项目的采购、合同、进度、费用、质量、风险管理等。

5. 近代项目管理的新发展阶段

近代项目管理的新发展阶段是 20 世纪 80 年代以后,特别是 90 年代以后。项目管理的应用也已从国内最早开始应用的建筑、航空航天等行业,逐渐扩展到各行各业,包括金融、电信、软件开发、IT、医药、房地产等行业,如英吉利海峡隧道项目。

12.1.2.3　项目管理的特征

项目管理具有以下特征:

(1) 创新性;

(2) 普遍性;

(3) 目的性;

(4) 独特性;

(5) 复杂性。

12.1.2.4 项目管理的内容

项目管理的内容包括项目范围管理、项目时间管理、项目成本管理、项目质量管理、项目人力资源管理、项目沟通管理、项目风险管理、项目采购管理、项目整合管理等,如图 12.3 所示。

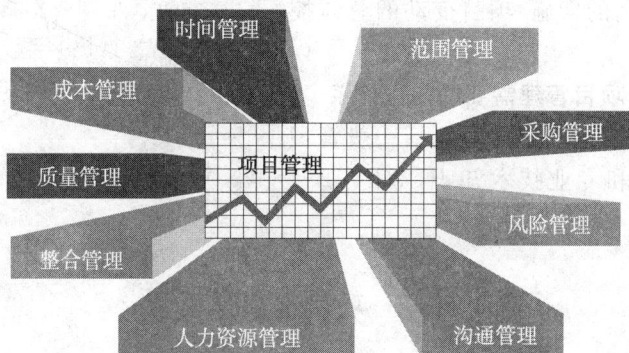

图 12.3 项目管理的内容

1. 项目范围管理

它是为了实现项目的目标,对项目的工作内容进行控制的管理过程。它包括范围的界定、范围的规划、范围的调整等。

2. 项目时间管理

它是为了确保项目最终按时完成的一系列管理过程。它包括具体活动的界定,如活动排序、时间估计、进度安排及时间控制等项工作。

3. 项目成本管理

它是为了保证完成项目的实际成本不超过预算成本的管理过程。它包括资源的配置、成本预算和费用的控制等项工作。

4. 项目质量管理

它是为了确保项目达到客户所规定的质量要求所实施的一系列管理过程。它包括质量规划、质量控制和质量保证等。

5. 项目人力资源管理

它是为了保证所有项目干系人的能力和积极性都得到最有效的发挥和利用所实施的一系列管理措施。它包括组织的规划、团队的建设、人员的选聘和项目的班子建设等一系列工作。

6. 项目沟通管理

它是为了确保项目信息的合理收集和传输所需要实施的一系列措施。它包括沟通规划、信息传输和进度报告等。

7. 项目风险管理

它涉及项目可能遇到的各种不确定因素。它包括风险识别、风险量化、对策制定、风险控制等。

8. 项目采购管理

它是为了从项目实施组织之外获得所需资源或服务所采取的一系列管理措施。它包括采购计划、采购与征购、资源的选择,以及合同的管理等项目工作。

9. 项目整合管理

它是为了确保项目各项工作能够有机地协调和配合所展开的综合性与全局性的项目管理工作和过程。它包括项目整合计划的制订、项目整合计划的实施、项目变动的总体控制等。

12.1.2.5 项目管理需要的知识体系

项目管理需要的知识体系包括一般管理知识、经验知识和专业技术知识，如图 12.4 所示。

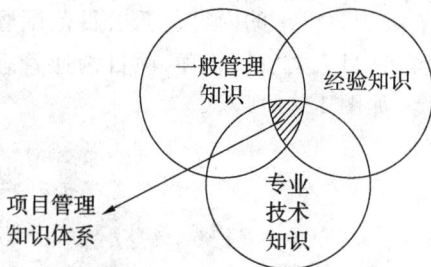

图 12.4 项目管理需要的知识体系

12.2 项目组织管理

12.2.1 项目组织概念

12.2.1.1 项目组织的概念

项目组织是指为完成特定的项目任务而建立起来的从事项目具体工作的结构。

12.2.1.2 项目组织的特点

项目组织不仅具有一般组织的特点，而且要兼顾项目及项目管理的特殊性，如图 12.5 所示。

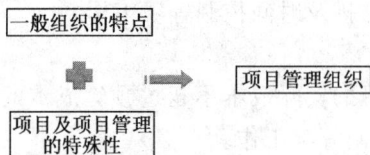

图 12.5 项目组织的特点

12.2.1.3 项目组织管理的 4 个层次

项目组织管理具有项目经理、项目团队管理、项目实施组织及其环境管理、项目全团队管理 4 个层次，4 个层次间的关系如图 12.6 所示。

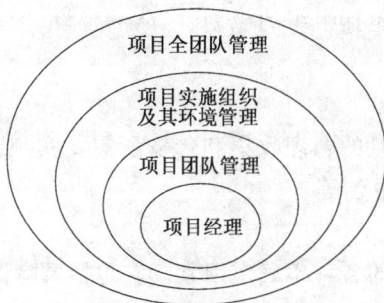

图 12.6 项目组织管理的 4 个层次

12.2.1.4 项目组织管理的境界与要求

（1）项目组织管理的最高境界是实现项目利益的最大化和项目利益分配的合

理化;

  (2) 项目组织管理首先应该保障的是项目利益的最大化;

  (3) 项目组织管理其次应该设法使项目利益分配合理化;

  (4) 项目组织管理基本要求是保障项目各相关利益主体能够共同合作。

12.2.2　项目组织设计

  把实现项目组织目标所需完成的工作范围、工作任务划分为性质不同的业务工作,然后按工作性质组建不同的部门,同时确定各部门的职责与权限。

  组织结构设计的根本目的是产生组织功能,实现组织的总目标,因此要做到以下几点:

  (1) 因目标设事;

  (2) 因事设岗;

  (3) 因岗择人;

  (4) 因职定权。

12.2.3　项目组织的类型

12.2.3.1　职能式组织结构

职能式组织结构根据工作任务的相似性来设立管理部门,具体如图 12.7 所示。

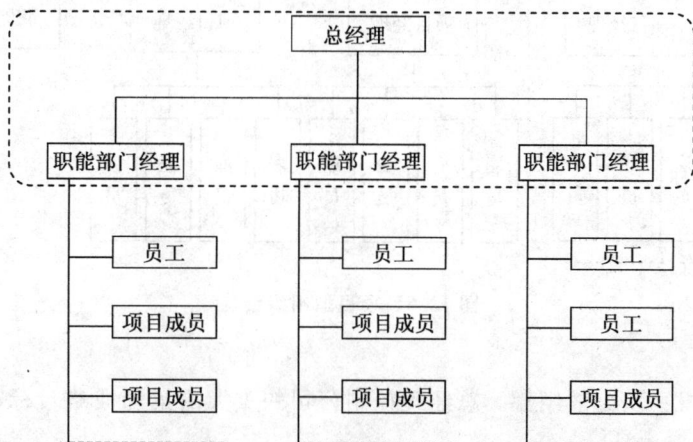

注:虚线表示项目协调范围;项目成员表示各单位派出参加项目的员工(兼职)。

图 12.7　职能式组织结构

  项目经理可能是职能部门经理,也可能由项目成员担当,主要起协调作用,没有足够的权利控制项目的进展,对项目团队成员也没有完全的支配权利。

1. 特点

(1) 管理层次分明,高、中、基层都按管理的结构层次依次分布;

(2) 按专业化设置,利于加强专业技术力量与交流;

(3) 临时抽调。

2. 优点

(1) 人员使用灵活;

(2) 技术专家可同时被不同项目使用;

(3) 同一部门专业人员易于交流知识和经验;

(4) 可保持项目的连续性:项目成员离开,职能部门可支持;

(5) 职能部门可为本部门的专业人员提供一条正常的晋升途径。

3. 缺 点

(1) 职能部门并非全身心投入项目中,项目及客户利益得不到优先考虑;

(2) 责任不明确;

(3) 成员的积极性不高:临时抽调;

(4) 各职能部门之间缺乏交流:复杂问题常需多部门合作。

4. 应用范围

职能式组织结构适于规模小、技术强、时间短、意义不是很重大的项目。

12.2.3.2 项目型组织结构

项目型组织结构以公司项目或产品的分类为依据,人员按项目划分至各项目组,由各自所在项目团队的项目经理领导,具体如图 12.8 所示。

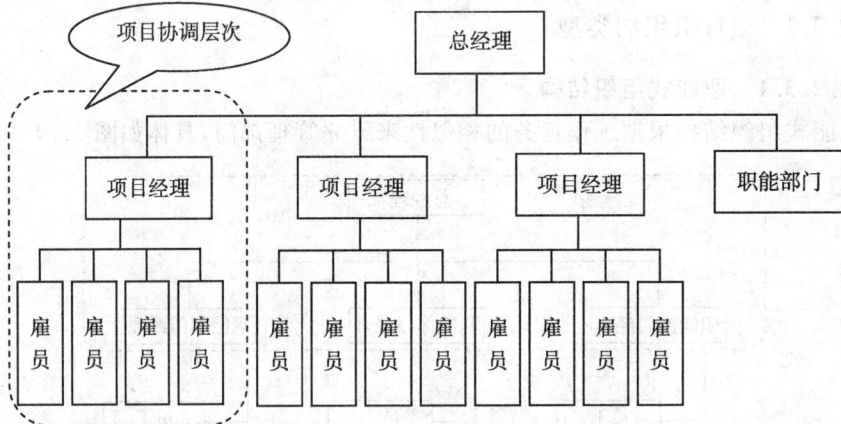

图 12.8 项目型组织结构

1. 特点

(1) 集中决策,分散经营。总经理控制公司的重大决策和战略目标,项目经理独立经营项目;

(2) 项目经理对成员有完全的控制权;

(3) 项目组织类似于总公司下的分公司。

2. 优点

(1) 项目经理对项目全权负责;

(2) 目标明确单一;

(3) 沟通途径简洁:项目经理可避开职能部门直接与高层沟通;

(4) 成员全职:项目组织可保留部分在某些技术领域具有很好才能的专家作为固定成员;

(5) 决策速度快:权力集中于项目经理,使得决策加快;

(6) 结构严谨,权责明确,利于统一命令;

（7）能充分发挥团队精神。

3．缺点

（1）资源重复配置：各项目部都有自己的一套班子，造成人、财、物、技术等重复配置；

（2）不适于小规模企业：项目组织要汇集大量专业人才，并且小公司也很难同时有那么多项目；

（3）对项目成员要求较高：理想的项目成员应该是全才；

（4）项目结束后成员安排困难。

4．应用范围

项目型组织结构运用于长期的、大型的、复杂的、重要的项目，如三峡工程、南水北调工程、奥运会项目等。

12.2.3.3　矩阵式组织结构

矩阵式组织结构指在同一组织结构中把按职能划分部门和按项目划分部门相结合而产生的一种组织形式，如图12.9所示。

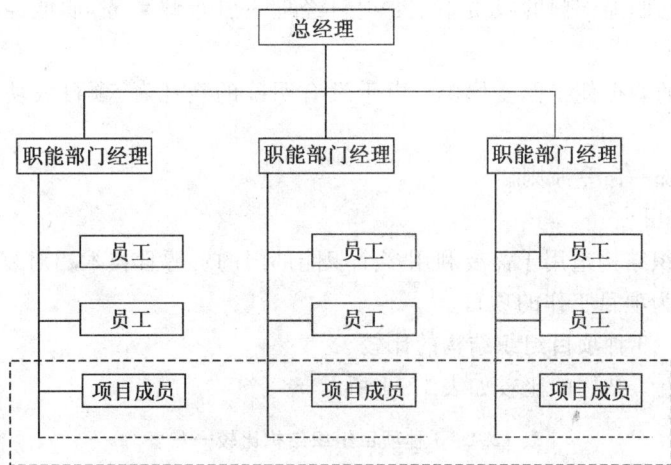

注：虚线表示项目协调范围。

图12.9　矩阵式组织结构

公司承接一个新项目时，从各职能部门挑选人员共同组成项目团队，由指定的项目经理领导。项目团队的许多成员仍有义务完成在原职能部门中的工作。项目经理对项目的结果负责，而职能经理负责为项目成功提供所需资源。

1．特点

（1）纵向按职能分工，横向按项目分工；

（2）双重领导，即项目经理、职能经理双重领导，因此纵向管理部门与横向分工必须明确，应确定某一工作的主体负责部门，否则容易扯皮。

（3）机动性强。

2．分类

（1）弱矩阵式组织：项目经理负责协调各项项目工作，项目成员在各职能部门为项目服务，项目经理没有多大权力来确定资源在各职能部门分配的优先程度，即有职无权；

（2）强矩阵式组织：项目经理负责项目，并对项目实施更有效的控制，职能经理辅助分配人员和使用技术；

（3）平衡矩阵式组织：取决于项目经理和职能经理的相对力度；项目经理负责监督项目的执行、进度、成本等；职能经理负责本部门工作及项目范围界定和质量等。

3. 优点

（1）项目是工作的焦点：项目经理负责整个项目在规定的时间、经费范围内完成；

（2）可分享各个部门的技术人才储备：临时从职能部门抽调所需人才；

（3）减少项目组织成员的忧虑：项目结束后仍在原部门；

（4）反应快速灵活；

（5）增加决策层对项目的信任：矩阵式组织中会有来自行政部门的人；

（6）可平衡资源以保证多个项目的完成。

4. 缺点

（1）易于使项目经理间产生矛盾：多项目同时进行时争夺资源；

（2）项目与职能部门的权责不清：项目经理主管行政事务，职能经理主管技术；实际划分不易；

（3）权力的均衡使工作受影响：由于没有明确的责任者，项目成功时抢功，失败时推责；

（4）违反统一命令原则。

5. 应用范围

矩阵式组织结构适用于需要利用多个职能部门的资源且技术相对复杂、但又不需技术人员全职为项目工作的项目。

12.2.3.4　3种项目组织结构的比较

3种项目组织结构的比较如表12.1所示。

表 12.1　3种项目组织结构比较一览表

特征 \ 组织形式	职能式	矩阵式			项目式
		弱矩阵式	平衡矩阵式	强矩阵式	
项目经理的权限	很少或没有	有限	小到中等	中到大等	很高甚至全权
全职工作人员的比率	几乎没有	0～25%	15%～60%	50%～95%	85%～100%
项目经理的任务	兼职	兼职	全职	全职	全职
项目经理常用头衔	项目协调员	项目协调员	项目经理	项目经理	项目经理
项目管理行政人员	兼职	兼职	兼职	全职	全职

12.3　项目计划管理

12.3.1　项目范围管理

12.3.1.1　项目范围的定义

项目范围是指具体化、细化了的项目所涉及的具体任务和活动，也就是项目的工作边界。

"范围"既可以指项目的"产品范围",即项目业主或客户对于项目最终产品或服务所要求达到的特色和功能,也可以指项目"工作范围",即项目团队或承包商为提交项目业主或客户指定的服务和作业所需完成的所有工作。

12.3.1.2 定义项目范围的作用

定义项目范围具有以下作用:

(1)有利于成本、时间、资源的准确估算;

(2)确定进度计划和控制的基准;

(3)有助于清楚地分派任务与责任;

(4)是 WBS 工作分解的对象;

(5)可作为项目评估的依据之一。

【相关案例】

小李是国内某知名 IT 企业的项目经理,负责西南某省的一个企业管理信息系统建设项目的管理。在该项目合同中,简单地列出了几条项目承建方应完成的工作,据此小李自己制定了项目的范围说明书。甲方的有关工作由其信息中心组织和领导,信息中心主任兼任该项目的甲方经理。可是在项目实施过程中,有时是甲方的财务部直接向小李提出变更要求,有时是甲方的销售部直接向小李提出变更要求,而且有时这些要求是相互矛盾的。面对这些变更要求,小李试图用范围说明书来说服甲方,甲方却动辄引用合同的相应条款作为依据,而这些条款要么太粗、不够明确,要么小李跟他们有不同的理解。因此,小李为对这些变更要求不能简单地接受或拒绝而左右为难,他感到很沮丧。如果不改变这种状况,项目完成看来要遥遥无期。

思考:该问题产生的原因是什么?如何解决?

12.3.2 项目计划

12.3.2.1 项目计划的内容:4W2H

(1)What to do? 项目做什么——项目经理和团队应完成哪些工作。

(2)How to do? 怎样做——如何完成这些工作和任务。

(3)Who to do? 谁去做——确定承担工作分解结构中每项工作的具体人员。

(4)When to do? 何时做——确定各项工作需多长时间及何时开始与结束。

(5)Where to do? 何地做——各项工作在什么地方进行。

(6)How much? 多少钱——各项工作需花费多少经费。

12.3.2.2 项目计划制订的具体步骤

项目计划制订的具体步骤如下:

(1)确定项目目标和项目范围;

(2)任务(工作)分解:把粗线条的、不能具体操作的任务分解成小的,易于管理、实施和检验的可操作任务;

(3)资源规划:确定实施项目活动需要哪些资源及其数量;

(4)制订各方面的具体计划:项目范围、费用、进度、质量、人力资源和组织计划、沟通计划、采购计划、风险管理。

12.3.2.3 工作分解结构

工作分解结构(Work Breakdown Structure,WBS)是将项目按照其内在结构或实施过程的顺序进行逐层分解而形成的结构示意图。它可以将项目分解到内容相对独立的、内容单一的、易于成本核算与检查的工作单元,并能把各工作单元在项目中的地位与构成直观地表示出来。每一工作单元都是为实现项目目标的一项具体任务。

1. WBS 图的层次

WBS 图可按内在结构、实施顺序分层,可多可少,视任务规模、复杂情况而定。

举例：江苏科技大学举办江苏省系统工程学会年会项目的 WBS,具体如图 12.10 和表 12.2 所示。

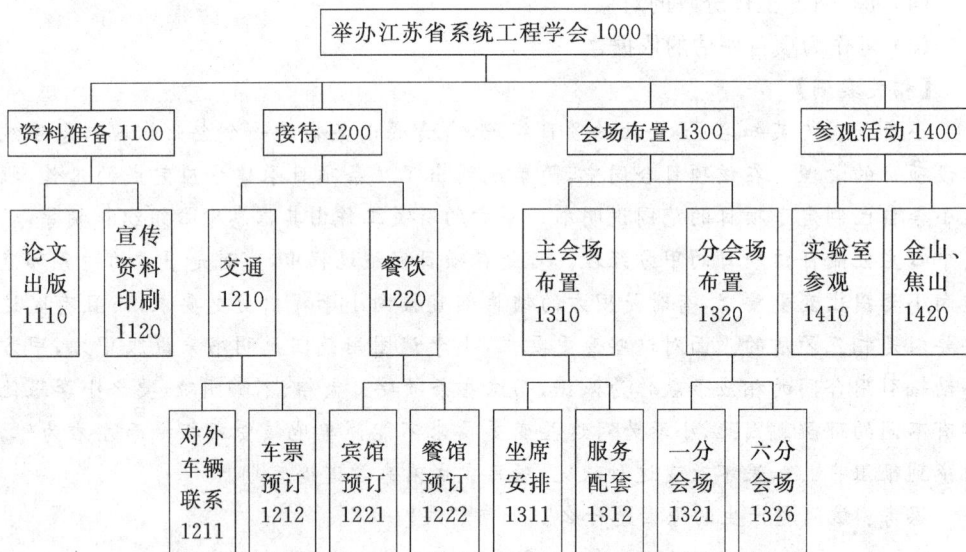

图 12.10 举办年会的 WBS 编码

表 12.2 根据 WBS 进行预算

WBS 编码	预算/元	责任者	WBS 编码	预算/元	责任者
1000	180 000	王	1311	3 000	陈
1100	40 000	纪	1312	5 000	赵
1110	38 000	李	1320	12 000	纪
1120	2 000	张	1321	2 000	秦
1200	100 000	纪	1322	2 000	徐
1210	5 000	钱	1323	2 000	张
1211	4 000	宋	1324	2 000	刘
1212	1 000	纪	1325	2 000	纪
1220	5 000	纪	1326	2 000	张
1221	3 000	纪	1400	20 000	徐
1222	2 000	齐	1410	1 000	徐
1300	20 000	金	1420	19 000	徐
1310	8 000	乔			

2. WBS 的制定要点

（1）根据项目的规模和复杂程度，确定工作分解的详细程度；

（2）对项目进行分解，直至确定的、相对独立的工作单元；

（3）对每个工作单元，尽可能详细地说明其性质、特点、目标、工作内容和资源输入，进行成本和时间的估算，并确定负责人及相应的组织结构；

（4）责任者对该工作单元的预算、时间进度、资源需求和人员分配等进行复核，并形成初步文件上报上级机构或管理人员；

（5）逐级汇总上述信息并明确各工作单元实施的先后次序；

（6）项目最高层将各项成本汇总成项目的初步预算，并作为项目预算的基础；

（7）将时间估算及工作单元之间的逻辑关系的信息汇总为"项目总进度计划"，这是项目网络图的基础，也是项目详细工作计划的基础；

（8）将各工作单元的资源使用汇总为"资源使用计划"；

（9）项目经理对 WBS 的输出结果进行系统综合的评价，拟定项目的实施方案；

（10）形成项目计划，上报审批；

（11）严格按照项目计划实施，并按实践的要求，不断修改、补充和完善项目计划。

12.4　项目进度管理

12.4.1　项目进度管理的定义

项目进度管理也称项目的时间管理或工期管理，指在项目实施的过程中，对各阶段的进展程度和项目最终完成的期限所进行的管理，其目的是确保项目准时完工。

12.4.2　项目进度管理过程

项目活动是指确认和描述项目的特定活动，它把项目的组成要素细分为可管理的更小部分，以便更好地管理和控制。

（1）项目活动排序：识别项目活动之间的关联和依赖关系，并据此对项目活动的先后次序进行排列，形成相应的文档；

（2）项目活动时间（历时）估算；

（3）制订项目进度计划；

（4）项目进度计划的控制。

12.4.3　项目进度管理方法之一：甘特图

甘特图是 1917 年美国学者甘特（Herry L. Gantt）发明的一种使用条形图编制项目工期计划的方法，是一种比较简便的工期计划和进度安排工具。甘特图示意图如图 12.11 所示。

任务编号	任务名称	1	2	3	4	5	6	7	8	9	10	11	12
1	机房装修												
2	房间布局												
3	网络布线												
4	硬件安装												
5	软件调试												

图 12.11　甘特图的示意图

12.4.3.1　甘特图的优势

甘特图简单明了、直观和易于编制,适于在小型项目管理中编制项目进度计划。

12.4.3.2　甘特图的缺点

甘特图无法表示各个活动之间的关系,不能指出影响项目工期的关键所在,无法适用于复杂的项目管理,用计算机计算项目参数比较难。

12.4.4　项目进度管理方法之二:网络计划法

网络计划法是指用网络图来表示项目中各项活动的进度和它们之间的相互关系,并在此基础上计算出网络中各项时间参数,确定关键活动与关键路线,利用时差不断地调整和优化网络,以求得最短周期的方法。此外,还可将成本与资源问题考虑进去,以求得综合优化的项目计划方案。

图 12.12 中的"建造房子的网络计划"就是一个很形象的例子。

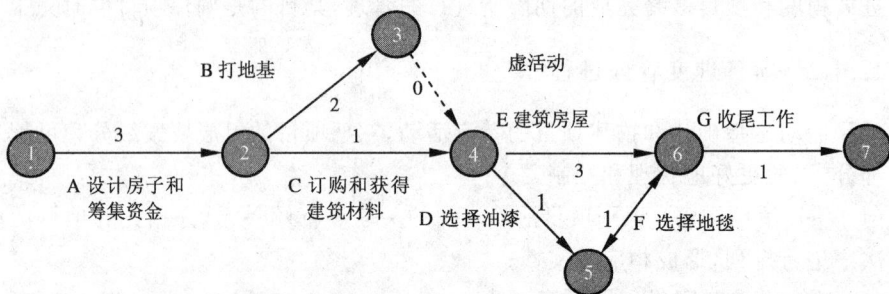

图 12.12　建造房子的网络计划图

12.4.4.1　箭线式网络图的画法

箭线式网络图是用一条箭线表示一项活动,箭尾代表活动的开始,箭头代表活动的结束,箭线的长度与活动的持续时间无关。活动的内容写在箭线上方。箭线之间用叫作事件的圆圈连接起来。箭线式网络图的画法如图 12.13 所示。

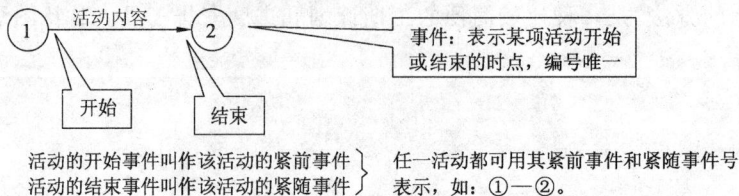

图 12.13　箭线式网络图的画法

绘制箭线式网络图的若干规则：

（1）编号相邻的两事件间不允许有两条箭线存在，详见图 12.14。

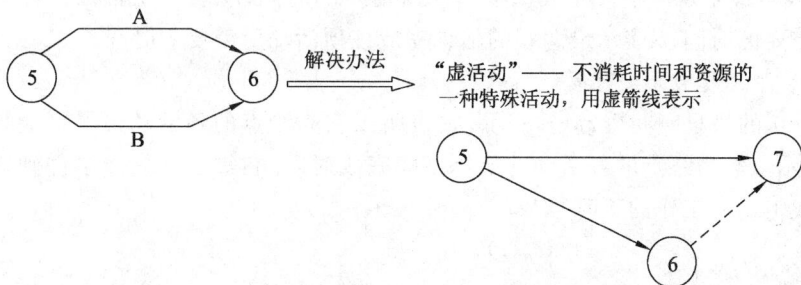

图 12.14　带有"虚活动"的箭线式网络图

（2）在网络图中不允许出现封闭环路。图 12.15 所示的封闭环路的网络图，是要避免的。封闭环路指从某一事件出发经过一系列活动后又回到了原来的事件。

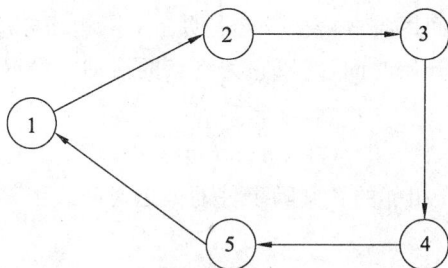

图 12.15　出现封闭环路的网络图

（3）一张网络图只能有一个总起点和一个总终点。图 12.16 所示的带有多个起点的网络图是要避免的。

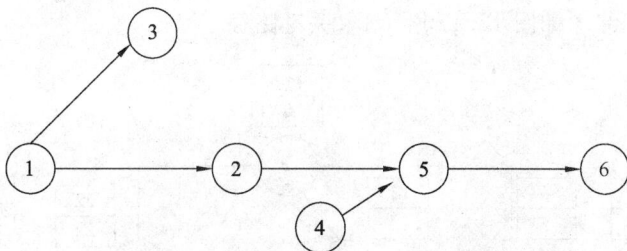

图 12.16　带有多个起点的网络图

（4）网络图中的线路、路长和关键线路。

① 线路——从网络图的起始事件，沿箭线方向经过一系列活动和事件，到达网络结束事件为止的一条通路。

② 路长——线路的总长度，是指作业时间总和。

③ 关键线路——最长的线路。

12.4.4.2　网络图的时间参数计算

1. 活动的作业时间估算

$$t_p = \frac{a + 4m + b}{6}$$

$$\sigma^2 = \left(\frac{b-a}{6}\right)^2$$

式中,a 表示最乐观的估计完成该项活动所需要的时间;m 表示正常的估计完成该项活动所需要的时间;b 表示最悲观的估计完成该项活动所需要的时间。

2. 事件的最早开工时间

事件 j 的最早时间用 $t_E(j)$ 表示,它表明以它为始点的各活动最早可能开始的时间,也表示以它为终点的各活动的最早可能完成时间,它等于从始点事件到该事件的最长路线上所有工作的工时总和。

$$\begin{cases} t_E(i)=0 \\ t_E(j) \max\limits_{i}\{t_E(i)+t(i,j)\} \end{cases}$$

式中,$t_E(i)$ 表示与事件 j 相邻的各紧前事件的最早时间。

设终点事件编号为 n,则 $t_E(n)=$ 总最早完工期。

3. 事件的最迟开工时间

事件的最迟开工时间用 $t_L(i)$ 表示,它表明在不影响任务总工期的条件下,以它为始点的活动的最迟必须开始时间,或以它为终点的活动的最迟必须完成时间。

$$\begin{cases} t_L(n)= 总工期 = t_E(n) \\ t_L(i) \min\{t_L(j)-t(i,j)\} \end{cases}$$

式中,$t_L(j)$ 表示与事件 i 相邻的各紧随事件的最迟时间。

4. 事件的时差

事件的时差指该事件的最迟开工时间与最早开工时间之差值,说明在工作进度安排上有伸缩余地。用计算公式表示为

$$S(i)=t_L(i)-t_E(i)$$

【例题】

该项目的网络图如图 12.17 所示,求关键路径。

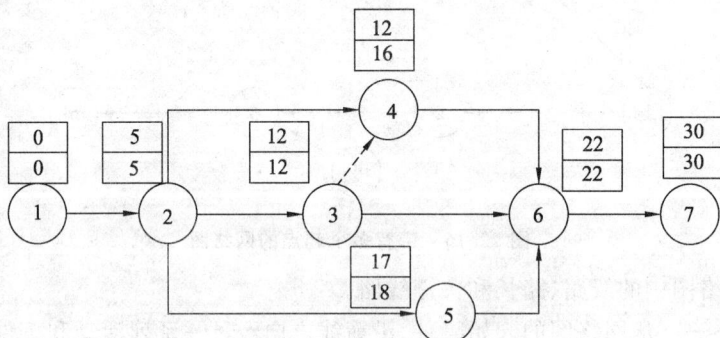

图 12.17　某项目的网络图

具体计算过程如图 12.18 所示。

因此,该项目的关键路径为:①→②→③→⑥→⑦。总工期为 30 天。

各事件的最早开始时间：
$t_E(1)=0$
$t_E(2)=5$
$t_E(3)=12$
$t_E(4)=12$
$t_E(5)=17$
$t_E(6)=22$
$t_E(7)=30$

各事件的最迟开始时间：
$t_L(1)=0$
$t_L(2)=5$
$t_L(3)=12$
$t_L(4)=16$
$t_L(5)=18$
$t_L(6)=22$
$t_L(7)=30$

图 12.18　具体计算过程

12.5　项目成本管理

12.5.1　项目成本管理的定义

项目成本管理是指为保障项目实际发生的成本不超过项目预算而开展的项目成本估算、项目预算编制和项目预算控制等方面的管理活动。

12.5.2　项目成本的构成

项目成本的构成如图 12.19 所示。

（1）项目定义和决策成本：调查研究、技术经济分析、可行性研究等成本；

（2）项目设计成本：项目的方案设计等成本；

（3）项目获取成本：询价、选择供应商、广告、招标、投标、承包、发包等成本；

（4）项目的实施成本：为完成"项目产出物"而耗用的各种资源所构成的成本。

人工成本	物料成本	设备成本	不可预见费用	其他费用

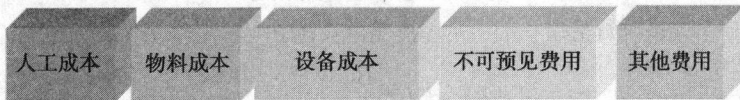

图 12.19　项目成本的构成

12.5.3　项目成本超支的主要原因

挪威项目管理专家阿里尔德·西格森（Arild Sigurdsen）认为：许多成本超支预算产生于不准确的成本估计；许多公司在成本估计和成本控制上没有标准或调整法则；许多人认为由于项目中的变量太多，超出预算在所难免，实际却并非如此；项目计划和控制常常没有考虑概率统计方法。

引起项目成本超支的原因主要有以下几点：

（1）项目质量标准的提高；

（2）项目进度的调整；

（3）实际工作量比计划工作量有所增加，而项目按实际工作量和合同单价付款；

（4）项目管理失误；

（5）市场物价、汇率等变化；

（6）不可抗力的影响。

12.5.4 挣值法

挣值法又叫偏差分析法,是测量目标实施与目标期望之间差异的方法。此法将计划中列入的工作同实际已完成的工作进行比较,确定项目在成本支出和时间进度方面是否符合原定计划要求,将项目的成本控制与进度控制有机结合在一起,有助于对整个项目实施有效控制。

12.5.4.1 几个指标

1. 已完成作业的预算成本(Earned Value,EV)

它又称"挣值",是按单位的预算价格计算出的实际完成工作量的费用之和,是以预算为依据计算出的项目所创造的实际工程价值。其计算公式为

$$挣值＝已完成作业的预算成本＝已完成作业量×预算定额$$

2. 计划作业的预算成本(Planned Value,PV)

它是指在费用估计阶段就确定的与项目活动时间相关的费用累计值。其计算公式为

$$计划作业的预算成本＝计划作业量×预算定额$$

3. 已完成作业的实际成本(Actual Cost,AC)

它是指按照实际发生的价格计算得到的实际已完成作业的实际成本。其计算公式为

$$已完成作业的实际成本＝已完成作业量×实际定额$$

12.5.4.2 几个指标的计算公式

1. 成本偏差(Cost Variance,CV)

$$CV = BCWP - ACWP$$

2. 进度偏差(Schedule Variance,SV)

$$SV = BCWP - BCWS$$

3. 成本绩效指标(Cost Performance Index,CPI)

$$CPI = \frac{BCWP}{ACWP}$$

4. 进度绩效指标(Schedule Performance Index,SPI)

$$SPI = \frac{BCWP}{BCWS}$$

5. 预测完工成本

$$预测完工成本＝总预算/CPI$$

12.5.4.3 课堂案例讨论

一个外地现场开发的项目,项目成员为 10 人,工期估计为 30 天。预算每人每日成本:住宿＋餐饮＋交通＋薪水＋…=500 元。到了第 10 天,做一次项目状态评估:实际上只完成了应该在第 8 天完成的工作,总共花费了 45 000 元。请分析项目的执行情况。

计算可得:

预算每日成本 5 000 元,总预算为 150 000 元。

$$PV(计划工作量的预算成本)=10×5\ 000=50\ 000(元)$$

$$EV(已完成工作量的预算成本)=8×5\ 000=40\ 000(元)(净值)$$

$$AC(已完成工作量的实际成本)=45\ 000(元)$$

$$进度偏差\ SV=EV-PV=-10\ 000$$

$$费用偏差 \ CV = EV - AC = -5\ 000$$

$$费用执行指标 \ CPI = EV/AC = 88.89\%$$

$$进度执行指标 \ SPI = EV/PV = 80\%$$

$$预测完工成本 \ 150\ 000/88.89\% = 168\ 750(元)$$

结论：该项目延期，并且超支了。

12.5.4.4　小结

理想状态是已完成工作实际成本、计划工作预算成本及已完成工作的预算成本3条曲线靠得很近，平稳上升，表示项目按预定计划和目标前进。如果3条曲线离散度不断增加，则预示可能发生关系到项目成败的重大问题。工作实际成本、计划工作预算成本及已完成工作的预算成本曲线示意图如图12.20所示。

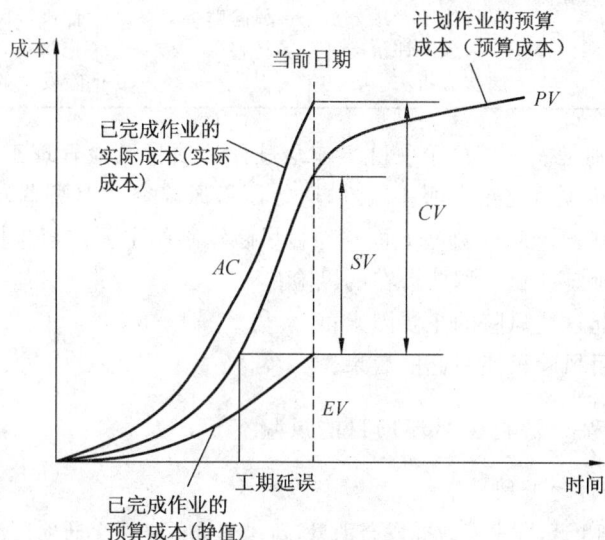

图12.20　工作实际成本、计划工作预算成本及已完成工作的预算成本曲线示意图

12.6　项目风险管理

12.6.1　风险的概念

风险即是不期望发生事件的客观不确定性。一般来说，风险具备下列要素：

（1）事件（不希望发生的变化）；

（2）事件发生的概率（事件发生具有不确定性）；

（3）有一定的后果（损失）；

（4）有一定的规律性；

（5）风险 $= f$（事件，不确定性，后果）。

12.6.2　风险管理的概念

项目风险管理是项目管理的重要内容，通过项目风险的识别、估测和评价，运用各种风险管理技术，对项目风险实施有效的控制和妥善处理风险所致损失的后果，期望以最小的项目成本实现最大的项目目标。

12.6.3 风险管理过程

项目风险管理过程如表 12.3 所示。

表 12.3 项目风险管理过程

风险识别 ——→	风险评价 ——→	风险处理 ——→	风险监控
• 风险识别询问法 • 财务报表法 • 流程分析法 • 现场勘测法 • 有关部门部分配合法 • 索赔统计记录法 • 环境分析法	• 风险的概率分布 • 历史资料统计 • 理论分布分析 • 外推法 • 项目风险量测定 • 项目风险费用分析 • 项目风险评价准则 • 层次分析法	• 回避 • 损失控制 • 分离 • 分散 • 转移 • 风险财务对策 • 转移（有偿） • 保险	• 风险发生的监控——对已识别的风险进行监视和控制，以及早发现风险事件的苗头，及早控制； • 风险管理的监控——监督执行风险管理的组织措施和技术措施，以消除风险发生的人为诱因。

项目风险识别是一项贯穿于项目实施全过程的项目风险管理工作。这项工作的目标是识别和确定项目究竟有哪些风险，这些项目风险究竟有哪些基本的特性，这些项目风险可能会影响项目的哪些方面。项目风险识别的主要内容包括：

（1）识别并确定项目有哪些潜在的风险；

（2）识别引起这些风险的主要因素；

（3）识别项目风险可能引起的后果。

12.6.4 思考：沪杭磁悬浮项目的风险

1. 沪杭磁悬浮之时间

2006 年 3 月 13 日，国家发改委发布消息，新建沪杭磁悬浮交通项目建议书已经获得国务院批准，该项目正式开展可行性研究工作。获批的磁悬浮沪杭线全长约 175 公里，全线高架，工程总概算约 350 亿元。其中，浙江段正线全长约 105 公里，设杭州东站和嘉兴站，上海境内拟设龙阳路、世博园、南站等站点；磁悬浮沪杭线车速正常运行速度为 450 公里/小时（如图 12.21 所示），中心城区内最高正常运行速度不大于 200 公里/小时。

图 12.21 磁悬浮列车时速可达 450 公里

2. 沪杭磁悬浮之规划

2008年8月，浙江省政府公布了重大项目建设行动计划(2008—2012)。根据这个计划，沪杭磁悬浮2010年开始建设。"行动计划"透露，沪杭磁悬浮交通项目(浙江段)建设起止年限为2010—2014年，总投资220亿元，其中2008—2012年计划完成投资65亿元。这份"计划"还显示，沪杭磁悬浮新建线路总长调整为199.434公里，其中沪杭磁悬浮城际线(含三角区联络线)长164.577公里，磁悬浮上海机场联络线(上海支线)长34.857公里，浙江段长103公里，设嘉兴和杭州东两个车站。

3. 沪杭磁悬浮之动机

据报道，2010年的上海世博会，是沪杭磁悬浮上海段率先单飞的直接诱因。世博会官方预测，"从2010年5月1日到10月31日，有200个国家和国际组织参与，有7 000万人到达这一现场"。而"要在半年里把7 000万人接待好"，将是对上海交通网络的考验。

4. 该项目在论证初期的方案

两种方案：一种是建磁悬浮铁路，另一种是建高速轮轨，并请德国专家参与论证。最后的结论是沪杭间的高密度客流为建设磁悬浮铁路的经济性提供了保障，时速450公里的磁悬浮铁路和时速300公里的高速轮轨相比，工程造价相近，但前者的技术更优，运行、维护费用更低，因此建设沪杭磁悬浮铁路成了首选。

5. 中德合作模式

该项目中德两国有两种合作模式：一是德国政府给予支持，成立合资企业经营，相关设备、零部件则要大部分在中国生产，德国生产的比例占10%；二是中方付费购买技术使用权，然后自行建造。

请识别该项目的风险，并提出规避措施。

参考文献

1. 贺云侠：《现代领导科学》，东南大学出版社，1994 年。

2. 张云庭：《现代领导学》，内蒙古人民出版社，1987 年。

3. William A. Cohen：《领导者的艺术》，陈丽云译，光明日报出版社，2001 年。

4. 毛泽东，周恩来，刘少奇，朱德，邓小平，陈云：《思想方法工作方法文选》，中共中央文献出版社，1990 年。

5. 中央教育行政学院，等：《学校管理心理学》，教育科学出版社，1990 年。

6. 张诚：《二十一世纪领导全书》，中国大地出版社，2000 年。

7. 路阳：《春风化雨　和谐共进——周恩来协调艺术及其现实意义》，《纪念周恩来同志诞辰 110 周年论文选编》，中央文献出版社，2008 年。

8. 江泽民：《关于讲政治》，《江泽民文选》(第 1 卷)，人民出版社，2006 年。

9. 李岚清：《李岚清教育访谈录》，人民教育出版社，2003 年。

10. 毛泽东：《关于领导方法的若干问题》，人民出版社，1943 年。

11. 金邦秋：《领导科学论纲》，上海教育出版社，2002 年。

12. 高鸿业：《西方经济学》，中国人民大学出版社，2007 年。

13. ［美］保罗·萨缪尔森，威廉·诺德豪斯：《经济学》，萧琛译，人民邮电出版社，2003 年。

14. 厉以宁：《西方经济学》，高等教育出版社，2002 年。

15. 施金龙：《企业战略管理》，电力出版社，2009 年。

16. 徐君：《企业战略管理》，清华大学出版社，2008 年。

17. Fred David：《Strategic Management：Concept & Cases》，清华大学出版社，2007 年。

18. 王利明，尹飞，程啸：《中国物权法教程》，人民法院出版社，2007 年。

19. 吴弘，李集合：《合同法》，中国政法大学出版社，2011 年。

20. 陈训敬，许步国：《企业经营管理法律实务》，中国政法大学出版社，2011 年。

21. 蔡曙涛：《企业经济法》，中国人民大学出版社，2004 年。

22. 关怀：《劳动法学》，中国人民大学出版社，2008 年。

23. 中国就业培训技术指导中心：《企业人力资源管理师：三级》，中国劳动社会保障出版社，2007 年。

24. 彭剑锋：《人力资源管理概论》，复旦大学出版社，2005 年。

25. 张德：《人力资源开发与管理》，清华大学出版社，2007 年。

26. 吴君民，狄为，张学军：《基础会计学教程》(第 4 版)，科学出版社，2015 年。

27. 中国注册会计师协会：《2017 年注册会计师全国统一考试辅导教材——会

计》,中国财政经济出版社,2010 年。

28. 丁兴良:《突破工业品营销瓶颈》,经济管理出版社,2008 年。

29. Wayne C. Turner,etc:《工业与系统概论》,清华大学出版社,2006 年。

30. 薛伟,蒋祖华:《工业工程概论》,机械工业出版社,2009 年。

31. 范中志,张树武,孙义敏:《基础工业工程》,机械工业出版社,2003 年。

32. 全国质量专业技术人员职业资格考试办公室:《质量专业基础知识与实务:初级》,中国人事出版社,2010 年。

33. 顾平:《现代质量管理学》,科学出版社,2004 年。

34. 董文尧:《质量管理学》,清华大学出版社,2006 年。

35. 吴清一:《现代物流概论》,中国物资出版社,2005 年。

36. 吴清一:《物流管理》,中国物资出版社,2005 年。

37. 王利,许国银,黄颖:《现代物流管理》,中国物资出版社,2006 年。

38. [美]唐纳德·鲍尔索克斯,戴维·克劳斯:《物流管理——供应链过程的一体化》,林国龙,等译,机械工业出版社,1999 年。

39. 何明珂:《物流系统论》,高等教育出版社,2004 年。

40. 宋华,胡左浩:《现代物流与供应链管理》,经济管理出版社,2000 年。

41. 潘家轺,曹德弼:《现代生产管理学》,清华大学出版社,2003 年。

42. 潘家轺,刘丽文,石涌江,等:《现代生产管理学》,清华大学出版社,2003 年。

43. [美]约瑟夫·派恩:《大规模定制——企业竞争的新前沿》,操云甫,等译,中国人民大学出版社,1999 年。

44. [美]罗斯,威斯特菲尔德,乔丹:《公司理财》,方红星,徐强国,赵银德译,机械工业出版社,2007 年。

45. [美]布雷利,等:《公司理财》,耿建新,等译,中国人民大学出版社,2008 年

46. 周永强:《公司理财学》,厦门大学出版社,2008 年。

47. 刘爱东:《公司理财》,复旦大学出版社,2007 年。

48. 钱中平:《国际贸易实务》,科学出版社,2004 年。

49. 黎孝先,石玉川:《国际贸易实务》,对外经济贸易大学出版社,2008 年。

50. 陈晨:《国际贸易理论与实务》,高等教育出版社,2001 年。

51. Gido J,Clements J P:《成功的项目管理》,张金成,译,机械工业出版社,2004 年。

52. 殷焕武,周中华:《项目管理导论》,机械工业出版社,2009 年。

53. 池仁勇:《项目管理》,清华大学出版社,2004 年。

54. Richard E. Caves,Jeffery A. Frankel,Ronald W. Jones. World Trade and Payments. Haiper Collins Publishers,2007.

55. Graham,Peirson. Business Finance. McGraw-Hill companies,2009.

56. Dominick Salvatore. International Economics. John Wiley & Sons Inc.,2010.

57. 丁木的草地:《领导与领导科学》,http://blog. sina. com. cn/ldxh,2007 - 10 - 14.

58. 路杰:《创新思维与领导决策》,http：//www. shift. edu. cn/system/yinping_attach/11,2005－09－07.

59. 习近平活动报道集,http：//cpc. people. com. cn/GB/64093/64094/12923272. html,2010－10－12.

60. lovebank:《保持良好人际关系的途径》,http：//blog. soufun. com/lovebank,2008－11－26.

61. 中国销售培训电子周刊 02 期——工业品销售技巧,http：//www. esalestraining. com. cn/html.

62. 人民网. 历次党代会数据库. Copyright 1997－2007,http：//www. people. com. cn. allrights reserved.

高级工商管理培训教程(第二版)